Ulrike Henschel

Vermittler des Rechts

Schriftmedien / Written Media

Kommunikations- und
buchwissenschaftliche Perspektiven /
Perspectives in Communication and Book Studies

Herausgegeben von
Heinz Bonfadelli, Ursula Rautenberg und Ute Schneider

Band 1

Ulrike Henschel

Vermittler des Rechts

Juristische Verlage von der Spätaufklärung bis in die frühe Nachkriegszeit

DE GRUYTER
SAUR

Die Reihe
In der Reihe werden Monographien und Sammelbände in deutscher und englischer Sprache publiziert, die sich aus buch-, kommunikations- und medienwissenschaftlicher Perspektive mit Schriftmedien und dem Lesen beschäftigen. Das Reihenprofil umfasst das spezifische Problemlösungspotential eines interdisziplinären Zugangs zur schriftbasierten Kommunikation in Geschichte und Gegenwart. Themenfelder sind die Herstellung und Verbreitung von Medien schriftbasierter Kommunikation in den Organisationen Verlag, Buchhandel und Bibliotheken, die soziale Funktionalität der Schriftmedienkommunikation und die gesellschaftliche und individuelle Bedeutung des Lesens sowie nicht zuletzt die Herstellung, Typographie und Gestaltung von Lesemedien.

Die vorliegende Arbeit wurde vom Fachbereich 05 Philosophie und Philologie der Johannes Gutenberg-Universität Mainz im Jahr 2014 als Dissertation zur Erlangung des akademischen Grades eines Doktors der Philosophie (Dr. phil.) angenommen.

ISBN 978-3-11-042567-3
e-ISBN (PDF) 978-3-11-042095-1
e-ISBN (EPUB) 978-3-11-042101-9

Library of Congress Cataloging-in-Publication Data
A CIP catalog record for this book has been applied for at the Library of Congress.

Bibliografische Information der Deutschen Nationalbibliothek
Die Deutsche Nationalbibliothek verzeichnet diese Publikation in der Deutschen Nationalbibliografie; detaillierte bibliografische Daten sind im Internet über http://dnb.dnb.de abrufbar.

Umschlagabbildung: Foto von Ulrike Henschel
Satz: PTP Protago-TEX-Production, Berlin
Druck und Bindung: Hubert & Co. GmbH & Co. KG, Göttingen
♾ Gedruckt auf säurefreiem Papier
Printed in Germany

www.degruyter.com

Inhalt

Tabellenregister

1 Das juristische Verlagswesen als Forschungsgegenstand

»Jurisprudenz ist seit jeher eine Buchwissenschaft gewesen. Daher ist ihre Wissenschaftsgeschichte untrennbar mit der juristischen Literaturgeschichte und auch mit der Geschäftspolitik der juristischen Fachverlage verbunden.«[1]

(Dietmar Willoweit)

Juristische[2] Publikationen gehörten zu den frühesten Druckwerken überhaupt: Es waren juristische Werke, die neben Bibeln, Meßbüchern und Grammatiken seit Beginn des Buchdrucks dem Markt zugänglich gemacht wurden. Zuvor war bereits ein florierender Handschriftenhandel der Beleg für die herausragende Bedeutung schriftlicher Niederlegungen. Nicht nur Gesetze, auch Rechtsauffassungen und herrschende Meinungen[3] werden seit langer Zeit schriftlich fixiert – mittelalterliche Glossensammlungen oder Rechtsbücher wie der Sachsenspiegel sind frühe Beispiele. Die Schrift- und Buchaffinität der Juristen hat sich bis in die Gegenwart erhalten: Jede juristische Berufsgruppe ist zwangsläufig zur schriftlichen Abfassung von rechtspraktischen oder rechtswissenschaftlichen Texten gehalten: Der Richter schreibt Urteile, der Anwalt Schriftsätze; der Verwaltungsjurist fertigt Bescheide und die parlamentarischen Dienste kümmern sich um Gesetzesformulierungen. Auch hatte der Staat ein nachdrückliches Interesse an der Veröffentlichung und Verbreitung von – gegebenenfalls hoheitlich kontrollierten – Schriften zu Gesetzesauslegung und Rechtsanwendung. Angesichts dieser Konstellationen liegt die Frage nahe, warum sich über dreihundert Jahre, bis in das 19. Jahrhundert hinein, kein spezialisiertes juristisches Verlagswesen entwickelt hat.

Wie es in einzelnen Verlagsunternehmen zu einer Spezialisierung auf juristische Publikationen und zur Herausbildung eines juristischen Verlagswesens gekommen ist, bildet ebenso einen Gegenstand der vorliegenden Untersuchung wie die Frage nach den Parametern und Wechselwirkungen zwischen Verlags- und Rechtswesen.

---

1 Willoweit: Vorwort Rechtswissenschaft und Rechtsliteratur, 2007, S. VII.

2 »Juristisch« und »rechtswissenschaftlich« werden im allgemeinen Sprachgebrauch als Synonyme verwendet, der Begriff der Rechtswissenschaft eignet sich also nicht zur Bezeichnung allein der akademischen Rechtsforschung und -lehre in Abgrenzung zur Rechtsanwendung und -praxis. Die vorliegende Arbeit folgt dem allgemeinen Sprachgebrauch und macht das Bezugsfeld wo nötig im Textzusammenhang deutlich.

3 Der Ausdruck »herrschende Meinung« (hM) ist in der Rechtswissenschaft ein feststehender Begriff und bezeichnet die in Rechtsprechung und Wissenschaft vorherrschende Auffassung zur Lösung eines umstrittenen Auslegungsproblems. Drosdeck beschreibt diese in seinem Vorwort als »die Autorität, die festlegt, welcher Gesetzesinterpretation der Vorrang zu geben ist. Die ›herrschende Meinung‹ ist die Institution, an der Dogmatik sich zu orientieren hat.« Drosdeck: Herrschende Meinung, 1989, S. 5, 111–131. Zur herrschenden Meinung vgl. einführend auch Wesel, Uwe: hM. In: Kursbuch 1979, S. 88–109.

Im Spannungsfeld zwischen der unabdingbaren Nähe zu staatlichen Einrichtungen und der notwendigen Neutralität ihrer Publikationen unterlagen die juristischen Verlage seit ihren Anfängen einigen Besonderheiten, die sie von anderen Fach- und Wissenschaftsverlagen unterschieden und die ihnen eine spezifische Rolle innerhalb der Fachdisziplin, aber auch der Rechtspraxis gaben. Die Entwicklungsgeschichte des juristischen Verlagswesens mit seinen Unternehmen, Autoren und Publikationen stellt somit nicht nur ein Stück Buchhandelshistorie dar, sondern ist auch ein Teil der Wissenschaftsgeschichte.

Einordnung und Themenbegrenzung

Juristische Verlage sind als Wirtschaftsbetriebe eine nicht unbedeutende Größe im Verlagsbuchhandel. Gleichzeitig bilden sie Orte des Publizierens mit einer doppelten Verankerung: Sie sind Teil sowohl des Verlags- wie auch des Rechtswesens. Ihre Publikationen bilden ein Bindeglied und haben zu einer starken Verzahnung beider Bereiche geführt. Was aber hat zu dieser engen Verbindung geführt und wer waren die Verleger, die mit ihren Publikationen als Vermittler fungiert haben?

Einige der heute namhaften juristischen Verlage können bereits auf eine jahrhundertelange verlegerische Tradition verweisen: Der Verlag C.H.Beck[4] feierte 2013 sein 250jähriges Bestehen, Mohr Siebeck wurde 1801 gegründet,[5] Duncker & Humblot im Jahr 1798 und ein Vorgängerverlag von Walter de Gruyter 1749[6]. Andere angesehene Verlage des 19. und 20. Jahrhunderts existieren entweder gar nicht mehr – wie Georg Friedrich Heyer (Gründung 1790/1798), J. Bensheimer (1838) und Puttkammer & Mühlbrecht (1867) – oder sind inzwischen als Marke in größeren Verlagseinheiten aufgegangen wie R. von Decker (1537 bzw. 1713) und C. F. Müller (1797) in der Verlagsgruppe

4 Die meisten Verlage haben im Laufe ihrer Geschichte verschiedene Firmenbezeichnungen getragen. Diese wurden ebenso wie die im Laufe der historischen Entwicklung teilweise unterschiedlichen Schreibweisen von Verlags- und Verlegernamen vereinheitlicht. Die Schreibweise der Arbeit lehnt sich weitestgehend an diejenige in Verlagskatalogen an, Veränderungen werden angezeigt und der veränderte Name dann durchgängig beibehalten; so bspw. bei den Firmenänderungen von Mohr und Zimmer, J. C. B. Mohr (Paul Siebeck) und Mohr Siebeck. Für den Verlag C.H.Beck wird durchgängig die Schreibweise der zuletzt erschienenen Festschriften aus dem Jahr 2013 verwendet.

5 Der Verlag Mohr Siebeck ging aus unterschiedlichen Verlagsunternehmen hervor. Überwiegend wird die Gründung der einer Buchhandlung in Frankfurt durch Jacob Christian Benjamin Mohr 1801 als Gründungsdatum angenommen.

6 1749 fand die Gründung der Realschulbuchhandlung statt, die später von Georg Andreas Reimer übernommen und seit 1819 unter seinem Namen fortgeführt wurde. Der Reimer Verlag wiederum bildete einen der fünf Verlage der 1919 zur Vereinigung wissenschaftlicher Verleger Walter de Gruyter verschmolzenen Verlagsgruppe. Bestandteil der Vereinigung war auch J. Guttentag, einer der führenden juristischen Verlage des Kaiserreichs. Vgl. Schulze: Der deutsche Buchhandel, 1925, S. 188; Fouquet-Plümacher / Wolter: Aus dem Archiv, 1980; Reimer: Passion & Kalkül, 1999, S. 154; Ziesak / Cram: Walter de Gruyter, 1999, S. 3.

Hüthig Jehle Rehm oder Carl Heymanns (1815) und Hermann Luchterhand (1924) im internationalen Konzern Wolters Kluwer. Zentrales Anliegen der Arbeit ist es, die Herausbildung des juristischen Verlagswesens und der strategischen Ausrichtung einzelner juristischer Verlage zu beschreiben. Betrachtet werden die Entwicklungslinien der Verlage über 150 Jahre sowie ihr politisches und verlegerisches Umfeld, ihre Autoren und Publikationen.

Ein Unterschied des juristischen Verlags zu Verlagen anderer Themenfelder ist sein Eingebundensein in den Aktionsradius von Gesetzgebung, Justiz und Verwaltung; die juristischen Verlage agieren im juristischen Umfeld. Im Fokus der Untersuchung steht die Frage, wie sich das juristische Verlagswesen in diesem Umfeld von universalen Verlagsunternehmen mit einem unspezifischen Wissenschaftsprogramm hin zu hochspezialisierten Verlagen für juristische Fachinformationen herausgebildet und welche Entwicklungsschritte es durchlaufen hat.

Die juristischen Verlage sind ohne ihre Autoren kaum vorstellbar. Gerade in einem hierarchisch gegliederten System wie der Rechtsverwaltung kann eine hohe Bedeutung der Autorenreputation unterstellt werden, die Gewinnung renommierter Autoren spielte folglich eine herausragende Rolle für die Verlage. Neben den Besonderheiten der Autorenschaft in den verschiedenen Entwicklungsstadien des juristischen Verlagswesens werden auch einzelne Autoren mit ihren Publikationen und ihren Verlagsbeziehungen erwähnt. Dabei geschah die Auswahl dieser Autoren vornehmlich nach deren Relevanz für ihre Verlage. Viele juristische Autoren sind inzwischen vergessen, viele Verleger haben überhaupt nie größere Bekanntheit erlangt – als Zeugnisse der Zusammenarbeit sind lediglich die gemeinsamen Veröffentlichungen geblieben. Insofern lassen sich auch und vor allem an Hand der juristischen Publikationen die Veränderungen des rechtswissenschaftlichen Verlagswesens nachvollziehen. Gleichzeitig bilden die juristischen Publikationen eine Schnittmenge von Rechts- und Verlagswesen und einige Werke sogar einen Meilenstein innerhalb der Rechtsentwicklung.

Publish or perish – das vielgebrauchte Schlagwort gilt einerseits in gleichem Maße wie in anderen Wissenschaftsdisziplinen für die Akteure rechtswissenschaftlicher Diskussionen, andererseits unterliegen die juristischen Veröffentlichungen eigenen Konstanten: Um im Rechtsdiskurs wahrgenommen zu werden, ist die reine Meinungsäußerung in der Regel nicht ausreichend. Bis auf wenige Hierarchieebenen – die Rechtsauffassung eines Angehörigen der obersten Bundesgerichte wird unabhängig vom Publikationsort reflektiert – ist es im Gegenteil ein wesentlicher Einflussfaktor, wo und in welcher Form der Diskussionsbeitrag veröffentlicht wurde. Im Verbund mit anderen anerkannten Juristen und unter einer bekannten Verlagsmarke findet eine Äußerung rascher Wiederhall in Juristenkreisen und wird intensiver im Anwenderkreis rezipiert. Abhängigkeiten und Wechselwirkungen zwischen juristischen Publikationen einerseits und den Parlamenten, den ausführenden Stellen und der Rechtsprechung andererseits treten in besonderem Maße hervor, wenn ein Wandel des politischen Systems grundlegende Änderungen des Rechtssystems nach sich zieht. Insofern hat im 19. Jahrhundert insbesondere die Reichsgründung Veränderungen innerhalb des juristischen Verlagswesens hervorgerufen. Entsprechend geht die Arbeit der Frage nach, ob und welchen Anteil die juristischen Verlage, ihre Autoren und Publikationen an der Normierung der Wissenschaftsdisziplin im Ganzen und der Ausgestaltung der rechtswissenschaftlichen Spezialgebiete hatten. Im Hinblick auf die innere Organisationsstruktur der Verlage stellt sich die Frage, wie es die juristischen Verlage erreicht haben, nach der Reichsgründung die neuen Verhältnisse für sich zu nutzen.

Eine politisch unbedeutende, für das juristische Verlagswesen aber markante Zäsur bildete die Wende vom 19. zum 20. Jahrhundert. Mit Inkrafttreten des Bürgerlichen Gesetzbuchs am 1. Januar 1900 und der nachfolgend stärkeren Ausdifferenzierung der Rechtswissenschaft in ihrer Gesamtheit weitete sich auch das verlegerische Betätigungsfeld nochmals aus. Untersucht werden in diesem Zusammenhang die Konzepte, mit denen die juristischen Verlage auf die Bedürfnisse der Rechtsanwender nach neuen Publikationsformen und nach einer veränderten Aufbereitung der juristischen Inhalte reagierten. Für die Entwicklung des juristischen Verlagswesens ist dabei insbesondere die Frage nach der Transformation des Marktes durch neue Anbieter interessant, die von Anfang an vor allem spezialisierte Zielgruppen im Blick hatten. Die Konzeption innovativer Publikationen und eine Öffnung des Verlagsprogramms für neue Entwicklungen konnten nur stattfinden, wenn diese von den Verlegern initiiert und mitgetragen wurden. Entsprechend setzt sich die Arbeit in diesem Zeitabschnitt auch mit dem Verlegertypus zu Beginn des 20. Jahrhunderts auseinander. Während des Ersten Weltkriegs und praktisch die gesamte Weimarer Republik hindurch litten die Verlage unter wirtschaftlichen Schwierigkeiten – Wirtschaftskrise, Währungsverfall und Teuerungszuschläge prägten den verlegerischen Alltag. Zu untersuchen ist, wie die juristischen Verlage auf die Herausforderungen reagierten, ob einzelne Verlage die erschwerten Marktbedingungen zu ihren Gunsten zu nutzen wussten oder wie sie sicherstellten, relevanter Marktteilnehmer zu bleiben.

Die Machtübernahme der Nationalsozialisten stellte einen weiteren Einschnitt für das juristische Verlagswesen dar. Selbst bei Annahme bereits vor 1933 bestehender »völkischer« Tendenzen in Buchhandel und Rechtswesen, markierte das Jahr 1933 eine Zäsur auch für die juristischen Verlage: Viele ihrer Werke scheinen praktisch über Nacht zu Makulatur geworden zu sein. Erhebliche Auswirkungen auf juristische Publikationen sind allein schon deshalb zu vermuten, da die Neuinterpretation von Recht und Gesetz wesentlich zur Durchsetzung der nationalsozialistischen Weltanschauung beitragen sollte. Für die juristischen Verlage wird also – neben den allgemeinen Bedingungen verlegerischer Tätigkeit – beleuchtet, wie die Verlage auf den Regime- und Systemwechsel reagierten und wie weit ihre Mitwirkung ging oder ihre Anpassungsbereitschaft gehen musste, um den Erfolg oder Fortbestand des Unternehmens zu sichern. In Ansätzen soll deshalb untersucht werden, welche Brüche und welche Kontinuitäten sich nach 1933 ergaben und wie stark die juristischen Verlagsunternehmen und Verleger von einer »Arisierung« betroffen waren. Eine umfassende Darstellung und Analyse der vielfältigen Veränderungen im juristischen Publikationswesen zur

Zeit des Nationalsozialismus konnte die vorliegende Arbeit mit ihrem 150 Jahre umfassenden Zeithorizont dabei nicht leisten.

Zeitlich beginnt die unternommene Betrachtung des juristischen Verlagswesens im späten (Reform-)Absolutismus und spannt den Bogen bis in die frühe Nachkriegszeit. Der Zeitraum umfasst mehrere Staatsformwechsel in Deutschland und eine große Zahl rechtlicher Reformprojekte. Mit dieser relativ langen Zeitspanne kann die Entwicklung des juristischen Verlagswesens in seiner Gesamtheit – mit seinen Kontinuitäten und in seinen Umbrüchen – besser beleuchten werden. Für den Beginn des Untersuchungszeitraums wurde das 19. Jahrhundert gewählt. Mit den gesetzgeberischen Einflüssen der Napoleonischen Herrschaft – insbesondere durch den Code Civil – änderten sich die Rahmenbedingungen für ein juristisches Publikationswesen grundlegend. Die Untersuchung endet mit der Gründung der Bundesrepublik Deutschland 1949 und der Teilung in zwei deutsche Staaten. Die Arbeit geht davon aus, dass mit der nach wie vor teilweise angenommenen »Stunde Null« am 8. Mai 1945 lediglich für das Kriegsgeschehen eine Zäsur eingetreten ist[7] und erweitert den Zeitraum der Betrachtung über 1945 hinaus bis zur Teilung Deutschlands.

Spätestens mit dem Auseinandergehen des juristischen Verlagswesens in der Bundesrepublik und der Deutschen Demokratischen Republik (DDR) allerdings ist eine einheitliche Entwicklungslinie nicht mehr nachvollziehbar. Die Fortsetzung der Betrachtung des juristischen Verlagswesens in der Bundesrepublik muss der weiteren Forschung vorbehalten bleiben. Es würde bei der Untersuchung des juristischen Verlagswesens vermutlich kaum gelingen, eine gemeinsame Klammer oder gleichlaufende Entwicklung über 1949 hinaus zu bestimmen und die beiden deutschen Staaten einheitlich zu betrachten.[8] Als ein Beispiel kann der unterschiedliche Umgang im Rahmen der Kontrolle des Verwaltungshandelns dienen: In der Deutschen Demokratischen Republik gab es keine Verwaltungsgerichte. Eine Gewaltenteilung kann auch insofern in Frage gestellt werden, als die Volkskammer der DDR kein klassisches Gesetzgebungsorgan war. Dies soll die Entwicklung des juristischen Verlagswesens in der Deutschen Demokratischen Republik mit seinen Besonderheiten keinesfalls gering schätzen, sondern stellt aus Sicht vorliegender Arbeit im Gegenteil ein eigenständiges, umfassendes Forschungsprojekt dar.

Die Arbeit zeichnet die Entwicklung des juristischen Verlagswesens in seinen Grundzügen an Hand ausgewählter Beispiele nach. Es werden vornehmlich die Publikationsorte untersucht sowie die Strategien einzelner juristischer Verlagshäuser.

---

7 Vgl. bspw. Stolleis: Geschichte des öffentlichen Rechts, 2012, S. 25. Zur »Stunde Null« im Zusammenhang mit der Untersuchung deutscher und britischer Verlage mit Verlagsprogrammen im Bereich Geschichte: Blaschke: Verleger machen Geschichte, 2010, S. 75–76.

8 Siehe auch die Beschreibung von Stolleis im Hinblick auf die Verfolgung der Geschichte des öffentlichen Rechts in zwei deutschen Staaten. Stolleis: Geschichte des öffentlichen Rechts, 2012, S. 15.

Räumlich bleibt die Untersuchung auf das Deutsche Reich[9] – im Sinne der (späteren) Bismarck'schen Reichsgründung – beschränkt und nimmt lediglich einzelne juristische Verlage im sonstigen deutschsprachigen Raum mit in den Blick. Die Untersuchung kann keine umfassende Geschichte des juristischen Verlagsbuchhandels darstellen und keine vertiefte rechtsgeschichtliche Durchdringung leisten. Vielmehr soll die Arbeit einen Baustein zur Erkenntnis bilden, wie sich juristische Verlage von Universalverlagen im 18. Jahrhundert zu Fachinformationsdienstleistern im 20. Jahrhundert entwickelt haben. Ein besonderer Fokus liegt jeweils auf der Programmentwicklung.[10] Rechts- und wissenschaftsgeschichtliche Fragestellungen werden dort berücksichtigt, wo sie für das Verständnis der Entwicklung des juristischen Verlagswesens komplettierend wirken.

Forschungsstand und Einzelanalysen

Eine umfassende Untersuchung des juristischen Verlagswesens liegt bisher nicht vor.[11] Erforscht wurden bereits einzelne Aspekte des juristischen Verlagswesens, allerdings nur selten unter dem Blickwinkel entwicklungsgeschichtlicher Zusammenhänge. Eine Ausnahme bildet die Darstellung rechtswissenschaftlicher Verlage zur Zeit des Kaiserreichs durch Jäger in der *Geschichte des Deutschen Buchhandels*.[12] Jäger behandelt im Schwerpunkt den juristischen Buchmarkt, die sich verstärkende Konkurrenzsituation und einzelne typische Verlage in ihrer Entwicklungshistorie und zeigt die Bedeutung der Einführung des Bürgerlichen Gesetzbuchs für die rechtswissenschaftlichen Verlage auf. Für die Zeit der Weimarer Republik erläutert Schneider im Rahmen ihrer Untersuchung des wissenschaftlichen Verlags in der *Geschichte des Deutschen Buchhandels* auch die Mechanismen des juristischen Buchmarktes und stellt dessen Entwicklung – unter Einbeziehung der Marktteilnehmer C.H.Beck,

9 Der Begriff »Deutsches Reich« wird vorliegend als räumliche Begrenzung verstanden und kennzeichnet auch die vor 1870/1871 in diesem Sprachraum bestehenden einzelstaatlichen Gebilde.

10 Der Fokus der Ausführungen liegt auf der Entwicklung der juristischen Verlagsprogramme und der Interdependenzen zwischen Verlagsgrogramm, Verlegerpersönlichkeit und Rechtswissenschaft. Eine vertiefte Auseinandersetzung mit ökonomischen Fragestellungen ist angesichts der Vielzahl der einbezogenen Verlage und des Zeitraums nicht möglich. Zur Fokussierung auf programmatische und verlegerpersönlichkeitsbezogene Aspekte in der Verlagsgeschichtsforschung insgesamt vgl. auch Schneider: Verlagsgeschichte, 2012, S. 77–92. Für literarische Verlage vgl. Fischer: Kapitale Verluste, 2012, S. 168–192.

11 Zuletzt wurde das Desiderat speziell für den rechtswissenschaftlichen Verlag von Lembrecht formuliert. Vgl. Lembrecht: Entwicklung wissenschaftlichen Verlagswesens, 2013, S. 213. Für den Typus des Fach- und Wissenschaftsverlags insgesamt vgl. bspw. Estermann: Buchhandel, Buchhandelsgeschichte, Berlin / New York, 2010, S. 306; Estermann / Schneider: Einleitung Wissenschaftsverlage, 2007, S. 7.

12 Vgl. Jäger: Juristischer Verlag, 2001, S. 486–506.

W. Kohlhammer und Carl Heymanns – in dieser Zeit dar.[13] Während Jäger für das Kaiserreich den juristischen Verlag als Verlagstyp in einem eigenständigen Kapitel behandelt, wird der juristische Verlag für die Weimarer Republik bei Schneider gemeinsam mit anderen Fach- und Wissenschaftsverlagen dargestellt. Diese Gesamtschau ist für die Weimarer Republik auch insofern gerechtfertigt, als der juristische Verlag im Kaiserreich gegenüber anderen Verlagstypen Besonderheiten aufwies, während sich die verlegerischen Herausforderungen juristischer Verlage in der Weimarer Republik mit denen anderer Fachverlage weitestgehend deckten.

Einen Fokus auf die Entwicklungsgeschichte der führenden Werke einzelner Rechtsbereiche legt die von dem Rechtswissenschaftler Willoweit herausgegebene, zum 75. Geburtstag des juristischen Verlegers Hans Dieter Beck veröffentlichte Festschrift *Rechtswissenschaft und Rechtsliteratur im 20. Jahrhundert*.[14] Verlag und Herausgeber behandeln in Form einer wissenschaftlichen Literaturgeschichte die verschiedenen Rechtsgebiete und die sie prägenden juristischen Werke. In einleitenden Kapiteln setzt sich Willoweit zum einen mit der Entwicklung des Verlags C.H.Beck auseinander – soweit dies nicht bereits an anderer Stelle in Firmenschriften erfolgt ist – und beleuchtet zum anderen die Entwicklung verschiedener Publikationsarten wie Textausgaben, Kommentare, Hand- und Lehrbücher. Innerhalb der einzelnen Beiträge, die nicht auf die Publikationen des Verlags C.H.Beck beschränkt sind, werden teils auch die Verlage als Publikationsorte erwähnt. Eine vertiefte Darstellung oder übergreifende Entwicklungslinien juristischer Verlage bilden keinen Gegenstand des Werkes, es wird lediglich ein fokussierter Ausschnitt auf die Entwicklung des juristischen Verlagswesens dargestellt. Die in 2013 zum 250jährigen Jubiläum des Verlags C.H.Beck erschienenen Festschriften von Rebenich und Wesel[15] beschäftigen sich dem Anlass entsprechend mit der Geschichte des Verlagshauses auf wissenschaftlicher Basis.[16]

Umfassendere Abhandlungen entstanden vor allem im Rahmen von Forschungen zu rechtswissenschaftlichen Zeitschriften – mit Berührungspunkten auch zu den herausgebenden Verlagen. Hier liegen Untersuchungen insbesondere von Stolleis als Initiator wissenschaftlicher Tagungen und Herausgeber zugehöriger Publikationen vor. Die Tagungsbände *Juristische Zeitschriften – Die neuen Medien des 18.–20. Jahrhun-*

13 Vgl. Schneider: Der wissenschaftliche Verlag, 2007, S. 379–440.

14 Vgl. Willoweit: Rechtswissenschaft und Rechtsliteratur, 2007.

15 Die Festschrift besteht aus zwei Bänden: Wesel widmet sich dem juristischen Bereich, für den kulturwissenschaftlichen Verlagsteil hat Rebenich eine Festschrift verfasst. Beide Festschriften würdigen die ihnen zugedachten Verlagsteile mit einzelnen Überschneidungen zum Beispiel bei der Darstellung des Kaufs des Verlags von Otto Liebmann. Vgl. Rebenich: C.H.Beck, 2013, S. 365–380; Wesel: C.H.Beck, 2013, S. 115–137.

16 Wesel erhebt bspw. für die Zeit nach 1933 den Anspruch, »einen Anfang zu machen mit einer Auswahl von Verlagen« und diese im Sinne einer »allgemeinen Verlagsgeschichte des NS-Rechts« zu untersuchen, die Ausführungen beschreiben die Verlage allerdings nur kurz mit einer Erwähnung einzelner Werke. Wesel: C.H.Beck, 2013, S. 180–181.

derts und *Juristische Zeitschriften in Europa* (gemeinsam mit Simon herausgegeben) beleuchten in insgesamt 38 Beiträgen verschiedene Aspekte des juristischen Zeitschriftenwesens.[17] Stolleis setzt sich im Rahmen seiner umfassenden wissenschaftsgeschichtlichen Untersuchung der Geschichte des öffentlichen Rechts in Deutschland in Einzelkapiteln speziell auch mit den Publikationen bedeutender Rechtswissenschaftler und ihrer Publikationsorte auseinander und zeigt deren Bedeutung für die Weiterentwicklung der Disziplin auf.[18] Einzeluntersuchungen zu juristischen Periodika liegen beispielsweise zur Zeitschrift *Archiv des öffentlichen Rechts (AöR)* vor. Doerfert beschäftigt sich nicht nur umfassend mit der Zeitschrift selbst, sondern auch mit dem herausgebenden Verlag Mohr Siebeck beziehungsweise seinen Vorläufern.[19] Speziell mit den Zeitschriften des Verlags C.H.Beck und ihrer Publikationsgeschichte befasst sich Weber in seinem Werk *Juristische Zeitschriften im Verlag C.H.Beck* und analysiert dabei auch die Konkurrenzsituationen im Verlagsumfeld sowie die Bedingungen der Zeitschriftenveröffentlichungen für den Verlag.[20]

Keines der bisher vorliegenden Werke erhebt den Anspruch, das juristische Verlagswesen oder die rechtswissenschaftliche Literaturgeschichte in Deutschland als Gesamtsystem darzustellen. Dies wird auch der vorliegenden Arbeit nicht gelingen; sie stellt sich aber der Herausforderung, zumindest die zeithistorische und die funktionale Dimension dieses Systems übergreifender zu erschließen. Naturgemäß stößt sie dabei auf die gleichen Schwierigkeiten, mit denen auch die vorhandenen Forschungsarbeiten konfrontiert waren: die teilweise unbefriedigende Quellenlage, vor allem aber die Spezifika der Entwicklungsgeschichte des juristischen Verlagswesens. Wie gezeigt wird, sind die Brüche in den Verlagshistorien juristischer Verlage durch politische Umwälzungen deutlicher ausgeprägt als bei anderen Verlagssparten. Die notwendigen Kontakte zu politischen Entscheidungsträgern konnten nach Machtwechseln häufig nicht aufrechterhalten werden. Wenn die Verbindungen in die Regierungskreise auf Grund personeller Wechsel abbrachen, hatte dies häufig die Aufgabe des juristischen Geschäftszweigs zur Folge.

Im Gegensatz zu der ausstehenden Gesamtwürdigung des rechtswissenschaftlichen Verlagswesens sind einzelne juristische Verlage anlässlich von Verlagsjubiläen oder Verlegergeburtstagen zumindest mit ihren wichtigsten Publikationen und renommiertesten Autoren untersucht worden: Fast jeder juristische Verlag hat bereits eine oder mehrere Firmenfestschriften mit Berichten zu den Bedingungen der verlegerischen Tätigkeit veröffentlicht. Beispiele sind die Verlage C.H.Beck[21], Carl

---

17 Vgl. Juristische Zeitschriften – Die neuen Medien des 18.–20. Jahrhunderts, 1999; Juristische Zeitschriften in Europa, 2006.

18 Vgl. Stolleis: Geschichte des öffentlichen Rechts, 1988, 1992, 1999.

19 Vgl. Doerfert: Archiv des Öffentlichen Rechts, Berlin, 1993.

20 Vgl. Weber: Juristische Zeitschriften, München, 2007.

21 So sind bspw. im 20. Jahrhundert für den Verlag C.H.Beck in regelmäßigen Abständen Festschriften anlässlich Geburtstagen und Firmenjubiläen herausgegeben worden. Den Auftakt bildete 1913

Heymanns[22], Mohr Siebeck, Alfred Metzner, Andreas Deichert oder G. Grote'sche oder der Manz Verlag.[23] Während einige Verlage wie der Wissenschaftsverlag Mohr Siebeck bewusst auf eine Verlagsgeschichte anlässlich ihres Firmenjubiläums verzichten und dafür umso offener für die Erforschung ihres Archivmaterials sind,[24] verfolgen andere Verlage ebenso bewusst eine wissenschaftliche Auseinandersetzung im Rahmen ihrer Verlagsgeschichte zu Verlagsgeburtstagen wie der Verlag C.H.Beck anlässlich seines 250jährigen Bestehens: Der Altertumswissenschaftler Rebenich und der Rechtshistoriker Wesel bereiten in den zwei erwähnten umfangreichen Festschriften die Geschichte des Verlags auch mit Blick auf die Einbettung des Verlags in die historischen Gegebenheiten auf und sparen auch die Zeit des Nationalsozialismus nicht aus. Trotz des wissenschaftlichen Anspruchs und einer umfangreichen Quellenrecherche werden beide Werke vorliegend zu den Verlagsfestschriften gezählt, da sie vom Verlag initiiert und von Autoren des Verlags mit einem grundsätzlich wohlwollenden Blick auf den sie beauftragenden Verlag entstanden sind.

Bis auf wenige Ausnahmen – wie der erwähnten Festschrift von Willoweit für Hans Dieter Beck, bei der einzelne Beiträge sich auch mit der Entwicklung der Rechtsliteratur auseinandersetzen und die genannten Festschriften von Rebenich und Wesel – erheben die von Verlagen herausgegebenen Verlagsgeschichten und Festschriften in der Regel keinen Anspruch auf eine wissenschaftliche Aufbereitung des juristischen Verlagswesens oder seiner Publikationen und gehen selten über die eigene Geschichte und eine kritiklose Eigenwürdigung hinaus. Eine wissenschaftliche Aufarbeitung der eigenen Unternehmensgeschichte findet in den wenigsten Fällen

---

die Festschrift zum 150jährigen Jubiläum. Beck: Verlagskatalog der C.H.Beck'schen Verlagsbuchhandlung 1763–1913, 1913. Größere Festgaben folgten mit Beck: Festschrift zum zweihundertjährigen Bestehen des Verlags C.H.Beck 1763–1963, 1963 und Beck: Der juristische Verlag C.H.Beck seit 1763, 1988. Zuletzt erschien zum 75. Geburtstag des juristischen Verlegers Hans Dieter Beck die erwähnte Festschrift: Rechtswissenschaft und Rechtsliteratur im 20. Jahrhundert 2007. Ferner sind zum 250jährigen Jubiläum die genannten Bände von Rebenich und Wesel erschienen. Vgl. Rebenich: C.H.Beck, 2013; Wesel: C.H.Beck, 2013.

22 Beispielhaft Carl Heymanns: Verlags-Verzeichnis mit geschichtlicher Einleitung, Berlin, 1915; Reuter: Von Manuskripten und Büchern. Ein kleines Brevier für Autoren, Buchhändler und verständige Leser; mit einem Beitrag zur Geschichte von Carl Heymanns Verlag, 1967.

23 Vgl. auch Siebeck, Werner: Der Heidelberger Verlag von Jacob Christian Benjamin Mohr. Ein Rückblick. 1926. 50 Jahre Alfred Metzner Verlag. Gesamtverzeichnis 1909–1959, 1959. Die Andr. Deichertsche Verlagsbuchhandlung in Leipzig im Wechsel der Zeiten 1852–1927. Festschrift zur Feier des 75jährigen Bestehens am 1. Juli 1927. Verlagsverzeichnis 1849 bis 1924. Verlagsverzeichnis der G. Grote'schen Verlagsbuchhandlung, 1924. G. J. Manz: 100 Jahre Manz. Die Verlagsanstalt vorm. G. J. Manz Buch- und Kunstdruckerei, 1930.

24 Zum 200jährigen Bestehen des Verlags Mohr Siebeck vgl. Artibus ingenuis. Beiträge zu Theologie, Philosophie, Jurisprudenz und Ökonomik, 2001. Das komplette Verlagsarchiv wurde 2010 an die Staatsbibliothek zu Berlin Preußischer Kulturbesitz übergeben.

statt.[25] Pierenkemper weist in diesem Zusammenhang auf die in Deutschland seit dem 18. Jahrhundert bestehende Tradition vielfältigster Beiträge hin, denen »ein wissenschaftlicher Anspruch rundweg abzusprechen«[26] sei und führt unter anderem die vornehmliche Orientierung an den Leistungen des Unternehmers und eine Auseinandersetzung mit seiner Persönlichkeit an.[27]

Umstritten ist, ob Festschriften im Rahmen buchwissenschaftlicher Forschungen als Quellen oder als Forschungsliteratur zu betrachten sind.[28] Als »Texte, Gegenstände oder Tatsachen, aus denen Kenntnis der Vergangenheit gewonnen werden kann«[29] sind Verlagsfestschriften in der Regel den Quellen zuzuordnen. Bei einer näheren Bestimmung der Quellengattung entsprechen sie den Selbstzeugnissen, da sie »nach ihrem Erfahrungsgehalt, wie auch nach der zeitlichen und stofflichen Begrenzung niemals die Beziehung zum Autor aus dem Auge verlieren«[30]. Festschriften sind in den ganz überwiegenden Fällen von erheblichem Eigeninteresse geleitete Publikationen, die – gerade wenn sie im Rahmen von Jubiläen erscheinen – vor allem ein vom herausgebenden Verlag gewünschtes Bild vermitteln sollen. Die meisten Festschriften beschreiben neben den Biographien ihrer bedeutsamsten Verleger die herausgegebenen Werke und stellen die Autoren-Verleger-Beziehungen in den Vordergrund, ohne diese zu hinterfragen oder die Auswirkungen im rechtsgeschichtlichen Zusammenhang kritisch zu reflektieren.

Der überwiegende Teil der Festschriften juristischer Verlage des ausgehenden 20. Jahrhunderts und des 21. Jahrhunderts steht in der Tradition ihrer Vorgänger. Bereits die als Verlagskataloge bezeichneten Jubiläumsschriften der Verlage Carl Heymanns von 1915 oder von C.H.Beck aus dem Jahr 1913 beinhalten vornehmlich die geschilderten Themenkomplexe. Diese Art der Selbstdarstellung war nicht nur bei den juristischen Verlagen verbreitet, sondern auch bei Fachverlagen mit anderen Wis-

25 Zur modernen Unternehmensgeschichtsschreibung als wissenschaftlichen Disziplin vgl. Pierenkemper: Moderne Unternehmensgeschichtsschreibung, 2011, S. 213–238. Zu einer Auseinandersetzung mit der Unternehmensgeschichte als eigenständige Disziplin vgl. auch S. 217–218.

26 Pierenkemper: Moderne Unternehmensgeschichtsschreibung, 2011, S. 215.

27 Vgl. Pierenkemper: Moderne Unternehmensgeschichtsschreibung, 2011, S. 214–216. Pierenkemper selbst plädiert in diesem Zusammenhang dafür, die »innere ökonomische Logik unternehmerischen Handelns zu entschlüsseln«. Siehe S. 218. Zur Unternehmensgeschichte generell vgl. Pierenkemper: Unternehmensgeschichte, 2000 und Wirtschaftsgeschichte als Kulturgeschichte, 2004.

28 Zur allgemeinen Problematik vgl. Norrick / Schneider: Verlagsgeschichtsschreibung, 2012. Zu einem Theoriekonzept der Verlagsgeschichtsschreibung vgl. Trinckauf: Nicht nur Festschrift, 2008. Zum Stand der Forschung und der Forderung nach einer Neuorientierung vgl. Schneider: Verlagsgeschichte, 2012, S. 78.

29 So die Definition einer Quelle nach Paul Kirn. Vgl. Henning: Die archivalischen Quellen, 2004, S. 1.

30 Definition nach Wilhelm Bauer. Zitiert nach Henning, der nochmals danach einteilt, ob die Selbstzeugnisse »bereits mit Blick auf die Nachwelt entstanden (wie Memoiren, Autobiographien) oder als Reste menschlicher Beschäftigung übriggeblieben« sind wie Briefe, Tagebücher. So Henning: Selbstzeugnisse, 2004, S. 119.

senschaftsprogrammen.[31] In den seltensten Fällen hatten Verlagsfestschriften bisher einen Anspruch auf wissenschaftliche Aufarbeitung. Ausnahmen bilden hier Werke wie das Werk von Sarkowski über den J. Springer Verlag[32] oder Werke, die zwar von den Verlagen herausgegeben, aber von nicht im Verlag angestellten Wissenschaftlern verfasst wurden, die Untersuchung über *Bertelsmann im Dritten Reich*[33] oder das anlässlich des 150. Jubiläums des R. Oldenbourg Verlags von Wittmann verfasste Werk[34] oder die erwähnten Festschriften von Rebenich und Wesel zu C.H.Beck.

Neben umfangreichem Katalog- und ausgewähltem Archivmaterial einzelner Verlage zieht die Arbeit Verlagsfestschriften trotzdem als Grundlage für die Forschungen heran. Trotz der aufgeführten Unzulänglichkeiten spricht nichts gegen das Berücksichtigen von Verlagsfestschriften als Quellen: Sie tragen in ihren Tatsachen wie den Erscheinungsdaten von Werken, der Übernahme von Verlegerschaften und weiterer Rahmendaten korrekte Fakten zusammen. Die Darstellung des Unternehmens in vom Verlag selbst herausgegebenen Festschriften umreißt vor allem auch das Selbst- oder Idealbild des Verlags. Sie können deshalb quasi als Spiegel betrachtet werden, der ein Abbild dessen liefert, welches der Verlag zu einer bestimmten Zeit als Bild von sich zu vermitteln suchte.

In Ausnahmefällen sind juristische Verlagsprogramme Gegenstand von buchwissenschaftlichen Forschungen zu anderen Wissenschaftsdisziplinen geworden: Sarkowski setzt sich in der erwähnten, umfassend aufbereiteten J. Springer'schen Verlagshistorie auch mit J. Springer als Behördenverlag auseinander.[35] Wittmann streift in seiner Geschichte des Verlags J. B. Metzler neben anderen auch die juristische Verlagsproduktion.[36] Die Untersuchungen von Müller (Verlag Walter de Gruyter) und Knappenberger-Jans (Verlag J. C. B. Mohr (Paul Siebeck)) gehen am Rande ebenfalls auf die rechtswissenschaftlichen Verlagsprogramme ein.[37] Knappenberger-Jans stellt die Entwicklung des rechts- und staatswissenschaftlichen Verlagsprogramms an Hand verschiedener Projekte überblicksartig dar und beschäftigt sich im Rahmen

---

31 Vgl. bspw. aus der gleichen Zeit das zum 50jährigen Jubiläum herausgegebene »Verzeichnis aller seit Gründung der Firma bis Ende 1916 erschienen Werke mit einer kurzen einleitenden Geschichte ihres Werdeganges« des Verlags Urban & Schwarzenberg 1866–1916 oder die als »Ein Zeitbild« titulierte Festschrift zum 150jährigen Bestehen des Geschäftshauses Ernst Siegfried Mittler und Sohn. Vgl. Urban & Schwarzenberg 1866–1916, 1916; Mittler: Einhundert Jahre des Geschäftshauses Ernst Siegfried Mittler und Sohn. Königliche Hofbuchhandlung und Hofbuchdruckerei in Berlin – Ein Zeitbild, 1889. Ferner die Festschriften zum 100jährigen Jubiläum der Verlage L. Schwann (1921) und A. Marcus und E. Weber (1919).

32 Vgl. Sarkowski: Der Springer Verlag I, 1992.

33 Vgl. Friedländer u. a., Bertelsmann im Dritten Reich, 2002.

34 Vgl. Wittmann: Wissen für die Zukunft – 150 Jahre Oldenbourg Verlag, 2008.

35 Vgl. Sarkowski: Der Springer Verlag I, 1992.

36 Vgl. Wittmann: Dreihundert Jahre J. B. Metzler, 1982. Zur Produktion Jurisprudenz vgl. bspw. S. 81.

37 Zu Walter de Gruyter vgl. Müller: Wissenschaft und Markt, 2004. Zu J. C. B. Mohr (Paul Siebeck) Knappenberger-Jans: Verlagspolitik und Wissenschaft, 2001.

ihrer Untersuchung der Autorenhonorare auch mit dem rechtswissenschaftlichen Verlagsteil.[38] Müller analysiert den Verlag J. Guttentag innerhalb der Verlagsgruppe Walter de Gruyter und geht zum Beispiel auch auf die Rolle des juristischen Lektors Alexander Elster ein.[39]

Die Publikationsgeschichte wichtiger Verlagsveröffentlichungen wird häufig im Rahmen von Jubiläen oder im Zusammenhang mit den herausgebenden Verlagen untersucht, wie die der Zeitschrift *Neue Juristische Wochenschrift* oder des juristischen Kommentars *Palandt*, Bürgerliches Gesetzbuch.[40] Häufig wird dabei auch das Konkurrenzumfeld der Publikation betrachtet wie Tausch es für das *Archiv des Criminalrechts* von Gallus Aloys Kleinschrod leistet.[41] Die Publikationen bilden einen Baustein bei der Gesamtschau der verlegerischen Ausrichtung: Verlagsprogramme und -entwicklungen können an Hand ihrer Werke nachvollzogen werden.

Im Hinblick auf Publikationen bilden auch Verlagsbibliographien und -kataloge notwendige Hilfsmittel zur Untersuchung der inhaltlichen Ausrichtung des Programms und für quantitative Auswertungen der Gesamtproduktion, ferner geben sie einen Überblick über die Entwicklung des Autorenstammes. Die Arbeit nutzt diese deshalb als Quellen zur ersten Evaluierung der juristischen Verlagsprogramme. Zur Einordnung einzelner Werke diente auch die Darstellung innerhalb von Prospekt- und Werbematerial.

Auch die juristischen Verleger sind bisher kaum Gegenstand wissenschaftlicher Untersuchungen gewesen. Eine Besonderheit bilden die von Lindner verfassten umfangreichen Untersuchungen über die Verleger des Carl Heymanns Verlags in Gestalt des Gründers Carl Heymann und dem Carl Heymanns-Verleger im Kaiserreich, Otto Löwenstein.[42] Letztere Forschungsarbeit beschäftigt sich auch mit den Verlagsstrategien und den Bestrebungen von Otto Löwenstein, Carl Heymanns zu einem führenden Verlag innerhalb der Rechtspraxis zu entwickeln. Im Rahmen von Verlagsdarstellungen erfährt auch der Verleger Walter de Gruyter eine Würdigung, der spätere Verleger der Vereinigung wissenschaftlicher Verleger (Walter de Gruyter), zu der auch der juristische J. Guttentag Verlag gehörte.[43] Darstellungen zu Verlegern wie beispielsweise Jacob Bensheimer oder Walther Rothschild fehlen völlig.[44]

---

38 Vgl. Knappenberger-Jans: Verlagspolitik und Wissenschaft, 2001, S. 244–285.

39 Zum Verlag J. Guttentag vgl. Müller: Wissenschaft und Markt, 2004, S. 66–69. Zu Alexander Elster S. 92–106.

40 Zur Neuen Juristischen Wochenschrift bspw. Flemming: Gründungsgeschichte der NJW, 1998, S. 28–34. Zum Palandt bspw. Slapnicar: Der Wilke, 2000, S. 1692–1699; Heinrichs: Palandt, 2007, S. 385–403.

41 Vgl. Tausch: G. A. Kleinschrod, 2006, S. 571–574.

42 Zu Carl Heymann vgl. Lindner: Carl Heymann, 1996. Zu Otto Löwenstein vgl. Lindner: Die Wilhelmstraße als Ziel, 1997, S. B 19–28; Lindner: Otto Löwenstein, 2003.

43 Vgl. Lüdtke: Verlag Walter de Gruyter, 1924; Ziesak / Cram: Walter de Gruyter, 1999.

44 Jacob Bensheimer gründete 1838 J. Bensheimer. Dr. Walther Rothschild den nach ihm benannten Verlag 1905.

Viele wissenschaftliche Monographien oder Biographien über Juristen – insbesondere über Rechtswissenschaftler, die ein umfangreiches publizistisches Werk hinterlassen haben wie Friedrich Carl von Savigny, Josef Kohler oder Carl Schmitt – setzen sich auch mit deren Autorenrolle oder sogar der Publikationsgeschichte ihrer Werke auseinander, regelmäßig aber nur unter dem Aspekt der beruflichen und persönlichen Wirkungsgeschichte. Bezugspunkte zu Verlagsstrategien werden nur dann ausführlich gewürdigt, wenn durch eine langjährige Autoren- oder Herausgebertätigkeit eine enge Verbindung zwischen Person und Publikation bestand, wie bei Levin Goldschmidt mit der *Zeitschrift für das gesammte Handelsrecht*[45] oder bei Theodor Goltdammer und dem später nach ihm benannten *Archiv für Strafrecht und Strafprozeßrecht*[46].

In Veröffentlichungen zur Entwicklung juristischer Berufsstände wie der Anwaltschaft finden sich vereinzelt auch Kapitel zur Publikationstätigkeit.[47] In der Regel handelt es sich auch hier um Jubiläums- oder Festschriften.[48] Bei juristischen Vereinigungen wie dem Juristentag ergibt sich ein ähnliches Bild.[49] Vor allem in der Gründungs- und Anfangsphase hat es auf Grund intensiver Kontakte zwischen Vereinigungen und Verlagen häufig gemeinsame Publikationen und eine ausführliche Berichterstattung gegeben.[50] Eine wissenschaftliche Aufbereitung hinsichtlich der juristischen Vereinigungen scheint bislang nicht erarbeitet. Einzig der Deutsche Juristentag wird mit bestimmten Perioden seiner Entwicklung wissenschaftlich beleuchtet, so bei Hartwich im Kontext von Nationsbildung und Rechtsvereinheitlichung.[51]

---

45 Vgl. auch Weyhe: Levin Goldschmidt, 1996.

46 So sind Beiträge in Jubiläumsjahrgängen erschienen, die einleitend oder in separaten Beiträgen auch den Zeitschriftengründer würdigen. Vgl. Bruns u. a.: Geleitwort, 1993, S. V–X; Archiv für Strafrecht, 1880; Goltdammer's Archiv für Strafrecht, 2003.

47 Zur Anwaltschaft u. a. Weißler: Geschichte der Rechtsanwaltschaft, 1905.

48 So bspw. bei den Festschriften zum jeweils 100jährigen Bestehen des Deutschen und des Kölner Anwaltvereins: Bussenius / Hüttemann / Schwend: 100 Jahre Kölner Anwaltverein, 1987; Deutscher Anwaltverein: Geschichte des Deutschen Anwaltvereins, 1997.

49 Für den Deutschen Juristentag bspw. Busse: 150 Jahre Deutscher Juristentag, 2010; Waldmann: Recht mitgestalten, 2010; ferner vgl. Conrad / Dilcher / Kurland: Der Deutsche Juristentag, 1997.

50 So gab es 1902 gleich drei Festschriften, eine davon auf Initiative des Verlags J. Guttentag, die erstmals auch wissenschaftliche Beiträge enthielt. Die Schriften sind nachgewiesen im Verlagskatalog J. Guttentag 1903, S. 46. Vgl. auch Henne / Schröder / Thiessen: Festschrift für Hermann Staub zum 150. Geburtstag am 21. März 2006, 2006, S. 127. In den juristischen Zeitschriften erschienen in der Regel Schwerpunkthefte oder Aufsatzfolgen. Vgl. Conrad / Dilcher / Kurland: Der Deutsche Juristentag, 1997, S. 87. Gemeinsame Publikationen von Vereinigungen und Verlagen erschienen bspw. im Verlag von J. Guttentag mit einer Dokumentation der Verhandlungen des Juristentages. Nachgewiesen im Verlagskatalog von J. Guttentag 1883, S. 112–114; J. Guttentag: Verlagskatalog 1903, S. 181–183; Verlagskatalog J. Guttentag, 1907, S. 46.

51 Vgl. Hartwich: Der Deutsche Juristentag, 2008.

Quellenlage und Materialbasis

Um die Entwicklungslinien juristischer Verlage nachzuvollziehen, wertet die Arbeit zunächst Verlagsverzeichnisse und Firmenschriften als Quellen für Veränderungen der Verlagsproduktionen und -programme aus. Gestützt werden die Thesen ferner auf das wissenschaftliche Schrifttum des engeren buchwissenschaftlichen Forschungsumfeldes. Wo es für das Verständnis der Entwicklung des juristischen Verlagswesens komplettierend wirkt, wurden Forschungsarbeiten aus dem rechtswissenschaftlichen Bereich hinzugezogen. Der Schwerpunkt der Arbeit liegt aber auf den buchwissenschaftlichen Ausführungen.

Das teilweise fehlende Quellenmaterial nicht nur für die Zeiträume vor 1900, sondern auch für das 20. Jahrhundert hängt unter anderem mit zwei Weltkriegen und kriegsbedingten Verlusten von Archivmaterial zusammen. Von Archivverlusten besonders betroffen waren diejenigen Verlage, die sich in jüdischer Hand befunden hatten. Diese wurden oftmals – zwangsweise – verkauft, die neuen Eigentümer hatten unter Umständen kein Interesse an der Pflege der ehemaligen Archivbestände. Drei bekannte Verlage mit jüdischen Verlegern[52] waren in der Weimarer Republik die Firmen J. Bensheimer, Otto Liebmann und Dr. Walther Rothschild. Diese Verlage sind als Unternehmen und eigenständige Marken nach 1933 vom juristischen Markt verschwunden und wohl auf Grund fehlender Quellen auch aus dem Blickfeld der buchwissenschaftlichen Forschungen geraten.[53] Auf Autorenseite unterliegen Forschungen ähnlich gelagerten Schwierigkeiten: Die Jurisprudenz der Weimarer Republik war unter anderem geprägt von jüdischen Rechtswissenschaftlern wie Max Hachenburg, deren Wirken noch nicht in Gänze erforscht ist. In der rechtswissenschaftlichen Forschung sind aber Werke wie *Deutsche Juristen jüdischer Herkunft* von Heinrichs oder *Jüdische Rechtsanwälte in Preußen* von Krach sowie die Ausführungen von Rüthers in seinen Werken zum Recht im Nationalsozialismus rezipiert worden.[54]

Ausgewertet werden konnten die im Archiv des Deutschen Buch- und Schriftmuseums in der Deutschen Nationalbibliothek in Leipzig befindlichen Archivalien und Dokumente zur Buchgeschichte sowie die vorhandenen Geschäftsrundschreiben und Verlagskataloge. Grundlage des Archivs ist unter anderem die 1886 erworbene Sammlung buchhändlerischer Geschäftsrundschreiben des Verlegers Heinrich Klemm (1818–1886). Die Sammlung wurde im Laufe der Zeit erweitert und bildet heute den umfassendsten Bestand an buchhändlerischen Geschäftsankündigungen in Deutschland.[55] Die Bestände sind online recherchierbar und liefern nicht nur

52 In der Arbeit wird von »jüdischen Verlegern« und »jüdischen Autoren« gesprochen, obwohl das eine persönliche Religiosität nahelegen könnte, die nicht in jedem Fall gegeben war.

53 Jetzt aber Rebenich: C.H.Beck, 2013; Wesel: C.H.Beck 2013.

54 Vgl. Heinrichs, Deutsche Juristen, 1993; Krach: Jüdische Rechtsanwälte, 1991; Rüthers: Entartetes Recht, 1994.

55 Zur Bedeutung der Geschäftsrundschreiben sowie zur Sammlung allgemein vgl. Staniek: Buchhändlerische Geschäftsrundschreiben, 1999, S. 79.

für gesellschaftsrechtliche Änderungen wie Eigentümerwechsel oder Sitzverlegung sichere Auskünfte, sondern enthalten darüber hinaus weitere Hinweise zur Übergabe von Verlagsunternehmen an die nachfolgende Generation. Einen reichhaltigen Fundus an Forschungsmaterial vor allem an Verlagskatalogen aus dem 19. Jahrhundert bietet die »Sammlung Verlags- und Antiquariatskataloge«. Hier finden sich Kataloge, Prospekte und Verlagsankündigungen auch aus dem frühen 19. Jahrhundert sowie Verzeichnisse von Verlagen, von denen sporadische Erwähnungen in älteren Werken, eine Auflistung ihrer Verlagspublikation im *Russell* und diese Kataloge die scheinbar einzigen Verlagsvermächtnisse sind.

Ergänzend wurden die Materialien des Historischen Archivs des Börsenvereins des Deutschen Buchhandels in der Deutschen Nationalbibliothek in Frankfurt am Main eingesehen. In Frankfurt befindet sich die komplette Sammlung des vom Börsenverein 2002 der Deutschen Nationalbibliothek als Dauerleihgabe überreichten Archivs mit Verlagsfestschriften, Katalogen und weiteren Archivalien zu Personen, Institutionen und Sachthemen des Buchhandels. Die Materialien sind über eine interne Datenbank leicht zugänglich erschlossen. Das Archiv enthält Festschriften auch von Verlagen wie beispielsweise Otto Liebmann, von denen kaum mehr Exemplare in anderen Bibliotheken vorhanden sind.

Das noch vorhandene Archivmaterial des Verlags Walter de Gruyter – und damit auch des zugehörigen juristischen Verlags J. Guttentag –, das Verlagsarchiv Mohr Siebeck sowie ein Teil des Verlagsarchivs von Vandenhoeck & Ruprecht und Unterlagen zu R. von Decker befinden sich in der Staatsbibliothek zu Berlin Preußischer Kulturbesitz. Die Archive Mohr Siebeck und Vandenhoeck & Ruprecht befanden sich zur Zeit der Erstellung der Arbeit in der Erschließung, das Archiv Walter de Gruyter ist teils über ein 1999 von Neuendorff und Ziesak zusammengestelltes Repertorium erschlossen.[56] Dokumente zu den einzelnen Verlagen der ehemaligen Vereinigung wissenschaftlicher Verleger (Walter de Gruyter) sind in sehr unterschiedlichem Maße vorhanden. Zum juristischen Verlag J. Guttentag finden sich lediglich vereinzelt Unterlagen – überwiegend aus dem 20. Jahrhundert – in den Archivbeständen. Vorhanden sind diverse Korrespondenzen des juristischen Lektors und späteren Verlagsdirektors Alexander Elster aus der Weimarer Zeit.

Willoweit vermutet, dass von den heute noch bestehenden juristischen Fachverlagen nur der Verlag C.H.Beck über eine vollständige Verlagsbibliographie verfügt.[57] Die wenigsten juristischen Verlage verfügen noch über durchgängiges Archivmaterial, insofern stellt das 2001 in den Besitz der Staatsbibliothek zu Berlin Preußischer Kulturbesitz übergegangene Archiv des Verlags Mohr Siebeck eine Besonderheit dar:

56 Vgl. Neuendorff / Ziesak: Repertorium, 1999.

57 Willoweit verweist auf die veröffentlichten Verlagskataloge der C.H.Beck'schen Verlagsbuchhandlung Oskar Beck in München 1763–1913 und auf die Bibliographie Verlag C.H.Beck 1913–1988, Biederstein Verlag 1914–1988, Verlag Franz Vahlen 1970–1988, 1988, die von Albert Heinrich zum 250jährigen Jubiläum herausgegeben wurde. Vgl. Willoweit: Das Profil des Verlages C.H.Beck, 2007, S. 5.

Quellenmaterial findet sich – vor allem für den theologischen Verlagszweig – noch aus den Anfängen des Verlags bis in die neuere Zeit und erlaubt Forschungen auch über einen längeren Zeitraum.

Grundbegriffe und Abgrenzungen

Der juristische Verlag wird trotz wissenschaftlicher Programmbestandteile eindeutig als Fachverlag eingeordnet. Estermann definiert den Fachverlag als »Unternehmen, das sich auf die Produktion von Titeln aus einem klar definierten Fachbereich spezialisiert hat, seine Autoren aus dem Fach bezieht und dessen Titel sich wieder an diesen Rezipientenkreis richten«.[58] Der klar definierte Programmbereich von Fachverlagen tritt bei juristischen Verlagsprogrammen besonders trennscharf hervor, da sich der Umgang mit spezifisch rechtswissenschaftlichen Publikationsarten wie Kommentaren oder Gesetzessammlungen nur vorgebildeten Nutzern erschließt und die Publikationskette meist innerhalb eines geschlossenen juristischen Zirkels bleibt: Die Auswahl der in einer Gesetzessammlung abgedruckten Rechtsmaterien nehmen zum Beispiel Autoren aus der Rechtspraxis für den Verlag oder der Verlag selbst vor, gleichzeitig werden die Gesetzessammlungen wiederum an Rechtspraktiker verkauft.

Als Wissenschaftsverlag wird der Typus des Verlags bezeichnet, »dessen Unternehmenspolitik an der Bedarfsgruppe Wissenschaftler und dem Buchtyp Wissenschaftsbuch ausgerichtet ist«.[59] Die noch im 19. Jahrhundert sehr viel üblichere Ausrichtung auf die universitäre Lehre und eine Fokussierung auf akademische Einrichtungen garantierten einerseits eine klar umrissene Zielgruppe, konnten andererseits aber zu erheblichen Einschränkungen führen.[60] Akademische Wissenschaftspublikationen sind in juristischen Verlagsprogrammen von nachrangiger Bedeutung. Ohnehin war immer umstritten, ob es sich bei der Rechtswissenschaft tatsächlich um eine Wissenschaft handelt und was genau darunter zu verstehen ist.[61] Nicht ganz ernst gemeint war wohl auch der Titel des Vortrags, den der »Staats-Anwalt« Julius Hermann von Kirchmann (1802–1884) 1847 in der Juristischen Gesellschaft zu Berlin trug: *Die Werthlosigkeit der Jurisprudenz als Wissenschaft*.[62]

58 Estermann: Fachverlag, 2003, S. 201–202. Zum Fachverlag vgl. auch Hiller / Füssel: Wörterbuch des Buches, 2006, S. 361–362; Wetzel: Wissenschaftsverlage, 2003, S. 537; Gläser: Medienmanagement, 2010, S. 185.

59 Frühschütz: Wissenschaftsverlag, 2000, S. 369. Zum Wissenschaftsverlag und dem Verhältnis des Verlages zu seinen Autoren vgl. auch Siebeck: Der Verlag und seine Autoren, 2013, S. 99.

60 Ruppert beschreibt für die J. G. Cotta'sche Verlagsbuchhandlung, die stark von der Tübinger Universität abhängig war, die sich daraus ergebenden Einschränkungen im Programm und für den Vertrieb. Vgl. Ruppert: Die Entstehung der Gesetz- und Verordnungsblätter, 1999, S. 75.

61 Schröder verweist darauf im Vorwort seines Werkes zur Geschichte der Rechtsquellen- und Methodenlehre. Vgl. Vorwort Schröder: Recht als Wissenschaft, 2012.

62 Der Vortrag wurde 1848 als Buch im Verlag von Julius Springer veröffentlicht, im gleichen Jahr konnte bereits die 3. Auflage herausgegeben werden. Vgl. Kirchmann: Die Werthlosigkeit der Jurispru-

Eine der seltenen Definitionen des juristischen Verlags stammt von der 1910 gegründeten »Arbeitsgemeinschaft der rechts- und staatswissenschaftlichen Verlage«, die den juristischen Verlag 1994 wie folgt definierte:

> »Rechts- und staatswissenschaftliche Verlage – das sind Wirtschaftsunternehmen, die das, was rechts- und staatswissenschaftlich ausgebildete Autoren veröffentlichen wollen, in eine verkäufliche Ware umsetzen und über den Buchhandel dem Käufer und Leser in Rechtswissenschaft und -praxis vermitteln.«[63]

Die Definition legt den Schwerpunkt auf juristisch ausgebildete Autoren und betont die Vertriebsschiene Buchhandel. Allerdings verfassen nicht nur rechts- und staatswissenschaftlich ausgebildete Autoren juristische Werke, sondern auch Wissenschaftler und Praktiker benachbarter Disziplinen. In der Definition ebenfalls nicht berücksichtigt werden die vollständig vom Verlag – ohne die Mitwirkung von Autoren – erstellten Inhalte wie die Zusammenstellung von Gesetzestexten oder Urteilsabdrucken. Auch die Definition der »Verbreitung über den Buchhandel« bildet nur einen Teil der Vertriebsmöglichkeiten juristischer Verlage ab. Die Verbreitung von juristischen Inhalten findet wie bei Fachinformationen üblich häufig gerade nicht über den Buchhandel statt, sondern diese werden direkt an die Endkunden oder über andere Verkaufskanäle abgegeben. Die angeführte Definition beschreibt den juristischen Verlag zwar zutreffend, bildet aber nur einen Teil seiner Charakteristika ab.

Eine Besonderheit des juristischen Verlagswesens besteht darin, dass die Veröffentlichung rechtswissenschaftlicher Inhalte – häufig auf Gesetzestexten fußend – eine spezifische formale Aufbereitung erfordert. Die am weitesten verbreiteten Publikationsarten wie Gesetzessammlungen und juristische Kommentare bedingen ein starres Korsett für die Inhalte, damit die Publikationen in den Kanon der vorhandenen Literatur eingeordnet werden können und sich in den Kontext der Rechtsanwendung einfügen: Erst dann können die Inhalte im Rechtsanwenderkreis – beispielsweise für Urteilszitate – rezipiert und für eine wissenschaftliche Auseinandersetzung fruchtbar gemacht werden. Damit korrespondiert ein weiteres Kennzeichen juristischer Verlage, nämlich die starke Verankerung des Verlags in seiner Zielgruppe. Durch die skizzierte Bedeutung schriftlicher Äußerungen im Rechtswesen – der gesetzgeberische Wille artikuliert sich in Gesetzen, die zu ihrer Wirksamkeit der schriftlichen Veröffentlichung bedürfen – kommt juristischen Publikationen und den sie herausgebenden Verlagen eine ausgeprägtere Bindegliedfunktion innerhalb des Rechtswesens zu, als dies bei

---

denz als Wissenschaft. Ein Vortrag, gehalten in der juristischen Gesellschaft zu Berlin. 3. Auflage 1848. Häufig wird explizit auch auf die Schrift Kirchmanns verwiesen. So bspw. Maunz: Von der Wertlosigkeit der Rechtswissenschaft, 1963, S. 289.

63 Arbeitsgemeinschaft rechts- und staatswissenschaftlicher Verleger ARSV – Die Mitgliedsverlage und ihre Programme, 1994, S. 5. Auch Urban nimmt diese Definition in seine Überlegungen zur Verortung juristischer Verlage auf. Vgl. Urban: Lotsendienste für den Staat, 2002, S. 2.

Fachverlagen mit anderen Programmschwerpunkten innerhalb ihrer Zielgruppen in der Regel der Fall ist.

Zusammenfassend sind juristische Verlage dadurch gekennzeichnet, dass sie rechtswissenschaftliche Inhalte in eine spezifische Form bringen – entsprechend der gängigen Rechtspraxis und auf die Zielgruppe zugeschnitten – und diese mittels der ihnen durch ihre Marktstellung zur Verfügung stehenden Vertriebskanäle in der juristischen Nutzergruppe verbreiten. Dabei können die Inhalte sowohl vom Verlag selbst, von verschiedenen Zuträgern – wie Gerichten, die ihre Urteile für die Aufnahme in eine Publikation übersenden – oder von Autoren bereitgestellt werden. Juristische Verlage sind auf Auswahl, Aufbereitung und Bereitstellung von rechtsetzenden, rechtserläuternden, rechtspolitischen oder rechtswissenschaftlichen Inhalten – in festen Formatkonventionen – spezialisiert, die sie aus wirtschaftlichem oder institutionellem Interesse zwischen Fachautoren und Fachanwendern vermitteln.

Abgrenzung zu themenähnlichen Verlagen

Die Rechtswissenschaft teilt sich mit anderen Wissenschaftsdisziplinen einige Themengebiete, die jeweils aus der spezifischen Perspektive betrachtet werden: So ist das Verfassungsrecht gleichzeitig ein Gebiet der Staats- und Politikwissenschaft, das Strafrecht war zeitweise eng verzahnt mit der Moraltheologie und das Handels- und Gesellschaftsrecht ist auch Kernmaterie der Wirtschaftswissenschaften. Im 19. Jahrhundert zeigten die Programmbereiche rechtswissenschaftlicher Verlage noch deutlich ausgeprägtere Gemeinsamkeiten zu themenverwandten Verlagen aus den Gebieten beispielsweise der Sozialwissenschaften oder Volkswirtschaft. In der Statistik des Börsenvereins bildete die Sparte »Rechts- und Staatswissenschaft« im 19. Jahrhundert eine einheitliche Gruppe mit juristischen, politischen, statistischen und volkswirtschaftlichen Publikationen; bis 1896 war auch der Bereich »Verkehrswesen« enthalten.[64]

Inhaltliche Berührungspunkte und eine hohe Themennähe bestehen insbesondere zwischen juristischen und staatswissenschaftlichen Verlagen. Der Sachlogik folgend bedienen viele Verlage, die einen Schwerpunkt auf der Staatsrechtslehre oder dem öffentlichen Recht ausgebildet haben, auch die angrenzenden staatswissenschaftlichen Theoriefelder. Verlage wie Duncker & Humblot oder Mohr Siebeck definieren sich durch beide Programmbereiche. Ein weiterer Beleg für die inhaltliche Nähe ist die gemeinsame »Arbeitsgemeinschaft der rechts- und staatswissenschaftlichen Verlage«, welche Verlage beider Programmsegmente aufnimmt. Ähnlich kann sich die Situation im Hinblick auf weltanschauliche Verlage darstellen, zu denen politisch oder konfessionell ausgerichtete Verlage zählen.[65] Obwohl diese Ausrichtung

64 Vgl. Kastner: Statistik, 2003, S. 305–306.

65 Zu weltanschaulichen Verlagen vgl. Hübinger / Müller: Politische Verlage, 2001, S. 347–405.

nur in den seltensten Fällen mit einer Spezialisierung auf eine bestimmte Wissenschaftsdisziplin einhergeht, kann es zu Überschneidungen im Programm kommen, wenn einzelne Rechtsentwicklungen mit bestimmten Weltanschauungen verknüpft werden.[66] Umgekehrt sind auch juristische Verlage mit einzelnen Werken nicht an die wissenschaftliche Neutralität gebunden und können mit weltanschaulich geprägten Titeln Einfluss auf das politische Leben anstreben. So hat der Verlag C.H.Beck im Jahr 1922 mit Oswald Spenglers *Untergang des Abendlandes* eine wirkungsmächtige Streitschrift zu aktuellen kultursoziologischen Fragen mit hohem verlegerischem Engagement publiziert.

Als dem politischen Liberalismus zugewandte Verleger, die auch einen rechtswissenschaftlichen Verlagszweig in ihren Wissenschaftsverlagen etablierten, gelten Walter de Gruyter und Paul Siebeck ebenso wie Ludwig Feuchtwanger, der zeitweilige Verlagsleiter von Duncker & Humblot.[67] Mit der Etablierung der Sozialwissenschaften als eigenständiger Wissenschaftsdisziplin zu Beginn des 20. Jahrhunderts erweiterten einige juristische Verleger ihr Programm in diesem Bereich. Beispiele sind der Verlag J. C. B. Mohr (Paul Siebeck) in Tübingen oder der Verlag Gustav Fischer in Jena.[68] Trotz dieser Überschneidungen und inhaltlichen Verwandtschaften kann der typische rechtswissenschaftliche Verlag eindeutig von den anderen genannten Fachverlagssegmenten abgegrenzt werden. Juristische Verlage unterscheiden sich durch ihre Herangehensweise und durch die detailorientierte inhaltliche Auseinandersetzung mit gesetzlichen Regelungen: Das Verlagsprogramm der juristischen Verlage ist durch Publikationsarten wie Kommentare oder Textausgaben bestimmt, in staatswissenschaftlichen Publikationen dagegen herrschen Formen wie Essay, Streitschrift oder Abhandlung vor. Die Intention der Werke des rechtswissenschaftlichen Verlags ist die praktische Nutzbarkeit oder die Rechtsfortbildung, im politisch-weltanschaulichen Bereich wird eine gesellschaftliche Veränderung angestrebt.

Die Abgrenzung zum wirtschaftswissenschaftlichen Verlag bietet sich entlang einer inhaltlich-thematischen Trennlinie an. Teile jeweils der Rechts- und Wirtschaftswissenschaften haben ihre gemeinsame Wurzel in den Kameralwissenschaften. Bis heute resultieren hieraus Überschneidungen in den Programmbereichen.[69] Die Kameralwissenschaften waren Vorläufer sowohl für das Verwaltungsrecht und

---

66 So veröffentlichte der sozialistisch geprägte Verlag von Johann Heinrich Wilhelm Dietz, der sich seit 1906 im Besitz der Sozialdemokratischen Partei Deutschlands (SPD) befand, auch juristische Werke wie das von Arthur Stadthagen zum Arbeitsrecht. Vgl. Stadthagen: Das Arbeitsrecht, 1900.

67 Vgl. Hübinger, Müller: Politische Verlage, 2001, S. 347–395. Ludwig Feuchtwanger war ein Bruder des Schriftstellers Lion Feuchtwanger.

68 Zu J. C. B. Mohr (Paul Siebeck) vgl. Mommsen: Die Siebecks und Max Weber, 1996, S. 20; Knappenberger-Jans: Verlagspolitik und Wissenschaft, 2001, S. 12; Müller: Wissenschaft und Markt, 2004, S. 39–40. Zu Gustav Fischer vgl. Lütge: Das Verlagshaus Gustav Fischer in Jena, 1928; 100 Jahre Gustav Fischer Verlag, 1978, S. 5; Schneider: Der wissenschaftliche Verlag, 2007, S. 415.

69 Die inhaltliche Nähe von Rechts- und Kameralwissenschaften wird bspw. im Verlagsverzeichnis des Carl Heymanns Verlags von 1847 deutlich, der eine »Systematische Übersicht des Bereichs Ju-

die Verwaltungswissenschaften als auch für die Wirtschaftswissenschaften.[70] Da diese durch ihre Verankerung in den staatlichen Verwaltungseinheiten häufig auch Berührungspunkte zu juristischen Fragestellungen besaßen, lag es für die frühen juristischen Verleger nahe, auch solche Titel im Programm zu führen, die heute eher im wirtschaftswissenschaftlichen Programmbereich angesiedelt wären. Während wirtschaftswissenschaftliche Literatur sich allerdings mit der Organisation von Unternehmen befasst, behandeln juristische Publikationen dies nur im Bereich des Handels-, Gesellschafts- oder Arbeitsrechts. Bis auf den gemeinsamen Teilbereich des Wirtschaftsrechts und Berührungspunkte zu den genannten Rechtsgebieten des Handels-, Gesellschafts- und Arbeitsrechts sind beide Programmbereiche inzwischen in den Verlagen typischerweise vollständig getrennt. Einer der ersten Verlage, die sich vornehmlich auf die Wirtschaftswissenschaften spezialisiert hat, war der 1902 gegründete C. E. Poeschel Verlag, der 1904 zum Beispiel den Titel *Das Buch des Kaufmanns* nicht nur für »Kaufleute, Industrielle, Gewerbetreibende«, sondern auch für Juristen herausbrachte.[71]

Der militärwissenschaftliche Verlag hat vor allem historische Bedeutung. Militärische Themenbereiche wiesen naturgemäß Überschneidungen auch zu gesetzlichen Grundlagen auf. Ein bekannter Verlag im 19. Jahrhundert, der sowohl militärwissenschaftliche wie vereinzelt juristische Literatur verlegt hat, war Mittler & Sohn.[72] Umgekehrt haben viele Verlage neben juristischen Publikationen auch militärwissenschaftliche Werke verlegt wie der Verlag R. von Decker, der in seinem Katalog von 1849 auch Titel wie ein *Strafgesetzbuch für das Preußische Heer* oder *Erläuterungen zu den Verordnungen über die Ehrengerichte im Preußischen Heere und über die Bestrafung der Offiziere wegen Zweikampfs* listet.[73] Da die Militärwissenschaften historisch ein bedeutendes Publikationsfeld waren und in Themenbearbeitung, Leserkreis und Autorenfeld eine strukturelle Verwandtschaft zu den Rechtswissenschaften unverkennbar ist, wäre es naheliegend gewesen, dass einer der militärwissenschaftlichen Verlage die Keimzelle eines juristischen Verlags bildet; es ist aber kein Verlag bekannt, der dies verwirklicht hätte, was auch mit dem Bedeutungsverlust der militärwissenschaftlichen Schriften im Bereich der allgemeinen Verwaltung zu tun haben könnte.

---

risprudenz, Staats- und Kameralwissenschaften« ausweist. Vgl. Verlagsverzeichnis Carl Heymanns, Ostern 1847, S. 3–5. Ein frühes Beispiel stellt die Europäische Staats-Cantzley des Nürnberger Ratskonsulent Christan Leonhard Leucht dar, die ab 1697 erschien und juristische und kameralwissenschaftliche Beiträge enthielt. Vgl. Lindemann: Deutsche Presse bis 1815, 1988, S. 205.

70 Zur Kameralistik und Policeywissenschaft als Vorläufer des Verwaltungsrecht vgl. auch Wesel: Geschichte des Rechts, 2006, S. 448, 450.

71 Vgl. Jäger: Der wissenschaftliche Verlag, 2001, S. 458. Zu C. E. Poeschel vgl. Riese: Am Strom der Zeit, 2002, S. 16, 23.

72 Zu Mittler & Sohn als militärwissenschaftlicher Verlag vgl. E. S. Mittlerer & Sohn 1789–1939; Mahlke: Berlin als Verlagsort im 19. Jahrhundert, 1987, S. 140; Russell: Ernst Siegfried Mittler & Sohn, 1881.

73 Vgl. Verlagsverzeichnis R. von Decker 1849, S. 18.

Die abgrenzenden Merkmale des juristischen Verlags gegenüber themenverwandten Fachverlagen lassen gleichzeitig seine Besonderheiten erkennen: Rechtspraktische und rechtswissenschaftliche Inhalte finden sich auch in anderen Verlagen, juristische Autoren publizieren je nach Rechtsgebiet ohnehin in unterschiedlichen Fachgebieten, aber die Auswahl der Inhalte, die Ansprache geeigneter Autoren, Aufbereitung und Vermittlung der Dokumente, vor allem aber das »Erspüren von Tendenzen«[74] im Bereich von Gesetzgebung und Rechtspraxis erfüllen juristische Verlage mit ihren im Laufe der Entwicklungsgeschichte gebildeten speziellen Mechanismen im politischen Feld und mittels spezifischer Strukturen innerhalb ihrer Geschäftstätigkeit.

74 Blaschke: Verleger machen Geschichte, 2010, S. 578.

2 Anfänge: Das Streben nach verlegerischer Identität

»Im 19. Jahrhundert wird schon der moderne Staat sichtbar [...] Auffallend ist der Zusammenhang zwischen Verrechtlichung von Zensur auf der einen und wachsender geistiger Freiheit auf der anderen Seite.«[1]

(Ulrich Eisenhardt)

Eine zunehmende Verrechtlichung sorgte im 19. Jahrhundert nicht nur für geistige, sondern auch für wirtschaftliche Freiheiten: Gesetzliche Grundlagen bedeuteten – zumindest formal – eine höhere Rechtssicherheit. Prägend waren dabei insbesondere umfassende Kodifikationen[2] wie das Allgemeine Landrecht für die Preußischen Staaten (ALR) oder der Code Napoleon, aber auch Gesetze geringeren Umfangs wie Handelsgesetze oder Steuerordnungen trugen zu einer rechtlichen Strukturierung bei. Gemeinsam bildeten sie das Fundament der verlegerischen Arbeit in einigen Verlagen zu Beginn des 19. Jahrhunderts.

2.1 Gesetzliche Strukturen statt behördlicher Vorgaben

Ein gesetzlicher Grundpfeiler für die Strukturveränderungen und gleichzeitig Basis für den wirtschaftlichen Aufschwung des Verlagswesens im 19. Jahrhundert war die allmähliche Ablösung einer Politik der Privilegienvergabe und der Marktbeschränkungen durch gesetzliche Regelungen und größere ökonomische Freiheiten: insbesondere in den die eigenen Marktbedingungen betreffenden Bereichen des Handels-und Gewerberechts sowie des Urheber- und Presserechts. Zusammen mit der gesetzlichen Verankerung von Gewerbe- und Handelsfreiheiten wirkten Reformen der staatlichen Gebietszuteilung auf diejenigen Verlagsunternehmen ein, die sich auf rechts- und staatswissenschaftliche Publikationen zu spezialisieren begannen.

1 Eisenhardt: Wandlungen von Zweck und Methoden der Zensur, 1988, S. 35.

2 Der Begriff »Kodifikation« wurde von Jeremy Bentham (1748–1832) um 1814 geprägt. Eine Abgrenzung der Begriffe Kodifikation, Rechts- und Gesetzbuch ist oft nicht trennscharf zu bewerkstelligen, die Grenzen sind fließend. Der Begriff »Rechtsbuch« wird im juristischen Sprachgebrauch nur noch selten verwendet. Das bekannteste Rechtsbuch ist der im 14. Jahrhundert von Eike von Repgow zunächst als Sammlung des angewendeten sächsischen Gewohnheitsrechts verfasste Sachsenspiegel; das Rechtsbuch wurde Vorbild für viele spätere Rechtsbücher wie den Schwabenspiegel oder den Deutschenspiegel und behielt seine Geltung bis zur Einführung des Preußischen Allgemeinen Landrechts 1794. Vgl. Engisch: Das Gesetzbuch im Leben der Gegenwart, 1966, S. 206–207; Hattenhauer: Das ALR im Widerstreit der Politik, 1995, S. 28–29. Zur Theorie des bürgerlichen Rechts vgl. Coing: Europäisches Privatrecht, 19. Jahrhundert, 1989, S. 7–10.

Bis zur Reichsgründung war Deutschland in verschiedene kleinere Landesteile mit territorialer Herrschaftsgewalt, eigener Gesetzgebung und regionalen Handelszentren zersplittert. Mit den vielen Einzelstaaten und ihrer originären Rechtssetzung wurde häufig auch von einer »Vielstaaterei«[3] gesprochen, was auch eine territoriale Zersplitterung für die Rechtsanwendung zur Folge hatte. Wenn bereits die rechtliche Zersplitterung für ein juristisches Verlagswesen ein Hemmnis darstellte, so kam ein weiteres das Gemeinwesen prägende Moment hinzu: die ländlichen Strukturen, in denen die meisten Bewohner lebten. Baden zum Beispiel als der Landstrich, in dem Christian Friedrich Müller (1776–1821) ab 1797 als Verleger Fuß fasste, besaß im 18. Jahrhundert als größere Stadt im Wesentlichen die Residenz Karlsruhe; das im 19. Jahrhundert als Handelszentrum zunehmende Bedeutung erlangende Mannheim wurde erst durch den Reichsdeputationshauptschluss 1803 badisch. Durch diesen entstanden größere Herrschaftsgebiete, in denen durch die Zusammenlegung auch die Einwohnerzahl wuchs. Dabei hatte die Neustrukturierung nicht nur veränderte Herrschaftsgebiete zur Folge wie das Großherzogtum Baden, sondern auch neue gesetzliche Grundlagen – in Baden das Badische Landrecht auf Grundlage des Code Napoleon.

Nicht nur, dass größere Herrschaftsgebiete mit einheitlicher Gesetzgebung entstanden, das beginnende 19. Jahrhundert war gleichzeitig eine Zeit der Verwaltungsreformen und Verwaltungsreformer, verbunden mit Namen wie Maximilian von Montgelas (1759–1838) und Heinrich Friedrich Karl Freiherr vom und zum Stein (1757–1831). Die Verwaltungsreformen veränderten die Strukturen und die Behördenorganisation in der Verwaltung. Dabei konnten juristische Verlagsprogramme Anfang der 1820er Jahre von der Einrichtung neuer Behörden wie in Preußen der Fall, aber auch von einer zunehmenden Bürokratisierung und einem »Juristenmonopol der Verwaltung«[4] profitieren. Gemeinsam mit den veränderten Behördenstrukturen bildeten vor allem die neuen Gesetze einen Kristallisations- und Ausgangspunkt für die Entwicklung juristischer Verlagsprogramme. Das 19. Jahrhundert wird auch als »Zeitalter umfassender und systematischer Kodifikationen«[5] bezeichnet, für seine zweite Hälfte wird teilweise sogar von einer »Kodifikationsflut«[6] gesprochen.

Das ALR bildete 1794 zeitlich den Auftakt für weitere umfassende Regelwerke, die die Rechtswissenschaft und Rechtspraxis des 19. Jahrhundert nachhaltig präg-

3 Siebeck: Der Heidelberger Verlag, 1926, S. 4. Siebeck beschäftigt sich mit den Auswirkungen der »Vielstaaterei« auf das Verlagswesen, sieht allerdings auch Vorteile unterschiedlicher regionaler Zentren.

4 Jarausch: Deutsche Studenten. 1800–1970, 1989, S. 31. Mit dem Begriff Juristenmonopol oder Juristenprivileg wird beschrieben, dass für viele Positionen in der Verwaltung eine juristische Ausbildung bzw. die Befähigung zum Richteramt zwingende Einstellungsvoraussetzung ist.

5 Knieper: Gesetz und Geschichte, 1996, S. 23.

6 Grothe: Zwischen Geschichte und Recht, 2005, S. 46.

ten. Auch wenn das ALR mit seinem Hintergrund einer »Aufklärungskodifikation«[7] von Friedrich Carl von Savigny (1779–1861) als »Sudeley«[8] bezeichnet wurde, behielt es seine herausragende Stellung das gesamte 19. Jahrhundert hindurch bis zum Inkrafttreten des Bürgerlichen Gesetzesbuchs und 1900 erschienen entsprechend vergleichende Darstellungen des Bürgerlichen Gesetzbuchs mit dem ALR.[9] Neben dem größeren räumlichen Geltungsbereich war das ALR das bis zu dieser Zeit umfangreichste Gesetz in Deutschland und die erste vollständige zusammenhängende Kodifikation des Rechts: Nicht nur das Zivilrecht mit Familien- und Erbrecht, sondern auch das Handelsrecht, das Strafrecht und Polizeirecht, das Staatsrecht und Gemeinderecht sowie das Kirchenrecht wurden rechtlich strukturiert. Das ALR mit seinen 19 194 Paragraphen versuchte, jeden denkbaren tatsächlichen Vorfall rechtlich zu erfassen.[10] Für die Verlage von besonderer Bedeutung war, dass das Allgemeine Preußische Landrecht (ALR) als erstes deutsches Gesetz einen Schutz für Urheber und Verlage normierte; für die juristischen Verlage darüber hinaus, dass erstmals eine Publikationspflicht von Gesetzen statuiert wurde.[11]

Das Gesetz mit der nachhaltigsten Bedeutung für die Entwicklung des europäischen Gesetzesrechts war der Code Civil beziehungsweise Code Napoleon zu Beginn des 19. Jahrhunderts, der Code erlangte in den französisch besetzten Gebieten Geltung. Er galt teils unmittelbar, teils modifiziert oder mittelbar.[12] Im Gegensatz zum ALR wurde der Code Civil sofort umfassend kommentiert – Schmidt sieht eine »blühende Kommentarliteratur« und auch Übersetzungen wie diejenige eines vierbändigen Kommentars des französischen Politikers Jacques de Maleville (1741–1824) nahmen

7 Schröder: Recht als Wissenschaft, 2012, S. 111. In einem Vergleich mit dem späteren Bürgerlichen Gesetzbuch stellt Holtze ferner als Errungenschaft fest, dass »man das ALR möglichst unter Mitwirkung aller Gebildeten abfassen lassen wollte«. Holtze: 1794 und 1900. Eine Betrachtung, 1900, S. 16–17.

8 Zitiert nach Sturm: Kampf um die Reichseinheit, 1999, S. 15.

9 Zum Beispiel das Werk von Franz Leske »Bürgerliches Gesetzbuch und Preußisches Allgemeines Landrecht« im Verlag von Otto Liebmann 1900.

10 Nach Knieper repräsentiert das ALR »wohl den letzten großen Versuch, den gesamten Rechtsstoff unterhalb der Verfassungsebene in einem einzigen Gesetz zu vereinigen«. Knieper: Gesetz und Geschichte, 1996, S. 23.

11 § 10 der Einleitung des ALR bestimmte, dass Gesetze ihre rechtliche Verbindlichkeit erst erlangen, nachdem sie »gehörig bekanntgemacht« worden waren. § 11 statuierte eine Bekanntmachungspflicht durch öffentlichen Anschlag und Abdruck in den Intelligenzblättern der jeweiligen Provinz. Vgl. Ruppert: Entstehung der Gesetz- und Verordnungsblätter, 1999, S. 85. Vgl. zu urheber- und verlagsrechtlichen Bestimmungen Widmann: Geschichte des Buchhandels vom Altertum bis zur Gegenwart, 1975, S. 130; Vogel: Urheberrecht in Deutschland, 1989, S. 101; Wehler: Deutsche Gesellschaftsgeschichte, 2008a, S. 316; Vogel: Geschichte des Urheberrechts, 2010, S. 84. Weitere Gesetze mit Regelungen zu verlagsrechtlichen Bestimmungen waren das Bürgerliche Gesetzbuch des Freistaats Sachsen, das Badische Landrecht oder das Allgemeine Bürgerliche Gesetzbuch in Österreich von 1811. Vgl. Russ: Gesetz über das Verlagsrecht, 2014, S. 7–8 sowie Obergfell: Geschichte des Verlagsrechts, 2013, S. 28.

12 Vgl. zur mittelbaren Geltung auch Knieper: Gesetz und Geschichte, 1996, S. 24.

»erheblichen Einfluß auf die Rechtsentwicklung in Deutschland«.[13] Eine besondere Geltung erlangte der Code Civil in Baden: Hier galten seine Regelungen seit 1810 durch Übernahme in das heimische Badische Landrecht. Die Bestimmungen des Code Civil wurden dabei mit landesspezifischen Zusätzen erweitert. Kommentiert wurde das Badische Landrecht unter anderem von Johann Niklas Friedrich Brauer (1754–1813) im Verlag C. F. Müller.[14] Weitere prägende Zivilrechtskodifikationen im deutschen Sprachraum waren 1811 das Allgemeine Bürgerliche Gesetzbuch für Österreich.[15] Für Zürich erarbeitete ab 1840 Johann Caspar Bluntschli (1808–1881) ein Privatrechtliches Gesetzbuch, das allerdings erst 1856 in Kraft trat. Im gleichen Jahr begannen die Vorarbeiten zu einem Bürgerlichen Gesetzbuch in Bayern, das schließlich 1861 Geltung erlangte. Vier Jahre später folgte das Sächsische Bürgerliche Gesetzbuch. Diese auch als »Pionierleistung« betitelte Kodifikation besaß nicht nur für ihren Geltungsbereich Sachsen eine hohe Bedeutung, sondern übte auch entscheidenden Einfluss auf das spätere im Kaiserreich entstandene Bürgerliche Gesetzbuch aus.[16]

Die umfassende schriftliche Niederlegung von gesetzlichen Grundlagen sowie die Auseinandersetzung mit einzelnen rechtlichen Regelungen besaßen eine hohe Bedeutung bei der Herausbildung eines juristischen Verlagswesens: Gesetzliche Grundlagen wurden als Legitimation staatlicher Handlungen zu einer Selbstverständlichkeit im 19. Jahrhundert. Das Verständnis kodifizierender Regelungen beschränkte sich nicht länger auf die engen Gelehrtenkreise und privilegierten behördlichen Schaltstellen; auch die Interpretationshoheit der gesetzlichen Grundlagen oblag nicht mehr allein staatlichen Stellen. Mit dieser die Gesellschaft insgesamt umfassenden Veränderung wurde eine Basis für ein unabhängiges juristisches Verlagswesen geschaffen.

Einen weiteren das juristische Verlagswesen beeinflussenden Faktor stellten die Gewerbe- und Handelsfreiheiten zu Beginn des 19. Jahrhunderts dar. Mit der Modernisierung der Produktionsmethoden und dem Inkrafttreten der Gewerbeordnung 1810 begannen sich auch die letzten übriggebliebenen Strukturen des mittelalterlichen Zunftwesens endgültig aufzulösen. Die Bedeutung der Gewerbe- und Handelsfreiheiten für das Verlagswesen kann am ehesten vor dem Hintergrund des bis dahin üblichen Protektions- und Privilegienwesens gewürdigt werden. Privilegien bedeuteten im Buchhandel »das von der Obrigkeit jemandem ausschließlich ertheilte Recht

---

13 Zitate Schmidt: Kommentar als Darstellungsform, 1966, S. 187. Zum ALR findet sich im Programm von Carl Heymanns noch ein von 1804 bis 1806 entstandener »Commentar zum allgemeinen Landrecht für die Preußischen Staaten« von C. W. Ludwig, charakterisiert als »Erläuterung des Allg. Landrechts und Vergleichung desselben mit dem gemeinen, besonders Römischen Rechte, nebst einem den Schlesischen Provinzialgesetzen gewidmeten Anhange«. Verlagsverzeichnis Carl Heymanns, Januar 1842, S. 30.

14 Vgl. Gross: Code Napoleon 1997, S. 27, 28; Würtz: Johann Niklas Friedrich Brauer, 2005, S. 333–334.

15 Wie das ALR enthielt auch dieses Gesetz Regelungen zum Autor-Verleger-Verhältnis. Vgl. Schricker: Urheberrecht, 1999, S. 36.

16 Vgl. Schroeder: Gottlieb Planck, 2000, S. 1047.

zum Verlag eines Buchs«.[17] Es handelte sich um einen monopolartigen Gewerbeschutz, welcher für alle Werke eines Verlages oder für ein einzelnes Werk vergeben wurde. Privilegien waren in der Regel räumlich begrenzt und konnten bei Übergang des Unternehmens an den Nachfolger weitergegeben werden, auch eine Vergabe von Privilegien an Autoren war möglich. Für seine *Sammlung der preußischen Gesetze* erhielt 1715 zum Beispiel der spätere Geheime Rat Christian Otto Mylius (1678–1760) ein Privileg.[18] Ein allgemeines Buchhandelsprivileg wurde dem späteren juristischen Verleger Christian Friedrich Müller 1797 eingeräumt: Der junge Verleger wartete das Privileg allerdings nicht ab, sondern druckte bereits vorher.[19] Ein Einzelprivileg besaß der Verlag C. F. Müller zwischen 1805 und 1806 für die *Sammlung der Landesrechte, Landes-Ordnung der Markgrafschaft Baden-Baden; wie auch der Statuten der neuacquirierten Länder von Offenburg, Gengenbach und Zell, der Lahrer und Mahlberger Erbordnung und dem in den sämtlichen Badischen Kurlanden gültigen Frankfurter Wechselrechte*.[20]

Neben der Kontrolle der veröffentlichten Druckwerke – die Vergabe von Privilegien diente auch zensorischen Maßnahmen –, bedeuteten Privilegien für die Verleger vor allem wirtschaftliche Vorteile: Ohne den hoheitlichen Schutz vor Nachdrucken und die Sicherheit, dass eine Veröffentlichung nicht an Zensurmaßnahmen scheiterte, wäre ein kostendeckendes Gewerbe oft nicht möglich gewesen. Privilegien konnten – wie im Fall von Wilhelm Gottlieb Korn in Breslau – sogar eine drohende wirtschaftliche Schieflage des Unternehmens abwenden und an seiner Konsolidierung mitwirken.[21] Handels- und Gewerbefreiheiten schafften das bis dahin praktizierte Privilegienwesen nicht sofort ab, ließen seine Bedeutung aber stark zurückgehen. Damit verloren die Verleger zwar einerseits einen gewissen Schutz für ihre Investitionen, erlangten dafür aber eine größere verlegerische Freiheit. Ein gesetzlicher Schutz folgte: Unter maßgeblicher Mitwirkung Preußens galt ab 1835 das von der Bundesversammlung beschlossene Verbot des Nachdrucks. Zuvor hatte zum Beispiel der in eigener Person durch verschiedene unerlaubte Nachdrucke seiner Werke leidgeprüfte Johann Stephan Pütter (1725–1807), Professor in Göttingen und Verfasser zahlreicher Werke zur Staatsverfassung, 1774 bei Vandenhoeck & Ruprecht ein vielgelesenes Werk mit dem Titel *Der Büchernachdruck, nach ächten Grundsätzen des Rechts geprüft* verfasst.[22] Ne-

---

17 Meyer: Buchhandel und Buchhändler vor hundert Jahren, 1872, S. 85.

18 Zur räumlichen Begrenzung vgl. Fischer: Verlegerisches Know-how, 1999, S. 64.

19 Vgl. Müller-Wirth / Wagner: Code Napoleon – Badisches Landrecht, 1997, S. 148–151.

20 Im 19. Jahrhundert kennzeichneten die Titel die Verlagswerke häufig sehr umfassend. Im Folgenden wird für eine bessere Lesbarkeit im Fließtext in der Regel lediglich ein Kurztitel genannt. Wo es sich um interessante Titel handelt, werden diese vollständig erwähnt. Zu dem konkreten Titel vgl. Federer: Juristische Bücher des 19. Jahrhunderts, 1970, S. XXXV.

21 Vgl. Schmilewski: Verlegt bei Korn in Breslau, 1991, S. 29.

22 Vgl. Ruprecht: Väter und Söhne, 1935, S. 89–90. Bspw. Verlagskataloge Vandenhoeck & Ruprecht 1824 und 1847, S. 71, 73.

ben ersten regionalen Gesetzen wurde am 19. Juni 1845 durch die Bundesversammlung in Frankfurt am Main der einheitliche »Schutz von literarischen und artistischen Erzeugnissen gegen den Nachdruck und jede andere unbefugte Vervielfältigung«[23] beschlossen. Der unerlaubte Nachdruck blieb nach wie vor ein Stein des Anstoßes, behinderte die Ausbreitung des Verlagswesens aber nicht mehr in dem Maße wie zuvor.

2.2 Regionalität des Autoren- und Absatzmarktes

Das ausgehende 18. Jahrhundert gilt als Periode des großen Epochenumbruchs – eine Beschreibung, die auch für den Verlagsbuchhandel zutrifft. Mit der Ablösung des bis dahin üblichen Tauschhandels durch ein buchhändlerisches Konditionensystem um die Wende vom 18. zum 19. Jahrhundert hatte der Buchhandel einen ersten Innovationsschub erlebt, ein Buchhandel moderner Prägung begann sich zu entwickeln. Während sich das Verlagswesen in den Jahrhunderten zuvor kaum verändert hatte – bis ins 19. Jahrhundert war die Buchherstellung derjenigen aus der Zeit der Erfindung des Buchdrucks sehr ähnlich geblieben –, sind ab 1800 technische Weiterentwicklungen und verbesserte Vertriebsmöglichkeiten im Buchhandel zu beobachten.

Zunächst brachten die Napoleonischen Kriege auch für die Verlage eine Verschlechterung ihrer wirtschaftlichen Situation. So bezeichnete der Jurist und Verleger Julius Eduard Hitzig (1780–1849) die napoleonische Zeit als »unglücklichste Zeit für unseren Handel«.[24] Die Jahre wurden auch als »Leidensjahre«[25] des Buchhandels angesehen. Für die Weidmann'sche Verlagsbuchhandlung wird festgestellt, dass es sich um eine »stille«[26] Periode in der Geschichte des Verlags handelte, im Carl Heymanns Verlag konnte nur mit großen Anstrengungen das elterliche Antiquariat fortgeführt werden[27] und im Hallenser Verlag Hemmerde & Schwetschke verringerte sich die Titelanzahl während der französischen Belagerung der Stadt ab 1806 deutlich.[28] Erst mit Beendigung der Kriege erholte sich der Markt ab 1815 wieder.

Die Marktentwicklungen für den juristischen Bereich lassen sich für diesen Zeitraum nur sehr unvollständig nachverfolgen, da keine Auswertungen zur juristischen Buchproduktion vorliegen. Innerhalb der Forschungsliteratur sind lediglich verein-

---

23 Gieseke: Gleicher Urheberschutz in ganz Deutschland, 1995, S. 143.

24 Hitzig: Geschäftsrundschreiben vom 15. August 1814. Zitiert nach Dorsch: Julius Eduard Hitzig, 1994, S. 266.

25 Goldfriedrich: Geschichte des Deutschen Buchhandels, Vierter Band, 1923, S. 953.

26 Brauer: Weidmann 1680–1980. 300 Jahre aus der Geschichte eines der ältesten Verlage der Welt, 1980, S. 63.

27 Dies beklagt Carl Heymann gegenüber seinem Vater. Vgl. Lindner: Carl Heymann, 1996, S. 6.

28 Vgl. Kertscher: Hallesche Verlagsanstalten, 2004, S. 36.

zelt Zahlen aufbereitet – beispielsweise von Meyer oder Rarisch[29] – die im Folgenden als Basis der Überlegungen gelten, da sich eigene statistische Auswertungen als praktisch undurchführbar erweisen und auch der Rückgriff auf zeitgenössische bibliothekarische Hilfsmittel keine validen Zahlen liefert: Zwar erschienen bereits im 18. Jahrhundert Verzeichnisse wie *Kayser, Vollständiges Bücher-Lexicon* (1750 bis 1832) oder *Heinsius, Allgemeines Bücher-Lexikon* (1700 bis 1892). Diese Verzeichnisse listen die enthaltenen Titel aller Wissenschaftsbereiche allerdings gemeinsam alphabetisch auf und erlauben keine statistischen Auswertungen im Hinblick auf die juristische Buchproduktion. Erst nach der Jahrhundertmitte ab 1863 erschien ein von Adolph Büchting (?–1875) aggregiertes Repertorium »nach den Wissenschaften geordnet und bearbeitet«.[30] Das Repertorium fasste die Jahrgänge 1857 bis 1861 in zwei Bänden zusammen, die 1863 und 1866 erschienen.[31] Die Einteilung des Nachschlagewerkes erfolgte in achtzehn Wissenschaftsgruppen, die juristischen Titel wurden unter der Kategorie III. »Rechts- und Staatswissenschaft, Politik, Statistik« erfasst. Im zweiten Band unterteilte Büchting die Hauptabteilungen nochmals zum Beispiel in die »Gesetzkunde nach den verschiedenen Ländern«. Durch sein spätes Erscheinen erst kurz vor der Reichsgründung und die einmalige Erfassung der Titel, lässt das Verzeichnis keine statistischen Auswertungen über Veränderungen der Buchproduktion im Laufe des 19. Jahrhunderts zu.

Juristische Bibliographien in der ersten Hälfte des 19. Jahrhunderts

Mit dem von Hermann Theodor Schletter (1816–1873) herausgegebenen *Handbuch der juristischen und staatswissenschaftlichen Literatur* erschien 1843 ein bibliographisches Hilfsmittel speziell für juristische Werke. Das Verzeichnis erfasste Werke ab Mitte des 18. Jahrhunderts bis 1839 und wurde von Schletter als Privatdozent der Rechte und Assistent an der Universitätsbibliothek Leipzig veröffentlicht. Die Bibliographie umfasste ein Werkvolumen von »gegen 15 000 Schriften«[32], die Mitte des 19. Jahrhunderts als juristische Literatur am Markt verfügbar waren. Schletter selbst berief sich auf die Qualität seiner Aufzeichnungen durch seine Tätigkeit als Bibliothekar und erfasste insbesondere die älteren Werke durch Autopsie. Für statistische Auswertungen kann das Verzeichnis Schletters allerdings nur eingeschränkt

---

29 Vgl. Meyer: Buchhandel und Buchhändler, 1872, S. 35–36; Rarisch / Büsch: Industrialisierung und Literatur, 1976, S. 13. Allgemein zur Gesamtproduktion im Buchhandel vgl. Paschke / Rath: Lehrbuch, 1908, S. 67–69.

30 Büchting: Repertorium, 1863. Grundlage hierfür bildeten die seit 1797 von der Firma J. C. Hinrichs herausgegebenen J. C. Hinrichs'schen Halbjahreskataloge. Eine Besonderheit dieser Kataloge war die sogenannte Autopsie – also das körperliche Vorliegen der erfassten Werke –, die ab 1819 von C. F. Adolf Rost d. Ä. eingeführt wurde. Vgl. Hinrichs'sche Buchhandlung: Die deutsche Bibliographie, 1914, S. 6.

31 Vgl. Büchting: Repertorium, 1863; Büchting: Repertorium, 1866.

32 Schletter: Handbuch, 1843, S. III. Vgl. allgemein auch S. III–IV.

herangezogen werden, da die zusammengetragenen Titel lediglich eine Momentaufnahme zulassen. Durch die fehlenden Aktualisierungen können keine Veränderungen nachvollzogen werden. Ferner ist bei Schletters Verzeichnis nicht gewährleistet, dass die juristische Buchproduktion vollständig erfasst ist.

Auch andere juristische Nachschlagewerke wie die *Bibliotheca Juridica* bei Wilhelm Engelmann[33] oder die nachfolgend von Gustav Wilhelm Wuttig (1810–1876) zusammengestellte *Bibliotheca Juridica. Handbuch der gesammten neueren juristischen und staatswissenschaftlichen Literatur*[34] erweisen sich für statistische Auswertungen nur als bedingt geeignet, da sie den gleichen Parametern unterliegen wie die Bibliographie von Hermann Theodor Schletter. Allenfalls können die Kataloge für den Nachweis juristischer Werke aus der ersten Hälfte des 19. Jahrhundert herangezogen werden: Die Kataloge von Schletter und Wuttig sortieren die erfasste Literatur alphabetisch nach Autor oder Titel. Schletter stellte seinem Verzeichnis eine systematische Übersicht voran, in der auch das Territorialrecht zusammengefasst aufgeführt war. Während Wuttig allerdings neben dem Erscheinungsort auch den Verlagsnamen benennt, geschieht dies bei Schletter nicht in jedem Fall.

Erweiterung und Veränderung von Absatzmarkt und Käuferstruktur

Bis Ende des 18. Jahrhunderts existierte in großen Teilen Deutschlands lediglich ein Buchmarkt für einen kleineren Gelehrtenkreis. Erst allmählich entwickelten sich Strukturen im Buchhandel und in der Leserschaft, die zu einer Erweiterung der Käuferkreise über das enge Gelehrtenpublikum hinaus beitrugen.[35] Als ein begünstigender Faktor wirkte sich dabei die zunehmende Lesefähigkeit in weiteren Bevölkerungsschichten aus[36] – beispielsweise durch Maßnahmen wie die Einführung einer allgemeinen Schulpflicht –, ebenso wie die Zunahme der allgemeinen Bildung und ein Interesse an rechtspraktischen Themen. Insbesondere die zunehmende Alphabetisierung einer Mittelschicht nach der ersten Leserevolution weitete den

33 Der vollständige Titel des Werkes lautet im Stil der Zeit »Verzeichnis aller brauchbaren, in älterer und neuerer Zeit, besonders aber vom Jahre 1750 bis zur Mitte des Jahres 1839 in Deutschland erschienenen Werke über alle Theile der Rechtsgelehrsamkeit und deren Hülfswissenschaften«. Eine zweite Auflage erschien 1840, ein Supplement-Heft dann 1849. Siehe auch Russell: Wilhelm Engelmann 1881, S. 730.

34 Das Nachschlagewerk umfasste den Zeitraum 1849 bis zur Mitte des Jahres 1867 und schloss damit an die Engelmann'sche Bibliographie an. Das Werk erschien 1867 im Verlag von Otto August Schulz in Leipzig. Vgl. auch Wuttig: Bibliotheca juridica, 1867, S. III. Ein weiterer Band erschien 1877 im Verlag von Ludwig Roßberg, der vom Verleger persönlich betreut wurde. Roßberg'sche Verlagsbuchhandlung: Denkschrift 1904, S. 7.

35 Vgl. Schulze: Der deutsche Buchhandel, 1925, S. 172.

36 Vgl. Paschke / Rath: Lehrbuch, 1908, S. 102–103; Schottenloher: Das alte Buch, 1956, S. 160; Grothe: Zwischen Geschichte und Recht, 2005, S. 52–53. Zum Sinken der Rate der Analphabeten insbesondere in protestantischen Gebieten vgl. Wehler: Deutsche Gesellschaftsgeschichte, 2008b, S. 520–540.

Markt für fachlich orientierte Literatur aus. Diese Entwicklung manifestierte sich in der zweiten Hälfte des 18. Jahrhunderts unter anderem in der Gründung von Lesebibliotheken und Lesegesellschaften, deren Mitglieder neben Ärzten, Pfarrern und Offizieren häufig auch Verwaltungsbeamte und Juristen waren. So zählte eine Stadt wie Bremen 1791 in 36 Lesegesellschaften insgesamt 2340 Mitglieder.[37] Wehler geht von einer Verdoppelung der Leserzahl zu dieser Zeit aus.[38] Parallel zum gestiegenen Bildungsgrad der Bevölkerung und deren zunehmenden Informationsinteressen – allgemein wird von einer »Leserevolution« gesprochen – veränderte sich auch der wissenschaftliche Buchhandel im letzten Drittel des 18. Jahrhunderts: Es trat eine Wandlung vom »gelehrten« zum fachwissenschaftlichen Buchmarkt ein. Fachpublikationen und Streitschriften, die auf ein größeres Interesse stießen, traten an die Stelle »gelehrter Literatur«.[39] Auch Entwicklungen innerhalb der Zielgruppe wie die Professionalisierung der Anwaltschaft im 19. Jahrhundert[40] veränderten die Käuferkreise und wirkten sich begünstigend auf eine Verbreitung juristischer Publikationen durch Verlage aus: Die Zielgruppen veränderten sich seit Beginn des 19. Jahrhunderts hin zu praktisch tätigen Nutzern, aber auch zu interessierten Laien, die eine Orientierung im Umgang mit Behördenvertretern suchten. Für die Verlage war die Erweiterung ihrer Käuferkreise auch deshalb bedeutsam, da hier ein zusätzlicher Markt entstand, der mit selbstständigen verlegerischen Strategien bearbeitet werden konnte.

Mit der Zersplitterung Deutschlands war auch der Buchmarkt bis zur Reichsgründung ein Absatzmarkt mit regionalen Zentren ohne ein eindeutiges Handelszentrum wie es mit London in England oder mit Paris in Frankreich existierte. Allenfalls Leipzig konnte einige Zentralfunktionen des Buchhandels für sich in Anspruch nehmen.[41] Hier fanden jährlich die Buchmessen statt, hier wurde 1825 der »Börsenverein der Deutschen Buchhändler zu Leipzig« als spezifische Branchenorganisation gegründet, ab 1834 das Vereinsorgan *Börsenblatt für den Deutschen Buchhandel* herausgegeben und auch die Gründung von Vorläufern der späteren Barsortimente fand in Leipzig statt.[42] Diese Vorrangstellung Leipzigs galt für den Buchhandel in seiner Gesamtheit, allerdings nur in sehr viel geringerem Maße für die juristischen Verlage: Der Absatzmarkt für juristische Werke war im 19. Jahrhundert ein regionaler Markt. Gründe waren

37 Vgl. Widmann: Geschichte des Buchhandels, 1975, S. 117, 123. Vgl. allgemein zu Mitgliedern der Lesegesellschaften Wilke: Grundzüge Mediengeschichte, 2008, S. 139. Zu Buchhandlungen als »Treffpunkte für die Gebildeten« Schulze: Der deutsche Buchhandel, 1925, S. 172.

38 Vgl. Wehler: Deutsche Gesellschaftsgeschichte, 2008a, S. 304–306.

39 Schottenloher: Das alte Buch, 1956, S. 160.

40 Vgl. auch Treiber: Professionalisierungskonzept und Formierung der Anwaltschaft, 2011, S. 161–187.

41 Zur führenden Rolle Leipzigs als Zentrum des deutschen Buchhandels seit dem 18. Jahrhundert siehe bspw. Löffler: Aufklärerische Kommunikationsformen in der Stadt Leipzig, 1998, S. 18.

42 Vgl. zum Anstieg der Mitgliederzahlen Geschichte Börsen-Vereins, Leipzig, 1875, S. 46–58. Vgl. zu den Vorläufern der Barsortimente Widmann: Geschichte des Buchhandels, 1975, S. 117, 123; Bez / Keiderling: Zwischenbuchhandel, 2010.

auf der einen Seite die erschwerten Transportwege und das Risiko weiter Lieferstrecken – dies galt für alle Verlage gleichermaßen –, auf der anderen Seite kam bei den juristischen Werken vor der Reichsgründung noch eine Besonderheit hinzu: die Regionalität ihrer Inhalte und die räumliche Verankerung ihrer Autoren und Auftraggeber. Der Absatz der juristischen Werke war deshalb auf eng begrenzte politische Einheiten beschränkt – nicht nur, weil sich die herausgegebenen Publikationen überwiegend auf landesrechtliche Gesetzgebung stützten: Auch die staatlichen Auftraggeber befanden sich im direkten lokalen Umfeld. Das verlegerische Handeln wurde bei juristischen Publikationen also sehr viel stärker von Regierungszentren bestimmt als von Branchenorganisationen.

2.3 Umfassende Verlagsprogramme in Universal- und Fakultätenverlagen

Bei den Verlagen zu Beginn des 19. Jahrhunderts handelte sich es noch um universal ausgerichtete Unternehmen, die weder programmatisch noch verlegerisch scharf umrissene Konturen besaßen: Die Trennung zwischen Verlags- und Sortimentsbuchhandlung und zwischen Verlag und Druckerei war noch nicht vollzogen und die Verleger bildeten noch keine Spezialisierung in ihren Verlagsprogrammen aus. Merkmal von Universalverlagen ist die Vielfalt der Programmbereiche, die sowohl wissenschaftliche als auch literarische Werke beinhalten konnten. Neben der Beliebigkeit der verlegten Werke war die Angliederung von weiteren Produktions- oder Handelsunternehmen wie Druckereien oder Sortimentsbuchhandlungen ein Kennzeichen.[43] Die meisten Universalverlage besaßen auch rechtswissenschaftliche Werke im Programm wie die ohne größeren verlegerischen Aufwand herzustellenden Gesetzessammlungen. Beispiele für solche Universalverlage mit juristischen Titeln sind vielfältig: von dem 1811 gegründeten Verlag Wilhelm Engelmann, in dem seit 1824 die Reihe *Bibliotheca Juridica* erschien, über Breitkopf & Härtel, der ohnehin den Anspruch hatte »jedem der großen Wissenszweige bei sich bietender Gelegenheit gerecht zu werden«[44] bis hin zu dem katholisch ausgerichteten Universalverlag Herder mit Werken aus dem Bereich »Staatswissenschaft/Rechtspflege«.[45] Ein Beispiel in dem universal aufgestellten Reimer Verlag zeigt, dass diese juristischen Einzelwerke durchaus zum Erfolg des Verlagsgeschäfts beigetragen haben: Die 1816 auf dem Markt gebrachte *Allgemeine Gerichtsordnung* erreichte eine für damalige Verhältnisse hohe Auflage von 5000 Exemplaren.[46] Ein anschauliches Beispiel für einen Universalverlag

---

43 Vgl. auch Schulz: Unternehmer, 1999, S. 13.

44 Zitiert nach Jäger: Der Universal-, Fakultäten- und Universitätsverlag, 2001, S. 407.

45 Vgl. Jäger: Der Universal-, Fakultäten- und Universitätsverlag, 2001, S. 410.

46 Siehe auch Reimer: Passion & Kalkül, 1999, S. 100–101.

mit einem ausgedehnten juristischen Programm stellt auch der 1682 in Stuttgart gegründete J. B. Metzler Verlag dar: In dem von August Metzler (1654–1713) gegründeten Verlag prägte in der Ära des Nachfolgers, Johann Benedikt Metzler (1696–1754) vor allem ein Autor den juristischen Programmbereich: Johann Jakob Moser (1701–1785) trug dazu bei, dass die Rechtswissenschaft im 18. Jahrhundert die drittgrößte Gruppe im Verlagsprogramm von J. B. Metzler stellte.[47]

Rechtswissenschaftliche Werke in Fakultätenverlagen

Im regional-definierten Markt zu Beginn des 19. Jahrhunderts fanden die Verlage ihre Abnehmer und Autoren vornehmlich im geographischen Umfeld. Nicht selten bildeten die gelehrten universitären Zirkel Anknüpfungspunkte für Publikationen. Neben dem noch unspezifizierten Universalverlag prägte sich daher der bereits stärker spezialisierte Fakultätenverlag[48] heraus. Im Gegensatz zu Universalverlagen beschränkten sich die Fakultätenverlage des 18. und 19. Jahrhunderts auf wissenschaftliche Werke und orientierten sich an den Lehrfächern der Akademien oder Universitäten am Ort. Jäger bezeichnet die Fakultätenverlage deshalb auch als »wissenschaftliche Universalverlage«.[49] Nach wie vor handelte es sich aber um universal ausgerichtete Verlage, in denen die Verleger ihre Impulse in erster Linie von außen erhielten. Haug stellt fest, dass »die Zusammenstellung eines Verlagsprogramms in einer Universitätsstadt [...] nicht der kritischen Beurteilung und Auswahl des Verlegers«[50] unterstand, sondern sich nach den Anforderungen der Universität richtete und Fischer weist auf die Hauptaufgabe des Verlagsbuchhändlers hin, »die einheimische, lokale und regionale Gelehrtenrepublik als Sortimenter mit Schriften zu versorgen und die Manuskripte der einheimischen Autoren zum Druck zu bringen«.[51] Damit ist der Wirkungskreis des Fakultätenverlags – und seine Begrenzungen – klar umrissen.

Ein Verlag, der in besonderem Maße Kontakte zur Universität am Ort unterhielt, war der 1735 von Abraham Vandenhoeck (1700–1750) in Göttingen gegründete Verlag Vandenhoeck & Ruprecht. Die Stadt Göttingen mit ihrer 1737 gegründeten Universität galt Ende des 18. Jahrhunderts als kulturelles Zentrum für die Region und konnte den Verlagen am Ort dadurch im Hinblick auf Autoren und Absatzmarkt bes-

47 Davor betrug der Anteil der »Jurisprudenz« 1650 bis 1750 zwischen 8 % und 12 % der Gesamtproduktion. Vgl. Wittmann: Dreihundert Jahre J. B. Metzler, 1982, S. 81.

48 Fakultätenverlage unterscheiden sich von Universitätsverlagen moderner Prägung durch die fehlende Eingliederung in die Organisation einer Universität. Der Universitätsverlag ist in die Strukturen der Universität eingebunden; Verleger ist die Universität. Mit einer ihren Aktionsradius zwar beschränkenden, ihre Funktion aber prägnant beschreibenden Erklärung sind Universitätsverlage »gewissermaßen als Druckereianstalten der einzelnen Universitäten« anzusehen. So im Zusammenhang mit University Presses Saur: Deutsche Verleger im Exil 1933 bis 1945, 2009, S. 216.

49 Jäger: Der Universal-, Fakultäten- und Universitätsverlag, 2001, S. 406.

50 Haug: Das Verlagsunternehmen Krieger, 1998, S. 43.

51 Fischer: Die J. G. Cotta'sche Buchhandlung als Universalverlag, 2009, S. 45.

sere Bedingungen bieten als andere Städte.[52] Zwei bekannte einflussreiche Rechtsgelehrte der Universität Göttingen und Autoren bei Vandenhoeck & Ruprecht waren Karl Friedrich Eichhorn (1781–1854) und der erwähnte Johann Stephan Pütter.[53] Lösel stellt für die Ägide von Anna Vandenhoeck (1709–1787) im 18. Jahrhundert fest, dass »die Rechtswissenschaft als eindeutiges Hauptgebiet«[54] im Verlagsprogramm zu finden ist. Für die erste Hälfte des 19. Jahrhunderts – zumindest ab 1812 – verweist Ruprecht noch darauf, dass die Rechtswissenschaft »nicht minder im Verlag vertreten«[55] war als die Theologie. So wurden bis zur Mitte des 19. Jahrhunderts beispielsweise juristische Werke wie die *Institutionen des Code Napoleon* von Ernst Peter Johann Spangenberg (1784/1786–1833) 1808, ein dreibändiges *Handbuch für Notarien* von Ernst Tittmann, erschienen 1810 bis 1812, oder von 1810 bis 1813 ein *Magazin für das Civil- und Criminalrecht des Königreichs Westphalen* von Georg Heinrich Oesterley (1774–1847) herausgegeben.[56] Der Verlag stellte sein Programm allerdings bereits früh auch breiter auf und bediente nicht nur das universitäre Publikum: So erschien 1809 beispielsweise ein *Handbuch für Huiffiers*[57]. Im gleichen Jahr begann Karl Friedrich Eichhorn im Verlag zu publizieren, ein »Verfasser von Weltruf«.[58] Nicht nur Eichhorn war eine tragende Säule des juristischen Verlagsprogramms, neben ihm veröffentlichten zahlreiche gelehrte Juristen bei Vandenhoeck & Ruprecht und das Verlagsprogramm zeichnete sich Anfang des 19. Jahrhunderts durch hohe Vielfalt aus: Die Palette der angebotenen Literatur reichte von klassischen Wissenschaftstiteln bis zu vereinzelten Ausgaben von »Hilfsbüchern« für juristische Laien; auch ein *Handbuch des englischen*

52 Zur Konkurrenzsituation für das in Gießen ansässige Verlagsunternehmen Krieger vgl. Haug: Das Verlagsunternehmen Krieger, 1998, S. 55. Gerade die Universität genoß »großes Ansehen« und war auch »von Ausländern gerne besucht«, ihr Ruf hielt an. Vgl. im Zusammenhang mit J. C. B. Mohr auch Siebeck: Der Heidelberger Verlag, 1926, S. 7. Zur Universitätsgründung vgl. Lindemann: Deutsche Presse, 1988, S. 110.

53 Zu den Werken Karl Friedrich Einhorns vgl. Verlagsverzeichnis Vandenhoeck & Ruprecht 1824, S. 26. Von Johann Stephan Pütter verzeichnet der Verlagsverzeichnis von 1824 noch 25 Werke, obwohl Pütter bereits seit siebzehn Jahren verstorben war. Vgl. S. 72–73.

54 Lösel: Die Frau als Persönlichkeit im Buchwesen, 1991, S. 51. Zu dieser Zeit Witwe Vandenhoeck. Zum 275jährigen Bestehen vgl. auch Vandenhoeck & Ruprecht: Auf den Spuren von Forschung und Lehre, 2010.

55 Ruprecht: Väter und Söhne, 1935, S. 145.

56 Vgl. Institutiones juris civilis Napoleonei Verlagsverzeichnis Vandenhoeck & Ruprecht 1824, S. 88. Siehe zu den Werken von Spangenberg Verlagsverzeichnis Vandenhoeck & Ruprecht 1831, S. 80; Verlagsverzeichnis Vandenhoeck & Ruprecht 1847, S. 90. Zum Code Napoleon erschien außerdem die Übersetzung von Lepages Commentar über Napoleons Gesetzbuch des bürgerlichen Verfahrens von J. G. E. Wehr. Vgl. Ruprecht: Väter und Söhne, 1935, S. 125–126. Vgl. zu den Werken Ernst Tittmanns Verlagsverzeichnis Vandenhoeck & Ruprecht 1824, S. 91; Verlagsverzeichnis Vandenhoeck & Ruprecht 1831, S. 84; Verlagsverzeichnis Vandenhoeck & Ruprecht 1847, S. 94.

57 Bei Huifers handelte sich um sog. Unterbeamte. Die Schreibweise findet sich in beiden Varianten.

58 Ruprecht: Väter und Söhne, 1935, S. 122.

Strafrechts und Strafverfahrens war im Verlagsprogramm vertreten.[59] Eine Brücke zwischen der Rechtswissenschaft und der Theologie schlug zum Beispiel das von 1787 bis 1793 erschienene *Magazin für Kirchenrecht* von Georg Wilhelm Böhmer (1761–1839).

Allein aus der Vielfalt des juristischen Programmbereichs kann bei einem Fakultätenverlag wie Vandenhoeck & Ruprecht allerdings noch nicht auf eine strategische Ausrichtung auf die Jurisprudenz geschlossen werden, da die bekannten Werke dem Verlag nach wie vor durch die Universität quasi zugetragen wurden. Es liegen keine Hinweise vor, dass der Verlag eine aktive Verlagspolitik im Hinblick auf den Ausbau speziell seines juristischen Verlagsprogramms verfolgte. Auch die Übernahme von Werken aus anderen Verlagen fand nicht vornehmlich unter dem Aspekt des Programmausbaus im juristischen Bereich statt: So wurde der *Briefwechsel, meist statistischen Inhalts, gesammelt und zum Versuch herausgeben* von August Ludwig Schlözer (1735–1809), Vorläufer der später als *Staats-Anzeigen* bekannt gewordenen Publikation,[60] vom ebenfalls in Göttingen ansässigen Verlag Dieterich übernommen. Hier war es aber so, dass es bereits vor der Übernahme Überschneidungen beider Verlage im Rahmen der Veröffentlichung von Werken Johann Stephan Pütters gab.[61] Da der Dieterichsche Verlag kein weitergehendes Interesse an dem Werk hatte, gab Schlözer das Werk 1776 zu Vandenhoeck & Ruprecht. Der Katalog von 1824 weist darüber hinaus weitere – insgesamt vierzehn Werke – des Autors aus.[62] Bei der Übernahme des Werkes durch Vandenhoeck & Ruprecht kann also nicht zwangsläufig von einem strategischen Zukauf ausgegangen werden, eher handelte es sich um eine Zusammenführung von Werken der bereits im Verlag publizierenden Autoren. Der Programmbereich der Rechtswissenschaft wurde im Verlag auch nicht nachhaltig verfolgt: Ab Mitte des 19. Jahrhunderts wurden lediglich noch Sammelbände mit den Hannoverschen Gesetzen und einige Werke über römisches Recht angeboten.[63]

2.4 Die Entwicklung erster eigenständiger juristischer Verlagsprogramme

Juristische Verlage wurden in ihren Programmen und in ihrer Entwicklung stark von gesetzgeberischen Maßnahmen und Veränderungen der politischen Herrschaftsverhältnisse geprägt. Die beschriebenen Entwicklungen mit zunehmenden gesetzlichen Grundlagen auf der einen Seite und wirtschaftlichen Freiheiten auf der anderen Seite

59 Vgl. die exemplarische Aufzählung von Ruprecht: Väter und Söhne, 1935, S. 145.
60 Vgl. Dann: Zeitschriften, 1999, S. 4.
61 Vgl. Willnat / Dieterich: »Liebster, bester, einziger Freund«, 2000, S. 11.
62 Zu weiteren Werken vgl. Verlagsverzeichnis Vandenhoeck & Ruprecht 1824, S. 80; Verlagsverzeichnis Vandenhoeck & Ruprecht 1831, S. 73–74; Verlagsverzeichnis Vandenhoeck & Ruprecht 1838, S. 72–73; Verlagsverzeichnis Vandenhoeck & Ruprecht 1847, S. 83–84.
63 Vgl. Ruprecht: Väter und Söhne, 1935, S. 179.

öffneten den Markt allmählich auch für eigenständige Verlagsprogramme, die nicht mehr vornehmlich von universitären oder staatlichen Abnehmerkreisen abhängig waren. Wann sich eine juristische Ausprägung bei den ersten Verlagen ergeben hat, ist ebenso wenig erforscht wie die Mechanismen der Spezialisierung und die Motivationslage in einzelnen Unternehmen. Estermann geht davon aus, dass eine Spezialisierung bei juristischen Verlagen parallel zu den Programmkonzentrationen anderer Fachverlage Ende des 19. Jahrhunderts, also nach der Reichsgründung, eingetreten ist.[64]

Zweifelsohne hat sich nach 1870 ein ungleich größerer reichsweit einheitlicher Absatzmarkt ergeben, der als Reaktion auf einen stärkeren Wettbewerb unter den Verlagen auch einen höheren Spezialisierungsgrad bewirkt hat. Andererseits stellt Lindemann speziell für die juristische Fachpresse bereits hundert Jahre früher, also in der zweiten Hälfte des 18. Jahrhunderts, einen besonders ausgeprägten »Hang zur Spezialisierung«[65] fest. Auch weitere Anzeichen sprechen dafür, dass das verlegerische Umfeld der Rechtswissenschaften sich mit seinen Publikationen zeitlich bereits vor der Reichsgründung formiert hat. So vermutet auch Jäger eine frühere Spezialisierung gerade bei juristischen Verlagen: »Während die Verlagsprogramme in diesen Bereichen noch eine gewisse Durchlässigkeit zeigten, hatten sich der medizinische und der juristische Verlag schon früh zu Spezialunternehmen entwickelt.«[66]

Wie sich die Fokussierung auf die Rechtswissenschaften im 19. Jahrhundert vollzogen hat, soll an drei Beispielen ausführlicher dargestellt werden. Anschließend werden die Mechanismen der Spezialisierung verlagsübergreifend betrachtet und zwei Entwicklungsfaktoren eingehender beleuchtet: die Regionalität der Autoren- und Absatzmärkte, mit denen sich die juristischen Verlage herausgebildet haben und der Verleger, der mit seinen Verbindungen und seinem strategischen Engagement die Spezialisierung bewirkt hat. Der Verleger mit seinen teilweise auch von Freundschaft getragenen Kontakten wird ferner im Zusammenhang mit der Charakterisierung juristischer Autoren im 19. Jahrhundert nochmals gewürdigt.

Tabelle 2.1: Verlage zu Beginn des 19. Jahrhunderts mit Gründungsort und -jahr

R. von Decker	Berlin	1537/1713
C.H.Beck	Nördlingen	1763
Schulthess	Zürich	1791
C. F. Müller	Karlsruhe	1799
Carl Heymanns	Glogau	1815

64 So Estermann: Juristischer Verlag, 2003, S. 286.
65 Lindemann Margot: Deutsche Presse, 1988, S. 206.
66 Jäger: Der wissenschaftliche Verlag, 2001, S. 428.

Um eine Spezialisierung beurteilen zu können, werden die drei ausführlicher betrachteten Verlage an Hand verschiedener Kriterien untersucht. Mit Sarkowski kann von einer Spezialisierung »noch nicht gesprochen werden, wenn ein Verleger nur gelegentlich Bücher einer bestimmten Fachrichtung in Verlag nimmt [...] sondern erst dann, wenn er sich planmäßig um deren Autoren bemüht und sie zum Schreiben anregt«.[67] So können beispielsweise die Universalverlage – obwohl sie juristische Werke teils sogar in erheblichem Umfang im Programm führten –, nicht als auf die Rechtswissenschaft teilspezialisierte Verlage angesehen werden. Erst durch weitere Parameter – neben einer ausreichenden Anzahl an Publikationen und einer durchgängigen Titelproduktion – auch ein planvoller Auf- und Ausbau des rechtswissenschaftlichen Programmbereichs, kommt eine Spezialisierung in Betracht. Daneben können zum Beispiel eine mehrere Programmbereiche abdeckende Themenpalette von Rechtsgebieten, verschiedene Publikationsarten für unterschiedliche Zielgruppen und schließlich strategische Überlegungen im Hinblick auf die rechtswissenschaftliche Spezialisierung, die Positionierung im Markt, das Selbstverständnis und die Anerkennung als juristischer Verlag als Zeichen einer strategischen Spezialisierung gewertet werden.

Voraussetzungen für die Annahme einer juristischen Spezialisierung

Eine Grundvoraussetzung für die Annahme einer juristischen Ausrichtung des Verlagsprogramms bildet die Anzahl juristischer Publikationen im Verhältnis zur Zahl von Titeln aus anderen Wissenschaftsdisziplinen. Daneben können die Verschiedenartigkeit von rechtswissenschaftlichen Themenfeldern, von Publikationsarten und von Zielgruppen als Anzeichen für strategische Überlegungen und eine angestrebte Spezialisierung angesehen werden. Die Programmpalette eines juristischen Verlags deckt zwingend mehrere verschiedene Bereiche der Rechtswissenschaft ab. Auf der anderen Seite kann ein alle Gebiete der Jurisprudenz umfassendes Programm bei einem Verlag in der ersten Hälfte des 19. Jahrhunderts noch nicht erwartet werden. Dabei können auch die der Jurisprudenz benachbarten Wissenschaftsgebiete einen zusätzlichen Beleg für eine strategische Ausrichtung bedeuten: Juristische Autoren haben nicht selten auch in den Finanzwissenschaften oder in der Staatslehre publiziert.[68] Für eine einheitliche Betrachtung dieser Wissensgebiete spricht auch die

67 Sarkowski: Die Entwicklung ingenieurwissenschaftlicher Verlagsprogramme, 1988, S. 3.

68 Ein Beispiel stellt wiederum Johann Stephan Pütter dar: Er verfasste nicht nur herausragende juristische Werke wie die erste juristische Enzyklopädie mit dem bescheidenen Titel »Entwurf einer juristischen Enzyklopädie« 1757, die zehn Jahre später als »Neuer Versuch einer juristischen Enzyklopädie und Methodologie« neu erschien. Daneben hinterließ er auch ein umfangreiches Oevre staatswissenschaftlicher Werke. Zu den staatswissenschaftlichen Werken vgl. Verlagsverzeichnis Vandenhoeck & Ruprecht 1824, S. 72–73.

gemeinsame Darstellung der Bereiche Politik, Staats- und Rechtswissenschaften in Verzeichnissen und im Rahmen statistischer Auswertungen.[69]

Als weiteres Zeichen für strategische Überlegungen auf Verlegerseite können ein breites Spektrum unterschiedlicher Publikationsarten – also nicht lediglich Gesetzessammlungen, sondern auch Kommentierungen und Handbücher – und die Ansprache verschiedener Zielgruppen gewertet werden: Insbesondere Werke, die sich nicht an den engeren Kreis der Fachgelehrten richteten, sondern die Zielgruppe der nicht-juristisch Vorgebildeten im Blick hatten, erforderten konzeptionelle strategische Überlegungen auf Verlagsseite. So lassen vor allem Werke für Nicht-Juristen auf eine höhere verlegerische Eigeninitiative im konzeptionellen Bereich schließen. Auch den Auskopplungen aus anderen Werken – häufig sogenannte Separatdrucke aus Zeitschriften – und dem Zusammenstellen verschiedener juristischer Inhalte mussten strategisch-programmatische Wertungen vorausgehen; auch diese können als Zeichen für den Verlegerwillen zur bewussten Spezialisierung des Verlagsprogramms angesehen werden.

Eine durchgängige nachhaltige Titelproduktion und die Anpassung bestehender Werke durch Neuauflagen sind als zusätzlicher Beleg für eine strategische Ausrichtung zu werten. Bei der Durchgängigkeit spielten vor allem juristische Zeitschriften und Schriftenreihen eine Rolle: Sie konnten den Verlagen als Beschleuniger für eine Fokussierung dienen, da hier fortwährend ein Kontakt zu Herausgebern und Autoren bestand. Unter einer nachhaltigen Titelproduktion wird ein Verlagsprogramm verstanden, welches neben Neuerscheinungen auch Nachauflagen pflegte: Diese zeugen von der Akzeptanz der Verlagspublikationen in der Zielgruppe und festigten das Renommee des Verlags innerhalb der Käuferkreise. Erst mit einer breiteren Aufstellung konnte der Markt spezialisiert durchdrungen werden.

Zu einem planvollen Auf- und Ausbau eines juristischen Verlagsprogramms gehört die konsequente Ansprache anerkannter Autoren und Multiplikatoren aus dem juristischen Anwenderkreis ebenso wie die Initiative zu neuen juristischen Werken auf Verlegerseite. Unter Verlags- oder Programmpolitik versteht Wesolowski ein »vorausberechnendes, innerhalb des Verlags mit bestimmter Absicht verfolgtes Verhalten und Arbeiten, das auf die Wirkung nach außen, in die Wissenschaften wie in die Gesellschaft zielt. Es manifestiert sich in den Entscheidungen, wer als Autor, welche Themen oder Disziplinen verlegt werden und aus welchen Motiven dies geschieht.«[70] Eine planvolle Politik und der Aufbau eines juristischen Verlagsprogramms drückte sich nicht nur durch eine entsprechende Titelanzahl und mittels herausragender Werke im Programm aus, sondern zeigte sich insbesondere bei einer strategischen Weiter-

69 So bspw. in den Katalogen von C. F. Müller: Verlagsverzeichnis 1824; Verlagsverzeichnis Carl Heymanns, Januar 1842; Verlagsverzeichnis Heyer 1846, S. 1; Verlagsverzeichnis C.H.Beck 1853, S. 69–75; Verlagsverzeichnis R. von Decker »Verlags-Catalog Königliche Geheime Oberhofbuchdruckerei (R. v. Decker), October 1868«.

70 Wesolowski: Verleger und Verlagspolitik, 2010, S. 27–28.

entwicklung bestimmter Rechtsbereiche: durch die Herausgabe von Zeitschriften, den Aufbau von Schriftenreihen, das Betreuen von Titeln über mehrere Auflagen oder in verschiedenen Ausgaben.

Die stärksten Anzeichen für eine strategische Ausrichtung stellen Maßnahmen der bewussten Positionierung innerhalb der Rechtspraxis oder ein nach außen sichtbar gewordenes Selbstverständnis des juristischen Verlegers dar. Dies manifestierte sich zum Beispiel in entsprechenden Aussagen in Verlagskatalogen oder Firmenfestschriften. Vorausgegangen war meist zwingend der konsequente Aufbau von Kontakten in die Autoren- und Zielgruppe und die Intention des Verlegers, den Verlag zu einem strategischen Partner für Rechtspraktiker und Rechtswissenschaftler zu machen. Mit dem Selbstverständnis korrespondierte auch die Verwendung des Begriffs »Juristischer Verlag«. Schließlich ist das am deutlichsten zu Tage tretende Argument die Wahrnehmung als juristischer Verlag innerhalb der Zielgruppe und die Wertschätzung als rechtswissenschaftlicher Verleger, was freilich in der Rückschau nur schwer nachzuweisen ist. Der Annahme einer strategischen Positionierung im juristischen Umfeld steht nicht entgegen, dass die Verlage nicht ausschließlich auf die Rechtswissenschaft spezialisiert waren. Allein wegen der wirtschaftlichen Abhängigkeit von Druck- und Verlagsaufträgen durch institutionelle Abnehmer war die ausschließliche Spezialisierung auf ein einziges Wissensgebiet für die Verlage oft nicht sinnvoll.

2.4.1 Langjährige Drucktradition: R. von Decker

Mit seinem Gründungsdatum 1537 bzw. 1713 war R. von Decker[71] eines der ältesten Buchhandelsunternehmen überhaupt: Seit 1537 bestand eine Hofdruckerei in Bern, gegründet von Mathias Apiarius (1500–1554). Knapp hundert Jahre später übernahm diese 1635 Georg Decker (1596–1661) durch Heirat mit der Witwe eines vormaligen Besitzers, Johannes Schröter. Auf Georg Decker folgten in gerader Linie seine Söhne.[72]

---

71 Der spätere Verlag R. von Decker entwickelte sich aus der Geheimen Ober-Hofbuchdruckerei und nannte sich zunächst entsprechend: »Verlag der Decker'schen Geheimen Ober-Hofbuchdruckerei in Berlin« lautete die Firmierung im Verlagsverzeichnis im Oktober 1849, später »Verlags-Catalog Königliche Geheime Oberhofbuchdruckerei (R. v. Decker)« im October 1868. Bis 1879 wurde der Name des Verlags so beibehalten, von 1880 bis 1883 firmierte der Verlag unter »R. von Decker's Verlag, Marquardt u. Schenck«, schließlich bis 1993 als »R. v. Decker's Verlag, G. Schenck«; von 1887 bis 1918 mit dem Zusatz »Königlicher Hofbuchhändler«. Vgl. Bruns u. a.: Geleitwort, 1993, S. V–VI. Der Einfachheit halber zitiert die Arbeit das Unternehmen als Verlag R. von Decker. Bis 1927 wurde das Datum 1713 als Gründungsdatum angenommen – zu diesem Zeitpunkt wurde eine Druckerei in Berlin gegründet, die auch Ursprung des Verlags war. Später rekurrierte man auf die frühere Gründung einer Druckerei in Bern, die 1537 stattfand und heute als Grundstein des Verlags gilt. Vgl. Lendenmann: Deckersche Kleine Verlagsgeschichte, 1988, S. 5–6, 11. Als Beispiel für die Annahme 1537 vgl. ARSV 1994, S. 14 (R. von Decker's Verlag, G. Schenck).

72 Stammvater der Deckers war wiederum Kilian Decker, Vater von Georg Decker. Eine Auflistung der frühen Verleger findet sich bspw. bei R. von Decker: Festschrift bei Hundertjähriger Dauer des König-

1713 wurden die Aktivitäten unter Georg Jakob Decker dem Älteren (1732–1799) nach Berlin verlegt, wo die Königliche Geheime Ober-Hofbuchdruckerei gegründet wurde. Im Jahr der Inkraftsetzung des Preußischen Allgemeinen Landrechts 1794 fand der Verlag seine Wirkungsstätte in der Wilhelmstraße. Bereits im Jahr des Umzugs wurde unter Georg Jakob Decker dem Jüngeren (1765–1819) ein *Handbuch für den Königlich Preußischen Hof und Staat* verlegt, weitere Berührungspunkte in die königlichen Machtzentren waren unter anderem die erfolgreichen *Oevres de Frederic le Grand*.[73] Um die Bedeutung dieses Werkes zu unterstreichen wurden diese teils als »Oeuvres de Frederic le Grand« auch unter einer eigenen Rubrik im Verlagsverzeichnis geführt.

Schon seit 1763 besaß der Verlag ein Monopol für amtliche Drucke und gab Sammlungen von Edikten, Gesetzen und Erlassen heraus, das Privileg verlor R. von Decker erst 1816.[74] Vermutlich bereits Anfang der 1770er Jahre begann der Verlag neben den Druckaufträgen auch auf eigene Rechnung zu arbeiten und besaß Ende des 18. Jahrhunderts die zweitgrößte Titelproduktion in Berlin nach Lange und vor Nicolai.[75] 1827 übernahm Rudolf Ludwig von Decker (1804–1877) den Verlag, der auch mit seinem Bemühen um den Autor Theodor Fontane (1819–1898) im Gedächtnis geblieben ist und den gesamten Verlag in der Eigensicht zu neuem Aufschwung führte.[76] Erste juristische Titel finden sich im Verlagsprogramm bei R. von Decker seit dem 17. Jahrhundert, für die Zeit ab 1863 wurde bereits von einem Standard-Programm gesprochen: »neben den zum Standard-Programm des Hauses gehörenden Publikationen amtlichen und juristischen Charakters«,[77] so lautet die Selbstdarstellung in der Verlagsschrift von 1988. Auch eine frühe Verlagsfestschrift von 1813 verweist bereits auf die »lebhafte Thätigkeit« mit »wichtigen Arbeiten der preußischen Behörden«,[78] was ein Katalog Mitte des Jahrhunderts bestätigt.

---

lichen Privilegii der Geheimen Ober-Hofbuchdruckerei. am 26. Oktober 1863, S. 1–8 oder bei Potthast: Abstammung, 1863.

73 Vgl. Potthast: Abstammung, 1863, S. 89; Lendenmann: Deckersche Kleine Verlagsgeschichte, 1988, S. 41–42; Verlagsverzeichnisse R. von Decker 1849, 1850 und 1868.

74 Vgl. Lendenmann: Deckersche Kleine Verlagsgeschichte, 1988, S. 28.

75 Nach Messekatalogen für die Zeit von 1764 bis 1788 findet sich der Verlag R. von Decker nach Gottlob August Lange mit 524 Titeln an zweiter Stelle, vgl. Georg Jakob Decker 464 Titel. Den dritten Platz nahm Friedrich Nicolai mit 434 Titeln ein. Vgl. Reimer: Passion & Kalkül, 1999, S. 43.

76 So Lendenmann: Deckersche Kleine Verlagsgeschichte, 1988, S. 48. Der Verleger Rudolf Ludwig von Decker überzeugte Theodor Fontane von einer Autorenschaft: Obwohl es diesem zwar »keine Herzenssache« war, erschienen Werke wie »Die drei deutschen Kriege 1864, 1866, 1870/71« im Verlag R. von Decker. Bekannt geworden sind vor allem auch die Unstimmigkeiten zwischen Autor und Verleger über Honorarfragen. Vgl. insgesamt Lendenmann: Deckersche Kleine Verlagsgeschichte, 1988, S. 56; Theodor Fontane – Briefe an den Verleger Rudolf von Decker, 1988, S. 7–8.

77 Lendenmann: Deckersche Kleine Verlagsgeschichte, 1988, S. 56.

78 Festschrift 26. Oktober 1863, S. 49.

79 Vgl. Verlagsverzeichnis R. von Decker 1849. Die Werke wurden von der Verfasserin zugeordnet und ausgezählt.

Tabelle 2.2: Anzahl von Titeln im Verlagskatalog 1849 bei R. von Decker[79]

Anzahl der Titel aller Themengebiete	165 Titel, davon
Rechts- und Staatswissenschaften	83 Titel, davon
davon Staatswissenschaft und Politik	27 Titel
davon Juristische Schriften	29 Titel
davon verschiedene Verordnungen und Reglements	18 Titel
davon Schriften über Finanzwesen	9 Titel
Andere Themengebiete	82 Titel, davon
davon Oeuvres de Frederic le Grand (1 Werk in 13 Bänden)	1 Titel
davon Landwirtschaft, Forstwissenschaft, Gärtnerei	13 Titel
davon Schriften über Medizinal-Wesen	6 Titel
davon Geschichte Pädagogik, Theologie	22 Titel
davon Militärische Schriften	34 Titel
davon Gedichte	3 Titel
davon Kunstliteratur	3 Titel

Quantitativ handelt es sich um den Bereich mit der höchsten Titelanzahl: Rechnet man die Bereiche »Staatswissenschaft und Politik«, »Juristische Schriften« und »Verordnungen und Reglements« zusammen – wie dies auch in den Katalogen anderer Verlage häufig der Fall war[80] –, umfasst allein dieser Bereich 74 Publikationen. Mit den »Schriften über Finanzwesen« nimmt der Bereich 83 Werke von 165 Titeln ein und bildet damit das umfangreichste Programmsegment. Mit den benachbarten Wissensgebieten stärkte R. von Decker seine rechts- und staatswissenschaftliche Verlagssparte nochmals: Mit den »Militärischen Schriften« umfasste der Programmbereich derjenigen Werke, die durch rechtliche und staatliche Strukturen geprägt waren, 117 von 165 Titeln. Die gemeinsame Betrachtung der Wissenschaftsdisziplinen rechtfertigt sich im Hinblick auf die militärischen Werke zusätzlich durch die Tatsache, dass sich innerhalb des Programmbereichs der »Militärischen Schriften« auch Publikationen mit juristischen Inhalten finden wie die *Kritischen Bemerkungen über den Entwurf des Wehr-Ausschlusses der Reichsversammlung zu einem Gesetz über die Deutsche Wehr-Verfassung* aus dem Jahr 1848, das *Strafgesetzbuch für das Preußische Heer* von 1845 oder die *Erläuterungen zu den Verordnungen über die Ehrengerichte im Preußischen Heere und über die Bestrafung der Offiziere wegen Zweikampfs* aus dem Jahr 1847.[81] Ebenso wurden bei den »Schriften über Finanzwesen« der Rechtswissenschaft zuzuordnende Werke gelistet wie die *Preußische Bank-Ordnung* von 1846, der *Gesetz-Entwurf die Einführung einer Einkommen- und Klassensteuer betreffend nebst Motiven*

80 So im Verlagsverzeichnis Gebrüder Paetel 1895; Verlagsverzeichnis G. Grote, November 1868; Verlagsverzeichnis Heyer 1846; Verlagsverzeichnis Carl Heymanns, Januar 1842; Verlagsverzeichnis J. C. B. Mohr (Paul Siebeck), 1880; Verlagsverzeichnis Verlag C. F. Müller 1824; Verlagsverzeichnis Benno Schwabe 1808.

81 Vgl. Verlagsverzeichnis R. von Decker 1849, S. 16, 18.

oder ein Titel *Ueber den Gesetz-Entwurf zur Aufhebung der Grundsteuer-Befreiungen* aus dem Jahr 1849.[82]

Unter der Rubrik »Verschiedene Verordnungen und Reglements« wurden Titel benannt wie die *Revidirte Städte-Ordnung für die Preußische Monarchie* von 1831, ein *Entwurf der Gemeinde-Ordnung für den Preußischen Staat* aus dem Jahre 1849 oder die *Gesinde-Ordnung für sämmtliche Provinzen der Preußischen Monarchie*, erschienen 1810. Auch in den nicht-juristischen Verlagsprogrammen finden sich Werke mit juristischen Inhalten, die einen zusätzlichen Hinweis auf eine Fokussierung bilden: So sind in der Rubrik »Landwirtschaft, Forstwirtschaft, Gärtnerei« Werke mit – meist untergesetzlichen – Regelungen gelistet wie die *Feldpolizei-Ordnung* von 1847 oder die *Holz-, Mast- und Jagd-Ordnung* noch aus dem Jahr 1720.[83] Der Ausbau des juristischen Verlagsprogramms wurde auch in den folgenden Jahren fortgesetzt: Der Katalog ein Jahr später zeigt ein ähnliches Bild.[84] Im Katalog von 1868 findet sich ein im Vergleich zu den früheren Verlagskatalogen sehr viel umfangreicheres Verlagsprogramm, vor allem mit amtlichen Publikationen.

Kein anderer Wissenschaftsbereich wurde im Verlag R. von Decker in vergleichbarem Umfang betreut wie die Staats- und Rechtswissenschaften, die allein bei den nicht-amtlichen Werken 88 Titel umfassen. Der nächstgrößere Bereich war die Schöne Literatur mit 82 Werken, gefolgt von den Gebieten Geographie, Geschichte, Biographie und Philosophie inklusive der Werke Friedrich des Großen. Für die Annahme einer Spezialisierung auf die Rechtswissenschaften spricht auch, dass andere Bereiche zahlenmäßig verringert wurden wie die Rubrik »Militärische Schriften«, die gegenüber 1849 deutlich zurückgegangen waren. Während die Rubrik 1849 einen Anteil von 20,6 % an der Gesamtproduktion ausmachte, waren es 1868 lediglich noch 12 % Anteil an den nicht-amtlichen Werken und 5,9 % Anteil an der Gesamtproduktion. Die Voranstellung der amtlichen Werke und derjenigen wichtiger exekutiver Verwaltungsstellen zeigt die Bedeutung, die diese Werke, aber auch die Nähe zu Politik und Gesetzgebung im Verlag besaßen. Der Katalog belegt damit nicht nur quantitativ den Fokus auf den Rechtswissenschaften, sondern die Unterteilung und Voranstellung sowie die Nennung der einzelnen Ressorts kann auch als ein qualitativer Hinweis auf die Spezialisierung auf dieses Programmsegment gewertet werden.

Mit Blick auf die verschiedenen juristischen Themenfelder im Verlag R. von Decker fällt bereits im Katalog von 1849 die Vielfalt der verlegten Rechtsbereiche auf: Die Titel entstammten dem Verfassungsrecht, dem Straf- und Strafverfahrensrecht oder dem Steuerrecht, Zollrecht und Kommunalrecht, aber auch dem Handelsrecht, Wechselrecht, Hypothekenrecht, dem Zivilprozeßrecht, Konkursrecht, daneben dem Völkerrecht, der Justizverwaltung, dem Jagdrecht, dem Armenrecht oder der Rechtsge-

---

82 Zu allen drei Titeln siehe Verlagsverzeichnis R. von Decker 1849, S. 10.

83 Vgl. zu den genannten Titeln Verlagsverzeichnis R. von Decker 1849, S. 11, 12, 13.

84 Auf eine detaillierte Auflistung der Werke wurde verzichtet. Vgl. Verlagsverzeichnis R. von Decker 1850.

Tabelle 2.3: Anzahl von Titeln im Verlagskatalog 1868 bei R. von Decker[85]

Anzahl der Titel aller Wissensgebiete	855 Titel, davon
Amtliche Werke	432 Titel, davon
Ressort des Bundeskanzler-Amts des Norddeutschen Bundes	22 Titel
Ressort des Staats-Ministeriums	3 Titel
Ressort des Ministeriums der auswärtigen Angelegenheiten	6 Titel
Ressort des Ministeriums der Finanzen	129 Titel
Ressort des Ministeriums der geistlichen, Unterrichts- und Medizinal-Angelegenheiten	13 Titel
Ressort des Ministeriums für Handel, Gewerbe und öffentliche Arbeiten	57 Titel
Ressort des Ministeriums des Innern	47 Titel
Ressort des Justiz-Ministeriums	69 Titel
Ressort des Kriegs-Ministeriums	96 Titel
Ressort des Ministeriums für die landwirthschaftlichen Angelegenheiten	12 Titel
Nichtamtliche Werke	423 Titel, davon
Staats- und Rechtswissenschaft, Politik	88 Titel
Theologie, Philologie	15 Titel
Pädagogik, Schulbücher, Jugendschriften	23 Titel
Geographie, Geschichte, Biographie, Philosophie	88 Titel
Kriegswissenschaft	51 Titel
Medizin, Pharmazie, Naturwissenschaft	17 Titel
Gartenbau, Landwirtschaft, Technologie	19 Titel
Schöne Literatur	82 Titel
Schöne Künste	20 Titel
Bibeln, Gesang-, Gebet- und Kirchenbücher (mit div. Ausgaben der Bibeln und Gesangbüchern)	8 Titel
Periodische Schriften, Zeitungen und Journale	12 Titel

schichte. Von dem *Entwurf der Verfassung des Deutschen Reiches*[86] über Titel zum Zivil- und Handelsrecht wie die *Einführungs-Ordnung zur Allgemeinen Wechsel-Ordnung für Deutschland*, die *Preußische Bank-Ordnung* oder aus dem Polizei- und Sicherheitsrecht wie die *Verordnung zur Aufrechthaltung der öffentlichen Ordnung und der dem Gesetze schuldigen Achtung* oder die *Feldpolizei-Ordnung für alle Landestheile, in denen das Allgemeine Landrecht Gesetzeskraft hat.* Das Strafrecht ist mit Titeln vertreten wie dem

85 Der Katalog von 1868 unterteilt explizit in die Bereiche Amtliche und Nichtamtliche Werke. Da die Amtlichen Werke sich ausschließlich aus Publikationen zusammensetzen, die den Rechts- oder Verwaltungswissenschaften zuzuordnen sind, werden sie in vorliegender Arbeit zu den juristischen Werken gezählt. Unter Amtlichen Werken versteht der Verlag »Die König. Preuss. Edikte, Publikanda, Patente, Verordnungen, Reglements, Instruktionen, Gesetze, Allerhöchste Kabinets-Ordres, Deklarationen«. Vgl. Verlagsverzeichnis R. von Decker 1868, S. 5.

86 Vgl. zu allen folgenden Titeln Verlagsverzeichnis R. von Decker 1849, S. 4–10.

Strafgesetzbuch für das Preußische Heer oder dem *Entwurf des Strafgesetzbuchs für die Preußischen Staaten, nebst dem* [...] *Entwurf des Gesetzes über die Kompetenz und das Verfahren in dem Bezirke des Appellationsgerichtshofes zu Köln.* Schließlich ist aus dem Steuerrecht zum Beispiel der *Gesetz-Entwurf, die Einführung einer Einkommen- und Klassensteuer betreffend, nebst Motiven* vorhanden.

Neben einem inhaltlich breiten Themenspektrum sind auch unterschiedliche Publikationsarten im juristischen Verlagsprogramm zu finden. R. von Decker beschränkte sich nicht darauf, lediglich Textausgaben oder andere ohne hohen verlegerischen Aufwand zu konzipierende Publikationen zu veröffentlichen. Im Gegenteil beinhaltete das Verlagsgrogramm einerseits klassische Publikationsarten wie Gesetzessammlungen und juristische Kommentierungen wie die Erläuterungen des Rechts-Anwalts und Notars Otto Stellter (1823–1894): *Die Preußischen Armengesetze vom 31. Dezember 1842 und 21. Mai 1855* aus dem Jahr 1857.[87] Theodor Goltdammer (1801–1872) verfasste einen Kommentar zur Konkursordnung, der mit vollem Titel lautete: *Kommentar und vollständige Materialien zur Konkurs-Ordnung vom 8. Mai 1855 und zu dem Gesetze, betreffend die Befugniß der Gläubiger zur Anfechtung der Rechtshandlungen zahlungsunfähiger Schuldner außerhalb des Konkurses, v. 9. Mai 1855.*[88] Daneben veröffentlichte der Verlag Verhandlungen, Rechtsgutachten, General-Register, Anleitungen oder Denkschriften zu juristischen Spezialthemen. Insbesondere Streit- und Denkschriften können als Zeichen für einen Verlegerwillen gewertet werden, das Verlagsprogramm breiter aufzustellen und eine Etablierung als Fachverlag in der Zielgruppe anzustreben: Gerade diese Schriften nehmen die Debatten in Juristenkreisen auf und reflektieren den Stand der wissenschaftlichen Meinungsbildung; andere Beispiele sind Titel wie Rudolf von Kräwels (1805–1888) *Vorschläge wie durch Beseitigung der Härten des Preußischen Strafgesetzbuchs der Überfüllung der Zuchthäuser abzuhelfen wäre* von 1857.

Der Verlag R. von Decker nahm offensichtlich auch intensive Kontakte in die Zielgruppe und zu Autoren auf. Neben Publikationen, deren Inhalte ausschließlich von gesetzgeberischer Seite bestimmt waren oder die, wie Denkschriften, häufig vom Verfasser an den Verlag herangetragen wurden, zeigen gerade Autorenwerke die Anfänge verlegerisch-strategischen Handelns: Von Autoren verfasste Werke um die Jahrhundertmitte waren zum Beispiel von L. Kühne[89] *Ueber den Gesetz-Entwurf zur Aufhebung der Grundsteuer-Befreiungen* aus dem Jahr 1849 oder Karl Albert von Kamptz zur Nationalversammlung *Die Deutsche constituirende National-Versammlung in Frankfurt*

87 Vgl. Verlagsverzeichnis R. von Decker 1868, S. 54.

88 Der Kommentar erschien 1858 bereits in der zweiten Auflage. Vgl. Verlagsverzeichnis R. von Decker 1868, S. 52. Lange und möglichst viele Inhaltsbestandteile genau wiedergebende Titel von Werken waren im 19. Jahrhundert nicht ungewöhnlich.

89 Bei dem Autor könnte es sich um den Politiker und Finanzbeamten Ludwig Samuel Bogislav Kühne (1786–1864) handeln.

vor der Kritik des Staatsrechts (1849).[90] Alwin Strey veröffentlichte 1859 *Die Lehre von den Arresten und Arrestverfahren nach Preußischem Recht mit Bezugnahme auf das gemeine Deutsche Recht*. Der Königliche Kammergerichts-Präsident Heinrich Leopold Strampff (1800–1879) verfasste 1857 den eher ungewöhnlichen Titel *Dr. Martin Luther: Über die Ehe. Aus Dr. Martin Luther's Schriften zusammengetragen, geordnet und mit Bemerkungen versehen*.[91]

Bei den meisten genannten Publikationen war bereits eine konzeptionelle Mitwirkung des Verlags erforderlich, eine aktiv-verlegerische Strategie wird an verschiedenen Stellen sichtbar: So wurden Werke veröffentlicht, die an aktuelle Rechtsentwicklungen anknüpften wie das erwähnte Werk von Johann Wilhelm Neumann (1797–1870), der sich 1848 zur Notwendigkeit der Abschaffung der Todesstrafe und Entfernung im Zusammenhang mit dem »neuesten Entwurfe des Preußischen Strafgesetzbuchs« beschäftigte – *Über die Nothwendigkeit der Abschaffung der Todesstrafe und Entfernung* [...] *in dem neuesten Entwurfe des Preußischen Strafgesetzbuchs* – oder mit einem Werk, welches 1848 »kritische Bemerkungen über den Entwurf des Wehr-Ausschlusses der Reichsversammlung zu einem Gesetz über die Deutsche Wehr-Verfassung« enthielt.[92] Durch den vermehrten Kontakt zu Autoren vergrößerte sich offensichtlich auch die angebotene Palette juristischer Themenfelder, der Verlag weitete sein Programm strategisch auf unterschiedliche Zielgruppen innerhalb der Rechtspraxis aus.

Eine juristische Spezialisierung zeigt sich auch an Werken, die in verschiedenen Ausgaben erschienen und den juristischen Programmteil diversifizierten. So brachte der Verlag einen Separatdruck aus dem *Archiv für Preußisches Strafrecht* heraus: *Ueber die strafbare Nachbildung von Kunstwerken* (1864).[93] In zweiter Ausgabe erschien von Theodor Goltdammer der *Kommentar und vollständige Materialien zur Konkurs-Ordnung vom 8. Mai 1855*.[94] Die *Königlich Preußischen Edikte, Publikanda, Patente, Verordnungen, Reglements, Instruktionen, Gesetze, Allerhöchste Kabinets-Ordres, Deklarationen*, die noch aus dem Jahre 1710 stammten, hielt der Verlag über einen längeren Zeitraum vorrätig,[95] was – neben wirtschaftlichen Gesichtspunkten – als ein Zeichen dafür gewertet werden kann, dass versucht wurde, auch ältere juristische Verlagstitel lieferbar zu halten und seine Backlist stetig zu pflegen. Auch war die Produktion zu keiner Zeit unterbrochen, im Gegenteil weisen sämtliche Kataloge aus dem 19. Jahrhundert rechtswissenschaftliche und rechtspraktische Werke aus. Der Katalog von 1849 enthält noch juristische Werke aus dem 18. Jahrhunderts wie die erwähnte *Allgemeine Deposital-Ordnung für die Ober- und Untergerichte* aus dem

90 Vgl. zu beiden Werken Verlagsverzeichnis R. von Decker 1849, S. 10 und 5.
91 Vgl. zu den genannten Titeln Verlagsverzeichnis R. von Decker 1868, S. 52, 54.
92 Vgl. insgesamt Verlagsverzeichnis R. von Decker 1849, S. 10 und 16.
93 Siehe auch Verlagsverzeichnis R. von Decker 1868, S. 52.
94 Das Werk erschien 1858. Vgl. Verlagsverzeichnis R. von Decker 1868, S. 52.
95 Vgl. Verlagsverzeichnis R. von Decker 1850.

Jahr 1783,[96] was ebenfalls auf eine nachhaltige Pflege des rechtswissenschaftlichen Programmbereichs schließen lässt.

Für einen strategischen Auf- und Ausbau der Rechtswissenschaft im Verlag R. von Decker spricht nicht nur die Anzahl und die Abdeckung verschiedener Programmbereiche, sondern der Verlag war auch um eine entsprechende Außenwahrnehmung bemüht: So wurden die juristischen Titel im Verlagskatalog gemeinsam präsentiert. Vor allem unter Rudolf Ludwig von Decker kann eine planvolle Weiterentwicklung angenommen werden. Er hatte den Verlag 1827 übernommen und führte »Druckerei und Buchverlag zur größten Bedeutung während ihres Bestehens«.[97] Dabei konnte er auf die Arbeit seiner Vorgänger aufbauen. Bereits die Sitzverlegung 1794 unter Georg Jakob Decker II kann als Indiz für die Strategie gewertet werden, sich in der preußischen Hauptstadt an der Wilhelmstraße in der Nähe der politischen Entscheidungsträger zu positionieren. Der Verlag gab die Adresse auch auf den Katalogen an prominenter Stelle an,[98] was zum einen sicher praktische Aspekte hatte, andererseits aber wohl auch die Nähe zu den Verwaltungskreisen und eine entsprechende Ausrichtung des Verlags demonstrieren sollte.

Auffällig ist im Verlagsprogramm bei R. von Decker, dass nur wenige Werke für ein nicht vorgebildetes Publikum herausgegeben wurden. Das Programm war trotz der beschriebenen Autorenwerke nicht nur stark von den amtlichen Druck- und Verlagsaufträgen geprägt, sondern besaß auch eine enge Ausrichtung auf die Rechtsanwender. Insofern liegt die Vermutung nahe, dass die amtlichen Werke im Verlag R. von Decker wirtschaftlich so erfolgreich waren, so dass nicht die Notwendigkeit bestand, sich in besonderem Maße zusätzliche Zielgruppen zu erschließen. Ebenfalls deutlich wird, dass die amtlichen Aufträge dem Verlag auch bei seiner strategischen Ausrichtung und Programmentwicklung als juristischer Verlag Orientierung boten: Schwerpunkte der Verlagsveröffentlichungen bildeten vor allem klassische juristische Publikationsarten. Weniger ausgeprägt waren Werke, die einen hohen Grad an konzeptioneller Mitwirkung durch Autoren erforderten wie Handbücher oder Leitfäden für juristische Laien.

Die amtlichen Werke und Druckaufträge waren für den Verlag offenkundig von überragender Bedeutung. Der Verlag hatte sich dieses Geschäftsfeld bereits sehr früh erschlossen und pflegte die Kontakte zu den Behörden kontinuierlich. Wie wichtig die Herausgabe in amtlichem Auftrag war, lässt sich auch daran erkennen, dass der Verlag im Katalog von 1849 ausdrücklich auf die Bestellmöglichkeit von amtlichen Werken wie den *Königlich Preußischen Edikte, Publikanda, Patente, Verordnungen, Reglements, Instruktionen, Gesetze, Allerhöchste Kabinets-Ordres, Deklarationen* hinweist. Auf-

96 Vgl. Verlagsverzeichnis R. von Decker 1849, S. 6. Unter einer Depositalordnung ist eine Hinterlegungsordnung zu verstehen. Vgl. Deutsches Rechtswörterbuch 1935, S. 784. Zum Deutschen Rechtswörterbuch vgl. auch oben Definition »Bettelschub«.

97 Lendenmann: Deckersche Kleine Verlagsgeschichte, 1988, S. 48.

98 Vgl. Titelseite Verlagsverzeichnis R. von Decker 1868.

schlussreich und ein Beleg für die Vielzahl der verlegten amtlichen Werke ist die Bitte, dass bei »Verlangen dieser Edikte [...] jedoch die genaue Angabe der Jahreszahl und Datum des Erscheinens oder Erlasses, die möglichst richtige und vollständige Bezeichnung des Titels derselben erforderlich« ist, »um die Bestellungen zuverlässig expediren zu können«.[99] Die strategisch günstige Positionierung im Hinblick auf amtliche Publikationen hatte sich für den Verlag R. von Decker 1794 mit dem Umzug in die Wilhelmstraße nochmals verbessert. Die räumliche Veränderung begünstigte eine Zusammenarbeit mit den Behörden im 19. Jahrhundert noch mehr, als dies in späteren Zeiten erleichterter Kommunikation der Fall war: Die Wege waren kurz, man traf sich häufiger und konnte bei diesen Gelegenheiten Verlagsprojekte besprechen oder Aufträge annehmen.

Im Zusammenhang mit den amtlichen Druckaufträgen spielte auch die angegliederte Königliche Geheime Ober-Hofbuchdruckerei eine nicht zu unterschätzende Rolle. Der Verlag wurde dadurch in die Lage versetzt, die amtlichen Druckaufträge im eigenen Unternehmen abzuwickeln und die Zufriedenheit seiner Aufraggeber sicherzustellen. Die Bedeutung der zuverlässig arbeitenden Ober-Hofbuchdruckerei kann auch an einer Äußerung des späteren Konkurrenten Otto Löwenstein (1841–1896) in seinem Tagebuch abgelesen werden. Nachdem er selbst eine Druckerei gekauft hatte, die gute Kontakte zu Behörden und staatlichen Stellen besaß und viele Werke in amtlichem Auftrag druckte, kommentierte Otto Löwenstein dies wie folgt: »meine Idee, der Erbe Decker's zu werden«.[100] Dass staatliche Druckaufträge aber nicht immer das gewünschte lukrative Ergebnis erzielten, erfuhr auch R. von Decker. Der Verlag musste »während der französischen Besetzung Berlins [...] nicht nur für die preußischen Behörden, sondern auch für die Besatzungsmacht drucken«.[101] Die letzten offenen Rechnungen wurden aber erst nach Ende der Befreiungskriege beglichen. Zusammenfassend kann festgestellt werden, dass sich die Entwicklung zu einem juristischen Verlag bei R. von Decker vor allem auf Grund der leistungsfähigen Druckerei und den durch amtliche Druckaufträge geschaffenen Kontakten zu Ministerien und anderen staatlichen Einrichtungen vollzog.

2.4.2 Erfolg mit Behördenkontakten: C. F. Müller

Im 1797 gegründeten Verlag C. F. Müller in Karlsruhe erschienen bereits direkt nach der Gründung juristische Werke.[102] Hier lag der Fokus – entsprechend der regionalen Ver-

99 Verlagsverzeichnis R. von Decker 1849, S. 1.

100 Zitiert nach Lindner: Otto Löwenstein, 2003, S. 29.

101 Lendenmann: Deckersche Kleine Verlagsgeschichte, 1988, S. 47–48.

102 Zum Verlag vgl. auch allgemein Federer: Alte juristische Bücher, 1963; Code Napoleon 1997; »bibliographie 1797–1945« 1970. Vgl. Brauer: Johann Gottlieb Müller, 1973, S.159–160; Brauer: Von der Buchbinderei zum Verlag, 1978, S. 461–463; Stehling: Von der Buchbinderei zum Verlag, 1978.

ankerung in Karlsruhe – auf dem badischen Landesrecht. Maßgeblich beeinflusst hat die Verlagsentwicklung der Gründer Christian Friedrich Müller: Die Verlagsgeschichte berichtet davon, dass er »ein Mann von hoher Tatkraft und Begabung«[103] war, der sich die »Schwarze Kunst« zum Lebensinhalt machte. Die buchhändlerische Neigung fand bereits Niederschlag in einer Buchbinderlehre bei seinem Vater und setzte sich im Rahmen von Stationen als Buchdrucker- und Buchbindergeselle in Frankfurt, Stuttgart, Prag, Berlin und Leipzig fort. Nach seinen Lehr- und Wanderjahren gründete Müller in seiner Heimatstadt Karlsruhe den eigenen Verlag. Als Verleger bewies Müller bereits im Rahmen der Verlagsgründung persönlichen Mut und schreckte nicht davor zurück, sich mit etablierteren Kollegen anzulegen. Die Historie des Verlags stellt fest, dass er schließlich nach »monatelangen Auseinandersetzungen«[104] die Genehmigung erhielt.[105] Der Verlag hatte nach eigener Aussage »schon sehr frühzeitig juristische Literatur in das Verlagsprogramm aufgenommen«[106] – eine Einschätzung, die ein Katalog von 1824 bestätigt.

Ein quantitativer Vergleich zeigt eine deutliche Fokussierung auf die Rechtswissenschaft. Von den insgesamt gelisteten 160 Titeln sind 74 Titel den Rechts- und Staatswissenschaften zuzuordnen. Weitere umfangreichere Programmbereiche sind lediglich noch die Theologie mit 16 Titeln, die »Medizin, Pharmazie« mit zwölf Titeln und die »Lehrwerke, Unterrichtswesen« mit zehn Titeln. Eine Besonderheit des Katalogs stellt die Unterteilung in einen allgemeinen und einen auf das badische Landesrecht spezialisierten Teil dar. Von den insgesamt 64 im Rahmen des badischen Landesrechts in einer eigenen Rubrik »Gesetze, Verordnungen, Instruktionen und Abhandlungen, welche vorzugsweise das Großherzogthum Baden betreffen« genannten Titeln sind 59 Werke der Jurisprudenz zuzuordnen, drei der Theologie und zwei Werke enthalten Bestimmungen über Maße und Gewichte. Der übrige Katalogteil enthält 96 Werke, hier sind ebenfalls 15 den Rechts- und Staatswissenschaften zuzuordnende Titel enthalten, wie die *Beiträge zu Purifizierung der Artikel 14 und 16 der deutschen Bundes-Acte* (1821) von Ernst Philipp von Sensburg (1752–1831) mit Entwürfen und Erläuterungen zu einer Gemeindeordnung, zur Bestimmung der Landes- und grundherrlichen Rechts-Verhältnisse oder zur bürgerlichen Verbesserung der Juden in den deutschen Bundesstaaten. Die weiteren 57 Titel entstammen unterschiedlichen Themenbereichen wie Belletristik, Land- und Forstwirtschaft, Finanzwesen oder Regionalia wie *Der praktische Baumgärtner* (1816), ein *Handbüchlein für Eheleute und Ehelustige* (1824), *Nachrichten über den Hof des türkischen Sultans* sowie Werke

103 Brauer: Von der Buchbinderei, 1978, S. 462. Vgl. auch C. F. Müller Verlag: Vorwort, 1970, S. XII (Rückseite).

104 Fürst: Christian Friedrich Müller, 1997, S. 50.

105 Zur Umgehung von Zensurvorschriften vgl. Wagner: Der Verlag C. F. Müller und die badische Zensur, 1997, S. 91. Zu Privileg und Unternehmensgründung vgl. auch Fürst: Christian Friedrich Müller, 1997, S. 50.

106 ARSV 1994, S. 32 (C. F. Müller).

Tabelle 2.4: Anzahl von Titeln im Verlagskatalog 1824 bei C. F. Müller[107]

Anzahl der Titel aller Wissensgebiete insgesamt	160 Titel, davon
Rechts- und Staatswissenschaft	74 Titel
Theologie	16 Titel
Medizin, Pharmazie	12 Titel
Lehrwerke, Unterrichtswesen	10 Titel
Landwirtschaft, Gartenbau	7 Titel
Militärwissenschaften	7 Titel
Belletristik	2 Titel
Sonstige	32 Titel
Anzahl der Titel nach Rubriken geordnet	
Anzahl der Titel in Rubrik	
Gesetze das Großherzogthum Baden betreffend	64 Titel, davon
Rechts- und Staatswissenschaft	59 Titel
Theologie	3 Titel
Medizin, Pharmazie	0 Titel
Sonstige	2 Titel
Anzahl der Titel dieser Rubrik	
Allgemeine Rubrik: Werke ohne badische Gesetze	96 Titel, davon
Rechts- und Staatswissenschaft	15 Titel
Theologie	13 Titel
Medizin, Pharmazie	12 Titel
Lehrwerke, Unterrichtswesen	10 Titel
Landwirtschaft, Gartenbau	7 Titel
Militärwissenschaften	7 Titel
Belletristik	2 Titel
Sonstige	30 Titel

aus den Bereichen Gymnasialbildung oder Pferdezucht.[108] Auch außerhalb der separaten Rubrik der Gesetze und Verordnungen bilden die 15 juristischen Titel die größte Gruppe. Die separate Auflistung von badischen Gesetzen und Verordnungen setzte sich auch in den Verlagskatalogen von 1829, 1837 und 1847 fort, lediglich der Katalog aus dem Jahr 1839 verzichtete auf die Kategorie. Im Verlagsverzeichnis von 1847 nimmt der Verlag mit der Rubrik der »Gesetze, Verordnungen, Instructionen

107 Das Verzeichnis umfasst 22 Seiten und eine Anzeige für die Lithographische Anstalt im Format vergleichbar DIN A 6, es werden 160 Titel (ohne Kunstgegenstände, Landkarten und Pläne sowie Musikalien) gelistet. Vgl. Verlagsverzeichnis C. F. Müller 1824. Die Werke wurden von der Verfasserin zugeordnet und ausgezählt. In der vorliegenden Auszählung ausgenommen sind die im Katalog ebenfalls verzeichneten Kunstgegenstände, Landkarten und Pläne sowie Musikalien.

108 Vgl. Verlagsverzeichnis C. F. Müller 1824, S. 7–10.

und Abhandlungen« seine frühere Darstellungsweise wieder auf – hier sind 17 von 54 Gesamtkatalogseiten Rechts- und staatswissenschaftliche Titel. Bereits zwischen 1824 und 1839 wurde der rechts- und staatswissenschaftliche Bereich erweitert:

Tabelle 2.5: Anzahl von Titeln im Verlagskatalog 1839 bei C. F. Müller[109]

Anzahl der Titel aller Wissensgebiete	255 Titel, davon
Rechts- und Staatswissenschaft	99 Titel
Theologie	26 Titel
Medizin, Pharmazie	17 Titel
Lehrwerke, Unterrichtswesen	31 Titel
Landwirtschaft, Gartenbau	12 Titel
Militärwissenschaften	12 Titel
Belletristik	14 Titel
Sonstige	44 Titel

Während die anderen Wissenschaftsbereiche in ihrer Titelanzahl nicht wesentlich angestiegen sind, sticht der Bereich der Rechts- und Staatswissenschaft im Katalog von 1839 hervor: 99 von insgesamt 255 Werken sind diesem Bereich zuzuordnen. Es spricht auch nicht gegen die Annahme einer Spezialisierung, dass der Katalog keine eigene Rubrik mit den badischen Landesgesetzen mehr führt. Die regionale Verankerung der Verlage nahm im 19. Jahrhundert insgesamt ab und C. F. Müller wollte sich wohl nicht mehr explizit als badischer Verlag positionieren. Eine andere naheliegende Erklärung ist, dass die regionalen Werke unabhängig von ihrer Eigenschaft als badisches Landesrecht leichter aufgefunden werden konnten, wenn sie allgemein in der Kategorie Rechts- und Staatswissenschaften dargestellt wurden. Vor allem nicht juristisch vorgebildete Katalognutzer konnten sich so unter Umständen besser zurechtfinden.

Die Entwicklung eines juristischen Schwerpunktes scheint bereits kurz nach der Verlagsgründung eingetreten zu sein. Schon 1803 erschien das Werk *Organisationsedikte für Kur-Baden*, die *Rechtsquellen zum Baden-Badenschen Landrecht* in den Jahren 1805 und 1806. Christian Friedrich Müller besaß das Privileg, amtliche Werke zu verlegen. Einen ersten durchschlagenden Erfolg konnte der Verlag 1803 auch mit dem *Code Napoleon mit Zusätzen und Handelsgesetzen als Land-Recht für das Großherzogthum Baden* verzeichnen: Die Herausgabe des privilegierten Werkes wird in der Verlagsgeschichte als »Markstein des zu dieser Zeit erst zwölf Jahre alten Verlags«[110] angesehen. Gewonnen werden konnte der Autor Johann Niklas Friedrich Brauer für den noch jungen Verlag auf Grund der erfolgreichen Herausgabe der privilegierten Aus-

109 Ausgezählt wurden alle Titel mit Ausnahme der Kunstgegenstände, Landkarten und Pläne sowie Musikalien. Vgl. Verlagsverzeichnis C. F. Müller 1839.
110 Müller-Wirth: Zu dieser Ausstellung, 1997, S. 9.

gaben. Sein Werk *Erläuterungen über das Badische Landrecht, oder über die Badische bürgerliche Gesetzgebung* erschien zwischen 1809 und 1812 in sechs Bänden,[111] der Autor adaptierte darin den Code Napoleon für das Badische Landesrecht. 1810 verfasste Brauer seine *500 Zusätze zum Code Napoleon*.[112] Brauer wurde zu einem bedeutenden Autor für den Verlag und prägte das juristische Programm von C. F. Müller in den frühen Jahren wie kein zweiter Autor.

Angesichts der dargestellten Erfolge mit Werken zu badischen Gesetzen verwundert die frühe Fokussierung auf das Landesrecht nicht: 1807 erschienen die *Eheordnung für das Großherzugthum Baden*, die *Konstitutionsedikte für das Großherzugthum Baden* von 1807 bis 1809 sowie *Die landständische Verfassungsurkunde für das Großherzugthum Baden* (1819).[113] 1819 wurde als eines von vielen Werken des liberalen Freiburger Professors Karl von Rotteck (1775–1840) der Titel *Ideen über Landstände*[114] veröffentlicht. Das Verlagsprogramm blieb aber bereits in der Anfangsphase nicht in den Grenzen des regionalen Rechts verhaftet: Die gesamte Bandbreite der Programmpalette zeigt sich an Werken aus klassischen Themenfeldern wie dem Titel *Natürliche praktische Kameral-Wissenschaft, enthält die Staatswissenschaft und Finanzen, praktisch beurtheilt* in zwei Teilen (1804) oder an einem *Entwurf einer Gemeindeordnung* von Staatsrat Ernst Philipp von Sensburg aus dem Jahr 1821.[115]

Naheliegend ist, dass sich ein juristischer Programmschwerpunkt auch aus einer familiären Bindung ergeben hat: Christian Friedrich Müller hatte sieben ältere Geschwister und durch seinen Bruder Johann Carl Müller (1766–1834), der als Jurist im badischen Staatsdienst »eine bedeutende Karriere«[116] machte, war er ebenfalls mit der Jurisprudenz in Berührung gekommen. Eine Zusammenarbeit wäre nicht ungewöhnlich gewesen, auch in anderen juristischen Verlagen haben Familienmitglieder die verlegerischen Aktivitäten unterstützt – zum Beispiel im Verlag von Philipp Krüll in Landshut. Der heute nahezu unbekannte Verlag ist heute allenfalls noch wegen seines bekannten Autors im Gedächtnis: Paul Johann Anselm von Feuerbach (1775–1833). Kontakte zu Juristen hatten sich im Verlag insbesondere durch den Bruder des Verlagsgründers, Franz Xaver Krüll (1769–1847) ergeben – »ein angesehener Jurist an der Universität«.[117] Er vermittelte nicht nur Autoren aus seinem beruflichen Umfeld,

---

111 Vgl. Verlagsverzeichnis C. F. Müller 1824, S. 14.

112 Vgl. Federer: Juristische Bücher des 19. Jahrhunderts, 1997, S. 66.

113 Vgl. zu den genannten Titeln Gross: Code Napoleon 1997, S. 24.

114 Vgl. Federer: Juristische Bücher, 1997, S. 68; Verlagsverzeichnis C. F. Müller 1824, S. 9. Zur Definition von Land(es)stand vgl. Deutsches Rechtswörterbuch 1991, S. 636. Zur Volksvertretung im Vormärz vgl. bspw. Ehrle: Volksvertretung im Vormärz 1979.

115 Vgl. zu den genannten Titeln Verlagsverzeichnis C. F. Müller 1824, S. 5, 10.

116 Johann Carl Müller war als »Oberamtmann in Müllheim, dann in Durlach, zuletzt Geheimer Rat 2. Klasse« tätig. Brauer: Von der Buchbinderei, 1978, S. 462.

117 Meiner: G. J. Manz, 1957, S. 25. Vgl. auch Manz, G. J.: Geschäftsrundschreiben zur Übernahme der Krüll'schen Universitätsbuchhandlung vom 12. November 1833. Der Verlag besaß zu Beginn des

sondern unterstützte den Verlag auch mit eigenen Werken wie dem *Handbuch des königlich bayerischen gemeinen bürgerlichen Rechts* oder dem *Teutschen Privatrecht.*

Eine Erweiterung der Rechtsgebiete erreichte der Verlag C. F. Müller unter anderem mit Werken zum Handelsrecht. 1810 wurden die *Handelsgesetze für das Großherzogthum Baden, mit beygedruckten Sätzen des Badischen Landrechts, worauf in den Handelsgesetzen hingewiesen ist* veröffentlicht. Das Verlagsprogramm blieb also nicht auf das Staats- und Verwaltungsrecht beschränkt. Die verschiedenen Publikationsarten werden sichtbar an Sammlungen und Verordnungen wie die *Sammlung der seit dem 2. Jenner 1812 in Zoll- und Accis-Sachen ergangenen Verordnungen und Instruktionen für das Großherzogthum Baden. Mit höchster Bewilligung und unter Aufsicht Großherzoglichen Steuerdepartements herausgegeben* oder die *Badische Accis-Ordnung mit den Modifikationen und erläuternden Verordnungen. Mit Genehmigung und unter Aufsicht Großherzog. Steuerdep. herausgegeben* (1812).[118] Letzteres Werk bildet gleichzeitig ein Beispiel für die Herausgabe mit amtlicher Genehmigung. Auch weitere Werke erschienen »mit höchster Genehmigung« wie 1808 das Werk *Neue Edikte über die Kriegspflichtigkeit und die Art der Auswahl im Großherzogthum Baden* oder mit »gnädigstem Privilegio« die *Organisation der Geschäfts-Verwaltung für das Großherzogthum Baden.*[119] Ebenso wie bei R. von Decker war das Programm auch bei C. F. Müller nicht auf Gesetzes- und amtliche Texte begrenzt. Von Autoren verfasste Erläuterungen finden sich im Verlagsprogramm nicht nur mit Johann Niklas Friedrich Brauers *Erläuterungen über das Badische Landrecht* zwischen 1809 und 1812,[120] sondern 1819 auch bei der *Civil-Diener-Wittwen-Ordnung*, »mit den später nachgefolgten Modifikationen und erläuternden gesetzlichen Bestimmungen«. Daneben bildete das Handbuch eine andere Publikationsart: *Statistisches Handbuch für das Großherzogthum Baden* sowie das »mit beygedruckten Sätzen des Bad. Landrechts, worauf in den Handelsgesetzen hingewiesen ist« – die Veröffentlichung erfolgte 1810. Ein *Archiv für Landständische Angelegenheiten im Großherzogthum Baden* erschien in mehreren Bänden und ist ein Beispiel für ein Periodikum im Verlagsprogramm von C. F. Müller.

Der Verlag C. F. Müller diversifizierte sein Programm auf eine einfache Weise, indem er bei einigen seiner Werke verschiedene Ausgaben veröffentlichte: So wurde das

---

19. Jahrhunderts juristische Werke in einem »beträchtlichen Umfang«. Feuerbach veröffentlichte hier unter anderem »Themis oder Beiträge zur Gesetzgebung und seine Betrachtungen über das Geschworenengericht«. Das Verhältnis zwischen Autor und Verlag muss gut gewesen sein: Feuerbach hielt seinem Verlag in Landshut die Treue, auch als er selbst bereits in München lehrte. Die spätere Geschichte des Verlags ist nur noch in Umrissen bekannt: Der Verlag wurde am 1. Juli 1830 von Georg Josef Manz (1808–1894) übernommen. Philipp Krüll starb im November 1833.

118 Vgl. zu den genannten Titeln Verlagsverzeichnis C. F. Müller 1824, S. 17, 18.

119 Vgl. Verlagsverzeichnis C. F. Müller 1824, S. 16. Vgl. für die folgenden Werke Verlagsverzeichnis C. F. Müller 1824, S. 13–16.

120 Vgl. für die folgenden Werke Verlagsverzeichnis C. F. Müller 1824, S. 13–16.

bereits erwähnte Werk von Ernst Philipp von Sensburg, die *Beiträge zu Purifizierung der Artikel 14 und 16 der deutschen Bundes-Acte*, 1821 zusätzlich auch »in einzelnen Piecen«[121] veröffentlicht. Einzelbände waren zum Beispiel der *Entwurf einer Gemeindeordnung* oder der *Entwurf für eine umfassende und gleichheitliche Bestimmung der Landes- und grundherrlichen Rechts-Verhältnisse*, zu letzterem Werk existierten auch Erläuterungen über die einzelnen Vorschläge. Über mehrere Auflagen erschien das Werk *Das Großherzogthum Baden* »nach seinen Kreisen, Hofgerichts-Provinzen und Amts-Bezirken topographisch dargestellt« – 1814 wurde die zweite Ausgabe herausgegeben. Das Werk konnte mit und ohne eine »Charte von Baden« erworben werden. Von diesem Werk gab es schließlich eine Ausgabe »nach seinen Kreisen, Hofgerichts-Provinzen und Amts-Bezirken topographisch skizzirt« in einer dritten umgearbeiteten Auflage »nach dem Bestand vom 1. April 1820«, die noch im gleichen Jahr erschien.[122]

Für eine strategische Weiterentwicklung und die konzeptionelle Mitwirkung an den herausgegebenen Werken spricht zum Beispiel, dass sich das Programm des Verlags nicht ausschließlich an ein Fachpublikum richtete, sondern es hatte mit Werken wie dem 1825 erschienenen *Rechts-Katechismus für das Badische Volk*, der die »Prinzipien der Rechtsreform für eine breite Leserschicht«[123] erläuterte, auch ein nicht gelehrtes Publikum im Blick. Das Verlagsprogramm wurde offensichtlich gezielt auch im Hinblick auf die Zielgruppe erweitert. Ein zusätzliches Indiz für strategische Überlegungen ist das Initiieren von mehreren Auflagen: Die Betreuung eines Werkes – häufig damit auch eines Autors – über mehrere Auflagen kann als Zeichen gewertet werden, dass der Verlag Interesse an der nachhaltigen Entwicklung seines Verlagsprogramms im Hinblick auf eine größere Spezialisierung hatte. 1826 etablierte der Verlag ein erfolgreiches Werk aus dem Sicherheitsrecht: die *Polizeygesetzgebung des Großherzogthums Baden* von Friedrich Christian Rettig (1781–1859). Zwischen 1826 und 1853 erschienen vier Auflagen.[124] Federer vermutet den Erfolg auch in der Tatsache, dass der Autor »vom Amtsschreiber an bis zum Ministerialdirektor 55 Jahre in den meisten Zweigen des Verwaltungsdienstes gewirkt hat«.[125] Bei diesem Werk kann da-

121 Der vollständige Eintrag, den Inhalt charakterisierende Titel lautet: »Beiträge zu Purifizierung der Artikel 14 und 16 der deutschen Bundes-Acte, [...] 1821. Dieses Werk in einzelnen Piecen: – Entwurf einer Gemeindeordnung. In Mitbeziehung auf die Landes-und grundherrlichen Rechts-Verhältnisse. Mit Erläuterungen über die wichtigen Bestandtheile derselben. 1821. – Entwurf für eine umfassende und gleichheitliche Bestimmung der Landes- und grundherrlichen Rechts-Verhältnisse. Mit Erläuterungen über die einzelnen Vorschläge. 1821. – Ueber Kriegs-Lasten, deren Beurkundung und Ausgleichung. 1821. – Welche Hindernisse stehen der bürgerlichen Verbesserung der Juden in den deutschen Bundesstaaten entgegen? und wie sind sie zu heben, damit der Art. 16. der deutschen Bundes-Acte in Erfüllung kommen kann. 1821«. Vgl. Verlagsverzeichnis C. F. Müller 1824, S. 10.

122 Vgl. Verlagsverzeichnis C. F. Müller 1824, S. 15.

123 Federer: Juristische Bücher, 1997, S. 71.

124 Für die dritte Auflage vgl. Verlagsverzeichnis Verlag C. F. Müller 1839, S. 23.

125 Federer: Juristische Bücher, 1997, S. 70–71.

von ausgegangen werden, dass es mit einer hohen Marktdurchdringung nicht nur den Autor, sondern auch den Verlag in Fachkreisen bekannt gemacht hat.

Während Christian Friedrich Müller zu Beginn seiner Verlagstätigkeit noch verschiedene andere Verlagsaktivitäten entfaltete, wie das 1814 gegründete »Bureau der deutschen Classiker«, welches klassische Texte nachdruckte,[126] trennte er sich im Laufe der Verlagsentwicklung von diesem Bureau und spezialisierte seinen Verlag. Auch die planmäßige Akquise von Johann Niklas Friedrich Brauer als Autor lässt eine strategische Ausrichtung und die Erweiterung des juristischen Programms vermuten. Der Verlag C. F. Müller hatte Brauer planvoll angeworben und ihn nur vom eigenen Verlag überzeugen können, da bereits Kontakte zu Brauers Bekanntem Johann Peter Hebel (1760–1826) bestanden. Auf die Kontakte, die sich für Müller durch seinen Bruder im badischen Staatsdienst ergaben, ist bereits hingewiesen worden. Schon mit Brauers Werk gab der Verlag auch von Autoren verfasste Titel heraus und druckte nicht lediglich Gesetze und Verordnungen ab. Daneben gab der Verlag den *Code Napoleon als Land-Recht für das Großherzogthum Baden* seit 1803 heraus. Die sechs Kommentarbände besaßen durch ihren Autor Staatsrat Brauer fast einen amtlichen Charakter, 1807 erschienen vom gleichen Autor *Beyträge zu einem allgemeinen Staatsrecht der Rheinischen Bundes-Staaten in Fünfzig Sätzen.*[127] Das pünktliche Erscheinen des Werkes – vier der sechs Bände lagen bereits vor Inkrafttreten des neuen Landrechts vor – lässt auch auf ein gutes Zusammenwirken zwischen Autoren und Verleger schließen und deutet auf ein durchdachtes Vorgehen des Verlags hin.

Eine planvolle strategische Ausrichtung auf die Jurisprudenz zeigt auch die Tatsache, dass der Verlag in einschlägigen juristischen Verlagsbibliographien seine rechtswissenschaftlichen Titel bereits gebündelt darstellte. Hieraus lässt sich ein Indiz für das Selbstverständnis als juristischer Verlag vermuten. Daneben war der Verlag C. F. Müller so verankert im Bewußtsein der Nutzer seiner rechtswissenschaftlichen Werke, dass er wie der offizielle Verleger des Landes erschien. Der Verlag produzierte auch ununterbrochen rechtswissenschaftliche und rechtspraktische Werke und machte sich dabei zusätzlich um ältere Rechtstexte verdient, was ebenfalls als ein Beleg für ein bestimmtes Selbstverständnis als juristischer Verleger gewertet werden kann. So gab der Verlag in den Jahren 1805 und 1806 das Baden-Badensche Landrecht

126 Vgl. Fürst: »Diebesbande« oder Institut »zur Beförderung wissenschaftlicher Bildung für unsere Nation« C. F. Müller und das »Bureau der deutschen Classiker« in Karlsruhe 1813–1834, 1997, S. 45. Christian Friedrich Müller etablierte bereits 1813 ein Verlagsunternehmen, welches die Klassiker nachdruckte, bevor diese im Klassikerjahr 1867 gemeinfrei wurden. Sein Vorgehen war nach geltendem badischen Recht nicht zu beanstanden. Als Verleger eines Standardkommentars zum badischen Landesrecht besaß Müller vermutlich die entsprechenden Kenntnisse. Vgl. Fürst: Nachdruck und Urheberrecht, 1997, S. 96.

127 Vgl. zum amtlichen Charakter Code Napoleon 1997, S. 28. Vgl. auch Federer: Juristische Bücher, 1997, S. 67; Kroener: Johann Nikolaus Brauer, 1997, S. 76, 78.

vom 2. Januar 1588 erstmals im Druck heraus, bis dahin war es »wegen des in der baden-badischen Markgrafschaft chronischen Geldmangels [...] nur handschriftlich verbreitet gewesen«.[128]

Die Besonderheit im Verlag C. F. Müller bestand darin, dass er sich rasch als badischer Verlag etablierte und hier eine umfangreiche Produktpalette anbot: Die Verankerung des Verlags in der Region Baden machte unter anderem ein Werk mit Badischen Rechtssprichwörtern deutlich, die auch als eine »erfrischende Sammlung badischer Rechtssprichwörter« tituliert wurde.[129] Die starke regionale Verankerung im Verlag C. F. Müller steht der Annahme eines juristischen Verlags nicht entgegen – die Bedeutung des Landesrechts war im 19. Jahrhundert besonders ausgeprägt. Die Entwicklung im Verlag C. F. Müller zeigt einen klassischen Spezialisierungsprozess in der ersten Hälfte des 19. Jahrhunderts auf: Beginnend mit amtlichen Aufträgen und dem Druck von Gesetzestexten erweiterten sich die Produktpalette und die Zielgruppen. Der Verlag nutzte die Möglichkeiten eines Programmausbaus auch strategisch geschickt, in dem er planvoll um Autoren an staatlichen Stellen für den Verlag warb.

2.4.3 Konsequente Positionierung: Carl Heymanns

Carl Heymann (1793–1862) gründete 1815 den nach ihm benannten Verlag im niederschlesischen Glogau.[130] Bereits 1822 kam neben dem Sortimentslager auch der Verlag der Siegertschen Buchhandlung mit überwiegend wissenschaftlichen Werken hinzu. Über zwanzig Jahre behielt der Carl Heymanns Verlag seinen Standort in Glogau bei, bevor er 1836 nach Berlin übersiedelte.[131] Insbesondere nach dem Umzug in die preußische Hauptstadt begann der Verlag, rechtswissenschaftliche Werke zu verlegen und eine juristische Spezialisierung zu entwickeln. Bereits die Kataloge und Geschäftsberichte, die der Verlag Ende des 19. Jahrhunderts herausgab, weisen auf die langjährige Tradition der Rechtswissenschaft im Verlag hin. Erwähnt wird ein Programm »namentlich bestehend aus belletristischen und populär wissenschaftlichen, besonders populär rechtswissenschaftlichen Artikeln«.[132] Auch das Renommee stieg in Berlin und das juristische Verlagsprogramm gewann nach eigener Einschätzung des Verlags

128 Federer: Juristische Bücher, 1997, S. 62.

129 Vgl. Code Napoleon 1997, S. 28.

130 In Glogau selbst gab es zu dieser Zeit weitere Verlage wie C. Flemming, Reisner's Nachfolger oder E. Zimmermann. Der Verlag von Carl Flemming führte ebenfalls einige juristische Werke im Programm. Vgl. Russell: Carl Flemming in Glogau 1881, S. 609. Zum Verlag vgl. auch allgemein Carl Heymanns: Verlags-Verzeichnis, 1915; Reuter: Von Manuskripten, 1967.

131 Vgl. Verlagsverzeichnis Carl Heymanns 1891, S. 5–6; Schmidt: Heymann-Sittenfeld 1905, S. 444. Lindner verortet den Umzug zeitlich früher bereits am 1. Oktober 1835. Vgl. Lindner: Carl Heymann, 1996, S. 27.

132 Zitate Verlagsverzeichnis Carl Heymanns 1891, S. 5–6.

»durch grosse amtliche juristische Unternehmungen an Bedeutung und Ansehen«. Eine Vielzahl der juristischen Publikationen resultierte direkt oder indirekt aus der Zusammenarbeit mit Ministerien und anderen Behörden. Zwei frühe Verlagskataloge aus den Jahren 1842 und 1847 zeigen bereits deutlich einen Schwerpunkt in den Bereichen Jurisprudenz, Staats- und Cameralwissenschaften.

Tabelle 2.6: Anzahl von Titeln in den Verlagskatalogen 1842 und 1847 bei Carl Heymanns[133]

		1842	**1847**
	Anzahl der Titel aller Wissensgebiete	490 Titel, davon	666 Titel, davon
I.	Theologie. Lehrbücher.-Predigten.	39 Titel	46 Titel
II.	Jurisprudenz.-Staats- und Cameralwissenschaften.	95 Titel	145 Titel
III.	Medizin.-Physiologie.-Veterinärkunde.	24 Titel	32 Titel
IV.	Naturwissenschaften.-Physik.-Chemie.-Pharmacie.	7 Titel	0 Titel
V.	Philosophie.-Literaturwissenschaft.	9 Titel	16 Titel
VI.	Pädagogik.-Lehrbücher.-Jugendschriften.	15 Titel	18 Titel
VII.	Philologie.-Schriften in ausländischen Sprachen.	28 Titel	35 Titel
VIII.	Geschichte.-Chronologie.-Biographie.	41 Titel	47 Titel
IX.	Mythologie.-Alterthumswissenschaft.	3 Titel	0 Titel
X.	Geographie.-Statistik.-Reisen.	15 Titel	20 Titel
XI.	Mathematische Wissenschaften.-Baukunst.	20 Titel	26 Titel
XII.	Kriegswissenschaft.	16 Titel	20 Titel
XIII.	Handlungs-, Berg- und Münzwissenschaft.	8 Titel	11 Titel
XIV.	Technologie.	7 Titel	48 Titel
XV.	Haus- und Landwirtschaft.-Jagd- und Forstwissenschaft.	16 Titel	21 Titel
XVI.	Schöne Wissenschaften und bildende Künste.	73 Titel	83 Titel
XVII.	Kunstsachen.	20 Titel	22 Titel
XVIII.	Vermischte Schriften.	37 Titel	46 Schriften

Allein die Anzahl der Titel in der »Wissenschaftlichen Übersicht« im Katalog von 1842 macht die Fokussierung auf den rechts- und staatswissenschaftlichen Bereich deutlich. Von 490 verlegten Werken waren 95 Titel der »Jurisprudenz. Staats- und Cameralwissenschaften« zuzuordnen, gleichzeitig bildete dieser Bereich die größte Gruppe innerhalb des Verlagsprogramms. Das quantitativ nächstfolgende Wissensgebiet war »Geschichte, Chronologie, Biographie« mit 41 Titeln, die Theologie stellte mit 39 Wer-

133 In der Aufzählung nicht enthalten sind Pläne und Landkarten, die zu dieser Zeit ebenfalls verlegt worden sind. Ferner wurde teils auf den Abdruck der Wissensgebiete verzichtet, von denen das Verlagsprogramm weniger als 10 Titel listete. Vgl. Verlag Carl Heymanns: Verlagskatalog, Januar 1842, S. V–XIV. Das Verzeichnis von 1847. In der Aufzählung folgt dem Schema der Darstellung des Kataloges von 1842 und verzichtet auf Pläne und Landkarten sowie auf Wissensgebiete mit weniger als 10 Titeln. Die Werke zum Thema Baukunst wurden 1842 in der Rubrik XI. ausgewiesen, 1847 in der Rubrik XIV. Verlag Carl Heymanns: Verlagskatalog, Ostern 1847, S. III–XIV.

ken den drittgrößten Programmbereich dar. Die Ausrichtung auf die Rechtswissenschaft war fünf Jahre später nochmals verstärkt.

Von insgesamt 666 Titeln waren 145 Werke juristische Titel, die nächstgrößere Wissenschaftsgruppe bildete die »Technologie. Baukunst« mit 48 Titeln. Auch in einem Katalog von 1850 bildet die Gruppe »Jurisprudenz. Staats- und Cameralwissenschaften« die mit Abstand größte Gruppe: Bei insgesamt weniger Titel waren ihr von 160 Titeln 69 Werke zugeordnet.[134] So wird bei einer rein quantitativen Gesamtschau der Kataloge von 1842, 1847 und 1850 neben dem Wegfall kleinerer Wissensgebiete vor allem der Ausbau des juristischen Programmbereichs deutlich.

Erstaunlich ist bei Carl Heymanns auch die Gesamtzahl der Publikationen. Der Katalog von 1849 von R. von Decker weist insgesamt lediglich 165 Titel aus,[135] derjenige des Verlags C. F. Müller listet für das Jahr 1839 nur 255 Titel. Im Vergleich dazu besaß Carl Heymanns 1842 bereits 490 lieferbare Titel, fünf Jahre später waren es schon 666 Titel. Dabei hatten sich die Anfänge des Verlags nach 1815 eher bescheiden ausgenommen. Lindner geht davon aus, dass der Verlag in den ersten Jahren bis zu zwei Werke neu herausgebracht hat, er stellt dann ab Mitte der 1820er Jahre eine Ausweitung der Produktion im Verlag fest.[136] Im Jahre 1834 konnten im *Börsenblatt für den Deutschen Buchhandel* 26 Titel angezeigt werden. Der Verlagsgründer Carl Heymann strebte aber offenbar früh eine Spezialisierung des Verlags an. Die Tätigkeit von Carl Heymanns verlagerte sich bereits in den Anfangsjahren zur Gänze auf das Verlagsgeschäft: Noch am Gründungssitz des Verlags in Glogau erschien 1826 mit der Textausgabe der *Allgemeinen Gebührentaxe für die Justizkommissarien und Notarien in den Preußischen Staaten* der erste selbstständige rechtswissenschaftliche Titel. Im gleichen Jahr wurde das bis ins 20. Jahrhundert hinein erfolgreiche Werk *Haus-Sekretair, oder faßliche und gründliche Anweisung, alle nur möglichen Arten von Bittschriften, Vorstellungen … selbst auszuarbeiten* veröffentlicht, welches bis 1881 achtzehn Auflagen erlebte.[137]

Im Laufe der Zeit umfasste das Verlagsprogramm von Carl Heymanns verschiedene Rechtsgebiete und beinhaltete neben klassischen juristischen Titeln wie Gesetzen und Kommentaren auch eine Sammlung für Laien und diverse juristische Denk- und Streitschriften. Dabei bildete das Programm die Bandbreite der juristischen

134 In der Aufzählung werden auf Grund der insgesamt geringeren Titelanzahl alle Wissensgebiete einschließlich der Karten und Pläne dargestellt. Neben den 69 Titeln der Jurisprudenz, Staats- und Kameralwissenschaften und 22 vermischten Schriften bilden die Rubriken »Landkarten und Pläne« bzw. »Technologie und Baukunst« mit 16 bzw. 12 Titeln größere Gruppen. Ansonsten handelt es sich um einzelne Titel aus anderen Wissenschaftsbereichen. Vgl. Verlagsverzeichnis Carl Heymanns, Nachtrag Ostern 1847–Ostern 1850.

135 Mangels anderer Hinweise wird davon ausgegangen, dass es sich bei den Verlagsverzeichnissen jeweils um die gesamte Produktion der Verlage handelte.

136 Vgl. Lindner: Carl Heymann, 1996, S. 13–14.

137 Vgl. Reuter: Von Manuskripten, 1967, S. 95.

Themen ab: Ein klassischer Kommentar war der bereits erwähnte von C. W. Ludwig (1780–?)[138] verfasste *Commentar zum allgemeinen Landrecht für die Preußischen Staaten*, Schuld- und Sachenrecht waren beispielsweise vertreten durch *Die Generaltheorie der Verträge nach Preußischem Rechte*, *Die Lehre vom Besitze und von der Verjährung nach preußischem Rechte* oder eine *Erläuterung der Rechts-Theorie vom Schadens-Ersatz aus unerlaubten Handlungen.*[139] Die Themenpalette wurde zum Beispiel durch das Hypothekenrecht erweitert mittels Werken wie die *Ergänzungen der allgemeinen Hypotheken- und Deposital-Ordnung für die Preußischen Staaten* oder die Rechtsphilosophie: *Handbuch der Rechtsphilosophie* von Theodor Schmalz (1760–1831). Klassische Themenfelder waren das Strafrecht mit Werken wie dem *Repetitorium des Preußischen Kriminalrechts*, das Polizeirecht mit Titeln wie *Die Preußischen Bau-Polizei-Gesetze und Verordnungen – Ein Handbuch für Polizei- und Kommunal-Beamte, Baumeister, Bauhandwerker und Hauseigenthümer* oder die Justizverfassung: *Die preußische Justizverfassung, in ihren Eigenthümlichkeiten verglichen mit der sächsischen. Eine Anleitung für die aus dem sächsischen in den preußischen Dienst übergegangenen Justizbedienten, den neuen Geschäftsgang geschwind sich eigen zu machen.*[140] Schließlich waren Werke wie die *Gesetz- und Verfassungs-Kenntniß für Preußische Staatsbücher jeden Standes* im Verlagsprogramm vorhanden.

Nicht nur Werke verschiedener Themengebiete kennzeichneten das Programm von Carl Heymanns, sondern auch unterschiedliche Publikationsarten. Neben den klassischen juristischen Literaturgattungen wie Gesetzessammlungen und Kommentare veröffentlichte der Verlag bereits früh auch andere Publikationsarten wie Lehrbücher – so das *Repetitorium über das allgemeine Landrecht für die Preußischen Staaten*, ein *Lehrbuch des allgemeinen Landrechts* oder Praxiswerke wie das Handbuch »besonders für junge Männer, die in den Bürgerstand treten« mit dem Titel *Der Preußische Bürger und Stadtverordnete*. Ein 1842 erschienener »systematischer Versuch« beschäftigte sich als Handbuch in zwei Teilen mit dem preussischen Kriminalprozeßverfahren. Von dem gleichen Autor war zwei Jahre zuvor eine Erläuterung mit dem Titel erschienen: *Die Nichtigkeitsbeschwerde, die Nullitätsklage, der Rekurs in Bagatellsachen und das Rechtsmittel der Aggravation in ihrer jetzigen Gestaltung systematisch dargestellt und mit erläuternden Bemerkungen begleitet.*[141]

---

138 Der Autor wird als »C. W. Ludwig« in der Deutschen Nationalbibliographie verzeichnet.

139 Der vollständige Katalogeintrag lautet: »Erläuterung der Rechts-Theorie vom Schadens-Ersatz aus unerlaubten Handlungen, vom Besitz, vom Eigenthum und von einigen Erwerbsarten des Eigenthums, besonders durch Erb-Anfall, nach den Grundsätzlichen des Allgemeinen Preuß. Landrechts in Verbindung mit dem Röm. Rechte«. Zu allen genannten Titeln siehe Verlagsverzeichnis Carl Heymanns, Januar 1842, S. 18–19 und 30; Verlagsverzeichnis Carl Heymanns, Ostern 1847, S. 26–27 und 48.

140 Vgl. zu den genannten Werken Verlagsverzeichnis Carl Heymanns, Januar 1842, S. 6, 16, 25, 41, 42, 49. Verlagsverzeichnis Carl Heymanns, Ostern 1847, S. 8, 39, 70–72.

141 Vgl. zu den genannten Titeln Verlagsverzeichnis Carl Heymanns, Januar 1842, S. 15; Verlagsverzeichnis Carl Heymanns, Ostern 1847, S. 41–42, 13, 2.

Für eine aktive Programmgestaltung durch den Verleger Carl Heymann sprechen viele Aspekte: Zunächst brachte der Verlag bereits frühzeitig Auskoppelungen aus seinen Zeitschriften wie der Zeitschrift *Kameralistische Zeitung* separat heraus. Diese Methode erforderte lediglich einen geringen verlegerischen Aufwand, trotzdem ergab sich in rascher Folge eine Programmerweiterung um separate Titel. Eine solche Auskopplung war die *Darstellung der Rechtsverhältnisse des Adels in Preußen* von 1840 oder die *Darstellung der Rechte des Preußischen Fiscus* von 1839 ebenfalls aus der Zeitschrift *Kameralistische Zeitung*. Ein dritter Separatdruck war der *Jahresbericht über die Fortschritte der Preußischen Staats-Verwaltung und des Kommunalwesens 1835/36*, der von der Redaktion der Zeitung zusammengestellt und 1836 in der Zeitschrift abgedruckt war. Nicht nur einzelne separate Publikationen – und damit eine Doppelverwertung der Inhalte – bereicherten das Programm des Verlags. Die konzeptionelle Arbeit wird auch sichtbar, wenn der Verlag seine Werke mit weiteren Informationen anreicherte: So fügte er dem Werk *Die Preußischen Bau-Polizei-Gesetze und Verordnungen. Ein Handbuch für Polizei- und Kommunal-Beamte, Baumeister, Bauhandwerker und Hauseigenthümer* in einer Ausgabe einen bauwissenschaftlichen Nachtrag hinzu.[142] Einen Nachtrag, den die Leser auch separat erwerben konnten, brachte der Verlag bei dem Werk von Jeremias Heinemann (1778–1855) heraus: *Sammlung der die religiöse und bürgerliche Verfassung der Juden in den Königlich Preußischen Staaten betreffend.*[143] Die Produktvariationen zeigen deutlich den Gestaltungswillen des Verlegers. Der Verlag hatte mit seinen Konzeptionen nicht mehr nur die ohnehin nachfragenden Käufergruppen wie die Universitäten oder den Staat im Blick, sondern war mit seiner Programmgestaltung aktiv um weitere juristische Zielgruppen bemüht.

Mit den oben genannten Werken berücksichtigte der Verlag explizit die Rechtspraktiker. Dem Verleger Carl Heymann war nicht nur an guten Kontakten zu den Regierungsstellen gelegen – er wurde bei seinem Tod von den ministeriellen Ansprechpartnern auch entsprechend gewürdigt[144] –, sondern er legte bei seinen Autoren insgesamt offensichtlich Wert auf Praxisnähe: *Der gerichtliche Rathgeber für Hauseigenthümer und Miether* wurde 1828 von einem »practischen Juristen«[145] herausgegeben. Werke für die Zielgruppe der juristischen Laien wie *Der gerichtliche Rathgeber* oder der bereits erwähnte Haus-Sekretair erforderten auf Autoren- und Verlagsseite eine Hinführung zum Thema und die Aufbereitung der Inhalte für den

142 Vgl. zu den Titeln Verlagsverzeichnis Carl Heymanns, Januar 1842, S. 5, 24–25; Verlagsverzeichnis Carl Heymanns, Ostern 1847, S. 8, 39.

143 Vgl. Verlagsverzeichnis Carl Heymanns, Januar 1842, S. 21.

144 Vgl. Lindner: Carl Heymann, 1996, S. 45.

145 Der vollständige Eintrag lautet: »Der gerichtliche Rathgeber für Hauseigenthümer und Miether, ein Hilfsbuch für Solche, die in Bezug auf Haus-Angelegenheiten keinen Rechtsbeistand annehmen oder wenigstens bei diesen und gerichtlichen Verhandlungen den gewählten kontroliren wollen. Von einem practischen Juristen. 1828 (Maurer).« Das Werk wurde übernommen. Verlagsverzeichnis Carl Heymanns, Januar 1842, S. 36.

Rechtsunkundigen – bedeuteten also konzeptionelle Überlegungen im Hinblick auf den Aufbau und die sprachliche Darstellung der Inhalte. Die verstärkte Herausgabe gerade solcher Titel zeigt einen strategischen Expansionsdrang, aber auch den Verlegereinfluss auf das juristische Verlagsprogramm.

Ein starkes Indiz für eine strategische Ausrichtung stellen insbesondere Publikationen dar, die einen direkten Bezug zu den neuesten Rechtsentwicklungen besitzen, wie das Werk *Ueber den Einfluß der neuern Gesetzgebung auf die landwirthschaftlichen Verhältnisse Schlesiens, insbesondere über die Folgen der unbeschränkten Theilbarkeit des Grund und Bodens* von 1842 oder der Titel *Das unbewegliche Eigenthum nach Preußischem Rechte. Eine systematische Darstellung nach Lage der neuesten Gesetzgebung, und mit Rücksicht auf deren Erörterung durch Praxis und Wissenschaft* von 1843. Daneben ist ein Vorrätighalten über einen längeren Zeitraum bei vielen Werken ersichtlich: So waren bei dem erwähnten Werk *Lehre vom Besitze*, welches 1820 bei Renger erschienen war und von Carl Heymanns lediglich übernommen wurde, 1842 vom dritten und vierten Band offensichtlich noch ausreichend Exemplare vorhanden, im Katalog von 1847 wurden diese bereits mit nur noch wenigen Exemplaren angezeigt. Auch Werke wie die *Miscellen. Zunächst richterlichen Behörden und Sachwaltern gewidmet* von 1826 wurden im Programm belassen oder ein Werk mit dem Titel *Merkwürdige Rechtsfälle, Revolutionsscenen, Wunder und gebrandmarkte Heldenrollen* von 1799.[146] Neben den sicherlich vorhandenen wirtschaftlichen Gründen kann dies auch bei Carl Heymann als ein Zeichen verlegerischen Selbstverständnisses interpretiert werden.

Ebenso wie im Verlag R. von Decker erschienen im Verlag Carl Heymanns amtliche Werke und solche mit »Genehmigung Sr. Excellenz« – in dem Beispiel »des Herrn Justiz-Ministers Mühler«.[147] Amtliche Werke waren zum Beispiel die *Anleitung zur Rechnungsführung über das Vermögen der unter gerichtlicher Obhut stehenden Pflegebefohlenen, nebst der darauf bezüglichen Verfügung* aus dem Jahr 1843 oder die *Asservaten-Instruction für Ober-Gerichte und Unter-Gerichte, welche ein Kollegium bilden* von 1841. Beide Werke fußten auf Texten aus dem *Justiz-Ministerialblatt*, ebenso wie das *Geschäfts-Reglement für die Subaltern-Büreaus der Königlichen Gerichte* von 1841.[148] In besonderem Maße profitierte der Verlag von dem seit 1839 im Auftrag des Justizministeriums herausgegebenen *Justiz-Ministerialblatt für die Preußische Gesetzgebung und Rechtspflege*.[149] Der Vorschlag zur Veröffentlichung stammte seinerzeit vom Verleger Carl Heymann selbst und war von ihm den Behörden vorgetragen worden. Den Zuschlag hatte der Verlag Carl Heymanns unter anderem erhalten, da er die soziale Einrichtung der Witwenkasse maßgeblich unterstützte. Das Beispiel

146 Vgl. zu den genannten Titeln Verlagsverzeichnis Carl Heymanns, Januar 1842, S. 26, 37. Verlagsverzeichnis Carl Heymanns, Ostern 1847, S. 26–27, 32, 44.

147 Verlagsverzeichnis Carl Heymanns, Ostern 1847, S. 4.

148 Vgl. zu den genannten Titeln Verlagsverzeichnis Carl Heymanns, Januar 1842, S. 16; Verlagsverzeichnis Carl Heymanns, Ostern 1847, S. 3, 4.

149 Vgl. insgesamt Lindner: Carl Heymann, 1996, S. 34.

zeigt, dass der Verleger nicht nur aktiv um Druck- und Verlagsaufträge warb, sondern auch Initiativen zu amtlichen Publikationen von ihm ausgingen. Wie sehr sich Carl Heymann umgekehrt aus der Sicht amtlicher Stellen auch um Publikationen verdient gemacht hat, zeigt eine interne ministerielle Würdigung im Zusammenhang mit der Verleihung des Kommerzienrattitels: »Insbesondere unterzieht er [Carl Heymann – Anmerkung der Verfasserin] sich dem Verlage vieler dem Preußischen Recht angehörender Werke, die, weil sie kein allgemeines Interesse gewähren, auch keinen Gewinn versprechen.«[150]

Die stabilisierende Wirkung amtlicher Aufträge im Hinblick auf die Programmausrichtung und Spezialisierung wurde bereits im Zusammenhang mit R. von Decker dargestellt. Im Verlag Carl Heymanns kam darüber hinaus noch die Veröffentlichung von Zeitschriften hinzu, die dem Verlag den dauerhaften Kontakt in die Zielgruppe sicherte und sich festigend auf das juristische Verlagsprogramm auswirkte. 1835 wurde eine juristische Zeitschrift von Carl Heymann gegründet: die *Kameralistische Zeitung für die Königlich Preußischen Staaten.*[151] Ab 1839 trat dann das oben erwähnte in amtlichem Auftrag herausgegebene *Justiz-Ministerialblatt für die Preußische Gesetzgebung* hinzu.[152] Mittels der herausgegebenen Zeitschriften stellte Carl Heymanns sowohl eine Verbindung zu Autoren der Zeitschrift als auch zu Kunden und Multiplikatoren in den Ministerien, in Verbänden und Wissenschaftseinrichtungen her und verankerte den Verlag so im Bewußtsein der Nutzer. Gleichzeitig dienten die Zeitschriften dem Verlag dazu, Aufsätze aus den Zeitschriften auch als Separatausgaben am Markt anzubieten. Solche separat vertriebenen Werke waren beispielsweise *Ueber Armenwesen, heimathliche Verhältnisse in Beziehung auf dasselbe* als Auszug aus dem Jahrgang 1837 der *Kameralistischen Zeitung für die Königlich Preußischen Staaten.*[153]

Der »Haus-Sekretair«: ein Werk für den Umgang mit Behörden

Für eine strategische Ausrichtung und eine bewusste Verlegerentscheidung spricht auch, dass sich das Programm des Verlags nicht nur an der Zielgruppe der Fachanwender ausrichtete, sondern es wurden auch erfolgreiche Titel für Nichtjuristen verlegt. Das sicher bekannteste Beispiel ist der *Haus-Sekretair* mit Anweisungen und Formu-

150 Lindner: Carl Heymann, 1996, S. 34, S. 29–30.

151 Vgl. Reuter: Von Manuskripten, 1967, S. 95, 97; Lindner: Carl Heymann, 1996, S. 27. Die Zeitschrift war Vorläufer der Zeitschrift Preußisches Verwaltungsblatt (heute Deutsches Verwaltungsblatt).

152 Vgl. Reuter: Von Manuskripten, 1967, S. 97.

153 Der vollständige Titel lautet: »Über Armenwesen, heimathliche Verhältnisse in Beziehung auf dasselbe, Uebersiedelung und die darüber ergangenen Gesetze. Mit Bezeichnung der Ursachen heutiger Ausbreitung der Verarmung und der Erfordernisse zu ihrer Abhülfe. – Ueber Zwangs- und Bann-Gerechtigkeiten und deren Aufhebung. Zwei Abhandlungen. Aus dem Jahrgang 1837 der Kamerl. Zeitung f. die Preuß. Staaten besonders abgedruckt. 1837«. Vgl. Verlagsverzeichnis Carl Heymanns, Januar 1842, S. 24.

laren, der wiederum durch Sonderausgaben erweitert und bis 1881 achtzehnmal neu aufgelegt wurde.[154] Das Werk war sofort nach Erscheinen vergriffen, »weitere Auflagen konnten kaum schnell genug veranstaltet werden«.[155] Der von Erdmann August Wilhelm Schmalz herausgegebene *Haus-Sekretair* erwies sich als eines der langlebigsten und erfolgreichsten Produkte des Verlags Carl Heymanns. 1826 erstmals erschienen wurde im Katalog von 1842 bereits die siebte Auflage von 1839 angezeigt und eine achte Auflage befand sich schon im Druck.[156] Das Werk bestand neben einem Abdruck der wichtigsten Gesetze aus Formularen für die Prozeßführung und stellte ein Hilfsmittel »für sämtliche Vorgänge auf dem Reichsgebiet zur Belehrung des Laien«[157] dar. Das brauchbare »Hülfsbuch für alle Stände« erschien in verschiedenen Teilen, die sich im Laufe der Zeit unterschiedlich zusammensetzten. Beginnend mit einem Leitfaden für »Geschäfts-Briefsteller« vermittelte der zweite Teil die notwendige »Gesetz- und Verfassungskenntniß für den Staatsbürger jeden Standes« bevor »Das Preußische Verfahren in Prozeß- und sonstigen Rechts-Angelegenheiten« erklärt wurde. Um sich ein Bild von den Zuständigkeiten machen zu können, beleuchtete der vierte Teil den »Geschäftskreis der Dienst- und Ressort-Verhältnisse sämmtlicher Behörden des Staats«. Das Werk endete schließlich mit den »Titulaturen preußischer Behörden und Beamten« im fünften und einem »Wörterbuch der Akten- und Geschäftssprache, oder Erklärung der in amtlichem Verkehr vorkommenden fremden Ausdrücke« im sechsten Teil. Der *Haus-Sekretair* »Erster Theil. Dritte Abteilung« aus dem Jahr 1850 widmete sich der »Anleitung zum freien Vortrage in parlamentarischen, Gemeinde- und Volks-Versammlungen« und stellte zum Beispiel Steuerfragen als populäres Thema im Redediskurs fest: »Zu den populairsten Gegenständen, worüber fast Jedermann sich eine Stimme zutraut, gehören die Steuerfragen, z. B. ob die Mahl- und Schlachtsteuer, oder ob die Einkommen-Steuer vorzuziehen sei?«[158]

Alle Teile des *Haus-Sekretair*s wurden auch separat abgegeben, was wiederum auf eine dezidierte vertriebliche Strategie schließen lässt. Das Werk konnte auch deshalb in Teilen abgegeben werden, da die einzelnen Abschnitte klar gegliedert einen unterschiedlichen Inhalt besaßen. Gleichzeitig wurden damit Käufer erreicht, die das Gesamtwerk aus finanziellen Gründen nicht auf einmal erwerben konnten. Der Erfolg gab dem Verlag Recht, das Werk wurde regional ausgeweitet: Während zunächst lediglich die Rheinlande einen eigenen *Haus-Sekretair* mit der »Rechts- und Gerichtsverfassung de [sic] Preußischen Rheinprovinz« besaßen,[159] wurde die Produktpalette

---

154 Vgl. Verlagsverzeichnis Carl Heymanns, Ostern 1847, S. 3–5; Lindner: Carl Heymann, 1996, S. 13.

155 Reuter: Von Manuskripten, 1967, S. 95.

156 Vgl. Verlagsverzeichnis Carl Heymanns, Januar 1842, S. 40. 1881 erschien die »18. vollständig umgestaltete und mit Rücksicht auf die neueste Gesetzgebung gänzlich neu hergestellte« Auflage. Vgl. Verlagsverzeichnis Carl Heymanns, 1915, S. 199.

157 Reuter: Von Manuskripten, 1967, S. 95.

158 Schmalz: Anleitung zum freien Vortrage, 1850, S. 11.

159 Vgl. Verlagsverzeichnis Carl Heymanns, Januar 1842, S. 40.

des *Haus-Sekretairs* im Laufe der Zeit auf verschiedene regionale Ausgaben erweitert. Neben einer Ausgabe für Brandenburg erschienen Bände für Pommern, für die Preußischen Rheinlande und für die Provinz Westfalen.[160] Bei der 13. Auflage von 1846 wurde eine »Specialkarte der Provinz Brandenburg« gratis dazugegeben. Auch inhaltlich wurde der *Haus-Sekretair* verändert und enthielt nunmehr nur noch fünf Teile mit einem ersten Teil in zwei Abteilungen »Familien- und Geschäftsbriefesteller für alle Lebensverhältnisse« sowie den bereits erwähnten Concipienten, der zweite Teil wurde jetzt mit »Der Rechtsfreund« überschrieben und besaß noch immer den Anspruch, die »Gesetz- und Verfassungskenntniß« zu vermitteln. Neben einem dritten Teil »Der Gerichtsbeistand« befand sich das »Fremd-Wörterbuch« jetzt im vierten Teil. Das Werk endete mit einem fünften Teil zu den Provinzial-Gesetzen und Statuten der Provinz Brandenburg.

Die Besonderheit des Haus-Sekretairs bestand darin, dass das Werk die wesentlichen Rechtsmaterien für die Bürger im Umgang mit Behörden zusammenfasste und damit eine Verbindung von den Juristen und Behörden zu den Bürgern im Umgang mit ihren Staatsvertretern herstellte. Für den Carl Heymanns Verlag bot das Werk die Möglichkeit, sich zu einem frühen Zeitpunkt auch die Zielgruppe der juristisch nicht vorgebildeten Bürger zu erschließen. Der *Haus-Sekretair* eignete sich auch für Auskoppelungen: In dreizehnter Auflage wurde im Katalog von 1847 das Werk *Der Concipient oder neuester Rathgeber beim schriftlichen Verkehr mit Behörden und Beamten* von 1846 angekündigt, gleichzeitig Teil des erwähnten *Haus-Sekretairs.*[161] Dadurch, dass mit einer doppelten Verwertung auch Leser lediglich einzelner Arbeits- und Wissensgebiete angesprochen wurden, konnte der Verlag auch auf Resonanz hoffen, selbst wenn Nutzer nicht an dem gesamten Werk interessiert waren. Mit der Aufsplitterung in verschiedene Teile erweiterte der Verlag also nicht nur formal sein Programm.

Weitere Werke, die sich ebenfalls explizit nicht an ein Fachpublikum wendeten, waren *Der Preußische Bürger und Stadtverordnete. Ein Handbuch, besonders für junge Männer, die in den Bürgerstand treten* von 1833 oder ein Werk mit dem Titel *Der Hauswirth und Miether. Ein Handbuch sämmtlicher den Hauswirth sowie den Miether angehenden allgemeinen, gesetzlichen, gewerblichen baupolizeilichen, feuerpolizeilichen, straßenpolizeilichen, gesindepolizeilichen und anderen Vorschriften* aus dem Jahr 1839. Das *Hand- und Taschenbuch für die Einwohner des Preußischen Staats* war laut Untertitel »Für Freunde des Rechts und der Ordnung. Zum Gebrauch für Hausbesitzer, Haus- und Familienväter, Lehr- und Brotherren, Gewerbetreibende aller Klassen«; es erschien 1841 in dritter Auflage. Auch ein Intelligenzblatt hatte der Verlag im Programm: Der Titel *Preußisches Bürgerblatt* war »eine Zeitung für Vaterlandskunde, Bürgerwohl und Intelligenz«, so der Untertitel.[162] Der Verlag erwei-

---

160 Vgl. Verlagsverzeichnis Carl Heymanns, Ostern 1847, S. 66–69.

161 Vgl. Verlagsverzeichnis Carl Heymanns, Ostern 1847, S. 13.

162 Vgl. zu allen genannten Titeln Verlagsverzeichnis Carl Heymanns, Januar 1842, S. 13, 20, 21; Verlagsverzeichnis Carl Heymanns, Ostern 1847, S. 30, 31.

terte seine Produktpalette also strategisch, indem er seinen Werken für bestimmte – neue – Zielgruppen weitere Inhalte hinzufügte und explizit Werke verlegte, die einen größeren Käuferkreis im Fokus hatten.

Carl Heymanns versuchte auch bereits früh, seine Zielgruppen mittels spezieller Vertriebsmethoden und Kaufanreize wie Subskriptionspreise an sich zu binden: So findet sich beispielsweise bei dem Titel *Das Hausir-Regulativ für die Königlich Preußischen Staaten* ein Hinweis, dass der spätere Ladenpreis ungefähr das Doppelte betragen werde.[163] Die Anzeige der *Asservaten-Instruction für Ober-Gerichte und Unter-Gerichte, welche ein Kollegium bilden* beinhaltet im Katalog von 1842 das Angebot eines Rabattes[164] und bei dem 1821 von Renger übernommenen Werk von Maximilian Karl Friedrich Wilhelm Grävell, *Die Generaltheorie der Verträge nach Preußischem Rechte* wurden bei der Abnahme der weiteren Werke des gleichen Autors in einem Band gebunden 1 Thlr. erlassen.[165] Ohnehin war der Verlag vertrieblich fest etabliert: Beim *Justiz-Ministerialblatt für die Preußische Gesetzgebung und Rechtspflege*, »das von beinahe allen preußischen Juristen gesetzlich gekauft werden« musste, gab der Verlag das Hauptregister zu den ersten fünf Jahrgängen (1839 bis 1843) gratis dazu, wenn alle fünf Jahrgänge auf einmal erworben wurden; daneben wurde das Werk »zur Erleichterung der Anschaffung«[166] – vertriebstechnisch geschickt – auch in Lieferungen angeboten.

Zusammenfassend präsentiert sich Carl Heymanns seit seinen Anfängen mit einer expansiven Strategie, der Programmbereich der Rechtswissenschaft wurde bereits früh mit Vorrang vor anderen Wissenschaftsgebieten betreut. Spätestens mit dem Umzug nach Berlin hatte Carl Heymann sein Verlagsgeschäft programmatisch nochmals ausgebaut: zum Beispiel mit der Herausgabe der *Kameralistischen Zeitung für die Königlich Preußischen Staaten* – eine Publikation, die nicht nur signifikant für das spätere Verlagsprogramm wurde, sondern dem Verlag auch weitere Verwertungen erlaubte. Auch bei strategischen Zukäufen setzte Carl Heymanns bereits früh einen Schwerpunkt auf die Literatur für die praktisch tätigen Juristen: 1846 wurde mit der Herausgabe von *Entscheidungssammlungen oberster preußischer Gerichte* begonnen. Die Tatsache, dass der Verleger Carl Heymann sich gegen alteingesessene Konkurrenten wie Duncker & Humblot oder Albert Nauck durchsetzen konnte[167], beweist

163 Der vollständige Titel inklusive Hinweis lautet: »Das Hausir-Regulativ für die Königl. Preuß. Staaten mit den dasselbe erläuternden und ergänzenden Bestimmungen, unter besonderer Hinsicht auf den gewerblichen Verkehr in den Staaten des Zoll-Vereins. ...(Befindet sich noch unter Presse. Der bis zum Erscheinen geltende Subscriptionspreis beträgt n. 1 Thlr. – Der spätere Ladenpreis wird ohngefähr das Doppelte betragen.).« Verlagsverzeichnis Carl Heymanns, Januar 1842, S. 23.

164 Vgl. Verlagsverzeichnis Carl Heymanns, Januar 1842, S. 3. Im Katalog von 1847 fehlt dieser Hinweis. Vgl. Verlagsverzeichnis Carl Heymanns, Ostern 1847, S. 4.

165 Vgl. Verlagsverzeichnis Carl Heymanns, Januar 1842, S. 19; Verlagsverzeichnis Carl Heymanns, Ostern 1847, S. 26–27.

166 Zitate Verlagsverzeichnis Carl Heymanns, Ostern 1847, S. 41.

167 Vgl. Lindner: Carl Heymann, 1996, S. 29–30.

eine zielgerichtete strategische Ausrichtung seines Verlagsprogramms. Die jeweiligen Hinweise auf weitere juristische Produkte des Verlags – beispielsweise in der Zeitschrift *Justiz-Ministerialblatt* für die Preußische Gesetzgebung und Rechtspflege – machen deutlich, wie stark sich der Carl Heymanns Verlag in der Zielgruppe der Juristen verankert sah und drücken seinen Expansionswillen im Bereich juristischer Publikationen aus.[168] Carl Heymann, der bereits in frühen Jahren als Unternehmer mit einer Antiquariats- und Leihbibliotheksgründung in schwierigen Zeiten hervorgetreten war,[169] formulierte früh auch ein Selbstverständnis als juristischer Verleger, das an die nachfolgenden Generationen weitergegeben wurde. Der spätere Verleger Otto Löwenstein formuliert entsprechend:

> »Die Wirksamkeit einer Verlagshandlung ist nicht die Folge einer Reihe bunt zusammengewürfelter zufälliger Ursachen; sie stellt sich vielmehr dar als ein blühender Zweig an dem Baume der vaterländischen Gesetzgebung. So lange unsere deutsche und preußische Gesetzgebung sich in dem gegenwärtigen Umwandlungsprozeß befinden, wird auch die Thätigkeit der Verlagshandlung eine quantitativ bedeutende und eine, namentlich praktischen Zwecken, vor Allem der Einführung des Neugeschaffenen, gewidmete sein müssen. In zweiter Linie gilt es alsdann, die gewonnenen neuen Grundlagen der Rechtsanschauung wissenschaftlich zu durchdringen oder auszubauen.«[170]

2.5 Mechanismen und Verstärker der juristischen Spezialisierung

Die bisher betrachteten Verlage R. von Decker, C. F. Müller und Carl Heymanns hatten nicht nur eine frühe Fokussierung auf die Rechtswissenschaften gemeinsam, sondern vergleichbare Ursachen und ähnliche Mechanismen waren mitbestimmend für die Veränderungen in den Verlagsprogrammen.

2.5.1 Staatliche Druckaufträge als Auftakt der Entwicklung

Einer der Faktoren bei der Ausprägung eines rechtswissenschaftlichen Verlagsprogramms waren die im offiziellen Auftrag herausgegebenen Publikationen. Die Verlage besaßen dadurch ein dominantes Geschäftsfeld, das sie für einen juristischen Programmschwerpunkt prädestinierte. Für den Verlag C. F. Müller war der privilegierte Druck des Code Napoleon ein »Markstein«[171] in der Firmengeschichte. Und der Carl Heymanns Verlag agierte erfolgreich bei der Herausgabe amtlicher Publikationen und

---

168 Vgl. Verlagsverzeichnis Carl Heymanns, Ostern 1847, S. 41.

169 Vgl. Lindner: Carl Heymann, 1996, S. 11.

170 Carl Heymanns: »Geschäfts-Bericht über die im Laufe des zweiundsechzigsten Geschäftsjahres 1876 von der Rechts- und Staatswissenschaftlichen Verlagshandlung Carl Heymann's Verlag in Berlin W. Mauerstraße 63, 64, 65 herausgegebenen Werke und Zeitschriften«. 1877.

171 Müller-Wirth: Zu dieser Ausstellung, 1997, S. 9–10.

erreichte mit Zeitschriften wie dem *Justiz-Ministerialblatt für die Preußische Gesetzgebung und Rechtspflege* nicht nur eine gesicherte Leserschaft, sondern auch eine Steigerung seines Renommee.[172] Sowohl durch das dauerhaft entstehende Netzwerk zu den Entscheidern in der Verwaltung, als auch durch einen zumindest überschlägig zu prognostizierenden Absatz der Werke konnten sich die herausgebenden Verlage in der Zielgruppe punktgenau positionieren. Dabei entfalteten nicht nur im amtlichen Auftrag herausgegebene Werke diese Wirkung: Publikationen erhielten auch durch ihre Herausgeber oder Autoren quasi einen amtlichen Charakter und stellten – wie im Verlag C. F. Müller die sechs Kommentarbände des Staatsrats Johann Niklas Friedrich Brauer – manchmal von Anfang an Erfolgsgeschichten für die Verlage dar.

2.5.2 Zukäufe und Zeitschriftengründungen als Beschleuniger

Einen Beschleuniger der fachlichen Positionierung bildeten Zukäufe aus anderen Verlagen – vor allem dann, wenn eine Ausweitung des Verlagsprogramms nicht allein mit neuen verlagseigenen Publikationen zu bewerkstelligen war. Gleichzeitig stellte die Übernahme von Werken aus anderen Verlagen ein deutliches Zeichen für den Verlegerwillen zur Positionierung und für die Planmäßigkeit des verlegerischen Handelns dar. So weitete insbesondere Carl Heymann bereits zu Beginn seiner Verlagstätigkeit das juristische Betätigungsfeld strategisch aus: Er erwarb bereits 1822 von der Siegertschen Buchhandlung juristische Werke wie den *Kommentar zum Allgemeinen Landrecht für die Preußischen Staaten* von C. W. Ludwig, welcher 1804 bis 1806 bei Siegert zum ersten Mal erschienen war.[173] Auch die als Fortsetzung veröffentlichte *Erläuterung der Rechts-Theorie, vom Schadenersatz aus unerlaubten Handlungen und vom Besitz* wurde übernommen. Insgesamt belief sich die Erwerbung aus dem Lager des Verlags der Liegnitzer Buchhandlung Siegert auf 30 000 Bände.[174] Einen weiteren Ankauf tätigte der Verlag mit Titeln von Gustav Alexander Bielitz (1769–1841) oder Maximilian Karl Friedrich Wilhelm Grävell (1781–1860). Die Werke stammten von den Verlagen Fr. Maurer in Berlin und Renger aus Halle.[175] Wie gezielt der Verlag bei der Übernahme der Werke vorging, zeigen Erwerbungen aus dem Verlag Maurer wie beispielsweise

172 Vgl. Lindner: Carl Heymann, 1996, S. 34.

173 Vgl. Verlagsverzeichnis Carl Heymanns Verlag 1915, S. 11–12; Reuter: Von Manuskripten, 1967, S. 95.

174 Vgl. Reuter: Von Manuskripten, 1967, S. 93, 95. Der gesamte Verlag wurde von der Firmen Fröhlich & Comp. erworben und größere Teile von Natorff & Co. und Fr. Laue in Berlin übernommen. Vgl. Verlagsverzeichnis Carl Heymanns, Januar 1842, S. II–III; Vorbemerkung Verlagsverzeichnis Carl Heymanns, Ostern 1847; Schmidt: Carl Heymann, 1905, S. 444.

175 So das Werk »Die Generaltheorie der Verträge nach Preußischem Rechte, 1821« oder »Die Lehre vom Besitze u. von der Verjährung nach preußischem Rechte, 1820« aus dem Verlag Renger. Vgl. Carl Heymanns: Verlagsverzeichnis, Januar 1842. »Die Lehre vom Darlehn, Gemeinschaften, Lehns- und Fedeicommiß-Schulden, 1817« wurde aus dem Verlag Maurer übernommen. Aus dem Verlag Maurer wurden daneben Werke zu Feuerversicherungsanstalten übernommen (1825). Aus dem Verlag Renger

die bereits erwähnten *Merkwürdigen Rechtsfälle, Revolutionsscenen, Wunder und gebrandmarkte Heldenrollen* aus dem Jahr 1799, aus dem Verlag Renger ein *Handbuch des Teutschen Staatsrechts* aus dem Jahr 1805 sowie ein *Handbuch der Rechtsphilosophie* von 1807. Dabei war vor allem der Kauf des juristischen Verlags von Renger ein strategisch bedeutsamer Zukauf. Hier wurden viele Werke übernommen, die noch lange im Verlagsprogramm lieferbar waren wie eine *Uebersicht der allgemeinen preußischen Gerichtsordnung* von 1800 oder von Gustav Alexander (1769–1841) *Die preußische Justizverfassung, in ihren Eigenthümlichkeiten verglichen mit der sächsischen* aus dem Jahr 1817.[176] Zu den Ankäufen aus dem Renger'schen Verlag gab es offensichtlich auch vertriebliche Überlegungen im Hinblick auf Preisermäßigungen, so bei dem Werk *Ueber das neue Preußische Stempeledikt* von 1803. Auch aus anderen Verlagen wurden Werke hinzugenommen: so das *Repetitorium über das allgemeine Landrecht für die Preußischen Staaten*, das 1830 aus einem Verlag Brüggemann in Halberstadt erworben wurde. Ferner übernahm der Verlag die *Erläuterung der Rechts-Theorie, vom Schadenersatz aus unerlaubten Handlungen und vom Besitz* aus dem Verlag Johann Ambrosius Barth, wobei andere Quellen dieses Werk ebenfalls dem Siegertschen Lager zuordnen.[177] Umgekehrt bildet der Verkauf von Verlagsteilen ein zusätzliches Indiz dafür, dass eine bewusste Positionierungs- und Programmstrategie verfolgt wurde. So gab Carl Heymann zum Beispiel den Sortimentsbuchhandel an H. Prausnitz in Glogau ab.[178]

Auch sein Kollege Franz Vahlen (1833–1898) festigte das juristische Verlagsprogramm seines neu gegründeten Verlags auf diese Weise: Zukäufe in seinem Verlag waren beispielsweise Werke der G. Grote'schen Verlagsbuchhandlung – unter anderem der renommierte Titel Gruchots *Beiträge zur Erläuterung des preußischen Rechts*.[179] Franz Vahlen hatte dabei den Vorteil, dass er mit dem Geschäft bei Verlagsgründung bereits vertraut war, da er von 1862 bis 1869 als Geschäftsführer, seit 1864 als Gesellschafter von J. Guttentag fungierte[180] und so bereits die notwendigen Kontakte in die Branche besaß, um von zum Verkauf stehenden Werken Kenntnis zu erlangen. Wie Vahlen hatte auch Moritz Veit (1808–1864) juristische Werke in seinem

---

wurden Werke zur allgemeinen preußischen Gerichtsordnung gekauft. Ferner zur Justizverfassung Werke wie »Die preußische Justizverfassung, in ihren Eigenthümlichkeiten verglichen mit der sächsischen. Eine Anleitung für die aus dem sächsischen in den preußischen Dienst übergegangenen Justizbedienten, den neuen Geschäftsgang geschwind sich eigen zu machen 1817«.

176 Vgl. zu den genannten Werken Verlagsverzeichnis Verlagsverzeichnis Carl Heymanns, Januar 1842, S. 37, 41, 52; Carl Heymanns, Ostern 1847, S. 8, 23; Verlagsverzeichnis Carl Heymanns, 1915, S. 11–12.

177 Vgl. Reuter: Von Manuskripten, 1967, S. 95.

178 Vgl. Lindner: Carl Heymann, 1996, S. 13–15.

179 Vgl. Elster: Zum Gesamtwerk des Verlages. Verlagsverzeichnis der G. Grote'schen Verlagsbuchhandlung 1924, S. IX.

180 Vgl. Guttentag, Agnes: Geschäftsrundschreiben Übergabe der Verlagsgeschäfte an Franz Wilhelm Vahlen vom 15. April 1865, Berlin. Ziesak / Cram: Walter de Gruyter, 1999, S. 144.

Verlagsprogramm, die aus anderen Verlagen übernommen worden waren, wie das ursprünglich im Verlag G. F. Aderholz in Breslau erschienene Werk von Ludwig von Rönne (1804–1891), *Die Verfassung und Verwaltung des Preußischen Staates.*[181]

Nicht nur durch Zukäufe konnte die juristische Ausrichtung verstärkt und das Verlagsprogramm erweitert werden: Eine ähnliche Funktion erfüllten auch Zeitschriften: Der seine juristische Ausrichtung stark vorantreibende Carl Heymanns gründete im Anschluss an seinen Umzug nach Berlin direkt eine juristische Zeitschrift; auch die *Kameralistische Zeitung für die Königlich Preußischen Staaten* als eine Vorläuferin des später herausgegebenen *Preußischen Verwaltungsblattes* wurde zu dieser Zeit vom Verlag übernommen.[182] Und auch im Verlag Ferdinand Enke entwickelte sich der juristische Schwerpunkt unter anderem durch die Herausgabe der Zeitschrift *Der Gerichtssaal.*[183] Neue Zielgruppen erreichte die Zeitschrift *Materialien für Gesetzeskunde und Rechtspflege*, die neben Rechtspraktikern auch »gebildete Bürger« im Blick hatte und explizit das Ziel verfolgte, der »Popularisierung juristischer Kenntnisse und Lehrmeinungen«.[184] Erfolgreich waren Zeitschriftenneugründungen vor allem, wenn sie sich innerhalb neuer Rechtsbereiche entwickelten: So war die Gründung der Zeitschrift *Archiv für deutsches Wechselrecht* als Folge des Erlasses der neuen Allgemeinen Deutschen Wechselordnung aus dem Jahre 1848 herausgegeben worden[185] und schaffte eine dauerhafte Verbindung zu einer sich neu formierenden Zielgruppe.

2.5.3 Universitäres Umfeld als unterstützender Auftraggeber

Wenn sich ein Gericht, eine Behörde oder eine rechtswissenschaftliche Fakultät in der Nähe befand, konnte auch von einem adäquaten Absatzmarkt ausgegangen werden. Während amtliche Publikationen den Verlagen wie aufgezeigt den Weg in eine juristische Spezialisierung ebneten, erleichterten die Verbindungen in ein akademisches Umfeld dieses offensichtlich nicht in jedem Fall. So gab Vandenhoeck & Ruprecht diese Fokussierung wieder auf und auch Verlage wie diejenigen von Georg Friedrich Heyer (1770–1847) oder Johann Philipp Krieger (1693–1775/1773) und seinen Söhnen Johann Justus Friedrich Krieger (1744–1790) und Johann Christian Conrad Krieger (1746–1825), die für ihre guten Kontakte zur Universität am Ort und für renommierte juristische Werke bekannt waren, gehörten nicht zu führenden juristischen Verlagen dieser Zeit.[186]

---

181 Vgl. Verlagsverzeichnis Veit & Comp. Ostern 1856, S. 14.

182 Vgl. Reuter: Von Manuskripten, 1967, S. 95–97.

183 Vgl. Jubiläumskatalog Ferdinand Enke Verlag 1911, S. X.

184 Dölemeyer: Zur Frühgeschichte des juristischen Zeitschriftenwesens, 2006, S. 272.

185 Vgl. Bergfeld: Handelsrechtliche Zeitschriften, 1999, S. 268.

186 Zu Heyer: Der Verlag Heyer wurde 1798 in Gießen gegründet, zu seinen Autoren gehörten angesehene Rechtswissenschaftler wie Paul Johann Anselm von Feuerbach mit seinem 1801 im Verlag

Universität und Rechtspraxis als verlegerische Standbeine

Eine andere Entwicklung nahm der Verlag J. C. B. Mohr, in dessen Programm sich die Rechtswissenschaft zu einem späteren Zeitpunkt im Verbund mit anderen Wissenschaftsdisziplinen wie Theologie oder Philologie zu einem Schwerpunkt im Verlagsprogramm entwickelte. Im Verlag J. C. B. Mohr hatte es im 19. Jahrhundert zwar nicht die kontinuierliche Entwicklung wie in anderen juristischen Verlagen gegeben, aber auch hier zeigen bereits frühe juristische Publikationen des Verlags eine eigene verlegerische Programmpolitik, die sich nicht ausschließlich an den Vorgaben der Universität orientierte. Der Verlag blieb damit nicht wie von Jäger für die klassischen Fakultätenverlage konstatiert im »Vorhof moderner Programmpolitik«[187] stehen, sondern entwickelte eine eigene verlegerische Handschrift – trotz vieler Orts- und Inhaberwechsel.

Den Ursprung des Verlags J. C. B. Mohr bildete eine 1801 von August Hermann (1776–1803) in Frankfurt am Main gegründete Buchhandlung, die drei Jahre später von Jakob Christian Benjamin Mohr (1778–1854) übernommen und als Sortimentsbuchhandlung und Verlag fortgeführt wurde. Im darauffolgenden Jahr gründete Mohr gemeinsam mit seinem Freund Johann Georg Zimmer (1776–1853) die Akademische Buchhandlung Mohr und Zimmer in Heidelberg.[188] Hier begann auch die Verlagstätigkeit im universitären Umfeld: Bereits die Errichtung der Akademischen Buchhandlung in Heidelberg erfolgte auf Initiative der dortigen Universität. Die Zusammenarbeit gestaltete sich offensichtlich sehr fruchtbar, der Verleger wurde im Rahmen einer Schrift der Universität lobend erwähnt: »So realisierte hier schon vor 40 Jahren der Buchhändler Mohr in Anspruchslosigkeit und ohne viel Worte zu

---

veröffentlichtem »Lehrbuch des in Deutschland geltenden peinlichen Rechts« – »eines der erfolgreichsten Lehrbücher des 19. Jahrhunderts«. Wesel: Geschichte des Rechts, 2006, S. 472. Die fünfte Auflage erschien 1812, die letzte Auflage 1847 im Verlag. Vgl. Verlag Heyer: Verlagskatalog, 1815, S. 7; Schmidt: Georg Friedrich Heyer, 1905, S. 442. Savignys »Recht des Besitzes« wurde 1837 bereits in sechster Auflage herausgegeben. Der Autor machte den Verlag offensichtlich auch in seinem wissenschaftlichen Umfeld bekannt; auf seine Vermittlung hin veröffentlichte auch der bis dahin noch unbekannte Egid von Löhr (1784–1851) seine Dissertation bei Georg Friedrich Heyer und blieb dem Verlag auch über sein Erstlingswerk hinaus erhalten, zum Beispiel mit seiner »Theorie der Culpa. Eine civilistische Abhandlung«. Vgl. Strauch: Deutsche Juristen im Vormärz, 1999, S. XXV–XXVI. Zu Krieger: 1725 als Universitätsverlag ebenfalls in Gießen gegründet war der Verlag zu Beginn des 19. Jahrhundert unter anderem auf die Jurisprudenz konzentriert und konnte nach Haug »berühmte, in ganz Deutschland anerkannte Rechtsgelehrte« für sich gewinnen wie Karl Ludwig von Grolman (1775–1829). Vgl. Haug: Das Verlagsunternehmen Krieger, 1998, S. 43, 45, 47, 48.

187 Jäger: Der Universal-, Fakultäten- und Universitätsverlag, 2001, S. 406–407.

188 Als Gründungsjahr wird das Jahr der Gründung der Buchhandlung durch August Hermann 1801 angegeben. So in den Verlagskatalogen »Verlags-Katalog der akademischen Verlagsbuchhandlung von J. C. B. Mohr (Paul Siebeck) in Freiburg i. B. vom Jahre 1801 bis Oktober« 1880 oder 1907.

machen, ein Geschäft, das einer Idee und der Wissenschaft wahrhaft dienend, weit entfernt war von jeder Art merkantilischer Spekulation.«[189]

Seit 1810–1811 konzentrierte Jakob Christian Benjamin Mohr seine Aktivitäten auf den Standort Heidelberg, die Frankfurter Filiale wurde aufgelöst. Zehn Jahre nach Beginn der Zusammenarbeit schied Johann Georg Zimmer 1815 aus dem gemeinsamen Unternehmen wieder aus, für ihn trat Christian Friedrich Winter (1773–1858) in den Verlag ein und das Unternehmen wurde entsprechend als Mohr und Winter fortgeführt. Auch diese Kooperation dauerte nicht lange: Ab 1822 leitete Mohr die Buchhandlung allein. 1842 übernahm sein Sohn Ernst Christian Mohr (1811–1890) die Geschäfte und führte nach dem Tod des Vaters 1854 auch dessen Verlag gemeinsam mit seinem Bruder Carl Mohr (1817–1897) fort. Jakob Christian Benjamin Mohr konnte renommierte juristische Autoren für seinen Verlag gewinnen und machte ihn so zu einem attraktiven Publikationsort für rechtswissenschaftliche Werke. Vor allem zwei Namen sind bis heute bekannte Autoren des Verlags: Friedrich Carl von Savigny – seine *Geschichte des römischen Rechts* erschien hier –, und Anton Friedrich Justus Thibaut (1772–1840), dessen 1814 bei Mohr und Zimmer erschienene Schrift *Ueber die Nothwendigkeit eines allgemeinen bürgerlichen Rechts für Deutschland* Ausgangspunkt des sogenannten Kodifikationsstreits war.[190]

Von Karl Salomo Zachariä (1769–1843) wurde zwischen 1807 und 1810 das *Staatsrecht der Rheinischen Bundesstaaten* und das *Handbuch des französischen Civilrechts* herausgegeben. Einen umfassenden Themenzuschnitt besaß der *Grundriß eines Systems des allgemeinen Civilrechts* von Georg Arnold Heise (1778–1834 / 1851). Auch Zeitschriften hatte der Verlag im Programm: so der von Peter Adolf Winkopp (1759–1813) herausgegebene *Rheinische Bund. Eine Zeitschrift historisch-politisch-statistisch-geographischen Inhalts*, die als eine der bedeutendsten Zeitschriften der Zeit galt und »Urkunden und Materialien, wichtige Protokolle, Aktenstücke und Verordnungen der Rheinbundstaaten sowie statistische Beiträge über die neuen Territorial- und Bevölkerungsverhältnisse«[191] enthielt.

Ein erster Unterschied zur Programmpolitik der übrigen Fakultätenverlage war ein ausgeprägtes rechtspraktisches Programm: Trotz der Nähe zur Universität war »die Verlagstätigkeit des ersten Jahrzehnts ein Abbild weniger der Heidelberger juristischen Fakultät [...] als der allgemeinen Verfassungsfragen, die in jener Zeit im

---

189 Erwähnt wurde der Verleger in der Schrift »Die Universität Heidelberg im Jahre 1804«. Siebeck: Wissenschaftlicher Privatverlag, 1951, S. 31.

190 Thibaut plädierte hier für die Einführung eines modernen nationalen Gesetzbuchs in Deutschland. Im Verlag J. C. B. Mohr erschienen von Anton Friedrich Justus Thibaut außerdem: »Civilistische Abhandlungen« (1814) und ein Werk »Ueber die historische und nichthistorische Rechtsschule« als besonderer Abdruck aus dem Archiv für die civilistische Praxis (1833). Zum Kodifikationsstreit vgl. bspw. Wieacker: Privatrechtsgeschichte der Neuzeit, 1967, S. 390–399. Hattenhauer: Europäische Rechtsgeschichte, 2004, S. 642–646.

191 Schuck: Die publizistisch-statistisch-staatswissenschaftlichen Zeitschriften um 1800, 1999, S. 60.

Zentrum der politischen Sorgen standen«.[192] Die im Gegensatz zu seinen Kollegen in anderen Fakultätenverlagen aktivere verlegerische Rolle ist bei J. C. B. Mohr beispielsweise an Titeln ersichtlich, die sich mit den Ausgleichsansprüchen von Beamten bei Stellenaufhebung,[193] mit der Öffentlichkeit im Strafverfahren oder dem Steuersystem und der Deckung des Staatsaufwands beschäftigten. Klassische Erläuterungen bildeten zum Beispiel die »Erläuterungen und Erörterungen« eines Württembergischen Gesetzes über die privatrechtlichen Folgen der Verbrechen und Strafen von Karl Georg von Wächter (1797–1880) als Auszug aus dem *Archiv für die civilistische Praxis*. Auch das Auskoppeln von Werken aus Zeitschriften verlangte wie oben ausgeführt eine verlegerisch-strategische Konzeption. Aus dem *Archiv für die civilistische Praxis* wurden weiterhin separat als sogenannte »Beilagenhefte« abgegeben: ein *Beitrag zu der Lehre von der Diligenz und Culpa nach den Begriffen der römischen Rechtsgelehrten*, der 1827 in zweiter Auflage erschien, sowie Werke zur *Revision verschiedener deutschrechtlicher Theorien, namentlich über die Persönlichkeit fast aller deutschen Rechte* von 1826, zur *Amortisation verlorner oder sonst abhanden gekommener Schuldurkunden nach gemeiner deutscher Praxis*.

Die Verzeichnisse aus dem 19. Jahrhundert machen ferner deutlich, dass der Verlag bestrebt war, bekannte Autoren an sich zu binden. So publizierte Carl Josef Anton Mittermaier (1787–1867) verschiedene Werke bei J. C. B. Mohr wie die *Dissertation inauguralis de nullitatibus in causis criminalibus* 1809, die *Dissertation de pricipio imputationis alienatione mentis in jure crimiali recte constituendo* 1838, den *Grundriss zu Vorlesungen über den bürgerlichen Prozess* 1829 oder *Das Deutsche Strafverfahren* in der dritten Auflage 1839. Wiederum zehn Jahre später erschien *Das Deutsche Strafverfahren* mit einer »Vergleichung mit dem englischen und französischen Straf-Processe« als dritte Auflage in zwei Bänden.[194] Mittermaier war auch insofern ein wichtiger Autor des Verlags, da er als Mitbegründer über fünfzig Jahre für das *Archiv für die civilistische Praxis* tätig war und siebzig Beiträge verfasste.[195] Die Publikationsarten bei J. C. B. Mohr waren ebenfalls nicht auf bestimmte Gattungen beschränkt. Neben den oben erwähnten Werken hatte der Verlag vor allem Lehrbücher im Programm wie das *Lehrbuch des Criminalrechts nach den Quellen des gemeinen deutschen Rechts und mit besonderer Rücksicht auf die Darstellung des römischen Criminalrechts* von Conrad Franz Rosshirt (1793–1873) von 1821 oder den *Grundriss zu Vorlesungen über den bürgerlichen Prozess* von Carl Josef Anton Mittermaier.[196]

---

192 Siebeck: Der Heidelberger Verlag, 1926, S. 59–60.

193 Der vollständige Eintrag lautet: »Ueber die Entschädigungsberechtigung der Staatsdiener bei Aufhebung ihrer Stellen. Von den Reichskammergerichts-Assessoren von Kamptz und Freiherrn von Stein in Wetzlar 1808«. Vgl. Verlagsverzeichnis J. C. B. Mohr, Herbst 1842, S. 36.

194 Vgl. zu allen Werken Verlagsverzeichnis J. C. B. Mohr, Herbst 1842, S. 24.

195 Vgl. Mohnhaupt: Rechtsvergleichung, 1999, S. 282.

196 Vgl. zu den genannten Werken Verlagsverzeichnis J. C. B. Mohr, Herbst 1842, S. 24, 30; Verlagsverzeichnis J. C. B. Mohr 1866, S. 25–26, 31–32.

Ein noch deutlicherer Beleg für den Wunsch des Verlags sich mit seinen Werken auch in die rechtspraktische Diskussion einzubringen, waren Titel, die sich mit den neuesten gesetzlichen Entwicklungen auseinandersetzten, so ein Werk zu dem Württembergischen Entwurf der Strafprozessordnung, das einen Vergleich mit den neusten gesetzgeberischen und wissenschaftlichen Leistungen zog. Von Conrad Franz Rosshirt erschien 1844 eine Auseinandersetzung mit den Entwürfen der Gerichtsverfassung und der Strafprozessordnung für das Grossherzogthum Baden. Auch Werke, die sich mit dem Zustand der Gefängniseinrichtungen in England und englische Erfahrungen über Einzelhaft oder mit der Todesstrafe auseinandersetzten,[197] zeigen den rechtspraktischen Anspruch des Verlags. Der dauerhafte Kontakt in die Zielgruppe war im Verlag J. C. B. Mohr auch durch Zeitschriften wie die seit 1813 erschienenen *Jahrbücher der Gesetzgebung und der Rechtswissenschaft des Grossherzogthums Baden* sichergestellt. Herausgeber waren Johann Niklas Friedrich Brauer und Karl Salomo Zachariä. Die *Kritische Zeitschrift für Rechtswissenschaft und Gesetzgebung des Auslandes* (1828) besaß nicht nur prominente Herausgeber wie Carl Josef Anton Mittermaier und Karl Salomo Zachariä, sondern stand auch »in Verbindung mit mehreren Gelehrten des Inn- und Auslandes«.[198] Als Herausgeber für die *Kritische Zeitschrift* firmierten im Katalog von 1866 neben Mittermaier auch Robert von Mohl (1799–1875) und Leopold August Warnkönig (1794–1866).[199] Mit dem für den praktischen Justizalltag bedeutsamen Thema der *Oeffentlichkeit des Strafverfahrens* setzte sich 1835 Ludwig Hugo Franz von Jagemann (1805–1853) auseinander.

Eine strategische Verlagspolitik zeigte sich bei J. C. B. Mohr auch im Vertrieb: So wurden verschiedene Titel im Preis ermäßigt wie das im Katalog von 1866 gelistete Werk von Alexander Eckert, *Pandekten-Practicum oder Chrestomathie aller in besonderen Beispielen und Rechtsfällen des Corpus jur. civil. rom. aufgestellten und entschiedenen Rechtsfragen nach der Folge der Legalordnung* aus dem Jahre 1853.[200] Die *Kritische Zeitschrift für Rechtswissenschaft und Gesetzgebung des Auslandes* wurde in drei Heften je Band herausgegeben, ein vollständiges Exemplar der Bände I-XII erschien zum »wohlfeilen Preis«.[201] Der Verlag nahm die Rechtswissenschaft nach der Reichsgründung wieder stärker in den Fokus seiner Überlegungen, zu einem Programmschwerpunkt wurde der Bereich allerdings erst wieder im 20. Jahrhundert unter den Brüdern Oskar Siebeck (1880–1936) und Werner Siebeck (1891–1834), die die Rechtswissenschaft vor allem in der Weimarer Zeit als programmatisches Standbein entdeckten.

197 Vgl. Verlagsverzeichnis J. C. B. Mohr, 1866, S. 25–26.

198 Verlagsverzeichnis J. C. B. Mohr, Herbst 1842, S. 41.

199 Vgl. Verlagsverzeichnis J. C. B. Mohr 1857, S. 7. Der Zeitschrift war allerdings kein langes Leben beschieden: Der Verlagsverzeichnis von 1866 weist sie lediglich zwischen 1852 und 1853 aus.

200 Vgl. Verlagsverzeichnis J. C. B. Mohr 1857, S. 4.

201 Verlagsverzeichnis J. C. B. Mohr, Herbst 1842, S. 41.

2.5.4 Erfolgreiche strategische Ausrichtung auf regionale Märkte

Während sich das juristische Verlagswesen in zentralistisch ausgerichteten Staaten wie England oder Frankreich bereits seit dem 18. Jahrhundert auf die Hauptstadt konzentrierte, verteilten sich die juristischen Verlage in Deutschland auf viele kleinere Landesteile und trafen hier vornehmlich auf regionale Märkte: Es gab für die Verlage – zumindest bis zur Reichsgründung – keinen ausgeprägten Bezug auf einen zentralen Ort. Estermann spricht von einer »besonderen politischen und ›bibliopolischen‹ Struktur Deutschlands«.[202] Konsequenz aus dieser geographischen Verteilung war ein Verlagsprogramm, welches sich vornehmlich an die räumlich naheliegenden Autoren- und Zielgruppen ausrichtete. Die räumliche Begrenzung ergab sich bei den juristischen Verlagen auch auf Grund von Landesgesetzgebung und regionalen Vorschriften. Durch die zunehmende Kodifizierung vieler Lebensbereiche entstand zwar vermehrt das Bedürfnis nach spezialisierter Fachliteratur, gleichzeitig war ein über die regionalen Grenzen hinausgehender Verkauf juristischer Werke im 19. Jahrhundert kaum möglich. Die regionale Ausrichtung wurde noch dadurch verstärkt, dass die notwendigen Kontakte zu den Verwaltungseinrichtungen in der Regel ebenfalls zu regional verankerten Werken führten; zumal diese Einrichtungen im 19. Jahrhundert in der Regel gleichzeitig Abnehmer für die Verlagsprodukte darstellten. Auch gemeinsam verlegte Schriftenreihen festigten eine regionale Verwurzelung.

Neben den regionalen Abnehmerkreisen war auch der Autorenmarkt im 19. Jahrhundert geographisch definiert. Autoren suchten in ihrem näheren Umfeld nach einem geeigneten Publikationsort für ihre Werke. Ein ortsansässiger Verlag bedeutete im 19. Jahrhundert den Vorteil, dass der Verleger als Ansprechpartner eher erreichbar war. Für die Autoren war der kurze Weg oft ein entscheidendes Argument bei der Wahl des Verlegers, stellt Fischer fest, vor allem »wenn die Autoren und Verleger miteinander freundschaftlich verbunden waren oder in denselben programmatischen Zirkeln verkehrten«.[203] Ein Beispiel ist Anton Bauer (1772–1843), dessen Werke, solange er in Marburg an der Universität war, auch in Marburg erschienen; mit seinem Wechsel nach Göttingen, erschienen diese in Göttingen. Auch Heinrich Erman (1857–1940)[204] veröffentlichte nach seiner Promotion in Berlin seine Arbeit bei Puttkammer & Mühlbrecht in Berlin. Als Erman Rektor an der neu gegründeten Universität in Münster wurde, ließ er seine Werke in Westfalen verlegen.

Obwohl die Regionalität des Absatzmarkts zunächst als Handelshemmnis für die Verlage wirkte, konnte sich die räumliche Verankerung gerade für juristische Verlage durchaus zu einem Erfolgsfaktor entwickeln: dann nämlich, wenn die Käufernähe konsequent genutzt und die Netzwerke am Ort ausgebaut wurden.

---

202 Estermann: Buchhandel, Buchhandelsgeschichte, 2010, S. 274.

203 Fischer: Verlegerisches Know-how, 1999, S. 75.

204 Heinrich Erman war Vater von Walter Erman, dem Begründer des bekannten Kommentars zum Bürgerlichen Gesetzbuch.

Tabelle 2.7: Regional verankerte Verlage außerhalb Berlins vor 1900

1732	Wilhelm Gottlieb Korn	Schlesien
1763	C.H.Beck	Bayern
1799	C. F. Müller	Baden
1854	Ludwig Roßberg	Sachsen
1866	W. Kohlhammer	Württemberg

Regionalität als Strategie haben einige Verlage konsequent realisiert; sie waren nicht nur im 19. Jahrhundert stark in ihrer Region verwurzelt, sondern wurden auch im 20. Jahrhundert noch als badische, bayerische oder württembergische Verlage bezeichnet. Neben dem mehrfach erwähnten C. F. Müller als badischer Verlag wird zum Beispiel Wilhelm Gottlieb Korn vielfach noch heute als »schlesischer Verlag«[205] tituliert oder der 1866 in Stuttgart gegründete Verlag W. Kohlhammer als württembergischer Verlag angesehen. W. Kohlhammer ist gleichzeitig ein Beispiel dafür, dass ein vornehmlich an der Landesgesetzgebung ausgerichtetes juristisches Verlagsprogramm in der Regel auch weitere regionale Schwerpunkte zur Folge hatte: So verlegte W. Kohlhammer nicht nur Werke im württembergischem Verwaltungsrecht, sondern auch regional-historische Werke und andere Publikationen wie den *Schwäbischen Heimatkalender*. Diese zusätzlichen regionalen Berührungspunkte konnten die landesrechtliche Ausrichtung wiederum langfristig verstärken. So dominierte auch in der späteren Geschichte des Verlags das »Schrifttum über württembergisches Recht und württembergische Verwaltung«.[206]

C.H.Beck in Nördlingen als bayerischer Verlag

Die Geschichte des 1763 in der Reichsstadt Nördlingen gegründeten Verlags C.H.Beck[207] begann mit dem Kauf der Mundbach'schen Buchdruckerei durch Carl Gottlob Beck (1733–1802). Bereits unter dem Firmengründer wurden erste juristische Texte und Monographien vornehmlich des bayerischen Rechts publiziert. Ein achtbändiges *Realwörterbuch für Cameralisten und Ökonomen* von Georg Gottfried Strelin (1750?–1833) erschien von 1783 bis 1796.[208] Frühe juristische Werke finden sich auch in lateinischer Sprache im Programm wie Kasper Manz (1606–1677) und sein *Tractatus duo de fideijussoribus et de advocatis procuratoribus, syndicis et negotiorum gestoribus*. Ein augenfälliges Beispiel für die bayerische Ausrichtung des Verlagsprogramms ist neben der *Verfassungsurkunde* von 1818 auch der ein Jahr später erschienene *Verfassung-Kate-*

---

205 Schmilewski: Verlegt bei Korn, 1991, S. 7.

206 Rühle: Stetige Weiterentwicklung 1893–1909, 1966, S. 32.

207 Die Initialen stammen von dem zweiten Verleger Carl Heinrich Beck, der den Verlag seit 1803 führte.

208 Vgl. Beck: Festschrift, 1963, S. 8; Beck: Der juristische Verlag, 1988, S. 19.

chismus für Bayerns Volk und Jugend, welcher die Verfassung in »einem kleinen Werkchen [...] in populärer Weise behandelt«.[209] Der Katalog bewarb die zweite Auflage der *Verfassungsurkunde* mit dem Hinweis auf den wortgetreuen »Abdruck des noch geltenden ursprünglichen Textes mit Einschaltung aller späteren Zusätze und Aenderungen«, die Ausgabe wurde 1855 von dem ehemaligen Nördlinger Bürgermeister Karl Brater (1819–1869) herausgegeben. Komplettiert wurde das verfassungsrechtliche Programm ferner durch ein *Bayerisches Gemeindebuch*, eine »Sammlung der Gesetze und Verordnungen über Verfassung und Verwaltung der Orts-, Distrikts- und Kreisgemeinden im diesseitigen Bayern«. Nicht nur, dass der Verlag mit der Verfassungsurkunde quasi das Grundgesetz für Bayern verlegt und sich ein Aushängeschild in das Verlagsprogramm geholt hat, er hatte mit seinem *Verfassungs-Katechismus* – ebenso wie Carl Heymanns mit seinem *Haus-Sekretair* – auch eine juristisch nicht vorgebildete Zielgruppe im Blick.

Die landesrechtliche Ausrichtung wurde durch den Enkel des Verlagsgründers nochmals verstärkt: Carl Beck (1817–1852) übernahm das Unternehmen offiziell am 1. Januar 1846 von seiner Mutter, war aber bereits vorher aktiv an der Verlagspolitik beteiligt und begann ein rechtswissenschaftliches Verlagsprogramm vor allem mit landesrechtlichen Titeln auszubauen.[210] Ein juristischer Programmschwerpunkt hatte sich unter Carl Beck vor allem mit Werken des bayerischen Landesrechts und der Herausgabe von bedeutenden Zeitschriften wie den *Blättern für administrative Praxis*[211] herausgebildet. Der Verlag behielt die landesrechtliche Ausrichtung auch unter einer neuen Führung bei: Im Jahr des plötzlichen Todes von Carl Beck 1852 war sein Sohn Oskar Beck (1850–1924) erst zwei Jahre alt, deshalb übernahm der ein Jahr zuvor in den Verlag eingetretene Ernst Rohmer (1818–1897) das Unternehmen und heiratete, wie zu der Zeit üblich, später auch die Witwe Carl Becks.[212] Durch den engen Kontakt zu Karl Brater als ehemaligem Bürgermeister fanden vor allem verwaltungsrechtliche Werke Eingang in das Verlagsprogramm wie die von ihm seit 1854 herausgegebene *Sammlung von principiellen Erlassen der Staatsbehörden und von Präjudizien auf dem Gebiete der Verwaltung*.[213]

Die Rechtswissenschaft begann sich im Laufe der Zeit zu einem der Schwerpunkte im Programm zu entwickeln.[214] Beck hebt im Hinblick auf das bayerische Landes-

---

209 Beck: Festschrift, 1963, S. 69. Vgl. auch für die folgenden Werke auch Verlagsverzeichnis C.H.Beck'sche, 1863, S. 20, 39.

210 Vgl. Beck: Festschrift, 1963, S. 30–32.

211 Vgl. Verlagsverzeichnis C.H.Beck'sche, 1853, S. 8. Für die Jahrgänge 1854 bis 1861, Band IV bis XI vgl. Verlagsverzeichnis C.H.Beck'sche, 1863, S. 16.

212 Vgl. Beck: Der juristische Verlag, 1988, S. 20.

213 Vgl. Verlagsverzeichnis C.H.Beck'sche, 1863, S. 36. Neben den »Blättern für die administrative Praxis« gab Karl Brater noch die »Zeitschrift für Gesetzgebungs- und Verwaltungsreform« bei C.H.Beck heraus.

214 Vgl. Beck: Der juristische Verlag, 1988, S. 20.

recht insbesondere die *Bayerische Notariatszeitung* hervor sowie eine Erläuterung der Reichsverfassung von Emil von Riedel (1832–1906), die Sammlung *Neue Gesetz- und Verordnungssammlung für das Königreich Bayern mit Einschluß der Reichsgesetzgebung* sowie die Werke Johann Caspar Bluntschlis. Dabei war das Werk Emil von Riedels ein Mammutwerk von 38 umfangreichen Bänden. Passend zur Notariatszeitung gab der Verlag eine alphabethische Übersicht der Gebühren der königlich bayerischen Notare »für den Geschäftsgebrauch mit 4 Tabellen zur Berechnung der prozentualen Gebühren, den Allerhöchsten Verordnungen«[215] heraus. Der Programmteil mit Werken zum bayerischen Landesrecht war vielschichtig. So wurde eine *Uebersicht der im Königreich Bayern bestehenden Anordnungen über das Schulwesen* (1844) herausgegeben oder ein Werk *Das Brauwesen, Branntweinbrennen und Malzaufschlagwesen im Königreich Bayern.*[216]

Aus dem Bereich des Zivilrechts erschien die *Sammlung interessanter Erkenntnisse aus dem gemeinen und bayer'schen Civilrechte und Prozesse*, die ab 1845 herausgegeben wurde. Das strafrechtliche Programm für Bayern wurde erweitert durch eine erläuterte Einführung von Ludwig Weis (1813–1880), die in Lieferungen ebenfalls ab 1862 erschien. Bei Friedrich Wilhelm Doppelmayr (1776–1845), der 1823 eine *Sammlung der Erläuterungen und Rescripte über das Strafgesetzbuch für das Königreich Bayern* in vierter Auflage herausbrachte, ist die regionale Verankerung bereits im Namen augenfällig. Der Verlag strebte eine möglichst alle juristischen Bereiche Bayerns abdeckende Programmpalette an und etablierte namhafte landesrechtliche Gesetzessammlungen, Kommentare und Zeitschriften, allerdings blieb es lange Zeit ein »weithin auf Bayern begrenztes«[217] Programmsegment: Einer überregionalen *Zeitschrift für Reichs- und Landesrecht mit besonderer Rücksicht auf Bayern* war noch 1873 kein Erfolg beschieden. Dafür legte der Verlag besonderen Wert auf anerkannte Autoren aus dem regionalen Umfeld und konnte 1868 zum Beispiel Emil von Riedel, seinerzeit noch Ministerialassessor, später bayerischer Finanzminister für ein Werk zu den neuen *Gemeindegesetzen für das Königreich Bayern* mit *Gesetz über Heimat, Verrehelichung und Aufenthalt* gewinnen. Weitere Werke Riedels im Verlag waren ein Kommentar zum *Bayerischen Gesetze die öffentliche Armen- und Krankenpflege betreffend* oder eine Erläuterung zur Reichsverfassungsurkunde von 1871, vor allem aber der *Kommentar zum Bayerischen Polizeistrafgesetzbuch für das Königreich Bayern* aus dem Jahr 1871. Ein bekannter Autor war auch Julius von Staudinger (1836–1902), der seit 1862 Werke zum bayerischen Strafgesetzbuch und Polizeistrafgesetzbuch heraus-

---

215 Verlagsverzeichnis C.H.Beck'sche, 1863, S. 33.

216 Der vollständige Titel lautet: »Das Brauwesen, Branntweinbrennen und Malzaufschlagwesen im Königreich Bayern, in polizeilicher und cameralistischer Beziehung. Ein Handbuch für Brauer, Branntweinbrenner, Wirthe und Müller, sowie insbesondere für Aufschlagsbeamte, Rechtsanwälte, Polizeibeamte u. Cameralisten«. Das Handbuch erschien in 2. Auflage 1850. Vgl. Verlagsverzeichnis C.H.Beck'sche, 1853, S. 12.

217 Weber: Juristische Zeitschriften, 2007, S. 9.

gab. Neben einer mit Anmerkungen versehenen Ausgabe zum *Strafgesetzbuch für das Königreich Bayern* veröffentlichte er die entsprechende Sammlung der Gesetze und Verordnungen. Die verlegerische Stärke von C.H.Beck lag gerade in seiner regionalen Verankerung mit renommierten juristischen Autoren.

Ludwig Roßberg in Leipzig als sächsischer Verlag

Die Bedeutung, die das bayerische Recht für C.H.Beck besaß, hatte das sächsische Recht für den Verlag Ludwig Roßberg: In dem 1854 von Ludwig Roßberg (1827–1877) in Leipzig gegründeten Sortiment waren Schwerpunkte vor allem Schulbücher und Werke der Jurisprudenz, vor allem der zeitgleich gegründete Verlag wurde stark von juristischer Literatur geprägt. Die notwendige enge Verbindung zu Justiz- und Verwaltungskreisen ergab sich, seitdem ab 1859 die *Annalen des Königlich Sächsischen Oberappellationsgerichts* zu Dresden erschienen.[218] Bekannt geworden war der Verlag auch durch die *Zeitschrift für Verwaltungspraxis* und durch seine umfangreichen Reihen von sächsischen Gesetzen wie die *Handausgaben Königlich Sächsischer Gesetze*, die seit 1863 vom Verlag herausgegeben wurden. Renommierte Nachschlagewerke bildeten die *Bibliotheca juridica*, dessen zweiten Band Ludwig Roßberg als Verleger persönlich betreute.[219] Unter anderem für Ludwig Roßberg stellt Jäger eine ausgeprägte Spezialisierung fest, »eingeleitet und vorangetrieben [...] von den jungen, nach der Jahrhundertmitte gegründeten Verlagen«.[220] Dabei mag der Gedanke einer konsequenten Ausrichtung auf das Landesrecht dem Verleger bereits während einer früheren Tätigkeit in der C.H.Beck'schen in Nördlingen vorgeschwebt haben – hier war er in jedem Fall mit landesrechtlichen Publikationen vertraut geworden.[221]

Juristische Werke mit Bezug zu Sachsen waren der *Codex Saxonicus* oder ein Werk mit dem Titel *Das Verfahren in geringfügigen und ganz geringfügigen Rechtssachen und der kgl. Sächsischen Rechte*, herausgegeben »verbunden mit einer Darstellung des bei dem Handelsgerichte zu Leipzig stattfindenden Verfahrens«. Ein langlebiges Werk war August Siegmund Koris (1778–1850) *System des Concurs-Prozesses*, dessen sächsischer Bezug im Untertitel deutlich wurde: »nebst der Lehre von d. Classen der Gläubiger, nach gem. u. Sächs. Rechten«.[222] Nachdem diese Werke zwischen 1828 und 1844 er-

---

218 Vgl. Roßberg'sche Verlagsbuchhandlung: Denkschrift 1904, S. 7.

219 Ludwig Roßberg führte das Werk von Wuttig fort, der 1867 im ersten Band die Werke der Rechts- und Staatswissenschaft seit 1849 zusammengefasst hatte. Der zweite von Ludwig Roßberg selbst bearbeitete Band erschien 1877 »mit einem ausführlichen Materienregister«. Roßberg'sche Verlagsbuchhandlung: Denkschrift 1904, S. 7.

220 Jäger: Juristischer Verlag, 2001, S. 493.

221 Ludwig Roßberg war nach Beendigung der Lehre in der Buchhandlung des Waisenhauses in Halle und später zwei Jahre in der C. H. Beck'schen Buchandlung in Nördlingen tätig, wo er im Übrigen auch »seine spätere Gattin kennen lernte«. Roßberg'sche Verlagsbuchhandlung: Denkschrift 1904, S. 6.

222 Zu allen Werken und Auszügen Russell: Rossberg'sche Buchhandlung in Leipzig 1881, S. 570, 581, 583.

schienen waren, hatte Ludwig Roßberg sie offensichtlich aus einem anderen Verlag übernommen und sein sächsisches Programm dadurch planmäßig erweitert. Bei den ersten eigenen Werken handelte es sich um Titel zum sächsischen Hypothekenrecht oder zur sächsischen Notariatspraxis.[223] Klassische juristische Publikationen waren auch die *Sammlung der Verordnungen des Königlich Sächsischen Justizministerii und der Appellationsgerichte* aus dem Jahre 1863, ein Jahr später erschien eine Erläuterung von Bernhard von Schöneburg zur Armengesetzgebung des Königreichs Sachsen »für den praktischen Gebrauch mit besonderer Berücksichtig organisatorischer Zwecke in ihren wesentlichen Grundzügen«. Schließlich hatte auch der bereits erwähnte Hermann Theodor Schletter bei Ludwig Roßberg sein Werk *Die Revisio differentiarum juris civilis et Saxonici* 1869 veröffentlicht.[224] Später wurde das sächsische Programm auch durch Zukäufe erweitert wie 1899 durch die Übernahme der *Zeitschrift für Praxis und Gesetzgebung der Verwaltung* aus dem Verlag Craz & Gerlach in Freiberg. 1900 konnte der Verlag die seit den 1860er Jahren bestehende *Meinholds juristische Handbibliothek* aus dem gleichnamigen Verlag C. C. Meinhold übernehmen. Die Denkschrift aus dem Jahr 1904 erwähnt ferner das *Mosel'sche Handwörterbuch des sächsischen Verwaltungsrechts*, das *Opitz'sche sächsische Staatsrecht*, den *Hoffmann'schen Kommentar zum sächsischen Bürgerlichen Gesetzbuch* und die *Franck'sche Gesetzgebung des Königreichs Sachsen* als eingeführte Verlagswerke von Ludwig Roßberg.[225]

Die Verankerung von Ludwig Roßberg mit Sachsen zeigte sich auch später bei anderer Gelegenheit: Während andere Verleger zur Einweihung der Deutschen Nationalbibliothek in Leipzig Bücher oder andere Publikationen übergaben, schenkte der Verlag Ludwig Roßberg[226], ein Gemälde des sächsischen Königs und des Prinzen August Wilhelm von Preußen vor der Universität[227] und dokumentierte damit seine Verbundenheit in der Region.

Regionalität in der Schweiz: Johannes Schulthess

Dass die Regionalität keine deutsche Spezifität war, zeigt das Beispiel des 1791 als Schulthess Polygraphischer Betrieb in Zürich gegründeten Verlags von Johannes Schulthess (1763–1836) und Johann Kaspar Näf (1760–1822). Das Programm bestand zunächst überwiegend aus Schulbüchern sowie aus Werken der Theologie und Geschichte. Mit der Übernahme des Verlagsgeschäfts durch den Sohn Friedrich Schulthess (1804–1869) 1831, »der eigentlich als Offizier in fremde Dienste hatte gehen

223 Vgl. zu Werken und Autoren auch Roßberg'sche Verlagsbuchhandlung: Denkschrift 1904, S. 8.
224 Vgl. Adolph Russel's Verlag 1881, S. 589.
225 Roßberg'sche Verlagsbuchhandlung: Denkschrift 1904, S. 14.
226 Inhaber des Verlags waren inzwischen Röder & Schunke.
227 Vgl. Fritzsch: Leipzig – die Stadt der Wissenschaftsverlage um 1900, 2007, S. 52.

wollen«,[228] veränderte sich nicht nur die Firma in Schulthess Verlag, sondern auch die programmatische Ausrichtung. Bereits unter Johannes Schulthess war 1827 eine *Abhandlung über das Zürcherische Wechselrecht, mit Vergleichung der Augsburger, St. Galler und Basler Wechselordnung* von Jakob Pestalozzi erschienen, es folgte die *Neue officielle Sammlung der Gesetze und Verordnungen des Standes Zürich.* Noch im Jahr der Annahme der Verfassung 1831 erschien die erste offizielle Sammlung von Gesetzen, Beschlüssen und Verordnungen des Eidgenössischen Standes Zürich. Für eine dauerhafte Verankerung in der Zielgruppe gab der Verlag ab 1841 bis 1854 eine Zeitschrift unter dem Namen *Zeitschrift für noch ungedruckte zürcherische Rechtsquellen* heraus, die 1855 bei einer Umbenennung die Regionalität im Namen beibehielt: *Zeitschrift für Kunde und Fortbildung der zürcherischen Rechtspflege.* Der seit 1855 neue Herausgeber der Zeitschrift, Oberrichter Johann Heinrich Gwalter, gab 1852 auch den Kommentar zum zürcherischen Schuldbeitreibungsgesetz heraus. Alle Werke zeigen deutlich den Bezug zum Stammsitz des Verlags in Zürich. Auch der bekannte Autor Johann Caspar Bluntschli gab ein entsprechendes Werk heraus: ab 1840 mit der Ausarbeitung eines privatrechtlichen Gesetzesbuches beauftragt, erschienen 1854 seine *Erläuterungen zum Privatrechtlichen Gesetzbuch für den Kanton Zürich.* Die folgenden weiteren drei Bände der *Erläuterungen* waren der erste mehrbändige Gesetzeskommentar bei Schulthess.

Gleichzeitig konnte der Schulthess Verlag das erfolgreiche Konzept eines in der Region verankerten Werkes auch auf andere regionale Märkte übertragen: Er brachte den Ratgeber für die Königreiche Sachsen, Württemberg und Bayern heraus. Ursprung der Ratgeber war der 1837 erschienene *Rechtsfreund für den Kanton Zürich, oder Anleitung, die Rechtsgeschäfte in gehöriger Weise selbst besorgen zu können* von Kantonsprokurator Rudolf Benz, der sich als Verlagsprodukt nicht nur an den vorgebildeten Rechtsanwender richtete, sondern auch einen größeren Markt im Blick hatte. Ähnliche juristische Ratgeber wurden auch für die Kantone Aargau, Basel-Stadt, Basel-Land, Bern und Luzern herausgegeben. Bereits Mitte des 19. Jahrhunderts fand schließlich auch die dargestellte Expansion über territoriale Grenzen hinaus für die Königreiche Sachsen, Württemberg und Bayern statt. Das inhaltliche Konzept des Werkes und die Expansion in verschiedene Regionen erinnert an den *Haus-Sekretair* im Carl Heymanns Verlag und zeigt, dass diese in verschiedenen Regionen erfolgreichen Publikationen offenkundig ein Bedürfnis in der Leserschaft – und in der Gesellschaft insgesamt – erfüllten.

228 Albers-Schönberg / Homburger / Reiser: Geschichte Schulthess, 1991, S. 55. Vgl. auch zu allen folgenden Titeln S. 58, 82, 90.

2.5.5 Exkurs: England und seine früher einsetzende Marktevolution

Zum besseren Verständnis der damaligen deutschen Marktsituation seien kurz die englischen Verhältnisse in den Blick genommen: Im Vergleich zu anderen Wissenschaftsdisziplinen in Deutschland erfolgte die Ausprägung in juristischen Verlagen zwar relativ früh, im Verhältnis zu zentralistischer ausgerichteten Ländern dagegen spät. In England waren Legislative, Administrativbehörden und Gerichtswesen sehr viel stärker auf einen zentralen Ort ausgerichtet: Das Rechtswesen konzentrierte sich in London als zentralem Platz.[229] Durch den räumlichen Schwerpunkt in London fokussierte sich auch das juristische Verlagswesen in England zügiger und spezialisierte sich rascher. Nicht nur auf die Stadt London bezogen, sondern auch innerhalb Londons waren es einige wenige Straßenzüge, in denen sich das juristische Verlagswesen abspielte. Die rechtswissenschaftlichen Publikationen im London des frühen 19. Jahrhunderts wurden rund um »the Strand«, die »Inns of Court« und in der »Chancery Lane« verlegt, dem Stadtteil, in dem auch die Gerichte ansässig waren. In diesem räumlich konzentrierten Umfeld agierte ein klar abgegrenzter juristischer Personenkreis mit vor Gericht auftretenden Anwälten – den Barristers – sowie Richtern, Politikern und Publizisten, die auf juristische Literatur angewiesen waren und bewirkten, dass der englische juristische Buchhandel sich früher und stringenter spezialisierte. McKitterick bezeichnet den juristischen Buchhandel in England als den am straffesten organisierten.[230] Ein Zeichen hierfür ist beispielsweise die erste buchhändlerische Vereinigung »Associated Law Booksellers«, die sich bereits 1822 bildete.[231] Ähnliche Gründungen in Deutschland fanden erst sehr viel später zu Beginn des 20. Jahrhunderts statt.

Neben der räumlichen Konzentration wirkte sich auch die Tatsache begünstigend aus, dass das englische Rechtssystem keine niedergelegten Gesetze, sondern ein differenziertes Case Law besaß, bei dem an Hand vergleichbarer Fälle und Interpretationen Recht gesprochen wurde: Das Case Law machte eine umfangreiche Nutzung von Büchern und Urteilsmitschriften unumgänglich und förderte wiederum die Veröffentlichung derselben in rechtswissenschaftlichen Publikationen. Erste Kassenschlager waren die Kommentare von William Blackstone (1723–1780) *Commentaries on the Laws of England*[232] (1755) und William Woodfall (1746–1803) *The Law of Landlord and Tenant* (1802). Einen Klassikerstatus erreichte der Titel *Text on criminal law*: Das Werk wurde seit 1822 bis 2001 in 53 neuen Auflagen herausgegeben. Erfolgreich waren vor allem Handbücher oder Zusammenstellungen, die in erster Linie praktische Informa-

229 Für das besondere schottische Rechtssystem galten wiederum spezifische Besonderheiten.

230 Vgl. McKitterick: Publishing for trades and professions, 2009, S. 513–514.

231 Vgl. Prest: Law Books, 2009, S. 804–805.

232 Hoeflich bezeichnet Blackstones Commentaries als »first legal bestseller of the modern era«. Hoeflich: Legal publishing in antebellum America, 2010, S. 141.

tionen enthielten.[233] Entsprechend fanden die Kommentare von William Blackstone Nachahmer und Fortführer wie John Reeves (1752–1829), der in seiner *History of English Law* 1787 nicht bloß eine Geschichte des englischen Rechtswesens beschreiben, sondern das gesamte englische Rechtssystem erklären wollte. Sein Werk besaß damit eine ähnliche Funktion wie William Blackstones Kommentare.[234] Diese entfalteten ihre Wirkung nicht nur in England selbst, sondern waren auch in Amerika beliebt,[235] was ihren Absatzmarkt wiederum vergrößerte.

Gerade mit einem ausgedehnten Marktpotenzial, das einerseits durch eine räumliche Konzentration in London, andererseits durch einen zusätzlichen Markt in den Kolonien gekennzeichnet war, konnte sich das englische juristische Verlagswesen auch wirtschaftlich erfolgreich etablieren. Nach Prest waren die meisten der späteren juristischen Verlage in England bereits zu Beginn des 19. Jahrhunderts am Markt aktiv.[236] Erste Spezialisierungen ergaben sich sogar noch früher: Tottel galt als der erste juristische Verleger, er war offensichtlich schon im späten 16. Jahrhundert aktiv. Bereits ab Beginn seiner Verlagstätigkeit veröffentlichte er hauptsächlich juristische Titel, zwei Drittel der bei ihm veröffentlichten Werke waren juristische Publikationen.[237] Tottel galt als gut vernetzt in den juristischen Kreisen und war bereits früh mit entsprechenden Privilegien ausgestattet. Inwieweit es sich bei Tottel um eine planvolle strategische Ausrichtung handelte, ist nicht mit Sicherheit zu sagen, aber zumindest nicht abwegig.

Einer der Marktführer im juristischen Verlagswesen des 19. Jahrhunderts war Henry Butterworth. Er gründete sein Unternehmen 1818 als juristischer Buchhändler und kündigte sich selbst auch so an.[238] Ein Verlagsverzeichnis aus dem Jahr 1825 ist überschrieben mit »Law Books, just published by Henry Butterworth«, der Verleger bezeichnet sich ausdrücklich als »Henry Butterworth – Law Bookseller and Publisher«.[239] Der 1825 erschienene Katalog war bereits das dritte Verzeichnis, an prominenter Stelle findet sich der Hinweis »The Third Edition, corrected and much enlarged«. Das verlegerische Engagement lag bei Henry Butterworth in der Familie: Sein Vater Joseph Butterworth war bereits im Buchhandel tätig und nahm an Zusammenkünften der Londoner Booksellers and Publishers Anfang des 19. Jahrhundert 1808 teil.[240] Das Verlagsprogramm von Henry Butterworth bestand nicht nur aus

233 Dies war bspw. bei Adressbüchern oder Gerichtszuständigkeiten der Fall. Vgl. Prest: Law Books, 2009, S. 794.

234 Vgl. Lobban: The common law and English jurisprudence, 1991, S. 50.

235 Vgl. Hoeflich: Legal publishing, 2010, S. 141. Der erste Verleger von Blackstones Kommentaren dort war Robert Bell.

236 Vgl. Prest: Law Books, 2009, S. 805.

237 Vgl. Jones: Butterworths, 1980, S. 1, 10; Jones: Butterworths, 1997, S. 2.

238 Vgl. Jones: Butterworths, 1980, S. 10.

239 Verlagsverzeichnis Henry Butterworth »Law Books. Just Published, by Henry Butterworth, Law Bookseller and Publisher, 7, Fleet Street, Near Temple Bar, London – Michaelmas Term, 1825«.

240 Vgl. Barnes: Free Trade in Books, 1964, S. 173.

klassischen juristischen Werken, in dem Verzeichnis von 1825 finden sich auch Titel aus entlegeneren Rechtsgebieten: »Game Law«, »Law of Husband and wife« oder »Highway Laws«. Der Verleger legte offensichtlich auch Wert auf eine hochwertige Ausstattung seiner Werke: Bei der Ankündigung der sechsten Auflage von Charles Runningtons (1751–1821) *Hale's Common Law* findet sich der Hinweis »beautifully printed«.[241] Selbst wenn man annimmt, dass es sich hier auch um eine allgemeine werbliche Aussage handelte, zeigt sich trotzdem ein Anspruch des Verlags, nicht nur korrekte Textwiedergaben zu veröffentlichen, sondern auch gut gestaltete Werke – die wiederrum der Differenzierung in einem konkurrenzintensiven Umfeld dienen.

2.6 Verlegerische Motivationen und familiäre Entwicklungsfaktoren

Der Verleger war die zentrale Gestalt in den Verlagen zu Beginn des 19. Jahrhunderts. Von seiner Person hing ab, ob sich ein Verlag den Marktgegebenheiten entsprechend weiterentwickelte – nicht nur, weil die Verlage im 19. Jahrhundert mit weniger Personal ausgestattet waren und der Verleger zwangsläufig die entscheidenden Funktionen für alle Verlagsbereiche einnahm. Das Engagement des Verlegers wirkte im 19. Jahrhundert vor allem deshalb verstärkend, da viele Projekte anfangs aus einer persönlichen Verbundenheit mit Autoren und Herausgebern – aus Geschäftsbeziehungen ebenso wie aus Freundschaften – entstanden. Insofern verwundert es nicht, dass sich der Verleger noch stärker in der Rolle des intellektuellen Gesprächspartners seiner Autoren sah.[242]

Historisch wurden die Aufgaben des Verlegers in vierfacher Hinsicht definiert mit der Vorbereitung einzelner Verlagsunternehmungen und dem Rechteerwerb vom Autor, ferner mit der Herstellung der Bücher inklusive Gesamtkostenberechnung und Preisfestsetzung sowie der Verbreitung der Bücher.[243] Während die ersten beiden Aspekte die Auswahl von Inhalten ansprechen, korrespondieren die weiteren Funktionen mit allgemeinen Verlagsaufgaben und betonen technische und vertriebliche Gesichtspunkte. Hiller unterstreicht außerdem die Funktion im Verhältnis zum Autor, indem er die verlegerische Tätigkeit charakterisiert: »Arbeit anderer fördern, sie anregen, aus dem Vorhandenen auswählen, Kapital zur Verfügung stellen oder beschaffen und für Absatz sorgen«.[244]

Neben Grundkenntnissen des Verlagsgeschäfts war vor allem ein geschicktes Agieren im Umfeld von Gesetzgebung und Exekutive eine Notwendigkeit für den

---

241 Verlagsverzeichnis Henry Butterworth 1825.

242 Zur Rolle des Verlegers als Intellektuellen vgl. auch Wesolowski: Verleger und Verlagspolitik, 2010, S. 24–25.

243 Mit weiteren Ausführungen vgl. Paschke / Rath: Lehrbuch, 1908, S. 100.

244 Hiller: Verlagsbuchhandel, 1961, S. 53.

juristischen Verleger. Einigen Verlegern kam dabei ihre rechtswissenschaftliche Ausbildung zu Gute: Neben Johann Friedrich Cotta (1764–1832)[245] konnte auch Julius Eduard Hitzig[246] als Jurist mit seinen rechtswissenschaftlichen Autoren auf Augenhöhe kommunizieren. Nicht nur, um für die Autoren ein kompetenter Ansprechpartner zu sein, auch um Rechtsentwicklungen einschätzen und Publikationsprojekte erfolgreich am Markt platzieren zu können und für Fragen zum Umgang mit Urheberrecht, Nachdrucken und Zensur oder bei der Gründung neuer Geschäftsfelder waren Kenntnisse des Juristischen für die Verleger unentbehrlich.

Dass eine juristische Ausbildung und die Kombination »Jurist und Verleger« allerdings nicht zwangsläufig zu einem juristischen Verlagsprogramm geführt hat, zeigt das Beispiel von Julius Eduard Hitzig: So verzichtete der Jurist nach seinem Ausscheiden aus dem Staatsdienst als Verleger auf einen programmatischen Schwerpunkt in den Rechtswissenschaften. Sein Verlagsprogramm bestand lediglich zu fünf Prozent aus juristischen Titeln, der überwiegende Teil der bei ihm verlegten Werke waren den belletristischen, den pädagogischen, zeitgeschichtlichen oder medizinischen Schriften zuzurechnen.[247] Trotzdem blieb Julius Eduard Hitzig auch der Juristerei verbunden: Nachdem sich die politischen Verhältnisse wieder geändert hatten, kehrte er in den Staatsdienst zurück und gab als Autor juristische Kommentare heraus.[248]

Sämtliche Werke mussten vorfinanziert werden und bereits wenige erfolglose Projekte konnten das Verlagsunternehmen in seiner Gesamtheit gefährden. Im Zusammenhang mit Julius Eduard Hitzig wird darauf hingewiesen, dass er »aufgrund seiner finanziellen Potenz [...] absatzträchtige Verlagsrechte [...] erwerben«[249] und bereits im ersten Geschäftsjahr 29 Titel herausgeben konnte. Und nicht nur eine schnelle Expansion war für Hitzig möglich: Durch sein Vermögen konnte er selbst das wirtschaftlich belastende Kriegsjahr 1813 ohne Schwierigkeiten überstehen.[250] Auch Investitionen wie der Ankauf eines teuren Maschinenparks waren häufig nicht allein durch Einnahmen aus dem laufenden Verlagsgeschäft zu bewerkstelligen: Carl Heinrich Beck (1767–1834) konnte nur durch zusätzliche finanzielle Mittel seiner Ehefrau Catharina Magdalena Beck (1780–1848) 1819 eine lithographische Anstalt gründen.[251] Schließlich war die finanzielle Grundausstattung des Verlags ferner unter dem Aspekt der Langfristigkeit von Bedeutung, da sich viele Verlagsprojekte gerade im 19. Jahrhundert erst nach längerer Zeit gewinnbringend realisieren ließen. So konnten ei-

245 Vgl. Lucius: Johann Friedrich Cotta, 1997, S. 124.
246 Vgl. Dorsch: Julius Eduard Hitzig, 1994.
247 Vgl. Schulze: Der deutsche Buchhandel, 1925; Gelehrtes Berlin 1826; Sembdner: Assessor Hitzig, 1994; Dorsch: Julius Eduard Hitzig, 1994. Vgl. insbes. S. 208–209.
248 Vgl. Hitzig: Das Königlich Preussische Gesetz vom 11. Juni 1837 zum Schutze des Eigenthums an Werken der Wissenschaft und Kunst gegen Nachdruck und Nachbildung. Berlin 1838.
249 Dorsch: Julius Eduard Hitzig, 1994, S. 179.
250 Vgl. Dorsch: Julius Eduard Hitzig, 1994, S. 205, 211.
251 Vgl. Beck: Festschrift, 1963, S. 25–26.

nige Verlagsprojekte von Friedrich Schulthess auf Grund verzögerter Manuskriptabgaben erst durch seinen Sohn Friedrich Schulthess-Meyer (1732–1904) zu Ende gebracht werden.[252]

Hinzu kam, dass sich viele Wissenschaftsverleger nicht nur als Kaufleute, sondern auch in einer Rolle als »Förderer der Wissenschaften« sahen und sich entgegen wirtschaftlicher Vernunft auch weniger gewinnbringende Verlagsprojekte leisteten – motiviert aus einer Kombination von wissenschaftlichem Altruismus und einem ausgeprägten Berufsethos. Vor allem wenn Verleger ihren Autoren gegenüber eine Funktion als freundschaftlich-motivierender Helfer einnahmen, geschah es nicht selten, dass in dieser Gemengelage aus persönlichen und geschäftlichen Beziehungen Werke herausgegeben wurden, die keinen Beitrag zum wirtschaftlichen Fortbestand des Unternehmens leisteten. Schließlich unterstützten die Verleger – teils freiwillig, teils wohl im Rahmen von Aufträgen – soziale Einrichtungen wie Witwenkassen. Ein Beispiel stellt Carl Heymann dar, der wie erwähnt unter anderem für sein »nicht allein am Rentabilitätsdenken«[253] orientierten juristischen Verlagsengagement gewürdigt wurde.

Zum Alltag des juristischen Verlegers gehörte im 19. Jahrhundert auch die Auseinandersetzung mit Zensurmaßnahmen. So stellte der Verleger Werner Siebeck für die verlegerische Arbeit in dieser Zeit fest: »Am schwersten lastete aber die Zensur auf dem Buchhandel«.[254] Die Zensur war insbesondere nach den Karlsbader Beschlüssen – also in der Entwicklungsphase des juristischen Verlagswesens – stark ausgeprägt. Die Zensur wurde als Steuerungsinstrument und Zwangsmittel eingesetzt. Dabei war es gerade für die Verleger auf Grund der sukzessiven Haftung[255] notwendig, geschickt mit den Zwängen der Zensur umzugehen. Wittmann charakterisiert diese Phase als eine, in der der Buchhandel »von massiver staatlicher Kontrolle und Lenkung des Handels mit Geistesgut«[256] geprägt war. 1841 wandte sich der Börsenverein der Deutschen Buchhändler in einer Denkschrift gegen die rigiden Zensurvorgaben. Ein erster Erfolg war die Aufgabe der generellen Präventivzensur 1848,[257] allerdings bestanden nach wie vor Konzessions- und Kautionsvorschriften.

Die juristischen Verleger des 19. Jahrhunderts waren also einerseits gezwungen, sich mit Zensurvorgaben und -beschränkungen auseinanderzusetzen, hatten auf der anderen Seite aber den Vorteil, dass sie in der Regel auf Grund ihrer Kenntnisse des

252 Vgl. Albers-Schönberg / Homburger / Reiser: Geschichte Schulthess, 1991, S. 74.

253 Lindner: Carl Heymann, 1996, S. 31.

254 Siebeck: Tübinger Buchhandel, 1928, S. 3. VA Mohr Siebeck, Nach. 488.

255 Neben Autoren und Herausgebern konnten auch Verleger, Drucker, Sortimenter und Bibliothekare zur Rechenschaft gezogen werden. Vgl. Wilke: Grundzüge Mediengeschichte, 2008, S. 217–218. Zum sog. Belgischen System ohne Schuldnachweis vgl. Bez / Keiderling: Zwischenbuchhandel, 2010, S. 47.

256 Wittmann: Geschichte deutschen Buchhandels, 2010, S. 218.

257 Die Präventivzensur wurde allerdings erst 1874 endgültig abgeschafft. Vgl. Jochum: Kleine Bibliotheksgeschichte, 2007, S. 133–134.

Rechts leichter Strategien für einen erfolgreichen Umgang mit den Zensurbehörden entwickeln konnten oder gar die Zensurvorgaben auf legalem Weg umgehen konnten. Julius Eduard Hitzig übte als Jurist einen erfolgreichen Umgang mit der Zensur, wie Dorsch anschaulich beschreibt:

> »Die im Staatsdienst erworbenen profunden Rechtskenntnisse befähigten ihn selbst, mögliche Einwände von Seiten des Staates ziemlich exakt einschätzen zu können. Zugleich profitierte er durch seine umfangreichen Bekanntschaften und Beziehungen zu den verantwortlichen Stellen von einem gewissen Vertrauensvorschuß, der ihm ein freies Arbeiten ermöglichte. Unter den Bedingungen der französischen Herrschaft konnte er außerdem mit einer verdeckten Duldung, ja sogar klammheimlichen Unterstützung durch die preussischen Beamten rechnen. Salopp gesagt heißt dies, daß er das Spiel mit dem ›kleinen Dienstweg‹ meisterhaft betrieb.«[258]

Kontakte in Gesetzgebungs- und Verwaltungskreise waren für die juristischen Verleger am leichtesten aufzubauen, wenn die Funktions- und Tätigkeitsbereiche aus eigener Anschauung bekannt waren. Dabei hatten diejenigen Verleger einen Vorteil, die bereits aus einer früheren beruflichen Beschäftigung noch mit den zuständigen Regierungsstellen vertraut waren. Nicht nur, dass sie die Entscheidungswege und Usancen in der Verwaltung am besten einschätzen konnten, sie kannten auch ihre ehemaligen Kollegen und brauchten nicht zwingend Herausgeber oder Autoren als Kontaktvermittler. Ein Beispiel für einen Verleger, der seine Zielgruppe auch als Kollege kannte, war Wilhelm Kohlhammer (1839–1893). Der 1866 von ihm gegründete Verlag W. Kohlhammer hatte von Anfang an die Zielgruppe der Verwaltungsbeamten im Blick und bot ein ausgefeiltes Formularprogramm für alle Bereiche des Verwaltungshandelns an. Wilhelm Kohlhammer war als Verwaltungsbeamter mit Formularen beschäftigt, so dass der Aufbau eines entsprechenden Geschäftsfeldes nahelag; wahrscheinlich entwarf er auch deshalb seine Formulare selbst.[259]

Nicht nur die Kontakte in die Verwaltung, auch die buchhändlerische Verbandsarbeit war ein wichtiger Baustein im Netzwerk der Verleger. Die Arbeit in den Verbänden bedeutete auch die Mitwirkung an politischen Entscheidungen – zum Beispiel an geplanten Gesetzgebungsverfahren zu urheber- und verlagsrechtlichen Fragen[260] –, mit

---

258 Dorsch: Julius Eduard Hitzig, 1994, S. 205.

259 Vgl. Rühle: Der Gründer und sein Werk, 1966, S. 13. Aus eigener beruflicher Erfahrung konnten zu einer späteren Zeit auch Richard Boorberg, Erich Schmidt oder Otto Schmidt ihre Zielgruppen einschätzen: Alle genannten Verleger wechselten bei ihrer Verlagstätigkeit quasi die Seiten und entwickelten Publikationen, zu denen sie im Rahmen ihrer beruflichen Tätigkeit Anregungen erhalten hatten. Auch der spätere Verleger von Duncker & Humblot, Johannes Broermann war vor seiner Verlagstätigkeit von 1930 bis 1933 stellvertretender Pressereferent im Reichsinnenministerium. Vgl. Duncker & Humblot Verlagsbibliographie, 1998, S. 37, 39.

260 So erarbeitete der Börsenverein der Deutschen Buchhändler zum Beispiel 1854 zwei Denkschriften: eine zu presserechtlichen Bestimmungen in Preußen, eine weitere zum internationalen Rechtsschutz gegen Nachdruck zwischen Deutschland, Frankreich und England. Vgl. Firma C. G. Röder: Die ersten Vorsteher, 1925, S. 64.

den politischen und gesetzgeberischen Usancen war der juristische Verleger ohnehin in seinem Autorenumfeld vertraut. Ob dies den Ausschlag gegeben hat, ist nicht nachweisbar. Aber immerhin wirkte der Verleger von Friedrich Carl von Savigny und Carl Josef Anton Mittermaier einige Jahre auf höchster verbandspolitischer Ebene: Jakob Christian Benjamin Mohr bekleidete das Vorsteheramt des Börsenvereins von 1838 bis 1840 und von 1842 bis 1846 durchgängig; ferner 1847–1848 als Mitglied des Vergleichsausschusses.[261] Im Vergleichssausschuss war er Kollege unter anderem von Ferdinand Dümmler (1777–1846), der dem Ausschuss von 1841 bis 1846 angehörte. Das höchste Amt im Börsenverein der Deutschen Buchhändler nahm auch Carl Friedrich Wilhelm Duncker (1781–1869) wahr, der Duncker & Humblot veröffentlichte später vor allem juristisch-staatswissenschaftliche Werke. Bemerkenswert war die Mitarbeit von Carl Duncker noch in anderer Hinsicht: Er wirkte in der Anfangsphase des Verbandes über einen sehr langen Zeitraum im Börsenverein; nicht nur von 1828 bis 1831 im Vorsteheramt, sondern vor allem in diversen Ausschüssen. So wirkte er seit der Einführung des Verwaltungsausschusses von 1834 bis 1847 und von 1857 bis 1868 durchgängig dort mit und als Mitglied des ersten Wahlausschusses mit einer kurzen Unterbrechung von 1838 durchgehend bis 1861.

Ein Verleger, dessen juristische Werke im Kaiserreich in einen anderen Verlag übergingen, war Moritz Veit (1855–1861). Wie Carl Duncker wirkte auch er lange in der Verbandspolitik – nämlich von 1855 bis 1861 als Vorsteher und zuvor von 1850 bis 1853 als Mitglied im Wahlausschuss.[262] Weitere in der Verbandsarbeit engagierte Verleger mit juristischen Verlagsprogrammen waren Julius Springer (1817–1877), der von 1867 bis 1873 Vorsteher und außerdem Mitglied im Vergleichs- und im Wahlausschuss war,[263] sowie Wilhelm Engelmann (1808–1878) als Schriftführer von 1854 bis 1857.[264] Dem Wahlausschuss gehörte auch Georg Josef Manz von 1857 bis 1862 an.[265] In der Schweiz schließlich war Friedrich Schulthess 1849 sogar Gründungsmitglied des Schweizerischen Buchhändlervereins, die Präsidentschaft teilte er sich bis zu seinem

261 Vgl. insgesamt Geschichte des Börsen-Vereins 1875, S. 48–50; Firma C. G. Röder: Die ersten Vorsteher, 1925, S. 43–55.

262 Vgl. zur Verbandsarbeit Moritz Veits Geschichte des Börsen-Vereins 1875, S. 47–55; Lüdtke: Verlag Walter de Gruyter, 1924, S. 81–82.

263 Vgl. Geschichte des Börsen-Vereins 1875, S. 52–57; Sarkowski: Der Springer Verlag I, 1992, S. 72.

264 Wilhelm Engelmann gehörte damit nicht nur dem Vorstand an, sondern war seit 1850 Mitglied im Verwaltungsausschuss – ein Ehrenamt, das er bis 1862 durchgängig wahrnahm. Vgl. Geschichte des Börsen-Vereins 1875, S. 46, 51–54; Firma C. G. Röder: Die ersten Vorsteher, 1925, S. 75.

265 Vgl. Geschichte des Börsen-Vereins 1875, S. 53–54. Zu späterer Zeit erklärte sich unter anderem Paul Siebeck zu einem Vorstandsamt bereit: Er war von 1889 bis 1893 Mitglied des Börsenvereinsvorstands. Im 20. Jahrhundert war sein Sohn Oscar Siebeck seit 1924 als Vorsteher im Börsenverein tätig. Zu Paul Siebeck vgl. Firma C. G. Röder: Die ersten Vorsteher, 1925, S. 107. Zu Oscar Siebeck vgl. S. 157. Arthur Sellier amtierte mit einer Vorstandszeit von 1905 bis 1909. Vgl. S. 127.

Tode abwechselnd mit dem Buchhändler Friedrich Georg August Fehr (1812–1882) aus St. Gallen.[266]

Auf die Bedeutung der regionalen Kontakte für die juristischen Verleger des 19. Jahrhunderts ist bereits mehrfach hingewiesen worden. Nicht verwunderlich ist deshalb, dass Verleger auch die regionale Verbandsarbeit unterstützten. So wirkte Oskar Beck zusätzlich zu seiner Tätigkeit im Vorstand des Deutschen Verlegervereins auch im Vorstand des Bayerischen Buchhändlervereins als dessen erster Vorsitzender und Schriftführer.[267] Zeitlich früher fungierte Ernst Rohmer – Mitinhaber der C.H.Beck'schen Verlagsbuchhandlung und Statthalter für Oskar Beck – als Vorsitzender des Süddeutschen Buchhändlervereins: Er gehörte bis zu seinem Eintritt in den Ruhestand 1884 dem Vorstand des 1879 gegründeten Bayerischen Buchhändlerverbands an. Durch ihre fachliche Beschäftigung war auch die Teilnahme im Ausschuss für Urheber- und Verlagsrecht – wie bei Oskar Beck – naheliegend.

Häufig war den Verlagen im 19. Jahrhundert eine Druckerei angeschlossen – wie in den Verlagen C.H.Beck, Carl Heymanns oder W. Kohlhammer –, so dass ein Engagement auch in diesen Verbänden nahelag. Wilhelm Kohlhammer betätigte sich als Vorstandsmitglied des deutschen Buchdruckervereins und der deutschen Buchdruckergenossenschaft; dies zusätzlich zu seinem Engagement im Börsenverein.[268] Dagegen war Otto Löwenstein ein Verleger, der trotz des ihm nachgesagten hohen Ansehens innerhalb der Verlegerschaft nie versuchte, eine leitende Funktion in einem Branchenverband wahrzunehmen.[269]

Für die Verleger bedeutete der Austausch mit den Kollegen über Fachfragen des Buchhandels nicht nur die Weiterentwicklung des eigenen Verlagsgeschäfts und Einblicke in die Usancen in anderen Verlagen, sondern vor allem auch die Durchsetzung gemeinsamer politischer Forderungen. Für Moritz Veit ist nachgewiesen, dass er im Rahmen seiner Vorstehertätigkeit an dem Entwurf zu einem Gesetz über die literarischen und künstlerischen Urheberrechte für ganz Deutschland mitwirkte.[270] Zudem positionierten sich die juristischen Verleger im politischen Feld und waren auch deshalb an einer aktiven Rolle in der politischen Verbandsarbeit interessiert – dies brachte ihnen nicht nur weitere Kontakte in die Gesetzgebung, sondern erweiterte auch ihre Fachkenntnisse. Die erworbenen Einblicke in urheber- und verlagsrechtliche Fragestellungen erleichterten ihnen wiederum die Alltagsarbeit und den Umgang mit Zensur und Behördenkontakten.

266 Vgl. Albers-Schönberg / Homburger / Reiser: Geschichte Schulthess, 1991, S. 56–58.
267 Vgl. Beck: Festschrift, 1963, S. 103.
268 Vgl. Rühle: Der Gründer, 1966, S. 27.
269 Vgl. Lindner: Otto Löwenstein, 2003, S. 23.
270 Vgl. Schmidt: Veit, Moritz,1908, S. 974–975.

Verleger mit juristischen Werken und ihr politisches Engagement

Für die inhaltliche Programmarbeit oft noch bedeutender als die Tätigkeit in der eigenen Standesorganisation war die Mitwirkung der Verleger in politischen Gremien. Im Gegensatz zu späteren Epochen war der juristische Verleger im 19. Jahrhundert noch in viel stärkerem Maße Teil einer politisch-juristischen Gemeinschaft. Juristische Verleger hatten nicht nur ein starkes Standesbewusstsein als Verleger, sie wirkten häufig in ihrer Funktion als Verleger auch innerhalb politischer, vor allem kommunalpolitischer Ämter mit. Diese Tätigkeit brachte die Verleger in Kontakt mit den maßgeblichen Entscheidungsträgern in der regionalen Politik. Die gemeinsame Herausgabe von Publikationen – gerade wenn es sich um streitbehaftete politische Fragestellungen handelte – lag im Rahmen der Gremienarbeit besonders nahe. Auch die Ansprache potenzieller Autoren ergab sich in den politischen Ausschüssen leichter, wie ein Beispiel aus dem J. Springer Verlag zeigt. So lernte Julius Springer seinen Autor Rudolf von Gneist (1816–1895), seinerzeit der »profilierteste Staatsrechtler seiner Zeit«,[271] in der Fraktion im Berliner Stadtrat kennen. Zusammen mit Gneist konnte Springer 1857 *Das heutige englische Verfassungs- und Verwaltungsrecht* herausgeben, dass seinerzeit auch für Deutschland maßgebliche Verfasssungsfragen vertiefte. Da es sich um eine Abhandlung über das englische Rechtssystem handelte, wurde das über 700 Seiten starke Werk in Deutschland auch von der Zensur nicht beanstandet. Es kann vermutet werden, dass Rudolf von Gneist sein Werk ohne die gemeinsame Arbeit im Stadtrat nicht bei J. Springer, sondern in einem anderen Verlag veröffentlicht hätte oder ein solches Werk gar nicht erst entstanden wäre.

Juristische Verleger profitierten in der Regel doppelt von ihren politischen Ehrenämtern: Sie konnten nicht nur Kontakte knüpfen, sondern erhielten auch Anregungen für die verlegerischen Aufgaben. Ein überdurchschnittliches Engagement gerade juristischer Verleger in öffentlichen Ehrenämtern verwundert also nicht. Von den Verlegern mit rechtswissenschaftlichem Verlagsprogramm engagierten sich einige zum Beispiel im Parlament der Paulskirche 1848–1849.[272] So die auch im Börsenverein aktiven Verleger Carl Gustav Schwetschke oder Moritz Veit.[273] Dort trafen sie unter anderem auf ihre Autoren Georg Beseler (1809–1888), Carl Josef Anton Mittermaier, Robert von Mohl oder Johann Heinrich Thöl (1807–1884).

---

271 Sarkowski: Der Springer Verlag I, 1992, S. 44.

272 Ohnehin wurde das Paulskirchenparlament auf Grund seiner Dominanz von Beamten mit juristischem Studium auch als Juristenparlament bezeichnet: 60 % der Abgeordneten hatten ein juristisches Studium absolviert. Vgl. Nipperdey: Deutsche Geschichte, 1998, S. 610. Weißler listet 90 Advokaten, Gerichts- und andere Anwälte auf – »fast ein Sechstel der Versammlung« – und plädiert dafür, dass »Rechtsanwälteparlament« statt »Professorenparlament« ein treffenderer Ausdruck gewesen wäre, da nur 58 Professoren anwesend waren. Weißler: Geschichte der Rechtsanwaltschaft, 1905, S. 472–474. Allerdings waren 80 % der Abgeordneten Akademiker. Vgl. Jarausch: Deutsche Studenten, 1989, S. 53.

273 Vgl. zu beiden Verlegern Lindner: Buchhändler und Verleger in der Paulskirche, 1998, S. 2.

Daneben waren die Verleger vor allem als Stadtverordnete und Mitglieder von Stadträten engagiert: Carl Beck war Magistratsmitglied in der Stadtverwaltung von Nördlingen,[274] Ferdinand Dümmler seit 1842 als Stadtrat von Berlin und Carl Heymann wurde zwischen 1846 und 1847 zum Stadtverordneten in Berlin gewählt[275]. Neben seinen Ämtern in buchhandelspolitischen Gremien übte Carl Duncker auch fünfzehn Jahre lang von 1852 bis 1867 ein Stadtverordnetenamt in Berlin aus und war damit Vorbild auch für einen seiner Nachfolger im Verlag, Carl Geibel (1806–1884).[276] 1848 wurde Julius Springer erstmals in den Berliner Stadtrat gewählt und traf dort auf Moritz Veit, der seit 1846 Mitglied der Gemeindevertretung von Berlin war; Moritz Veit wiederum fungierte außerdem als Mitglied des Frankfurter Parlaments, später des Preußischen Abgeordnetenhauses.[277] In der Schweiz war Friedrich Schulthess-Meyer ab 1866 während zweier Wahlperioden zürcherischer Gemeinderat.[278] Ein anderes ihm zugedachtes Amt nahm er dagegen nicht an: Er wurde zum Mitglied des zürcherischen Handelsgerichtes gewählt, lehnte das Amt aber »wegen Geschäftsüberhäufung«[279] ab. Wahrscheinlich fürchtete er, dass die zeitraubende Tätigkeit des Ehrenamtes sich negativ auf die Verlagsarbeit auswirken würde. In den meisten Verlagshistorien wird im Nachhinein nicht thematisiert, ob das tägliche Verlagsgeschäft unter einem erhöhten anderweitigen Engagement seiner Verleger gelitten hat; Lindner wirft diese Frage allerdings zu Recht auf und vermutet folgerichtig, dass vor allem diejenigen Verleger erfolgreich beide Tätigkeiten – Verlagsarbeit und politisches Engagement – verbinden konnten, die über eine ausreichende »buchhändlerische Substanz«[280] verfügten. Dies war angesichts der umfangreichen ehrenamtlichen Tätigkeiten im J. Springer Verlag offensichtlich der Fall, trotzdem führte die Verbandsarbeit laut Sarkowski zu einer Straffung des Programms.[281]

Gesellschaftliches Ansehen: Verleger, ihre Ehrungen und Ehrentitel

Nach 26jähriger Mitgliedschaft im Magistrat erhielt Heinrich Korn (1829–1907) 1890 den Titel des Stadtältesten verliehen.[282] Vorher hatte er ab 1861 als Stadtverordneter gewirkt, ab 1863 als unbesoldeter Stadtrat und er wurde ab 1862 »vom preußi-

274 Vgl. Beck: Festschrift, 1963, S. 33

275 Vgl. Brauer: Dümmler-Chronik, 1958, S. 83. Vgl. zu Carl Heymann Lindner: Carl Heymann, 1996, S. 32.

276 Vgl. Duncker & Humblot Verlagsbibliographie, 1998, S. 21, 31.

277 Vgl. zu Julius Springer Firma C. G. Röder: Die ersten Vorsteher, 1925, S. 79–80; Sarkowski: Der Springer Verlag I, 1992, S. 69. Vgl. zu Moritz Veit Lüdtke: Verlag Walter de Gruyter, 1924, S. 7–8; Firma C. G. Röder: Die ersten Vorsteher, 1925, S. 67–68.

278 Vgl. Albers-Schönberg / Homburger / Reiser: Geschichte Schulthess, 1991, S. 165.

279 Vgl. Schulthess: Die Familie Schulthess von Zürich, 1908, S. 113.

280 Lindner: Buchhändler und Verleger, 1998, S. 11.

281 Vgl. Sarkowski: Der Springer Verlag I, 1992, S. 76.

282 Vgl. insgesamt Jäger: Verlegerpersönlichkeit, 2001, S. 233–234.

schen Handelsminister in die Preisjury für die Klasse Buchkunst bei der Weltausstellung in London berufen«.[283] Heinrich Korn war außerdem Mitbegründer des 1858 ins Leben gerufenen Vereins für das Museum schlesischer Altertümer. Schließlich war er fast zwanzig Jahre von 1888 bis 1907 Mitglied des Provinziallandtages und daneben Provinzalkommissar für die Blindenunterrichtsanstalt.[284] Wie Heinrich Korn wurden auch andere Verleger mit Ehrentiteln oder Ehrendoktorwürden bedacht: Oskar Beck trug den Titel eines Kommerzienrates, Alfred Enke (1852–1937) war Württembergischer und Max Müller Badischer Kommerzienrat. Zu späterer Zeit haben Otto Liebmann (1865–1942), Paul Siebeck (1855–1920) und Fritz Springer (1850–1944) sowie Carl Geibel einen Ehrendoktor erhalten.[285] So kann insgesamt für den juristischen Verleger festgestellt werden, was Jäger allgemein für Wissenschaftsverleger konstatiert:

> »Der Ehrendoktor zählte für den Wissenschaftsverleger zur gängigen Abrundung seines Lebenslaufs. Er besiegelte den geglückten Brückenschlag zwischen dem Verlag und der Wissenschaft.«[286]

Während dem Verleger im 20. Jahrhundert ganz selbstverständlich ein hoher gesellschaftlicher Status zugeschrieben wird, war dies im 19. Jahrhundert bei der Herausbildung des juristischen Verlagswesens noch keineswegs der Fall. Die Beispiele der ersten juristischen Verleger und ihrer Motivationen haben gezeigt, dass die Verbindung zu bekannten Rechtswissenschaftlern und die Nähe zu politischen Entscheidungsträgern den Verlegern häufig erst einen gehobenen sozialen Status verliehen haben. Teils konnte mit der verlegerischen Tätigkeit sogar ein sozialer Aufstieg einhergehen wie bei Otto Löwenstein im Kaiserreich, bei dem »mit dem wirtschaftlichen Erfolg [...] auch der soziale Aufstieg«[287] verbunden war. Durch ihre Mitwirkung in Verbänden und ihre Kontakte in die Politik und Wissenschaft wurden sie häufig mit Ehrungen und Titeln bedacht, die wiederum ihr gesellschaftliches Ansehen steigerten und der späteren Generation nicht nur ein wirtschaftliches Einkommen im Verlag, sondern auch eine gesellschaftlich aufgewertete Familientradition sicherten.

283 Schmilewski: Verlegt bei Korn, 1991, S. 51.
284 Vgl. Jäger: Verlegerpersönlichkeit, 2001, S. 233.
285 Vgl. insgesamt Jäger: Verlegerpersönlichkeit, 2001, S. 237, 238. Max Müller war Verleger des gleichnamigen Verlags C. F. Müller und einer der Nachfolger von Christian Friedrich Müller.
286 Jäger: Verlegerpersönlichkeit, 2001, S. 238.
287 Lindner: Otto Löwenstein, 2003, S. 65.

Bewältigung von Generationswechseln in Verlag und Familie

Der Verlagsbuchhandel galt von jeher als in hohem Maße persönlichkeitsgebunden,[288] ein wesentlicher Entwicklungsfaktor für die Verlage war die Fortführung des Unternehmens – in der Regel als Generationswechsel vom Vater auf den Sohn. Hier wurden Kontakte weitergegeben, der Sohn als Nachfolger konnte in den angestammten Autorenkreis eingeführt und bei behördlichen Ansprechpartnern bekannt gemacht werden. Ein Beispiel für eine gemeinsame Verlegerschaft stellen Carl Beck und seine Mutter dar. Während die Mutter Catharina Magdalena Beck (1780–1848) nach dem Tod des Verlegers die Stellung im Verlag hielt, konnte Carl Beck eine Ausbildung außerhalb des Verlagssitzes Nördlingen absolvieren: bei J. B. Metzler in Stuttgart, bei Pustet in Passau und in Wien. Neben den Vorteilen einer doppelten Verlegerschaft, gab es freilich auch Nachteile: So musste die nachfolgende Generation in der Regel Rücksicht auf die bereits bestehenden Usancen und Geschäftssitten ihrer verdienten Vorgänger nehmen. Carl Beck konnte erst nach Übernahme der Verlagsgeschäfte 1846 »durch pietätvoll Rücksichten gegen die Mutter nicht mehr gehemmt, die eigene Tatkraft voll entfalten«.[289] Carl Beck war nicht allein: So herrschte zu späterer Zeit auch im Hause von Paul Siebeck eine ausgeprägte Rücksichtnahme der Söhne auf den Vater.[290]

In den meisten Fällen fand eine Übergabe des Verleger-Staffelstabes an die nachfolgende Generation in direkter Linie statt. Einige Verleger haben allerdings auch anders reagiert: Nicht nur Carl von Cotta (1835–1888) hatte nach sieben Generationen den einzigen Sohn nicht zum Nachfolger vorgesehen[291] und den Verlag stattdessen an Adolf Kröner (1836–1911) verkauft. Auch die Verleger Carl Heymann und Carl Duncker vererbten das Verlagsgeschäft nicht an ihre Söhne. In beiden Fällen gab ein konkreter Grund den Ausschlag – eine unterschiedliche politische Auffassung. Während Carl Heymann ein »ein monarchietreuer Liberaler« war und Carl Duncker »freiwillig gegen Napoleon gekämpft« hatte, konnten die Söhne diese politische Auffassung nicht teilen. Für Franz Duncker (1822–1888) wird sogar explizit festgestellt, dass er »sozialpolitisch wie linksliberal engagiert«[292] war. Die Verlage wurden jeweils an familienfremde Dritte verkauft. Eine Besonderheit zeigt die Geschichte des Carl Heymanns Verlags – die Familienlinie hat sozusagen eine Generation übersprungen. Hier übernahm Otto Löwenstein als Enkel von Carl Heymann nach einigen Verlagswechseln dessen Ver-

288 Zur Persönlichkeitsgebundenheit vgl. bspw. Hiller: Verlagsbuchhandel, 1961, S. 54. Zur herausragenden Bedeutung des Unternehmers in Medienunternehmen u. a. Schumann / Hess: Grundfragen der Medienwirtschaft, 2009, S. 6.

289 Beck: Festschrift, 1963, S. 30.

290 Vgl. auch Beispiele bei Knappenberger-Jans: Verlagspolitik und Wissenschaft, 2001, S. 32–33; Schneider: Der wissenschaftliche Verlag, 2007, S. 408–409.

291 Vgl. Knödler: Der Cotta-Verlag, 2009, S. 79–80.

292 Zitate Lindner: Carl Heymann, 1996, S. 50.

lag wieder.[293] In allen genannten Generations- und Eigentümerwechseln gab es keine nachhaltigen Probleme bei der Fortführung des Verlagsunternehmens, andere Verlage wie der im Zusammenhang mit C. F. Müller genannte Verlag von Philipp Krüll (1765–1833) dagegen wurden im Laufe der Zeit aufgegeben.

Erst gegen Ende des 19. Jahrhunderts hörte das Zusammenwirken von Familienmitgliedern in den Verlagen allmählich auf, festgefügte Strukturen lösten sich zugunsten angestellter Führungspersönlichkeiten auf. Müller stellt für die Zeit um 1890 fest, dass nur noch wenige der »sich bis 1850 etablierenden Verlagshäuser [...] von Familienmitgliedern geführt wurden, viele sich gar nicht mehr in Familienbesitz befanden«.[294]

2.7 Autoren als Impulsgeber und Kontaktvermittler für ihre Verleger

Einen entscheidenden Entwicklungsfaktor für die ersten juristischen Verlagsprogramme stellten die Außenkontakte des Verlegers dar. Zunehmend unabhängiger von hoheitlichen Aufträgen begannen die Verleger, verstärkt Verbindungen in die Rechtspraxis und Rechtswissenschaft zu suchen. Die Einbindung bekannter Juristen als Herausgeber und Autoren war von herausragender Bedeutung: Bereits einzelne Autoren konnten in der Anfangsphase des juristischen Verlagswesens maßgeblich Einfluss auf das Programm der Verlage nehmen. Welche Beweggründe veranlasste umgekehrt aber Autoren im 19. Jahrhundert, sich in die Hände von Verlegern zu begeben, statt ihre Werke selbst drucken zu lassen?

Ein gemeinsames Charakteristikum und eine Erklärung für die Zusammenarbeit mit spezialisierten Verlagen war die Ausübung eines Hauptberufes: Praktisch alle Verfasser rechtswissenschaftlicher Werke übten eine spezifische Funktion innerhalb der Rechtspraxis aus – nicht selten nahmen sie eine prominente Position in Ministerien oder Gesetzgebungskreisen ein. Autoren juristischer Werke konnten sich ansonsten aus allen Berufsgruppen rekrutieren: Rechtsanwälte, Richter oder Verwaltungsbeamte waren ebenso anzutreffen wie Professoren oder Institutsleiter. Oftmals hatten die Autoren im Laufe ihres Berufslebens verschiedene Stationen durchlaufen oder waren wie Justus Möser (1720–1794), Robert von Mohl oder Friedrich Carl von Savigny beides – Rechtswissenschaftler und Rechtspraktiker.

293 Otto Löwenstein war der Sohn von Ottilie Löwenstein, der ältesten Tochter Carl Heymanns. Vgl. Lindner: Die Wilhelmstraße als Ziel, 1997, S. B 20; Lindner: Otto Löwenstein, 2003, S. V.

294 Müller: Wissenschaft und Markt, 2004, S. 26. Nur ganz selten finden sich heute noch juristische Verlage, die sich seit Jahrhunderten in Familienbesitz befinden. Beispiele sind die Verlage C.H.Beck, Mohr Siebeck und W. Kohlhammer, die verlegerisch nach wie vor durch Mitglieder der Familie geführt werden.

Im Laufe des 19. Jahrhunderts kam es zu einer stärkeren Professionalisierung der Akademikerberufe mit Reglementierungen durch den Ausbau von Staatsexamina. Gerade mit einer zunehmenden Bürokratisierung fanden die Akademiker im Staatsdienst ein attraktives berufliches Umfeld und ein »bevorzugtes Wirkungsfeld«.[295] Dafür vorbereitet wurden sie in der Regel durch praktische Ausbildungszeiten. So wurde im Rheinland Anfang des 19. Jahrhunderts von den zukünftigen Anwälten nach Abschluss des Studiums und nach »mindestens einhalbjähriger praktischer Tätigkeit bei Gericht eine Referendarprüfung sowie ein Examen rigorosum«[296] verlangt. Auch einige Berufsausübungen waren straffer organisiert als in späteren Zeiten wie diejenige der Rechtsanwälte, die bis zum Erlass der Rechtsanwaltsordnung 1878 teils Beamte mit staatlichem Disziplinarrecht und Amtspflichten waren.[297] Ein juristischer Beruf war erstrebenswert – um 1800 war die Hälfte der Studenten für die Rechtswissenschaft eingeschrieben, die Studentenzahlen stiegen insgesamt bis 1830 an[298] – und ließ auch die Anzahl potenzieller juristischer Autoren steigen.

Die Ausübung eines juristischen Berufes – gar in einer herausgehobenen Position – war zwar keine Voraussetzung für eine juristische Verfassertätigkeit, allerdings legten die meisten Verlage Wert auf rechtspraktische Erfahrungen ihrer Autoren. Carl Heymann stellte für die Werke seines Verlags die Regel auf, dass »in erster Linie Praktiker für die Bearbeitung zu gewinnen«[299] seien. Dies war nicht ungewöhnlich: Auch die ersten juristischen Autoren klassischer Prägung im 17. und 18. Jahrhundert waren nicht etwa Professoren, sondern meist Praktiker an den Höfen.[300] Die von Carl Heymann aufgestellte Maxime galt auch in den meisten juristischen Verlagen des 19. Jahrhunderts. Einer der wichtigsten Autoren des Verlags C.H.Beck war Karl Brater, der nach Aufgabe seines Bürgermeisteramtes diverse Zeitschriften für seine ehemaligen Kollegen herausgab. In der von ihm herausgegebenen Zeitschrift *Blätter für administrative Praxis* veröffentlichten wiederum vornehmlich Praktiker für ihre Kollegen und »auch dort, wo Professoren zu den Mitarbeitern zählten, blieb dieser Charakter erhalten«.[301]

Bei den im Berufsleben stehenden Juristen war gewährleistet, dass sie ausreichend mit den praktischen Problemen ihrer juristischen Leserschaft vertraut waren. Ein rechtspraktischer Bezug war auch dann gegeben, wenn die Autoren die gesetzlichen Grundlagen der von ihnen verantworteten Werke selbst mitgestaltet hatten. Ge-

295 Wehler: Deutsche Gesellschaftsgeschichte, 2008a, S. 31.
296 Becker: Hundert Jahre Kölner Anwaltverein, 1987, S. 23.
297 Vgl. Wesel: Geschichte des Rechts, 2006, S. 435.
298 Vgl. Jarausch: Deutsche Studenten, 1989, S. 30, 25.
299 Reuter: Von Manuskripten, 1967, S. 101.
300 Für das Staatsrecht vgl. Wesel: Geschichte des Rechts, 2006, S. 373–374.
301 Doerfert für Zeitschriften wie die Blätter für die administrative Praxis oder das Preußische Verwaltungsblatt. Doerfert: Zeitschriften des öffentlichen Rechts, 1999, S. 425. Vgl. auch Weber: Juristische Zeitschriften, 2007, S. 3189.

rade die Kodifikationen des 18. und 19. Jahrhunderts waren maßgeblich von einzelnen Verfassern geprägt oder werden in der Rückschau zumindest mit ihnen in Verbindung gebracht. So hat Johann Caspar Bluntschli ein über die Landesgrenzen hinaus bekanntes *Privatrechtliches Gesetzbuch für den Kanton Zürich* (1840) verfasst. Den Code Napoleon haben Paul Johann Anselm von Feuerbach für Bayern und Johann Niklas Friedrich Brauer für Baden umgearbeitet. Während das von Johann Niklas Friedrich Brauer ausgearbeitete Gesetzeswerk auch nach dem Sturz Napoleons als Badisches Landrecht in Kraft blieb, erschien ein von Paul Johann Anselm von Feuerbach ausgearbeitetes Gesetzbuch 1808–1809 zwar im Druck, trat aber als Gesetz nicht in Kraft.

Neben einer beruflichen Befassung mit der Materie konnten auch Karrieregründe motivierend wirken. Vielen Autoren hat im 19. Jahrhundert die Mitwirkung an Publikationen im Rahmen ihrer beruflichen Tätigkeit zu einer gehobeneren Position verholfen. So ist Levin Goldschmidt (1829–1897)[302] durch die Herausgabe der *Zeitschrift für das gesammte Handelsrecht* auch »außerhalb des Kreises der Handelsrechtswissenschaft und -praxis«[303] bekannt geworden. Für Gutachten aus diesem Bereich hatte er sich durch seine Autorentätigkeit und die Zeitschriftenherausgeberschaft ausgewiesen. Insofern hat nicht nur Goldschmidt die Zeitschrift stark beeinflusst, sondern die Zeitschrift hat umgekehrt auch sein Berufsleben mit geprägt. Als Folge des Einflusses ihres Herausgebers wurde die Zeitschrift häufig mit dem Namen ihres Gründers als »Goldschmidts Zeitschrift« zitiert. Goldschmidt selbst machte auf seine publizistische Tätigkeit im Rahmen der Bewerbung um eine außerordentliche Professur aufmerksam. Er nutzte die Herausgebertätigkeit also ganz bewusst, um beruflich Karriere zu machen.

Für die juristischen Verlage war gerade in ihrer Entwicklungsphase eine vertrauensvolle Zusammenarbeit mit ihren Autoren unverzichtbar. Das intensive Verhältnis, das Autoren und Verleger im 19. Jahrhundert pflegten, zeigte sich zum Beispiel daran, dass teilweise sogar die gegenseitige Korrespondenz der Autoren untereinander über den Verlag abgewickelt wurde.[304] Dass bei den vielfältigen Berührungspunkten auch Konflikte vorprogrammiert waren und sich die üblichen Streitpunkte zwischen Verlagen und Autoren ergaben, ist selbstverständlich. Auf Grund häufiger und wiederkehrender Druckfehler war beispielsweise Hermann Fitting (1831–1918) mit seinem Verleger Ernst Christian Mohr unzufrieden:

---

302 Eine andere Bezeichnung des Vornamens vor der Taufe war Louis. Vgl. Henne: Diskriminierungen, 2006, S. 10–11.

303 Weyhe: Levin Goldschmidt, 1996, S. 72.

304 Für den Verlag Mohr wird dies in verschiedenen Briefen und Korrespondenzen erwähnt. So bei Heinrich Abegg in seinem Brief an Karl Josef Anton Mittermaier vom 12. März 1833, Briefwechsel 2005, S. 41; Schreiben Karl Josef Anton Mittermaier an Robert von Mohl vom 13. Dezember 1829, Briefwechsel 2005, S. 26 oder Schreiben Leopold August Warnkönig an Karl Josef Anton Mittermaier vom 5. Januar 1840, Briefwechsel 2009, S. 103.

»Wenn nun in dieser Hinsicht sich alles ganz gut anlässt, so habe ich doch leider gerade neuerdings wieder sehr vielfache Gründe, mit Mohr recht unzufrieden zu sein, so zwar, daß ich ihm gleichzeitig mit diesem habe erklären müssen, wenn das nicht anders werde, so würde ich von der Redaction zurücktreten müssen. [...] Aber dem Drucker ist das wol zu viel Mühe und die Zeitschrift derselben nicht wert gewesen, und auch die Verlagshandlung hat es nicht für nötig gehalten, sich zu überzeugen ob meine Correcturen auch alle richtig ausgeführt seien. Dieses nur einiges von vielem. Eine solche Mißachtung der Mühe, die ich mir mit der Revision der Druckbogen gebe, kann ich mir aber auf die Dauer nicht gefallen lassen, und überhaupt habe ich wenig Lust, mich um eine Zeitschrift zu bemühen, die dem Verleger, abgesehen vom Geldpunkt, wobei er nach meinen eigenen Erfahrungen allerdings sehr genau und nie zu seinem Nachteil verfährt, ganz gleichgültig zu sein scheint.
Ich schreibe das alles natürlich nicht etwa im Sinn einer Beschwerde über Mohr, denn diesem habe ich meine Meinung direct und deutlich genug gesagt, sondern nur, damit Sie meine Motive kennen, wenn ich mich, was mir wahrlich sehr leid thun sollte, genötigt sehen müsste, zufolge des Benehmens der Verlagshandlung meine Beziehungen zu der Zeitschrift abzubrechen.«[305]

Die Beanstandung von Hermann Fitting verdeutlicht das Dilemma, in dem sich der juristische Verleger im Verhältnis zu seinen Autoren befand. Da gerade juristische Texte auf jeden Fall korrekt wiedergegeben sein mussten, hatte auch der Verleger Ernst Christian Mohr ein erhebliches Interesse an der Richtigkeit des Textes. Gleichzeitig lag es nicht in seiner Hand, wie die Druckerei arbeitete.[306] Diese nicht einfache »Dreiecksbeziehung« lösten die meisten Verleger offensichtlich zur Zufriedenheit ihrer Autoren und nicht selten ergab sich eine über ein rein professionelles Verhältnis hinausgehende Autoren-Verleger-Beziehung. Insofern dürfte es ungewöhnlich sein, wenn sich kaum persönliche Beziehungen zwischen einem Verleger und seinen Autoren entwickelten, wie Lent dies für Carl Hermann Hemmerde (1708–1782) feststellt, bei dem sich »die Geschäftskontakte nur selten zu freundschaftlichen Beziehungen«[307] verfestigten. Eine Verlegerfamilie, die teilweise mit dem Verlag Hemmerde geschäftlich verbunden war, agierte anders: Von dem Verleger Carl August Schwetschke ist bekannt, dass er zum Beispiel zu seinem Autor Carl August Tittmann ein freundschaftliches Verhältnis pflegte.

305 Schreiben Hermann Fitting an Karl Josef Anton Mittermaier vom 18. Januar 1867, Briefwechsel 2000, S. 259.
306 Üblich war zu dieser Zeit offenbar eine erste Korrektur durch die Druckerei und eine Revision durch den Autor, so auch der Vertrag zwischen Friedrich Schulthess und Johann Caspar Bluntschli unter Ziffer 4: »Das Manuskript soll in genügendem Maße & deutlich geschrieben, ohne Lücken dem Verleger zugestellt werden. Die erste Correctur wird in Zürich von der Druckerei befolgt, die Revision in Heidelberg durch die Bearbeiter.« Schulthess, Bluntschli: Vertrag über die Bearbeitung des Deutschen Staatswörterbuchs in drei Bänden vom 16. April 1868. ZB, Nachlass Bluntschli, FA Blu 20a.15. Johann Christoph Merckel musste sich 1812 sogar mit einer Korrektur durch die Druckerei begnügen: »Da ich, bei meiner Entfernung vom Druckorte, die Correctur nicht selbst habe übernehmen können: so hat solche blos in der Druckerei veranstaltet werden müssen, welches jedoch mit der möglichsten Genauigkeit geschehen ist.« Commentar zum Allgemeinen Landrecht für die Preußischen Staaten. Erster Theil. Hrsg. von Johann Christoph Merckel, 1812, S. III.
307 Lent: Neues aus dem Verlagsnachlaß, 2008, S. 62.

Dass das Verhältnis zwischen Verlegern und ihren Autoren nicht nur auf theoretischer Ebene reflektiert und bei Festanlässen gewürdigt wurde, sondern auch ganz praktische Auswirkungen haben konnte, zeigt das Beispiel des Verlags Mohr und Winter. Beim Auseinandergehen der Verlegerkollegen 1822 wurde der Verlag geteilt und die Autoren des Verlags durften zwischen Jakob Christian Benjamin Mohr und Christian Friedrich Winter als neuem Verleger wählen. Die Beziehung zwischen Autoren und Verleger war also von einiger Tragweite: Winter betont in seiner Verlagsgeschichte, dass die Autoren eine bewusste Entscheidung trafen,[308] ihre Entscheidung also ernst nahmen. In der Rückschau wird als ein Problem von Christian Friedrich Winter gesehen, dass er offensichtlich keine glückliche Hand bei der exklusiven Bindung seiner Autoren hatte: So wird als Manko gewertet, dass Christian Friedrich Winter es nicht schaffte, einen renommierten Autor exklusiv für sich zu gewinnen. Selbst seine Freunde wie der Historiker Karl von Rotteck schrieben für den Winter'schen Verlag lediglich kleinere Beiträge, die bekannten Werke wie sein *Staats-Lexikon* erschienen in anderen Verlagen. Das Problem der exklusiven Verlagsbindung trat in den überwiegend regionalen Märkten des 19. Jahrhunderts zwar noch nicht so dringlich auf wie nach der Reichsgründung, trotzdem mussten die Verleger bemüht sein, gerade ihre bekannteren Autoren zu halten.

Professionalität: Christian Friedrich Müller und Johann Niklas Friedrich Brauer

Eine fruchtbare Zusammenarbeit, die offenbar weniger von Freundschaft, aber von hoher Professionalität getragen war, bestand zwischen Christian Friedrich Müller und Johann Niklas Friedrich Brauer. Bereits das Bemühen des jungen Verlegers um Brauer zeigt ein routiniertes Vorgehen: Zunächst hatte Müller erfolgreich die Gesetzestexte zum neuen Badischen Landrecht herausgegeben und sich damit als Verlag bekannt gemacht. Mit seinem Status als Hofbuchdrucker und der Empfehlung eines Freundes des Autors, Johann Peter Hebel, hatte das Werben des Verlegers um Brauer dann Erfolg. Wie wichtig gerade dieser Autor für C. F. Müller war, ist mehrfach deutlich geworden. Brauer prägte »wie kein Zweiter« die Rechtsentwicklung Badens, er wurde »in diesen Jahren zum Reformer, Organisator und Gesetzgeber Badens«.[309] Der Verlag konnte 1807 die *Beyträge zu einem allgemeinen Staatsrecht der Rheinischen Bundes-Staaten in Fünfzig Sätzen* veröffentlichen; die *Erläuterungen über den Code Napoleon und die Großherzoglich Badische bürgerliche Gesetzgebung* erschienen zwischen 1809 und 1812. Nicht nur der Verleger, auch sein Autor zeichnete sich durch Professionalität

---

308 Während das Lager per Los verteilt wurde, war die zukünftige Zusammenarbeit zwischen Autoren und Verleger offensichtlich für den Losentscheid zu sehr persönlich geprägt. Vgl. insgesamt Universitätsverlag C. Winter, 1999, S. 19, 21, 22.

309 Würtz: Johann Niklas Friedrich Brauer, 2005, S. VII. Vgl. auch Code Napoleon 1997, S. 27. Vgl. ferner zur professionellen Werbung S. 333–334.

aus: Brauer lieferte seine Manuskripte so rechtzeitig beim Verlag ab, dass vier von sechs Bänden bereits vor dem Inkrafttreten des Gesetzes erscheinen konnten.

Dafür machte Müller professionell und erfolgreich Werbung für die Publikationen Brauers. Für den Verlag C. F. Müller gestaltete sich die Zusammenarbeit überaus erfolgreich: Er wurde durch die Publikationen Brauers wie zitiert »mit einem Male [...] zum offiziellen Verleger des Landes«.[310] Umgekehrt würdigte der Verlag die Werke seines Autors auch über dessen Tod 1813 hinaus: Die im Verlag erschienenen Werke Brauers wurden noch über einen sehr langen Zeitraum lieferbar gehalten.[311] Die Professionalität im Verhältnis von Brauer und Müller zeigt sich auch daran, dass Autor wie Verleger das gemeinsame publizistische Interesse hatten, die herausgegebenen Werke einer möglichst weiten Verbreitung zuzuführen. Beide Seiten trugen ihren Teil dazu bei, dass die Kommentierungen Brauers ihren Weg zur Leserschaft fanden und beide taten dies aus einem beruflichen Interesse heraus. Freundschaftliche Verbindungen zwischen Brauer und Müller sind dagegen nicht überliefert.

Idealpartnerschaft: Ferdinand Enke und Levin Goldschmidt

Etwas anders gelagert war das Verhältnis des Verlegers Ferdinand Enke (1810–1869) zu seinem Autor Levin Goldschmidt: Statt eines professionellen Verhältnisses kann die Beziehung von Autor und Verleger eher als eine ideale Partnerschaft, gar als »Glücksfall«[312] , beschrieben werden. Goldschmidt ist neben seinem zwar groß angelegten, aber unvollendet gebliebenen *Handbuch des Handelsrechts* vor allem mit der Begründung der *Zeitschrift für das gesammte Handelsrecht* in Erinnerung geblieben. 1857 hatte er die *Kritik des Entwurfs eines Handels-Gesetzbuchs für die preußischen Staaten* verfasst. Weil es ihm aber nicht gelungen war, in den Herausgeberkreis einer bestehenden Zeitschrift aufgenommen zu werden, schlug Goldschmidt dem ihm bis dahin unbekannten Verleger Ferdinand Enke vor, eine eigene Zeitschrift ins Leben zu rufen und begründete damit eine jahrelang andauernde und über ein rein professionelles Verhältnis hinausgehende Beziehung zu seinem Verleger. Der Verleger stimmte dem Vorschlag ohne zu Zögern zu, da eine solche Zeitschrift in sein Programmportfolio passte.

Der von Ferdinand Enke 1837 in Erlangen gegründete Verlag veröffentlichte nach eigener Darstellung bereits kurz nach seinem Entstehen rechtswissenschaftliche Werke.[313] Neben einem umfangreichen medizinischen Programm finden sich

---

310 Code Napoleon 1997, S. 28.

311 Vgl. u. a. C. F. Müller: Verlagsverzeichnis, 1824, S. 14; C. F. Müller: Verlagsverzeichnis, 1839, S. 10.

312 Weyhe: Levin Goldschmidt, 1996, S. 71. Sein Biograph Weyhe bezeichnet die Begegnung als zwischen Autor und Verleger 1857 als einen »Glücksfall« für beide Seiten.

313 Das zunächst als Sortiment und Verlag begründete Unternehmen wurde bereits ein Jahr später getrennt. Vgl. Ernst Enke im Geschäftsrundschreiben zur Übergabe Verlagsgeschäft an Sohn Ferdinand vom 31. Januar 1837. Zu den rechtswissenschaftlichen Werken im Verlagsprogramm vgl. Jubiläums-

im Verzeichnis von 1843 eine *Systematische Zusammenstellung sämmtlicher in den bayer. Regierungs- und Gesetzblättern erschienenen Verordnungen und Verfügungen der obersten Staats-Central- und Provinzialbehörden.*[314] Es erschienen Gottfried Eisenmanns (1795–1867) *Ideen zu einer Teutschen Reichsverfassung, Die Parteyen der teutschen Reichsversammlung* und eine *Sammlung der Gesetze und Verordnungen, welche das Apothekerwesen in Bayern, insbesondere jenes in der Pfalz betreffen.* Die Überschneidungen zum medizinischen Verlagsprogramm werden an vielen Stellen sichtbar: so zum Beispiel bei dem 1848 erschienenen *Handbuch der medizinischen Polizei* oder dem *Lehrbuch der gerichtlichen Medizin.* Hauptsächlich durch die 1849 ins Leben gerufene Zeitschrift *Der Gerichtssaal* festigte der Verlag Ferdinand Enke sein Renommee in der juristischen Zielgruppe.[315] Ab 1854 erschien das *Archiv für die strafrechtlichen Entscheidungen der obersten Gerichtshöfe Deutschlands.*[316] Und ebenfalls um die Jahrhundertmitte wurden die von Hermann Theodor Schletter verantworteten *Jahrbücher der deutschen Rechtswissenschaft und Gesetzgebung* veröffentlicht – von 1855 bis 1866. Autoren des Hauses waren neben Levin Goldschmidt auch Leopold August Warnkönig mit der 1853 herausgegebenen *Encyklopädie der Rechtswissenschaften* oder Robert von Mohl mit seiner *Geschichte und Literatur der Staatswissenschaften* zwischen 1855 und 1858. Carl Josef Anton Mittermaier gab »eine Reihe wertvoller Monographien«[317] im Verlag heraus. Der Ausbau des rechtswissenschaftlichen Programms wurde über die Jahrhundertmitte hinaus unter der Ägide der nächsten Generation von Alfred Enke fortgeführt, dann allerdings im Zuge einer Programmbereinigung eingestellt.[318] In der rechtswissenschaftlichen Forschung bekannt geblieben ist das juristische Verlagsprogramm von Ferdinand Enke durch die Werke des hier vorgestellten Autors Levin Goldschmidt und die *Zeitschrift für das gesammte Handelsrecht.*

Nach dem Vorschlag Levin Goldschmidts zur Gründung einer Zeitschrift trafen sich Goldschmidt und Ferdinand Enke im Sommer 1857 am Verlagssitz in Erlangen. Bereits ein Jahr später, 1858, wurde die gemeinsame Zeitschrift herausgegeben. Sowohl für den Verleger als auch für den Autor war die Zusammenarbeit eine gewinnbringende: Goldschmidt erhielt die Möglichkeit, eine eigene handelsrechtliche Zeitschrift zu begründen und nach seinen Vorstellungen zu prägen. Ein Publikations-

---

katalog Ferdinand Enke, 1911, S. IX, X; 100 Jahre Ferdinand Enke Verlagsbuchhandlung, 1937, S. XIV. In den Katalogen von 1842 und 1843 ist vor allem ein medizinischer Verlagsschwerpunkt erkennbar. Vgl. Verlagsverzeichnis Ferdinand Enke, 1842; Verlagsverzeichnis Ferdinand Enke, September 1843. Auch im Katalog von 1853 ist kein Schwerpunkt im Juristischen festzustellen. Vgl. Verlagsverzeichnis Ferdinand Enke, September 1853.

314 Vgl. Verlagsverzeichnis Ferdinand Enke 1842, S. 8.

315 Vgl. Jubiläumskatalog Ferdinand Enke 1911, S. X.

316 Vgl. Verlagsverzeichnis Ferdinand Enke 1887, S. 9.

317 Jubiläumskatalog Ferdinand Enke, 1911, S. X.

318 Vgl. 150 Jahre Ferdinand Enke, 1987, S. 62.

organ maßgeblich mitzugestalten war wegen der vorangegangenen Ablehnungen durch bestehende Zeitschriften auch persönlich für Goldschmidt wichtig. Der Verleger konnte sich auf den Sachverstand seines Autors verlassen, die Zeitschrift fand bereits nach den ersten Heften eine »wohlwollende Aufnahme«.[319]

Levin Goldschmidt hatte im Vorfeld der Herausgabe erfolgreich »zahlreiche angesehene Juristen mit der Bitte um Zusage ihrer Beteiligung« angeschrieben und sich selbst um die Beiträge für die Zeitschrift gekümmert. Der Erfolg der Zeitschrift resultierte nicht nur daraus, dass er sie zur richtigen Zeit initiiert hatte. Auch bei der Konzeption besaß er eine glückliche Hand und traf auf einen ihm vertrauenden Verleger. Er hatte auf eine Ausgewogenheit zwischen römischem und germanistischem Recht geachtet und deshalb beispielsweise den Germanisten Paul Laband (1838–1918) um eine Mitwirkung bei der Zeitschrift gebeten.[320] Überhaupt standen für Levin Goldschmidt nach eigener Aussage nicht zwangsläufig die neuen rechtlichen Herangehensweisen, »nicht neuer Standpunkt, sondern die gleichmäßige Pflege aller der verschiedenen und sämmtlich fruchtbaren Richtungen«, bei der Ausrichtung der Zeitschrift im Vordergrund. Offensichtlich ging das Konzept auf: Nach Weyhe war die *Zeitschrift für das gesammte Handelsrecht* vor allem deshalb so erfolgreich – und überlebte auch viele ihrer Konkurrenten –, weil die Herausgeber es vermochten, »fast durchgängig die hervorragendsten Vertreter der deutschen Handelsrechtswissenschaft« für Beiträge zu akquirieren und vor allem wegen ihres Fleißes und ihrer Tüchtigkeit.[321] Goldschmidt nützte die Herausgeberschaft auch, da er unter anderem auf Grund seiner veröffentlichten Arbeiten die Ernennung zum außerordentlichen Professor erreichte.[322]

Der Verleger Ferdinand Enke wiederum konnte sich mit seinem engagierten Zeitschriftenherausgeber in einem Rechtsgebiet profilieren, das vielfältigen Neuerungen unterlag. Die Zeit für die Gründung einer handelsrechtlichen Zeitschrift war 1857 günstig, da im gleichen Jahr eine Kommission zur Ausarbeitung eines allgemeinen deutschen Handelsgesetzbuches zusammentrat und ein erhöhtes Informationsbedürfnis auf Seiten der Rechtsanwender absehbar war. Mit der *Zeitschrift für das gesammte Handelsrecht* war der Verlag in der Lage, dieses sich verstärkende Interesse optimal zu bedienen. So profitierte auch der Verleger von der idealen Konstellation, nicht nur, weil er mit der Zeitschrift – die »führende wissenschaftliche Zeitschrift zum Handelsrecht«[323] – einen dauerhaft stabilen Umsatzfaktor hatte, sondern weil mit dem zunehmenden Ruhm des Zeitschriftenherausgebers und Verlagsautors auch der Verlag seine

---

319 Zitate Weyhe: Levin Goldschmidt, 1996, S. 71.

320 Vgl. insgesamt und Zitate Weyhe: Levin Goldschmidt, 1996, S. 173–176.

321 Zur Führung der Redaktionsgeschäfte siehe auch Weyhe: Levin Goldschmidt, 1996, S. 177–182.

322 Vgl. Weyhe: Levin Goldschmidt, 1996, S. 73. Zu den Schwierigkeiten Levin Goldschmidts, als Jude eine angemessene Position im Staatsdienst oder im Hochschulbereich zu erhalten vgl. auch Strenge: Juden im preussischen Justizdienst, 1996, S. 145–150.

323 Bergfeld: Handelsrechtliche Zeitschriften, 1999, S. 273.

Stellung in der juristischen Zielgruppe festigen konnte. Die Zeitschrift hat nicht nur dem Begründer Levin Goldschmidt zu Ansehen innerhalb der juristischen Leserschaft verholfen, auch der Verlag hat erheblich von der Herausgabe profitiert: Durch die *Zeitschrift für das gesammte Handelsrecht* wurde das Handelsrecht »zu einem Verlagsschwerpunkt«.[324]

Die Idealpartnerschaft währte auch über längere Zeit. Goldschmidt war im Laufe der Zeit einer der renommiertesten Handelsrechtler und bei seinen Studenten beliebt wegen seines »hochinteressanten Kollegs«.[325] Er betreute die Zeitschrift weiterhin und hat sie in den ersten 30 Jahren ihres Bestehens so sehr geprägt,[326] dass diese sogar unter dem Namen »Goldschmidts Zeitschrift« zitiert wurde. Die Partnerschaft überdauerte auch den anwachsenden Ruhm von Levin Goldschmidt: Der Autor hielt seinem Verleger die Treue und veröffentlichte fast alle Publikationen bei Ferdinand Enke. Beide wiederum zogen einen Vorteil aus der zunehmenden Verrechtlichung des Wirtschaftslebens. Das Handelsrecht erlebte eine »Blütezeit« im 19. Jahrhundert.[327] Dem Verlag verschaffte die Bekanntheit Levin Goldschmidts auch den Vorteil, dass dieser seine Kontakte dazu nutzte, dem Verlag immer wieder neue Autoren vorzuschlagen.[328] Die Rolle des Verlegers wird häufig als die motivierende dem Autor gegenüber geschildert. Umgekehrt kann es auch den Fall einer idealen Partnerschaft darstellen, wenn ein engagierter Herausgeber auf einen zielstrebigen Verleger trifft.

Freundschaft: Carl Beck und Karl Brater

Noch über eine ideale Partnerschaft hinaus ging das Verhältnis zwischen Carl Beck und seinem Autor Karl Brater. Wesel findet eine ebenso knappe wie präzise Charakterisierung: »Sie waren Freunde, Carl Beck und Karl Brater.«[329] Insofern wird stellvertretend für viele Freundschaften zwischen Verlegern und ihren Autoren diejenige zwischen Karl Brater als Autor und seinem Nördlinger Verleger Carl Beck vorgestellt. Die Freundschaft zeichnete sich dadurch aus, dass sich Verleger und Autor nicht nur gut verstanden – wie dies bei vielen langjährigen Geschäftsbeziehungen im Verlagswesen der Fall war –, sondern Karl Brater und Carl Beck hatten auch gemeinsame Ideale. Beide begeisterten sich für die »vaterländische Bewegung«[330] und kämpften zusammen für die Reichseinheit. Der verbindende Idealismus stammte noch aus der Zeit, bevor Karl Brater 1848 Bürgermeister von Nördlingen war. Beide waren bereits gemeinsam zur Schule gegangen. Als Karl Brater nach nur einem Jahr von seinem

---

324 150 Jahre Ferdinand Enke, 1987, S. 34.
325 Hallier: Erlebtes und Geschautes, 1955, S. 35.
326 Vgl. Bergfeld: Handelsrechtliche Zeitschriften, 1999, S. 274.
327 Vgl. Richardi: Handelsrecht, 2007, S. 475.
328 Vgl. Weyhe: Levin Goldschmidt, 1996, S. 71.
329 Wesel: C.H.Beck, 2013, S. 49.
330 Beck: Der juristische Verlag, 1988, S. 20. Vgl. auch Weber: Juristische Zeitschriften, 2007, S. 3189.

Amt als Bürgermeister zurücktreten musste, eröffnete Carl Beck ihm die Möglichkeit zur Gründung einer verwaltungsrechtlichen Zeitschrift. 1851 wurde von Carl Beck und Karl Brater bei C.H.Beck gemeinsam die Zeitschrift *Blätter für administrative Praxis* gegründet, die in ihrem Untertitel zum einen auf den regionalen Zuschnitt verwies (»zunächst in Bayern«), gleichzeitig aber das breit angelegte Themenspektrum umschrieb: »Mit Einschluß der gesammten Policei- und Finanzverwaltung«. Bereits ein Jahr später wurde die Zeitschrift 1852 in *Blätter für administrative Praxis und Polizeigerichtspflege zunächst in Bayern* umbenannt, der Name erwies sich als langlebiger: Die Zeitschrift bestand unter diesem Namen bis 1945 fort.

Was machte das Verhältnis zwischen Carl Beck und Karl Brater zu einem besonderen? Verleger und Autor pflegten einen »lebhaften Gedankenaustausch«,[331] der sich auch in der Konzeption neuer Publikationen niederschlug. Die *Blätter für administrative Praxis* spiegelten publizistisch das wieder, was den Verleger mit seinem Autor verband: Beide wollten an der »Professionalisierung der bayerischen Verwaltung« und der »Entstehung des modernen bayerischen Staates«[332] mitwirken. Karl Brater legte deshalb in seinem Einführungsaufsatz auch Wert auf die Wissenschaftlichkeit der Verwaltungspraxis. In der Zeitschrift verwirklichten Verleger und Autor gemeinsame Ziele. Rebenich beschreibt diese so: »Beide fochten für die Einheit Deutschlands, die Gleichheit aller Bürger, die konstitutionellen Rechte der Parlamente, die Implementierung einer modernen Bürokratie und die Liberalisierung des Rechtswesens.«[333]

Der verlegerische Ertrag ging für Carl Beck allerdings weit über die Gründung der gemeinsamen Zeitschrift hinaus. Durch den intensiven Austausch zwischen Verleger und Autor entstanden weitere Werke: vornehmlich Monographien und Kommentare »zum bayerischen und gelegentlich auch zum gemeinen Recht«.[334] Ferner wirkte sich die Freundschaft nachhaltig aus: Die Publikationen Karl Braters haben die Entwicklung des Unternehmens zu einem juristischen Fachverlag entscheidend geprägt. Und auch die Nachfolger Carl Becks, der bereits vier Jahre nach Veröffentlichung der ersten Ausgabe starb, trugen die Tradition weiter: Ernst Rohmer führte die »doppelte Verbundenheit mit Brater und die auf ihr beruhende Verlagspolitik Carl Becks nahtlos fort«.[335] Die Verbundenheit des Verlags mit der Publikation zeigt sich auch daran, dass die gemeinsam initiierte Zeitschrift ab ihrem 45. Jahrgang lediglich leicht umbenannt wurde in *Blätter für administrative Praxis*, ansonsten ihre Prägung aber beibehielt. Auch heute noch wird die Zeitschrift mit dem Namen ihres Gründers und seiner Freundschaft zu Carl Beck assoziiert und in vielen Festschriften erwähnt.[336]

---

331 Beck: Der juristische Verlag, 1988, S. 20.

332 Zitate Rebenich: C.H.Beck, 2013, S. 138–139.

333 Rebenich: C.H.Beck, 2013, S. 137.

334 Beck: Der juristische Verlag, 1988, S. 20; Weber: Juristische Zeitschriften, 2007, S. 3189.

335 Weber: Juristische Zeitschriften, 2007, S. 3189.

336 Stellvertretend seien die Festschriften des Verlags C.H.Beck erwähnt. Beck: Festschrift, 1963, S. 30–32; Beck: Der juristische Verlag, 1988, S. 20.

Dass Freundschaften vielfältig ausgeprägt waren, zeigen auch Beispiele im Umfeld von Carl Beck: Dieser war nicht nur mit Karl Brater, sondern auch mit Johann Caspar Bluntschli befreundet. Beide Autoren zusammen gaben das Werk *Deutsches Staatswörterbuch* heraus, das zwischen 1857 und 1870 in elf Bänden erschien und das »berühmte Staats-Lexikon«[337] von Karl von Rotteck und Karl Theodor Welcker (1790–1869) ablöste. Gleichzeitig pflegte Johann Caspar Bluntschli auch zu seinem Zürcher Verleger Friedrich Schulthess freundschaftliche Verbindungen, der wiederum ebenfalls mit »dem größten Teil seines Autorenkreises stets in freundlichem Verkehre gestanden«[338] hatte. Das Besondere an der Freundschaft zwischen Johann Caspar Bluntschli und Friedrich Schulthess war auch, dass der Autor seinem Verleger auch nach seinem Weggang von Zürich nach München 1848 persönlich und mit Veröffentlichungen verbunden blieb.[339]

Unabhängig von der konkreten Ausgestaltung des Verhältnisses und unabhängig auch von der emotionalen Bindung, war es ein entscheidender Entwicklungsfaktor, wie Verleger und Autor miteinander umgingen. Ohne eine von Vertrauen getragene Zusammenarbeit konnten gerade in dem von persönlichen Beziehungen geprägten 19. Jahrhundert keine erfolgreichen langlebigen Verlagsprodukte initiiert und kein nachhaltiges juristisches Verlagsprogramm aufgebaut werden.

2.8 Erste eigenständige Verlagsprodukte mit Archivcharakter

Die juristische Publikationslandschaft im frühen 19. Jahrhundert war dominiert von amtlichen Publikationen, die einen regionalen Markt bedienten. So existierten seit dem 18. Jahrhundert unter anderem amtliche oder halbamtliche Gesetzessammlungen,[340] die vornehmlich der Information über neue Gesetze oder Änderungen bestehender Gesetze dienten – eine Funktion, die sie sich mit den Gesetzblättern teilten: 1793 bestimmte ein Gesetz zum ersten Mal im deutschen Sprachraum die Errichtung eines Gesetzblattes nach dem französischen Vorbild des *Bulletin des lois*, sechs Jahre später hatte Maximilian von Montgelas (1759–1838) den Plan der Einführung eines

337 Albers-Schönberg / Homburger / Reiser: Geschichte Schulthess, 1991, S. 87. Das Staats-Lexikon von Karl von Rotteck und Karl Theodor Welcker erschien in 15 Bänden zwischen 1834 und 1843 im Verlag Hammerich, eine Neuauflage wurde 1847 veröffentlicht. Vgl. auch Stolleis: Geschichte des öffentlichen Rechts, 1992, S. 161; Wesel: Geschichte des Rechts, 2006, S. 431. Karl Brater wird auch in den Erinnerungen Johann Caspar Bluntschlis erwähnt. Vgl. bspw. Bluntschli: Denkwürdiges aus meinem Leben, 1884, S. 267.

338 Schulthess: Die Familie Schulthess, 1908, S. 113.

339 Vgl. Albers-Schönberg / Homburger / Reiser: Geschichte Schulthess, 1991, S. 87.

340 Willoweit spricht von offiziösen Gesetzessammlungen wie der seit 1835 erschienenen, vielbändigen Sammlung von Georg Ferdinand Döllinger, der Sammlung der Gesetze der inneren Staats-Verwaltung des Königreichs Bayern. Vgl. Willoweit: Juristische Literatur, 2007, S. 5.

Regierungsblattes entwickelt.[341] Den offiziellen Charakter des Inhalts im Namen trug allerdings erst 1803 das *Kurfürstliche Regierungsblatt*. Als eigentliche Vorläufer der Gesetzblätter gelten die Intelligenzblätter, obwohl sie im Gegensatz zu den Gesetzblättern weder eine vollständige noch eine wortgetreue Wiedergabe der Rechtstexte anstrebten. Mit der Veröffentlichung von Edikten und Verordnungen, Gerichtsterminen und Beförderungen werden Intelligenzblätter nicht nur als Beginn der Lokalberichterstattung, sondern auch als Vorbild für das amtliche Veröffentlichungswesen angesehen.[342]

Als eines der ersten Intelligenzblätter in deutschen Landen führt Ruppert ein *Churbaierisches Intelligenzblatt* seit 1766 an.[343] In wirtschaftlicher Hinsicht nutzte einigen Intelligenzblättern, dass nicht nur staatliche Stellen, sondern auch bestimmte Berufsgruppen mit einer Verpflichtung zu ihrer Abnahme belegt wurden. Ein Bezugszwang war vor allem bei Berufsgruppen zu beobachten, die auch relevant für das Anzeigengeschäft waren, wie Rechtsanwälte, Ärzte, Apotheker, Handwerker oder Gastwirte.[344] Mit dem Aufkommen von Generalanzeigern und mit der Errichtung von Regierungsamtsblättern veränderte sich die Rolle der Intelligenzblätter: Sie wurden immer weniger von der Aufgabe der Gesetzesverkündung getragen[345] und verloren mit der Etablierung dezidierter Verkündungsorgane endgültig ihre Bedeutung.

Auch die juristischen Verlage nahmen bei ihren ersten verlagseigenständigen Publikationen die traditionellen Funktionen der Erschließung und Vermittlung von Informationen auf und damit korrespondierend diejenigen der Dokumentation und des Nachschlagens. Nicht verwunderlich ist deshalb ein ausgeprägter Archivcharakter dieser Publikationen. Der Primärnutzen der frühen juristischen Publikationen war die rechtssichere Informationsvermittlung über Gesetze, Urteile und Rechtsmeinungen.

Zwei Literaturgattungen, die diese Funktionen erfüllten und erste Mitwirkungen von Verlegerseite zeigten, waren Sammlungen von Entscheidungen sowie Archivzeitschriften. Mit einer zunehmenden Formalisierung des Rechtswesens und wachsenden Märkten auch außerhalb enger Gelehrtenzirkel etablierten sich verlagsverantwortete

---

341 Bei dem »Bulletin des lois« handelte es sich um eine Publikation, die am Ende des 18. Jahrhunderts im Zuge der Französischen Revolution eingeführt worden war; 1793 erstmals veröffentlicht wurde es 1795 mit einem Publikationsmonopol ausgestattet. Vgl. Ruppert: Gesetz- und Verordnungsblätter, 1999, S. 68, 69 und 88–89, 91.

342 So auch Ruppert: Entstehung der Gesetz- und Verordnungsblätter, 1999, S. 69; Wilke: Grundzüge Mediengeschichte, 2008, S. 123.

343 Vgl. Ruppert: Entstehung der Gesetz- und Verordnungsblätter, 1999, S. 89.

344 Vgl. Schottenloher / Binkowski: Flugblatt und Zeitung, 1985, S. 84; Böning: Intelligenzblatt, 1999, S. 95; Ruppert: Entstehung der Gesetz- und Verordnungsblätter, 1999, S. 80; Wilke: Grundzüge Mediengeschichte, 2008, S. 119–120, 179.

345 Vgl. auch Schottenloher / Binkowski: Flugblatt und Zeitung, 1985, S. 83, 84, 89. Die Aufhebung des Bezugszwangs von Intelligenzblättern erfolgte in Preußen 1811. Die endgültige Aufhebung erfolgte 1850, was in Bayern zwischen 1856 und 1880 zu einer Reihe von Einstellungen von Intelligenzblättern führte. Vgl. Wilke: Grundzüge Mediengeschichte, 2008, S. 178, 236.

Publikationen, die immer weniger von äußeren Faktoren wie Privilegien oder staatlichen Aufträgen als vielmehr von verlegerischen Ambitionen geprägt waren.

Sammlungen von Urteilen und Verhandlungen

Anfang des 19. Jahrhunderts etablierte sich ein neuer Typus von Entscheidungssammlungen, bei dem ein Archivcharakter deutlicher zu Tage trat als bei seinen Vorläufern, der aber gleichwohl eine eigenständige verlegerische Leistung erforderte. Bis Ende des 18. Jahrhunderts wurden Gerichtsurteile nicht mit ihrem exakten Wortlaut wiedergegeben, sondern vor ihrer Veröffentlichung innerhalb der wissenschaftlichen Literatur verarbeitet. Deshalb kam es praktisch einer rechtswissenschaftlich-publizistischen Revolution gleich, als der damalige Präsident des Kasseler Oberappellationsgerichts, Leonhard Heinrich von Canngiesser (1716–1772), zwischen 1768 und 1771 die *Collection notabiliorum decisionum* des Gerichts herausgab. Diese beinhalteten neben den Urteilen auch die Relationen und Voten der Berichterstatter.[346] Neu an dieser Art der Urteilsdarstellung war, dass sich die Judikative quasi als Diskussionspartner in Rechtswissenschaft und Rechtspraxis einbrachte. Als endgültigen Durchbruch für diese Art der Darstellung wird überwiegend das Erscheinen der Sammlung *Archiv für Entscheidungen der obersten Gerichtshöfe in den deutschen Staaten* im Jahre 1849 gesehen, das sich fast hundert Jahre bis 1944 am Markt behaupten konnte[347] und den Entscheidungssammlungen moderner Prägung endgültig die publizistische Vorherrschaft sicherte. Herausgeber der Sammlung war Johann Adam Seuffert (1794–1857), erschienen ist die Sammlung in der Literarisch-artistischen Anstalt der Cotta'schen Buchhandlung in München. Seufferts Archiv blieb nicht allein: Erste Entscheidungssammlungen dieser Art waren seit 1824 zum Beispiel diejenigen des Oberhofgerichts in Mannheim oder der Oberappellationsgerichte in Wiesbaden; in Berlin erschienen die Entscheidungen des Obertribunals seit 1837 in dieser Form. Seit 1846 wurden bei Carl Heymanns die *Entscheidungen des Königlichen Obertribunals* herausgegeben; mit der Entscheidungssammlung wurde eine Tradition begründet, die sich bis nach 1945 im Verlag hielt.[348]

Entscheidungssammlungen bilden nicht nur wegen ihrer Langlebigkeit ein Beispiel für erste juristische Publikationen mit größerer Verlegerverantwortung. Die Sammlungen waren zum Teil mit einem höheren organisatorischen Aufwand für den Verlag verbunden als bei einem reinen Abdruck von Texten angenommen werden könnte: Bei den *Entscheidungen des Königlichen Obertribunals* musste der Verleger

---

346 Vgl. Kroeschell: Deutsche Rechtsgeschichte, 2008, S. 172.

347 Vorher erschienen waren bereits die Entscheidungssammlungen der Obergerichte Mannheim (seit 1824), Wiesbaden (seit 1824), Lübeck (seit 1827) oder Berlin (seit 1837). Vgl. Kroeschell: Deutsche Rechtsgeschichte, 2008, S. 172.

348 Vgl. Geschäfts-Bericht Carl Heymanns 1876, S. 20; Reuter: Von Manuskripten, 1967, S. 97–99; Lindner: Carl Heymann, 1996, S. 29–30; Jäger: Juristischer Verlag, 2001, S. 496–497.

Carl Heymann häufiger bei dem für die Herausgabe der Entscheidungssammlung zuständigen Geheimrat von der Redaktionskommission nachfragen, eine »intensive Korrespondenz«[349] war notwendig. Die Mühe lohnte sich für die Verleger. Es handelte sich um Texte von hoher Wirksamkeit innerhalb der Rechtspraxis. Dem Verlag verschafften sie außerdem einen dauerhaften Kontakt zu den Ansprechpartnern bei den Gerichten.

Archivzeitschriften mit jahrhundertealter Tradition

Nicht nur Entscheidungssammlungen, auch juristische Zeitschriften wiesen im 19. Jahrhundert einen ausgeprägten Archivcharakter auf. Dieser hatte sich im Laufe der traditionsreichen Entwicklungsgeschichte des rechtswissenschaftlichen Zeitschriftenwesen herausgebildet: Im 17. und 18. Jahrhundert hatten die ersten Korrespondenzblätter die vorher üblichen Briefe zwischen Rechtswissenschaftlern als Forum des individuellen Austausches und breiteren Diskurses abgelöst.[350] Keine zwanzig Jahre nachdem die ersten Zeitschriften veröffentlicht worden waren – mit dem seit 1665 in Paris erscheinenden *Journal des Scavants* beginnt im 17. Jahrhundert offiziell die Entstehungsgeschichte der Zeitschrift, im gleichen Jahr wurden auch die *Philosophical Transactions* der Royal Society of London als Wissenschaftszeitschrift herausgegeben[351] – kamen juristische Beiträge in den 1682 erschienenen *Acta eruditorum* heraus.[352] Als erste juristische Zeitschrift gilt die von dem Nürnberger Ratskonsulenten Christian Leonhard Leucht (1645–1716) redigierte und ab 1697 erschienene *Europäische Staats-Cantzley*, die Zeitschrift enthielt juristische und kameralwissenschaftliche Beiträge und glich äußerlich mehr einem Fortsetzungswerk als einer Zeitschrift.[353] Die erste bei Kirchner erfasste juristische Zeitschrift erschien

---

349 Lindner: Carl Heymann, 1996, S. 42.

350 Vgl. auch Mohnhaupt: Rechtsvergleichung, 1999, S. 282; Dann: Zeitschriften, 1999, S. 8–9.

351 Vgl. Lindemann: Deutsche Presse, 1988, S. 188, 189; Dann: Zeitschriften, 1999, S. 2; Feather: British Publishing, 2006, S. 56; Wilke: Grundzüge Mediengeschichte, 2008, S. 72, 75; Stöckel: Verwissenschaftlichung, 2009, S. 12.

352 Der Begriff der Zeitschrift wurde zwar bereits Mitte des 18. Jahrhunderts erstmals im Vorwort der »Oeconomischen Nachrichten« verwendet, benötigte bis zu seiner Durchsetzung allerdings längere Zeit. Inhaltlich waren die ersten Zeitschriften ohnehin noch Gelehrtenzeitschriften, die neben Abhandlungen zu den Wissensgebieten vornehmlich Rezensionen enthielten. Ein typisches Beispiel stellt die 1688 von Christian Thomasius (1655–1728) begründete Zeitschrift mit dem klangvollen Namen »Freimütige, lustige und ernsthafte, jedoch vernunftmäßige Gedanken und Monatsgespräche über allerhand, fürnehmlich aber neue Bücher« dar, die sich auch sich mit juristischen Werken befasste. Als erste literaturkritische Zeitschrift richtete sich Thomasius' Zeitschrift nicht mehr nur an ein gelehrtes Publikum, allerdings bestand sie nur zwei Jahre. Vgl. Wilke: Grundzüge Mediengeschichte, 2008, S. 20, 71, 75; Dann: Zeitschriften, 1999, S. 2.

353 Vgl. Lindemann Margot: Deutsche Presse, 1988, S. 205. Wilke verweist darauf, dass es sich hier allerdings nur um »trockene Dokumentensammlungen und Auszüge aus dem diplomatischen Akten- und Schriftverkehr« handelte. Wilke: Grundzüge Mediengeschichte, 2008, S. 100.

im Jahre 1703 mit dem Titel *Questiones Sabbathinae, oder Curiöse juristische Fragen, auf rare casus eingerichtet* bei Ch. Hülsee in Leipzig. Während die Zeitschrift nach nur drei Jahren 1706 bereits wieder eingestellt wurde, erwies sich die Zeitschrift *Electa Juris Publici, Worinnen die Vornehmsten Staats-Affairen in Europa recensiert werden* zwar als langlebiger – sie erschien von 1709 bis 1725 – erreichte aber ebenfalls noch nicht die Verankerung der späteren Zeitschriften.[354] Langlebige Zeitschriften entwickelten sich erst zu Beginn des 19. Jahrhunderts: neben dem *Archiv für die civilistische Praxis*, das seit 1818 bis heute im Verlag Mohr Siebeck erscheint, auch das *Archiv für Civil- und Criminalrecht der Könglich-preussischen Rheinprovinzen*, das Anfang des 19. Jahrhunderts bei Peter Schmitz in Köln erschien – die Zeitschrift wurde fast hundert Jahre von 1819 bis 1914 herausgegeben.[355]

Nicht alle Zeitschriften waren zu dieser Zeit so erfolgreich wie das Beispiel der bei Vandenhoeck & Ruprecht herausgegebenen *Themis, Zeitschrift für praktische Rechtswissenschaft* zeigt, die lediglich von 1827 bis 1831 erschien und 1838 bis 1841 lediglich für drei Jahre wieder auflebte.[356] Im Gegenteil kann insgesamt festgestellt werden, dass den meisten Anfang des 19. Jahrhunderts erschienenen Zeitschriften nur eine kurze Lebensdauer beschieden war: Von 86 zwischen 1800 und 1830 neu erschienenen Zeitschriften haben 31 Zeitschriften lediglich drei Jahre oder weniger existiert, 24 weitere Zeitschriften haben ihren 1. Jahrgang nicht überlebt. Lediglich 14 Zeitschriften waren länger als zehn Jahre am Markt erhältlich, darunter drei Zeitschriften mit einer über 30jährigen Lebensdauer und das *Archiv für das Zivil- und Kriminalrecht der Königlich-Preussischen Rheinprovinzen* fast ein Jahrhundert. Die drei anderen langlebigen Zeitschriften waren die *Jahrbücher für die Preussische Gesetzgebung, Rechtswissenschaft und Rechtsverwaltung* bei Ferd. Dümmler von 1813 bis 1845,[357] die *Zeitschrift für geschichtliche Rechtswissenschaft*, die *Savigny-Zeitschrift* bei Nicolai von 1815 bis 1850 und die *Zeitschrift für Civilrecht und Prozeß* bei Ferber von 1827 bis 1864.[358]

Trotz des ausgeprägten Archivcharakters – und damit einer primär sammelnden und ordnenden Tätigkeit auf Verleger- und Herausgeberseite – erforderten diese Zeitschriften eine größere verlegerische Mitwirkung als die juristischen Sammlungen. Bei den Zeitschriften als Periodika bestand die Notwendigkeit einer Redaktion der ein-

354 Vgl. Kirchner: Zeitschriften, 1969, S. 140. Herausgeber war zunächst der Jurist und Sekretär Georg Melchior Ludolf, später Johann Joachim Müller, der Jurist und Archivar war. Vgl. Lindemann Margot: Deutsche Presse, 1988, S. 205.

355 Angaben nach Kirchner: Zeitschriften, 1969, S. 150. Vgl. auch Klippel: Die juristischen Zeitschriften, 1999, S. 19.

356 Vgl. Ruprecht: Väter und Söhne, 1935, S. 150. Nachgewiesen in Kirchner: Zeitschriften, 1969, S. 151.

357 Vgl. bspw. Ferdinand Dümmer: Verlagskatalog, 1823, S. 19; Ferdinand Dümmer: Verlagskatalog, 1832, S. 36. Die Kataloge von 1848 und 1860 verzeichnen von der Zeitschrift die Jahrgänge 1813 bis 1843. Vgl. Ferdinand Dümmer: Verlagskatalog, 1848, S. 30. Im Katalog von 1860 findet sich der Zusatz »Zum Besten der Königl. Justiz-Offizianten-Wittwen-Kasse«. Vgl. Ferdinand Dümmler: Verlagskatalog, 1860, S. 53. Vgl. auch Ferdinand Dümmer: Verlagskatalog, 1892, S. 62.

358 Vgl. Kirchner: Zeitschriften, 1969, S. 149, 151.

zelnen Beiträge und einer Entscheidung über die Aufnahme und Ablehnung unverlangt eingesandter Manuskripte. Umgekehrt boten Zeitschriften nicht nur die Möglichkeit zu einem Austausch des Verlags mit Herausgebern und Autoren, sondern es war auch eine unmittelbare Kontaktaufnahme in die Leserschaft gegeben. Der Kontakt war umso wertvoller für die Verlage, je höher das Abonnentenaufkommen war. So besaß das *Neue Archiv der Preußischen Gesetzgebung und Rechtsgelehrsamkeit* 1800 über 1100 Subskribenten.[359] Neben der sicheren Einnahmequelle und den Kontakten war ein weiterer Vorteil für die Verlage gegeben, wenn staatliche Stellen als Herausgeber mitwirkten: Der Verlag profitierte von einem zwangsläufig gegebenen Informationsaustausch mit den zuständigen Regierungsstellen und von einem höheren Verbreitungsgrad.

Auffällig bei den Archivzeitschriften ist häufig auch eine wissenschaftliche Durchdringung der behandelten Themen. Der Charakter blieb – obwohl sich bereits im Laufe des 19. Jahrhunderts auch dieser Zeitschriftentyp weg von Archivzeitschriften hin zu modernen Foren der Kommunikation veränderte – gerade in der deutschen Tradition noch lange erhalten. Stolleis stellt für die öffentlich-rechtlichen Zeitschriften zusammenfassend fest:

> »Nur in Deutschland tritt in so ausgeprägtem Maße ein Zeitschriftentyp auf, wie man ihn in reinster Form in den eingangs erwähnten Periodika ausgeprägt findet. Ihre Herausgeberschaft ist tief verwurzelt in der ganz spezifischen Lebenswelt der deutschen Universitäten und ihres akademischen Publikums in der ersten Hälfte des 19. Jahrhunderts.«[360]

Zwei noch heute lieferbare Zeitschriften aus dem frühen 19. Jahrhundert sind das 1818 gegründete *Archiv für die civilistische Praxis* bei Mohr Siebeck und das hundert Jahre nach seiner Gründung 1853 mit dem Namen seines Begründers versehene Goltdammer's Archiv im Verlag R. von Decker. Beide Zeitschriften erscheinen nach wie vor in den Verlagen oder zumindest unter den Marken der Gründungsverlage[361] und tragen noch heute den Namensbestandteil »Archiv« in ihrem Titel.

---

359 Zum Vergleich: Die »Annalen der Gesetzgebung, Rechtsgelehrsamkeit und Rechtspflege, in der Kurhessischen Landen« mussten sich 1804 mit ca. 130 Abonnenten begnügen. Vgl. Klippel: Die juristischen Zeitschriften, 1999, S. 34.

360 Stolleis, Simon: Juristische Zeitschriften, 2006, S. 3.

361 Die Zeitschrift Archiv für die civilistische Praxis erscheint nach wie vor im Verlag Mohr Siebeck, Goltdammer's Archiv noch immer unter der Marke R. v. Decker im Verlag Hüthig Jehle Rehm. Ein Hinweis auf die Zeitschrift im angestammten Verlag findet sich bspw. zum AcP bei Siebeck: Der Heidelberger Verlag, 1926, S. 80. Zu Goltdammer's Archiv vgl. Bruns u. a.: Geleitwort, 1993, S. V–VI.

2.8.1 Archiv für die civilistische Praxis (AcP) im Verlag J. C. B. Mohr

Das *Archiv für die civilistische Praxis* wurde 1818 im Verlag Mohr und Winter in Heidelberg gegründet und richtete sich bereits verstärkt auch an ein »außeruniversitäres, in der Justiz und Verwaltung praktisch tätiges Publikum«.[362] Bei der Publikation handelte es sich um eine der wichtigsten Zeitschriften für den Verlag Mohr und Winter in der Anfangsphase seiner Verlagstätigkeit in Heidelberg.[363] Begründer des *Archivs für die civilistische Praxis* waren Carl Josef Anton Mittermaier, Professor Johann Caspar Gensler (1767–1821) in Heidelberg und Geheimrat Christian Wilhelm Schweitzer (1781–1856) in Weimar – alle bekannte Juristen im 19. Jahrhundert. Eröffnet wurde der erste Band mit einem Bericht Mittermaiers »Über die Civilprozeßgesetzgebung in den deutschen Staaten von 1815 bis 1818« und einer Literaturübersicht. Dabei hatte der Verfasser – trotz des Namens – weniger eine dokumentierende Sammlung im Blick, vielmehr war sich insbesondere Mittermaier der »Bedeutung und Funktion der Zeitschrift als Diskursforum, Informationsorgan und Medium disziplinärer Selbstdarstellung«[364] bewusst. Carl Josef Anton Mittermaier war eine tragende Säule der Publikation: Er schrieb 70 Beiträge für die Zeitschrift und war 50 Jahre lang Mitherausgeber, ab 1821 lag außerdem die Hauptredaktion in seinen Händen.

Bekannte Autoren des Archivs waren auch Karl Georg von Wächter und Bernhard Windscheid (1817–1892). Die Redaktion des Archivs übernahmen vom fünften Band an neben Johann Caspar Gensler und Christian Wilhelm Schweitzer, neu Egid von Löhr (1784–1851) und Anton Friedrich Justus Thibaut. Unter anderem mit der ab dem fünften Band stattfindenden Erweiterung der Redaktion kann eine strategische Ausweitung gesehen werden. Während die Zeitschrift in ihren Anfängen bei der Heidelberger juristischen Fakultät angesiedelt war, fand im Laufe der Zeit auch eine geographische Ausweitung statt.[365] Eine erste konzeptionelle Erweiterung fand ab dem vierten Band statt, indem in besonderen Fällen Beilagenhefte herausgegeben wurden. Es handelte sich bei dem *Archiv für die civilistische Praxis* nach dem Verständnis des Verlags um eine juristische Zeitschrift »allgemeinen Charakters«. Die Herausgeber umrissen ihr Verständnis von der Aufgabe der Zeitschrift im ersten Band wie folgt:

> »Es ist das Archiv nicht sowohl für den Kreis academischer Rechtslehrer berechnet, als vorzüglich dahin, den Sinn einer historisch-theoretischen-practischen Rechtswissenschaft in dem Kreise der Richter und Advocaten zu erhalten und zu erwecken, insonderheit aber auch diejenigen jungen Rechtsmänner gegen Schlaffheit und Schlendrian zu sichern, welche von der Hochschule in das praktische Leben hinübertreten, und mit diesem Schritt, gewöhnlich und leider!, den aufgeregten Sinn für Rechtswissenschaft verlieren, indem sie in den nicht kleinen Haufen derjenigen

---

362 Stolleis, Simon: Juristische Zeitschriften, 2006, S. 1.

363 Vgl. Siebeck: Der Heidelberger Verlag, 1926, S. 70, 80, 82.

364 Mohnhaupt: Rechtsvergleichung, 1999, S. 282.

365 Vgl. insgesamt Siebeck: Der Heidelberger Verlag, 1926, S. 81.

oberflächlichen Formsclaven eintreten, die Juristen sich nennend, das Recht mißhandeln und tödten, so daß es der gesunden Vernunft des Volkes als Unrecht und als eine zu verbannende Plage erscheinen darf und muß.«[366]

In der Vorrede des zweiten Bandes 1819 klingt es ähnlich, wenn die Herausgeber eine »ersprießliche Einwirkung auf das wissenschaftlich-practische Geschäftsleben der teutschen Richter und Rechtsfreunde«[367] im Blick haben. Stolleis weist zu Recht darauf hin, dass Archivzeitschriften wie das *Archiv für die civilistische Praxis* nicht die Praxistauglichkeit der veröffentlichten Beiträge im Blick hatten, sondern im Gegenteil die Praxis durch Wissenschaft veredeln wollten.[368] Nichtsdestotrotz zeigen sich hier bereits Überlegungen im Hinblick auf die Zielgruppe. Am Markt wurde die Zeitschrift trotz ihrer wissenschaftlichen Ausrichtung offensichtlich gut angenommen und erwarb sich über die Jahrzehnte hinweg im 19. Jahrhundert ein großes Renommee – die Zeitschrift hatte sogar eine gewisse Vorbildfunktion: So schwebten dem späteren Verleger Paul Siebeck und seinem Autor Felix Stoerk (1851–1908) bei der Gründung des *Archivs des öffentlichen Rechts (AöR)* gerade das *Archiv für die civilistische Praxis* »mit einem moderneren Programm«[369] vor.

Das *Archiv für die civilistische Praxis* stellt ein klassisches Beispiel für eine Archivzeitschrift dar: Die bereits bei den Entscheidungssammlungen dominanten Funktionen der Information und Dokumentation bediente die Zeitschrift ebenso wie diejenige des Nachschlagens. In den ersten Heften werden nach einer ein bis zweiseitigen Vorrede durch die Herausgeber Abhandlungen unterschiedlicher Länge abgedruckt. Das Themenspektrum des ersten Heftes reichte von »Beweis, Beweismittel, Beweisgründe, Beweislast, Beweissatz« über »Proceßkosten« und »Gerichtsstand« bis hin zu einer Abhandlung »Ueber die Verpflichtung der Aeltern, ihre im Ehebruche erzeugten Kinder zu alimentiren«. Verfasser waren neben den Herausgebern weitere renommierte Juristen wie Karl Salomo Zachariä oder Anton Friedrich Justus Thibaut. Um das Auffinden der Beiträge und ihr späteres Nachschlagen zu erleichtern, wurden die Jahresbände jeweils durch ein Sachregister erschlossen. Durch Maßnahmen wie die Registererschließung werden die Dokumentations- und Archivfunktion noch einmal deutlich. Der dargestellte Archivcharakter der Zeitschrift wird auch über die Anfangsjahrbände hinaus beibehalten, erst im 20. Jahrhundert finden sich Ansätze von Diskussionen in den Beiträgen.

Offensichtlich stellte der ausgeprägte Archivcharakter des *Archivs für die civilistische Praxis* auch kein Hindernis für den Verbreitung der Zeitschrift dar: Im Gegenteil war die Publikation auch im Absatz ein Erfolg. Während in den ersten Heften

366 Gensler / Mittermaier / Schweitzer: Vorrede, 1818, S. 4. Vgl. auch Siebeck: Der Heidelberger Verlag, 1926, S. 81.

367 Gensler / Mittermaier / Schweitzer: Vorrede, 1819, S. 3.

368 Vgl. Stolleis, Simon: Juristische Zeitschriften, 2006, S. 1.

369 Doerfert: Archiv des Öffentlichen Rechts, 1993, S. 33.

eher der »Vorrath zwecklicher Beiträge« erwähnt wurde, konnten die Herausgeber im vierten Band die notwendig gewordene Neuauflage des Bandes verkünden – »eine bei Zeitschriften nur seltene Erscheinung« und der Verlag konnte die »ursprünglich bestimmte Zahl der Druckexemplarien« erhöhen. Ob die Zeitschrift in den Anfangsjahren für den Verlag ein überdies wirtschaftlicher Erfolg war, lässt sich nach den einleitenden Worten der Herausgeber nach zweijährigem Erscheinen bezweifeln: »Der Umfang aller bisher erschienene Hefte und Bände dieser Zeitschrift beweiset wohl wenigstens soviel, daß weder die Redaction, noch die Buchhandlung, eigennützig handelt. Es sprechen dafür der oft engere Druck und die mehrmals überschrittene Bogenzahl.«[370]

2.8.2 Goltdammer's Archiv für Strafrecht im Verlag R. von Decker

Das 1853 im Verlag R. von Decker gegründete *Archiv für Preußisches Strafrecht* weist Parallelen zum *Archiv für die civilistische Praxis* auf: Auch das von Obertribunalrat Theodor Goltdammer herausgegebene *Archiv für Preußisches Strafrecht* konnte zu Beginn nicht regelmäßig jährlich mit einem Band erscheinen – ebenso wie beim *Archiv für die civilistische Praxis* wurde durch Umstellungen auch hier nicht einheitlich verfahren.[371] Und wie das zu diesem Zeitpunkt bereits seit über dreißig Jahren am Markt bestehende *Archiv für die civilistische Praxis* fühlte sich auch das *Archiv für Preußisches Strafrecht* von Anfang an »vorwiegend der Praxis verpflichtet«.[372] Die Praxisausrichtung war bereits Bestandteil der Gründung der Zeitschrift: Als Anlass und Erfolgsfaktor für die gelungene Markteinführung des *Archivs für Preußisches Strafrecht* wird der 1853 erfolgte Erlaß des preußischen Strafgesetzbuches vermutet.[373] Verlag und Herausgeber bewiesen damit ein ausgeprägtes Gespür für den richtigen Zeitpunkt. Die Praxisorientierung erstaunt insofern nicht, als dass sein Gründer von seinen in der Alltagspraxis bei Gericht erworbenen Erfahrungen profitierte.

Der praktischen Ausrichtung wurde das *Archiv* gerecht, indem es neben wissenschaftlichen Abhandlungen auch allgemeine Fragen – beispielsweise im Hinblick auf Entscheidungen des Obertribunals – erörterte, ferner enthielt das *Archiv* Mitteilungen aus den Gerichten und Ministerien sowie Statistiken.[374] Gerade um den Praxisbezug noch stärker in den Vordergrund zu stellen, wurden zum Beispiel die »Mitheilungen

370 Zitate Gensler / Mittermaier / Schweitzer: Vorrede, 1820, S. 3.

371 Bei dem 140. Jubiläumsband 1993 handelte es sich um den 141. Band, da bis 1890 nach Bänden, ab 1891 nach Jahrgängen gezählt wurde. Zur genauen Zählweise vgl. Bruns u. a.: Geleitwort, 1993, S. VI.

372 Roth: Strafrechtliche Zeitschriften, 1999, S. 321. Vgl. auch Wolter / Küper: Goltdammer's Archiv für Strafrecht nach 150 Jahren, 2003, S. 1.

373 Vgl. Küper: Paul Johann Anselm Feuerbach als Zeitgenosse, 1993, S. 131; Roth: Strafrechtliche Zeitschriften, 1999, S. 317; Wolter / Küper: Goltdammer's Archiv, 2003, S. 2.

374 Vgl. Schreiben Herrmann Theodor Goltdammer an Karl Josef Anton Mittermaier vom 16. November 1852, Briefwechsel 2007, S. 54–55.

aus den Schwurgerichts-Verhandlungen und den Akten des Justizministeriums entnommen«[375] abgedruckt. Dabei konnte sich Theodor Goltdammer offensichtlich auf die Unterstützung des Justizministeriums verlassen, wie aus einem Brief an Carl Josef Anton Mittermaier hervorgeht.[376] Ein weiterer Grund für die Langlebigkeit der Zeitschrift lag in der stetigen Ausweitung des regionalen Aktionsradius und Themenspektrums: Noch vor der Reichsgründung sollte die Zeitschrift ihr publizistisches Feld erweitern. Obwohl die Zeitschrift von 1853 bis 1870 unter dem Titel *Archiv für Preußisches Strafrecht* erschien, blieb die Zeitschrift nach dem Willen ihres Gründers nicht auf Preußen beschränkt, sondern Theodor Goltdammer hatte bereits ganz Deutschland im Blick.[377]

In beiden betrachteten Zeitschriften wie bei den Entscheidungssammlungen zeigen sich die Parallelen zur Entwicklung insgesamt: Sie waren als frühe verlegerische Produkte auch deshalb erfolgreich, weil sie in Zusammenarbeit mit renommierten Herausgeber und Autoren entstanden – entweder aus dem wissenschaftlichen Umfeld oder mit Ansprechpartnern aus der Behördenhierarchie. Zum Ausdruck kommt auch hier die herausragende Bedeutung, die enge Kontakte in die Zielgruppe – in die Wissenschaft wie in die Rechtspraxis – für die Entwicklung der juristischen Verlage besaßen.

2.9 Die frühe Entwicklung des juristischen Verlagswesens

Während für andere Wissenschaftsdisziplinen Verlagsspezialisierungen erst am Ende des 19. Jahrhunderts zu beobachten sind, sind die Anfänge des juristischen Verlagswesens bereits früher festzustellen: Bis zur Jahrhundertmitte bildeten erste Verlage einen juristischen Programmschwerpunkt heraus. Noch früher kann allenfalls für Fakultätenverlage eine Akkumulation rechtswissenschaftlicher Titel im Verlagsprogramm festgestellt werden. Deren erste Ansammlungen rechtswissenschaftlicher Werke geschahen allerdings nicht im Sinne einer strategischen Ausrichtung der Verlage, sondern zwangsläufig bedingt durch die Schwerpunkte der örtlichen Universität. Treiber der programmatischen Spezialisierung im frühen 19. Jahrhundert waren die Einführung gesetzlicher Kodifikationen und die Festigung exekutiver Strukturen. Erst damit hatte sich eine ausreichende wirtschaftliche und programmatische Basis für juristische Verlagsprogramme gebildet. Handelsfreiheiten gewährten den Verlegern die rechtliche Grundlage, technische Neuentwicklungen die wirtschaftliche Basis zur Reduzierung des verlegerischen Risikos und zur Spezialisierung ihrer Verlagsprogramme auf juristische Publikationen.

375 Mußgnug: Einleitung Briefe Goltdammers, 2007, S. 12.
376 Vgl. Schreiben Goltdammer an Mittermaier, 1852, S. 55–56.
377 Vgl. Mußgnug: Einleitung Briefe Goltdammers, 2007, S. 12–13.

Mit der Marktveränderung weg von einem engen Gelehrtenmarkt hin zu einer Öffnung für neue Nutzergruppen entstand erstmals eine wirtschaftlich tragfähige Basis für die Entwicklung juristischer Verlagsprogramme. Zwei Gegebenheiten im rechtswissenschaftlichen Bereich begünstigten die frühe Spezialisierung der juristischen Verlage: Zum einen die Nähe zu staatlichen Auftraggebern und deren Interessenlagen, verbunden mit deren Notwendigkeit einer schriftlichen Fixierung von Vorschriften, zum anderen der Bedarf der Zielgruppe, bei der Gesetzesanwendung auf Kommentare und Handreichungen von Autoritäten zurückzugreifen, um Entscheidungen zu verifizieren oder Argumentationen zu legitimieren. Für die Verlage konnten diese Interessenlagen lukrative Druckaufträge und Kontakte zu obrigkeitlichen Entscheidungsträgern als potenziellen Autoren bedeuten und zusätzlich konnten sie auf einen kaufkräftigen Abnehmerkreis hoffen. Die herausragende Bedeutung der frühen staatlichen Druckaufträge wurde mehrfach sichtbar: bei der wirtschaftlichen Entwicklung ebenso wie im Rahmen des Programmaufbaus.

Auch die gesellschaftliche Entwicklung im 19. Jahrhundert kam den frühen juristischen Verlegern entgegen: Wie beschrieben fand in der zweiten Hälfte des 18. Jahrhunderts die erste sogenannte Leserevolution statt, im 19. Jahrhundert erreichte das Lesen dann die breite Masse der Bevölkerung. Hintergrund war die Einführung der allgemeinen Schulpflicht und die Verankerung des Lesens in vielen Berufsständen. Mit einem erstarkenden Selbstbewusstsein der Bürger und aufbrechenden gesellschaftlichen Strukturen wuchs auch das Interesse nicht nur an politischen, sondern auch an dezidiert juristischen Fragestellungen zu Gesetzesauslegung und Rechtsanwendung. Für die juristischen Verlage ergab sich dadurch ein zusätzlicher Markt an Publikationen für juristische Laien und die Möglichkeit einer Erweiterung juristischer Programmbereiche durch einführende Literatur. Damit konnte der juristische Verlag seine Publikationen auch in Bevölkerungsschichten bekannt machen, die bisher nicht mit juristischer Literatur in Berührung gekommen waren.

Im Hinblick auf die eingangs aufgeworfene Frage, welche Bedingungen zur frühen Herausbildung eines juristischen Verlagswesens beigetragen haben, sind vor allem die gleichlaufenden Mechanismen in den Verlagen augenfällig. Lediglich diejenigen Verlage waren zur juristischen Spezialisierung in der Lage, die eine Nähe zu staatlichen Behörden besaßen. Das Kapitel hat gezeigt, dass der Kontakt zu den obrigkeitlichen Entscheidungsträgern zwingende Voraussetzung für eine juristische Spezialisierung war. Auffällig ist, dass keiner der Fakultätenverlage sich im 19. Jahrhundert zu einem juristischen Verlag entwickelte. So hatte der spätere Verlag J. C. B. Mohr (Paul Siebeck) zwar früh juristische Publikationen in seinem Programm, baute dieses Segment aber erst mit längerer Verzögerung, nämlich im 20. Jahrhundert, zu einem eigenständigen Programmbereich aus. Alle untersuchten Fakultätenverlage behielten eine universale Ausrichtung bei und orientierten sich weiterhin an den Universitätsdisziplinen – ganz im Gegensatz zu denjenigen Verlagen, die ihre juristischen Werke mittels Behördenkontakten konzipierten. Für eine wirtschaftlich und programmatisch erfolgreiche Herausbildung eines juristischen Verlagsschwerpunktes war es offensichtlich nicht ausreichend, Kontakte in die universitäre Lehre zu besitzen. Voraussetzung für eigenständige verlegerische Werke waren Ratgeber und Autoren in Ministerien und in der Verwaltung.

Dabei geschah die Spezialisierung in allen betrachteten Verlagen auf regionaler Basis. Mit einer landesrechtlichen Gesetzgebung und lokalen Absatzmärkten entstanden die frühen Fokussierungen in einem räumlich begrenzten Umfeld. Manche Verlage waren auch später noch als Verlag für ihre Region bekannt – so der Verlag C.H.Beck in Bayern, W. Kohlhammer in Württemberg oder C. F. Müller in Baden. Für den juristischen Verlag wird damit besonders deutlich, was alle Fachverlage auszeichnet: die Identität von Autoren- und Zielgruppe und der enge Kreis, innerhalb dessen die ersten juristischen Spezialisierungen stattfanden. Die frühe Spezialisierung des juristischen Verlagswesens ist gerade darauf zurückzuführen, dass es sich um einen regional abgegrenzten, aber stark vernetzten Autoren- und Anwenderkreis handelte. Innerhalb dieses Zirkels agierte der juristische Verleger als Teil des politischen Feldes. Mittels seiner Kontakte zu Behörden, durch sein lokales politisches Engagement und durch die direkte Kommunikation mit regionalen Autoren erreichte er die Etablierung seines Verlags.

Entscheidender Entwicklungsfaktor für die frühe Spezialisierung und die konstante Weiterentwicklung des juristischen Verlagswesens waren die Verleger. Der juristische Verleger baute die maßgeblichen Kontakte in die Rechtspraxis auf, er entschied über die verlegten Publikationen und akquirierte die Autoren. Und so unterschiedlich die Typologie der ersten und der späteren juristischen Verlegergenerationen sein konnten, besaßen alle Verleger zumindest ein gemeinsames Merkmal: Sie bauten auf die Verbindungen zu ihren Autoren. Der juristische Verleger pflegte ein ebenso intensives Verhältnis zu seinen Autoren wie es für die belletristischen Verleger immer wieder herausgestellt wird. Seinen Autoren gab er eine »geistige Heimat« und etablierte wissenschaftliche Publikationsorte. Damit dies gelang, war der juristische Verleger in politischen Gremien aktiv und brachte sich in die buchhändlerische Verbandsarbeit ein. Offensichtlich suchten gerade die politisch interessierten Verleger ein Betätigungsfeld, das sich in dieses Umfeld einfügte und ihnen Ansehen und Bestätigung brachte. Ob die Spezialisierung im Programm im Einzelfall Auslöser oder Ergebnis des politischen Engagements war, kann dahingestellt bleiben, da sich bei den frühen juristischen Verlegern meist ohnehin beides verband. Gleichzeitig haben die Ausführungen gezeigt, dass neben den Kontakten zu politischen und exekutiven Entscheidungsträgern ein erfolgreicher Umgang mit dem zensorischen Rahmen zu den entscheidenden Entwicklungsfaktoren für die juristischen Verlage gehörte.

Die Interessenlage der juristischen Verleger spiegelte sich in der Motivation der juristischen Autoren. Während im 18. Jahrhundert juristische Werke von ihren Autoren teils noch selbst in Druckereien in Auftrag gegeben wurden, haben sich im 19. Jahrhundert zunehmend gefestigte Strukturen im juristischen Verlagswesen herausgebildet: Autoren entdeckten Verlage als ihre bevorzugten Publikationsorte und fanden engagierte Verleger als Ansprechpartner. Der juristische Autor gliedert sich mit seinen Publikationen in ein hierarchisches System ein. In diesem System war es für die Anerkennung des Autors von überragender Bedeutung, in einem anerkannten verlegerischen Umfeld zu publizieren und mit seinen Rechtsansichten im Verbund mit anderen bekannten Autoren in einem Verlagshaus wahrgenommen zu werden.

3 Expansion: Rechtswissenschaft als verlegerische Erfolgsbasis

»Das dominierende Ereignis war jedoch das Bürgerliche Gesetzbuch (BGB).«[1]

(Georg Jäger)

Das Bürgerliche Gesetzbuch hatte harsche Gegner: Otto von Gierke (1841–1921) war einer von ihnen, Justus Wilhelm Hedemann (1878–1963) oder Rudolf Huch (1862–1943) äußerten Kritik, »dies Paragraphenungetüm«[2] nannte Rudolf Huch das Gesetz. Auch wenn die Kritiker zunächst große Popularität genossen, waren sich Befürworter und Gegner des Bürgerlichen Gesetzbuchs darüber einig, dass sich die Vereinheitlichung der Zivilrechtsbestimmungen insgesamt positiv auswirken würde.[3] Die Kodifikationsbestrebungen wurden von der überwiegenden Anzahl der Juristen mitgetragen, das Bürgerliche Gesetzbuch nach seiner Einführung von manchen Autoren sogar hymnisch gefeiert wie 1906 von Richard Haenschke:

> »So lange das deutsche Volk existiert, hat es bis zu dem ›Bürgerlichen Gesetzbuch‹ noch niemals ein einheitliches deutsches Privatrecht gegeben. [...] Wer wollte da leugnen, daß das ›Bürgerliche Gesetzbuch‹ das kostbarste Geschenk der deutschen Fürsten an das deutsche Volk ist? In seiner Thronrede vom 6. Mai 1898 nannte Kaiser Wilhelm II. das ›Bürgerliche Gesetzbuch‹ den kostbarsten Schatz, wie derselbe dem deutschen Volke im Laufe einer tausendjährigen Geschichte noch niemals dargebracht worden ist. So sehen wir die alten gesetzlichen Vorschriften, welche zum Teil seit Jahrhunderten geltendes Recht bildeten, fallen, und auf ihren Trümmern ein neues, stolzes Rechtsgebäude sich erheben zum Heile und Wohle All-Deutschlands.«[4]

Die Zeit nach der Reichsgründung war gekennzeichnet durch eine gesetzgeberische Umbruchsituation: Mit der Verklammerung der einzelnen deutschen Territorien zu einem politisch einheitlichen Reich wurden neue Reichsgesetze verabschiedet. Auch wenn diese zum Teil auf Regelungen des Norddeutschen Bundes rekurrierten und lediglich zu einem Reichsgesetz zusammengefasst wurden, handelte es sich formal um neue Gesetze. In den einzelnen Territorien waren die geltenden Gesetze und ihre Rechtsanwendung für einige Rechtsbereiche so unterschiedlich gestaltet, dass umfangreiche materielle Gesetzesänderungen für eine reichsweite Vereinheitlichung notwendig waren. Diese Veränderungen blieben nicht ohne Auswirkungen auf die juristischen Verlagsprogramme und das juristische Verlagswesen insgesamt. Insofern

---

1 Jäger: Juristischer Verlag, 2001, S. 486.

2 Weber: Vergessene Dichterjuristen, 2001, S. 561. Rudolf Huch war der Bruder der Schriftstellerin Ricarda Huch (1864–1947).

3 Vgl. Schroeder: Gottlieb Planck, 2000, S. 1049. Zu den Kritikern vgl. auch Schulte-Nölke: Die schwere Geburt des Bürgerlichen Gesetzbuchs, 1996, S. 1706–1707.

4 Haenschke: Das Bürgerliche Gesetzbuch, 1906, S. 1.

bildeten die Reichsgesetze das Fundament für den Aufschwung des juristischen Verlagswesens im Kaiserreich und damit seine große Gründerzeit.

3.1 Die Gesetzesflut nach der Reichsgründung

Das Deutsche Reich brachte eine Vielzahl neuer Gesetze mit sich. Bedingt durch den Föderalismus galten neben den Reichsgesetzen zusätzlich spezielle Landesgesetze. Deshalb blieben trotz reichsweiter gesetzlicher Vereinheitlichung territoriale Unterschiede im Rechtswesen bestehen. Beide Umstände – Rechtsvereinheitlichung und länderspezifische Unterschiede – begünstigten den Aufschwung des juristischen Verlagswesens im Kaiserreich.

Durch die Reichsgründung wurden staatsrechtlich erstmals die Voraussetzungen geschaffen, reichseinheitliche Gesetze zu erlassen. Zunächst blieb die Zuständigkeit des Deutschen Reiches auf Regelungsbereiche wie das Strafrecht oder das Prozessrecht beschränkt. Hier wurden noch im Jahr der Reichsgründung das Reichsstrafgesetzbuch, das Reichshaftpflichtgesetz oder die Gesetze über den gewerblichen Rechtsschutz erlassen. Im Bereich des Zivilrechts war für eine einheitliche Kodifikation dagegen zuerst eine Verfassungsänderung notwendig, die zwei Jahre später 1873 erfolgte. Es dauerte dann noch einmal 23 Jahre und benötigte zwei beratende Kommissionen, bis 1896 das Bürgerliche Gesetzbuch verkündet wurde. Von praktischer Bedeutung für die Rechtsanwendung waren deshalb zunächst andere neue Gesetze, so insbesondere die Reichsjustizgesetze von 1877. Diese umfassten das Gerichtsverfassungsgesetz, die Zivilprozessordnung, die Strafprozessordnung, die Konkursordnung sowie das Gerichtskostengesetz. Ein Jahr später trat quasi als Nachzügler 1878 die Rechtsanwaltsordnung in Kraft. Seit 1884 kam das Gesetz betreffend Aktiengesellschaften zur Anwendung, 1897 wurde ein neues Handelsgesetzbuch verabschiedet. Neuregelungen stellten das Haftpflichtgesetz von 1871 und die Wuchernovelle von 1893 dar.[5] Für den Bereich des öffentlichen Rechts waren die Landgemeindeordnung oder das Einkommensteuergesetz neue Gesetze – beide von 1891. Nicht nur Gesetze, sondern auch die Modalitäten der Gesetzesverkündung wurden neu gefasst. Das Bundesgesetzblatt des Deutschen Bundes wurde als Reichsgesetzblatt fortgeführt, seine erste Ausgabe erschien am 8. Mai 1871.[6]

Nicht nur die juristischen Verlage, alle Verlage profitierten ab der Reichsgründung auch von einem verbesserten Schutz durch Neuregelungen des Rechts des geistigen Eigentums. Das unter maßgeblicher Beteiligung des Börsenvereins der Deutschen Buchhändler am 11. Juni 1870 vom Norddeutschen Bund erlassene »Gesetz, betreffend

5 Vgl. Schulte-Nölke: Die schwere Geburt, 1996, S. 1708.

6 Unter der Nummer 636 der Ausgabe Nr. 19 vom 8. Mai 1871 wurde bestimmt, dass das Bundesgesetzblatt des Deutschen Bundes unter dem Namen Reichsgesetzblatt fortgeführt wird. Bei dem Reichsgesetzblatt handelte es sich um das amtliche Verkündungsorgan des Deutschen Reiches.

das Urheberrecht an Schriftwerken, Abbildungen, musikalischen Kompositionen und dramatischen Werken« trat am 16. April 1871 unverändert als Reichsgesetz in Kraft.[7] Die neuen urheberrechtlichen Bestimmungen setzten nicht nur ein politisches Signal für einen höheren Stellenwert des Schutzes von Autoren und Verlegern, sondern wirkten sich in ihrer Umsetzung auch begünstigend auf die Entwicklung des Verlagswesens insgesamt aus. Mit der Neuregelung der Rechtsbeziehungen zwischen Urhebern und Verwertern wurde die Reichsgründung als »einschneidendes Ereignis«[8] für die Urheberrechtsgeschichte bezeichnet. Einerseits wurden die Rechte der Verleger durch die Gesetze zum Schutz des geistigen Eigentums gestärkt und ihre Betätigung auf eine breitere rechtliche Basis gestellt, andererseits war die Alltagsarbeit in den Verlagen teils nach wie vor durch Vorgaben eingeengt.[9] Allgemein begrüßt wurde deshalb die mit dem Reichspressegesetz 1874 geschaffene einheitliche Rechtsgrundlage im Pressebereich: Eine Vorzensur fand nicht mehr statt und die Nachzensur ging von den Polizeibehörden auf die Verwaltungsgerichte über.

Wie schwierig sich der Prozess der Rechtseinheit gestaltete, aber auch die Bedeutung der Einheitlichkeit und die kontroverse Rezeption illustriert eine Äußerung Rudolf von Gneists an Carl Josef Anton Mittermaier im Vorfeld des Juristentages 1861:

> »Was wird unser Juristentag bringen? Materiell bedeutende Verhandlungen wohl schwerlich, doch wieder einen Baustein zur Deutschen Einheit, die doch erkennbar näher rückt. Hätte ich nur mehr von Ihrer stets jugendlichen Elastizität des Geistes. Mir fehlt das Vertrauen auf den unmittelbaren Erfolg. Wenn uns die Furcht vor Napoleon nicht zusammenhielte, wir wären schon wieder in 2 Feldlager gespalten!«[10]

Am 18. August 1896 wurde das Gesetz mit der weitreichendsten Bedeutung im Kaiserreich verkündet: Das Bürgerliche Gesetzbuch veränderte nicht nur das komplette Zivilrecht, sondern integrierte auch neue Bereiche wie das Familien- und Erbrecht. Erstaunlich ist, dass – obwohl der Zeitraum zwischen den ersten Beratungen 1874 und seiner Verabschiedung 1896 dreiundzwanzig Jahre betrug –, die Einführung des neuen Monumentalwerkes teils als überstürzendes Ereignis empfunden wurde.[11] Die Tragweite und die Bedeutung, die dem Bürgerlichen Gesetzbuch beigemessen wurden, waren bereits in der Konzeptionsphase sichtbar: Schon die eigens für seine Erarbeitung eingesetzte Vorkommission und deren Überlegungen wurden in der

7 Vgl. Vogel: Entwicklung Urheberrechts, 2001, S. 132. Zur Entwicklung des Urheberrechts allgemein vgl. Coing: Europäisches Privatrecht, 19. Jahrhundert, 1989, S. 151–159.

8 Vogel: Entwicklung Urheberrechts, 2001, S. 122.

9 Vgl. Schottenloher / Binkowski: Flugblatt und Zeitung, 1985, S. 97.

10 Schreiben Rudolph von Gneist an Karl Josef Mittermaier vom 30. Juli 1861, Briefwechsel 2000, S. 128.

11 Siehe auch die Beschreibung Max Hachenburgs in seinen Erinnerungen zur Entstehung seiner 1898 veröffentlichten »Vorträge über das BGB«. Vgl. Hachenburg: Selbstdarstellung, 1925, S. 100; Hachenburg: Lebenserinnerungen, 1978, S. 107–108.

Rechtswissenschaft und -praxis mit einer Vielzahl von Schriften, Vorträgen und Meinungsäußerungen eingehend reflektiert. So füllten allein die im Vorfeld veröffentlichten amtlichen Materialien eine eigene Bibliographie, dieses 1899 erschienene Verzeichnis umfasste die zwischen 1888 und 1898 herausgegebenen Werke und erlebte bis 1902 noch drei Nachträge.[12]

Während die Vorkommission aus lediglich fünf Mitgliedern mit weitgehend gleichen beruflichen Funktionen bestand,[13] war der Teilnehmerkreis der Ersten Kommission heterogener. Die Kommission bestand aus neun Richtern und Ministerialbeamten sowie zwei Professoren. Die Vorschläge der Vorkommission basierten weitgehend auf einem Gutachten von Levin Goldschmidt,[14] von den Teilnehmern der Ersten Kommission verankerte sich vor allem der Pandektist Bernhard Windscheid im Bewusstsein der Rechtswissenschaft. Auffällig ist, dass die Erste Kommission erst nach 13 Jahren 1887 ihren Ersten Entwurf vorlegte und in der Zwischenzeit lediglich vertrauliche Beratungen stattfanden, die nur mit ausgewählten Publikationen an die Öffentlichkeit drangen.[15] Nach der restriktiven Informationspolitik erstaunt es nicht, dass der schließlich veröffentlichte Entwurf der Ersten Kommission – der sich stark an den Grundsätzen des gemeinen Rechts sowie an den Lehren Friedrich Carl von Savignys orientierte – kontrovers debattiert wurde und als unsozial, unzeitgemäß und schwer verständlich galt: Er wurde überwiegend abgelehnt.[16] Ganz anders arbeitete dagegen die 1890 eingesetzte Zweite Kommission unter Leitung von Gottlieb Planck (1824–1910). Ihre Ergebnisse wurden bereits während der laufenden Beratungen regelmäßig im Reichsanzeiger veröffentlicht; die Kommission selbst stand auch in der Berichterstattung in Zeitungen und Zeitschriften im Fokus des juristischen Interesses. Dadurch war ein fortdauernder Austausch mit den Rechtsanwendern und

12 Die Bibliographie ist im Verlag J. Guttentag erschienen: »Bibliographie der amtlichen Materialien zum Bürgerlichen Gesetzbuche für das Deutsche Reich und zu seinem Einführungsgesetze«. Herausgegeben wurde sie von Georg Maas 1897. Zu den Nachträgen vgl. Schmoeckel: 100 Jahre BGB, 1996, S. 1697.

13 Mitglieder waren die Präsidenten der obersten Gerichtshöfe Bayerns, Preußens, Sachsens und Württembergs, ferner der Handelsrechtler Levin Goldschmidt. Vgl. Sturm: Kampf um die Reichseinheit, 1999, S. 24. Goldschmidt war zu dieser Zeit Reichsoberhandelsgerichtsart. Vgl. Coing / Honsell: Einleitung zum BGB, 2004, S. 48.

14 Nicht nur die Ergebnisse der Beratungen, sondern die gesamte Kommissionsarbeit war stark durch die Persönlichkeit Levin Goldschmidts geprägt: So fertigte Goldschmidt nach jeder Sitzung Zusammenfassungen an, die zu Beginn der nächsten Sitzung erneut vorgelegt wurden. Weyhe spricht deshalb auch von einer »Beherrschung« der Vorkommission durch Levin Goldschmidt. Vgl. Weyhe: Levin Goldschmidt, 1996, S. 113–114. Die Berufung eines Professors für Handelsrecht war Ende des 19. Jahrhunderts weniger ungewöhnlich als heute, da erst das Bürgerliche Gesetzbuch eine Trennung von Handels- und Zivilrecht zum Ziel hatte. Vgl. Coing / Honsell: Einleitung zum BGB, 2004, S. 35.

15 So veröffentlichte der Verlag J. Guttentag 1888 den »Entwurf eines Bürgerlichen Gesetzbuches für das Deutsche Reich. Erste Lesung. Ausgearbeitet durch die von dem Bundesrathe berufene Kommission. Amtliche Ausgabe.« Vgl. Verlagsverzeichnis J. Guttentag 1853–1903, S. 25–29.

16 Vgl. Sturm: Kampf um die Reichseinheit, 1999, S. 25.

der Wissenschaft möglich. Fünf Jahre nach ihrer Gründung legte 1895 die Zweite Kommission den Zweiten Entwurf vor, der bereits ein Jahr später als Dritter Entwurf dem Reichstag zugeleitet und leicht verändert am 18. August 1896 verkündet wurde.

3.2 Der Kampf um den reichsweiten Absatzmarkt

Im Buchhandel gelten die Jahre vor der Reichsgründung als wenig dynamische Phase. Dies änderte sich für die juristischen Verleger spätestens mit dem Jahr 1871 und der Einführung neuer Gesetze: Es ergab sich sowohl geographisch als auch thematisch ein wachsender Markt für juristische Literatur. Entsprechend entfalteten die Verlage insgesamt wieder eine »lebhaftere Geschäftstätigkeit«,[17] allenfalls wurden von Einzelnen eine sinkende Zahlungsmoral und die Bedrängnis von Sortimentern beklagt.[18]

3.2.1 Der juristische Buchmarkt: Solides Wachstum

Gemessen an der Titelproduktion wird die Zeit nach der Reichsgründung bis zum Ersten Weltkrieg als »Blütezeit des Verlagswesens«[19] bezeichnet, eine Einschätzung, die nachfolgend auch für die juristische Buchproduktion bestätigt wird. Die verwendeten statistischen Angaben basieren weitgehend auf Kastners Auswertungen der J. C. Hinrichs'schen Kataloge. Diese bieten sich nicht nur wegen ihrer Grundlage in dem Katalog *Tägliches Verzeichnis der Neuerscheinungen* an, sondern vor allem wegen der Autopsie als Basis – also der relativen Sicherheit, dass die Werke auch tatsächlich erschienen sind.[20] Ziel der J. C. Hinrichs'schen Bibliographie war die möglichst aktuelle und vollständige Information der Sortimenter über Neuerscheinungen. Diesen Anspruch löste das Verzeichnis fundiert für die juristische Buchproduktion ein, auch wenn Kastner im Rahmen ihrer quellenkritischen Reflexion auf die zeitgenössische Kritik hinweist, dass die außerhalb des Buchhandels erschienenen Schriften nicht enthalten sind. Die Auswertung speziell für die juristische Gesamtproduktion wird lediglich dadurch erschwert, dass die statistische Zuordnung ab 1897 durch das Herausnehmen des Bereichs »Verkehrswesen« aus den »Rechts- und Staatswissenschaften« verändert wurde.[21]

---

17 Stellvertretend für den Carl Heymanns Verlag vgl. Reuter: Von Manuskripten, 1967, S. 99.

18 Vgl. Titel: Vereine und Verbände, 2010, S. 7.

19 Kastner: Statistik, 2003, S. 300.

20 Ab 1893 wird in Teilen von dem Prinzip der strengen Autopsie abgewichen: Auch lediglich angekündigte Neuerscheinungen wurden mit aufgenommen mit dem Ziel einer verbesserten Aktualität. Vgl. auch insgesamt Kastner: Statistik, 2003, S. 328–331.

21 Die Gruppe 3 umfasste bis 1890 die Bereiche Jurisprudenz, Politik, Statistik, bis einschließlich 1896 die Rechts- und Staatswissenschaften, Verkehrswesen und ab 1898/99 die Rechts- und Staatswissenschaften. Vgl. Kastner: Statistik, 2003, S. 302–303.

Tabelle 3.1: Statistiken zur juristischen Gesamtproduktion von 1870 bis 1900[22]

Titelproduktion der Rechts- und Staatswissenschaften					
1870	1020 Titel	1881	1469 Titel	1892	2328 Titel
1871	1052 Titel	1882	1355 Titel	1893	2143 Titel
1872	1015 Titel	1883	1301 Titel	1894	2180 Titel
1873	1051 Titel	1884	1472 Titel	1895	2261 Titel
1874	1070 Titel	1885	1483 Titel	1896	2345 Titel
1875	1177 Titel	1886	1362 Titel	1897	*1946 Titel
1876	1329 Titel	1887	1369 Titel	1898	2078 Titel
1877	1268 Titel	1888	1490 Titel	1899	2313 Titel
1878	1319 Titel	1889	1549 Titel	1900	**2599 Titel
1879	1683 Titel	1890	1638 Titel		
1880	1557 Titel	1891	1901 Titel		

* Ausgliederung der Untergruppe Verkehrswesen
** Entsprach zehn Prozent der Gesamtproduktion

In der Sparte »Rechts- und Staatswissenschaft« wurden juristische, politische, statistische und volkswirtschaftliche Werke zusammengefasst.[23] Deren Gesamtproduktion bewegte sich seit Beginn des Kaiserreichs auf einem stetig steigenden Niveau, eine erste Spitze bildeten die Jahre 1879–1881. Trotz der zunächst nur langsamen Steigerung der Titelproduktion ist in den drei aufeinander folgenden Jahren eine hohe Produktion und ab 1884 ein kontinuierlich höheres Produktionsniveau zu verzeichnen: Die durchgehende Titelproduktion sank nicht mehr unter 1369 Titel. Eine weitere deutliche Erhöhung der Titelproduktion ist dann ab 1890 zu beobachten. Dabei ist der Umstand, dass in einem Jahr weniger Titel produziert wurden und deshalb die Kette eines kontinuierlichen Wachstums unterbrochen wurde, nicht ungewöhnlich: Praktisch jede Wissenschaftsdisziplin sah sich einem solchen Einbruch zu bestimmten Zeiten ausgesetzt. Bei der Medizin, die in ihrer Anwendungsorientiertheit durchaus mit der Jurisprudenz verglichen werden kann, stieg die Titelproduktion von 1871 bis 1875 durchgängig an, um dann im Jahr 1876 von 791 auf 703 herabzusinken. In den Naturwissenschaften war es das Jahr 1877, in dem sich die Titelproduktion von 848 auf 749 Titeln verringerte. Einer der Gründe für den zeitweisen überdurch-

22 Zahlen nach Kastner: Statistik, 2003, S. 318–327. Im Gegensatz zu den J. C. Hinrichs'schen Katalogen gelangt Otto Mühlbrecht in seiner »Übersicht der gesammten staats- und rechtswissenschaftlichen Literatur« gerade für die Jahre des beginnenden Kaiserreichs zwischen 1870 und 1890 in der Regel zu höheren Zahlen. Bis auf das Jahr 1895, für das Otto Mühlbrecht 77 Titel unter den Hinrichs'schen Zahlen liegt und das Jahr 1900, in dem beide Verzeichnisse bis auf einen Titel Unterschied gleichauf liegen, weist die Statistik von Otto Mühlbrecht gerade zu Beginn des Kaiserreichs zwischen 300 und 400 juristische Titel mehr aus. Vgl. auch Übersicht bei Mühlbrecht: Uebersicht der gesammten staats- und rechtswissenschaftlichen Literatur des Jahres 1868, 1869.

23 Vgl. insgesamt Kastner: Statistik, 2003, S. 305–306.

schnittlichen Anstieg der juristischen Titelproduktion waren augenscheinlich die dargestellten gesetzlichen Neuregelungen: 1877 beispielsweise die Reichsjustizgesetze, 1878 die Rechtsanwaltsordnung. Beide hatten ein vermehrtes Bedürfnis nach Fachliteratur hervorgerufen. Bis 1890 stieg die juristische Buchproduktion mit Schwankungen von 1557 Titeln in 1880 auf 1638 Titel leicht an. Erst nach 1890 ist wiederum ein überdurchschnittlicher Anstieg erkennbar: 1891 erschienen 1901 rechtswissenschaftliche Werke, was eine Steigerung von 16 % bedeutete. Danach vergrößerte sich die Produktion bis 1900 auf 2599 Titel.

Bedeutend für die juristische Buchproduktion war das Jahr 1896: Nach Verkündung des Bürgerlichen Gesetzbuchs wurden 2345 Werke herausgegeben – ein Wachstum von 122 % gegenüber 1871. Durch die Ausgliederung der Titel zum Verkehrswesen verringerte sich die Anzahl der in der Sachgruppe publizierten Titel naturgemäß wieder, die fehlende Titelproduktion in der Gruppe wurde aber durch eine vermehrte Produktion rechtswissenschaftlicher Titel annähernd ausgeglichen. Der zweite Höhepunkt der Titelproduktion im Zusammenhang mit dem Bürgerlichen Gesetzbuch war dann das Jahr seines Inkrafttretens, 1900, mit 2599 Neuerscheinungen und 24 792 Titeln insgesamt.[24] Da 1897 die Werke zum Verkehrswesen aus der Gruppe herausgenommen wurden – Auswirkung war ein Herabsinken der juristischen Titel auf lediglich noch 1946 Werke –, kann für die Produktionsentwicklung nicht durchgängig nachvollzogen werden, wie sich die Verkündung des Bürgerlichen Gesetzbuchs 1896 statistisch auf die Veröffentlichung juristischer Titel ausgewirkt hat. Nachdem allerdings bis zum Inkrafttreten des Bürgerlichen Gesetzbuchs am 1. Januar 1900 erneut ein Anstieg der juristischen Buchproduktion zu verzeichnen ist, kann von einer zunehmenden Veröffentlichung zivilrechtlicher Werke zum Bürgerlichen Gesetzbuch ausgegangen werden.

Die juristische Titelproduktion konnte ihren Anteil an der Gesamtproduktion halten: 1870 wurden in Deutschland 1020 juristische Werke veröffentlicht; das entsprach bei einer Gesamtproduktion von 10 058 Titeln[25] einem Anteil von 10,22 %. Mit der Reichsgründung erhöhte sich die Gesamtproduktion kontinuierlich: 1880 wurden insgesamt 14 941 Titel, zehn Jahre später 18 875 und 1900 24 792 Titel produziert; demzufolge lag der Anteil der juristischen Buchproduktion 1880 bei 10,4 %, 1890 bei 8,8 % und 1900 schließlich wieder bei 10,5 %.[26] Die Rechts- und Staatswissenschaften konnten also ihren statistischen Anteil an der Gesamtproduktion halten.

Insgesamt zeigt die Auswertung der juristischen Titelproduktion einen sprunghaften Anstieg der Produktion und eine – gerade auch gegenüber anderen Wissenschaftsdisziplinen – große Kontinuität des juristischen Verlagswesens im Kaiser-

---

24 Zur juristischen Titelproduktion siehe auch Kastner: Statistik, 2003, S. 305–306. Zur Titelproduktion insgesamt vgl. Kastner: Statistik, 2003, S. 300.

25 Paschke / Rath weisen mit 10 108 Titeln im Gegensatz zu den Hinrichs'schen Katalogen höhere Zahlen aus. Vgl. Kastner: Statistik, 2003, S. 300; Paschke / Rath: Lehrbuch, 1908, S. 68.

26 Vgl. Kastner: Statistik, 2003, S. 300 und 324–325.

reich. Gleichzeitig verdeutlicht die Zeit nach 1871 die Abhängigkeit der juristischen Buchproduktion von gesetzgeberischen Maßnahmen. Eine vermehrte juristische Produktion ist nach der Verabschiedung der Reichsjustizgesetze 1877 festzustellen. Im Jahr der Verkündung des Bürgerlichen Gesetzbuchs erreichte die juristische Titelproduktion einen ersten Höhepunkt. Einen weiteren statistischen Höhepunkt bildete das Jahr 1900, also das Jahr, in dem das Bürgerliche Gesetzbuch in Kraft trat. Der Anstieg der Titelproduktion hängt zweifelsohne auch mit einer höheren Risikobereitschaft auf Seiten der Verleger zusammen, die Wachstumschancen vor Augen hatten.

3.2.2 Erweiterter Absatzmarkt durch Reichsgründung

Mit reichseinheitlichen Gesetzen entstand in Deutschland erstmals ein überregionaler, reichsweiter Absatzmarkt für juristische Publikationen, dessen regionale Begrenzung sich zuvor aus der Dominanz des Landesrechts ergeben hatte. Die juristischen Verlage profitierten in vielfältiger Hinsicht davon: Nicht nur, dass ein Großteil ihrer Publikationen, mit der Ausnahme landesrechtlicher Werke, im gesamten Reichsgebiet verkauft werden konnte und für spezielle juristische Themenfelder ein auf das ganze Reichsgebiet erweiterter Autoren- und Kundenkreis zur Verfügung stand. Es konnten auch weitere, der Jurisprudenz benachbarte Programmbereiche wie die Staatswissenschaften ausgebaut werden. Gerade die politische und staatswissenschaftliche Literatur nahm stark zu und entwickelte sich »zu einem der größten wissenschaftlichen Teilmärkte des späten Kaiserreichs«.[27] So führte Oskar Beck den Aufschwung seines Verlags auf die Reichsgründung und ihre Gesetze zurück.[28] Eine Erweiterung fand insofern statt, als dass der Verlag C.H.Beck mit Sitz in Nördlingen sein Programm neben den Reichsgesetzen vor allem mit den Ausführungsgesetzen für Bayern ausbauen konnte.

Der Markt profitierte auch von Veränderungen innerhalb der buchhändlerischen Organisationsstrukturen. Ein Zeichen des wachsenden Marktes waren 1871–1872 auch die erstmals über 1000 im Börsenverein der Deutschen Buchhändler organisierten Mitglieder.[29] 1888 traten mit der Buchhändlerischen Verkehrsordnung[30] und weiterer Satzungen die Krönerschen Reformen in Kraft. Die Reformen stärkten unter anderem

27 Müller: Wissenschaft und Markt, 2004, S. 37. Vgl. auch Arends / Klippel: Die juristischen Zeitschriften, 1999, S. 46–47.

28 Vgl. Beck: Festschrift, 1963, S. 43; Beck: Der juristische Verlag, 1988, S. 25.

29 Vgl. Geschichte des Börsen-Vereins der Deutschen Buchhändler 1875, S. 46–58.

30 Wittmann bezeichnet die Verkehrsordnung als »Grundgesetz der neuen Handelsusancen«. Wittmann: Geschichte deutschen Buchhandels, 1999, S. 297. Vgl. auch Widmann: Geschichte des Buchhandels, 1975, S. 136.

den festen Ladenpreis für Bücher, die sogenannte Preisbindung letzter Hand.[31] Reglementierungen wie die 1897 in Kraft getretene Restbuchhandelsordnung dienten als Maßnahmen gegen die »Schleuderei« und den unerlaubten Nachdruck und setzten einen vorläufigen Schlusspunkt unter die bereits seit Mitte des 19. Jahrhunderts vorhandenen Reformbestrebungen. Mit der Einführung von Bestellanstalten und Barsortimenten und durch ein effizienteres Vertriebssystem mittels zentraler Umschlagplätze[32] und flächendeckender Verkaufsstellen für Bücher konnten die Kundenbedürfnisse Ende des 19. Jahrhunderts besser befriedigt werden, von den Maßnahmen profitierte der Buchhandel insgesamt. Einige Veränderungen innerhalb der Vertriebswege blieben nicht ohne brancheninterne Auseinandersetzungen wie zum Beispiel die Absatzmöglichkeiten im Rahmen von Warenhäusern: Das Kaufhaus A. Wertheim verkaufte seit 1892 in einer »Abteilung für Buchhandel« literarische, aber auch wissenschaftliche Werke.[33] Obwohl kein Hauptabsatzmarkt für juristische Werke, wurden in den Buchhandelsabteilungen der Kaufhäuser zumindest die auf ein Massenpublikum ausgerichteten Werke wie Gesetzbücher zum Verkauf angeboten.[34]

Und schließlich erweiterte sich noch ein anderes Marktsegment. Nicht nur auf Rechtsanwenderseite vergrößerte sich der Markt für juristische Literatur; auch die Studentenzahlen stiegen an und bildeten eine zusätzliche Möglichkeit für den Absatz rechtswissenschaftlicher Werke. Die Anzahl aller Studenten in den deutschen Ländern erhöhte sich von 11 901 Studenten in 1859–1860 auf 29 011 Studenten in 1889. 1876 studierten 18,1 % aller Studenten Rechtswissenschaft, nach einer zweiten »Wachstumswelle« betrug der Anteil der Jurastudenten 1902–1903 bereits 30,2 %.[35] Da nicht alle erfolgreichen Studenten in den Staatsdienst übernommen werden konnten, bestanden »überfüllte Juristenlaufbahnen« – was sich auf den Absatzmarkt für juristische Literatur allerdings nicht negativ auswirkte. Jarausch bescheinigt den Jurastudenten des Kaiserreichs, dass sie »jung, städtisch, evangelisch oder jüdisch (8,5 %), etwas moderner vorgebildet, männlich, am elitärsten und adeligsten« waren und »aus Handel und Beamtenschaft sowie aus gebildeten oder besitzenden Familien«[36] kamen. Mit diesem familiären Hintergrund kann auch von einer ausreichenden Kaufkraft der Studenten ausgegangen werden.

31 Vgl. Widmann: Geschichte des Buchhandels, 1975, S. 133, 139, 297.

32 Einen zentralen Umschlagplatz bildete Leipzig. Vgl. Hoffmann: Buchverlage, 1997, S. 11.

33 Zur ersten Buchabteilung in einem Kaufhaus vgl. auch Jäger: Kaufhausbuchhandel, 2003, S. 628; Wittmann: Hundert Jahre Buchkultur, 1993, S. 84. Das Kaufhaus A. Wertheim wurde vom etablierten Buchhandel seit 1901 anerkannt und 1919 Mitglied des Börsenvereins des deutschen Buchhandels.

34 Vgl. Wittmann: Hundert Jahre Buchkultur, 1993, S. 84, der zu den Büchern »für den Massengeschmack« neben Lexika, Romanen und Gesammelten Werken auch Gesetzbücher zählt.

35 Vgl. insgesamt Jarausch: Deutsche Studenten, 1989, S. 74.

36 Zitate Jarausch: Deutsche Studenten, 1989, S. 72, 75, 78–79.

3.2.3 Juristische Verzeichnisse erschließen den Markt

Mit der Zentralisierung des Rechts- und Staatswesens im Kaiserreich und der stärkeren Formierung und Institutionalisierung der Jurisprudenz als Wissenschaft wuchs auch das Bedürfnis nach spezialisierten juristischen Bibliographien. Im Gegensatz zu früheren Katalogen wurden die am Ende des 19. Jahrhunderts initiierten juristischen Verzeichnisse in regelmäßigem Rhythmus aktualisiert und trugen dem zunehmenden Bedürfnis nach Recherchemöglichkeiten Rechnung. Zuvor waren die juristischen Titel lediglich wie die Werke anderer Sachgruppen in den allgemeinen Katalogen verzeichnet. Insofern können die nach der Reichsgründung ins Leben gerufenen juristischen Bücherverzeichnisse auch als ein Zeichen für den gewachsenen und weiterhin expandierenden Markt gewertet werden: Die Funktion der neu aufkommenden Bibliographien bestand vor allem in der Information über Neuerscheinungen. Im Gegensatz zu den Verzeichnungen juristischer Werke in den Buchhandelskatalogen *Allgemeines Bücher-Lexikon* von Heinsius[37] und *Neues Bücher-Lexicon* von Kayser[38] waren die Kataloge nach 1871 vor allem um rasche Informationen bestrebt. Anders als die früheren Verzeichnisse erhoben sie auch den Anspruch umfassender Katalogisierung und Fortschreibung neu erschienener Titel.

Ein allgemeines Verzeichnis, welches sich um eine spezielle Auflistung nach einzelnen Wissenschaftsgruppen bemühte, war das bereits erwähnte zwischen 1834 und 1915 von der Firma J. C. Hinrichs bearbeitete *Tägliche Verzeichnis der Neuerscheinungen*. Für den Berichtszeitraum 1797 bis 1944 gab es das *Halbjahresverzeichnis der Neuerscheinungen des deutschen Buchhandels*, welches mit wechselnden Bearbeitern und herausgebenden Verlagen vor allem als *Hinrichs Halbjahreskatalog* bekannt ist. Erleichtert wurde die Handhabung der Kataloge durch kumulierte Viertel- und Halbjahresverzeichnisse, ferner durch ein Repertorium. Das 1863 erschienene Repertorium listete für die Jahre 1857 bis 1861 die juristischen Neuerscheinungen unter der Sachgruppe III »Rechts- und Staatswissenschaften« auf. Neben den allgemeinen – meist von buchhändlerischen Unternehmen herausgegebenen – juristischen Bibliographien existierten auch Spezialbibliographien für bestimmte Publikationsarten wie eine Zusammenstellung juristischer Festschriften und Festschriftenbeiträge, die erstmals 1894 und bis 1944 herausgegeben wurde.[39] Eine der bekanntesten juristischen

37 Der Heinsius wurde bei Johann Friedrich Gleditsch herausgegeben, Berichtszeitraum war 1700–1892. Die Werke waren alphabetisch nach Autor und Titel geordnet, Erscheinungsort und Verlag wurden mitverzeichnet.

38 Der Kayser wurde im Verlag von Ludwig Schumann herausgegeben, Berichtszeitraum war 1750–1910. Die Werke waren alphabetisch nach Autor und Titel geordnet, Erscheinungsort und Verlag wurden mitverzeichnet. Zu der abnehmenden Bedeutung der Meßkataloge vgl. Brauer: Weidmann 1680–1980, 1980, S. 8, 113–114. Paschke / Rath referieren für die Zeit vor 1800 auf Meßkataloge. Vgl. Paschke / Rath: Lehrbuch, 1912, S. 67–69.

39 Heute erscheint der »Dau« im Verlag Arno Spitz. Vgl. Dau: Bibliographie juristischer Festschriften, 1984.

Bibliographien ist das bis heute im juristischen Buchhandel verwendete *Schweitzers Vademecum*.[40] Neben dem *Vademecum* werden nachfolgend mit *Mühlbrechts Wegweiser* noch eine weitere juristische Bibliographie sowie einige Verzeichnisse juristischer Verlage vorgestellt. Außerdem werden die Darstellung juristischer Werke in Barsortimentskatalogen und die Verlagsdarstellungen im *Russell* untersucht.

Juristisches Verzeichnis: Schweitzers Vademecum (1867)

Das 1867 erstmals veröffentlichte Verzeichnis der Buchhandlung J. Schweitzer in München trug den Titel *Literarisches Vademecum für Juristen und Verwaltungsbeamte*. Das Titelblatt der Ausgabe von 1891 stellte J. Schweitzer als »Special-Buchhandlung, Antiquariat und Leih-Institut für Jurisprudenz«[41] vor. Die Umschlaginnenseite warb mit dem »Umstande, dass wir uns speciell für Jurisprudenz verwenden und ein vollständiges Sortiments- und Antiquariats-Lager der einschlägigen Literatur unterhalten«. So war man in der Lage »jeden Auftrag nicht nur sofort ausführen, sondern unsern verehrten Kunden auch mit den billigsten Preisen für Antiquaria entgegenkommen zu können«. Unterteilt waren die Ausgaben von *Schweitzers Vademecum* in die Bereiche I. Rechts- und Staatswissenschaften, II. Brochüren-Literatur und einen Anzeigenteil. Für die Broschürenliteratur erfolgte der Hinweis, dass diese nur in Ausnahmefällen und nur für kurze Zeit zur Einsicht geliefert und nicht entliehen werden können.

Das *Vademecum* verzeichnete alle Titel in alphabethischer Reihenfolge nach Verfassern und Schlagworten gemeinsam, zur besseren Übersichtlichkeit waren die Schlagworte jeweils unterstrichen. Neben der Auflage und dem Erscheinungsjahr wurden auch Veröffentlichungsort und Preise der Werke angegeben. Abgabepreise waren für die gebundene und die ungebundene Form verzeichnet. Teilweise beinhalteten die Werkangaben Zusätze wie »Schönes Exemplar«.[42] Das herausgebende Unternehmen nutzte sein *Schweitzers Vademecum* auch, um im hinteren Teil des Katalogs Werbung für die eigenen Verlagswerke zu machen. Während die Ausgabe von 1891 lediglich eine Werbeseite des J. Schweitzer Verlags enthielt, die sich im allgemeinen Anzeigenteil zwischen werblichen Hinweisen anderer Verlage befand, beinhaltete das *Vademecum* für das Jahr 1900 am Ende des allgemeinen Verzeichnisses einen separat paginierten eigenen Katalog nur mit den Werken des J. Schweitzer Verlags. Die Kata-

---

40 Bis 2008 existierte das Verzeichnis als Printwerk, seit 2009 sind die juristischen Titel in der Datenbank der Buchhandelskette Schweitzer Fachinformation zu finden.

41 Das Verzeichnis von 1891 umfasst 72 Seiten Literaturverzeichnis sowie 32 römisch paginierte und 14 weitere Anzeigenseiten im hinteren Teil des Vademecums. Dabei belegt allein die Anzeige der Bände der Guttentag'schen Sammlungen vier Seiten. Vgl. insgesamt und folgende Zitate J. Schweitzer Sortiment: Litterarisches Vademecum für Juristen und Verwaltungsbeamte 1891.

42 Der Hinweis findet sich in der Ausgabe von 1891 für die Entscheidungen des (Bundes) Reichs-Oberhandelsgerichts für die Ausgabe von 1871/80.

loge erschienen in jährlichem Rhythmus und hatten neben der allgemeinen Kundeninformation zunehmend auch die Werbung für die eigenen Verlagsprodukte im Blick.

Juristisches Verzeichnis: Mühlbrechts Wegweiser (1886)

Die »Buchhandlung für Staats- und Rechtswissenschaft« Puttkammer & Mühlbrecht in Berlin brachte 1886 die erste Auflage ihres *Wegweisers durch die neuere Literatur der Staats- und Rechtswissenschaften* heraus, bearbeitet für die Praxis von Otto Mühlbrecht (1838–1906). Der Werdegang Mühlbrechts und seine Motivation zur Herausgabe einer juristischen Bibliographie lassen sich dank umfangreicher Selbstaussagen[43] gut rekonstruieren: In seinen Erinnerungen – Mühlbrecht war, als er sie verfasste, gerade fünfzig Jahre alt geworden – beschreibt er, dass »der Ordnungssinn und eine gewisse Neigung zum Systematisieren«[44] ihn die bibliographische Tätigkeit liebgewinnen ließen. Bereits in seiner ersten Gehilfenstellung in Göttingen erarbeitete er zum eigenen Gebrauch ein wissenschaftlich-systematisches »Compendien-Verzeichnis«. Für die Rechts- und Staatswissenschaften entschied sich Mühlbrecht dagegen eher aus rationalen Erwägungen, da er – zu Recht – davon ausging, dass »schon der Ausbau des Norddeutschen Bundes [...] eine Menge neuer Behörden mit Bücherbedarf ins Leben und die von Bismarcks starker Hand geleitete Politik« diesem Zweig des Buchhandels einen Aufschwung bescheren würde. Die Verbindung mit Albert Puttkammer aus Danzig kam auf Grund persönlicher Kontakte zu Stande: Beide hatten sich schon gemeinsam auf das Buchhändlerexamen vorbereitet. Das neu gegründete Unternehmen Puttkammer & Mühlbrecht profitierte von der Reichsgründung ebenso wie von der Einführung des Bürgerlichen Gesetzbuchs. Mühlbrecht verstand seine Aufgabe darin »mit den verschiedenen Strömungen der Staats- und Rechtswissenschaften Fühlung zu gewinnen, namentlich die freundliche Stellung des Auslandes zu Deutschland für unser Geschäft zu benutzen«.[45]

Der erste *Wegweiser* von Mühlbrecht wurde 1886 veröffentlicht, die zweite Auflage des Nachschlagewerkes erschien sieben Jahre später, 1893, in zwei Teilen: Der erste Teil wurde 1893, der zweite Teil erst 1901 herausgegeben.[46] Parallel wurde die *Bibliographie des Bürgerlichen Gesetzbuches für das Deutsche Reich* initiiert, deren letzter Teil 1901 erschien. Otto Mühlbrecht hatte bereits Erfahrungen mit Verzeichnissen dieser Art gesammelt: Als Vorläufer des Wegweisers können die *Monatlichen Uebersichten* gesehen werden, die im Jahr 1869 gesammelt mit Register erschienen sind.[47]

---

43 Otto Mühlbrecht verfasste umfangreiche Erinnerungen. Vgl. Mühlbrecht: Aus meinem Leben, 1890 sowie Mühlbrecht: Aus meinem Leben, 1898.

44 Mühlbrecht: Aus meinem Leben, 1890, S. 10.

45 Zitate Mühlbrecht: Aus meinem Leben, 1898, S. 24–26.

46 Vgl. Otto Mühlbrechts Wegweiser durch die neuere Litteratur der Rechts- und Staatswissenschaften 1893.

47 Vgl. insgesamt Vorwort Mühlbrecht: Uebersicht, 1869.

Hier wurden bereits umfangreich auch ausländische Werke berücksichtigt, nicht nur des »deutschen, französischen, englischen, amerikanischen, italienischen, holländischen, dänischen, schwedischen und norwegischen Buchhandels«, sondern auch »die Publicationen der neueren Zeit aus der anglo-indischen, peruvianischen, canadischen, grossrussischen und bömisch-slowakischen Literatur«. Zur Übersicht erschien eine jährliche *Allgemeine Bibliographie der Staats- und Rechtswissenschaften.*

Bei dem *Wegweiser* handelte es sich um den Lagerkatalog der Buchhandlung, welcher durch umfangreiche Register erschlossen wurde und nach Ansicht seines Herausgebers ein »brauchbares bibliographisches Hilfsmittel«[48] sein sollte. Der Katalog erfasste circa 16 000 Titel und erhob als Lagerkatalog keinen Anspruch auf Vollständigkeit. Otto Mühlbrecht blieb seiner internationalen Ausrichtung treu: Der *Wegweiser* gab nicht nur deutsche Titel wieder oder solche aus dem deutschsprachigen Ausland, sondern verzeichnete wiederum auch ausländische Werke.[49] Zeitlich erfasste der Katalog Literatur aus dem 19. Jahrhundert mit einem Schwerpunkt auf der Literatur aus den letzten Jahrzehnten vor Erscheinen des Kataloges. Der *Wegweiser* war in zwei Rubriken eingeteilt: eine systematische Übersicht und ein Register. Die Werke wurden jeweils nur mit kurzen bibliographischen Angaben versehen.

Mit der zweiten Auflage von 1893, einer wesentlich umfangreicheren Ausgabe, stellte Mühlbrecht eine noch stärkere Verbindung in die Rechtswissenschaft her: Die Ausgabe war Rudolf von Gneist gewidmet, »dem Nestor der Deutschen Rechts- und Staatswissenschaft«.[50] Mühlbrecht stellte in der Vorrede zu seinem Verzeichnis fest, dass es sich um das »Ergebniss eines jetzt 25 Jahre hindurch geübten Studiums der bibliographischen Hilfsmittel des In- und Auslandes, sowie der eigenen geschäftlichen Thätigkeit« handelte. Erfasst wurden nunmehr ungefähr 34 000 Titel[51], also doppelt so viele Werke wie in der ersten Auflage. Der Katalog zeichnete sich durch ein umfangreiches Register aus, »in etwa 48 000 Aufnahmen verarbeitet sind«. Mühlbrecht stellte wieder ausdrücklich die fehlende Vollständigkeit seines Katalogs fest und verweist explizit auf sein eigenes Urteil. Der Herausgeber hatte wie zuvor eine eigene Wertung in die Auswahl eingebracht: Mühlbrecht hatte nur diejenigen juristischen Werke aufgenommen, die ihm wertvoll oder hilfreich erschienen. In der zweiten Auflage übernahm Mühlbrecht für die Rechtswissenschaft die Systematik des Katalogs der Bibliothek des Reichsgerichts, für die Staatswissenschaften behielt er sein eigenes System bei. Das Anwachsen der Bibliographie Mühlbrechts zeigt deutlich die Ausweitung des juristischen Buchmarktes und ein Bedürfnis nach Orientierung angesichts der ansteigenden Buchproduktion im Kaiserreich.

---

48 Mühlbrecht: Wegweiser, 1886, S. II. Jährlich wurden sechs Hefte von je drei Druckbogen zum Abonnementspreis von vier Mark mit ausführlichen bibliographischen Angaben herausgegeben.

49 Vgl. Mühlbrecht: Wegweiser, 1886, S. II.

50 Zitate Vorblatt Mühlbrecht: Wegweiser, 1893.

51 Dagegen erfasst die Allgemeine Bibliographie der Staats- und Rechtswissenschaften im Zeitraum 1868 bis 1892 etwa 87 500 Titel, jährlich im Durchschnitt 3500 Neuerscheinungen.

Juristische Werke in anderen Verzeichnissen

Nicht nur juristische Buchhandlungen gaben Verzeichnisse ihrer Bestände und Übersichten über rechtswissenschaftliche Literatur heraus.[52] Auch einige juristische Verlage initiierten neben ihren Verlagskatalogen Bibliographien, die nicht nur der Vorstellung der eigenen Verlagsprodukte dienten, sondern zumindest den Anspruch einer kritischen Gesamtschau erhoben und auch Neuerscheinungen aus anderen Verlagen präsentierten. Im Verlag Ferdinand Enke erschien das *Centralblatt für Rechtswissenschaft*, welches später von J. C. Hinrichs in Leipzig übernommen wurde. Der Carl Heymanns Verlag tat dies mit seinem Verzeichnis *Kritisches Literaturblatt für Rechts- und Staatswissenschaft* ab 1879 sowie dem Katalog *Juristisches Litteraturblatt* ab 1889.[53] Bei letzterem war der Verleger Otto Löwenstein persönlich Schriftleiter, er wollte »einen möglichst vollständigen Überblick über die in Deutschland publizierten juristischen Neuerscheinungen und Zeitschriften«[54] geben.

Die juristischen Bibliographien dienten den herausgebenden Unternehmen auch dazu, sich im Markt für die juristische Fachliteratur zu positionieren. Otto Löwenstein verfolgte mit seinem Literaturblatt ebenso wie Otto Mühlbrecht den Zweck, mit der richtigen Auswahl einen Überblick zu geben. Dieser gewann an Bedeutung, nachdem die häufig ausschließliche regionale Verankerung durch die Reichsgründung nicht mehr gegeben war und die juristischen Verlage dadurch einem größeren Konkurrenzdruck ausgesetzt waren. Unterschiedliche Werke in verschiedenen Verlagen machten eine zentrale Nachschlagemöglichkeit notwendig, in der sich der juristische Fachanwender über die Neuerscheinungen in seinem Spezialgebiet umfassend informieren und entsprechend auswählen konnte.

Barsortimentskataloge als Hilfsmittel

Auch in den Barsortimentskatalogen konnte nach juristischer Literatur recherchiert werden: Die Rechts- mit den Staatswissenschaften bildeten eine eigene Gruppe.[55] Zusätzlich zu den allgemeinen Barsortimentskatalogen gab es Handkataloge als Spezialkataloge, »welche die lieferbare Literatur zu einzelnen Wissenschaften systematisch zusammenfaßten«.[56] Daneben dienten die Kompendien-Kataloge des Barsortiments

52 Neben J. Schweitzer und Puttkammer & Mühlbrecht beispielsweise auch R. L. Prager Spezialgeschäft für Rechts- und Staatswissenschaft: Bericht über neue Erscheinungen und Antiquaria aus dem Gesammtgebiete der Rechts- und Staatswissenschaften 1886.

53 Zur Intention siehe auch Vorbemerkung der Redaktion von Carl Heymann's Kritisches Literaturblatt für Rechts- und Staatswissenschaft vgl. Verlagsprospekt Carl Heymanns; ebenso das Vorwort des Herausgeber Richard Ryck in der ersten Ausgabe. Vgl. Löwenstein: Juristisches Litteraturblatt 1889.

54 Lindner: Otto Löwenstein, 2003, S. 35.

55 Zur Gruppe der Rechts- und Staatswissenschaften vgl. auch Jäger: Das Barsortiment, 2003, S. 682. Der erste Barsortimentskatalog erschien ab 1850 bei Volckmar; 1871 brachte die Firma L. Staackmann einen entsprechenden Katalog heraus. Vgl. auch Bez / Keiderling: Zwischenbuchhandel, 2010, S. 75.

56 Jäger: Barsortiment, 2003, S. 682.

K. F. Koehler und die Wissenschaftlichen Handbücher von Volckmar als Nachschlagewerke. Insbesondere in den Jahren nach 1887 spielten die Kataloge des Barsortiments für den wissenschaftlichen Buchhandel eine große Rolle, da die Firma K. F. Koehler wissenschaftliche Literatur in ihr Lager aufnahm. Hinzu kam, dass die Kataloge verstärkt auch von Endkunden benutzt wurden,[57] was ihnen für die praktische Arbeit im Buchhandel zusätzliche Bedeutung verlieh. Bereits ab 1867 wurde die wissenschaftliche Abteilung ausgebaut. Allerdings war die Anzahl der juristischen Werke im Verhältnis zu anderen Wissenschaftsdisziplinen unterrepräsentiert. Die Anzahl der Seiten, die auf juristische und staatswissenschaftliche Werke entfielen, lag mit 82 Seiten weit hinter denen der Medizin und Naturwissenschaften mit 132 Seiten und der Philosophie und Sprachwissenschaft mit 148 Seiten, und sogar noch hinter denen von Theologie, orientalischen Sprachen, Philosophie, Pädagogik mit 96 Seiten.

Russell als »Gesammt-Verlags-Katalog«

Im Gegensatz zu den vorher erwähnten Katalogen verzeichnete der 1880 im Börsenblatt erstmals vorgestellte *Gesammt-Verlags-Katalog* alle Werke eines Verlags an einer Stelle.[58] Die früheren Kataloge listeten die Werke dagegen nach Autor und Titel – für eine Gesamtschau einzelner Verlage war der Handel auf Verlagsankündigungen oder Verzeichnisse angewiesen. Da jährlich aktualisierte Verlagsverzeichnisse im 19. Jahrhundert noch nicht durchgängig üblich waren,[59] stellte das von Adolph Russell (1839–1881) initiierte Gesamtverzeichnis tatsächlich eine Neuartigkeit im Buchmarkt dar: Durch die Ordnung nach Verlagen konnte gezielt bei einem bestimmten für juristische Literatur bekannten Verlag gesucht werden. Gleichzeitig ist der *Russell* mit seiner Darstellung der Produktion eines Verlages als Ganzes ein Beleg dafür, dass die Verlage als Marken und spezialisierte Publikationsorte an Bedeutung gewannen. Nicht nur die Verlage achteten verstärkt auf ihre Eigendarstellung, sondern auch das Bedürfnis wuchs, sich über die Produktion eines speziellen Verlagshauses zu informieren.

Der Initiator und Verleger hinter diesem Unternehmen war der Münsteraner Verleger Adolph Russell, der sich auch persönlich um das Verzeichnis bemühte. Allerdings starb er bereits 1881 vor Vollendung des gesamten Katalogwerks an einem »hitzigen Nervenfieber«, was laut Vorwort, »die Folge allzu aufreibender, überanstrengender Arbeit und bitterer Enttäuschungen jeder Art« war: »Sein Werk wurde ihm zum frühen Grab«.[60] Der Verleger erhielt oft nur vage Unterstützungszusagen, was sich auch nach

57 Vgl. Bez / Keiderling: Zwischenbuchhandel, 2010, S. 81.

58 Zur Bedeutung des »Gesammt-Verlags-Katalog des deutschen Buchhandels« im 20. Jahrhundert vgl. Sarkowski: Der »historische« Verlagsverzeichnis, 1979, S. 81; Knoche: Russell, 1988, S. 125.

59 Knoche verweist darauf, dass der Anstoß Adolph Russells viele Verlage überhaupt erst zu einer Zusammenstellung der eigenen Verlagsproduktion bewogen hat. Vgl. Knoche: Russell, 1988, S. 124.

60 Zitate entnommen dem Vorwort »Gesammt-Verlags-Katalog des Deutschen Buchhandels. Ein Bild deutscher Geistesarbeit und Cultur« 1881.

dem Tod von Adolph Russell fortsetzte. Gerade nach seinem Ableben zogen viele Verleger ihre ursprüngliche Zusage der Übersendung eines Verlagsverzeichnisses doch wieder zurück.[61]

Knoche weist auf das Verdienst Adolph Russells und seiner Nachfolger hin, ein »Verzeichnis von imponierender Vollständigkeit«[62] geschaffen zu haben. Der *Russell* genießt für die vorliegende Arbeit auch deshalb einen herausragenden Stellenwert, da er für einige der bereits zu Beginn des 20. Jahrhunderts nicht mehr existierenden rechtswissenschaftlichen Verlage mangels anderer Materialien die einzige zuverlässige Quelle im Hinblick auf ihre Titelproduktion im Kaiserreich darstellt.[63] Ferner stellt das Verzeichnis die verschiedenen Verlagsproduktionen zum gleichen Zeitpunkt gegenüber und lässt deshalb im Gegensatz zu anderen Bibliographien direkte Vergleiche der juristischen Verlage untereinander zu.

Zusammenfassend lässt sich feststellen, dass die Formierung der Rechtswissenschaft als Disziplin auch eine stärkere Strukturierung des rechtswissenschaftlichen Marktes zur Folge hatte. Die vielfältigen Spezialbibliographien sind ein Ausdruck des sich ordnenden juristischen Buchhandels und des erhöhten Organisationsgrades der Rechtswissenschaft, aber auch eines veränderten praktischen Umgangs mit juristischen Publikationen im Kaiserreich. Der wachsende Markt für juristische Publikationen eröffnete den Verlagen die Möglichkeit, in einem relativ gesicherten Absatzmarkt zu expandieren. Auch die in juristischen Randbereichen veröffentlichten Werke konnten mittels spezieller Bibliographien und Verlagsankündigungen aufgefunden werden.

3.3 Expansion auf gefestigter Grundlage im Kaiserreich

Die mit der Reichsgründung entstandenen Chancen eines reichsweiten, aber auch regional erweiterten Absatzmarktes boten den juristischen Verlagen vielfältige Möglichkeiten zu einem Ausbau ihrer Programme und zu einer stärkeren Durchdringung des Marktes. Die neuen Gesetze – allen voran das Bürgerliche Gesetzbuch – schufen ideale Voraussetzungen für die Verlage, ihre Stärken auszuschöpfen: Die neuen Reichsge-

---

61 Da die Herstellkosten des Gesamtverzeichnisses im Verhältnis zu den Verlagsdarstellungen auf die einzelnen Verlage umgelegt werden sollten und Adolph Russell lediglich die Gemeinkosten übernehmen wollte, hatten die Absagen auch finanzielle Auswirkungen auf das Projekt. Russells Nachfolger, Johannes Basch, übernahm schließlich das verlegerische – und damit auch wirtschaftliche – Risiko. Vgl. Knoche: Russell, 1988, S. 124.

62 Knoche: Russell, 1988, S. 124.

63 Das Verzeichnis wird in vorliegender Arbeit mangels anderer Quellen für einzelne Verlage herangezogen, da der Russell für viele juristische Verlage die einzige Möglichkeit darstellt, die Verlagsproduktion eines Verlags in ihrer Gesamtheit zu erfassen und einen Vergleich vorzunehmen mit Verlagen, von denen kein ausführliches Katalogmaterial mehr vorhanden ist.

setze wurden zu einer Zeit erlassen, als sich das juristische Verlagswesen endgültig gefestigt und formiert hatte und die juristischen Verlage mit ihrer Entwicklung zu spezialisierten Fachverlagen dem allgemeinen Trend im wissenschaftlichen Verlagswesen vorausgingen. Während sich zum Beispiel die geisteswissenschaftlichen Verlage erst allmählich zu spezialisieren begannen, schritt bei den juristischen Verlagen bereits eine Schwerpunktsetzung innerhalb der Rechtswissenschaft und die Expansion des Fachbereichs voran.

3.3.1 Expansion bei Marktführern und Neugründungen

Im Verlagsbuchhandel begann sich nach der Reichsgründung allgemein eine Ausweitung der Geschäftstätigkeit und ein höherer Grad an Spezialisierung durchzusetzen: So empfand der neue Inhaber des 1780 in Leipzig gegründeten Johann Ambrosius Barth Verlags, Arthur Meiner (1865–1952), die Fokussierung seines Verlags Ende des 19. Jahrhunderts bereits als spät und erkannte rasch, »dass der Verlag ohne eine wissenschaftliche Spezialisierung nicht überlebensfähig war«.[64] Als er 1890 die »verwaiste und ziemlich heruntergewirtschaftete Firma Johann Ambrosius Barth«[65] übernahm, betrieb Arthur Meiner deshalb rasch eine Spezialisierung und eine Erweiterung seines verlegerischen Aktionsradius – es wurden vornehmlich wissenschaftliche Literatur aus den Bereichen »Kunstgeschichte, Jura, Theologie und Naturwissenschaften« veröffentlicht; das Programm blieb allerdings »noch recht heterogen«.[66] Eine Expansion – und damit in der Regel auch eine stärkere Konzentration auf die Rechtswissenschaft – lässt sich besonders gut bei den Marktführern nachzeichnen: Stellvertretend wird die Entwicklung in den Verlagen Carl Heymanns und J. Guttentag betrachtet.

Carl Heymanns war nicht nur einer der ersten im 19. Jahrhundert durchgängig auf die Jurisprudenz spezialisierten Verlage, er überbot die Konkurrenz im Kaiserreich auch mit der höchsten Anzahl produzierter Titel: 1881 waren von den 711 bei Carl Heymanns erschienenen Titeln 605 Titel dem juristischen Programmbereich zuzuordnen.[67] Der nächstproduktionsstärkste juristische Verlag R. von Decker brachte 413 juristische Titel heraus und für J. Guttentag lassen sich 274 juristische Titel nach-

---

64 Fritzsch: Leipzig, 2007, S. 46.

65 Meiner: Johann Ambrosius Barth, 1955, S. 8. Der Verlag Johann Ambrosius Barth war 1780 von Johann Philipp Haug gegründet, 1790 von Johann Ambrosius Barth übernommen und in drei Generationen fortgeführt worden.

66 Zitate Fritzsch: Leipzig, 2007, S. 46. Insgesamt vgl. Meiner: Johann Ambrosius Barth, 1955, S. 11–12. Als eine endgültige Spezialisierung eintrat, fokussierte sich der Verlag auf Physik, Chemie, Medizin und Psychologie. Jäger stellt noch einen Anteil von 20 % juristischer Werke an der Gesamtproduktion fest. Vgl. Jäger: Der wissenschaftliche Verlag, 2001, S. 430.

67 Vgl. Russell: Carl Heymann's Verlag, 1881, S. 873–952.

weisen.[68] Bei Carl Heymanns und R. von Decker ist ferner auffällig, dass R. von Decker eine hohe Anzahl von Anweisungen, Bekanntmachungen, Gesetzentwürfen, Gesetzen, Erlassen und Reglements führte – insgesamt über 200 Titel –, also Werke, die einen geringen verlegerischen Aufwand erforderten. Das Verlagsprogramm bei Carl Heymanns war dagegen ein juristisches »Vollprogramm« mit unterschiedlichen Publikationsarten – auch solchen mit verlegerisch anspruchsvollerer Konzeption.

Die erfolgreiche Ausweitung der Verlagstätigkeit war nach dem Tod des Firmengründers Carl Heymann nicht abzusehen, da zunächst eine unruhige Zeit für den Verlag begann: Das Unternehmen ging auf die Witwe Johanna Heymann (?–1887) über, der Sohn wurde zum Geschäftsführer bestellt. Drei Jahre später, 1865, wurde der Verlag dann an Dr. A. E. Wagner verkauft, 1867 an M. F. Fleischinger (um 1846–?) und an Julius Imme mit einer Teilhaberschaft von Alexander Danz. Erst mit dem Erwerb des Unternehmens durch Otto Löwenstein im Jahr der Reichsgründung wurde wieder an die Familientradition angeknüpft: Otto Löwenstein stand als Sohn der Tochter von Johanna und Carl Heymann und damit als Enkel des Verlagsgründers in der Familientradition.[69]

Für den Zeitraum nach der Reichsgründung stellte Otto Löwenstein fest, dass sein Verlag »mehr und mehr ein Abbild der gesetzgeberischen und staatsrechtlichen Entwicklung des Reiches und der Bundesstaaten wurde und damit dem gesteckten Ziele täglich näher rückt«. Gleichzeitig stellte er die Bedeutung einer Expansion heraus: »so ist damit auch die Nothwendigkeit gegeben, gegenüber der rastlosen Thätigkeit der Gesetzgebungsmaschine eine entsprechende rastlose literarische Thätigkeit zu entwickeln. Und so haben denn die im vorigen Jahre publizierten Verlagswerke eine Zahl, einen Umfang, eine Bedeutung erreicht, wie sie schwerlich von vielen Verlagshandlungen getheilt werden dürfte«.[70]

Tabelle 3.2: Gegenüberstellung der Produktion 1875, 1881, 1887 bei Carl Heymanns[71]

1875	412 Werke im Verlagskatalog
1881	711 Werke nach Russell
1887	1464 Werke im Verlagskatalog

68 Insgesamt waren es im Verlag R. von Decker 843 Titel und bei J. Guttentag 495 Titel. Vgl. Russell: R. v. Decker's Verlag (Marquard & Schenck), 1881, S. 235–294. Vgl. für J. Guttentag Russell: J. Guttentag (D. Collin), 1881, S. 669.

69 Vgl. Verlagsverzeichnis Carl Heymanns 1915, S. 2; Lindner: Carl Heymann, 1996, S. 52; Lindner: Otto Löwenstein, 2003, S. V.

70 Zitate Verlagsverzeichnis Carl Heymanns 1876, S. 5–6.

71 Für das Jahr 1875 vgl. Verlagsverzeichnis Carl Heymanns 1875. Für 1881 vgl. Russell: Carl Heymann's, 1881, S. 873–952. Für 1887 vgl. Verlagsverzeichnis Carl Heymanns, März 1887.

Die Expansion im Bereich der Rechtswissenschaften lässt sich im Verlagsprogramm deutlich nachweisen: Von 1875 bis 1887 verdreifachte sich die juristische Produktion. Die Titelanzahl stieg von 412 Werken in 1875 auf 1464 Titel zwölf Jahre später.[72] 1877 überstieg die Anzahl der neu herausgegebenen Titel erstmals 100 Titel.[73] Im Kaiserreich steigerte sich die Produktion kontinuierlich, nach 1871 wurden bei Carl Heymanns keine anderen Wissenschaftsgebiete außer den Rechts- und Staatswissenschaften mehr gepflegt.[74] Lieferbar waren auch noch ältere Werke wie diejenigen von Carl Albert aus den Jahren 1821 bis 1824[75] oder *Das Recht der Erstgeburt* aus dem Jahr 1834. Daneben wurden vor allem Titel zur *Civilprozess-Ordnung* und *Konkurs-Ordnung* von 1879 veröffentlicht oder das erfolgreiche von Max von Brauchitsch (1835–1882) herausgegebene Werk *Die neueren Organisationsgesetze der inneren Verwaltung*. Auffällig sind eine Vielzahl von Titeln zu den neuen Reichsgesetzen: So enthält der Katalog im Anschluss an die Auflistung der Verlagswerke eine mehrseitige Anzeige mit Werbung für die Textausgaben und den Kommentar zu den Justizgesetzen.[76] Neben dem konsequenten Programmaufbau bei neu ergangenen Gesetzen[77] kann – quasi als komplementäre Strategie – auch die langjährige Fortführung von Entscheidungssammlungen als Zeichen für eine weitergehende Spezialisierung gewertet werden.

Verstärkt wurde die rasche Ausweitung der Verlagstätigkeit auch durch Zukäufe. Es wurden vornehmlich juristische Werke hinzugekauft wie die *Geschichte der Gerichtsverfassung* aus dem Verlag Stilke & van Munden oder die *Geschichte des spanischen Rechts*, die *Verhältnisse der Preußischen Civil-Staatsdiener* oder ein Werk zur Allgemeinen Gewerbeordnung für die Preußischen Staaten aus der Allgemeinen Deutschen Verlagsanstalt. Gerade die erstgenannten Titel aus der Rechtsgeschichte zeigen, dass der Verlag Carl Heymanns bestrebt war, auch in eher randständigen Bereichen Titel hinzuzukaufen und so sein Programm quantitativ auszuweiten. Hierin kann ein Expansionsstreben ebenso gesehen werden wie eine Profilierung in Spezial-

72 Vgl. Carl Heymanns: Verlagsverzeichnis, 1875; Carl Heymanns: Verlagsverzeichnis, 1887.

73 Es waren 109 neue Titel. Vgl. Lindner: Otto Löwenstein, 2003, S. 32.

74 Vgl. Verlagsverzeichnis Carl Heymanns 1875.

75 Die Werke wurden aus dem Verlag Renger in Halle übernommen. Ein vollständiger Titel lautet: »Ueber Remissionsentsagung des Pächters, und Verpachtung in Bausch und Bogen, ohne Gewähr. Ein Beitrag zur juridischen Erklärungskunst in Betref der Zeitpacht-Contracte über Landgüter nach gemeinem Rechte, unter Berücksichtigung des preussischen Landrechts, des österreichischen und französischen bürgerlichen Gesetzbuchs« (1821). Vgl. auch für folgende Werke Russell: Carl Heymann's, 1881, S. 873, 881, 883, 918, 934.

76 Exemplarisch: »Die Justizgesetze des Deutschen Reichs enthaltend Das Gerichtsverfassungsgesetz, Die Civilprozeß-Ordnung, Die Strafprozeß-Ordnung, Die Konkurs-Ordnung. Kommentirt von Dr. von Sarwey, Königl. Württembergischer Staatsrath. und J. Thilo, Königl. Preußischer Kreisgerichts-Direktor.« Vgl. Verlagsverzeichnis Carl Heymanns 1877, S. 90–95.

77 Der Geschäftsbericht aus dem Jahre 1876 verweist ausdrücklich auch auf die neuen Verordnungen, zu denen sich Titel im Verlagsprogramm finden wie die Signalordnung oder die Wehrordnung. Vgl. Verlagsverzeichnis Carl Heymanns 1876, S. 6.

bereichen der Rechtswissenschaft. Neben der Rechtswissenschaft sind einzig zwei andere Bereiche im Verlagsprogramm noch auffällig vertreten, der Bereich der Seuchenbekämpfung mit Publikationen wie den *Berichten der Cholera-Kommission für das Deutsche Reich* und Veröffentlichungen zur Heraldik und Ahnenforschung wie *Der Deutsche Herold. Zeitschrift für Heraldik, Sphragistik und Genealogie.*[78] Zu den Berichten der Cholera-Kommission stellte der Verleger heraus, dass es sich um die Übertragung der Bände vom Reichskanzleramt, also auch um eine amtliche Veröffentlichung, handelte. Hier blieb der Verlag seinem Standbein im Bereich hoheitlicher Publikationen treu.

Bereits im ersten Jahr der Reichsgründung schied der Verlag alle nicht-juristischen Titel aus dem Programm aus. Der erste Katalog seit dem Gesamtverzeichnis von 1846 weist ausdrücklich auf die veränderte Ausrichtung des Verlags hin:

> »Nachdem ein vollständiger Verlagscatalog nicht mehr seit dem Jahre 1846 herausgegeben worden, seitdem aber die mannigfachsten Veränderungen in dem Verlage der Firma eingetreten, ganz besonders als im Jahre 1871 der nicht juridische Theil völlig ausgeschieden wurde, konnte eine schleunige Zusammenstellung sämmtlicher Verlagswerke umso weniger länger verzögert werden, als die Einführung der Markwährung vielfach auch eine Aenderung der Preise nöthig machte.«[79]

Die Konzentration auf das juristische Verlagsprogramm wurde bei Carl Heymanns im Wesentlichen von Otto Löwenstein betrieben. Interessanterweise verstand sich der Verleger aber nicht ausschließlich als gewinnorientierter Kaufmann, sondern vielmehr als sozialer Verleger, der die juristische Richtung nicht lediglich aus Gewinnstreben eingeschlagen hatte und auf »die Schöpfung caritativer und genossenschaftlicher Einrichtungen« ebenso Wert legte, wie auf die »Zufriedenheit und gegenseitige Duldung zwischen Arbeitgeber und Arbeitnehmer«.[80] Ein Verlagskatalog zitierte den bekannten Verleger Friedrich Christoph Perthes (1772–1843): »Der wahre Kaufmann aber ist der, welcher Erwerb allein als Erwerb für höhere Zwecke betrachtet und da erst anfängt, wo andere enden.«[81]

Indem sich Otto Löwenstein in die Nähe erfolgreicher früherer Verleger rückte, machte er deutlich, dass er nicht nur wirtschaftlich erfolgreich Fachliteratur verlegte, sondern sich auch von übergeordneten Gedanken leiten ließ. Gleichzeitig verwies er häufiger auf die bereits von Carl Heymanns begründete Tradition des juristischen Verlags. Diese geistige Linie und das Selbstverständnis als juristischer Verleger wird auch deutlich, wenn Otto Löwenstein seine Kataloge betitelt mit »Verlags-Catalog von Carl Heymann's Verlag Rechts- und Staatswissenschaftlicher Verlag begründet

---

78 Vgl. Russell: Carl Heymann's, 1881, S. 878–879 und 906.
79 Verlagsverzeichnis Carl Heymanns 1875, S. 1.
80 Verlagsverzeichnis Carl Heymanns 1877, S. 13.
81 Aus Perthes' Leben Bd. I. S. 181.

1815«.[82] Dem Selbstverständnis eines juristischen Verlegers entsprechend versteht sich Otto Löwenstein als Teil des juristischen Rechtswesens und seinen Verlag als von der Rechtswissenschaft und Rechtspraxis wertgeschätzt. Im Geschäftsbericht von 1876 sieht er die entsprechende Anerkennung gegeben:

> »Neben dieser aktiven Thätigkeit verdient namentlich die mehr passive Entwicklung, die Stellung die sich der Verlag errungen, die Zeichen der Anerkennung, die ihm von Seiten selbst der höchsten Staatsbeamten freiwillig und reichlich gespendet worden, eine bedeutende, dankbare Erwähnung.«[83]

Konkurrenten im Kaiserreich: Der Verlag J. Guttentag

Zu einem der größten Konkurrenten von Carl Heymanns im Kaiserreich entwickelte sich der Verlag J. Guttentag. Gleichzeitig traditionsreicher Verlag und ein neuer Akteur im juristischen Buchmarkt fokussierte sich J. Guttentag nach der Reichsgründung zunehmend auf die Jurisprudenz. Seit 1853 befand sich das traditionsreiche Unternehmen zunächst in der Hand von Immanuel Guttentag (1817/1815–1862), welcher den Verlag vom Musikalienhandel zu einem spezialisierteren Programm führte, das seine Nachfolger im Kaiserreich expansiv zu einem juristischen Verlag ausbauten.

Immanuel Guttentag[84] war zunächst Disponent in der 1820 gegründeten Sortiments- und Verlagsbuchhandlung T. Trautwein, bevor er 1842 größere Teile davon übernahm und den Verlag 1853 durch Aussonderung verschiedener Verlagssegmente unter seinem Namen als J. Guttentag Verlag fortführte.[85] Obwohl das übernommene Sortiment hauptsächlich aus einer Musikalienhandlung bestand, orientierte sich Immanuel Guttentag anders: Ab 1854 fand eine Konzentration des Verlagsprogramms dergestalt statt, dass die aus dem Verlag T. Trautwein erworbenen Teile des Musikalienverlags und -handels gemeinsam mit weiteren Geschäftsfeldern an Martin August Bahn verkauft und das Musikaliengeschäft endgültig aufgegeben wurde. Gleichzeitig mit dem Verkauf der Musikalienhandlung trat im Jahr nach der Umfirmierung eine erste Tendenz ein, dass »Programm enger zu fassen«.[86] Eine Einseitigkeit lehnte der Verleger aber offensichtlich ab. Es wurden auch weiterhin Titel aus den Bereichen Geschichte, Philosophie, Archäologie und der Belletristik verlegt. Nach dem Tod von Immanuel Guttentag – der Namensgeber starb 1862 – ging der Verlag 1864 an seine Witwe Agnes Guttentag (1819–1881) über, die Franz Vahlen zum Geschäftsführer be-

---

82 Verlagsverzeichnis Carl Heymanns 1875, S. 1.

83 Verlagsverzeichnis Carl Heymanns 1876, S. 6.

84 Nachweislich schreibt sich der Verlagsgründer Immanuel, der Verlag wird in der Arbeit gemäß der gängigen Schreibweise mit »J. Guttentag« bezeichnet.

85 Zur Geschichte des Verlags unter anderem auch Fouquet-Plümacher / Wolter: Aus dem Archiv, 1980, S. 3–4; Lüdtke: Verlag Walter de Gruyter, 1924, S. 42–44.

86 Ziesak / Cram: Walter de Gruyter, 1999, S. 143.

stellte. Dieser führte die Geschäfte bereits seit dem Tod Immanuel Guttentags, schied aber 1869 aus, um seinen eigenen Verlag zu gründen.[87]

Nachdem zunächst Wilhelm Müller den Verlag leitete, wurde der Verlag 1871 von Daniel Collin gekauft, der den Verlag zusätzlich mit seinem Namen versah – J. Guttentag (D. Collin);[88] Wilhelm Müller blieb bis 1877 Teilhaber, danach war Oskar Häring Teilhaber. Beide Teilhaber sind auf Grund eigener Verlagsgründungen wieder ausgeschieden.[89] 1886 übernahm schließlich Hugo Heimann (1859–1950) den Verlag und wurde 1890 dessen Alleinbesitzer. Ab 1890 firmierte der Verlag auch wieder als J. Guttentag, Verlagsbuchhandlung. Acht Jahre später gab Hugo Heimann das Geschäft wieder auf und übertrug es an Christian von Bornhaupt, Walter de Gruyter (1862–1923), Carl Hammacher und Gustav Siegle. Vermittelt wurde der Verkauf durch einen Parteifreund Heimanns, August Bebel (1840–1913). Den juristischen Bereich formte ab 1900 auch Oscar Schuchardt, der bereits als Prokurist mit Hugo Heimann zusammen gearbeitet hatte.

Hugo Heimann war auf seine Tätigkeit als Verleger gut vorbereitet: Bevor er Teilhaber bei J. Guttentag wurde, war er ab 1880 vier Jahre bei Truebner & Co. in London als Privatsekretär und rechte Hand des Verlegers tätig gewesen und konnte den juristischen Buchhandel in einem Land kennenlernen, in dem sich das juristische Verlagswesen bereits sehr viel früher und stringenter entwickelt hatte als in Deutschland.[90] Nachdem er aus Heimat- und familiärer Verbundenheit ein Angebot zur finanzierten Verlagsgründung gemeinsam mit William Heinemann (1863–1920) ausgeschlagen hatte, kehrte er Ende 1884 nach Berlin zurück.[91] Hugo Heimann besaß eine Neigung für die Rechtswissenschaften,[92] die Mitarbeit in einem juristischen Verlag war also naheliegend. 1886 trat er »als Juniorpartner«[93] bei J. Guttentag ein – nach Heimann »ein alter, auf soliden Fundamenten stehender juristischer Verlag in Berlin«[94] –, seinerzeit geleitet von Daniel Collin.[95] 1890 übernahm Hugo Heimann den Verlag in Alleininhaberschaft.

---

87 Vgl. Schmidt: Guttentag, J. In: Deutsche Buchhändler. Deutsche Buchdrucker (2). Hrsg. von Schmidt; Rudolf. Berlin / Eberswalde 1903, S. 350–352.

88 Die verkürzte Schreibweise wird aus Gründen der Übersichtlichkeit beibehalten.

89 Wilhelm Müller gründete eine neue Firma H. W. Müller, Oskar Häring übernahm den Verlag »Zukunft« von Georg Stilke. Vgl. insgesamt auch Verlagsverzeichnis J. Guttentag 1903, S. 1–2.

90 Vgl. McKitterick: Publishing for trades and professions, 2009; Prest: Law Books, 2009.

91 Vgl. Heimann: Vom tätigen Leben, 1949, S. 12–13.

92 Vgl. Lüdtke: Verlag Walter de Gruyter, 1924, S. 42–44.

93 Ziesak / Cram: Walter de Gruyter, 1999, S. 144–146.

94 Heimann: Vom tätigen Leben, 1949, S. 13.

95 Daniel Collin hatte den Verlag 1871 gekauft und mit seinem Namen versehen – J. Guttentag (D. Collin), weitere Teilhaber waren Wilhelm Müller bis 1877, später Oskar Häring. Beide Teilhaber waren auf Grund eigener Verlagsgründungen wieder ausgeschieden. Wilhelm Müller gründete eine neue Firma H. W. Müller, Oskar Häring übernahm den Verlag »Zukunft« von Georg Stilke. Vgl. insgesamt auch Verlagsverzeichnis J. Guttentag 1903, S. 1–2.

Mit seinem neuen Inhaber, Hugo Heimann, entwickelte sich der Verlag ab 1886 noch stärker als zuvor zu einem juristischen »Großverlag«. Insbesondere um die Jahrhundertwende gehörte J. Guttentag mit seinen juristischen Reihen zu den marktführenden Verlagen. Die stärkere Formierung zu einem juristischen Verlag wurde auch durch die Aussonderung nicht-juristischer Werke forciert: 1885 wurden 137 nicht-rechts- und staatswissenschaftlichen Titel an Kurt Brachvogel und Moritz Boas verkauft, bis 1893 Verlagsrechte an 13 weitere Verlage übertragen und umgekehrt 1902 juristische Werke aus dem J. J. Heine Verlag erworben.[96]

Tabelle 3.3: Gegenüberstellung der Produktion 1881, 1883, 1903 bei J. Guttentag[97]

1881	274 Werke nach Russell
1883	312 Werke im Verlagskatalog
1903	951 Werke im Verlagskatalog

Quantitativ lässt sich der Ausbau der Rechts- und Staatswissenschaft leicht nachvollziehen: Während im *Russell* von 1881 lediglich 274 juristische Werke gelistet sind, waren es zwei Jahre später 312 Werke. Nach der Übernahme durch Hugo Heimann entwickelte sich der Verlag expansiv: Die Anzahl der rechts- und staatswissenschaftlichen Werke stieg in den Jahren zwischen 1883 und 1903 von 639 Werken auf 951 Werke. Das Verlagsprogramm bestand bis auf sehr vereinzelte Titel ausschließlich aus juristischen Werken. Ausnahmen bildeten einige Werke aus der Anfangsphase des Verlags wie eine *Geschichte der Geometrie* von 1839. Daneben fanden sich einzelne Werke aus dem zugekauften J. J. Heine Verlag wie *Die Dulderin* von 1887 oder kritische Aufsätze wie *Von Keller zu Zola* von 1887 sowie wenige Werke zum evangelischen Religionsunterricht.[98]

Die schnelle Durchdringung des Marktes gelang J. Guttentag vor allem durch die Zusammenfassung seiner Werke in Reihen. Die Reihen stellten bei J. Guttentag in zweifacher Hinsicht eine Besonderheit dar: sowohl nach der Anzahl der Reihen als auch nach der Zahl der in den einzelnen Reihen erschienen Titel. So erschienen nach der Reichsgründung ab 1873 die *Guttentag'sche Sammlung Deutscher Reichsgesetze*, die

96 Der Verlag Kurt Brachvogel und Moritz Boas firmierte später unter Brachvogel & Ranft in Berlin. Vgl. Schmidt: J. Guttentag, 1903, S. 350–352. Vgl. insgesamt auch Ziesak / Cram: Walter de Gruyter, 1999, S. 144–146.

97 Für das Jahr 1881 vgl. Russell: J. Guttentag, 1881, S. 669–702. Ausgezählt wurden die juristischen Titel mit insgesamt 495 Titeln. Für 1883 vgl. J. Guttentag: Verlagsverzeichnis, 1883. Für 1903 vgl. Verlagsverzeichnis J. Guttentag 1903. Ausgezählt wurden jeweils die juristischen Werke.

98 Vgl. zu allen Titeln Verlagsverzeichnis J. Guttentag 1903, S. 30, 91, 101, 129.

Tabelle 3.4: Expansion der Reihen im Verlag J. Guttentag: Reihen in Auswahl

Reihen in Auswahl*	Zahl der Bände	
	1883	1903
Guttentag'sche Sammlung Deutscher Reichsgesetze	19 Bände	71 Bände
Guttentag'sche Sammlung Preußischer Gesetze	0	34 Bände
Guttentag'sche Sammlung von Textausgaben mit Sachregister	0	12 Bände
Das Recht des bürgerlichen Gesetzbuchs in Einzeldarstellungen	0	13 Bände
Sammlung Außerdeutscher Strafgesetzbücher	0	19 Bände
Lehrbücher des deutschen Reichsrechtes	7 Bände	8 Bände

* Aufgelistet werden nur die Reihen mit mehr als fünf Bänden im Jahr 1903.

Reihe war in den Jahren von 1883 bis 1903 von 19 auf 71 Werke angewachsen,[99] die *Guttentag'sche Sammlung Preußischer Gesetze* umfasste 1903 34 Bände.[100] Weitere Reihen waren die *Guttentag'sche Sammlung von Lehrbüchern des Deutschen Reichsrechts* oder die *Sammlung Außerdeutscher Strafgesetzbücher*, in der durchschnittlich in jedem Jahr ein Band veröffentlicht wurde. Neben den verlagseigenen Reihen gab der Verlag Schriftenreihen in Verbindung mit juristischen Institutionen heraus wie die *Abhandlungen des kriminalistischen Seminars zu Halle*, die *Handbibliothek für das deutsche Genossenschaftswesen* und die *Schriften der Centralstelle für Vorbereitung von Handelsverträgen*. Auch Lehrbücher wurden in Reihen zusammengefasst. So bildeten die *Lehrbücher des deutschen Reichsrechts* bei J. Guttentag eine eigenständige Reihe. Eröffnet wurde die Reihe mit dem von Hermann Fitting verfassten Band *Der Reichs-Civilprozeß*, gefolgt von *Der Reichs-Strafprozeß* von Adolf Dochow (1844–1881) und *Das Reichs-Concursrecht und Concursverfahren*, wiederum von Hermann Fitting.[101] Die Reihe umfasste zehn Jahre nach der Reichsgründung neun Bände.

Die Zusammenfassung von Werken in Sammlungen und die Erweiterung von Einzeltiteln zu Reihen bewirkte neben internen Rationalisierungseffekten auch, dass die Werke im Verlagsprogramm besser sichtbar waren: Dies festigte den juristischen Schwerpunkt im Verlag J. Guttentag nochmals. Die Mechanismen der Expansion mittels Reihen lassen sich zum Beispiel an den Werken von Reinhold von Sydow (1851–1943) und Adolf Dochow aufzeigen: Die Werke dieser Autoren erschienen

99 Da einige Bände mit Nr. 5a, 9a, die Nummer 22 aus 22a und 22b besteht, ferner eine Doppelnummer 38/39 vorhanden ist, entsprechen die Nummern nicht der Anzahl der herausgegeben Bände. Insgesamt wurden 71 Nummern für 73 Bände vergeben. Vgl. Verlagsverzeichnis J. Guttentag 1903, S. 65–78.

100 Vgl. »Guttentag'sche Sammlung Deutscher Reichsgesetze. Text-Ausgaben mit Anmerkungen und Sachregister«; »Guttentag'sche Sammlung Preußischer Gesetze. Text-Ausgaben mit Anmerkungen und Sachregister« S. 78–84. Die Reihe wuchs später bis 1944 auf 68 Bände. An Bänden übertroffen wurde diese Reihe bis 1949 noch von der erwähnten Guttentag'schen Sammlung Deutscher Reichsgesetze, in der bis 1949 237 Bände erschienen. Vgl. zu den folgenden Werken S. 64, 85–87, 1–3, 88–89, 160–162.

101 Vgl. Russell: J. Guttentag, 1881, S. 685.

zusätzlich als Einzeltitel und wurden auch an unterschiedlichen Stellen im Verlagsprogramm genannt. Ein kleineres Rechtsgebiet bediente die Sammlung von Erörterungen über das Preußische Grundbuchrecht.[102] Und auch thematisch ungewöhnlichere Reihen wie die *Sammlung Außerdeutscher Strafgesetzbücher in deutscher Uebersetzung* ließen sich im Verlagsprogramm finden. Angesichts der Vielzahl der Reihen ist es nicht verwunderlich, dass sich die *Guttentag'sche Sammlung Deutscher Reichsgesetze* und die *Guttentag'sche Sammlung Preußischer Gesetze* trotz Konkurrenz durchsetzen konnten. Zwei vergleichbare Reihen brachte beispielsweise der Verlag Ferd. Dümmler mit seinen *Deutschen Reichsgesetzen* und *Preußischen Gesetzen* heraus. Da die Reihen bei Ferd. Dümmler allerdings lediglich 21 und zehn Werke umfassten, waren sie nicht mit den *Guttentag'schen Sammlungen* zu vergleichen.[103] Zur Anerkennung des Verlags und als ein weiterer Schritt zu seiner rechtswissenschaftlichen Spezialisierung hatte es sicher auch beigetragen, dass sämtliche »im Auftrage des Reichs-Justiz-Amtes bearbeiteten Materialien zum Bürgerlichen Gesetzbuche« bei J. Guttentag erschienen sind.[104]

Der Verlag J. Guttentag bildet daneben ein Beispiel dafür, dass bereits vor der Jahrhundertwende eine Spezialisierung innerhalb des juristischen Verlagsprogramms und eine Einschränkung auf ein juristisches Teilgebiet stattfand: Bei J. Guttentag konzentrierte man sich auf die Strafrechtspflege. Nach Lüdtke ließ der Verlag gerade der strafrechtlichen Literatur eine besondere Pflege »angedeihen«[105] und betreute nicht nur das berühmte Werk von Carl Ludwig von Bar (1836–1913) *Gesetz und Schuld*, sondern nahm auch die Reihe der Abhandlungen des kriminalistischen Seminars in Berlin in sein Programm auf und gab, wie beschrieben, die *Sammlung Außerdeutscher Strafgesetze* heraus. Der bekannte Strafrechtsautor Franz von Liszt (1851–1919) veröffentlichte sein *Lehrbuch des deutschen Strafrechts* 1881 bei J. Guttentag und auch seine *Zeitschrift für die gesamte Strafrechtswissenschaft* erschien dort ab 1881. Die Expansion in einem Spezialgebiet diente der zusätzlichen Positionierung des Verlags innerhalb der strafrechtlichen Praxis und Wissenschaft. Ein weiterer Schwerpunkt lag auf Publikationen im Bereich des heutigen Arbeitsrechts, geschuldet vermutlich den sozialpolitischen Interessen des Verlegers Hugo Heimann. Der Verleger war Sozialdemokrat und engagierte sich ehrenamtlich als Bürgerdeputierter der Armen-

---

102 Vgl. Verlagsverzeichnis J. Guttentag 1903, S. 153–156.

103 Die Reihe »Deutsche Reichsgesetze enthielt 21 Werke wie »Bürgerliches Gesetzbuch«, »Gewerbegerichtsgesetz«, »Gewerbe-Ordnung«, »Grundbuchordnung«, »Handelsgesetzbuch« oder »Handwerkergesetz«, die Reihe »Preußische Gesetze« umfasste Werke wie das »Einkommensteuergesetz«, das »Ergänzungssteuergesetz«, die »Gefängnisordnung«, das »Gerichtskostengesetz« oder die »Gesindeordnung«, das »Gewerbesteuergesetz«, das »Kommunalabgabengesetz« oder die »Landgemeindeordnung« und »Städteordnung« mit insgesamt zehn Titeln. Vgl. Verlagsverzeichnis Ferdinand Dümmer 1908, S. 21, 22.

104 Vgl. Schmidt: J. Guttentag, 1903, S. 351–352.

105 Lüdtke: Verlag Walter de Gruyter, 1924, S. 47.

direktion.[106] Entsprechend früh nahm das arbeitsrechtsrechtliche Verlagsprogramm bei J. Guttentag Gestalt an: so mit einem Werk zur »Arbeiterfrage«.[107] Ferner gab der Verlag die Zeitschrift *Archiv für soziale Gesetzgebung und Statistik* und die *Bibliothek für Arbeiterrecht* heraus.[108]

Wie bei Carl Heymanns wurde die Ausrichtung und Spezialisierung auch bei J. Guttentag maßgeblich vom Verleger bestimmt: Während seiner Verlegerschaft formte vor allem Hugo Heimann. Dem Verleger wird wie erwähnt explizit auch persönlich eine Neigung für die Rechtswissenschaften nachgesagt und er besaß offensichtlich den Ehrgeiz, den Verlag zu einem Marktführer für juristische Publikationen zu machen. Auch nach dem Austritt Heimanns wurde die Ausrichtung beibehalten und das juristische Programm weiter ausgebaut.[109]

Expansion bei Neugründungen und Verlagserwerbungen

Nicht nur die Marktführer, alle juristischen Verlage im Kaiserreich expandierten. So lässt sich auch für den kurz vor der Reichsgründung ins Leben gerufenen Verlag von Wilhelm Kohlhammer eine Steigerung der Titelproduktion nachweisen. Ein Katalog aus dem Jahre 1883 listet insgesamt 160 Titel ohne Kalender und Zeitschriften, 85 Titel entstammten dem Bereich der Rechtswissenschaft und Verwaltung, zehn Jahre später gab der Verlag 284 juristische Werke heraus.[110]

Tabelle 3.5: Gegenüberstellung der Produktion 1883, 1886, 1889, 1893 bei W. Kohlhammer[111]

1883	85 Werke
1886	121 Werke
1889	195 Werke
1893	284 Werke

106 Das politische Engagement Hugo Heimanns war im Übrigen so ausgeprägt, dass er 1898 seine Tätigkeit als Verleger deshalb aufgab und den Verlag wieder verkaufte. Der Verlag wurde von Carl Hammacher, Christian von Bornhaupt, Gustav Siegle und Walter de Gruyter übernommen. Vgl. Ziesak / Cram: Walter de Gruyter, 1999, S. 146–148.

107 Vgl. Lüdtke: Verlag Walter de Gruyter, 1924, S. 48–49; Ziesak / Cram: Walter de Gruyter, 1999, S. 62.

108 Die Zeitschrift »Archiv für soziale Gesetzgebung und Statistik« wurde bereits Ende des 19. Jahrhunderts von 1888 bis 1893 herausgegeben. Sie wurde vom J. J. Heines Verlag übernommen. Vgl. auch Verlagsverzeichnis J. Guttentag 1903, S. 19–20.

109 Vgl. Schmidt: J. Guttentag, 1903, S. 350–352. Zum Austritt Hugo Heimanns auch Menz: Deutsche Buchhändler, 1925, S. 303. Zur Teilhaberschaft Walter de Gruyters auch Ziesak / Cram: Walter de Gruyter, 1999, S. 44. Walter de Gruyter war Ende des 19. Jahrhunderts an mehreren Verlagen beteiligt, die früheste Beteiligung bildete der Verlag Georg Reimer, der auf die Gründung einer Realschulbuchhandlung in Berlin 1749 zurückgeht.

110 Vgl. Verlagsverzeichnisse W. Kohlhammer, Juni 1883 sowie Januar 1889.

Das Produktionsniveau steigerte sich bei W. Kohlhammer erheblich: Während 1883 lediglich 160 Werke herausgegeben wurden, waren es drei Jahre später bereits 256 Titel. Im Jahr 1889 betreute der Verlag 507 Titel und 1893 schließlich 730 Titel. In der Summe der Gesamtproduktion vergrößerte W. Kohlhammer sein Programm innerhalb von zehn Jahren von 160 auf 730 Titel und steigerte seine juristische Titelproduktion um das 3,5fache. Der Hinweis auf die Spezialisierung des Verlags fehlt in kaum einem Katalog. Der Verleger Wilhelm Kohlhammer formulierte die Ausrichtung in den Verlagsverzeichnissen von 1889, 1893, 1897 und 1902 in einem Vorwort, indem er feststellt, dass »unter den verschiedenen Gebieten, die mein Verlag kultiviert [...] zunächst auf das staats- und rechtswissenschaftliche Fach aufmerksam«[112] zu machen sei. Das Beispiel Kohlhammers zeigt, dass es auch Neueinsteigern im juristischen Verlagswesen gelang, sich zügig als spezialisierter Verlag zu etablieren. W. Kohlhammer schaffte dies, indem er zunächst auf die vom Verleger im Staatsdienst erworbenen Kontakte und Kenntnisse zurückgriff und sich auf die württembergische Literatur konzentrierte. Neben dem Ausbau des auf das Landesrecht Württembergs zugeschnittenen Verlagsprogramms nutzte der Verlag die Chancen des reichsweiten Marktes, indem er zum Beispiel mit Oskar Haidlen (1854–1934) einen frühen Kommentar zum Bürgerlichen Gesetzbuch herausgab.

Auch der 1866 von der Carl Geibel[113] übernommene Verlag Duncker & Humblot expandierte im Kaiserreich und konzentrierte sich neben den Geisteswissenschaften auch auf die Rechts- und Staatswissenschaften mit einem Schwerpunkt auf den Staatswissenschaften.[114] Als Gemeinschaftsunternehmen erwarben Peter Humblot und Carl Duncker 1809 den 1798 von Heinrich Fröhlich gegründeten Verlag.[115] Nach dem Tod Peter Humblots 1828 führte Carl Friedrich Wilhelm Duncker den Verlag allein fort, bevor er ihn 1866 zu großen Teilen an Carl Geibel und dessen Sohn

111 Vgl. Verlagsverzeichnis W. Kohlhammer 1883. Bei der Betrachtung außen vor blieben noch die Titel aus den Bereichen Handels- und Gewerbekunde sowie Feuerwehrwesen, die teils ebenfalls Berührungspunkte zum rechtswissenschaftlichen Programm besaßen. Für 1886 vgl. Verlagsverzeichnis W. Kohlhammer, Oktober 1886. Ferner für 1889 vgl. Verlagsverzeichnis W. Kohlhammer 1889. Für 1893 vgl. Verlagsverzeichnis W. Kohlhammer, Juli 1893.

112 Verlagsverzeichnis W. Kohlhammer, Mai 1889, S. 3; Verlagsverzeichnis W. Kohlhammer 1893, S. 3; Verlagsverzeichnis W. Kohlhammer, Herbst 1897, S. 3; Verlagsverzeichnis W. Kohlhammer, März 1902, S. 3.

113 Der vollständige Name lautete Friedrich Wilhelm Carl Geibel, die Arbeit verwendet der Einfachheit halber nur den Rufnamen.

114 Schmoller stellt in seinem Nachruf auf Carl Geibel eine Spezialisierung auf die Geschichte, Rechts-, Staats- und Sozialwissenschaften fest. Vgl. Schmoller: Carl Geibel – Ein Nachruf, 1911, S. 5. Vgl. auch Schmidt: Carl Duncker, 1902, S. 190, 191. In seiner Frühzeit war der Verlag auch für sein geisteswissenschaftliches Programm bekannt und verlegte seit der Gründung die »zentrale Zeitschrift der Frühromantik« Athenäum. Jäger: Der wissenschaftliche Verlag, 2001, S. 456.

115 Vgl. Schmidt: Duncker, Carl, 1902, S. 188; Duncker & Humblot Verlagsbibliographie, 1998, S. 15.

Franz Carl Geibel (1842–1910) verkaufte.[116] Während der Verlag unter Carl Duncker noch ein unspezifisches Programm meist mit Titeln aus der Geschichte, Politik und Literatur aufwies und die Verlagskataloge von 1823 und 1841 noch keinen juristischen Schwerpunkt zeigten, trat nach dem Kauf des Verlags 1865–1866 unter der Ägide von Franz Carl Geibel eine Konzentration der Verlagsgeschäfte auf die Rechts- und Staatswissenschaften ein.[117] Entgegen des allgemeinen Trends wurde der Verlagssitz bereits im Rahmen des Kaufes von seinem Gründungssitz Berlin nach Leipzig verlegt.[118]

Im Kaiserreich expandierte der Verlag Duncker & Humblot wie viele seiner Konkurrenten. So nahmen die Verlagskataloge zwischen 1882 und 1903 erheblich an Umfang zu: Von 48 Katalogseiten im Jahr 1882[119] erhöhte sich die Anzahl auf 111 Seiten im Jahre 1891 und auf 228 Seiten in 1903. Trotz der bekannten juristischen Werke entwickelte der Verlag Duncker & Humblot im Kaiserreich seinen Schwerpunkt allerdings eher auf den Staatswissenschaften: Von über 1000 Werken waren lediglich 144 Werke klassische juristische Titel.[120] Der Verlag forcierte seine Spezialisierung neben der juristischen Encyklopädie von Franz von Holtzendorff (1829–1889) unter anderem mit dem von Karl Binding (1841–1920) übernommenen *Jahrbuch für Gesetzgebung, Verwaltung und Rechtspflege*.[121] Überhaupt konnte der Verlag sich mit den Werken von Karl Binding profilieren: Neben dem Jahrbuch mit dem von ihm herausgegebenen *Systematischen Handbuch der Deutschen Rechtswissenschaft*. Im Verlagsprogramm von Duncker & Humblot treten vor allem die großangelegten, enzyklopädischen Werke hervor; eine Ausrichtung, die im 20. Jahrhundert noch verstärkt wurde.

Ebenso wie im Verlag Duncker & Humblot expandierte auch C.H.Beck und entwickelte nach der Jahrhundertmitte zwar eine noch stärkere juristische Ausrichtung, aber keine ausschließliche Spezialisierung. Unter Oskar Beck wurde der juristische Verlagszweig ab 1874 nochmals ausgebaut – insbesondere nach der Sitzverlegung 1889 von Nördlingen nach München-Schwabing.[122] Eine erhöhte Titelproduktion

---

116 Vgl. Duncker & Humblot Verlagsbibliographie, 1998, S. 23. Einen »geringeren Teil« des Verlagsgeschäfts behielt Carl Duncker, dieses führte er zusammen mit C. Heymons weiter, 1889 wechselte der Verlag zu H. Kornfeld in Berlin. Vgl. Russell: Carl Duncker's Verlag, 1881, S. 401–402. Hier wird allerdings noch immer C. Heymons als Alleineigentümer ausgewiesen. Vgl. ferner Schmidt: Carl Duncker, 1902, S. 190.

117 Vgl. Schmidt: Carl Duncker, 1902, S. 188. Vgl. Verlagsverzeichnis Duncker & Humblot 1823; Verlagsverzeichnis Duncker & Humblot 1941. Im Vorwort des Verlagskatalogs von 1897 wird festgestellt, dass staats- und sozialwissenschaftlichen Veröffentlichungen »vor dem Jahre 1870 mehr gelegentlich erschienen«. Vgl. Duncker & Humblot 1897.

118 Vgl. Schmoller, Gustav: Carl Geibel – Ein Nachruf. Berlin 1911, S. 3.

119 Vgl. zu den folgenden Angaben Verlagskatalog Duncker & Humblot 1882; Verlagsverzeichnis Duncker & Humblot 1891; Verlagsverzeichnis Duncker & Humblot 1893.

120 Ausgezählt nach Russel. Vgl. Russell: Duncker & Humblot in Leipzig, 1881, S. 617–704.

121 Vgl. Jäger: Der wissenschaftliche Verlag, 2001, S. 456.

122 Der Verlag profitierte durch seinen Umzug von der Nähe zu den Ministerien und der Universität. Im Gegensatz zum Verlag verblieb die Druckerei allerdings am Gründungssitz Nördlingen. Vgl. Beck: Der juristische Verlag, 1988, S. 22.

weisen auch die Kataloge aus: Während 1870 lediglich 44 Titel aus dem Bereich »Rechtswissenschaft. Politik. Statistik« lieferbar waren, hatte sich die juristische Titelanzahl fünf Jahre später auf 55 Titel erhöht.[123] Die Expansion setzte sich auch fort: Der Katalog von 1889 verzeichnete 261 juristische Werke auf sechzig Seiten, der Katalog aus dem Jahr 1899 umfasste bereits 89 Seiten.[124] Es erschienen bedeutsame Kommentare und ein fast lückenloses Textausgabenprogramm der Reichsgesetze.[125] Der Verlag C.H.Beck initiierte im Kaiserreich auch heute noch bekannte Textsammlungen wie *Sartorius*, Deutsche Verwaltungsgesetze. Diese seit 1903 von Carl Sartorius (1865–1945) zusammengestellte *Sammlung von Reichsgesetzen staats- und verwaltungsrechtlichen Inhalts* und eine 1900 bis 1919 herausgegebene *Sammlung von Reichsgesetzen privatrechtlichen und handelsrechtlichen Inhalts* vom Tübinger Ordinarius Arthur Benno Schmidt (1861–1940) bildeten die Vorläufer der bekannten Textsammlung *Schönfelder*, Deutsche Gesetze.[126] Allerdings erreichte der Verlag reichsweit »keine monopolartige Stellung wie im bayerischen Recht«.[127]

C.H.Beck blieb trotz der Sitzverlegung nach München seiner Tradition treu: Er betrieb seine Spezialisierung neben der Aufnahme neuer reichsweiter Titel vor allem durch die Beibehaltung landesrechtlicher Titel. Der Verlag brachte »nahezu jedes bedeutsamere bayerische Gesetz und Reichsgesetz in einer selbständigen Textausgabe«[128] und eine wachsende Anzahl von Kommentaren auch im landesrechtlichen Bereich heraus. Da Reichsgesetze auch in landesrechtliche Regelungen umgesetzt werden mussten, verblieb dem in Bayern ansässigen Verlag auch hier ein Markt – eine erfolgreiche Strategie insbesondere für Verlage, die ihren Firmensitz ohnehin außerhalb der Reichshauptstadt hatten. Eine Expansion konnte in beide Richtungen stattfinden: mit reichsweit und mit landesrechtlich ausgerichteten Werken. C.H.Beck gewann unter Ernst Rohmer als juristischer Verlag im gesamten Kaiserreich deutlich an Ansehen. Der Verleger Ernst Rohmer konnte neue – auch junge und am Anfang

---

123 Vgl. für das Jahr 1870 Verlagsverzeichnis C.H.Beck »Verlags-Verzeichniß der C.H.Beck'schen Buchhandlung in Nördlingen (1863 bis 1870) Ausgegeben den 24. November 1870 nach Vollendung der ersten 107 Jahre ihres Bestehens.« 1870. Vgl. für das Jahr 1875 Verlagsverzeichnis C.H.Beck. Das Verzeichnis von 1875 hatte gegenüber demjenigen von 1870 nicht nur um sechs Seiten auf 38 Seiten zugenommen, sondern war auch im Format vergrößert worden.

124 Vgl. für das Jahr 1889 Verlagsverzeichnis Verlag C.H.Beck, 1889. Vgl. für das Jahr 1899 Verlagsverzeichnis C.H.Beck, 1899.

125 Hier hebt die Verlagsgeschichte Erläuterungen zur Strafprozeßordnung, zum Handelsgesetzbuch sowie zur Wechselordnung hervor; ferner wird auf eine Kommentierung von »Fischer/Henle« verwiesen, die als Vorläufer für den in späteren Jahren äußerst erfolgreichen Kommentar zum Bürgerlichen Recht »Palandt« gelten kann. Unter den Kommentaren zum Reichsrecht finden die Kommentierung von Robert von Landmann zur Gewerbeordnung und die Kommentierungen zum Urheber- sowie zum Verlagsgesetz von Philip Allfeld Erwähnung.

126 Vgl. Wasmuth: Schönfelder, 2007, S. 436–437; Willoweit: Juristische Literatur, 2007, S. 7.

127 Jäger: Juristischer Verlag, 2001, S. 498.

128 Beck: Festschrift, 1963, S. 67.

ihrer juristischen Karriere stehende[129] – Autoren an den Verlag binden und neue Publikationskonzepte entwickeln. Seinem Nachfolger Oskar Beck gelang es zudem, den Verlag über die bayerischen Landesgrenzen hinaus für juristische Werke – zumindest für die Textausgaben – bekannt zu machen.[130]

Neugründungen in Berlin: Otto Liebmann, Franz Vahlen, Fr. Kortkampf

Mit den Absatzchancen gerade in den rechtspraktischen Käuferkreisen war der juristische Buchmarkt im Kaiserreich so lukrativ, dass auch die neu gegründeten Verlage wachstumsstark waren. Neben Otto Liebmann, der bereits im ersten Rundschreiben auch seine Programmschwerpunkte deutlich machte – »Errichtung einer Verlagsbuchhandlung. Widmet sich vorrangig dem Verlage juristischer, sozialpolitischer und militärwissenschaftlicher Werke«[131] und andere Wissenschaftsdisziplinen rasch wieder aufgab[132] –, stellt Franz Vahlen ein anderes Beispiel für eine expansive Entwicklung in einem neu gegründeten Verlag dar. Ein kleineres Verzeichnis mit einer Auswahl juristischer Werke umfasste 1882 lediglich 26 Seiten, der Verlagskatalog von 1884 bestand bereits aus 44 Seiten und ein Katalog von 1894 besaß mit 91 Seiten wiederum mehr als den doppelten Umfang.[133] Auch Franz Vahlen erweiterte sein Programm durch die Übernahme von Fremdwerken wie beispielsweise die von Gruchot herausgegebenen *Beiträge zur Erläuterung des preußischen Rechts*.[134] Die Beiträge umfassten ein breites Themenspektrum und boten damit zahlreiche Anknüpfungspunkte für weitere Verlagsplanungen. Dass Franz Vahlen wie Otto Liebmann direkt eine Spezialisierung seines Verlags anstrebte, zeigt auch ein Verlagskatalog von 1875: Bei knapp über achtzig Titeln finden sich bereits über fünfzig juristische Werke.[135] Die juristische Ausrichtung ist nicht verwunderlich, da Franz Vahlen vor

---

129 Vgl. auch Rebenich: C.H.Beck, 2013, S. 176.

130 Vgl. zuletzt Rebenich: C.H.Beck, 2013, S. 258–259.

131 Liebmann: Geschäftsrundschreiben zur Errichtung einer Verlagsbuchhandlung vom 1. Januar 1890.

132 So wurden zum Beispiel die ursprünglich ins Auge gefassten und sogar in das Verlagssignet integrierten Militärwissenschaften wieder aufgegeben. Das Verlagssignet stellte Schwert und Lanze »als Werkzeichen des Krieges wie der Rechtspflege« dar. Vgl. Otto Klee »Zum 25jährigen Bestehen der Verlagsbuchhandlung Otto Liebmann, Buchhandlung für Rechts- und Staatswissenschaften 1890–1915« 1915, S. 10.

133 Vgl. Verlagsverzeichnis Franz Vahlen »Neuere Handbücher für die juristische Praxis und Formulare und Büreaubücher zum praktischen Gebrauch für Rechtsanwälte und Notare« 1882. Vgl. ferner Verlagsverzeichnisse Franz Vahlen 1884 und 1894.

134 Diese wurden zuvor von der G. Grote'schen Verlagsbuchhandlung in Hamm und Berlin herausgegeben. Der Verleger verweist in einer Vorbemerkung seiner Kataloge jeweils explizit auf die übernommenen Titel. Vgl. Vorbemerkung Verlagsverzeichnis Franz Vahlen 1875.

135 Da die Seiten des vorliegenden Exemplars teilweise verklebt und unleserlich waren, konnten einzelne Einträge nicht in die Zählung aufgenommen werden.

seiner Selbstständigkeit Geschäftsführer und Teilhaber bei J. Guttentag war und dort bereits mit juristischen Publikationen in Berührung gekommen war. Das juristische Verlagsprogramm entwickelte sich offensichtlich erfolgreich und wurde daher von dem Nachfolger Franz Vahlens beibehalten: Seit 1898 wurde die juristische Ausrichtung von Friedrich Gebhardt fortgeführt.[136]

Mit ihrer Verlagsgründung in der Reichshauptstadt Berlin lagen die beiden Neuverleger Franz Vahlen und Otto Liebmann durchaus im Trend: In Berlin war nach der Reichsgründung eine Vielzahl weiterer Verlagsgründungen mit juristischen Programmen zu beobachten: so diejenige von Friedrich Kortkampf 1866, der sich im Kaiserreich zu einem der größeren juristischen Verlage entwickelte und seinen Verlagsnamen mit dem Zusatz »Verlag der Reichs-Gesetze«[137] versah. Der Verlag weist in einem Auswahlkatalog darauf hin, dass ein Verzeichnis mit allen Publikationen des Verlags in Vorbereitung ist. Für den *Russell* konnte oder wollte der Verlag Fr. Kortkampf allerdings keine exakte Liste seiner Verlagsproduktion zusammenstellen, darauf verweist eine Einleitung:

> »Für absolute Vollständigkeit und Genauigkeit des nachstehenden Verzeichnisses können wir zu unserem lebhaften Bedauern nicht garantiren, weil vorstehende Firma uns auf unsere vielfach wiederholten Bitten wohl mit Versprechungen, aber niemals mit Lieferung des bereits am 1. Septbr. 1882 zugesagten Materials für den korrekten Abdruck ihres Verzeichnisses hat unterstützen wollen.«[138]

Der Namenszusatz des Verlags von Friedrich Kortkampf war Programm – »Verlag der Reichs-Gesetze«: Nicht nur, dass der Verlag vor allem amtliche Werke und Sammelwerke für Gesetzgebung herausgab, er legte auch größten Wert auf offizielle Quellen, aus denen das verarbeitete Material stammte:

> »Alle Gesetze sind, soweit sie nicht direkt amtliche Ausgaben, nach amtlichen, beziehungsweise von den höchsten und hohen Behörden amtlich gelieferten Materialien bearbeitet, und wird unausgesetzt Sorge getragen, durch Aufnahme aller Neuerungen in der Gesetzgebung, besonders des Deutschen Reiches, die Sammlungen zu ergänzen und zu vervollständigen.«[139]

---

136 Vgl. Schmidt: J. Guttentag, 1903, S. 350–351.

137 Siehe auch das Titelblatt des Verlagsverzeichniss von Ende Januar 1871 Fr. Kortkampf »Verzeichnis der Einzeln- und Sammelwerke über die Gesetzgebung des Deutschen Reiches, Norddeutschen Bundes, Zollvereins u. Preussens, sowie von Werken aus den Gebieten der Staats- und Rechts-Wissenschaft, Diplomatie, Geschichte, Politik, Volkswirtschaft, aus dem Verlage von Fr. Kortkampf in Berlin, Buchhandlung für Staatswissenschaften und Geschichte. Verlag der Reichs-Gesetze. Ausgegeben Ende Januar 1871«. Der Katalog umfasst – obwohl nur ein Auszug aus der Verlagsproduktion – bereits 20 Seiten. Eine »Buchhandlung für Staatswissenschaften und Geschichte (Fr. Kortkampf)« wurde 1867 in Berlin gegründet.

138 Russell: Fr. Kortkampf, 1881, S. 1543.

139 Verlagsverzeichnis Fr. Kortkampf 1871, S. 4.

Entsprechend konzentrierte sich das Programm von Fr. Kortkampf auf Gesetzentwürfe, Reichstags- und Landtags-Verhandlungen als Quellenwerke und brachte neben amtlichen Publikationen Gesetzestexte sowie sogenannte Einzel-Ausgaben von Gesetzen heraus.[140] So wurde das *Ministerial-Blatt für die gesammte innere Verwaltung in den königlich preußischen Staaten* von Fr. Kortkampf vertrieben, ferner erschienen die *Aktenstücke des Reichstags* als »besonderer Abdruck der Vorlage für den Reichstag. Eine Verbindung zu den gesetzgebenden Organen stellte auch das *Parlamentarische Handbuch für den Deutschen Reichstag und den preußischen Landtag* dar. In geringerem Umfang wurden Textausgaben mit Erläuterungen herausgegeben wie eine Kommentierung der Gewerbeordnung. Ebenso wurde die Verfassung des Deutschen Reiches »historisch, juridisch und pragmatisch erläutert«.[141] Schließlich war eine weitere Kommentierung diejenige zum *Wahlgesetz für den Reichstag*.

Der Verlag Fr. Kortkampf hatte sich die »besondere Aufgabe« gestellt, »möglichst das gesammte, früher schwer oder gar nicht zugängliche Quellen-Material zu der neuen und bedeutungsvollen Gesetzgebung, Verwaltung und Geschichte des Deutschen Reiches, des Norddeutschen Bundes, des Zollvereins und – wenn auch in geringerem Umfange – Preussens zu vereinen und im Anschluss die gesammten Gesetze in Sammelwerken und Einzel-Ausgaben mit Erläuterungen ›in korrekten und handlichen Text-Ausgaben‹ herauszugeben«.[142] Entsprechend gestaltete sich die Katalog-Übersicht im Verlagsverzeichnis von 1871; der Katalog erschien in dem Jahr, in dem die Sortiments-Buchhandlung für Staatswissenschaften und Geschichte abgegeben wurde und eine Konzentration auf das Verlagsgeschäft stattfand: Neben der Rubrik »Quellenwerke« mit Gesetz-Entwürfen und Verhandlungen der gesetzgebenden Körperschaften waren das »Gesetze« als Katalogbereich für amtliche Gesetz-Sammlungen. Unter »Sammelwerke für Gesetzgebung, Verwaltung, Diplomatie« fasste der Verlag das Archiv des Deutschen Reiches, das Archiv des Norddeutschen Bundes und das Archiv des Zollvereins zusammen. »Gesetze mit Erläuterungen« und »Gesetze ohne Erläuterungen« unterteilten sich in diejenigen des Deutschen Reichs und des Norddeutschen Bundes / Preussen sowie bei letzteren derjenigen des Norddeutschen Bundes und Zollvereins. Schließlich wurden Werke aus den Gebieten der Staats- und Rechtswissenschaften, Volkswirthschaft, Politik und Geschichte gelistet.[143]

140 Im Russell werden 19 Gesetzentwürfe gelistet und weitere 31 Gesetze sowie sieben weitere Gesetzessammlungen. Vgl. Russell: Fr. Kortkampf, 1881, S. 1550–1551 und 1552–1556.

141 Russell: Fr. Kortkampf, 1881, S. 1560.

142 Verlagsverzeichnis Fr. Kortkampf 1871, S. 3.

143 Vgl. Verlagsverzeichnis Fr. Kortkampf 1871, S. 4.

Spezialisierung als bewusste Verlegerentscheidung

Die fortschreitende Spezialisierung auf einzelne Wissenschaftsdisziplinen im Verlagsbereich war zwar kein Phänomen allein des juristischen Marktsegmentes, sie war allerdings bei den rechtswissenschaftlichen Programmen vor und nach der Reichsgründung besonders stark ausgeprägt und keinesfalls mehr von Zufällen begleitet. Im Gegenteil handelte es sich durchweg um eine bewusste Verlegerentscheidung für die Rechtswissenschaft. Erfolgreiche juristische Verleger des Kaiserreichs wie Otto Löwenstein hatten für ihren Verlagsbereich bereits »ein Entwicklungskonzept vor Augen«.[144] Otto Liebmann strebte mit der »Erkenntnis, daß auf dem Gebiete der Rechtswissenschaft die Zukunft seiner Firma liegen müsse und werde«[145] eine Spezialisierung bereits kurz nach der Verlagsgründung an und verkaufte Titel aus anderen Wissenschaftsgebieten wieder.

Die Bedeutung der juristischen Werke innerhalb des Verlagsprogramms unterstrichen einige Verleger deshalb auch ganz bewusst, indem sie den Programmschwerpunkt nicht nur wie Otto Liebmann bei der Bekanntmachung der Neugründung erwähnten, sondern diese thematisch auch in ihren Namen aufnahmen wie der Verlag Fr. Kortkampf. In jedem Fall legte der juristische Verleger Wert auf Distinktion und drückte die Spezialisierung seines Unternehmens durch die explizite Erwähnung als »Rechts- und staatswissenschaftlicher Verlag« oder »Verlag für Rechts- und Staatswissenschaften« aus wie bei Mühlbrecht & Puttkammer oder bei J. Schweitzer. Bestanden weitere programmatische Standbeine war den Verlegern offensichtlich gerade dieser verlegerische Schwerpunkt wichtig wie dem Verleger Wilhelm Kohlhammer, der 1889 insbesondere auf das staats- und rechtswissenschaftliche Programm hinwies.[146]

Manchmal fielen dabei Gewinnstreben und eine besondere Neigung für die Rechtswissenschaften zusammen: Die persönliche Themenkompetenz und Freude an der Zusammenarbeit mit juristischen Autoren bildeten dann eine solide Basis für die Entwicklung wirtschaftlich erfolgreicher juristischer Verlagsprogramme – so wie erwähnt bei Hugo Heimann.[147] Heimann sah nicht nur die Umsatz- und Expansionschancen im rechtswissenschaftlichen Segment, sondern hatte auch eine Vorliebe für juristische Themen. Er baute diesen Bereich im Verlag J. Guttentag aus und wurde 1890 Alleinbesitzer des Verlags. Dass er die Verlegerschaft nach nur acht Jahren wieder aufgab, war seinem (sozial-)politischen Engagement geschuldet. Neben Hugo Heimann und Otto Löwenstein war auch Otto Liebmann ein Unternehmer mit besonders ausgeprägten juristischen Interessen: Er war sogar selbst Herausgeber der von ihm gegründeten *Deutschen Juristen-Zeitung (DJZ)*. Wie im Rahmen der Verlagsentwicklung beschrieben, definierte auch Otto Löwenstein seine Rolle als Verleger weniger in der Maximierung seines finanziellen Ergebnisses, sondern sah

144 Lindner: Otto Löwenstein, 2003, S. 21.

145 Klee: Zum 25jährigen Bestehen, 1915, S. 9.

146 Vgl. Rühle: Der Gründer, 1966, S. 20–21.

147 Vgl. Lüdtke: Verlag Walter de Gruyter, 1924, S. 42–44.

sich mit dem Hinweis auf Friedrich Christoph Perthes vielmehr in einer klassisch vermittelnden Verlegerfunktion.

3.3.2 Wachstum im Programm und durch Akquisitionen

Gerade im beginnenden Kaiserreich hatten die Verlage das Ziel, in rascher Folge eine Vielzahl von Titeln mit renommierten Autoren auf den Markt zu bringen, um sich Marktanteile zu sichern und das eigene Profil zu konturieren. Das allein reichte zur schnellen Expansion nicht aus: Wie bereits zu Beginn ihrer Spezialisierungsbestrebungen erreichten die juristischen Verlage ein Wachstum durch die Hinzunahme von Zeitschriften, durch die Ausweitung von Formularprogrammen oder durch Zukäufe von Verlagen und technischen Betrieben. Häufig bildete ein Umzug den Abschluss erfolgreicher Expansionsbemühungen.

Programmerweiterung durch Zeitschriftengründungen

Für eine nachhaltige Ausweitung des Programms und eine dauerhafte Kundenbindung eigneten sich gerade im Kaiserreich vor allem Zeitschriften: Nach der Reichsgründung entstand eine »regelrechte Zeitschriftengründungseuphorie«.[148] Die Entwicklung der Expansion mittels Zeitschriften zeigt sich signifikant zum Beispiel bei Carl Heymanns. 1879 erschien die *Zeitschrift für Deutschen Zivilprozeß*, die zu einer der renommiertesten juristischen Fachzeitschriften wurde.[149] Zeitschriftengründungen waren im Kaiserreich außerdem das *Centralblatt für das Deutsche Reich* (1873), das *Patentblatt* (1877) mit den Auszügen aus den Patentschriften (1880) und dem späteren Blatt für Patentwesen (1894), das *Eisenbahn-Verordnungsblatt* (1878); später dann die *Berufsgenossenschaft* als Zeitschrift des Verbandes der deutschen Berufsgenossenschaften (1887), das *Archiv für bürgerliches Recht* (1889) und die *Concordia* als Organ der Centralstelle für Arbeiterwohlfahrtseinrichtungen (1894). Die Gründungswelle hielt auch nach der Jahrhundertwende an mit dem 1909 ins Leben gerufenen *Zentralblatt für Vormundschaftswesen, Jugendgerichte und Fürsorgeerziehung* oder der *Zeitschrift für wissenschaftliche Politik*.[150]

Auch für den J. Springer Verlag stellt Sarkowski fest, dass ab 1880 »der erste große Aufschwung des Verlags durch die Gründung oder Übernahme zahlreicher Zeitschriften«[151] begann. Beispielhaft sei für den Verlag C.H.Beck noch die 1872 gegründete

---

148 Arends / Klippel: Die juristischen Zeitschriften, 1999, S. 44. Doerfert spricht auch von einer »Gründungswelle«. Vgl. Doerfert: Zeitschriften des öffentlichen Rechts, 1999, S. 433–434.

149 Vgl. Reuter: Von Manuskripten, 1967, S. 105; Lindner: Otto Löwenstein, 2003, S. 33.

150 Beide Zeitschriften werden bis heute fortgeführt. Zu den Zeitschriftengründungen im Kaiserreich vgl. Reuter: Von Manuskripten, 1967, S. 99, 105, 109.

151 Sarkowski: Der Springer Verlag I, 1992, S. 85.

Deutsche Notariatszeitung genannt, die gemeinsam mit dem ein Jahr zuvor gegründeten Notariatsverein herausgegeben wurde. Im gleichen Jahr wurde, um das komplizierte Geflecht von Landes- und Reichsrecht anschaulich darzustellen, mit dem Landgerichtsrat Lorenz Hauser die *Zeitschrift für Reichs- und Landesrecht mit besonderer Rücksicht auf Bayern* ins Leben gerufen.[152]

Gründung und Ausweitung von Formularprogrammen

Neben Zeitschriften waren Formularprogramme ein chancenreiches Publikationsfeld in direkter Nachbarschaft zu den traditionellen juristischen Themengebieten. Während andere rechts- und staatswissenschaftliche Verlage neben ihrem Buch- und Zeitschriftenprogramm Formulare anboten, entwickelte sich der Verlag W. Kohlhammer umgekehrt. Der Verlagsgründer Wilhelm Kohlhammer hatte es bereits als junger Notargehilfe als »Übelstand« empfunden, »daß man bei Verträgen verschiedenster Art, bei Beurkundungen und Beglaubigungen immer wieder den gleichen, oft sehr umfangreichen Schriftsatz mit der Hand schreiben mußte«. Bei der Konzeption seiner frühen Formularprodukte hatte Kohlhammer nicht nur den Bürger im Blick, sondern auch die Verwaltung selbst: »und auch bei Staatsbehörden und Gemeindeverwaltungen würde sich viel Zeit und Arbeit sparen lassen, wenn für immer wiederkehrende Vorgänge gedruckte Formulare verwendet werden könnten«.[153] Die Ausrichtung auf die Bedürfnisse der Verwaltungsangestellten war ein tragender Gedanke bei seiner Verlagsgründung. Um die Formularproduktion bewerkstelligen zu können, übernahm Kohlhammer 1866 zunächst eine kleine Druckerei.[154] Der Formularverlag bildete quasi die Keimzelle des juristischen Verlags, zu dem sich W. Kohlhammer im Kaiserreich entwickelte. In rascher Folge wurde das Verlagsprogramm um Dienstvorschriften und Gesetzestexte, aber auch um erläuternde Textausgaben erweitert.

Mit allerdings notwendigen Kontakten in die Verwaltung taten sich für die Verlage mit dem meist einfach zu realisierenden Formularbereich lukrative Publikationsoptionen auf. Nicht verwunderlich ist deshalb, dass Carl Heymanns bereits 1835 ein *Formular-Magazin* einrichtete und das Sortiment kontinuierlich ausbaute.[155] Ausgedehnt wurde das Programm auf Formulare für die Staats- und Kommunalverwaltung, für die Polizei, Gewerbeaufsicht sowie für Berufsgenossenschaften und die Chemische Industrie sowie für die Anwaltschaft und für Schiedsmänner. Im Kaiserreich druckte Carl Heymanns beispielsweise die Formulare zur Volkszählung von 1877 »mit über 199 Arbeitskräften sowie mit acht Dampf- und drei Handpressen der Druckerei«.[156]

152 Vgl. Beck: Festschrift, 1963, S. 44.

153 Zitate Rühle: Der Gründer, 1966, S. 13.

154 Vgl. Verleger berichten aus ihrer Werkstatt: W. Kohlhammer Verlag: 1967, S. 102–103.

155 Vgl. auch den Bericht Verlagsverzeichnis Carl Heymanns 1887, S. 10–11.

156 Lindner: Otto Löwenstein, 2003, S. 30. Vgl. zum Formularprogramm auch Schmidt: Carl Heymann, 1905, S. 447–448; Lindner: Otto Löwenstein, 2003, S. 35.

Der Carl Heymanns Verlag war noch auf andere Weise früh mit Formularen befasst: So waren diese Bestandteil einiger Werke des 1826 erschienenen *Haus-Sekretairs*, der auch »Formulare für die geschäftliche oder behördliche Korrespondenz und für die Prozeßführung«[157] enthielt oder wie im 1841 veröffentlichten Werk *Die Verordnung für die Schiedsmänner in den Provinzen Brandenburg, Schlesien, Sachsen und Pommern*, welches mit Ergänzungen, Erläuterungen, Formularen und Beispielen einen Mehrwert bot. Die Realisierung eines umfangreichen Formularprogramms war bei Carl Heymanns wie bei W. Kohlhammer auch deshalb ohne großen Zusatzaufwand zu realisieren, da den Verlagen eigene Druckereien angegliedert waren. Im Rahmen der Familiengeschichte wird das Carl Heymanns'sche Formular-Magazin gewürdigt, welches »Hand in Hand mit der Entwicklung des amtlichen Verlages« ging und zu Beginn des 20. Jahrhunderts »über 2000 Nummern«[158] zählte.

Neben Carl Heymanns und W. Kohlhammer besaß R. von Decker ein ausgesuchtes Formulargeschäft[159] und auch J. Guttentag bot ein Formularprogramm im Kaiserreich an, welches maßgeblich durch den Zukauf aus dem J. J. Heine Verlag entstanden war. Formulare waren unter anderem die der *Handbibliothek für das deutsche Genossenschaftswesen* entnommenen Muster-Formulare, die für die Erwerbs- und Wirtschaftsgenossenschaften auch einzeln angeboten wurden.[160] Daneben beinhaltete das Programm ein Formular-Magazin der *Zeitschrift für Polizei- und Verwaltungsbeamte* und ein ebenfalls von J. J. Heine übernommenes *Sparkassenhandbuch* warb mit zugehörigen Formularen und Mustern: »Gebrauchsfertig auf feinstem holzfreien Kanzleipapier«.[161]

Formulare »unterlagen einem steten Wechsel der Redaktion«[162] und machten zahlreiche Anpassungen und Ausweitungen notwendig. Ein Katalog bei Carl Heymanns von 1876 weist explizit auf die Einführung einer neuen Gebührentaxe vom 1. Mai 1875 hin, die eine »Superredaction mehrerer Formulare« notwendig machte. Für sämtliche Formulare bot der Carl Heymanns Verlag Probeverzeichnisse und ein Probesortiment »stets gratis und franco«[163] an. Bei der Entwicklung und Verbesserung der Formulare legten die Verlage deshalb Wert auf die Mitwirkung praktisch tätiger Juristen. So arbeitete beispielsweise der Verlag Franz Vahlen beim Formulardruck für die Anwaltschaft, Notare und Bürovorsteher mit dem Berliner Anwaltverein zusammen.[164] Vor allem durch die gemeinsame Herausgabe mit einem Verband gelang hier eine hohe Nähe zur Zielgruppe. Die Beispiele zeigen einen weiteren positiven

157 Lindner: Carl Heymann, 1996, S. 13.

158 Zitate Schmidt: Carl Heymann, 1905, S. 447–448.

159 Vgl. Verlagsverzeichnis R. von Decker, November 1885.

160 Vgl. J. Guttentag: Nachtrags-Katalog 1904–1907, S. 15–23.

161 Verlagsverzeichnis J. Guttentag 1903, S. 149.

162 Verlagsverzeichnis Carl Heymanns, 1887, S. 11.

163 Zitate Verlagsverzeichnis Carl Heymanns 1876, S. 39.

164 Vgl. Verlagsverzeichnis Franz Vahlen 1884, S. 1, 3.

Nebeneffekt des Formularprogramms – nämlich die Verbindung zu Vereinigungen und Verbänden durch die gemeinsame Entwicklung und kontinuierliche Anpassung der vorhandenen Formulare.

Zukäufe von Verlagen, Verlagsteilen und Verlagswerken

Trotz des erweiterten Marktes und der Vielzahl neuer Gesetze war eine rasche Expansion nicht allein durch organisches Wachstum möglich. Eine Ausweitung der eigenen Verlagstätigkeit war zügiger durch Zukäufe zu bewerkstelligen. Den Verlagen kam zu dieser Zeit entgegen, dass andere Fachverlage im Zuge der Spezialisierung umgekehrt bemüht waren, ihre juristischen Verlagsteile auszusondern und zu verkaufen. So fokussierte sich Gustav Fischer beispielsweise auf »die Medizinal-, Staats- und Naturwissenschaften«[165] und während die Rechtswissenschaften zunächst noch Teil der Expansionsstrategie waren, wurde dieser Bereich zu Gunsten der Staatswissenschaften wieder reduziert. Auch für Vandenhoeck & Ruprecht wird in einer Festschrift für die Jahre ab der Reichsgründung festgestellt, dass in der Rechtswissenschaft »fast nur kleinere Sachen und einige neue Auflagen älterer Handbücher« aufgelistet waren. Der Verlag hatte mit einigen rechtswissenschaftlichen Werken Rückschläge erlitten – so mit dem umfangreichen *Deutschen Staats- und Bundesrecht*. Das Werk wurde von Ruprecht als »unzeitige Geburt«[166] betitelt, da es noch auf die Rechtslage vor der Reichsgründung abzielte.

Nutznießer auf der Seite der juristischen Verlage war nicht nur Franz Vahlen mit dem Zukauf von Gruchots *Beiträgen zur Erläuterung des preußischen Rechts* von der G. Grote'schen Verlagsbuchhandlung.[167] Auch Ludwig Roßberg übernahm 1899 die *Zeitschrift für Praxis und Gesetzgebung der Verwaltung* von Craz & Gerlach, 1900 erweiterte der Verlag sein juristisches Verlagsprogramm durch die Angliederung von *Meinholds Juristischer Handbibliothek*. Der Trend zur Expansion setzte sich auch nach der Jahrhundertwende bis zum Ersten Weltkrieg fort: So gingen 1902 durch den Ankauf des J. J. Heine Verlags rund hundert juristische Titel in das Programm des J. Guttentag Verlags über und der 1913 vom E. E. Sebald Verlag erworbene *BGB-Kommentar der Reichsgerichtsräte* stellte nochmals eine Erweiterung und Spezialisierung für J. Guttentag dar.[168] 1913 kaufte Arthur Sellier (1860–1951) den rechtswissenschaftlichen Verlag der Firma U. E. Sebald in Nürnberg und im Juli 1914 »die bedeutende rechts- und staatswissenschaftliche Verlagsbuchhandlung«[169] H. W. Müller in Berlin.

---

165 Müller: Wissenschaft und Markt, 2004, S. 124.

166 Zitate Ruprecht: Väter und Söhne, 1935, S. 189.

167 Der G. Grote'sche Verlag hatte seinen Schwerpunkt auf Klassiker-Ausgaben und belletristischen Werken, Gruchots Beiträge waren also eher ein Fremdkörper im Verlagsprogramm. Vgl. Verlagsverzeichnis G. Grote 1868.

168 Vgl. Ziesak / Cram: Walter de Gruyter, 1999, S. 148.

169 Verlagsverzeichnis J. Schweitzer 1914, S. 1.

Der Verlag W. Kohlhammer arrondierte sein juristisches Programm um einen ungewöhnlichen Zukauf: Ein Autor des Verlags, Fr. Frisch, hatte im »Selbstverlag« einige juristische Werke veröffentlicht, die in den Verlag von Wilhelm Kohlhammer übergingen und das Programm ergänzten. Dabei handelte es sich um Werke zum Forststrafgesetz und Forstpolizeigesetz, zum Schulfond sowie je eine *Gründliche und leichtfaßliche Anleitung zur Behandlung der Kauf- und Tauschverträge über Liegenschaften durch die Rathsschreiber und Gemeinderäthe* beziehungsweise die *Gründliche und leichtfaßliche Anleitung zur Abfassung der der Kauf- und Tauschverträge über Liegenschaften*, ein *Handbuch der ökonomischen Verwaltung und des Rechnungswesens der Gemeinden im Königreich Württemberg*, welches der Verlag zum herabgesetzten Preis anbot. Ein weiteres Werk zum württembergischen Landesrecht erläuterte das *Gesetz, betreffend die Zwangsvollstreckung wegen öffentlich rechtlicher Ansprüche* und war 1880 erschienen. Ein interessanter Neuzugang war auch die *Populäre Gesetzeskunde*, die auf 136 Seiten »das Nothwendige aus Verfassung von Land und Reich, Verwaltung und Rechtspflege im Königreich Württemberg für Jedermann zum Selbstunterrichte und Schulgebrauche« versprach. Fr. Frisch hatte zuvor das *Repertorium der Strafgesetze des Königreichs Württemberg* »mit alphabetischem Sachregister über dieselben, und die damit in Verbindung stehenden Gesetze, Verordnungen und Verfügungen« mitverantwortet.[170]

Teilspezialisierung durch Zukäufe im Verlag Gustav Fischer

Anfang des 20. Jahrhunderts war der 1878 in Jena gegründete Gustav Fischer Verlag gemessen an seiner Titelproduktion nach Carl Heymanns, J. Guttentag und Franz Vahlen der viertgrößte – juristische – Verlag.[171] Im Gegensatz zu den vorher betrachteten Verlagen erweiterte Gustav Fischer sein Programm zwar auch mit durch Zukäufe rechtswissenschaftlicher Werke, ihm war offenbar aber nicht an einer ausschließlichen Spezialisierung gelegen: Im Gegenteil verfolgte der Verleger durchgängig ein breiter gefächertes Programm, in dem die Jurisprudenz einen, aber nicht den einzigen Programmschwerpunkt darstellte. In der Einleitung seines Katalogs von 1898 streicht der Verleger die Notwendigkeit der Arbeitsteilung und der Beschränkung auf bestimmte Wissenschaftsgebiete heraus; er selbst hatte den philosophischen Teil des Verlags und sämtliche Schulbücher verkauft und konzentrierte sich auf die Medizin, Naturwissenschaften und die Rechts- und Staatswissenschaften.

Bei seiner Positionierung konnte der Verlag auf in Juristenkreisen eingeführte Werke aus einem übernommenen Verlag zurückgreifen: Gustav Fischer gründete sein Unternehmen mit dem Kauf des in Konkurs gegangenen Verlags Hermann Dufft

170 Zitate und zu allen Werken Verlagsverzeichnis W. Kohlhammer 1883, S. 4.

171 So eine statistische Auswertung bei Jäger, die auf den Angaben von Kastner beruht. Vgl. Jäger: Juristischer Verlag, 2001, S. 492. Unklar ist, ob hier nur die juristischen Titel berücksichtigt sind oder die gesamte Titelproduktion, die sich im Verlag Gustav Fischer zu dieser Zeit auch auf andere Wissenschaftsgebiete erstreckte.

in Jena, aus dessen Programm er zwei bekannte juristische Werke fortführte.[172] Er übernahm das *Handlexikon zu den Quellen des römischen Rechts*[173] von Hermann Gottlieb Heumann (1812–1866) und Carl Friedrich Gerbers (1823–1891) *System des deutschen Privatrechts*[174]. Beide Werke wurden von anderen Autoren erfolgreich weitergeführt: Gerber's Werk übernahm der Bonner Universitätsprofessor Konrad Cosack (1855–1933), der 1897 auch das *Lehrbuch des Deutschen bürgerlichen Rechts auf der Grundlage des bürgerlichen Gesetzbuches für das Deutsche Reich* bei Gustav Fischer herausbrachte.[175] Von Gerber ebenfalls herausgegeben wurden die *Jahrbücher für die Dogmatik des heutigen römischen und deutschen Privatrechts*, die später von niemand Geringerem als Rudolf von Jhering (1818–1892) fortgeführt wurden. Weitere juristische Titel bei Gustav Fischer waren von Adolf Dochow Werke zum Strafrecht[176] oder von Ludwig Elster (1856–1935) *Die Lebensversicherung in Deutschland*.

Der vom Verleger angekündigte Programmschwerpunkt der »Rechts- und Staatswissenschaften« bezog sich offensichtlich mehr auf die Staatswissenschaften. Im Verlagskatalog von 1897 wird der Bereich der Rechts- und Staatswissenschaften getrennt betrachtet: Die Rechtswissenschaften umfassten vier Seiten, die Staatswissenschaften immerhin achteinhalb Seiten. Beide Wissenschaftsgebiete fallen in ihrer Titelproduktion allerdings deutlich hinter die anderen Schwerpunktbereiche zurück: Allein die Medizin ist mit siebzehn Seiten vertreten, die Naturwissenschaften nehmen einen Umfang von vierzehn Seiten ein.[177] Auch die Staatswissenschaften wurden im Laufe des 20. Jahrhunderts zu Gunsten einer größeren Spezialisierung auf die Medizin und Naturwissenschaften wieder aufgegeben; eine Entwicklung, die sich für die Rechtswissenschaft im Verlag Gustav Fischer bereits im 19. Jahrhundert abzeichnete.[178]

Auch wenn die rechts- und staatswissenschaftlichen Werke im Vergleich zu den medizinischen und naturwissenschaftlichen Werken einen geringeren Raum einnahmen und der Verlag mit der Zeitschrift *Jahrbücher für Dogmatik* nur eine einzige juristische Zeitschrift aufweisen kann, profilierte sich der Verlag nach der Reichsgründung mit einzelnen bekannten juristischen Werken und erweiterte damit sein wissenschaftliches Programm und seinen Wirkungskreis auf neue Zielgruppen – in diesem Fall auf die finanzkräftige Käufergruppe der Juristen.

---

172 Vgl. Gustav Fischer Verlag: 100 Jahre, 1978, S. 3, 14; Lütge: Verlagshaus Gustav Fischer, 1928, S. 147–148.

173 Vgl. Verlagskataloge Gustav Fischer 1878, S. 17 und 1897, S. 71; Lütge: Verlagshaus Gustav Fischer, 1928, S. 97.

174 Die 12. Auflage von Gerber's »System des deutschen Privatrechts« von 1875 wird als vergriffen gemeldet, die 13. Auflage als »unter der Presse« angekündigt. Vgl. Verlagsverzeichnis Gustav Fischer 1878, S. 3. Vgl. zu Gerbers Werk außerdem Lütge: Verlagshaus Gustav Fischer, 1928, S. 85 und 237–238; Schmidt: Fischer, Gustav, 1903, S. 248.

175 Vgl. Verlagsverzeichnis Gustav Fischer 1897, S. 27.

176 Vgl. Verlagsverzeichnis Gustav Fischer 1878, S. 2, 8; Verlagsverzeichnis Gustav Fischer 1897, S. 32.

177 Vgl. Verlagsverzeichnis Gustav Fischer 1897, S. 190–238.

178 Vgl. Gustav Fischer Verlag: 100 Jahre, 1978, S. 3.

Zusammentreffen zweier Fakultätenverlage: J. C. B. Mohr und H. Laupp

Eine Akquisition tätigten 1878 auch Paul Siebeck und Gustav Kötzle (1840–1900), Inhaber der H. Laupp'sche Buchhandlung samt Verlag: Sie erwarben den Verlag J. C. B. Mohr, siedelten ihn an den Stammsitz nach Tübingen um und integrierten die Verlagsgeschäfte. Fortan firmierte das Unternehmen als J. C. B. Mohr (Paul Siebeck). Die beiden zusammengeführten Verlage waren sich in ihrem Profil und ihrer Tradition als Fakultätenverlage ähnlich: Die H. Laupp'sche Buchhandlung wurde 1816 in Tübingen von Heinrich Laupp (1780–1836) gegründet, der vorher Geschäftsführer der seit 1669 bestehenden Cotta'schen Sortimentsbuchhandlung gewesen war und aus deren Bestand er wiederum Teile übernehmen konnte. Wie im Verlag J. C. B. Mohr baute auch Laupp den wissenschaftlichen Verlagszweig vornehmlich mit Werken aus dem universitären Umfeld auf. Nach seinem Tod führte die Witwe Luise Friedrike Laupp (1798–1882) das Unternehmen, das schließlich 1840 ihr Schwiegersohn Hermann Siebeck (1816–1877) zunächst als Teilhaber, ab 1866 als Alleininhaber übernahm. Seit 1877 leitete sein Sohn Paul Siebeck Verlag und Buchhandlung gemeinsam mit seinem Schwager Gustav Kötzle (1840–1900).[179] Wie der Gustav Fischer Verlag hatte auch J. C. B. Mohr (Paul Siebeck) vor allem erfolgreiche juristische Einzelpublikationsarten im Programm, vornehmlich im Wissenschaftsbereich. Angesehene Lehrbücher waren im Kaiserreich zum Beispiel diejenigen von Ludwig Enneccerus (1843–1928) zum BGB.[180] Im Gegensatz zu den vorgenannten Verlagen kann bei J. C. B. Mohr (Paul Siebeck) erst später, Schmidt spricht für das Jahr 1907 von der »neueren Verlagstätigkeit«[181], der planvolle Aufbau des juristischen Programmbereichs beobachtet werden.

Ankauf technischer Betriebe zur Effizienzsteigerung

Eine umfangreichere Verlagstätigkeit bedeutete gleichzeitig auch die Ausweitung der juristischen Buchproduktion. Um nicht von technischen Dienstleistern abhängig zu sein und den Markt nach dem Inkrafttreten gesetzlicher Änderungen zügig bedienen zu können, lag die Integration vor- oder nachgelagerter Produktionsstufen auf der Hand. Während in der ersten Hälfte des 19. Jahrhunderts teils noch papierverarbeitende Betriebe hinzugenommen wurden,[182] standen nach der Reichsgründung vor al-

179 Gustav Kötzle war verheiratet mit Charlotte Siebeck, die eine Tochter von Hermann Siebeck war.

180 Vgl. Diederichsen: Allgemeiner Teil des BGB, 2007, S. 90–91. Zu Ludwig Enneccerus als Rechtswissenschaftler und nationalliberaler Politiker siehe auch Jacobi: Ludwig Enneccerus, 1999.

181 Schmidt: Mohr, Jacob Christian Benjamin,1907, S. 703.

182 So erwarb bspw. der Wilhelm Gottlieb Korn Verlag 1853 eine Papiermühle, da er mit der von fremden Betrieben gelieferten Papierqualität unzufrieden war. Vgl. Schmilewski: Verlegt bei Korn, 1991, S. 51. Papierfabriken besaßen außerdem die Deutsche Verlagsanstalt in Stuttgart (vormals Eduard Hallberger), A. Bagel in Düsseldorf und F. Pustet in Regensburg .Vgl. Jäger: Verbindung des Verlagsbuchhandels, 2001, S. 311, 312.

lem Druckereien zur Vervollständigung der Produktionskette auf der Einkaufsliste der Verleger. Gerade bei Publikationen mit austauschbaren Inhalten wie Textausgaben und Gesetzessammlungen, die von hohem Konkurrenzdruck geprägt waren, besaßen diejenigen Verlage einen Vorteil, die rechtzeitig fehlerfreie Werke ausliefern konnten. Sofern nicht ohnehin seit den Anfängen dem Verlag eine Druckerei angegliedert war wie bei C.H.Beck oder R. von Decker, gründeten oder kauften die Verlage Ende des 19. Jahrhunderts verstärkt technische Betriebe. Wenn eine Druckerei bereits vorhanden war wurde diese als Folge der umfangreicheren Verlagstätigkeit häufig erweitert. Für den auf Militärwissenschaften spezialisierten Verlag Mittler & Sohn wird darauf verwiesen, dass mit der Erhöhung der Verlagsproduktion auch eine Vergrößerung der Druckerei einherging.[183] Bei einem angeschlossenen leistungsfähigen Druckbetrieb konnte der Verleger die Prioritäten beim Druckauftrag selbst setzen, da er in der Mehrzahl der Fälle gleichzeitig auch der Inhaber und Entscheidungsträger der Druckerei war.[184]

Wie strategisch die Entscheidung für den Zukauf einer Druckerei sein konnte, wird an dem Beispiel des Carl Heymanns Verlags deutlich. Ganz gezielt erwarb Otto Löwenstein 1875 die Sittenfeld'sche Druckerei und fügte sie dem Verlag hinzu. Damit verschaffte sich Otto Löwenstein nicht nur im Hinblick auf die eigenen Druckaufträge eine vorteilhafte Position: In der Druckerei des Carl Heymanns Verlags wurden vor allem Druckaufträge des Reichstags und der Stadt Berlin abgewickelt.[185] Für den Verlag stellte die Akquise der Sittenfeld'schen Druckerei auch insofern einen zusätzlichen strategischen Vorteil dar, als die Druckerei bereits vor ihrem Erwerb durch Otto Löwenstein sehr viele Publikationen in öffentlichem Auftrag gedruckt hatte.[186] So konnte der Verleger zusätzlich auf die Kontakte zurückgreifen, die wiederum zur Autorenansprache und Programmerweiterung genutzt werden konnten. Carl Heymanns war kein Einzelfall: 1909 erwarb zum Beispiel der Verlag J. Schweitzer die Buchdruckerei von Dr. F. P. Datterer & Cie. in Freising-München.[187]

---

183 Vgl. Mittler: E. S. Mittler & Sohn, 1939, S. 111.

184 Dabei kann durchweg von gemischten Betrieben ausgegangen werden: Zeitgenössisch wurde bei technischen Betrieben zwischen einem »gemischten Betrieb« und einem »Gesamtbetrieb« unterschieden. Ersterer war ein Verlag, »in welchem technische Betriebe, die aufeinanderfolgenden Produktionsstadien des Buches dienen, mit dem Verlag zu einer Wirtschafts- und zumeist auch Betriebseinheit zusammengefaßt sind«. Ein Gesamtbetrieb lag nach diesem Verständnis erst bei einer »relativ autarken Wirtschafts- und Betriebseinheit« vor. Zitate Beck: Der gemischte Betrieb, 1912, S. VII. Vgl. auch Jäger: Verbindung des Verlagsbuchhandels, 2001, S. 311.

185 Vgl. Reuter: Von Manuskripten, 1967, S. 99, 103; Lindner: Otto Löwenstein, 2003, S. 27, 40. Zur Sittenfeld'schen Druckerei vgl. auch Potthast: Geschichte Buchdruckerkunst, 1926, S. 69.

186 Vgl. Lindner: Otto Löwenstein, 2003, S. 28.

187 Vgl. Verlagsverzeichnis J. Schweitzer, 1914, S. 2.

Räumliche Veränderungen als sichtbare Zeichen der Expansion

Mit der beschriebenen Expansion nicht nur in programmatischer, sondern auch in produktionstechnischer Hinsicht waren einige juristische Verlage gezwungen, ihre räumlich beengten Standorte gegen neue Verlagsgebäude einzutauschen. Oft wurde die Gelegenheit genutzt, damit auch ein nach außen sichtbares Zeichen für den wirtschaftlichen Erfolg zu setzen und die Verlagsgeschäfte in repräsentativere Gebäude oder zumindest in eine respektablere Lage zu verlegen – zum Teil beides. In Berlin wurde häufig die Nähe zu Ministerien oder anderen behördlichen Einrichtungen gesucht: Deshalb war die Berliner Wilhelmstraße, Amtssitz vieler Ministerien, bei juristischen Verlegern besonders beliebt. Umgezogen ist unter anderem der Carl Heymanns Verlag »angesichts der erfreulichen und ständig wachsenden Auftragslage«. 1877 schlug der Verlag sein Domizil in der Mauerstraße 63–65 auf, später wurde mit Verlag und Druckerei in die Mauerstraße 44 umgesiedelt. Es handelte sich nach Lindner um einen »repräsentativen Firmensitz«.[188] Nach der Jahrhundertwende baute Walter de Gruyter für seinen Verlag im »exklusiven Tiergartenviertel, in der Genthiner Straße 38« ein neues Verlagsgebäude, um auch zukünftigen Expansionen und »seinen sich ständig erweiternden verlegerischen Unternehmungen«[189] gewachsen zu sein. Dabei war die Standortverlagerung an repräsentable Adressen nicht nur das augenfälligste Zeichen der Expansion juristischer Verlage, sondern gleichzeitig auch ein Beleg für ein verändertes Selbstbewusstsein der Verleger.

Den »provinziellen Geruch« seines Nördlinger Verlages »abschütteln«[190] wollte Oskar Beck mit seinem Umzug in die Landeshauptstadt München. Im Gegensatz zu Otto Löwenstein, der Verlag und Druckerei an einer Adresse vereinigte, beließ Beck die Druckerei an ihrem angestammten Sitz in Nördlingen und zog 1889 nur mit dem Verlag an den zentralen Platz in Bayern um: München besaß eine Universität und zahlreiche Verwaltungsbehörden und war nicht nur königliche Residenz, sondern administratives Zentrum für Bayern. Seit dieser Zeit residiert der Verlag C.H.Beck in der Wilhelmstraße 9 in München-Schwabing. Beck entschied sich gegen die Reichshauptstadt Berlin und gegen Fachbuchhandelszentren wie Leipzig oder Stuttgart aus einer tiefliegenden Verwurzelung in Bayern.[191] Seinem Landstrich verbunden blieb auch Wilhelm Kohlhammer, der innerhalb Stuttgarts in ein eigenes Gebäude in der Urbanstraße zog »um unabhängig schalten und walten zu können«.[192] Wie Otto Löwenstein führte auch der Kohlhammer Verlag und Druckerei an einem Standort zusammen. In Wien siedelte der Manz Verlag unter der Leitung von Markus Stein in ein 1892 bis 1893 erbautes Haus in repräsentativer Lage »als sichtbares Zeichen der guten Unterneh-

---

188 Zitate Lindner: Otto Löwenstein, 2003, S. 40.

189 Zitate Ziesak / Cram: Walter de Gruyter, 1999, S. 44.

190 Beck: Der juristische Verlag, 1988, S. 22.

191 Vgl. Beck: Festschrift, 1963, S. 60–61.

192 Rühle: Der Gründer, 1966, S. 13.

menslage«.[193] Hier wurden verschiedene Verlagseinheiten, Buchhandlung, Auslieferung und Lager vereinigt und wie in anderen Verlagen Effizienzgewinne erreicht.

3.3.3 Positionierung im Markt bei zunehmender Konkurrenz

Die Vielfalt der verlegerischen Möglichkeiten und die Attraktivität des juristischen Käufermarktes hatten für die Verlage auch negative Auswirkungen: eine davon war ein steigender Konkurrenzdruck.[194] Der juristische Sortimenter und Verleger Otto Mühlbrecht beklagte den zunehmenden Wettbewerb durch Verlagsneugründungen:

> »Der allgemeine Aufschwung des Buchhandels in Deutschland und speciell in Berlin seit 1870 hat nun allerdings auch seine Schattenseite; die Freizügigkeit und Gewerbefreiheit schufen den Nährboden, auf dem die Buchhändler wie die Pilze aus der Erde wuchsen. Welchen Schaden die übergroße Konkurrenz dem Gesamtbuchhandel gebracht, und welche erbitterten Kämpfe sie zur Folge gehabt, das ist noch frisch in unser aller Gedächtnis.«[195]

Die Gründe für eine verstärkte Wettbewerbssituation waren vielschichtig. Mit den gestiegenen Anforderungen an die rasche Verfügbarkeit von juristischen Informationen – im idealen Fall kurz nach Verkündung oder zumindest bei Inkrafttreten eines neuen Gesetzes – unterlagen die Verlage einem fortwährenden Produktionsdruck: Die erste am Markt erhältliche Ausgabe einer Gesetzessammlung oder eines Kommentars begründete nicht selten eine Marktführerschaft und der Leser griff auch bei Nachauflagen auf das gleiche Werk zurück. Der Konkurrenzdruck erhöhte sich zusätzlich, da alle juristischen Verlage bestrebt waren, ihren Aktionsradius in speziellen rechtswissenschaftlichen Segmenten auszuweiten – sowohl inhaltlich als auch regional. Während der reichsweite Absatzmarkt zunächst von den Berliner Marktführern Carl Heymanns und J. Guttentag beherrscht war, begannen auch die nicht in der Reichshauptstadt ansässigen Verlage über ihre regionalen Grenzen hinaus zu expandieren: Die norddeutschen Verlage erschlossen sich den süddeutschen Markt und umgekehrt.[196] So traten auch die nicht in Berlin ansässigen Verlage wie C.H.Beck in München, W. Kohlhammer in Stuttgart oder J. C. B. Mohr (Paul Siebeck) in Tübingen / Freiburg[197] zum Kreis der direkten Konkurrenten hinzu. Vor allem in Berlin traten neu gegründete Verlage als Konkurrenten neben die angestammten Verlage:

193 Stein / Hilscher: 150 Jahre Manz, 1999, S. 7. Der Verlag zog in ein Gebäude am Kohlmarkt Nummer 20–24 (heute Nummer 16).

194 Insgesamt zu Expansion und Konkurrenzdruck Wittmann: Geschichte deutschen Buchhandels, 1999, S. 295, 296.

195 Mühlbrecht: Aus meinem Leben, 1898, S. 26.

196 Vgl. Beck: Festschrift, 1963, S. 43.

197 Der Verlag J. C. B. Mohr (Paul Siebeck) war 1880 nach Freiburg gezogen und verlegte sein Verlagsdomizil 1899 wieder zurück nach Tübingen.

Mit Datum 1. Januar 1870 gründete Franz Vahlen seinen Verlag, Otto Schwartz und Friedrich Kortkampf 1871, Robert Ludwig Prager ein Jahr später und Otto Liebmann 1890. Strategischer Vorteil der Verlagsneugründungen war vor allem die Möglichkeit einer konsequenten Ausrichtung auf die im Kaiserreich intensiv nachgefragte rechtspraktische Literatur. Diese Verlage nahmen in der Regel keine wissenschaftlichen Werke in ihre Verlagsprogramme auf. Meist handelte es sich zudem um jüngere Verleger, die ihr Verlagsgeschäft mit strategischem Engagement ausbauten. Anfangserfolge gaben diesen Verlegern die Chance, bekanntere Autoren an ihre noch relativ unbekannten Unternehmen zu binden.

Ein Paradebeispiel für diesen vornehmlich rechtspraktisch ausgerichteten Verlagstyp war Otto Liebmann. Nachdem er mit 24 Jahren den Verlag ins Leben gerufen hatte, entstanden viele Werke auf seine Initiative hin. Im Hinblick auf die etabliertere Konkurrenz agierte Liebmann geschickt im kompetitiven Umfeld und kompensierte die fehlende langjährige Verlagstradition, indem er beispielsweise die Zusammenarbeit mit renommierten Autoren besonders herausstrich. So wies Otto Liebmann plakativ auf den verlagsübergreifend bekannten Autor Levin Goldschmidt hin, der 1892 im Verlag publiziert hatte – »eine der letzten Veröffentlichungen dieses Meisters«.[198] Die Festschrift verweist auch auf den höchsten preußischen Strafrichter als Autor im Verlag. Dabei war Liebmann nicht nur an der Konzeption der Werke beteiligt, bei der *Deutschen Juristen-Zeitung* war er gleichzeitig Verleger und Herausgeber. Otto Liebmann zeichnete sich als Verleger dadurch aus, dass er nicht nur die verlegerische Seite seiner Publikationen verantwortete, sondern sich auch als Herausgeber inhaltlich vertieft mit den juristischen Fragestellungen beschäftigte. Er konzipierte erfolgreiche Publikationsreihen und Zeitschriften, der von ihm begründete Verlag gilt heute noch als »sehr innovativer Verlag«[199].

Wettbewerb um renommierte Autoren und Aufträge

Der Wettbewerb der juristischen Verlage untereinander bewirkte vor allem in zwei Bereichen einen stärkeren Konkurrenzdruck: bei der Akquise renommierter Autoren und im Wettkampf um prestigeträchtige Aufträge. Insbesondere im Kommentarbereich waren Autoren mit erstrangigen Kontakten in die Zielgruppe praktisch Garanten für einen Publikationserfolg. Damit lastete ein doppelter Druck auf den Verlagen: Sie mussten ihre besonderen Autoren gegen Abwerbeversuche verteidigen und gleichzeitig versuchen, hochrangige Fachvertreter als Autoren neu zu gewinnen. Dazu kam, dass sich die oft mühsame Akquise der renommiertesten Autoren erst in späteren Jahren auszahlte. Dafür konnte der in dem neuen Markt erfolgreiche Verlag häufig bis zu grundlegenden Änderungen des Gesetzes ein führendes Werk für sich beanspru-

198 Klee: Zum 25jährigen Bestehen, 1915, S. 12.
199 Stürner: Zwangsvollstreckungs- und Insolvenzrecht, 2007, S. 733.

chen. Ein Werk, bei dem diese Erfolgsfaktoren zusammenkamen, war der Kommentar zum Handelsgesetzbuch von Hermann Staub (1856–1904) im Verlag J. Guttentag. Den konkurrierenden Verleger Otto Liebmann erfasste mit Blick auf die Auflage ein »Anflug von kompetitiver Ehrfurcht«[200].

In einem vornehmlich rechtspraktisch ausgerichteten Markt waren neben bekannten Anwälten wie Hermann Staub auch diejenigen Ministerialbeamten als Autoren begehrt, die in ihrer beruflichen Funktion mit den neuen Gesetzen betraut waren. Diese potenziellen Autoren besaßen oft solitäre Stellungen – häufig war nur ein einziger Beamter im gesetzesausführenden Ministerium zuständig. In einer herausragenden Position befand sich zum Beispiel Gottlieb Planck für das Bürgerliche Gesetzbuch, da er in der ersten Kommission für das Familienrecht zuständig und in der zweiten Kommission Generalreferent war. Er war auch auf Grund seiner weitreichenden Kontakte einer der begehrtesten Kommentatoren. Eine von ihm verfasste Kommentierung – wie diejenige zum Bürgerlichen Gesetzbuch bei J. Guttentag – hatte Chancen, sich als Standardwerk zu etablieren. Ein solches ebenfalls von einem Ministerialbeamten herausgegebenes Standardwerk war Max von Brauchitschs *Organisationsgesetze der inneren Verwaltung*. Das später in *Die neuen Preußischen Verwaltungsgesetze* umbenannte Werk erschien bei Carl Heymanns und gehörte zu denjenigen Titeln die auch im 20. Jahrhundert ihren Charakter als Standardwerke beibehalten konnten. In diese Gruppe gehören auch Robert von Landmann (1845–1926) und seine *Gewerbeordnung*, die als »Standardwerk von mehr als 100jähriger Tradition«[201] im Verlag C.H.Beck beschrieben wird oder Georg Jellineks (1851–1911) *Allgemeine Staatslehre*, »das epochemachende Werk zur Staatslehre«[202]. Alle genannten Werke entstanden im Kaiserreich inmitten eines hohen und kontinuierlich zunehmenden Konkurrenzdrucks.

Konkurrenzdruck durch nicht-spezialisierte Verlage

Zusätzlicher Wettbewerb entstand auch durch nicht-spezialisierte Verlage, die zum Beispiel Textausgaben mit gemeinfreien Vorschriften publizierten und hier vorübergehend ein ertragreiches Geschäftsfeld entdeckten. Dies war vor allem bei Textausgaben des Bürgerlichen Gesetzbuchs der Fall: Diese wurden nicht nur von ausgewiesenen juristischen Verlagen wie J. Guttentag, Carl Heymanns, R. von Decker, Franz Vahlen oder später Otto Liebmann herausgegeben. Auch Verlage wie das Berliner Bibliographische Institut, Aug. Schultze, A. Weichert oder Reclam verlegten die Gesetzestexte, ferner erschien eine Ausgabe bei Meyers Volksbüchern des Bibliographischen Instituts in

200 Thiessen: Ein ungeahnter Erfolg, 2006, S. 58.
201 Beck: Der juristische Verlag, 1988, S. 47.
202 Grothe: Zwischen Geschichte und Recht, 2005, S. 97.

Leipzig.[203] Nicht nur Textausgaben, auch einführende Werke konnten ohne größeres finanzielles Risiko auf den Markt gebracht werden. So veröffentlichte zum Beispiel der Verlag Otto Maier in Ravensburg – kein Verlag mit einem ausgewiesenen juristischen Programm – *Das Recht des B. G. B. gemeinfasslich dargestellt.*[204]

Dabei holten sich diese fachfremden Verlage teils die Hilfe juristischer Autoren – wie im Reclam Verlag, dessen Ausgabe von Landgerichtspräsident Karl Pannier (1830–1897) mit einer Einleitung und einem Sachregister herausgegeben wurde[205] –, teils wurden die reinen Textausgaben vom Verlag allein verantwortet und ohne Autor veröffentlicht. Diese Konkurrenz von nicht-spezialisierten Verlagen erhöhte den Wettbewerbsdruck zwar nicht nachhaltig, bedrängte die juristischen Verlage aber trotz allem in ihrem eigenen Expansionsdrang und in den Margen.

Standortvorteil: Räumliche Nähe zu Regierungskreisen

Die für das Kaiserreich wegweisenden politischen und juristischen Entscheidungen wurden in Berlin getroffen. Insofern besaß Berlin für die juristischen Verlage eine besondere Bedeutung und die im Kaiserreich vorhandene Rivalität zwischen den Verlagsstädten Leipzig und Berlin[206] spielte für die rechtswissenschaftlichen Verleger nur eine geringere Rolle: Während die übrigen Wissenschafts- und Fachverlage ihr Augenmerk häufig noch auf Leipzig legten, avancierte die Reichshauptstadt für die rechtswissenschaftlichen Verlage rasch zur führenden Buchstadt und bildete unbestritten ihr Zentrum.[207] Die besondere Stellung Berlins zeigte sich auch daran, dass sich vor

203 Vgl. auch Jäger: Juristischer Verlag, 2001, S. 487–488. Für den Verlag A. Weichert Storim: Kolportage-, Reise- und Versandbuchhandel, 2003, S. 584. Vgl. für die letztgenannten J. Schweitzer Sortiment: Litterarisches Vademecum, 1898, S. 29.

204 Vgl. Juristisches Litteraturblatt, Mai 1897, S. 105. Der Verlag Otto Maier in Ravensburg gab neben den heute noch bekannten Verlagsprogrammen aus dem Bereich Kinderbücher und Jugendschriften sowie Gesellschaftsspiele zwar auch Vorlagenwerke und Fachliteratur heraus, besaß aber keinen juristischen Programmbereich. Vgl. auch Pollitz: 100 Jahre Otto-Maier-Verlag 1983.

205 Vgl. J. Schweitzer Sortiment: Litterarisches Vademecum, 1898, S. 29. Die Textausgabe wurde auch im 20. Jahrhundert noch lange Jahre erfolgreich verlegt, so die 29. Auflage 1932 nach wie vor von Karl Pannier, als Landgerichtspräsident inzwischen außer Dienst. Vgl. Pannier: Bürgerliches Gesetzbuch 1932.

206 So macht der Verlag J. C. B. Mohr (Paul Siebeck) auf die Rivalität der beiden Verlagsstädte aufmerksam, der Verleger favorisierte Leipzig als Auslieferungsplatz und sah für Berlin andere Aufgaben vor, so die Pflege einer gemeinsamen Adress-Karthotek vor. Vgl. J. C. B. Mohr (Paul Siebeck): »Wie kann der wissenschaftliche Verlag sich auf die neuen Verhältnisse umstellen, mit denen wir künftig zu rechnen haben?« Ohne Datierung, S. 2, 6. VA Mohr Siebeck, Nach. 488.

207 Zu einer Verschiebung zu Gunsten Berlins vgl. Hoffmann: Buchverlage, 1997, S. 9; Wittmann: Geschichte deutschen Buchhandels, 1999, S. 260. Lendenmann erwähnt eine Verschiebung bereits vor der Reichsgründung ab den 1830er und 1850er Jahren. Vgl. Lendenmann: Deckersche Kleine Verlagsgeschichte, 1988, S. 45–46. Den »Aufschwung Berlins als Haupt-, Behörden- und Wissenschaftsstadt« stellt auch Müller fest. Vgl. Müller: Wissenschaft und Markt, 2004, S. 31.

allem Berliner Verlage auf die Staats- und Rechtswissenschaften konzentrierten.[208] Leipzig war zwar die größere Buchstadt für die Wissenschaft und behielt »die unangefochtene Rolle als Metropole des typographischen Gewerbes«,[209] allerdings waren die großen Wissenschaftsverlage in Leipzig keine juristischen Verlage: Selbst Duncker & Humblot mit Verlagssitz in Leipzig besaß zu dieser Zeit erst einen beginnenden rechtswissenschaftlichen Schwerpunkt in seinem Verlagsprogramm.

Falls keine Niederlassung in der Reichshauptstadt bestand, wurde dies meist als Mangel empfunden. Berlin war nicht nur Mittelpunkt des Deutschen Reiches, sondern besaß auch für das rechtswissenschaftliche Studium »die erste Fakultät des Reiches«.[210] So war es im Zuge der Expansion der Verlage wie beschrieben auch das Ziel vieler Verleger, ihren Verlagssitz oder eine Dependance in der Wilhelmstraße in der Nähe der Ministerien zu erhalten – »Die Wilhelmstraße als Ziel« überschrieb Lindner den Wunsch des Verlegers Otto Löwenstein.[211] Auch der Druckerei baute Otto Löwenstein 1875 in direkter Nähe zu Parlament, Reichs- und Staatsbehörden neue Gebäude, um eine enge Zusammenarbeit zwischen Behörden und Verlag – beispielsweise im Vordruck- und Formularbereich – zu gewährleisten. Für den langjährig in Berlin beheimateten Verlag J. Guttentag stellen Ziesak / Cram die Vorteile der Nähe zu den Reichsbehörden und sehen hier einen starken Standortvorteil im Rahmen der Autorenwerbung und Autorenbindung.[212]

Die Tatsache, dass es sich bei Berlin um die führende juristische Verlagsstadt handelte, lässt sich auch mit einer Statistik von Goldfriedrich belegen, die einzelne Buchformate getrennt nach unterschiedlichen Regionen auswertet. Während beim Buchformat Sedez[213] in Berlin in insgesamt fünf Titeln 512 Inhaltsseiten ausgewiesen waren, wurden in München in einem einzigen Werk lediglich 128 Inhaltsseiten herausgegeben.[214] Auch im Oktav-Format war das Verhältnis für Bayern ungünstig: Hier sind für Preußen neun beziehungsweise achtzehn Titel mit 3154 beziehungsweise 3295 Inhaltsseiten angegeben; Bayern kann dagegen lediglich je sieben Titel mit 809 beziehungsweise 1931 Inhaltsseiten vorweisen. Noch ausgeprägter sind die Unterschiede beim Format Groß-Oktav, bei dem Preußen mit 24 Werken und

208 Vgl. Schönrock: Statistische Zahlen, 1929, S. 4.

209 Lendenmann: Deckersche Kleine Verlagsgeschichte, 1988, S. 47.

210 Knopp: Wolfgang Hefermehl, 1988, S. 396.

211 Vgl. Lindner: Die Wilhelmstraße als Ziel, 1997, S. B 19–28. Für die Druckerei vgl. auch Reuter: Von Manuskripten, 1967, S. 103.

212 Vgl. Ziesak / Cram: Walter de Gruyter, 1999, S. 144–146.

213 Früher waren die Größenangaben bei einem Buch mit sogenannten Formatklassen gekennzeichnet, die aus dem Falzprozess der Druckbogen resultierten. Sedez bestimmt eine Buchhöhe bis etwa 17,5 cm. Eine Einteilung der Buchformate und Formatklassen findet sich zum Beispiel bei Goerke: Buchformat, 2003, S. 93–94.

214 Vgl. Goldfriedrich: Statistische Übersicht, 1912, S. 15, 16–17, 18. Goldfriedrich untereilt nochmals nach Werken mit und ohne Beilagen. Vorliegend wurden jeweils die Buchformate mit Beilagen herangezogen.

4047 Inhaltsseiten Bayern mit fünf Titeln und 362 Inhaltsseiten deutlich überholt. Eine Erklärung für die Unterschiede gerade bei den größeren Buchformaten kann in den bevorzugten vorherrschenden Formatgrößen für juristische Titel gefunden werden. Ansonsten zeigt die Statistik zusätzlich, dass sich Berlin im Kaiserreich unbestritten als die juristische Verlagsstadt etabliert hatte.

Umtauschaktionen als Beispiel für verschärfte Konkurrenz

Ein Beleg für die zunehmende Konkurrenz der juristischen Verlage untereinander war der Umgang der Verleger mit den Vertriebsmaßnahmen ihrer Kollegen. So wehrte sich Franz Vahlen auf das Heftigste gegen eine Umtauschaktion des Verlags J. C. B. Mohr (Paul Siebeck). Dabei waren Umtauschaktionen als Anreiz für den Erwerb von Neuauflagen im Kaiserreich nicht ungewöhnlich, was eine Aussage von Franz Vahlen selbst deutlich macht: »Daß Umtauschangebote in der gedachten Art vorgekommen und heute noch in einzelnen Fällen ausgeführt werden, ist mir nicht unbekannt.«[215] Konkret sah die Umtauschaktion von J. C. B. Mohr (Paul Siebeck) wie folgt aus: Der Verlag hatte im Württembergischen Staatsanzeiger angeboten, ältere Auflagen verschiedener Werke – interessanterweise auch aus Fremdverlagen, Franz Vahlen erwähnte die Werke von Ludwig Gaupp (1832–1901), Petersen, Seuffert, Struckmann-Koch und Wilmowski-Levy – zurückzunehmen und gegen die zweite Auflage des in seinem Verlag erschienenen Werkes *Die Civilprozeßordnung für das Deutsche Reich* von Ludwig Gaupp einzutauschen.[216] Da die erste Auflage des Werkes in drei Bänden zwischen 1879 und 1881 erschienen und damit bereits älteren Datums war, konnte der Verlag auf eine gute Resonanz hoffen. Die Ankündigung im Württembergischen Staatsanzeiger erreichte die Zielgruppe auch punktgenau, da das Werk die Zivilprozessordnung »mit eingehender Berücksichtigung des Württembergischen Landesrechts«[217] erläuterte.

Bei dem schriftlichen Schlagabtausch zwischen Franz Vahlen und Paul Siebeck gingen zwischen Mitte Oktober und Mitte Dezember 1892 verschiedene – wohl auch veröffentlichte – Schreiben hin und her. In der Korrespondenz prangerte Franz Vahlen vor allem das Verhalten des Kollegen an, Paul Siebeck verteidigte das Vorgehen seines Verlags: »ein letztes Wort zur Abwehr«. Franz Vahlen wehrte sich gegen die Aktion seines Verlagskollegen mit durchaus harschen Erwiderungen, wenn er dem Verlag

---

215 Schreiben Franz Vahlen zum Thema »Nochmals das Umtausch-Angebot der akademischen Verlagsbuchhandlung J. C. B. Mohr (Paul Siebeck) in Freiburg i. Br., betreffend Gaupp's Kommentar zur Civilprozeßordnung, 2. Auflage« vom 10. November 1892, S. 2. Im Folgenden: Franz Vahlen: Schreiben nochmals Umtausch-Angebot, 1892. VA WdG, Dep. 42.

216 Vgl. Franz Vahlen: Schreiben nochmals Umtausch-Angebot, 1892, S. 1.

217 Russell: J. C. B. Mohr, 1881, S. 466.

J. C. B. Mohr (Paul Siebeck) vorwarf, »das eigene Verlagswerk plötzlich als Parasit auf Werke anderen Verlages zu setzen«.[218]

Interessanterweise erhob Franz Vahlen vor allem im Namen seiner Autoren Einspruch gegen das Vorgehen des Verlags J. C. B. Mohr (Paul Siebeck).[219] Dies zeigt nicht nur die Verbundenheit des Verlegers mit seinen Autoren, sondern auch den Umfang seiner Argumentation und die Kreise, die Franz Vahlen von der Aktion berührt sah. Das Vorgehen von Franz Vahlen – vor allem die Vehemenz seiner Äußerungen – ist Beleg für die zunehmende Konkurrenzsituation der Verlage untereinander. Franz Vahlen sprach in seinem Schreiben vom Dezember 1892 den Konkurrenzaspekt auch offen an:

> »Nach meiner festen Überzeugung hat Herr Siebeck mit seinem Eintauschhandel durch Uebergreifen in anderen Verlag die Grenzen der loyalen Konkurrenz verlassen. [...] Ich bin noch mehr zufrieden in dem Bewußtsein, daß mir in meiner langjährigen Verlagsthätigkeit niemals Zweifel über die Grenzen der loyalen Konkurrenz entgegengetreten ist und daß ich bei aller Betriebsgeschäftigkeit jederzeit verschmäht habe, Geschäfte zu machen, die mir nicht vor der Welt und dem eigenen Gewissen vollkommen einwandsfrei erscheinen können.«[220]

Bei einem Vergleich des Angebots von J. C. B. Mohr (Paul Siebeck) mit einer ähnlichen Umtauschaktion von Carl Heymanns fällt auf, dass J. C. B. Mohr (Paul Siebeck) in der Tat eine weitergehende Umtauschmöglichkeit anbot. Auch Carl Heymanns bot den Käufern des Werkes *Verwaltungsgesetze* von Max von Brauchitsch die Rücknahme aller alten Auflagen gegen die »neuesten Bearbeitungen« an, der Umtauschende erhielt 1895 einen Nachlass von 25 % auf den Ladenpreis der Neuauflage.[221] Ein Unterschied zum Angebot von Carl Heymanns bestand bei J. C. B. Mohr (Paul Siebeck) darin, dass der Verlag die Rücknahme auch von Werken anderer Verlage offerierte. Demzufolge monierte Franz Vahlen auch vor allem die Rücknahme »jeder beliebigen Auflage«,[222] also nicht nur der jüngsten Auflage – ein Vorgehen, welches allerdings auch der Carl Heymanns Verlag so praktizierte: »Alle alten Auflagen«.[223] Ein weiterer Unterschied ergab sich durch die Offerte des Verlags J. C. B. Mohr (Paul Siebeck) zum Umtausch von Kommentaren, während der Verlag Carl Heymanns mit Max von Brauchitschs

---

218 Zitate Vahlen, Franz: Schreiben von Franz Vahlen zum Thema »Nochmals das Umtausch-Angebot der akademischen Verlagsbuchhandlung J. C. B. Mohr (Paul Siebeck) in Freiburg i. Br.« vom 16. Dezember 1892. Im Folgenden: Franz Vahlen: Schreiben Umtausch-Angebot, 1892, S. 2. VA WdG, Dep. 42.

219 Vgl. Franz Vahlen: Schreiben nochmals Umtausch-Angebot, 1892, S. 1.

220 Franz Vahlen: Schreiben Umtausch-Angebot, 1892, S. 2.

221 Zitat aus Vorblatt Verlagsverzeichnis »Carl Heymanns Verlag, Berlin. Bericht über die im Jahre 1891 herausgegebenen Verlagsunternehmungen. Zeitschriften, periodische und nichtperiodische Werke. Berlin 1892.« Vgl. auch Lindner: Otto Löwenstein, 2003, S. 37.

222 Franz Vahlen führte weiter aus: »Daß Herr Siebeck die jedesmalige letzte Auflage der betr. Werke am liebsten nehmen würde, ist mir ebensowenig zweifelhaft, wie daß er auch die ältesten nehmen wird und nach dem Wortlaut seines Angebotes nehmen muß.« J. Guttentag (Franz Vahlen): Schreiben nochmals Umtausch-Angebot, 1892, S. 1.

223 Verlagsverzeichnis Carl Heymanns 1892.

Werk eine Textsammlung zurücknahm. Auch einen – wohl offensichtlich vom Verlag J. C. B. Mohr (Paul Siebeck) herangezogenen – Vergleich mit einer buchhändlerischen Praxis ließ Franz Vahlen deshalb nicht gelten: Er hielt die Publikationsart der Lexika, bei denen der Verlag ein anderes Verhältnis zu seinen Autoren hat welches »meist aus der Initiative und der Eigenkraft seines Verlegers hervorgegangen und [...] vollkommen dessen eigenen Führung unterstellt«[224] war, für eine nicht vergleichbare Aktion. Die Kunden sollten mit dem Umtausch von älteren Werken fremder Verlage bei J. C. B. Mohr (Paul Siebeck) wohl auf den Titel von Ludwig Gaupp umgelenkt und als zukünftige Käufer der Nachauflagen gewonnen werden.

Augenscheinlich zog die Aktion von Paul Siebeck und die Erwiderung von Franz Vahlen auch im Kollegenkreis weitere Kreise, die Verleger erhielten jeweils Zustimmungsbekundungen.[225] Ein Beleg sind die verschiedenfarbigen handschriftlichen Unterstreichungen in einem Schreiben im Verlag J. Guttentag, die zeigen, dass man sich hier der Auseinandersetzung der Kollegen – und wahrscheinlich mit dem Procedere der Umtauschaktionen selbst – auseinandergesetzt hat und dem Streit Bedeutung beigemessen wurde.[226] Die heftige Reaktion Franz Vahlens und die Überlegungen in den Verlagen ist Beleg für die sich verschärfende Konkurrenzsituation: In den Jahren der eher regionalen Marktaufteilung hatte jeder Verlag seine räumlich begrenzte Leserschaft und konkurrierte deutlich weniger innerhalb der gleichen Zielgruppen, so dass Vertriebsmaßnahmen wie Umtauschaktionen von den Verlagen wahrscheinlich unbehelligter – und unbemerkter – durchgeführt werden konnten.

3.3.4 Unterstützung durch Ministerien und Institutionen

Bedingt durch den ausgeprägten gouvernementalen Charakter des Kaiserreichs waren Verbindungen zu exekutiven Einrichtungen für juristische Verlage unverzichtbar. Die Kontakte in die Ministerien, zu nachgeordneten Behörden und anderen staatlichen Einrichtungen wurden von allen juristischen Verlagen sorgfältig gepflegt. Dabei waren Kontakte im politischen Feld nicht nur wegen der Kenntnis neuer Gesetzesvorhaben unerlässlich, wichtiger war noch der Kontakt zu potenziellen Autoren: In manchen Fällen konnten gleich die zuständigen Beamten als Autoren gewonnen werden, die ein Gesetz in ihrem Referat verantworteten und deren Namen damit ein zu-

224 J. Guttentag (Franz Vahlen): Schreiben nochmals Umtausch-Angebot, 1892, S. 3.

225 Franz Vahlen schreibt: »Die Zustimmungserklärungen, welche Herrn Siebeck nach seiner Mittheilung aus dem Buchhandel zugegangen sind und was ihm sonst, wie angedeutet, zur Genugthuung geworden ist, mißgönne ich ihm nicht. Ich bin zufrieden mit den Kundgebungen, die mir schriftlich und mündlich zahlreich zutheil geworden sind und von denen mehrere Herrn Siebeck höchst unbequem sein würden.« Verlag J. Guttentag (Franz Vahlen): Schreiben Umtausch-Angebot, 1892, S. 2.

226 Vgl. rote und blaue Unterstreichungen sowie grünliche Markierungen mit Buntstift in dem Archivexemplar.

sätzliches Qualitätsmerkmal für ein Werk darstellte. Nicht nur für die Autorenpflege, auch bei der Vergabe von Druck- und Verlagsaufträgen waren die Verwaltungsabteilungen Schaltstellen, bei denen sich eine Zusammenarbeit für die Verlage in mehrfacher Hinsicht auszahlen konnte: So garantierte die Behörde als Vertragspartner nicht selten eine feste Abnahme und deckte damit zumindest einen Teil der Herstellkosten. Entsprechend groß war die Konkurrenz der Verlage untereinander gerade bei der Akquise von Druckaufträgen, einen entscheidenden Wettbevorteil in diesem Geschäftsfeld stellte eine angegliederte Druckerei dar. Für den Verlag R. von Decker war die Druckerei bis zu ihrem Verkauf 1877 ohnehin ein fester Bestandteil der Unternehmensstrategie, Carl Heymanns erwarb 1875 die Sittenfeld'sche Druckerei – unter anderem um die amtlichen Aufträge im eigenen Unternehmen ausführen zu können:

> »Die schwierigste Arbeit jedoch für die Druckerei bildeten die Drucksachen der Stadt Berlin. Hier traten oft Anforderungen an die Druckerei heran, welche im ersten Augenblick fast unmöglich zu bewältigen schienen; so kam beispielsweise das Communalblatt am Sonntag, den 19. November 1876 in einer Stärke von siebzehn Bogen heraus.«[227]

Überhaupt war die Zusammenarbeit mit staatlichen Einrichtungen für Carl Heymanns von herausragender Bedeutung, nicht nur in wirtschaftlicher Hinsicht, sondern auch programmatisch in der Ausrichtung des Programms. So formte Otto Löwenstein seinen Verlag im Kaiserreich zu einem führenden juristischen Verlag unter anderem mit Hilfe von amtlichen Publikationen und offiziellen Entscheidungssammlungen und setzte dabei die Tradition des Verlagsgründers Carl Heymann fort.[228] Dieser hatte im Verlag seit 1839 das vom Justizministerium herausgegebene *Justiz-Ministerialblatt für die Preußische Gesetzgebung und Rechtspflege* verlegt. In der Zeitschrift wurden neben ministeriellen Anordnungen und Plenarbeschlüssen des Ober-Tribunals auch Personalmitteilungen und andere Nachrichtungen aus den Justizbehörden veröffentlicht.[229] Gerade in der Anfangszeit seiner Verlegerschaft warb Otto Löwenstein bei den zuständigen Ministeriumsstellen immer wieder für sein Verlagsunternehmen und bekräftigte bei den zuständigen Behörden sofort nach der Übernahme des Verlags auch sein Interesse an der Fortführung der Zusammenarbeit.[230] Im Laufe der Zeit entwickelte Otto Löwenstein »aufgrund seiner in Jahren gefestigten Beziehungen zu staatlichen Institutionen und leitenden Persönlichkeiten ein gutes Gespür für maßgebliche Entwicklungen auf dem juristischen Verlagsgebiet«.[231] Bekannte, in amtlichem Auftrag bei Carl Heymanns herausgegebene Werke waren zum Beispiel das *Handbuch für das Deutsche Reich* (1876), ein *Jährliches Verzeichnis der Patente* (1877), die *Samm-*

227 Verlagsverzeichnis Carl Heymanns 1877, S. 12.
228 Vgl. Reuter: Von Manuskripten, 1967, S. 101.
229 Vgl. Lindner: Carl Heymann, 1996, S. 34.
230 Vgl. Lindner: Die Wilhelmstraße als Ziel, 1997, S. B 22–24; Lindner: Otto Löwenstein, 2003, S. 22–23.
231 Lindner: Otto Löwenstein, 2003, S. 45.

lung der Entscheidungen des Königlich Preußischen Ober-Verwaltungsgerichts (1877), das *Preußische Verwaltungsblatt* (1879) mit dem *Verwaltungsarchiv* (1893), die *Statistik der Güterbewegung auf deutschen Eisenbahnen* (1883), die *Schriften der Centralstelle für Arbeiter-Wohlfahrts-Einrichtungen* (1892), die *Monatsschrift für Handelsrecht und Bankwesen* (1895) sowie die Zeitschrift *Gewerblicher Rechtsschutz* (1896).

Die herausgehobene Stellung der amtlichen Aufträge für Carl Heymanns wird an vielen Stellen deutlich: Der Geschäftsbericht des Verlags weist in seiner Vorbemerkung ausdrücklich auf das Werk von Carl Kletke hin, eine »Zusammenstellung der über die Preußische Finanzwissenschaft erschienenen Schriften«; auch die Initiative zu dem Werk kam vom Königlich Preußischen Finanzministerium, welches auch »eine Bestellung auf viele hunderte Exemplare«[232] tätigte. Der Verlag Carl Heymanns wickelte nicht nur für die Ministeriumsebene amtliche Aufträge ab, auch das Herrenhaus und die Stadt Berlin gehörten zu den Kunden. Der Katalog von 1891 listet insgesamt 53 Zeitschriften und Periodika, von denen vierzehn in amtlichem Auftrag verlegt wurden; 1897 weist der Katalog 623 Personen aus, die dem Verlag aus Behördenkreisen verbunden waren.[233] Angesichts der Vielzahl amtlicher Publikationen bei Carl Heymanns ist es nicht erstaunlich, dass durch die Anstrengungen von Otto Löwenstein und sein Bemühen um staatliche Aufträge das Programm von Carl Heymanns wie zitiert immer stärker »zum Abbild der gesetzgeberischen und staatsrechtlichen Entwicklung des Reiches und der Bundesstaaten«[234] wurde. Nach 1875 besaßen fast die Hälfte aller im Verlag erschienenen Publikationen einen amtlichen Charakter, das vom Reichskanzleramt herausgegebene *Handbuch für das Deutsche Reich* bildet dabei nur eine von vielen Publikationen.[235]

Die zielgerichtete Strategie im Hinblick auf amtliche Publikationen kann für Carl Heymanns an Hand eines Beispiels verdeutlicht werden: Den Ausgangspunkt für den Programmausbau des Gewerblichen Rechtsschutzes bildete die Übernahme der amtlichen Publikation *Kaiserliches Patentblatt*. Gemäß § 19 des Patentgesetzes war das Patentamt gehalten, ein solches Veröffentlichungsorgan herauszugeben. Die erste Ausgabe des *Patentblatts* erschien am 19. Juli 1877, es enthielt neben den amtlichen Bekanntmachungen auch nicht-amtliche Beiträge. Die Ausgabe von Juli bis Dezember umfasste 280 Seiten und warb mit einer gebundenen Ausgabe in elegantem Original-Kattunband mit reicher Deckpressung. Mit dem IV. Jahrgang 1880 wurde die Publikation diversifiziert: Neben dem »Grossen Patentblatt« wurde ein »Kleines Patentblatt« herausgegeben, dessen Nummern auch einzeln erworben werden konnten, schließlich wurden Auszüge aus den Patentschriften veröffentlicht.

---

232 Zitate Verlagsverzeichnis Carl Heymanns 1877, S. 11, 12.

233 Vgl. Verlagsverzeichnis Carl Heymanns 1891, S. 15–42; Verlagsverzeichnis Carl Heymanns 1897, S. 158–169.

234 Reuter: Von Manuskripten, 1967, S. 101.

235 Vgl. Reuter: Von Manuskripten, 1967, S. 101, 103.

Alle Ausgaben des Jahrgangs wurden vom Kaiserlichen Patentamt herausgegeben.[236] Ein Werk zum Patentregister, mit allen vom Kaiserlichen Patentamt von Juli 1877 bis Dezember 1878 erteilten Patenten (Nummern 1–4390) rundete das Programm ab.

Weitere Werke im Carl Heymanns Verlag waren *Das Patentgesetz für das Deutsche Reich*: eine Textausgabe, deren erste und zweite Auflage 1877 erschienen; ferner der *Bericht über das Kaiserliche Patentamt* sowie der Reichstagsbericht zum Entwurf des Patentgesetzes. Neben diesen Publikationen mit offiziellen Texten initiierte der Verlag eigene Werke: So erläuterte Carl von Gareis (1844–1923) bereits 1877 das Patentgesetz im Umfang von 287 Seiten und gab von 1878 bis 1880 auch eine Sammlung der wichtigsten Patentgesetze, Ausführungs-Vorschriften und Verordnungen in drei Bänden heraus, die die Patentgesetze der umliegenden Staaten, aber auch diejenigen von Finnland oder Australien enthielt. Das patentrechtliche Programm bei Carl Heymanns erweiterte Gareis noch um *Die patentamtlichen und gerichtlichen Entscheidungen in Patentsachen*, die der Autor nach der Reihenfolge der Bestimmungen des Patentgesetzes systematisch zusammenstellte. Der Verlag warb mit einer eleganten Ausstattung im Taschenformat, erschienen war das Werk 1880.

Eine folgerichtige Weiterentwicklung des Programmbereichs war die Erweiterung auf die Zielgruppe der Patentanmelder beziehungsweise Erfinder selbst: So verfasste derselbe Autor 1879 eine patentrechtliche Abhandlung *Ueber das Erfinderrecht von Beamten, Angestellten und Arbeitern*. Das schmale Bändchen mit 34 Seiten erschien bereits 1879 und sollte die vom Gesetz Angesprochenen mit der Rechtsmaterie vertraut machen. Wiederum eine Ausweitung der patentrechtlichen Literatur erfuhr das Carl Heymanns'sche Programm durch das von dem Ingenieur Carl Pieper (1838–?) verfasste Werk *Der Schutz der Erfindungen im Deutschen Reiche*, welches die Reichstagsverhandlungen, das Patentgesetz und dessen Ausführungsverordnungen mit kritischen Anmerkungen versah und 1877 mit 174 Seiten erschien. Die systematische Strategie des Verlags drückte sich auch darin aus, dass noch im gleichen Jahr kleinere Ausgaben des Werkes in französischer und englischer Sprache erschienen.[237] Carl Heymanns dehnte damit sein Verlagsprogramm nicht nur über die deutschen Grenzen hinweg aus, sondern hatte mit einem Ingenieur auch einen Autor aus der Zielgruppe der Erfinder unter Vertrag genommen. Die Zielgruppenerweiterung auf die Erfinder selbst verdeutlicht das Bestreben des Verlags um eine nochmalige Ausweitung seines Einflussbereichs innerhalb des patentrechtlichen Publikationsmarktes. Diese Programmausdehnung war möglich, da der Verlag durch das *Kaiserliche Patentblatt* eine unverzichtbare Publikation und eine starke Marke innerhalb der Zielgruppe im Programm besaß und die Vorteile, die sich daraus ergaben, bewusst nutzte.

---

236 Zu allen Ausgaben vgl. Russell: Carl Heymann's, 1881, S. 877, 892, 926, 948.

237 Vgl. zu den Übersetzungen »Loi allemande sur les brevets d'invention. Traduction francaise« aus dem Jahr 1877 und »Patent law of the German empire and rules of practice. With commentaries« ebenfalls aus 1877. Vgl. Russell: Carl Heymann's, 1881, S. 927.

Ablesen lässt sich die Bedeutung der Zusammenarbeit mit staatlichen Stellen bei Carl Heymanns auch an den *Organisationsgesetzen der inneren Verwaltung*.[238] Die im Auftrag des Ministeriums des Inneren herausgegebene Sammlung[239] stellte seit 1876 den Beginn einer jahrzehntelangen Erfolgsgeschichte für den Verlag dar. Der Herausgeber Max von Brauchitsch war Geheimer Regierungs- und vortragender Rath im Ministerium des Innern. Die zusammengestellten Organisationsgesetze umfassten die Provinzen Preußen, Brandenburg, Pommern, Schlesien und Sachsen und beinhalteten gesetzliche Materialien wie die Kreisordnung von 1872, die Provinzialordnung, das Gesetz betreffend die Verfassung der Verwaltungsgerichte und das Verwaltungsstreitverfahren sowie ein Gesetz über die Zuständigkeit der Verwaltungsbehörden und Verwaltungsgerichts-Behörden. Bei letzterem waren die Zuständigkeiten, die Rechtsmittel und Fristen auch durch Tabellen im Anhang hervorgehoben.[240] Der zweite Band enthielt weitere korrespondierende Gesetze und Ministerialerlasse und war mit Anmerkungen versehen sowie einem chronologischen Verzeichnis und einem Sachregister. Wiederum wurden die amtlichen Texte durch weitere Materialien mit Zusatznutzen für den Leser angereichert. Den Erfolg des Werkes konnte man auch daran ablesen, dass bereits 1878 die zweite und dritte Auflage erschienen.

Den kontinuierlichen Absatz amtlicher Publikationen und den durch sie vermittelten fortwährenden Kontakt in die Schaltstellen der Ministerialverwaltung sicherten sich neben Carl Heymanns auch R. von Decker, J. Guttentag, J. Springer oder Franz Vahlen, wo ab 1873 beispielsweise die *Entscheidungen des Bundesamts für das Heimatwesen* erschienen: Ab dem zweiten Heft enthielten die Entscheidungen als Mehrwert für den Nutzer auch ein Sachregister, welches jeweils die vorhergehenden Hefte berücksichtigte. Bearbeitet und herausgegeben wurden die Hefte jeweils von Mitgliedern des Bundesamtes.[241] Als »Behördenverlag«[242] galt im Kaiserreich auch der J. Springer Verlag: Mit großem Geschick gelang es Ferdinand Springer (1846–1906) in diesem Geschäftsfeld Fuß zu fassen und den Verlag entsprechend auszubauen. Eine Wissenschaftsinstitution, die eng mit J. Springer zusammenarbeitete, war die Kaiser-Wilhelm-Gesellschaft: J. Springer war seit 1885 Kommissionsverleger der Gesellschaft. Der Verlag pflegte ferner Kontakte zum Reichsversicherungsamt und verlegte die Publikationen *Amtliche Nachrichten des Reichsversicherungsamts*, *Monatsblätter für Arbeiterversicherung* und weitere Publikationen wie die *Entscheidungen und Mitteilungen des Reichsversicherungsamts* und die *Annalen für soziale Politik und Gesetzgebung*.

---

238 Das Werk wurde ab der 4. Auflage umbenannt in die »Die neuen Preußischen Verwaltungsgesetze«. Vgl. Verlagsverzeichnis Carl Heymanns 1892. Vgl. auch Jäger : Juristischer Verlag, 2001, S. 497.

239 Siehe auch Reuter: Von Manuskripten, 1967, S. 101.

240 Vgl. Russell: Carl Heymann's, 1881, S. 881–882.

241 Vgl. für die Hefte bis Heft 23 Verlagsverzeichnis Franz Vahlen 1910, S. 31–33. Vgl. für die Hefte ab Heft 24 vgl. S. 33–35.

242 So bezeichnet Sarkowski den Verlag. Siehe Sarkowski: Der Springer Verlag I, 1992, S. 221–222.

Um sich im konkurrenzintensiven Umfeld von den Wettbewerbern abzuheben, verfolgte der Verlag J. Guttentag im Verbund mit anderen verlegerischen Entscheidungen offenbar eine besondere Strategie, indem er versuchte, durch hohe Honorare die Mitarbeiter von Ministerien für den Verlag zu gewinnen; eine Strategie, die offenbar erfolgreich war: 1888 wurde dem Verlag die Veröffentlichung sämtlicher amtlicher Publikationen zum Bürgerlichen Gesetzbuch übertragen.[243] So erschienen bei J. Guttentag im Auftrag des Reichs-Justiz-Amtes bearbeitete *Materialien zum Bürgerlichen Gesetzbuch*.[244] Die amtlichen Ausgaben des Entwurfs und der Motive erschienen 1888 in fünf Teilen mit Sachregister, die zweite Auflage folgte mit Verkündung des Bürgerlichen Gesetzbuchs 1896.[245] Im Auftrag des Reichs-Justiz-Amtes wurden die Protokolle der Kommission für die Zweite Lesung des Entwurfs 1897–1899 ebenfalls bei J. Guttentag herausgegeben, Bearbeiter war Reichsgerichtsrath außer Dienst Alexander Achilles (1833–1900).[246] Eine *Bibliographie der amtlichen Materialien zum Bürgerlichen Gesetzbuch für das Deutsche Reich und zu seinem Einführungsgesetze* erschien ebenfalls bei J. Guttentag.

Die Bedeutung, die amtliche Publikationen im juristischen Buchhandel insgesamt besaßen, veranschaulicht auch die Tatsache, dass die spezialisierte Buchhandlung Puttkammer & Mühlbrecht vor ihren Katalog einen Vorspann abdruckte mit einer Liste der über die Buchhandlung zu beziehenden amtlichen Publikationen, darunter befanden sich *Stenographische Berichte über die Verhandlungen des Deutschen Reichstages* ebenso wie Gesetzessammlungen und Ministerialblätter.[247] Die Verlage selbst unterstrichen die Wichtigkeit der amtlichen Publikationen, indem sie wie Carl Heymanns oder R. von Decker eigene Rubriken hierfür einrichteten: Bei Carl Heymanns wurden die amtlichen Werke an erster Stelle im Verlagskatalog aufgelistet.[248] Der Verlag R. von Decker widmete vor den amtlichen Publikationen denjenigen des Ressorts des Bundeskanzler-Amts des Norddeutschen Bundes eine eigene Rubrik, der Teil des Katalogs mit amtlichen Publikationen war umfangreicher als derjenige der nicht-amtlichen Werke.[249]

Auffällig ist, dass es sich in der Regel um größere, bekanntere Verlagsunternehmen handelte, die mit öffentlichen Auftraggebern kooperieren konnten. Die Vermu-

243 Vgl. Ziesak / Cram: Walter de Gruyter, 1999, S. 144–146.

244 Vgl. Schmidt: J. Guttentag, 1903, S. 350–352; Jäger: Juristischer Verlag, 2001, S. 487.

245 »Entwurf eines Bürgerlichen Gesetzbuches für das Deutsche Reich. Erste Lesung. Ausgearbeitet durch die von dem Bundesrathe berufene Kommission. Amtliche Ausgabe« 1888 sowie »Motive zu dem Entwurf eines Bürgerlichen Gesetzbuches für das Deutsche Reich. Amtliche Ausgabe« 1888 in fünf Bänden als zweite unveränderte Auflage. 1896. Vgl. Verlagsverzeichnis J. Guttentag 1903, S. 25–29; J. Schweitzer Sortiment: Litterarisches Vademecum, 1897, S. 28; J. Schweitzer Sortiment: Litterarisches Vademecum, 1898, S. 26.

246 Vgl. Verlagsverzeichnis J. Guttentag 1903, S. 25–29.

247 Vgl. Verlagsverzeichnis Puttkammer & Mühlbrecht 1893.

248 Vgl. Verlagsverzeichnis Carl Heymanns 1876.

249 Vgl. Verlagsverzeichnis R. von Decker 1868.

tung liegt nahe, dass den Ministerien vor allem an marktführenden Verlagen als Publikationsort gelegen war, die ihre Leistungsfähigkeit und ihr Renommee bereits bei anderen Publikationen bewiesen hatten.[250] Beauftragende Behörden konnten bei der Vergabe – vor allem, wenn sie unter Rechtfertigungszwang gerieten – auf diese Tradition und die erfolgreiche Abwicklung einer Vielzahl bisheriger Aufträge verweisen.

Die Herausgabe in amtlichem Auftrag bedeutete in der Regel auch den Direktverkauf von Exemplaren an Behörden. Jäger verweist auf einen Streit der Fachbuch- und Wissenschaftsverlage bei der Abgabe von Publikationen an Behörden: § 3 der Satzung des Börsenvereins vom 25. September 1887 bestimmte, dass es in Ausnahmefällen gestattet war, größere Partien eines Werkes an Behörden, Institute, Gesellschaften zu besonders ermäßigten Preisen zu liefern.

Eine Kehrseite bei behördlichen Druckaufträgen war allerdings die Tatsache, dass diese – da es sich um staatliche Aufträge handelte – meist in regelmäßigen Abständen neu ausgeschrieben werden mussten. Darüber hinaus konnte sich bei Veränderungen von verwaltungs- oder gesetzgeberischen Behördenstrukturen auch der herausgebende Verlag der amtlichen Publikationen ändern. Die doppelte Abhängigkeit der juristischen Verlage von den gouvernementalen Strukturen und einzelnen Entscheidungsträgern wird hier besonders deutlich.

3.3.5 Juristische Vereinigungen als Kooperationspartner

Im Gegensatz zu Ministerien und staatlichen Einrichtungen, deren Hauptinteresse bei Publikationen der hoheitliche Auftrag bei der Bekanntmachung gesetzlicher Grundlagen oder die Verbreitung wissenschaftlicher Erkenntnisse waren, verfolgten juristische Vereinigungen größtenteils selbstbezogene Zwecke mit ihren Publikationen: die Positionierung des eigenen Verbandes oder die Veröffentlichung von rechtspolitischen Positionspapieren. So nutzte beispielsweise der Deutsche Anwaltverein sein Verbandsorgan, die seit 1872 erscheinende *Juristische Wochenschrift*, um sich »nach innen und nach außen als die Standesvertretung der deutschen Rechtsanwälte zu präsentieren«.[251] Für die Verlage interessant waren die Vereinszeitschriften vor allem, da sie je nach Größe des Verbandes eine hohe Druckauflage erreichen konnten. Zur Verbreitung der Zeitschrift *Juristische Wochenschrift* trug sicher auch bei, dass sie ab 1876 an die Mitglieder kostenlos abgegeben wurde. Im Katalog von

250 Diese Überlegungen waren nicht neu: Auch Otto von Bismarck erkundigte sich vor Veröffentlichung seiner Memoiren, dass es sich bei dem ins Auge gefassten Verlag, die Cotta'sche Verlagshandlung, um einen renommierten Verlag handelte – es erschienen dann Die politischen Reden des Fürsten Bismarck in vierzehn Bänden 1892/93 und nach Otto von Bismarcks Tod 1898 die Bände der »Gedanken und Erinnerungen«. Vgl. Lohrer: Cotta Geschichte, 1959, S. 148; Knödler: Der Cotta-Verlag, 2009, S. 79–80.

251 Schaich: Deutscher Anwaltverein, 1997, S. 11.

Carl Heymanns finden sich Verbandszeitschriften wie *Die Berufsgenossenschaft* als Organ für die Deutschen Berufsgenossenschaften oder die *Deutsche Kolonialzeitung*, das Organ der Deutschen Kolonialgesellschaft.[252] Heute eher ungewöhnlich muten Zeitschriften wie das *Kriegerheil* als Organ der Deutschen Vereine vom Roten Kreuz oder die Zeitschrift *Deutscher Frauen-Verband*, eine »Zeitung der Vaterländischen Frauen- und Hilfs-Vereine«.[253]

Kooperationen zwischen Verbänden und Verlagen im Umfeld von Rechtswissenschaft und Politik waren vielfältig, im Gegensatz zu Ministerien, die bei ihren Verlagskontakten häufig auf traditionsreiche Verlage zurückgriffen, schienen die Vereinigungen offener zu sein. So kooperierte die 1888 gegründete Internationale Kriminalistische Vereinigung mit dem ebenfalls gerade erst gegründeten Verlag Otto Liebmann und mit einem der Marktführer im Kaiserreich J. Guttentag.[254] Obwohl sie eine über Deutschland hinausgehende Ausrichtung anstrebte, waren bei der Gründung über die Hälfte der Mitglieder Deutsche, führender Kopf der Vereinigung war Franz von Liszt.[255] Seit seiner Gründung war der Verlag Otto Liebmann der Vereinigung verbunden: Der Verleger baute den Kontakt sofort auf, nachdem er 1890 seine Verlagshandlung gründete und weitete ihn konsequent aus.[256] 1894 gab der Verlag im Auftrag der Vereinigung das Werk *Das Strafrecht der Staaten Europas* als Ersten Band der *Die Strafgesetzgebung der Gegenwart in vergleichenden Darstellungen* heraus. Dabei hatte sich der Verleger die Zusammenarbeit mit der Vereinigung unter Umständen einfacher vorgestellt: Rückblickend stellte Otto Liebmann 1915 heraus, welche Mühen mit einer internationale Autorenschaft und welche finanziellen Opfer mit einem Werk dieses Umfangs für den Verlag verbunden waren.

J. Guttentag als »Geschäftsstelle« des Deutschen Juristentags

Bereits im Vorfeld seiner Gründung waren beim Deutschen Juristentag Publikationen beteiligt, die das Zusammenwirken von Verbänden und Verlagen zeigen: Der Aufruf

---

252 Die Berufsgenossenschaft erschien 1891 im fünften Jahrgang, In neuer Folge handelte es sich 1891 um den dritten Jahrgang der Deutschen Kolonialzeitschrift. Vgl. Verlagsverzeichnis Carl Heymanns 1891, S. 17–18.

253 Die Zeitschrift »Das Kriegerheil« wurde 1891 bereits in ihrem fünfundzwanzigsten Jahrgang herausgegeben. Die Zeitung der Vaterländischen Frauen- und Hilfs-Vereine erschien im sechszehnten Jahrgang. Siehe Verlagsverzeichnis Carl Heymanns 1891, S. 19–20.

254 Zur Gründung der Internationalen Kriminalistischen Vereinigung vgl. Schöch: Kriminologie, 2007, S. 823. Zur Kooperation mit dem Verlag von Otto Liebmann siehe u. a. Verlagsverzeichnis Otto Liebmann, Oktober 1892, S. 1–2; Klee: Zum 25jährigen Bestehen, 1915, S. 23–24. Zur Zusammenarbeit mit dem J. Guttentag: Nachtrags-Katalog 1904–1907, S. 43; Lüdtke: Verlag Walter de Gruyter, 1924, S. 47–48.

255 Vgl. Kitzinger: Internationale Kriminalistische Vereinigung, 1905, S. 4. Vgl. zu Franz von Liszt als Kopf der Vereinigung Bellmann: Internationale Kriminalistische Vereinigung,1993, S. 23.

256 Vgl. Klee: Zum 25jährigen Bestehen, 1915, S. 23–24.

zur Teilnahme am ersten Deutschen Juristentag wurde in der *Preußischen Gerichtszeitung* und in zahlreichen weiteren Zeitschriften und Zeitungen publiziert.[257] Den ersten Anstoß zur Gründung des Deutschen Juristentages gab der Verlagen vielfältig verbundene Franz von Holtzendorff in der Beratung des Vorstandes der Juristischen Gesellschaft im März 1860, indem er den Antrag stellte, »der Vorstand möge der Juristischen Gesellschaft in deren nächster Sitzung die Ausschreibung eines Deutschen Juristentages vorschlagen«.[258] Ihre Teilnahme und Unterstützung hatten im Vorfeld bereits prominente Juristen zugesagt – unter ihnen waren zum Beispiel Johann Caspar Bluntschli aus München, Rudolf von Jhering aus Gießen, Gottlieb Planck aus Kiel, Hermann Theodor Schletter aus Leipzig, Moritz von Stubenrauch aus Wien, Karl Georg von Wächter aus Leipzig oder Karl Salomo Zachariä aus Göttingen. Eine »Commission der Juristischen Gesellschaft für Ausschreibung eines Deutschen Juristentages« beriet im Mai 1860 bereits eine »Vorläufige Ordnung für den Deutschen Juristentag«, deren 1. Paragraph lautete:

> »§ 1. Der Zweck des Deutschen Juristentages ist: eine Vereinigung für den lebendigen Meinungsaustausch und den persönlichen Verkehr unter den Deutschen Juristen zu bilden, auf den Gebieten des Privatrechts, des Prozesses und des Strafrechts den Forderungen nach einheitlicher Entwicklung immer größere Anerkennung zu verschaffen, die Hindernisse, welche dieser Entwicklung entgegenstehen, zu bezeichnen und sich über Vorschläge zu verständigen, welche geeignet sind, die Rechtseinheit zu fördern.«[259]

Noch im gleichen Jahr wurde 1860 der Deutsche Juristentag gegründet. Mitglieder konnten alle juristischen Berufsgruppen werden: Richter, Staatsanwälte, Rechtsanwälte und Notare, Professoren und Verwaltungsjuristen, die Vereinsmitglieder folgten »einem Gefühle der Zusammengehörigkeit der Berufsgenossen«.[260] Der Juristentag nahm nicht nur an den gesetzgeberischen Maßnahmen, sondern auch an den politischen Ereignissen regen Anteil: So wurde die Reichsgründung auf dem Juristentag 1871 euphorisch begrüßt.[261] Publizistisches Organ wurde die *Preußische Gerichtszeitung*, sie unterstand bis 1867 der Leitung von Carl Christian Eduard Hiersemenzel (1825–1869).[262] Der Deutsche Juristentag entfaltete mit seinen Verhandlungen und Diskussionen eine größere Wirkung als dies bei den meisten anderen juristischen Vereinigungen der Fall war. Seine Referate, Tagungsberichte und Beschlüsse

---

257 Vgl. Conrad / Dilcher / Kurland: Der Deutsche Juristentag, 1997, S. 12. Zur Gründung des Deutschen Juristentages vgl. auch Olshausen: Der Deutsche Juristentag, 1910, S. 19–56.

258 Conrad / Dilcher / Kurland: Der Deutsche Juristentag, 1997, S. 10.

259 Die Commission der Juristischen Gesellschaft für die Ausschreibung eines Deutschen Juristentages: Vorläufige Ordnung für den Deutschen Juristentag. Mai 1860. ZB, Nachlass Bluntschli, FA Blu 39a.1. Ferner Olshausen: Der Deutsche Juristentag, 1910, S. 4.

260 So drückte der Rechtsanwalt Block die Stimmung aus. Zitiert nach Waldmann: Recht mitgestalten, 2010, S. 19.

261 Vgl. Waldmann: Recht mitgestalten, 2010, S. 30.

262 Vgl. Conrad / Dilcher / Kurland: Der Deutsche Juristentag, 1997, S. 13.

wurden in der Fachpresse umfangreich rezipiert.[263] Verlage, die mit dem Deutschen Juristentag zusammenarbeiteten, profitierten von dieser Außenwirkung wie J. Guttentag – hier erschienen die *Verhandlungen des Ersten Deutschen Juristentages* und die der folgenden Juristentage, jeweils herausgegeben von dem Schriftführer-Amt beziehungsweise der Ständigen Deputation des Deutschen Juristentages.[264] Auch darüber hinaus war dem Verlag an Kooperationen gelegen: So wurde bei J. Guttentag ein bei der Juristischen Gesellschaft gehaltener Vortrag von Rechtsanwalt beim Königlichen Ober-Tribunal Otto Bohlmann (1833–?) zu den *Grenzen und Zielen der neuen Reichs-Notariatsordnung*[265] ebenso herausgegeben wie die dem Deutschen Juristentag erstatteten Berichte von Rudolf von Gneist über *Die bürgerliche Eheschließung*. Die Verbindung zwischen dem Deutschen Juristentag und dem Verlag ging so weit, dass der Verlag den Jahresbeitrag einzog und die Interessenten die Mitgliedschaft beim Verlag – und nicht bei der Vereinigung selbst – anmeldeten.[266] Lüdtke stellt fest, dass J. Guttentag zeitweise »zur Geschäftsstelle des Deutschen Juristentags«[267] wurde. Durch die Übernahme von organisatorischen Aufgaben und die Herausgabe von Publikationen des Deutschen Juristentages bestand für J. Guttentag die Möglichkeit, auch unterjährig im Kontakt mit den Mitgliedern zu bleiben. Gerade in der Zeit von 1860 bis 1900 hatte der Deutsche Juristentag nach Kiesow seine einflussreichste Zeit und war in hohem Maße an der Diskussion um die Einführung des Bürgerlichen Gesetzbuchs beteiligt.[268]

Wirken und Wirkung mit juristischen Vereinigungen

Die juristischen Vereinigungen nutzten die in den Verlagen erscheinenden Publikationen primär für die eigene Positionierung. Sie begaben sich damit aber auch in die Arena der Diskussion und ihre Arbeit wurde wiederum in Publikationen kritisch reflektiert: So erntete ein Entwurf der Satzung der Internationalen Kriminalistischen Vereinigung »in Fachzeitschriften Spott und harte Kritik«.[269] Trotzdem oder gerade

263 Vgl. Conrad / Dilcher / Kurland: Der Deutsche Juristentag, 1997, S. 87, 88.

264 Vgl. Lüdtke: Verlag Walter de Gruyter, 1924, S. 47–48; Ziesak / Cram: Walter de Gruyter, 1999, S. 154–156. Publikationen waren beispielsweise: »Verhandlungen des Ersten Deutschen Juristentages. Herausgegeben von dem Schriftführer-Amt der ständigen Deputation« 1860 oder »Verhandlungen der ersten zehn Deutschen Juristentage (1860 bis 1872). Im Auftrage der ständigen Deputation übersichtlich geordnet von Dr. Karl von Kießling« 1873 sowie der »Gesammtbericht über die Thätigkeit des Deutschen Juristentages in den 25 Jahren seines Bestehens. 1860–1885« oder eine Jubiläumsschrift im Auftrage der ständigen Deputation verfaßt vom Oberlandesgerichtsrath Thomsen zu Stettin im Jahr 1885. Vgl. Verlagsverzeichnis J. Guttentag 1903, S. 181–183.

265 Vgl. Russell: J. Guttentag, 1881, S. 671.

266 Vgl. J. Guttentag: Nachtrags-Katalog 1904–1907, 1907, S. 46.

267 Lüdtke: Verlag Walter de Gruyter, 1924, S. 47.

268 Vgl. Kiesow: Der Deutsche Juristentag, 2010, S. 27.

269 Bellmann: Internationale Kriminalistische Vereinigung, 1993, S. 28.

deswegen waren Vereinsgründungen wie die des Deutschen Juristentages immer auch ein Zeichen für die stärkere Formierung einer Wissenschaftsdisziplin. Juristische Diskussionen, gemeinsame Beschlüsse und deren Veröffentlichung sowie die Einflussnahme auf politische Entscheidungen trugen erheblich zur Strukturierung der Rechtswissenschaft bei. Durch die turnusmäßigen Zusammenkünfte der Vereinigungen bestand fortwährender Bedarf, mittels Publikationen, Aufsätzen und Vorträgen innerhalb der Vereinigungen das politische Geschehen zu hinterfragen und eigene Positionen zu begründen. Auf diesem Wege festigten sich die Strukturen innerhalb des Rechtswesens. Um ihre Verbandspositionen adäquat vermarkten zu können, war den Vereinigungen an einem reichweitenstarken Partner auf Verlagsseite gelegen, der Gewähr dafür bot, ein breites rechtspraktisches und rechtswissenschaftliches Publikum zu erreichen und die Publikationen innerhalb des Multiplikatorenkreises öffentlichkeitswirksam zu positionieren.

Im Gegensatz zu Vereinen anderer Fachdisziplinen gründeten die juristischen Vereinigungen seltener eigene Verlage,[270] sondern arbeiteten im Rahmen ihrer Veröffentlichungen mit juristischen Verlagen zusammen. Die rechtswissenschaftlichen Verlage boten für die juristischen Vereinigungen den Vorteil, dass sie inzwischen selbst zu Marken und renommierten Marktteilnehmern in Rechtswissenschaft und Rechtspraxis geworden waren. Die Verbände griffen gerne nicht nur auf das vorhandene Know-How, sondern auch auf die Kontakte und das Renommee der juristischen Verlage zurück. Für die juristischen Verlage bedeutete die Zusammenarbeit mit Verbänden im Gegenzug die Möglichkeit, an der Herausgabe von Jubiläumsschriften oder Festgaben zu profitieren. So gab der J. Guttentag Verlag nicht nur die erwähnten Verhandlungen des Deutschen Juristentages heraus, sondern auch die Schriften anlässlich von Jubiläen des Deutschen Juristentages, teilweise wie 1902 gab es gleich mehrere Schriften auf einmal: Neben einer von Hermann Staub herausgegebenen und der *Deutschen Juristen-Zeitung* sowie dem Deutschen Juristentag gewidmeten Ausgabe und einer für das örtliche Vorbereitungskomitee auch eine dritte Festschrift, die zwar keine Herausgeber, dafür aber einen wissenschaftlichen Anspruch besaß; letztere Ausgabe beinhaltete »erstmals ausschließlich wissenschaftliche Texte«[271] bei J. Guttentag.

270 Für den Bereich Chemie vgl. Sarkowski: Der Springer Verlag I, 1992, S. 244. Der J. Springer Verlag verlor 1921 die »Zeitschrift des Vereines Deutscher Ingenieure« mit dem 65. Jahrgang; 1924 wurde in Berlin der Beuth Verlag, 1927 in Düsseldorf der Giesserei-Verlag und 1929 vom Verband Deutscher Elektrotechniker der VDE-Verlag ins Leben gerufen, die in Konkurrenz zu den etablierten Verlagen traten. Ein Beispiel für einen verbandseigenen Verlag aus dem naturwissenschaftlichen Bereich stellt der Verlag der deutschen Chemiker Verlag Chemie dar, welcher 1918 gegründet wurde. Vgl. Ruske: Verlag Chemie, 1971, S. 13–14.

271 Henne: Prägung des Juristen, 2006, S. 127. Vgl. insgesamt auch Verlagsverzeichnis J. Guttentag 1903, S. 46; Lüdtke: Verlag Walter de Gruyter, 1924, S. 47–48.

Die Zusammenarbeit mit Verbänden konnte für die Verlage noch ein weiteres lukratives Betätigungsfeld bieten, und zwar die Vergabe von Druck- und Verlagsaufträgen: So brachte der Carl Heymanns Verlag im Auftrag des Deutschen Anwaltvereins eine Handausgabe des Bürgerlichen Gesetzbuchs mit knappen Erläuterungen für die Praxis heraus sowie eine Gegenüberstellung der Ergebnisse der Zweiten Lesung des Entwurfs und demjenigen der Ersten Lesung.[272] Ebenfalls im Auftrag des Deutschen Anwaltvereins erschien das Werk von Ludwig Kuhlenbeck (1857–1920), der einen kürzeren Kommentar zum Bürgerlichen Gesetzbuch verfasste. Hier profitierte Carl Heymanns insofern, als dass die Kommentierung »sämtlichen Mitgliedern zugänglich« gemacht wurde: Dadurch wurde die Ausgabe von Kuhlenbeck umfangreich rezipiert und fand rasch »weite Verbreitung«.[273] Der Effekt der Multiplikatorenwirkung trat nicht nur bei einzelnen Werken, sondern vor allem bei Zeitschriften ein. Bei der Herausgabe von Verbandszeitschriften trat für die Verlage ein weiterer Vorteil hinzu: nämlich die Verankerung der Publikation bei den Verbandsmitgliedern. Gerade die Organe der etablierten juristischen Verbände zeichneten sich meist durch eine Unverzichtbarkeit bei ihren Mitgliedern aus.

3.4 Entwicklungstreiber Bürgerliches Gesetzbuch

Der Verleger Otto Liebmann beschreibt, was die Einführung des Bürgerlichen Gesetzbuchs und seine Neuregelungen für die jüngeren, aber auch für die erfahrenen Kollegen bedeuteten:

> »Das nach langer Vorarbeit am 18. August 1896 erlassene Bürgerliche Gesetzbuch für das Deutsche Reich, das für den Zeitpunkt seines Inkrafttretens, den 1. Januar 1900, in vielen Beziehungen eine gänzliche Umwälzung der geltenden Rechtsordnung in allen Bundesstaaten in sichere Aussicht stellte, bedingte eine rechtzeitige Vorbereitung der ältern sowohl wie der jüngeren Juristen auf die Anforderungen, die die Rechtspflege nach dem BGB an sie stellen mußte. Die älteren mussten förmlich umstudieren, und gerade für sie war es natürlich wichtig, sich bei jeder Bestimmung des neuen Zivilrechts klarzumachen, wie sie sich zu entsprechenden Vorschriften des ihnen bisher geläufigen Rechts verhielt.«[274]

Die Vorbereitung der juristischen Verlage begann bereits parallel zu den beratenden Kommissionen ab 1874 und nach Verkündung des Bürgerlichen Gesetzbuchs 1896 entbrannte ein wahrer Wettkampf der Verlage um die frühesten Textausgaben, die marktgängigsten Konzepte und die renommiertesten Autoren. Für die juristischen Verlage bestand die Besonderheit des Bürgerlichen Gesetzbuchs in den umfangreichen Rege-

---

272 Vgl. Jäger: Juristischer Verlag, 2001, S. 488; Reuter: Von Manuskripten, 1967, S. 84–86, 92–94; Oertmann: Bürgerliches Recht, 1915, S. 21.

273 Zitate Oertmann: Bürgerliches Recht, 1915, S. 22.

274 Zitiert nach Klee: Zum 25jährigen Bestehen, 1915, S. 15.

lungsmaterien, die mit in dem Gesetzeswerk zusammengefasst wurden[275] und damit in den vielfältigen neuen Publikationsfeldern. Die intensiven Beratungen in verschiedenen Kommissionen boten den Verlagen die Möglichkeit, sich in einer längeren Zeitspanne einen Markt von Grund auf zu erschließen und das vorhandene Informationsbedürfnis ihrer unterschiedlichen Zielgruppen zu bedienen.

Auf Grund der langwierigen Vorbereitungen und Diskussionen wurde das ganze Verfahren der Einführung des Bürgerlichen Gesetzbuchs im Nachhinein als spröde und »rechtskonservierend« empfunden: So stellt Schulte-Nölke eine Rückwärtsgewandtheit fest und dass ein »mitreißendes«[276] Programm gefehlt hat. Was dem Gesetzgeber vielleicht an Mitreißendem fehlte, versuchten die juristischen Verlage mit ihren Publikationen wettzumachen. Bei dem überwiegenden direkt nach der Verkündung publizierten Teil der Literatur handelte es sich neben Gesetzessammlungen um Textausgaben mit Anmerkungen, Handbücher oder Vergleichende Darstellungen. Alexander Achilles formuliert im Vorwort zu dem von ihm herausgegebenen und offiziell als »Textausgabe mit Anmerkungen« deklarierten Werk:

> »Ein wissenschaftlicher und verhältnißmäßig erschöpfender Kommentar hat selbstverständlich in dem kurzen Zeitraum, der seit der Verkündung des Gesetzbuchs verstrichen ist, nicht geschrieben werden können. Die Herausgeber haben sich deshalb eine bescheidenere Aufgabe gestellt; sie bieten den betheiligten Kreisen nur ein Handbuch, das den Leser in das Studium des neuen Rechtes einführen, ihm den Zusammenhang der Rechtssätze andeuten, die Tragweite des einen und des anderen Satzes darlegen und auf diese Weise einen Wegweiser durch die oft recht verschlungenen Pfade des Gesetzbuchs an die Hand geben soll.«[277]

Naheliegend waren für das Verständnis der Neuregelungen vor allem sogenannte »Vergleichende Darstellungen«. Der Vergleich mit vorhergehenden Normen bot sich an, da Autoren und Leser mit dem früheren Recht vertraut waren und der Einstieg in das neue bürgerliche Recht auf diese Weise leichter fiel. Solche Werke wurden für verschiedene – auch noch immer geltende – Partikularrechte herausgegeben, beispielsweise für das Preußische Allgemeine Landrecht oder den Code Civil. Mit letzterem verglich Ernst Barre das neue Recht in seinem *B. G. B. und Code civil. Vergleichende Darstellung des deutschen und französ. Bürgerlichen Gesetzbuchs*, das 1897 bei Carl Heymanns erschien.[278] Die vergleichenden Werke verfolgten eine eindeutige Ausrichtung, eine Einführung in das Bürgerliche Gesetzbuch, sie erhoben

275 Selbst die angestammten Regelungsmaterien des Zivilrechts erfuhren teils umfassende Änderungen. Max Hachenburg überschrieb ein Kapitel aus dem Bereich des Obligationenrechts mit »Geist des Bürgerlichen Gesetzbuches«. Deutlich wird hier, wie tiefgreifend die Änderungen von den Juristen empfunden wurden. Vgl. Hachenburg: Selbstdarstellung, 1925, S. 101.

276 Zitate Schulte-Nölke: Die schwere Geburt, 1996, S. 1706.

277 Achilles: Bürgerliches Gesetzbuch nebst Einführungsgesetz, 1896, S. 1–2.

278 Der vollständige Titel lautet: »Barre, Ernst: Bürgerliches Gesetzbuch und Code Civil. Vergleichende Darstellung des deutschen und französischen Bürgerlichen Gesetzbuchs« 1897.

nicht den Anspruch, sich mit den Neuregelungen kritisch auseinanderzusetzen.[279] Die vergleichenden Darstellungen hatten nach 1896 wohl auch deshalb so großen Erfolg, da die Regelungen des Bürgerlichen Gesetzbuchs erst 1900 in Kraft traten und praktische Fälle erst nach dieser Zeit auftreten konnten. Ein Verlag, der gleich eine ganze Reihe vergleichender Darstellungen auf den Markt brachte, war Otto Liebmann. Hier erschienen gebündelt Vergleiche des Bürgerlichen Gesetzbuchs mit dem Preußischen Allgemeinen Landrecht (ALR) von Franz Leske, mit dem Gemeinen Recht von Gerhard von Buchka (1851–1935) und mit dem Code Civil Richard Förtsch (1837–1916). Der Verleger Otto Liebmann hatte bei der Konzeption eine komprimierte Gegenüberstellung in ansprechender Ausstattung im Blick, ein Anspruch, den wohl nur Richard Förtsch auf Autorenseite erfüllte: Während sich die Ausführungen von Förtsch im Rahmen der Verlegervorgaben hielten, wurden die anderen beiden vergleichenden Darstellungen sehr viel umfangreicher. Die Ausgaben zum gemeinen Recht und zum französischen Recht erschienen beide 1897, das Werk zum Preußischen Allgemeinen Landrecht benötigte bis zu seiner Fertigstellung – wohl auch wegen des fortwährend zunehmenden Umfangs – bis in das Jahr 1903. Wie groß das Informationsinteresse auf Rechtsanwenderseite war, ist auch daran abzulesen, dass die beiden vor 1900 erschienen Darstellungen wirtschaftlich ein voller Erfolg waren. Bereits 1898 konnte die zweite Auflage des Werkes von Gerhard von Buchka erscheinen und der Verleger berichtet nicht ohne Stolz von hohen Preisen, die in der Übergangszeit selbst antiquarisch noch erzielt werden konnten: »Die erste große Auflage erschien 1897, die zweite, noch größere 1898. Nach wenigen Monaten war auch diese vergriffen und noch immer so gesucht, daß das Buch antiquarisch nach dem Zeugnis eines bayrischen Buchhändlers um mehr als den doppelten Ladenpreis verkauft wurde.«[280]

Motive und Entwürfe heizen die Diskussionen an

Noch vor der Verkündung des neuen Rechts boten Publikationen zu den Motiven und Entwürfen des Bürgerlichen Gesetzbuchs den Juristen eine Grundlage für ihre Debatten. Bereits die Entwürfe des Bürgerlichen Gesetzbuchs umfassend und kritisch

---

279 Dies heben Franz Leske und Gerhard von Buchka ausdrücklich hervor. Von Buchka formuliert: »Dasselbe enthält in kurzgedrängter Darstellung eine vergleichende Gegenüberstellung der Normen des neuen bürgerlichen Rechts und der gemeinrechtlichen Rechtssätze in ihrem inneren Zusammenhange nach der Legalordnung des Bürgerlichen Gesetzbuches, welche nur in einigen wenigen Punkten im Interesse der systematischen Uebersichtlichkeit verlassen ist. [...] Für die Erfüllung der vorstehend bezeichneten Aufgabe war ein näheres Eingehen auf die überreiche Litteratur des gemeinen Rechts nicht geboten. [...] Eine eingehendere Kritik der Bestimmungen des neuen bürgerlichen Rechts lag außerhalb der Aufgaben des Buches [...]« Buchka: Vergleichende Darstellung des Bürgerlichen Gesetzbuches für das Deutsche Reich und des Gemeinen Rechts, 1897, S. 3. Vgl. auch Leske: Bürgerliches Gesetzbuch, 1900, S. 1.

280 Klee: Zum 25jährigen Bestehen, 1915, S. 16.

reflektiert,[281] wie Ludwig Hoffmann in der Einleitung zu seiner Sammelrezension in den *Literarischen Mitteilungen* feststellt:

> »Vor mir liegt nun ein Häuflein Bücher; welche sämtliche zur Literatur des neuen bürgerlichen Gesetzbuchs zählen. Sie enthalten nicht Alles, was in der besagten Richtung die Neuzeit hervorgebracht hat. Aber ich glaube nicht zu irren; dass sämtliche Gedankenrichtungen in ihr vertreten sind, soweit sie in der Bearbeitung des Entwurfes und seiner Kritik zu Tage treten konnten.«[282]

Dabei war die Veröffentlichung von Entwürfen oder Motiven, aber auch Denkschriften und Kritiken der Gesetzentwürfe im Vorfeld des eigentlichen Gesetzes nicht ungewöhnlich, außergewöhnlich war allerdings die Vielfalt der Publikationen vor Verkündung des Bürgerlichen Gesetzbuchs: Der Verlag J. Guttentag gab bereits ab 1888 bis 1890 die *Beiträge zur Erläuterung und Beurtheilung des Entwurfes eines Bürgerlichen Gesetzbuchs für das Deutsche Reich* heraus. Die einzelnen Hefte erläuterten unter anderem die »Entstehungsgeschichte des Entwurfs eines Bürgerlichen Gesetzbuchs für das Deutsche Reich«, dies geschah in »Verbindung mit einer Übersicht der privatrechtlichen Kodifikationsbestrebungen in Deutschland« (Heft 1). Das zweite Heft beschäftigte sich mit »System und Sprache des Entwurfs eines Bürgerlichen Gesetzbuchs für das Deutsche Reich« (Heft 2), beide Hefte erschienen 1888. Ebenfalls bei J. Guttentag erschienen 1888 die amtlichen Ausgaben zu den Entwürfen nach der Ersten und Zweiten Lesung, Motive, ein Sachregister und eine Bibliographie der amtlichen Materialien.[283] Auch Vorträge über den Entwurf des Bürgerlichen Gesetzbuchs wurden in einer Reihe zusammengefasst und ab 1896 in verschiedenen Bänden herausgegeben. Während der Verlag J. Guttentag bereits im Vorfeld der Verkündung des Bürgerlichen Gesetzbuchs die Diskussionen aktiv mit der Herausgabe von Publikationen begleitete, trat der Verlag Carl Heymanns erst nach der Verkündung des neuen Gesetzeswerkes 1896 mit selbstständigen Publikationen hervor.[284] Dies tat er dafür mit umso mehr Nachdruck, indem er beispielsweise neben vollständig neu verfassten Werken im Wege der Doppelverwertung auch Sonderdrucke von Aufsätzen aus Zeitschriften oder anderen Periodika veröffentlichte, um dadurch den Markt zusätzlich zu bedienen.

---

281 So stellt das Juristische Litteraturblatt neben einer fortgeschriebenen Bibliographie auch explizit »Kritische Schriften« und »Abänderungsvorschläge« vor. Die Zusammenstellung enthielt bei den »Kritischen Schriften« explizit auch eine Rubrik »Wirtschaftliche Kritiken«. Vgl. Löwenstein: Beilage zum Juristischen Litteraturblatt, Januar 1898, S. 25–34.

282 Hoffmann: Die Literatur zum Entwurfe des neuen deutschen bürgerlichen Gesetzbuches, 1890. München, S. 1.

283 Zu Amtlichen Ausgaben im Verlag J. Guttentag vgl. auch Verlagsverzeichnis 1903, S. 25–29.

284 Vgl. Oertmann: Bürgerliches Recht, 1915, S. 12, 36.

Textausgaben erweisen sich als Verkaufsschlager
Nach der Verkündung des Bürgerlichen Gesetzbuch erschienen Publikationen, die sich auf unterschiedliche Weise auf dessen Inhalt bezogen. Angeführt wurde der Reigen der Publikationsarten von Textausgaben, die den Text des Bürgerlichen Gesetzbuchs abdruckten.

Tabelle 3.6: Textausgaben zum Bürgerlichen Gesetzbuch vor 1900 in Auswahl[285]

C.H.Beck	Das Bürgerliche Gesetzbuch für das Deutsche Reich v. 18. VIII 1896 nebst Einführungs-Gesetz. Text-Ausgabe mit Wort- und Sachregister, München, 1896, Textausgabe, Preis Geb. 2,50 M.
Bibliographisches Institut	Das Bürgerliche Gesetzbuch für das Deutsche Reich (Meyer's Volksbücher), Leipzig, 1896, Textausgabe, Preis Geb. 1,50 M.
Carl Heymanns	Das Bürgerliche Gesetzbuch für das Deutsche Reich, Berlin, 1896, Textausgabe, Preis Geb. 3,60 M.
Carl Heymanns	B. G. B. nebst dem Einführungsgesetze. Vom 18. Aug. 1896. Taschen-Ausg. M. Sachregister. (Taschen-Gesetzsammlung No. 34.), Berlin, 1896, Textausgabe, Preis Geb. 2 M.
J. Guttentag	Jatzow, Das Bürgerliche Gesetzbuch für das Deutsche Reich v. 18. VIII 1896 nebst Einführungs-Gesetz, Text-Ausgabe mit Wort- und Sachregister, Berlin, 1896, Textausgabe, Preis Geb. 2,50 M.
Otto Liebmann	Bürgerliches Gesetzbuch für das Deutsche Reich nebst dem Einführungsgesetz. Liliput-Ausgabe mit dem amtlichen Text genau übereinstimmend. Nebst Sachregister, Berlin, 1897, Textausgabe, Preis Geb. 1 M.
Reclam	von Pannier (Hg.), Das Bürgerliche Gesetzbuch für das Deutsche Reich, Leipzig, 1896, Textausgabe, Preis Geb. 1,25 M.
Weber	Das Bürgerliche Gesetzbuch für das Deutsche Reich, Leipzig, 1896, Textausgabe, Preis Geb. 2,50 M.

Gefragt war bei Gesetzessammlungen vor allem eine frühe Veröffentlichung – hier bestanden für diejenigen Verlage die aussichtsreichsten Absatzchancen, die ihre Ausgaben zuerst am Markt platzieren konnten. Beschleunigt wurde die Entwicklung noch dadurch, dass die Gesetzessammlungen insgesamt – und nicht nur bei den neu erlassenen Gesetzen – an Bedeutung gewannen und die 1871 teils noch üblichen Gesetzblätter endgültig ersetzten.[286] Die erste Publikation mit dem neuen Text des Bürgerlichen Gesetzbuchs brachte nach eigenen Angaben Carl Heymanns bereits acht Tage nach der Verabschiedung des Bürgerlichen Gesetzbuchs »unter Hochdruck« heraus;

---

285 Alle Angaben entnommen J. Schweitzer Sortiment: Litterarisches Vademecum, Bände 1897 bis 1900.

286 Vgl. Willoweit: Juristische Literatur, 2007, S. 7.

die Nachfrage nach dem soeben verkündeten Gesetzestext war groß: So gingen »Tausende von Vorbestellungen und Anfragen«[287] beim Verlag ein. Entsprechend hoch war die Startauflage mit 16 000 Exemplaren, von denen 3500 bereits vorbestellt waren, nachfolgend wurde sogar von einer Auflage von 20 000 Exemplaren gesprochen.[288]

Bei späteren Textausgaben waren die Verlage bestrebt, dem Käufer einen Zusatznutzen zu bieten, um sich von den Ausgaben der Wettbewerber abzuheben. Zusatzmaterialien konnten Synopsen, Sachregister, der Abdruck des Einführungsgesetzes oder bereits erste Erläuterungen sein. Die Konkurrenzsituation verschärfte sich nochmals, da im Zuge der Vorbereitung und Einführung des Bürgerlichen Gesetzbuchs Publikationen auch von amtlicher Seite herausgegeben wurden und das in einer hohen Anzahl. Im Jahr nach der Verkündung des Bürgerlichen Gesetzbuchs listete das Verzeichnis von J. Schweitzer *Litterarisches Vademecum für Juristen und Verwaltungsbeamte* Textausgaben in den Verlagen C.H.Beck, J. Guttentag, Carl Heymanns, Weber, Reclam und eine Ausgabe in der Reihe Meyers Volksbücher beim Bibliographisches Institut. Bis auf die beiden letztgenannten Ausgaben werden alle Textausgaben als »gebunden in Leinwand« angekündigt, wobei die Textausgabe des Verlags C.H.Beck bereits mit dem charakteristischen Rot, diejenige im Verlag J. Guttentag den bekannten Verlagseinband in Grün aufwiesen. Die gleiche Ausstattung mit anderen Verlagswerken sollte gleichzeitig einen Wiedererkennungseffekt erzielen und ein auf den ersten Blick sichtbares Qualitätsversprechen darstellen. Kein wesentliches Differenzierungsmerkmal war der Preis: Die Verkaufspreise bewegen sich zwischen 3,60 Mark für die Ausgabe im Verlag Carl Heymanns und 1,00 Mark für die Volksausgabe des Verlags Bibliographisches Institut.[289] Bis auf die hochpreise Textausgabe im Carl Heymanns Verlag lagen alle in Leinwand gebundenen Ausgaben bei 2,50 Mark. Eine Erklärung des höheren Verkaufspreises der Ausgabe im Carl Heymanns Verlag kann in dem erwähnten früheren Erscheinen des Werkes liegen.

Zur Differenzierung dienten den Verlagen vor allem zusätzliche Materialien mit Nutzwert für den Leser wie Wort- oder Sachregister – so bei C.H.Beck oder J. Guttentag. Nachdem alle bisher erwähnten Textausgaben bereits 1896 erschienen waren, führte das Verzeichnis *Schweitzers Vademecum* in seiner Ausgabe 1898 für das Jahr 1897 lediglich noch eine weitere Ausgabe aus dem Verlag Otto Liebmann auf. Diese zeichnete sich nicht nur durch ihr Format als »Liliput-Ausgabe« und ein Sachregister aus, sondern auch durch ihren Preis von 1,00 Mark, obwohl der Text in Leinen gebunden war.[290] Die Liliput-Ausgabe erfüllte die allgemeinen Anforderungen, indem der Text des Bürgerlichen Gesetzbuchs und des Einführungsgesetzes mit dem amtlichen Text genau übereinstimmte; zusätzlich enthielt die Ausgabe ein Sachregister. Die Differenzierung gegenüber anderen Textausgaben erreichte der Verlag durch die äußere

287 Zitate Lindner: Otto Löwenstein, 2003, S. 47, 46.
288 Vgl. Reuter: Von Manuskripten, 1967, S. 103, 105; Lindner: Otto Löwenstein, 2003, S. 46.
289 Vgl. J. Schweitzer Sortiment: Litterarisches Vademecum, 1897, S. 29.
290 Vgl. J. Schweitzer Sortiment: Litterarisches Vademecum, 1898, S. 29.

Ausstattung: »In Leinen dauerhaft und apart gebunden. Sorgfältiger Druck. Zierliche Ausstattung.«[291]

Im Gegensatz zu Abgrenzungskriterien wie Preis oder Zusatzmaterialien konnten sich die Textausgaben auch durch einen inhaltlichen Mehrwert unterscheiden, so beispielsweise durch strukturierende Elemente, wenn Verlag oder Herausgeber Überschriften zu den einzelnen Paragraphen einfügten. Dies wollten manche Herausgeber bereits als »Erläuterung« des Gesetzestextes verstanden wissen: »Als Erläuterung betrachten die Herausgeber auch die Ueberschriften, mit welchen sie die einzelnen Paragraphen ausgestattet haben, um den Leser in den Stand zu setzen, den Inhalt und das System einer Gruppe von Rechtsnormen mit Leichtigkeit zu überblicken.«[292]

In diese Kategorie gehörte auch die inhaltliche Erweiterung des Textes durch Verweise, wie dies bei C.H.Beck in der Ausgabe von Otto Fischer (1853–1929) und Wilhelm Henle (1846–1915) vorgenommen wurde. Ziel des Werkes war es, »durch Verweisungen auf ergänzende, ähnliche und abweichende Bestimmungen des Bürgerlichen Gesetzbuchs selbst sowie der sonstigen Reichsgesetze und durch die vorgesetzten, nicht zum Gesetzestext gehörigen Inhaltsangaben den Zusammenhang des Bürgerlichen Gesetzbuchs und des gesammten Privatrechts ersichtlich zu machen«.[293] Wesel führt den Erfolg des Werks vor allem auf die Handlichkeit der einbändigen Ausgabe und sein rasches Erscheinen 1897 zurück.[294]

Das aussagekräftigste Argument zur Differenzierung war die Einbindung von renommierten Herausgebern. Nicht nur fachfremde Verlage suchten die Unterstützung von anerkannten Experten wie der bereits erwähnte Reclam Verlag mit Karl Pannier, der zur Aufwertung der Ausgabeneben einer Einleitung ein Sachregister erstellte. Auch der Verlag J. Guttentag setzte auf eine prominente Herausgeberschaft und übergab seine Textausgabe dem Verlagsautor Hermann Jatzow. Häufig stellten die von Herausgebern oder Autoren betreuten Textausgaben einen Übergang zu den ersten Textausgaben mit Anmerkungen oder Erläuterungen dar wie bei der »Textausgabe mit Anmerkungen« von Alexander Achilles bei J. Guttentag. Sie besaß neben ihrem Herausgeber auch vier weitere Autoren, bei denen ausdrücklich auf die beruflichen Betätigungsfelder hingewiesen wurde: Die Autoren waren nicht nur in unterschiedlichen Funktionen als Professor, Amtsrichter oder Staatsanwalt tätig, sondern rekrutierten sich auch aus dem gesamten Reichsgebiet von Berlin über Göttingen

---

291 Der vollständige Titel lautet: »Bürgerliches Gesetzbuch für das Deutsche Reich nebst dem Einführungsgesetz. Liliput-Ausgabe mit dem amtlichen Text genau übereinstimmend. Nebst Sachregister« 1897.

292 Achilles: Bürgerliches Gesetzbuch, 1896, S. 4.

293 Der vollständige Titel lautet: »Bürgerliches Gesetzbuch vom 18. August 1896 nebst dem Einführungsgesetze vom 18. August 1896. Handausgabe mit Einleitung, erläuternden Anmerkungen und Sachregister. Hrsg. von Otto Fischer und Wilhelm Henle« 1897, S. 3.

294 Vgl. Wesel: C.H.Beck, 2013, S. 72–73.

bis München – auch auf die Funktion als »Schriftführer bei der Kommission für die Zweite Lesung des Entwurfs eines Bürgerlichen Gesetzbuchs«[295] wurde hingewiesen.

Ein signifikantes Alleinstellungsmerkmal war schließlich auch die Ausstattung: Eine opulent gebundene Ausgabe konnte ein zusätzliches Verkaufsargument darstellen. So erschienen bei R. von Decker die Textausgaben zum Bürgerlichen Gesetzbuch nicht nur mit Sachregister, sondern es wurde auch eine Ausgabe »elegant gebunden«[296] herausgegeben. Und der Verlag Carl Heymanns veröffentlichte eine »Liebhaber-Ausgabe auf Bütten-Papier in 100 nummerierten Exemplaren«.[297] Wer allerdings primär am korrekten Gesetzestext interessiert war, griff auf die vorgestellten preiswerteren Textausgaben in hoher Auflage zu niedrigem Preis zurück.

Kommentare bestellen das juristische Verlagsfeld

Die früh erschienenen Textausgaben mit Anmerkungen konnten wissenschaftliche Kommentare nicht ersetzen, sie erfüllten ihren Zweck vielmehr in einer ersten Einführung in das neue Recht. Und wenn Otto Fischer und Wilhelm Henle für ihre Handausgabe feststellten: »Die beigegebenen sachlichen Erläuterungen können und wollen einen wissenschaftlichen Kommentar in keinster Weise ersetzen. Sie beschränken sich auf das Nächstliegende und Grundsätzliche. Sie dürfen aber gerade in dieser Beschränkung einem Bedürfnisse entgegenkommen, das sich bei Juristen und Laien fühlbar machen wird ...«[298] zeigt dies umso mehr die herausragende Bedeutung von Kommentaren. Es verwundert deshalb nicht, dass die meisten Verlage bei der Autorenansprache an Kommentaren interessiert waren, erinnert sich der mehrfach von verschiedenen Verlagen angefragte Autor Max Hachenburg (1860–1951).[299] Hachenburg beschreibt im Übrigen auch die Schwierigkeiten, einen Kommentar auf unsicherer oder umstrittener Rechtslage zu verfassen.[300] Zeitgenössisch wurden aber auch die meisten der frühen Kommentierungen zum Bürgerlichen Gesetzbuch als einführende Werke betrachtet, die wohl gar nicht den Anspruch besaßen, zu kommentieren:

> »An wissenschaftlichem Werth sind alle diese Ausgaben ungefähr gleich, sie wollen nicht kommentiren, sondern einführen, als Wegweiser in den verschlungenen Pfaden des Gesetzbuches dienen. Gleichwohl ist der Zusammenhang der Rechtssätze angedeutet, bei einzelnen Vorschriften deren Tragweite dargelegt, die Vorarbeiten und das bisher geltende Recht berücksichtigt.«[301]

---

295 Achilles: Bürgerliches Gesetzbuch, 1896, S. 1.

296 Verlagsverzeichnis R. von Decker, Januar 1901, S. 10.

297 Verlagsverzeichnis Carl Heymanns 1897, S. 57.

298 Fischer / Henle: Bürgerliches Gesetzbuch, 1897, S. 5.

299 Max Hachenburg veröffentlichte viele seiner Werke im Verlag J. Bensheimer, schrieb aber auch für die Vereinigung wissenschaftlicher Verleger (Walter de Gruyter), den Neue Brücke Verlag oder den Verlag Moeser.

300 Vgl. Hachenburg: Selbstdarstellung, 1925, S. 96–102.

301 Löwenstein: Beilage, 17. Januar 1898, S. 28.

Um sich trotzdem von den ersten konkurrierenden Kommentaren abzuheben, bestand eine Möglichkeit der Differenzierung darin, korrespondierende Formulare mit aufzunehmen, wie dies im Werk von Conrad Bornhak (1861–1944) und W. Goetze *Das Bürgerliche Gesetzbuch* mit dem bezeichnenden Untertitel »Mit systematischen Darstellungen und einem Formularbuch«[302] der Fall war: Hier wurden innerhalb der Erläuterungen jeweils Verweise auf die am Ende des Werkes abgedruckten Formulare schräg am Rand aufgebracht. Wert wurde bei den Kommentierungen des Bürgerlichen Gesetzbuchs vor allem auf die praktische Ausrichtung gelegt: So distanzierte sich Gottlieb Planck im Vorwort seines Kommentars ausdrücklich von einer wissenschaftlichen Bearbeitung des neuen Rechtes.[303] Gerade sein Kommentar steht wie kein zweiter für eine stark praxisorientierte Ausrichtung.

Lehrbücher als Wegweiser in der Unübersichtlichkeit

Die von Otto Liebmann eingangs zitierte Einschätzung machte den persönlichen Bedarf an Einarbeitung bei den angehenden Juristen deutlich, aber auch für diejenigen Rechtspraktiker, die bereits im Beruf standen, bedeutete die Umstellung auf das Bürgerliche Gesetzbuch ein erhebliches Fortbildungserfordernis. Gefragt waren hier vor allem Lehrbücher und Einführungen, die bereits seit dem Jahr der Verkündung des Bürgerlichen Gesetzbuchs den Buchmarkt eroberten. Das frühe Erscheinen der Lehrbücher lag sicher auch darin begründet, dass diese häufig bereits in mehreren Auflagen zu dem Rechtsgebiet bestanden hatten und nach Verkündung des Bürgerlichen Gesetzbuchs lediglich an das neue Recht angepasst werden mussten. Einige Verlage brachten ihre Lehrbücher zum Bürgerlichen Gesetzbuch folgerichtig auch nicht als erste Auflage, sondern als Folgeauflage heraus: So handelte es sich bei dem *Lehrbuch des Deutschen bürgerlichen Rechts auf der Grundlage des bürgerlichen Gesetzbuchs für das Deutsche Reich* von Konrad Cosack im Verlag Gustav Fischer 1898 um eine fünfte Auflage.[304] Die *Einführung in das Studium des Bürgerlichen Gesetzbuchs für das Deutsche Reich – Ein kurz gefaßtes Lehrbuch* von Friedrich Endemann (1857–1936) wurde 1896 bei Carl Heymanns wurde als achte Auflage herausgebracht, das Werk galt als »erste wissenschaftliche Bearbeitung«[305] des Bürgerlichen Gesetzbuchs. Als *System des deutschen Bürgerlichen Rechts* titulierte Carl Crome (1859–1931) seine Ausgabe im Verlag J. C. B. Mohr (Paul Siebeck), das Werk wurde 1900 herausgegeben.[306] Im Ge-

---

302 Bornhak / Goetze: Das Bürgerliche Gesetzbuch, 1900, S. 24.

303 Vgl. Planck: Vorwort, 1898, S. 1.

304 Vgl. Cosack: Lehrbuch, 1898.

305 Endemann: Einführung in das Studium des Bürgerlichen Gesetzbuchs, 1896. Zitat nach Thiessen: Ein ungeahnter Erfolg, 2006, S. 81. Vgl. zur 8. Auflage auch Diederichsen: Allgemeiner Teil des BGB, 2007, S. 90–91.

306 Vgl. Crome: System des deutschen Bürgerlichen Rechts, 1900.

gensatz zu diesen um 1900 veröffentlichten Werken erschien das Lehrbuch von Josef Kohler (1849–1919) im Verlag Carl Heymanns vergleichsweise spät, nämlich erst 1906.

Eines der renommiertesten Zivilrechtslehrbücher war das von Bernhard Windscheid verfasste *Lehrbuch des Pandektenrechts* in drei Bänden. Das Werk wurde bis zur Verkündung des Bürgerlichen Gesetzbuchs in sieben Auflagen herausgegeben: zunächst ab 1862 im Verlag Buddeus in Düsseldorf – wo der erste Band bereits in zweiter Auflage erschien, bevor die erste Auflage mit dem dritten Band abgeschlossen war –, dann in einer fünften Auflage ab 1879 in Stuttgart bei Ebner & Seubert bis das Werk schließlich ab der sechsten Auflage in der Literarischen Anstalt Rütten & Loening in Frankfurt am Main seine Heimat fand. Hier erschienen auch die Auflagen nach Verkündung des Bürgerlichen Gesetzbuchs 1900 und 1906, bearbeitet von Theodor Kipp (1862–1931), nachdem Bernhard Windscheid, der 1892 nach Erscheinen der siebten Auflage verstorben war. Das Lehrbuch von Bernhard Windscheid war unbestritten das Standardwerk zum Zivilrecht und blieb es auch über die Verkündung des Bürgerlichen Gesetzbuchs hinaus, sein Autor hat als Mitglied der Ersten Kommission nicht nur den Ersten Entwurf des Bürgerlichen Gesetzbuchs entscheidend beeinflusst, sondern sein Lehrbuch hat sich auch mit veränderter Gesetzeslange und neuem Bearbeiter als ein Standardwerk erhalten. In seiner Bedeutung wird das Werk sogar mit dem späteren Bürgerlichen Gesetzbuch selbst verglichen, wenn gesagt wird, das Werk habe bis zur Einführung des Bürgerlichen Gesetzbuches dieses weitgehend ersetzt.

Interessanterweise brachte auch der Verlag Vandenhoeck & Ruprecht mit dem Lehrbuch von Paul Krückmann (1866–1943) ein bedeutendes Werk zum Bürgerlichen Gesetzbuch heraus, obwohl der Verlag den juristischen Schwerpunkt bereits Mitte des 19. Jahrhunderts aufgegeben hatte.[307] 1898 legte der Verlag den ersten Band der *Institutionen des Bürgerlichen Gesetzbuches* vor.[308] Krückmanns Werk behielt über die Anfangszeit hinaus eine herausgehobene Position. So urteilte ein späterer Verfasser:

> »Das Krückmannsche Buch übertrifft alle mir bekannten Darstellungen, insbesondere auch die schon veröffentlichten populären Darstellungen des Bürgerlichen Gesetzbuches, an leichter Verständlichkeit, volkstümlicher Sprache und klarer Schreibweise. Dazu kommt die überaus glückliche Anordnung des Stoffs, hinsichtlich deren Herrn Professor Krückmann mit allen hergebrachten didaktischen Vorurteilen rücksichtslos gebrochen hat. Seine immer geschickt, teilweise geradezu vorzüglich gewählten Beispiele erleichtern in einem bisher noch nicht erreichten Maße das Erfassen und Behalten des Dargebotenen.«[309]

Nach Inkrafttreten des Bürgerlichen Gesetzbuchs erschien 1901 das ebenfalls hochgelobte Lehrbuch von Ludwig Enneccerus im Verlag J. C. B. Mohr (Paul Siebeck). Auch für die von Friedrich Endemann verfasste *Einführung in das Studium des Bürgerlichen Gesetzbuchs für das Deutsche Reich* fand eine Besprechung im *Juristischen Litteraturblatt*

---

307 Vgl. Krückmann: Institutionen des Bürgerlichen Gesetzbuches, 1898.
308 Vgl. Diederichsen: Allgemeiner Teil des BGB, 2007, S. 90–91.
309 Schütze: Das bürgerliche Gesetzbuch gemeinverständlich dargestellt für jedermann, 1900, S. 1.

vom 15. März 1896 wohlwollende Worte und lobt ausdrücklich die Verständlichkeit mit der es den Autoren gelinge, die abstrakte Sprache der Entwürfe dem Leser ebenso nahezubringen wie die Systematik des zukünftigen Bürgerlichen Gesetzbuchs, stellte aber auch »Schnelligkeitsfehler« und unbeantwortete Fragen fest.[310]

Auffällig bei einem Vergleich der einzelnen Verlage ist, dass ein Verlag wie J. C. B. Mohr (Paul Siebeck) zwar keine Textausgabe und keinen Kommentar zum Bürgerlichen Gesetzbuch auf den Markt brachte, aber mit Carl Crome und Ludwig Enneccerus jeweils Lehrbücher veröffentlichte.[311] Als ein Grund dafür kann vermutet werden, dass das seit 1899 wieder in Tübingen ansässige Unternehmen bereits Erfahrung auf dem Gebiet der Studentenpublikationen besaß: J. C. B. Mohr (Paul Siebeck) hatte bereits erfolgreich Lehrbücher der Theologie etabliert. Der Verlag konnte an seine Erfahrungen in der anderen Wissenschaftsdisziplin anknüpfen und diese auf die Rechtswissenschaft übertragen.[312]

Besondere Publikationsarten und Werkkategorien

Eine häufige Schwierigkeit für die Verlage bestand darin, dem Faktor Schnelligkeit ebenso nachzukommen wie der gründlichen Aufbereitung des Rechtsstoffes – vor allem bei Kommentaren. Deshalb etablierten sich auch Ausgaben, die auf den ersten Blick keiner klassischen juristischen Publikationsart zuzuordnen waren. Außerhalb der klassischen juristischen Publikationsarten standen zum Beispiel Werke wie der im Verlag Otto Liebmann direkt nach Verkündung 1896 erschienene Titel *Das neue deutsche Bürgerliche Recht in Sprüchen* von Georg Cohn (1845–1918), dessen vierter Band 1900 mit Inkrafttreten des Gesetzeswerkes herauskam und der wie folgt beurteilt wurde:

> »Professor Georg Cohns ›Das neue deutsche Bürgerliche Recht in Sprüchen‹, 1896–1900 in vier Bänden erschienen, Band 1 1899 in zweiter Auflage, sucht denselben Zweck in eigenartiger Weise zu erreichen, indem es die im älteren deutschen Recht einst sehr verbreiteten und beliebten Rechtssprichwörter neu belebt, d. h., vielfach in Anlehnung an diese, die neuen Rechtssätze in leicht merkbare knappe Sprüche umformt.«[313]

Besondere Werke waren daneben sogenannte gemeinverständliche Ausgaben wie *Das Recht des B. G. B. Gemeinfasslich dargestellt* – das Werk wurde in zwölf Lieferungen angekündigt im Verlag Otto Maier in Ravensburg[314] – oder das auf der Grundlage der *Institutionen des Bürgerlichen Gesetzbuches* von Paul Krückmann von Eugen Schütze

310 Vgl. Löwenstein: Juristisches Litteraturblatt, 15. März 1896, S. 54–55.

311 Vgl. Diederichsen: Allgemeiner Teil des BGB, 2007, S. 90–91.

312 Zu den theologischen Lehrbüchern vgl. Knappenberger-Jans: Verlagspolitik und Wissenschaft, 2001, S. 20–21.

313 Klee: Zum 25jährigen Bestehen, 1915, S. 17.

314 Vgl. Löwenstein: Juristisches Litteraturblatt, Mai 1897, S. 105.

verfasste Werk *Das Bürgerliche Gesetzbuch gemeinverständlich dargestellt für jedermann.*[315] Speziell die weibliche Zielgruppe hatte ein Titel im Verlag Otto Liebmann von Hermann Jastrow im Blick: *Das Recht der Frau nach dem B. G. B. Dargestellt für die Frauen.*[316] Im Verlag Rosenbaum & Hart in Berlin erschien mit Carl Bulling (1822–1909) *Die deutsche Frau und das bürgerliche Gesetzbuch.*[317] Im Jahr der Verkündung des Bürgerlichen Gesetzbuchs veröffentlichte Otto Fischer ein Werk mit dem Titel *Der Rechtsunterricht und das bürgerliche Gesetzbuch* bei Gustav Fischer.[318] Das Werk kann als Beleg für die Bedeutung dienen, die dem Bürgerlichen Gesetzbuch auch im Rahmen der juristischen Ausbildung beigemessen wurde. Gerade für die Ausbildung sollten Werke rasch verfügbar sein. Nicht untypisch schien auch zunächst die Veröffentlichung ohnehin vorhandenen Materials zu sein – beispielsweise aus Vorträgen wie bei Friedrich Endemann:

> »Ziel und Inhalt des vorliegenden Werkes wird am Besten klargelegt durch seine Entstehung. [...] Die beiden Verfasser haben im Sommer 1895 an der Universität Königsberg Vorträge gehalten zur Einführung in das Studium des Entwurfes eines bürgerlichen Gesetzbuches zweiter Lesung. Da weitere Kreise an diesen Vorlesungen Interesse bezeugten, übernahm es eine am Orte erscheinende, verständnißvoll geleitete Zeitung, fortlaufende Berichte über den Inhalt der Vorträge zu bringen. Als bald darauf an die Verfasser das Ansuchen erging, diesen Darstellungen eine weitere Verbreitung in Buchform zu gewähren, glaubten sie sich im Interesse der Sache einer solchen Pflicht nicht entziehen zu dürfen.«[319]

Aus Vorträgen entwickelte auch Friedrich Hellmann sein Werk.[320] Ein ungewöhnliches Hilfsmittel stellte Wilhelm Constantin Helmrich (1841–1913) mit seinem *Paragraphenschlüssel zu dem Bürgerlichen Gesetzbuch* zur Verfügung, erschienen in Jena 1898.[321] Nachdem im Kaiserreich die ersten spezialisierten juristischen Bibliographien erschienen waren, fokussierten Verzeichnisse wie das von Georg Maas (1863–?), *Bibliographie der amtlichen Materialien zum Bürgerlichen Gesetzbuch für das Deutsche Reich und zum Einführungsgesetze* in ihrem Themenumfeld noch stärker. Das Werk erschien drei Jahre vor Inkrafttreten des Bürgerlichen Gesetzbuchs 1897.[322]

---

315 Vgl. Schütze: Das bürgerliche Gesetzbuch, 1900, S. 1.

316 Vgl. Löwenstein: Juristisches Litteraturblatt, Mai 1897, S. 105.

317 Vgl. Löwenstein: Juristisches Litteraturblatt, März 1896, S. 1.

318 Vgl. Fischer: Rechtsunterricht, 1896, S. 1. Der vollständige Eintrag lautet: »Fischer, Otto: Der Rechtsunterricht und das bürgerliche Gesetzbuch. Auf Grundlage der Beschlüsse der Eisenacher Konferenz der Deutschen Rechtslehrer vom 23. März 1896«.

319 Endemann: Einführung, 1896, S. 3.

320 Vgl. Hellmann: Vorträge über das bürgerliche Gesetzbuch für das deutsche Reich, 1897, S. 1.

321 Vgl. J. Schweitzer Sortiment: Litterarisches Vademecum, 1899, S. 37.

322 Vgl. J. Schweitzer Sortiment: Litterarisches Vademecum, 1898, S. 51.

Bedeutung für die Entwicklung der Verlage

Die Vielfalt der Werke zum Bürgerlichen Gesetzbuch zeigt die Bedeutung dieses Gesetzes für die juristischen Verlage des Kaiserreichs. Mit einem weitgehend sicheren Absatzmarkt – das Informationsinteresse und die öffentliche Aufmerksamkeit waren so groß, dass die Verleger auch bei randständigen Themen des Bürgerlichen Rechts auf einen Absatzmarkt hoffen konnten –, versuchten die Verlage sich auch an für sie neuen Publikationsarten und konnten ihre Angebotspalette so erweitern. Neben den Marktführern Carl Heymanns und J. Guttentag waren es vor allem Neugründungen in der Hauptstadt wie Fr. Kortkampf oder Otto Liebmann, die innerhalb kürzester Zeit ihre Programme entsprechend auf- und ausbauten. Für einige Verlage wie J. C. B. Mohr (Paul Siebeck) bedeutete es sogar einen Wiedereinstieg in das juristische Verlagsprogramm und den Aufbau eines entsprechenden Verlagsteils.

Neben der inhaltlichen Ausgestaltung der juristischen Verlagsprogramme bewirkte das Bürgerliche Gesetzbuch eine weitere Veränderung im Markt für juristische Publikationen: Mit der zunehmenden Konkurrenzsituation der Verlage untereinander und der größeren Erwartungshaltung auf Leserseite trat eine Beschleunigung innerhalb des juristischen Publizierens ein. Neue Werke mussten in den einschlägigen Verzeichnissen früher angekündigt werden, es gab bei den Publikationen zum Bürgerlichen Gesetzbuch einen regelrechten Wettkampf um die frühesten Werke, der sich im späteren Kaiserreich auch auf die anderen rechtswissenschaftlichen Publikationsbereiche ausweitete. Insofern bewirkte das Bürgerliche Gesetzbuch nicht nur eine stärkere Fokussierung des juristischen Verlagswesens, sondern setzte auch Mechanismen in Gang, die im Wettkampf der juristischen Verlage andauerten und das juristische Verlagswesen insgesamt beeinflussten und beschleunigten – und zukünftig prägen sollten.

3.5 Standardkommentare mit Rechtspraktikern als Autoren

Die Zeit des Kaiserreichs war geprägt von großen Namen und festen Zirkeln. Der Markt für juristische Literatur sondierte sich und konzentrierte sich zunehmend auf renommierte Werke bekannter Autoren – vor allem auf deren Kommentare. Nach Prölss sind zwar auch Monographien und Handbücher für die Entwicklung des Rechts mitbestimmend, aber »die Praxis beherrscht der Kommentar«.[323] Mit ihrer teils argumentativen Gesetzesauslegung besaßen juristische Kommentierungen als Publikationsart die gerade im Kaisereich stark nachgefragte Diskussions- und – falls die Diskussion von Rechtsprechung und Gesetzgebung aufgenommen wurde – sogar eine Rechtsgestaltungsfunktion. Innerhalb der Rechtswissenschaft können Kommentare auch die Wahrnehmung eines Rechtsgebiets als Ganzes prägen, wie ein

323 Prölss: Glanz und Elend der Kommentatoren, 1963, S. 260.

Zitat von Richardi zeigt: »Der Verlag C.H.Beck hat mit seiner Kommentarliteratur die Entwicklung des Arbeitsrechts bereits begleitet, als der Begriff für die Bezeichnung eines eigenen Rechtsgebiets noch unbekannt war.«[324] Der hohe verlegerische Aufwand rechtfertigt sich durch die Tatsache, dass sich die eingeführten Kommentare mit ihren umfangreichen Erläuterungen und zusätzlichen Informationen durch eine Langlebigkeit am Markt auszeichnen. Kommentierungen werden auch als »Leistung mit sehr individuellen Zügen«[325] bezeichnet.

In der Zunft der Kommentatoren galten neben Hermann Staub auch Gottlieb Planck und Julius von Staudinger als hervorragende Kenner und schufen mit ihren Kommentaren zum Bürgerlichen Gesetzbuch Standardwerke. Ihre Kommentare waren sowohl von der Rechtswissenschaft anerkannt als auch in der Rechtspraxis benutzt und geschätzt. Unangefochten der anerkannteste Kommentator für das Handels- und Gesellschaftsrecht war Hermann Staub: Seinen Namen nannten auch die Nachfolger nur mit besonderer Ehrfurcht.[326] In einigen Fällen konnte durchaus von »Rechtsprominenz« gesprochen werden.

3.5.1 Hermann Staub: »Vorbild moderner Kommentierungskunst«

Als Autoren gefragt waren im Kaiserreich vor allem erfahrene Praktiker und reichsweit bekannte Namen, einer von ihnen war Hermann Staub. Der gebürtige Berliner jüdischer Herkunft gilt als Vater der modernen Kommentierungsmethodik. Er hatte in Breslau studiert – und auch kurz in Berlin als Hörer unter anderem der Vorlesungen von Levin Goldschmidt und Rudolf von Gneist.[327] Obwohl er sich die Zeit zur Abfassung seiner Werke zusätzlich zu »einer angestrengten Berufsthätigkeit«[328] abringen musste und den Leser 1893 in der »Vorrede« zur ersten Auflage seines Kommentars zum Handelsgesetzbuch noch um Nachsicht bittet, kann der Autor ein Jahr später in der zweiten Auflage bereits einen buchhändlerischen Erfolg verkünden, der die Hoffnungen weit übertraf. Staubs mit 37 Jahren verfasstes »Opus Magnum« – der Kommentar zum *Allgemeinen Deutschen Handelsgesetzbuch* – etablierte sich spätestens mit der »Doppelauflage« von 1899 als Standardwerk.[329] Bereits vorher erzielte das Werk – entsprechend den jährlichen Neuauflagen zu vermuten – offensichtlich hohe Verkaufszahlen.

---

324 Richardi: Arbeitsrecht, 2007, S. 596.

325 Willoweit: Juristische Literatur, 2007, S. 24.

326 So Max Hachenburg bei der Übernahme eines Kommentars von Hermann Staub. Vgl. Hachenburg: Selbstdarstellung, 1925, S. 103.

327 Vgl. Krach: Hermann Staub, 2006, S. 3.

328 So Hermann Staub in der Vorrede zu seinem Kommentar zum Allgemeinen Deutschen Handelsgesetzbuch 1894.

329 Vgl. Henne: Prägung des Juristen, 2006, S. 110, 111.

Das 1891 im J. J. Heine Verlag erschienene Werk eroberte ich rasch einen Platz zwischen den bereits auf dem Markt befindlichen Werken. Laut *Schweitzers Vademecum* erschien 1895 bereits die dritte Auflage, in den Folgejahren wurde dann für jedes Jahr eine weitere Auflage angkündigt bis die fünfte Auflage 1897 im Vademecum 1899 schließlich antiquarisch angeboten wurde – parallel zur sechsten Auflage des Kommentars, die bereits das neue Handelsgesetzbuch vom 18. Mai 1897er läuterte.[330] Auf dem Markt erhältlich waren unter anderem bereits Kommentare von Felix Litthauer und Felix Makower (1830–1899), beide im Verlag J. Guttentag,[331] oder derjenige von Karl von Gareis (1844–1923) bei C.H.Beck, die allerdings seltener Neuauflagen erfuhren: Während der Kommentar von Hermann Staub seit 1894 fast jährlich eine Neuauflage erfuhr – im *Schweitzer Vademecum* werden die 3. und 4. Auflage 1895/1896 angekündigt, die 5. Auflage gleichzeitig mit der Neubearbeitung und 6. Auflage für 1897 – erschienen der Litthauer wie der Makower zwischen 1890 und 1897 in zwei bzw. drei Neuauflagen. Das Werk von Karl von Gareis wurde lediglich 1892 in zweiter Auflage herausgegeben und dann bis 1899 nicht wieder neu aufgelegt.

Ab 1902 profitierte der Verlag J. Guttentag von dem bekannten und absatzstarken Werk – das Werk ging mit Kauf des J. J. Heine Verlags auf J. Guttentag über und wurde nach dem Tod von Hermann Staub mit anderen Autoren fortgeführt. Die Verkaufsauflage des Standardkommentars war auch für das 20. Jahrhundert durchaus beachtlich: Der HGB-Kommentar von Staub erzielte im Jahre 1900 eine Auflage von 13 000 Exemplaren, was umso ungewöhnlicher anmutet, als es in Deutschland zu dieser Zeit lediglich 15 000 Anwälte gab.[332]

Staubs Kommentierungen gelten nicht nur in ihrer »Klarheit und Prägnanz bis heute als Ur- und Vorbild moderner Kommentierungskunst«,[333] Staub gelang auf Grund einer intensiven Auseinandersetzung mit der Auslegung der Gesetzestexte auch eine neue Art der Erläuterungsweise in Kommentaren zu etablieren, indem er die Erläuterungen zu den einzelnen Paragraphen systematisch aufbaute, statt wie bis dahin üblich kompilatorisch zu arbeiten.[334] Nach der abstrakten Darstellung von Bedeutung und Zweck der Vorschrift gliederte er seine Kommentierungen nach den

---

330 Vgl. Staub: Handelsgesetzbuch, 1897. J. Schweitzer Sortiment: Literarisches Vademecum, 1894–1899.

331 Beide Kommentierungen erschienen im Verlag J. Guttentag. Während der Litthauer ein kleinformatiges Bändchen in der Reihe der J. Guttentag'schen Sammlung Deutscher Reichsgesetze war und es sich eher um eine Textausgabe mit Erläuterungen handele, besaß der Makower dagegen ein größeres Format und wurde auch als »Kommentar« angekündigt.

332 Vgl. insgesamt Thiessen: Ein ungeahnter Erfolg, 2006, S. 58; Fleischer: Gesellschaftsrecht, 2007, S. 487.

333 Fleischer: Gesellschaftsrecht, 2007, S. 487. Vgl. bspw. auch Lüdtke: Verlag Walter de Gruyter, 1924, S. 45–46; Willoweit: Juristische Literatur, 2007, S. 25.

334 Vgl. Fleischer: Gesellschaftsrecht, 2007, S. 487. Eine kompilatorische Kommentierungsweise bedeutet das Zusammentragen von Teilen bereits vorhandenen Wissens; in der Jurisprudenz also Rechtsprechung oder Verwaltungsentscheidungen.

sogenannten Tatbestandsvoraussetzungen der Norm, um sich abschließend mit den Rechtsfolgen auseinanderzusetzen. Staub griff damit eine Vorgehensweise auf, die er im Rahmen seines jüdischen Glaubens aus dem Talmud-Studium reflektiert hatte und nun übertrug.[335] Staub selbst kennzeichnete seine Art, sich mit den Gesetzestexten auseinanderzusetzen wie folgt:

> »Meine Art zu kommentieren hat Schule gemacht. Man bewundert die eigenartige Neuheit meiner Kommentierungsmethode und weiß nicht, daß sie uralt ist. So wie ich das deutsche Gesetz erkläre, haben die Juden ihre Lehren erläutert. Meine Darstellungsweise ist die talmudische. Ich werfe zu jedem Paragraphen die auftauchenden Probleme als Fragen oder Themen in Form einer Überschrift auf und beantworte sie.«[336]

Trotz seines Erfolgs stellte der Autor seine »talmudischen Kommentierungsmethode« nicht offensiv vor. Henne verweist in diesem Zusammenhang darauf, dass Staub »wegen des grassierenden Antisemitismus […] das, was er als Wurzel seiner Methode ansah, nicht offenlegen, sondern nur seinem […] Schwager Schindler mündlich anvertrauen«[337] konnte. Die bis dahin üblichen Kommentare setzten sich vornehmlich mit der Rechtsprechung in allen ihren Facetten auseinander, förderten aber nicht unbedingt das Grundverständnis der Norm. Dies gelang Staub mit seinem systematischen Zugang zu der jeweils dargestellten Gesetzesregelung. Staub selbst legte viel Wert auf den praktischen Nutzen von Kommentaren und darauf »tief in den Geist«[338] der Gesetze einzudringen. Schmidt attestiert Staub, dass er die »notwendige Praktikabilität und die rechtstheoretischen Verbindungslinien gleichermaßen zum Ausdruck«[339] brachte. Die Wertschätzung, die er im Kollegenkreis, aber auch bei nachfolgenden Generationen genoß, war groß: So wird vom »Meister und Neuschöpfer der Kommentierungskunst«[340] ebenso gesprochen wie vom »Genie als Kommentator«.[341]

Auch Staubs Nachfolger in den verschiedenen Kommentaren waren Rechtspraktiker wie der Anwalt Max Hachenburg, der den Kommentar zum Gesetz betreffend die Gesellschaften mit beschränkter Haftung übernahm und die zweite Auflage unter Benutzung des handschriftlichen Nachlasses 1906 herausbrachte. Max Hachenburg war nicht nur ein angesehener Anwalt, sondern auch ein erfahrener Kommentator: Er hatte zum Beispiel gemeinsam mit Adelbert Düringer (1855–1924) bereits einen HGB-

335 Thiessen setzt sich mit diesem Hinweis auseinander. Vgl. Thiessen: Ein ungeahnter Erfolg, 2006, S. 66–67.

336 Zitiert nach Thiessen: Ein ungeahnter Erfolg, 2006, S. 65. Diese Charakterisierung Hermann Staubs ist durch seinen Schwager Arthur Schindler überliefert.

337 Henne: Diskriminierungen, 2006, S. 21.

338 Thiessen: Ein ungeahnter Erfolg, 2006, S. 80. Staub lobt hier zwei Kommentare anderer Autoren.

339 Schmidt: Kommentar als Darstellungsform, 1966, S. 187.

340 Lüdtke: Verlag Walter de Gruyter, 1924, S. 46.

341 Zitiert nach Schmidt: Staub in »Staub's Kommentar«, 2006, S. 113.

Kommentar geschaffen – »das erste ernstzunehmende Konkurrenzwerk«[342] zu Staubs Werk. Insofern war ein geschickter Schachzug des Verlags, aber trotzdem ungewöhnlich, dass ausgerechnet Max Hachenburg als Nachfolger in einem Werk von Staub gewonnen werden konnte. Hermann Staub gehörte zu den bekanntesten Autoren des Kaiserreichs, er war sich dessen wohl auch bewusst und förderte seine Prominenz gezielt. So spricht Schmidt davon, dass Staub es meisterlich verstand, »aus der Bühne des Anwaltstags ein Fest der Selbstinszenierung zu machen«.[343] Staub war auch mit seiner gesamten Persönlichkeit markant, so verweist Krach explizit auch auf den Humor von Staub:

> »Die Anwaltstage 1896 und 1901 hat Staub maßgeblich geprägt. [...] Es lohnt sich, diese Rede in ganzer Länge zu lesen, nicht zuletzt weil sie mehr als 30-mal von der ›Heiterkeit‹ oder gar der ›großen Heiterkeit‹ der Zuhörer unterbrochen wurde. Und das führt mich zum Schluss, nämlich dem oft gerühmten Staubschen Humor. [...] Es ist nämlich unklar, ob der humorvoll gemeinte Vorschlag für die Grabinschrift ›Hier liegt Staub! Kommentar überflüssig!‹ von ihm selbst stammt oder von dritter Seite.«[344]

3.5.2 Gottlieb Planck: »Ziehvater« des Bürgerlichen Gesetzbuchs

Die Startbedingungen für den im Verlag J. Guttentag erschienen Kommentar von Gottlieb Planck waren günstig: Unter seiner Leitung tagte die Zweite Kommission, deren Vorschlag die Grundlage für das Bürgerliche Gesetzbuch bildete. Nicht nur, dass Planck an der Entstehung der Neuregelungen maßgeblich mitwirkte, sondern der von ihm verantwortete Dritte Entwurf wurde noch im Jahr der Zuleitung an den Reichstag am 18. August 1896 verkündet. Planck, der nicht umsonst auch als »Ziehvater«[345] des Bürgerlichen Gesetzbuchs tituliert wird, besaß seit Jahren vertiefte Kenntnis von den Neuregelungen. Insofern ist nicht verwunderlich, dass sein Kommentar bereits ein Jahr später, im Februar 1897, bei J. Guttentag erscheinen konnte. Er war damit der erste Kommentar dieses Umfangs und wurde allein deshalb rasch rezensiert, multipliziert und als Standardwerk gefeiert. Ein weiterer Erfolgsfaktor des Kommentars lag im Werdegang von Planck, der bereits auf dem politischen Parkett reüssiert hatte[346] und »Vertrauensmann des Reichsjustizamtes«[347] war. 1867 war er Reichstagsabgeordneter des Norddeutschen Bundes und Mitglied des preußischen Abgeordnetenhauses gewor-

342 Krach: Hermann Staub, 2006, S. 4.

343 Schmidt: Staub's Kommentar, 2006, S. 112.

344 Krach: Hermann Staub, 2006, S. 6.

345 So in der Überschrift bei Schroeder: Vom Sachsenspiegel zum Grundgesetz, 2001, S. 137. Vgl. auch Schroeder: Gottlieb Planck, 2000, S. 1046–1051.

346 Schroeder spricht von einer »ausgeprägten politischen Karriere«. Vgl. Schroeder: Gottlieb Planck, 2000, S. 1048.

347 Sturm: Kampf um die Reichseinheit, 1999, S. 31.

den, nach der Reichsgründung wurde er in den Deutschen Reichstag gewählt. Auch der Lehre blieb der Göttinger Professor Planck die gesamte Zeit über verbunden: Er hatte bereits während der Entwürfe die Studenten mit dem neuen bürgerlichen Recht vertraut gemacht und behielt dies nach Abschluss der Gesetzgebungsarbeiten auch bei. Noch hundert Jahre später urteilt Willoweit über Planck, dass er die Fragestellungen des Ersten Entwurfs und die »gefundenen Problemlösungen mit unvergleichlicher Gründlichkeit zu erörtern und auf diese Weise die ursprüngliche Systematik des Gesetzes umfassend und authentisch zu vermitteln«[348] suchte.

Trotz seines wissenschaftlichen Engagements – oder gerade deswegen – verfasste Gottlieb Planck einen praxisorientierten Kommentar, der in der Rückschau insbesondere »wegen der Gediegenheit der eigenen Ansichten«[349] gewürdigt wird. Der Erfolg gab Planck Recht: Früher als beabsichtigt konnte die nächste Auflage erscheinen.[350] Obwohl es sich anerkanntermaßen um den ersten Kommentar zum Bürgerlichen Gesetzbuch handelte,[351] erklärte Gottlieb Planck im Vorwort zur ersten Auflage, dass es sich noch nicht um eine wissenschaftliche Bearbeitung des neuen Rechts handelte: »Das vorliegende Werk hat sich eine bescheidenere Aufgabe gestellt. Es will in der Form des Kommentars die Einführung des Gesetzbuchs in die Praxis erleichtern.«[352] Herausgeber und Autoren hatten es sich zur Aufgabe gemacht, vor allem »die leitenden Gedanken« hervorzuheben und so den inneren Zusammenhang der einzelnen Vorschriften und ihr Verhältnis zueinander darzustellen.[353] Mitautoren an dem Werk Gottlieb Plancks waren: Alexander Achilles, Fritz Andre (1859–1927), Max Greiff (1862–1932), Friedrich Ritgen und Karl Unzner (1865–1929). Planck als Herausgeber kümmerte sich um die Vereinheitlichung des Mehrautorenwerkes und betont dies im Vorwort explizit.

Der Kommentar erschien in »einzelnen Folgen«.[354] Dies erwies sich als problematisch: Nachdem die erste Auflage in Teilen bereits wieder überholt war, bevor sie vollständig abgeschlossen werden konnte, erschienen Teile der ersten Auflage und die zweite Auflage parallel, 1898 wurde mit der zweiten und 1903 mit der dritten Auflage begonnen.[355] Als das Werk vollständig vorlag, umfasste es insgesamt sieben Bände: Band I erläuterte das erste Buch, den Allgemeinen Teil des Bürgerlichen Gesetzbuchs

---

348 Willoweit: Juristische Literatur, 2007, S. 26.

349 Schmidt: Kommentar als Darstellungsform, 1966, S. 187.

350 Vgl. Planck: Vorwort zur zweiten Auflage, 1898, S. 2.

351 Sturm bezeichnet den Kommentar von Gottlieb Planck als den ersten bedeutenden Großkommentar zum Bürgerlichen Gesetzbuch. Vgl. Sturm: Kampf um die Reichseinheit, 1999, S. 31.

352 Planck: Vorwort, 1898, S. 1. Auf die Praxisrelevanz verweist auch Schroeder: Gottlieb Planck, 2000, S. 1050–1051.

353 Vgl. Planck: Vorwort, 1898.

354 Schroeder: Gottlieb Planck, 2000, S. 1050.

355 Die Notwendigkeit einer raschen Überarbeitung lag nicht vornehmlich in der Sphäre der Autoren, der Herausgeber rechtfertigte diese unter anderem mit zwischenzeitlich verkündeten neuen Gesetzen. Vgl. Planck: Vorwort, 1898, S. 2. Vgl. auch Sturm: Kampf um die Reichseinheit, 1999, S. 31.

und erschien 1898, Band II widmete sich dem zweiten Buch, dem Recht der Schuldverhältnisse und erschien 1900. Chronologisch danach erschien der Band VI mit dem Einführungsgesetz 1901, danach mit zweijährigem Abstand zunächst die Bände III und V, mit dem Sachenrecht und dem Erbrecht 1902 sowie ein Wort- und Sachregister als Band VII, schließlich 1904 der Band IV, das Familienrecht.[356] Diese ungewöhnliche Reihenfolge des Erscheinens ist am ehesten ein Beleg für die Schwierigkeit des Umgangs mit vielbändigen Kommentaren und Mehrautorenwerken. Den Erfolg des Werkes hat es zunächst allerdings nicht geschmälert.

Der Kommentar stieß von Anfang an auf breite Resonanz und hohe juristische Anerkennung, die auch anhielt, so dass ein Nachruf auf Gottlieb Planck feststellte: »An Hand seines Kommentars haben wir uns alle in das BGB hineingefunden.«[357] Das Besondere an diesem Kommentar war nicht nur die Tatsache, dass zwei der Bearbeiter nicht nur an einer, sondern an beiden Gesetzgebungskommissionen teilgenommen hatten und die übrigen vier Bearbeiter zumindest Mitglieder der zweiten Kommission waren. Auf ein weiteres Alleinstellungsmerkmal des Kommentars von Planck machte ein Hinweis in der Hauszeitschrift des Carl Heymanns Verlag, *Juristisches Litteraturblatt* aufmerksam:

> »Das hochbedeutsame Werk macht die in den Protokollen durchaus nicht vollständig niedergelegten Ansichten der Kommission für die Auslegung und das Verständniss des B. G. B. nutzbar und bahnt für dessen wahrhaft wissenschaftliche Erforschung den Weg; für die Erkenntniss der Ausdrucksweise und Technik des B. G. B. ist es unentbehrlich.«[358]

Wie hoch die Achtung der Juristenschaft vor der Autorität und die Wertschätzung der Person Plancks war, und wie einschüchternd allein die Ankündigung seines Kommentars war, ist unter anderem daran ersichtlich, dass es Zeitgenossen gab, »die jedwede Konkurrenz gegen die Arbeiten solcher Männer kurzerhand für ausgeschlossen erklärten«.[359]

3.5.3 Julius von Staudinger: »Prototyp des großen Kommentars«

Der Konkurrenz stellte sich Julius von Staudinger und bewältigte gleichzeitig eine Herkulesaufgabe. Neben dem Kommentar von Gottlieb Planck schrieb Staudinger den zweiten hervorstechenden Kommentar zum Bürgerlichen Gesetzbuch des Kaiserreichs. Er gilt als »Enzyklopädie des bürgerlichen Rechts unter Beibehaltung der Form eines Erläuterungsbuchs«.[360] Verfasst wurde er ebenfalls von einem Rechtspraktiker:

---

356 Vgl. Verlagsverzeichnis J. Guttentag 1903.
357 Schroeder: Gottlieb Planck, 2000, S. 1050.
358 Löwenstein: Beilage, 17. Januar 1898, S. 28.
359 Oertmann: Bürgerliches Recht, 1915, S. 1–2.
360 Schmidt: Kommentar als Darstellungsform, 1966, S. 187.

Nach einem Studium in Erlangen, Heidelberg und Leipzig hatte Staudinger seine Dissertation *Die Rechtslehre vom Lebensversicherungsvertrage* 1858 bei Ferdinand Enke in Erlangen veröffentlicht. Er schlug die Ministeriallaufbahn ein, die er im Staatsministerium der Justiz 1875 wegen gesundheitlicher Probleme mit dem einstweiligen Ruhestand beendete. Knapp zehn Jahre später wurde Julius von Staudinger an das Bayerische Oberste Landesgericht berufen, 1888 zum Senatspräsident am Oberlandesgericht München, bevor er 1894 endgültig – wohl auch wegen gesundheitlicher Probleme beziehungsweise Überanstrengung[361] – in den Ruhestand ging. Den Ruhestand nahm Staudinger allerdings nicht wörtlich, sondern verfasste mit weiteren Autoren seinen achtbändigen Kommentar zum Bürgerlichen Gesetzbuch, der von 1898 bis 1903 im Verlag J. Schweitzer erschien. Im Erscheinungsjahr 1898 wurde der Verlag J. Schweitzer von der Familie Sellier übernommen, der *Kommentar zum Bürgerlichen Gesetzbuch* von Staudinger wurde nach der Verlagsübernahme konsequent ausgebaut. Obwohl Staudinger selbst unermüdlich an dem Werk mitwirkte und bis zu seinem Tod an dem Kommentar arbeitete, konnte er das Erscheinen des letzten Bandes nicht mehr erleben. Staudinger starb 1902,[362] die Kommentierung wurde erst ein Jahr später 1903 komplettiert. Dass der Kommentar fünf Jahre bis zur Vervollständigung benötigte, rechtfertigt das Vorwort mit einem Verweis auf die anfangs noch spärliche, erst allmählich anwachsende Literatur und Judikatur zum Bürgerlichen Gesetzbuch.

Mitarbeiter am *Staudinger*, Bürgerliches Gesetzbuch waren Universitätsprofessoren, Richter und Rechtsanwälte: Theodor Engelmann (1808–1889), Felix Herzfelder (1873–1944), Karl Kober (1865–1946), Theodor Löwenfeld (1848–1919), Philipp Mayring, Erwin Riezler (1873–1953) und Joseph Wagner. Damit war die Autorenschaft räumlich auf Bayern beschränkt: Der Kommentar wurde fast ausschließlich von bayerischen Bearbeitern verfasst, lediglich Erwin Riezler lehrte in Freiburg. Unter anderem Sturm verweist deshalb darauf, dass »dem Kommentar also anfänglich etwas Provinziell-Süddeutsches anhaftete« und er im Norden Deutschlands auf Skepsis stieß. Als weiteres Manko erschien es zunächst, dass die Verfasser des *Staudingers* weniger bekannt waren als die meisten Autoren der anderen Kommentare. Dank der Persönlichkeit Julius von Staudingers und seiner Rolle als »Spiritus Rector«[363] des Kommentars konnte sich dieser trotz des späten Erscheinens und der dargestellten vermeintlichen Nachteile am Markt behaupten. Zu seinem Erfolg hat sicher auch die vertiefte Auseinandersetzung mit der neuen Materie des Bürgerlichen Gesetzbuchs beigetragen. Für seine Herkulesaufgabe konnte Julius von Staudinger von seinen

---

361 Vgl. Sturm: Kampf um die Reichseinheit, 1999, S. 35.

362 Alle von Julius von Staudinger verantworteten Teile lagen fertig vor, als Staudinger starb. Vgl. Sellier: Plaudereien, 1999, S. 99. Vgl. auch 100 Jahre BGB – 100 Jahre Staudinger, 1999, S. XI; Staudinger: Vorwort, 1903, S. 1.

363 Zitate Sturm: Kampf um die Reichseinheit, 1999, S. 32. Vgl. im Übrigen auch Sellier: Plaudereien, 1999, S. 99.

früheren Erfahrungen aus der Mitarbeit an strafrechtlichen Kommentaren profitieren. Er hatte bereits seit 1876 im Verlag C.H.Beck Kommentare zum Strafgesetzbuch und zur Strafprozessordnung verfasst.[364]

Der Kommentar *Staudinger*, Bürgerliches Gesetzbuch umfasste rund 3600 Seiten in sechs Bänden. Die zweite Auflage erschien bereits ein Jahr nach Vollendung des Werkes 1904. Diese Ausgabe in sieben Bänden umfasste rund 5400 Seiten.[365] Der Staudinger gilt damit als »Prototyp des großen Kommentars«.[366] Den Erfolg des Kommentars von Julius von Staudinger führt Willoweit unter anderem auf die Art und Weise der Kommentierung zurück: Wie Hermann Staub hatten auch die Autoren des *Staudinger* eine »wissenschaftliche Durchdringung« des Stoffes durch »sorgfältigste begriffliche Erschließung der Normen«[367] erreicht. Dadurch war dem Kommentar auch die Anerkennung der Rechtswissenschaft sicher. Sturm weist auf die Rezensionen bereits zur ersten Auflage hin, die feststellten, dass »neben dem großen Planck der Münchener Staudinger in Ehren bestehen kann«.[368]

Der Erfolg drückte sich auch in den Folgeauflagen aus: 1907 bis 1909 erschienen die dritte und vierte Auflage und bereits 1909 folgten die fünfte und sechste Auflage schließlich in acht Bänden mit rund 7000 Seiten. Die siebte und achte Auflage waren ab 1912 bis 1914 in Arbeit und lieferbar in neun Bänden mit rund 7500 Seiten. Dabei erhielt der Kommentar durch den inzwischen in den Verlag eingetretenen Arthur Louis Sellier (1889–1967)[369] wiederum »neue Impulse«, die ersten zehn Auflagen des Kommentars hatte der Vater Arthur Sellier als Verleger maßgeblich begleitet.[370] Noch heute ist der Kommentar von Staudinger der umfangreichste Kommentar zum Bürgerlichen Gesetzbuch und erscheint bei Sellier de Gruyter. Er wurde »gleichsam zu einer Enzyklopädie des bürgerlichen Rechts unter Beibehaltung der Form eines Erläuterungsbuchs«.[371] Teilweise wird vermutet, dass Staudinger und der Verlag »einen Gegenpol zum Planck«[372] schaffen wollten. Nachdem die beiden Kommentare allerdings in rascher Folge erschienen und auch weitere Erläuterungswerke parallel auf den Markt kamen, ist wohl eher zu vermuten, dass der Verlag J. Schweitzer als initiierender Verlag eine Marktchance in einem umfangreichen Kommentar sah und deshalb Staudinger verpflichtete, der zwei Vorteile besaß: Er hatte im Ruhestand die notwen-

364 Vgl. Russell: C.H.Beck'sche Buchhandlung, 1881, S. 1066–1067; Verlagsverzeichnis C.H.Beck 1913, S. 333–334; Hoyer: Strafverfahrensrecht, 2007, S. 799–800; Kühl: Strafrecht, 2007, S. 772.

365 Vgl. zu den Angaben auch 100 Jahre BGB – 100 Jahre Staudinger, 1999, S. XI.

366 Prölss: Glanz und Elend, 1963, S. 261.

367 Willoweit: Juristische Literatur, 2007, S. 26.

368 Sturm: Kampf um die Reichseinheit, 1999, S. 36.

369 Bei Arthur Louis Sellier handelt es sich um den Sohn von Arthur Sellier, mit vollem Namen Arthur Louis August Sellier, den Inhaber des J. Schweitzer Verlags. Zur Vermeidung von Verwechslungen wird sein Sohn als Arthur Louis Sellier benannt.

370 Vgl. Sellier: Festakt und Empfang, 1999, S. 3.

371 Schmidt: Kommentar als Darstellungsform, 1966, S. 187.

372 Sturm: Kampf um die Reichseinheit, 1999, S. 36.

dige Zeit für die Kommentierung und besaß außerdem umfangreiche Erfahrung mit Erläuterungen im Strafrecht, aber zum Beispiel auch im Fischereirecht. Im Gegensatz zu vielen anderen rasch, ohne renommierte Herausgeber[373] auf dem juristischen Markt des Kaiserreichs erschienenen Kommentaren profitierten die Werke und die sie herausgebenden Verlage von ihren maßgeblichen Autoren, deren Initiative, Renommee und tragender Mitwirkung an den Werken – und natürlich von deren Ansehen als gestandene Rechtspraktiker.

3.6 Verlagsprodukte im Kaiserreich: Vermittlung und Diskussion

Standardisierung in der Ausstattung, Vielfalt in den Inhalten: Markante Produktveränderungen im Kaiserreich waren eine neue Generation von Zeitschriften und die verstärkte Zusammenfassung von Werken in Reihen. Bei juristischen Reihen ergaben sich wie dargestellt Rationalisierungseffekte in der Herstellung und eine höhere Aufmerksamkeit in der Zielgruppe auf Grund der gleichbleibenden Ausstattung. Um als Verlag mit seinen Autoren bekannt und für seine Werke geschätzt zu werden, reichten allerdings rein äußerliche Veränderungen nicht. Die juristischen Verleger mussten auch inhaltliche Änderungen bei ihren Publikationen vornehmen – weg von dem Anfang des 19. Jahrhunderts vorherrschenden Archivcharakter hin zu Publikationen die als Aushängeschild für den Verlag dienen konnten und ihn in den juristischen Diskurs integrierten. Immer stärker rückte die Diskussionsfunktion in den Vordergrund. So bewirkten Reihenbildung und Zeitschriftenneugründungen organisatorische Effizienzgewinne und brachten die juristischen Verlage gleichzeitig noch stärker in eine Vermittlerrolle innerhalb von Rechtswissenschaft und Rechtspraxis, was ihre Publikationen im Rahmen der Rechtsdiskussion unverzichtbar machte und sie als Verlage in ihrer Bedeutung steigen ließ.

Renommierte Reihen durchdringen den Markt

Mit Verkündung der neuen Reichsgesetze entstand praktisch aus dem Nichts ein neues Bedürfnis nach rechtssicherer Kenntnis der neuen Gesetzeslage und damit nach dem exakten Wortlaut der Rechtsvorschriften. Erfolgsfaktor war hier – neben dem zeitnahen Erscheinen anlässlich gesetzlicher Änderungen – auch die Zuverlässigkeit der Textausgaben: die korrekte, vollständige und authentische Wiedergabe des Gesetzestextes. Um sich von den Mitbewerbern abzuheben, wurden Werke häufig in Reihen zusammengefasst, die nicht nur nach außen eine gleichbleibende Qualität sicherten, sondern auch zum zusätzlichen Markenzeichen werden und der Wiedererkennung

373 Für den Verlag Carl Heymanns stellt Oertmann in Teilen fest, dass dort ein solcher Herausgeber oder zumindest Redakteur fehlte. Vgl. Oertmann: Bürgerliches Recht, 1915, S. 23–24.

des Verlagsprogramms dienten sollten. Die Initiative zur Reihenbildung erfolgte aus den genannten Gründen meist durch den Verleger.[374]

An Hand des Verlags J. Guttentag wurde die Entwicklung der Expansion der Reihen für einen einzelnen Verlag bereits aufgezeigt, andere juristische Verlage verfolgten ebenfalls das verlegerische Konzept der Reihenbildung. Nicht verwunderlich ist deshalb, dass die juristischen Reihen auch diejenigen insgesamt im Verlagsbuchhandel anführten: Decke zählte bei den zwischen 1912 und 1916 »bestehenden spezialwissenschaftlichen Serien« die meisten im Bereich der Rechts- und Staatswissenschaft, nämlich 97 Reihen mit 4420 Bänden und führt das allgemeine Phänomen auf die zunehmende Spezialisierung zurück:

> »Die fachwissenschaftlichen Serien verdanken ihre Entstehung und Vermehrung der zunehmenden Spezialisierung wissenschaftlicher Arbeit: Sie dienen dem Zusammenschluß von Monographien jeder Wissenschaft unter bestimmten Gesichtspunkten.«[375]

Bekannte Reihen waren die *Juristische Handbibliothek* bei Ludwig Roßberg, die seit 1863 herausgegebene Reihe der *Handausgaben Königlich Sächsischer Gesetze* oder die *Handausgaben deutscher Reichsgesetze.*[376] Waren die einzelnen Bände vorher teilweise noch einzeln erschienen, fasste der Verlag ab 1900 alle Werke zu der erwähnten Reihe der *Juristischen Handbibliothek* zusammen. Hier wurden auch die Bände der neu erworbenen *Meinholds Juristischer Handbibliothek* gebündelt, die Reihe *Juristische Handbibliothek* umfasste 350 Bände.[377] Ein späterer Verlagsprospekt für die *Juristische Handbibliothek* wurde 1914 offensichtlich in einer Auflage von 15 000 Exemplaren abgegeben,[378] ein Indiz für die hohe Bedeutung der Reihe. Wegen ihrer Marktgängigkeit waren Reihen zum Bürgerlichen Gesetzbuch besonders beliebt. Der Verlag J. Guttentag besaß bereits durch seine amtlichen Publikationen ein Standbein im Bereich des Bürgerlichen Rechts. Daneben verlegte er auch eine Vielzahl anderer Werke zum Bürgerlichen Gesetzbuch. So fand sich bei J. Guttentag zum Beispiel eine Reihe *Das Recht des Bürgerlichen Gesetzbuchs in Einzeldarstellungen*, die mit der ersten Bandnummer der Reihe *Das deutsche Erbrecht nach dem Bürgerlichen Gesetzbuche* startete.[379] Eine weitere Reihe bildeten die *Beiträge zur Erläuterung und Beurtheilung des Entwurfes eines Bürgerlichen Gesetzbuchs für das Deutsche Reich*, die Reihe erschien von 1888 bis 1890 mit 18 Heften.

---

374 Vgl. Decke: Die Bücherreihe, 1916, S. 15.

375 Decke: Die Bücherreihe, 1916, S. 27. Vgl. insgesamt auch S. 28–29.

376 Vgl. Roßberg'sche Verlagsbuchhandlung: Denkschrift 1904, S. 13.

377 Vgl. Jäger: Juristischer Verlag, 2001, S. 500–501.

378 So ein Hinweis im Verlagsprospekt am linken unteren Rand der ersten Seite. Vgl. Prospekt der Roßberg'schen Verlagsbuchhandlung »Juristische Handbibliothek«. Mai 1914, S. 1.

379 Der vollständige Eintrag lautete 1903: »Das deutsche Erbrecht nach dem Bürgerlichen Gesetzbuche. In kurzgefaßter Darstellung.« Verlagsverzeichnis J. Guttentag 1903, S. 146–148. Zu weiteren Reihen vgl. S. 13–16.

Juristische Buchreihen veränderten nicht nur die Wahrnehmung der Verlage im Markt, sondern bewirkten auch innerhalb der Verlagsabläufe eine größere Professionalisierung durch die Rationalisierung der Herstellverfahren und Bündelung von Marketingaktivitäten. Durch die gleichbleibende Ausstattung und das einheitliche Konzept konnten bei den Reihen Verlagsaktivitäten zusammengefasst werden. Beides trug zu einer höheren Effizienz in der Verlagsarbeit bei und beschleunigte eine stärkere Expansion und Durchdringung des wachsenden Marktes.

Juristische Zeitschriften verändern sich und ihre Leser

Zwei Zeitschriften, die im Kaiserreich gegründet worden sind und – die eine unter anderem Namen und mit verändertem Konzept, die andere sogar unverändert – bis heute fortbestehen, sind die *Deutsche Juristen-Zeitung (DJZ)* und das *Archiv des öffentlichen Rechts (AöR)*.[380] Der Erfolg dieser Neugründungen lag zu einem Großteil an der Zielrichtung: Sie schufen einen optimalen Nutzwert für die veränderten Bedürfnisse der Rechtsanwender. Statt wie früher vornehmlich als Nachschlagewerke beispielsweise für Entscheidungen zu dienen, wurden die Zeitschriften mehr und mehr zu einem Ort der Kommunikation und des fachlichen Austausches. Nicht nur die neuen Gesetze nach der Reichsgründung hatten ein Interesse an einem fachlichen Gedankenaustausch hervorgerufen; es waren vor allem die kontroversen Debatten und Rechtsmeinungen, die das Bedürfnis nach neuen Publikationsorganen wachsen ließ.[381] Die Funktionen »Dokumentation« und »Diskussion« hat Diederichsen verknüpfend auf den Punkt gebracht: »So gilt es nicht nur, die Dokumentation zu diskutieren, sondern erst recht, die Diskussion zu dokumentieren«.[382] Um ihre Zeitschriften als Diskussionsforum positionieren zu können, mussten die Verlage ihre Zeitschriften erheblich verändern: Der Abdruck von Gesetzesmaterialien oder Gerichtsentscheidungen reichte nicht mehr aus. Nicht verwunderlich ist deshalb, dass

---

380 Die Deutsche Juristen-Zeitung war durch den Erwerb des Verlags von Otto Liebmann in den Besitz von Heinrich Beck gelangt. Nach dem Zweiten Weltkrieg gab es Überlegungen im Verlag, eine neue Zeitschrift nach dem Konzept der Deutschen Juristen-Zeitung herauszugeben. Allerdings entschied man sich bei C.H.Beck für die Herausgabe einer neu konzipierten Zeitschrift. Grund war unter anderem, dass der Verlag Lambert Schneider in Heidelberg bereits eine »Süddeutsche Juristenzeitung« und J. C. B. Mohr die »Deutsche Rechts-Zeitschrift« ins Leben gerufen hatten. Beide Zeitschriften wiesen Ähnlichkeiten mit der Deutschen Juristen-Zeitung auf, so dass sich der Verlag C.H.Beck für ein eigenständiges Konzept und die Gründung einer Anwaltszeitschrift entschloss – der bis heute bestehenden Neuen Juristischen Wochenschrift. Vgl. Weber: Alfred Flemming und Walter Lewald, 1988, S. 329.

381 Vgl. auch Doerfert: Archiv des Öffentlichen Rechts, 1993, S. 433–434. Zu den Zeitschriftenneugründungen beispielsweise im Carl Heymanns Verlag zu dieser Zeit siehe auch Reuter: Von Manuskripten, 1967, S. 97, 101, 103, 109.

382 Diederichsen: Von Woche zu Woche, 1988, S. 6.

die von den Lesern erwarteten Funktionen dezidiert neue Zeitschriften wahrnahmen – eine neue »Zeitschriftengeneration«[383] entstand.

3.6.1 Archiv für öffentliches Recht (AöR) als Archiv und Forum

Im Verlag J. C. B. Mohr erschien ab 1818 schon das *Archiv für die civilistische Praxis* mit zu dieser Zeit üblichem ausgeprägten Archivcharakter. Fast siebzig Jahre später wurde hier 1886 das *Archiv für öffentliches Recht (AöR)* von Felix Stoerk und Paul Laband ins Leben gerufen. Der Name – also auch der Namensbestandteil »Archiv« – entstammte einem Vorschlag von Felix Stoerk.[384] Das 1910 nur in einer Nuance in *Archiv des öffentlichen Rechts* umbenannte Publikationsorgan zeichnete sich allerdings weniger durch einen Archivcharakter aus als vielmehr durch Rolle als Forum für Diskussion und Meinungsaustausch aus. Im Gegenteil konzentrierte das *AöR* auf die essentiellen Informationen und wesentlichen juristischen Inhalte – Doerfert spricht von einer bewussten »Trennung von ›unjuristischem‹ Beiwerk«.[385] Das *AöR* hatte zusätzlich das Glück einer Gründung zum richtigen Zeitpunkt, da der Informationsbedarf mit dem »Ausbau des Verwaltungsrechts«[386] besonders hoch war.

Das *AöR* stellt ein Beispiel dafür dar, wie eine Zeitschriftenneugründung die juristischen Strömungen der Zeit erfolgreich aufnehmen konnte: Als »Antriebskräfte für die Entstehung neuer Publikationsorgane« identifiziert Stolleis vor allem die Verwaltungsreformen in den 1880er Jahren und die Veränderungen in der Wissenschaft wie einen »allmählichen Wechsel des Wissenschaftsstils von der ›staatswissenschaftlichen‹ zur ›juristischen‹ Methode« mit einem »mächtigen Vordringen des Gesetzespositivismus«.[387] Das *AöR* konnte zum Zeitpunkt seiner Gründung auf diese Entwicklungen sofort reagieren: beispielsweise mit der Gewinnung entsprechender renommierter Herausgeber – ohnehin ein Erfolgsfaktor der Zeitschrift. Nicht nur Paul Laband und Felix Stoerk als Gründungsherausgeber standen mit ihrem Namen für fundierte juristische Inhalte, sondern es wurde gerade in der Anfangsphase der Zeitschrift eine bewusste Auswahl an Herausgebern vorgenommen: 1899 wurde Otto Mayer (1846–1924) als Herausgeber gefragt, 1908 – nach dem Ausscheiden von Felix Stoerk, der bis zu seinem Tode die Herausgeberschaft innehatte – traten Georg Jellinek und Robert Piloty (1863–1926) in das Gremium ein.[388]

---

383 Kleindiek: Max Hachenburg, 1993, S. 1295.

384 Vgl. Doerfert: Archiv des Öffentlichen Rechts, 1993, S. 34–35; Hueck: Gründung völkerrechtlicher Zeitschriften, 1999, S. 399.

385 Doerfert: Zeitschriften des öffentlichen Rechts, 1999, S. 436.

386 Stolleis: Geschichte des öffentlichen Rechts, 1992, S. 417.

387 Zitate Stolleis: Geschichte des öffentlichen Rechts, 1992, S. 378–380.

388 Vgl. Doerfert: Zeitschriften des öffentlichen Rechts, 1999, S. 436–437.

3.6.2 Deutsche Juristen-Zeitung (DJZ) als Universalzeitschrift

Der Deutsche Anwaltverein hatte mit seiner seit 1872 erscheinenden Zeitschrift *Juristische Wochenschrift* ein Sprachrohr für die Anwaltschaft entwickelt. Populärer war im Kaiserreich Ende des 19. Jahrhunderts allerdings die 1896 gegründete *Deutsche Juristen-Zeitung*. Vom Verleger Otto Liebmann ins Leben gerufen und von ihm maßgeblich gestaltet, war die *DJZ* die juristische Zeitschrift im Kaiserreich, bei der der Wandel weg von den früheren Archivzeitschriften hin zu Foren des Meinungsaustauschs am augenfälligsten war. Als Universalzeitschrift – also universal und umfassend alle Rechtsgebiete für den Juristen abbildend – erfreute sich die *DJZ* auch deshalb so großer Beliebtheit, da sie ohne wissenschaftliches Pathos die Probleme auf den Punkt brachte. Gleichzeitig bildete die Zeitschrift die komplette Bandbreite juristischer Themen ab und erhob den Anspruch, das »Zentral-Organ des gesamten Juristenstandes« zu sein. Der Anspruch bestand in nichts weniger, als den Juristen in allen Rechtsgebieten mit den wichtigsten Nachrichten umfassend zu informieren. Damit die Balance zwischen rechtswissenschaftlicher und gleichzeitig rechtspraktischer Ausrichtung gehalten werden konnte und es keine unterschiedlichen Auffassungen zwischen Herausgebern und Verlag gab, bedurfte es einer koordinierenden Schnittstelle. Diese Funktion übte bei der *DJZ* der Verleger selbst aus.

Dass der Verleger gleichzeitig Herausgeber und Schriftleiter der Zeitschrift war und damit sowohl seinen Erfahrungsschatz als Verleger als auch seine Mitwirkung als Herausgeber in einer Person einbrachte, war ein Erfolgsrezept der Zeitschrift. So ungewöhnlich die Mitherausgeberschaft des Verlegers selbst war, profitierte die Zeitschrift auch von ihren prominenten weiteren Herausgebern: Neben Otto Liebmann fungierten noch Paul Laband, Melchior Stenglein (1825–1903) und Hermann Staub als Herausgeber.[389] Die *DJZ* erschien zweimal im Monat und wurde ab 1909 vom Verleger selbst redigiert, sie galt im Kaiserreich unter Juristen als die »wohl angesehenste allgemeine rechtswissenschaftliche Zeitschrift«[390] oder »populärste Rechtszeitschrift ihrer Zeit«.[391] Die Bedeutung Liebmanns für die inhaltliche Qualität der Beiträge und sein Verhältnis zu den Autoren drückt Professor Dr. Wilhelm Kahl (1849–1932) über einen Vergleich mit der »Unruhe« in einem Uhrwerk bildlich aus.[392]

Die *DJZ* gilt als »erste juristische Zeitschrift einer neuen Generation«.[393] Ihr Konzept sah kürzere Aufsätze über juristische Themen vor – selten mehr als vier bis fünf Druckseiten – und verzichtete weitgehend auf eine wissenschaftliche Vertiefung

---

389 Spätere bekannte Herausgeber waren Eugen Schiffer, 1919 bzw. 1921 kurzzeitig Reichsfinanz- und Reichsjustizminister, Heinrich Triepel und Max Hachenburg. Vgl. Weber: Juristische Zeitschriften, 2007, S. 10.

390 Weber: Juristische Zeitschriften, 2007, S. 10.

391 Doerfert: Archiv des Öffentlichen Rechts, 1993, S. 31.

392 Vgl. Kahl: Ansprache, 1920, S. 10.

393 Zitate Kleindiek: Max Hachenburg, 1993, S. 1295.

der Themen. Die Rubriken waren wie in anderen Zeitschriften auch vor allem die höchstrichterliche Rechtsprechung, neu erschienene juristische Werke sowie »Nachrichten aus Justiz und Verwaltung, aus Vereinen und Gesellschaften«. Im Gegensatz zu den sogenannten Archivzeitschriften, die sich mit vertieftem wissenschaftlichen Anspruch speziellen juristischen Einzelthemen widmeten und deren Beiträge lediglich stilistisch redigiert wurden, hatten die Herausgeber der *DJZ* den Anspruch, im Vorfeld eine Themenvielfalt und die im rechtswissenschaftlichen Fokus stehenden Themen zu behandeln; entsprechend betrieben sie auch eine aktive Akquisepolitik für die Aufsätze ihrer Zeitschrift. Die Ausrichtung auf praktische Informationen und die Abkehr vom Archivcharakter früherer Zeitschriften machte Laband in der *DJZ* noch einmal sehr deutlich, indem er feststellt, dass die *DJZ* »kein Archiv für rechtsgelehrte Untersuchungen«[394] sein soll. Während das *AöR* das Archiv zumindest noch im Titel trägt, war die *DJZ* ausschließlich auf den praktisch tätigen Juristen ausgerichtet – teilweise wird der Zeitschrift die wissenschaftliche Tiefe sogar abgesprochen: Nach Auffassung von Rasehorn wandten sich Zeitschriften wie die *DJZ* an »Durchschnittsjuristen« und besaßen ein »geringeres juristisches Niveau«[395] verglichen mit heutigen juristischen Fachzeitschriften.

Für den herausgebenden Verlag Otto Liebmann bedeutete die Zeitschrift eine eindeutige Positionierung innerhalb der juristischen Rechtskreise und des politischen Feldes. Der Verlag gewann eine große Leserschaft und manifestierte damit seine Stellung innerhalb der führenden juristischen Verlage. Als relativ junger Verlag mit einem Gründungsdatum erst 1890 konnte der Verleger Otto Liebmann dadurch seinen Einfluss sichern und sich im Feld gegenüber traditionsreicheren Konkurrenten wie Carl Heymanns oder J. Guttentag behaupten.

3.7 Die Expansion des juristischen Verlagswesens

Die Periode nach der Reichsgründung bis zum Inkrafttreten des Bürgerlichen Gesetzbuchs war die große Gründerzeit des juristischen Verlagswesens. Das Kaiserreich brachte ab 1871 nicht nur zahlreiche neue Gesetze mit teils umfangreicher Regelungsmaterie hervor, sondern fasste auch zentrale Bereiche des Rechtswesens neu, wie das Versicherungsrecht oder das Verfahren vor den Gerichten. Um über die neuen Gesetze informiert zu sein, suchten vor allem die professionellen Rechtsanwender nach rasch verfügbaren Informationen. Aber auch in der Gesellschaft insgesamt entstand ein verstärktes Interesse an den gesetzlichen Grundlagen des Zusammenlebens und des staatlichen Handelns. Zusätzlich profitierte der juristische Buchhandel von einer stärkeren Formierung der Rechtswissenschaft als Disziplin und von den gouverne-

394 Zitiert nach Doerfert: Archiv des Öffentlichen Rechts, 1993, S. 31.
395 Zitate Rasehorn: Justizkritik, 1985, S. 102.

mentalen Strukturen des Kaiserreichs. Neben der Markterweiterung durch zusätzliche Zielgruppen konnten die juristischen Verlage ihr Betätigungsfeld ausweiten, da erstmals ein überregionaler Markt vorhanden war. Die Reichsgründung und der nun reichsweit erweiterte Markt befreiten die juristischen Verlage aus der regionalen Begrenzung ihrer Verlagsprogramme. Dem überwiegenden Teil der juristischen Verlage gelang es, neben dem angestammten regionalen Markt reichsweite Publikationen erfolgreich anzubieten. Überdies zogen die Reichsgesetze gemäß dem föderalen Staatsaufbau landesspezifische Gesetze zur Umsetzung in Landesrecht nach sich, was den bisher in einem geografisch bestimmten Teilmarkt agierenden juristischen Verlagen die Möglichkeit bot, ihre regionalen Stärken weiterhin zu verwerten. Von der Reichsgründung profitierte offensichtlich kein anderer Verlagstyp so sehr wie der juristische Verlag.

Mit dem vergrößerten Absatzmarkt wurde es für noch nicht spezialisierte Verlage attraktiver, in ein juristisches Publikationsfeld zu expandieren oder sich darauf zu konzentrieren. Obwohl die Entwicklung juristischer Verlagsprogramme im Kaiserreich in den Verlagen unterschiedlich verlief, entschied sich zu dieser Zeit in der Regel die spätere Ausrichtung auf die Rechtswissenschaften. Auch Verlage wie Duncker & Humblot oder C.H.Beck, die erst um die Jahrhundertwende juristische Teilspezialisierungen entwickelten, legten die Basis für diesen Programmbereich bereits im frühen Kaiserreich. Die im Laufe des 19. Jahrhunderts begonnene Ausrichtung auf juristische Publikationsformate setzte sich mit der endgültigen Spezialisierung auf den rechtswissenschaftlichen Programmbereich fort. So erweiterten die meisten juristischen Verlage ihre Programmbereiche seit 1871 kontinuierlich. Verlage wie J. Guttentag oder Duncker & Humblot konzentrierten sich zunehmend auf die Rechtswissenschaften und wurden damit zu Konkurrenten für die bereits vor der Reichsgründung spezialisierten Verlage wie R. von Decker oder Carl Heymanns. Auch bei den nicht in der Reichshauptstadt angesiedelten Verlagen wie C. F. Müller in Karlsruhe, Ludwig Roßberg in Leipzig oder C.H.Beck in München festigten sich die Programmstrukturen und der juristische Bereich erfuhr eine Erweiterung – entweder als einziger Programmbereich oder wie bei C.H.Beck im Verbund mit anderen Wissenschaftsdisziplinen. Auf die stärkere Dynamisierung des Marktes und den Wettbewerbsdruck reagierten die juristischen Verlage und ihre teilspezialisierten Konkurrenten überwiegend mit einer expansiven Strategie – nicht nur programmatisch, sondern auch in operativer Hinsicht durch den Zukauf technischer Betriebe. Die erfolgreiche Geschäftsentwicklung demonstrierten die Verleger nach außen durch repräsentative Verlagsneubauten.

Gleichzeitig war der juristische Buchhandel durch sein Wachstumspotenzial und die Marktchancen auch für neue Marktteilnehmer attraktiv: Neugründungen begannen mit den eingesessenen juristischen Verlagen zu konkurrieren. Der ohnehin durch den reichsweiten Markt verstärkte Wettbewerb der Verlage untereinander nahm nochmals zu. In diesem konkurrenzintensiven Umfeld war ein wesentlicher Faktor des Markterfolges von Publikationen – gerade in lukrativen Teilmärkten wie den Publikationen zum Bürgerlichen Gesetzbuch – die rasche Verfügbarkeit nach der

Verkündung des Gesetzes. Wie durchdringend der Markt dabei von den juristischen Verlagen bearbeitet wurde, ist am Bürgerlichen Gesetzbuch aufgezeigt worden. Für die juristischen Verlage war das Bürgerliche Gesetzbuch zusätzlicher Entwicklungstreiber für die Spezialisierung und Profilierung. Eine Positionierung im politischen Feld gelang den juristischen Verlagen vor allem durch Kooperationen mit entsprechenden Verbänden. Juristische Verlage wurden verstärkt auch als Partner für Publikationen gesucht: sowohl von staatlichen Behörden, die einen hoheitlichen Informationsauftrag zu erfüllen hatten, als auch von juristischen Vereinigungen, die vornehmlich eine Eigenvermarktung anstrebten. Nicht nur die Intensivierung des juristischen Diskurses in Vereinigungen und ihre Publikationsorgane trugen zu einer stärkeren Formierung der Rechtswissenschaften im Kaiserreich bei. Auch die juristischen Verlage hatten ihren Anteil daran: Standardwerke anerkannter Autoritäten in Rechtswissenschaft und Rechtspraxis unterstützten ein Zusammenwachsen der Disziplin. Ein Zeichen der stärkeren Formierung waren im Kaiserreich entstehende spezialisierte Verzeichnisse, durch die die juristische Literatur erschlossen wurde. Gleichzeitig gaben juristische Verlage in verlagseigenen Zeitschriften und Bibliographien Auskunft über ihre umfangreicher werdende Verlagsproduktion.

Ein wesentlicher Entwicklungsschritt für die juristischen Verlage, für ihre Selbstvermarktung und Positionierung innerhalb des Rechtswesens, war die Etablierung von verlagseigenen und in Kooperation herausgegebenen Reihen. Als Marke zusätzlich zum Verlagsnamen, dienten die juristischen Reihen zur Profilbildung und dem Wiedererkennungseffekt. Die Reihenbildung war auch eine Folge der verstärkten Konkurrenz, da einzelne Verlagswerke für eine Profilierung des Verlags allein nicht mehr ausreichten. Dabei verschaffte die gleichbleibende Ausstattung der Verlagsreihen und das Renommee der Herausgeber dem Verlag zusätzliche Aufmerksamkeit. Die Tendenz zur Etablierung von Reihen war auch ein Ausdruck der fortschreitenden Rationalisierung in der Verlagsarbeit. Neben den offensichtlichen Vorteilen, die eine Reihe in der Vermarktung bot – meist eine gemeinsame Reihenherausgeberschaft als qualitätssicherndes Merkmal und ein einheitliches Erscheinungsbild im Interesse des Wiedererkennungseffekts –, begünstigten sie auch die verlagsinternen Abläufe. Reihen konnten als Gesamtheit beworben werden und viele Arbeitsschritte in der Verlagsorganisation wurden vereinfacht, weil sie sich an die übrigen Bände der Reihe anlehnten. Die identische Ausstattung innerhalb der Reihen ermöglichte es den Verlagen, in einem effizienten Verfahren insbesondere Gesetzessammlungen rasch auf den Markt zu bringen. Auch Expansionsprojekten kam die Reihenbildung entgegen; das einmal gefundene Werkkonzept innerhalb der Reihe konnte auf beliebig viele verschiedene Titel ohne größeren verlegerischen Aufwand übertragen werden.

Die Expansion der juristischen Verlage, ihre Wettbewerbsorientierung gegenüber den Konkurrenten und ihr Gestaltungswille innerhalb des Verlagswesens zeigten sich deutlich auch in der Gründung und Etablierung führender Fachzeitschriften. Gerade Zeitschriften veränderten ihren Charakter im Kaiserreich: Während die Archivfunktion immer stärker in den Hintergrund trat, wurde dem Bedürfnis der Rechtsanwender nach Orientierung und Diskussion verstärkt Rechnung getragen. Insofern zeigen die Veränderungen der Zeitschriften als Publikationsart auch die Dynamisierung des Marktes im Kaiserreich und die zunehmende Ausrichtung der juristischen Verlage auf neue Marktgegebenheiten. Neben der dauerhaften Bindung der Käuferkreise intensivierten die Zeitschriften das Renommee des Verlags innerhalb der Zielgruppe. Die Außenwirkung wurde noch verstärkt, wenn der Verleger persönlich als Herausgeber wirkte: Der außergewöhnliche Erfolg der Zeitschrift *Deutsche Juristen-Zeitung (DJZ)* beruhte auch darauf, dass Otto Liebmann als Verleger und – obwohl er kein Jurist war – Herausgeber doppelt Einfluss ausüben konnte und die von ihm verfolgte Konzeption ein erwachendes Bedürfnis der Leser nach praktischen Informationen befriedigte.

Ebenfalls bereits zur Jahrhundertwende entwickelten juristische Kommentare ihre Leitfunktion bei der Rechtsfindung: Das Kaiserreich war die Zeit der großen Kommentatoren und ihrer Werke wie derjenigen von Gottlieb Planck oder Julius von Staudinger zum Bürgerlichen Gesetzbuch. Diese wirkten sich indirekt auch auf die Entwicklung des juristischen Verlagswesens aus: Mit dem Einfluss bekannter Autoren innerhalb der Rechtspraxis und Rechtswissenschaft nahm die Bedeutung nicht nur ihrer Werke, sondern von juristischen Publikationen insgesamt zu. Zeitschriften entwickelten sich zu einem zentralen Diskussionsforum und waren unverzichtbare Lektüre für die Juristen. Der engere Zusammenhalt von universitärer Rechtswissenschaft und Rechtspraxis ließ die Bedeutung von Zeitschriften als Medium des Gedankenaustauschs innerhalb der Juristenschaft steigen. Eine Folge der wachsenden Bedeutung von Kommentaren, aber auch der Fachzeitschriften war, dass die juristischen Verlage bestrebt waren, die »großen Namen«, also die bekanntesten Juristen enger an den Verlag zu binden und für die eigene Vermarktung zu nutzten. Die entsprechenden Publikationen entfalteten eine Übertragungswirkung. Durch sie gewann der jeweilige juristische Verlag an Profil und wurde auch mit den übrigen Autoren und dem Verleger stärker als Vermittler innerhalb des Rechtswesens wahrgenommen. Ein ähnlicher Effekt trat bei Publikationen ein, die juristische Verlage zusammen mit Verbänden und Vereinigungen veröffentlichten – wie Otto Liebmann und die Internationale Kriminalistische Vereinigung oder J. Guttentag und der Deutsche Juristentag. In dieser Konstellation konnten die juristischen Verlage durch gezielte Publikationen auch Einfluss auf die Gestaltung der Rechtsordnung nehmen.

Gerade bei Kommentaren, aber auch bei Zeitschriften nahmen die Herausgeber und Verleger einen erheblichen Einfluss auf die Auswahl der Beiträge und besaßen dadurch eine Deutungshoheit innerhalb der Rechtswissenschaft. Dies wiederum stärkte nicht nur die Publikation, sondern auch das juristische Verlagswesen und seine Bedeutung innerhalb der staatlichen Gemeinschaft. Die Gesellschaft des Kaiserreichs veränderte sich weg von gelehrten Zirkeln hin zu einer stärkeren Teilhabe verschiedener gesellschaftlicher Gruppen in der Rechtspraxis. Dabei herrschte in Teilen eine ausgeprägte Autoritätsgläubigkeit und es wurde vermehrt auf bewährte und bekannte Publikationen zurückgegriffen. Deshalb waren für die juristischen Verlage bekannte

Autoren – »große Namen« – wichtiger als je zuvor. Die Bedeutung renommierter Autoren und ihrer Publikationen für die Formierung des Rechtswesens zeigt sich auch daran, dass diese erstmals en Detail mit bibliographischen Angaben in speziellen Verzeichnissen ausgewertet wurden. Das Kaiserreich war nicht nur im Hinblick auf die quantitative Titelproduktion eine besondere Zeit für die rechtswissenschaftlichen Verlage, sondern auch wegen der Formierung des juristischen Verlagswesens in seinen besonderen Ausprägungen, die dann im Wesentlichen auch im 20. Jahrhundert bestehen blieben.

4 Positionierung: Der Weg zu ausdifferenzierten Verlagsprofilen

> »Als am 1. Januar 1900 das BGB in Kraft trat, herrschte im Deutschen Reich eine Begeisterung wie sie bei Erlaß eines Gesetzes nie zuvor uns auch nie mehr danach aufkam: Rechtseinheit auf dem Gebiete des Zivilrechts, ein nationales Ereignis!«[1]
>
> (Fritz Sturm)

Die politischen Systemwechsel – das Ende des Absolutismus, die Napoleonische Herrschaft, die Restauration oder die Reichsgründung – hatten eine besondere Bedeutung für die juristischen Verlage, weil sie meist mit dem Erlass neuer Gesetze und der Veränderung von Verwaltungsstrukturen einhergingen. Bestehende Werke konnten dadurch zu Makulatur werden, bewährte Autoren ihre Bedeutung verlieren; gleichzeitig neue Marktsegmente und Meinungsführerschaften entstehen. Die vorangehenden Kapitel waren durch solche politischen Einschnitte abgegrenzt. Das Jahr 1900 markiert dagegen eine Zäsur für das Rechtswesen – und damit für das juristische Verlagswesen –, die nicht durch einen politischen Einschnitt hervorgerufen wurde, sondern durch ein herausragendes gesetzgeberisches Ereignis: Am 1. Januar 1900 trat das Bürgerliche Gesetzbuch in Kraft. Bereits zeitgenössisch wurde es als epochales Ereignis empfunden, eine Bewertung, die bis heute von der rechtshistorischen Forschung geteilt wird. So wird es in der Rückschau als das »einschneidendste Ereignis im Rechtsleben um die Jahrhundertwende«,[2] als »praktisch bedeutsamstes Gesetzeswerk« oder als »umwälzendes legislatives Werk des Reichstages«[3] gewürdigt. Nicht nur, dass die Einführung des Bürgerlichen Gesetzbuchs die über hundert Jahre alte »übermächtig scheinende Tradition«[4] der Historischen Rechtsschule endgültig beendete, eine weitere Folge seiner weitreichenden Regelungsbereiche war auch die Ausgestaltung bestehender Rechtsbereiche des Zivilrechts und die Formierung eigenständiger neuer Teildisziplinen.

---

1 Sturm: Kampf um die Reichseinheit, 1999, S. 13.

2 Rühle: Stetige Weiterentwicklung, 1966, S. 34.

3 Zitate Reuter: Von Manuskripten, 1967, S. 103, 105. Auf die kodifikatorische Zäsur weist unter anderem Thier hin. Vgl. Thier: Sachenrecht, 2007, S. 255–256.

4 Grothe: Zwischen Geschichte und Recht, 2005, S. 46.

4.1 Strukturierung und Ausweitung juristischer Teildisziplinen

Otto von Gierke formulierte 1903, was das Rechtswesen in der Zeit nach 1900 prägte: »So ist die fortschreitende Differenzierung der einzelnen juristischen Fächer ein unentrinnbares Schicksal.«[5] Mit dem Bürgerlichen Gesetzbuch entstand hinsichtlich des Umfangs seiner Rechtsmaterien das umfassendste Gesetzeswerk des Kaiserreichs. Keines der seit der Reichsgründung erlassenen neuen Gesetze reichte an den thematischen wie textlichen Umfang des Bürgerlichen Gesetzbuchs heran. So wurden wichtige Regelungsbereiche, wie das Familien- und Erbrecht, gesetzlich erstmals in Gänze strukturiert. Dies unterstrich nicht nur die Bedeutung dieser Rechtsmaterien als eigenständige Teildisziplinen, sondern löste auch deren weitere Untergliederung aus. Der Trend zu einer eindeutigeren Strukturierung und Ausdifferenzierung von Rechtsgebieten wurde am Bürgerlichen Gesetzbuch durchgängig sichtbar, war aber auch in anderen Rechtsbereichen festzustellen. So wurde beispielsweise auch das Verfahren über die freiwillige Gerichtsbarkeit – bis dahin länderspezifisch geregelt – reichseinheitlich neu gefasst.[6] Die Notwendigkeit zu Neuregelungen ergab sich auch aus technischen Fortentwicklungen: Auf dem Berliner Juristentag 1902 wurde das Automobil als neues Verkehrsmittel »zum Verhandlungsgegenstand erhoben und die Kraftfahrzeug-Haftpflicht sowie die Errichtung von Zwangsgenossenschaften für Kraftfahrzeug-Unternehmer«[7] diskutiert. Technische Innovationen wie der Kinematograph fanden ihren Niederschlag in juristischen Publikationen wie einer Einordnung des Gerätes im Verhältnis zum Urheberrecht in einem Werk bei Duncker & Humblot.[8]

Gerade die Neuregelungen des Immaterialgüterrechts besaßen für die Verlage eine besondere Bedeutung.[9] Nicht nur im Rahmen ihrer Programmplanung, sondern auch bei der täglichen Arbeit waren die Verleger mit Fragestellungen des Urheber- und Verlagsrechts konfrontiert. Deshalb ist es nicht verwunderlich, dass fast alle größeren

---

5 So Otto von Gierke in der Festschrift zum 50jährigen Dienstjubiläum des Vorsitzenden der Juristischen Gesellschaft zu Berlin, des »Wirklichen Geheimen Rats Dr. Richard Koch«, 1903, S. 8. Vgl. auch Fijal: Geschichte der Juristischen Gesellschaft, 1991, S. 91–92.

6 Das Gesetz über die Angelegenheit der freiwilligen Gerichtsbarkeit trat am 1. Januar 1900 in Kraft. Vgl. auch Winkler: Keidel / Kuntze / Winkler, 2007, S. 761. Erklärungen zu den Zusammenhängen zwischen Reichs- und Ausführungsgesetzen finden sich häufig auch in Vorworten der zu Beginn des 20. Jahrhunderts erschienenen Kommentare. So in dem »Kommentar in Anmerkungen« von Eugen Josef im Verlag Franz Vahlen. Josef: Reichsgesetz über die Angelegenheiten der freiwilligen Gerichtsbarkeit, 1906, S. VI–VII.

7 Waldmann: Recht mitgestalten, 2010, S. 45.

8 Alfred Bertram verfasste 1914 eine Monographie zum Thema »Der Kinematograph in seinen Beziehungen zum Urheberrecht«. Vgl. Verlagsverzeichnis Duncker & Humblot 1903 bis 1914, S. 2.

9 Zu den neuen Gesetzen im Immaterialgüterrecht vgl. Löwenheim: Immaterialgüterrecht, 2007, S. 551. Am 19. Juni 1901 wurde das Gesetz betreffend das Urheberrecht an Werken der Literatur und Tonkunst (LUG) erlassen, einen Tag später folgte das Verlagsgesetz und 1907 das Gesetz betreffend das Urheberrecht an Werken der bildenden Künste und der Photographie (KUG).

juristischen Verlage einen Kommentar zu dem Gesetz betreffend das Urheberrecht an Werken der Literatur und der Tonkunst vom 19. Juni 1901 im Programm besaßen – so zum Beispiel J. Guttentag mit Otto Lindemann (1871–?) als Nr. 60 der Guttentag'schen Sammlung Deutscher Reichsgesetze.[10] Der Verlag C.H.Beck fasste in einem 1902 erschienenen Kommentar von Philipp Allfeld (1852–1940) das Urheberrechtsgesetz mit dem ebenfalls 1901 in Kraft getretenen Verlagsrecht zusammen und reicherte seine Ausgabe mit den internationalen Verträgen zum Schutze des Urheberrechts, Übereinkommen und Ausführungsbestimmungen an.[11] Bei Roßberg & Berger war 1901 in der Reihe *Leipziger Juristische Handbibliothek* als 138. Band der Kommentar von Robert Voigtländer erschienen.[12]

Ausdifferenzierung der Rechtswissenschaft und Rechtspraxis

Im Unterschied zu den direkt nach der Reichsgründung erlassenen Gesetzen wie dem Strafgesetzbuch, der Strafprozess- oder der Zivilprozessordnung, die in ihren Materien klar abgegrenzte Bereiche betrafen und mittels Kommentar- und Handbuchliteratur für die Rechtspraxis durchdrungen werden konnten, regelte das Bürgerliche Gesetzbuch einen umfassenden Lebensbereich und enthielt eine Fülle interpretationswürdiger oder ausfüllungsbedürftiger Regelungen. Diese Lücken oder (vermeintliche) Auslassungen waren innerhalb der Rechtsanwendung – bei Gericht oder im Rahmen von behördlichen Entscheidungen – zu deuten oder zu ergänzen. Und nicht nur die Rechtspraxis setzte sich intensiv mit den Neuregelungen auseinander, auch die Rechtswissenschaft diskutierte die Vorschriften und unterstützte damit eine Rechtsfortbildung. Bei übereinstimmender Gesetzesinterpretation und einer gefestigten Rechtsüberzeugung konnten sich sogenannte Rechtsinstitute bilden.

Die Fortentwicklung rechtlicher Disziplinen basierte – und beruht bis heute – vor allem auf neuen gesetzlichen Regelungen, die den materiellen Gehalt der Vorschriften änderten. Neben dieser klassischen legislativen Rechtsfortbildung durch den Erlass neuer Gesetze, können aber auch andere staatliche Akte wie Gerichtsurteile – zumindest wenn sie grundlegende Fragen betreffen – eine Veränderung von Rechtsansichten bewirken: das sogenannte Richterrecht. Eine dritte Möglichkeit der Rechts-

---

10 Vgl. Verlagsverzeichnis J. Guttentag 1903, S. 76, 124. In der Sammlung Deutscher Reichsgesetze erschien 1901 als fortlaufende Nr. 61 auch ein Kommentar zum Verlagsrecht vom 19. Juni 1901. Verfasser war Justizrath Ernst Heinitz, Rechtsanwalt und Notar in Berlin.

11 Vgl. Verlagsverzeichnis C.H.Beck 1913, S. 160–161. Eine ebenfalls herausgegebene Textausgabe mit Einleitung, kurzen Verweisungen und einem Anhang mit Übereinkommen erschien 1901 bereits in der zweiten Auflage. Mit dem gleichen Autor gab der Verlag auch eine Textausgabe und einen Kommentar zu dem 1907 in Kraft getretenen Reichsgesetz betreffend das Urheberrecht an Werken der bildenden Künste und der Photographie heraus.

12 Der Kommentar wurde später von dem juristischen Lektor im Verlag Walter de Gruyter Alexander Elster fortgeführt. Vgl. Elster: Verlagsrecht, 1939; Müller: Wissenschaft und Markt, 2004, S. 105–106.

fortbildung ist durch die exekutive Handhabung gegeben, also durch die behördliche Praxis im Umgang mit rechtlichen Fragestellungen. Rechtsentwicklung findet somit in jeder der drei Säulen der traditionellen Gewaltenteilung statt. Ein vierter Weg besteht in der kritischen Reflexion von Rechtsmaterien durch die Rechtswissenschaft. Hier entwickelt sich das Recht vor allem in juristischen Diskursen.[13] Ein nachwirkendes Forum für Rechtsäußerungen bildete der Deutsche Juristentag, auf dem 28. Deutschen Juristentag 1906 in Kiel wurde zum Beispiel das Verwaltungsrecht intensiv diskutiert und eine Erweiterung des Juristentages auf diese Rechtsmaterie beschlossen.[14]

Konstituierende Merkmale eines eigenständigen Rechtsgebietes

Außerhalb der durch gesetzliche Kodifikationen eindeutig bestimmbaren Rechtsgebiete stellt sich die Frage, wann ein amorpher Rechtsbereich zu einer eigenständigen juristischen Teildisziplin wird. Als konstituierende Merkmale eines Rechtsgebietes stellt Schulze-Fielitz einen gefestigten Konsens als »Folge zahlreicher ineinandergreifender sozialer Entwicklungsprozesse«[15] fest. Beispielhaft werden als »Elemente einer äußeren Professionalisierung des Rechtsgebietes« genannt: die »Bezeichnung von universitären Lehrstühlen [...], von Tagungsprogrammen oder Schriftenreihen«, die »Anerkennung als Prüfungsfach« oder »die Aufnahme der Kategorie des Rechtsgebietes in Form von Lehrbuchkapiteln, gar selbständigen Lehrbüchern, Rechtsprechungsberichten oder kategorial einschlägigen wissenschaftlichen Zeitschriften«. Ergänzt werden können Fachanwaltzulassungen oder eigene Kammerzuständigkeiten bei Gerichten. Schulze-Fielitz greift damit als Belege eines eigenständigen Rechtsbereichs nicht nur Elemente aus der Rechtswissenschaft und Rechtspraxis selbst auf, sondern verweist explizit auch auf juristische Publikationen als Indiz dafür, dass ein Rechtsgebiet eine eigenständige Disziplin bildet. Die entsprechende Entwicklung beginnt vor allem in Zeitschriften und Schriftenreihen, seltener in Einzelwerken. Insbesondere bei Zeitschriften war durch die diskursiven Inhalteformate und ihr zyklisches Erscheinen sichergestellt, dass ausreichend Mitwirkende – sowohl Herausgeber und Autoren als auch Leser – an der Auseinandersetzung beteiligt waren. Während periodische Publikationen die geeignete Plattform für Diskussionen bildeten, wenn sich ein Rechtsgebiet noch im Entstehen befand – nicht umsonst setzte gerade nach der Reichsgründung eine Gründungswelle bei Zeitschriften ein –, können juristische Kommentare und Handbücher als Beleg für ein in seinen Grenzen bereits relativ feststehenden Rechtsbereich dienen.

13 So gingen in der Juristischen Gesellschaft zu Berlin Diskussionen erst 1907 zurück, also nachdem das Bürgerliche Gesetzbuch bereits acht Jahre in Kraft war. Vgl. Fijal: Geschichte der juristischen Gesellschaft, 1991, S. 91.

14 Vgl. Conrad / Dilcher / Kurland: Der Deutsche Juristentag, 1997, S. 14–15.

15 Schulze-Fielitz: Umweltrecht, 2007, S. 990.

An der Formierung von neuen Rechtsgebieten hatten auch die juristischen Verlage selbst ein erhebliches Interesse. Erst mit der Etablierung auch kleinerer Rechtsbereiche als Studien- und Prüfungsfächer ergab sich ein relevanter Absatzmarkt für ihre Publikationen. Mit dem Interesse von Rechtsanwenderseite an Experteninformationen lohnten sich die Initiierung neuer Werke und die Gewinnung herausragender Autoren. Deshalb wiesen die Verlage in ihren Verzeichnissen und im Rahmen der Werbung auf diese neuen juristischen Schwerpunkte hin und versuchten – über die klassischen Publikationsfelder hinaus – Leser zu einem Kauf zusätzlicher spezialisierter Literatur zu bewegen. Mit ehrgeizigen Autoren, die eine Chance für einen Renommeegewinn für sich sahen, konnten sich so auch Teilbereiche innerhalb der Rechtswissenschaft etablieren. Aber auch die Rechtspraxis eröffnete Möglichkeiten für zusätzliche Literatur in Randbereichen: Anwälte waren mit Fällen befasst, die sie mit den eingeführten Standardwerken nicht lösen konnten. Auch dieses neue Kaufinteresse bot Chancen für risikofreudige Verleger, die ersten Publikationen in einem sich formierenden Rechtsgebiet anzubieten.

Juristisches Ringen um Rechtsbegriffe und Rechtsinstitute

Auslöser und treibende Kraft für die Ausdifferenzierung neuer Rechtsgebiete waren häufig intensive Diskussionen in akademischen Kreisen: Hier wurde um einzelne Rechtsbegriffe gerungen. Bestenfalls entwickelten sich aus den universitären Diskursen gefestigte Rechtsüberzeugungen, die schließlich Einfluss nehmen konnten auf sogenannte Rechtsinstitute.[16] Den Anstoß zu solchen Rechtsdiskursen bildeten oft Fachgespräche, Vorträge bei Tagungen oder in juristischen Vereinigungen. Es war ein Redebeitrag von Hermann Staub im Jahr 1902, der die Diskussion um die sogenannte Positive Vertragsverletzung (pVV) auslöste.[17] Zwei Jahre später wurde die Rede erweitert unter dem Titel *Die positiven Vertragsverletzungen* im Verlag J. Gutten-

16 Als Rechtsinstitute bezeichnet Larenz »rechtlich geordnete, typische Lebensverhältnisse«. Larenz: Methodenlehre, 1960, S. 146. Es handelt sich also um strukturierte Lebensverhältnisse wie Eigentum, Vertrag oder Arbeitsverhältnis, die dem Gesetzgeber vorgegeben sind, bei deren Ausgestaltung ihm aber ein Spielraum bleibt. Der Begriff geht auf Savigny zurück, teils wird auch von »Normenkomplex« gesprochen. Vgl. insgesamt Larenz: Methodenlehre, 1960, S. 137. Zur Rechtsfortbildung durch Rechtsinstitute vgl. S. 303–321. Zum Kodifikationsgedanken und Rechtsinstituten des Zivilrechts siehe auch Wolf: Einleitung zum BGB, 2000, S. 4.

17 Das Rechtsinstitut umfasst alle Fälle, in denen ein Schuldner durch aktives Tun seine Pflichten verletzt. Da auch Fälle von Forderungen und nicht nur Vertragsverhältnisse umfasst sind, muss es juristisch korrekt »Positive Forderungsverletzung« heißen. Durch das Gesetz zur Modernisierung des Schuldrechts ist die Positive Vertragsverletzung zum 1. Januar 2002 in § 280 Absatz 1 gesetzlich verankert worden. Ein ausdrücklicher Hinweis auf Staub und »Die Positiven Vertragsverletzungen« findet sich bei Alff: Kommentierung zu § 276, 1976, S. 73. Zur Entstehung der pVV durch Hermann Staub allgemein Henne: Zur Publikationsgeschichte, 2006, S. 127. Das Rechtsinstitut der pVV hat erst durch das Schuldrechtsbereinigungsgesetz 2001 an Bedeutung verloren.

tag veröffentlicht. Ohne die schriftliche Niederlegung der Gedanken aus Reden und Vorträgen, hätte die Aufarbeitung des Wissensstandes und die Positionsbestimmung innerhalb der Disziplin nicht mit der notwendigen Nachhaltigkeit geschehen können. So setzte sich Hermann Staub wiederum in der gedruckten Publikation explizit auch mit der Kritik an dem von ihm entwickelten Rechtsinstitut auseinander: Diese zusätzlich zur Rede abgedruckten Debattenbeiträge waren fast so umfangreich wie die ursprüngliche Rede selbst.[18] Eine ähnliche Entstehungsgeschichte hatte auch das Rechtsinstitut der Culpa in Contrahendo (c. i. c.). 1911 bildete der vom Reichsgericht entschiedene und berühmt gewordene »Teppichrollenfall«[19] den Ausgangspunkt für eine Weiterentwicklung der vorvertraglichen Haftung auf Grund einer Culpa in Contrahendo. Grundlagen für dieses Rechtsinstitut hatte bereits Rudolf von Jhering entwickelt und seine Gedanken 1861 in einer Publikation der Juristenwelt vorgestellt: in einem Aufsatz im Vierten Band der Zeitschrift *Jahrbücher für die Dogmatik des heutigen römischen und deutschen Privatrechts* im Verlag Friedrich Mauke in Jena. Den Debatten und Unsicherheiten um die Frage, wie mit einem Rechtsverhältnis umzugehen sei, dessen Grundlage für die Vertragspartner entfallen ist, setzte 1921 Paul Oertmann (1865–1938) mit dem im Leipziger Verlag Andreas Deichert veröffentlichten Werk *Die Geschäftsgrundlage. Ein neuer Rechtsbegriff* ein Ende.[20]

Neben Beispielen aus dem Zivilrecht lässt sich die Fortentwicklung des Rechts durch konsensuale Festlegung von Rechtsbegriffen oder – umfassender – Rechtsinstituten auch in anderen Rechtsgebieten finden: Um die Fortentwicklung des Verwaltungsrechts machte sich zum Beispiel Otto Mayer verdient, indem er eine »Konstruktion allgemeiner Rechtsinstitute, welche die mannigfaltigen Verwaltungstätigkeiten [...] durchdringen und übergreifen«[21] für das Verwaltungsrecht vorschlug. So gehen die Lehre vom Verwaltungsakt und diejenige vom Vorrang beziehungsweise Vorbehalt des Gesetzes auf Otto Mayer zurück. Ohnehin gilt Otto Mayer als »Vater des deutschen Verwaltungsrechts« oder als »Klassiker der deutschen Verwaltungsrechtswissenschaft« und sein 1895–1896 erschienenes Werk *Deutsches Verwaltungsrecht* als »großer rechtsdogmatischer Beitrag zur Theorie des Rechtsstaats«.[22] Erschienen war das Lehrbuch von Otto Mayer bei Duncker & Humblot als 6. Band des von Karl Binding herausgegebenen Werkes *Systematisches Handbuch der Deutschen Rechtswissenschaft*. Die zweite Auflage des Werkes wurde zwischen 1914 und 1917 ebenfalls bei Duncker & Humblot veröffentlicht und kann als Standardwerk gelten.[23]

---

18 Vgl. Schmidt: Staub's Kommentar, 2006, S. 128.

19 Zum Teppichrollenfall vgl. auch Wesel: Geschichte des Rechts, 2006, S. 468.

20 Vgl. Oertmann: Die Geschäftsgrundlage, 1921. Zu Paul Wilhelm Ernst Oertmann siehe auch die umfassende Darstellung von Brodhun: Paul Ernst Wilhelm Oertmann, 1999.

21 Heyen: Mayer, Otto, 1990, S. 551.

22 Zitate Wesel: Geschichte des Rechts, 2006, S. 451. Heyen: Otto Mayer, 1990, S. 551.

23 Vgl. zur Wirkung auch Voßkuhle: Allgemeines Verwaltungs- und Verwaltungsprozeßrecht, 2007, S. 936.

Die Diskussionen um Rechtsbegriffe und die Rechtsanwendung hat Mayer nach 1900 unter anderem durch Aufsätze im *Archiv des öffentlichen Rechts* bereichert, deren Mitherausgeber er seit 1899 war. Sein Aufsatz »Republikanischer und monarchischer Bundesstaat« von 1903 war einer »der meistzitierten aus dem AöR überhaupt«.[24] Die Gedanken der Abhandlung wiederum hatte Otto Mayer zum ersten Mal in seiner Antrittsvorlesung an der Leipziger Universität im gleichen Jahr dargestellt.

4.2 Erweiterter Absatzmarkt durch differenzierte Produktangebote

Die Ausdifferenzierung der Rechtswissenschaften und die Diskussionen um Rechtsbegriffe und Rechtsinstitute bewirkten auf Verlagsseite, dass sich die juristischen Verleger mit einer neuen Unübersichtlichkeit konfrontiert sahen. Hinzu kam der rasche Wandel in der Gesetzgebung, wie ihn beispielsweise Oskar Beck in einer Festschrift im Jahre 1913 beklagte: »Damals, beim ersten Aufbau der Reichsgesetzgebung, wurden die Gesetze nach jahre-, ja jahrezehntelanger Beratung erlassen, und die Änderung eines Gesetzes galt noch als ein Ereignis.«[25] Dies hatte sich zu Beginn des 20. Jahrhunderts grundlegend geändert. Von der Schnelllebigkeit neuer Gesetze und der Ausdifferenzierung der Rechtswissenschaft gingen angesichts der Verlegerklagen augenscheinlich nicht per se positive Wirkungen für die juristischen Verlage und den juristischen Fachbuchhandel aus.

4.2.1 Der juristische Buchmarkt: Krisenfestes Marktsegment

Um die Auswirkungen der Veränderungen im Rechtswesen auf den Buchmarkt einzuschätzen, wird der Buchmarkt zunächst quantitativ betrachtet. Die Zusammenstellung der statistischen Zahlen zur juristischen Buchproduktion basieren wiederum auf den Auswertungen von Kastner.[26] Weitere statistische Angaben entstammen den Untersuchungen von Rost aus dem Jahre 1915[27] und von Umlauff, der Zahlenmaterial zur Gesamtproduktion ab 1913 untersucht.[28] Zusätzlich werden die Auswertungen von Goldfriedrich betrachtet, da sich hier Daten zur rechtswissenschaftlichen Buchproduktion nach einzelnen Ländern finden.[29]

---

24 Doerfert: Archiv des Öffentlichen Rechts, 1993, S. 114. Der Aufsatz erschien 1903 in Band 18, S. 337–372.

25 Beck: Festschrift, 1963, S. 68.

26 Vgl. Kastner: Statistik, 2003, S. 300.

27 Vgl. auch die Erklärung von Kastner : Statistik, 2003, S. 322.

28 Vgl. Umlauff: Beiträge zur Statistik, 1934.

29 Vgl. Goldfriedrich: Statistische Übersicht, 1912, S. 15–20.

Tabelle 4.1: Statistiken zur juristischen Gesamtproduktion von 1900 bis 1918[30]

Titelproduktion der Rechts- und Staatswissenschaften					
1900	2599 Titel	1907	2922 Titel	1914	3050 Titel
1901	2246 Titel	1908	3032 Titel	1915	2825 Titel
1902	2189 Titel	1909	3081 Titel	1916	2759 Titel
1903	2348 Titel	1910	3125 Titel	1917	keine Angabe
1904	2403 Titel	1911	3191 Titel	1918	2088 Titel
1905	2554 Titel	1912	3422 Titel		
1906	2801 Titel	1913	3358 Titel		

Das Jahr 1900 bedeutete für die juristische Buchproduktion zunächst – vermutlich noch als Auswirkung des Inkrafttretens des Bürgerlichen Gesetzbuchs – einen quantitativen Höhepunkt: Während die letzten beiden Jahre des 19. Jahrhunderts mit 2078 Titeln in 1898 und 2313 Titeln in 1899 ausklangen, überstieg die Gesamtproduktion im Jahr 1900 erstmals in der Geschichte der juristischen Buchproduktion die Grenze von 2500 Titeln, in 1908 zum ersten Mal die Schwelle von 3000 Titeln. Der mit der Reichsgründung begonnene Trend einer insgesamt kontinuierlich steigenden Gesamtproduktion setzte sich bis zum Ersten Weltkrieg fort. 1912 erreichte die juristische Buchproduktion mit 3422 Titeln dann endgültig ihren Höhepunkt im Kaiserreich. Auch die im 19. Jahrhundert üblichen Schwankungen in der Titelproduktion waren im 20. Jahrhundert nicht mehr zu beobachten; es handelte sich im Gegenteil bis 1912 um eine stete Steigerung. Ab 1912 allerdings sank die Anzahl juristischer Titel wieder, bis sie kriegsbedingt 1916 lediglich 2759 Titel aufwies und 1918 schließlich mit 2088 Titeln ihren Tiefpunkt erreichte – die niedrigste juristische Titelproduktion seit 1891.

Der Rückgang der juristischen Produktionszahlen gerade im Ersten Weltkrieg wirkt auf den ersten Blick dramatisch. Andererseits zeigt ein Vergleich mit der Gesamtproduktion aller Sparten des Buchhandels, dass die juristischen Titel in den Kriegsjahren keine so umfangreichen Rückgänge zu verzeichnen hatten wie andere Wissenschaftsdisziplinen. Obwohl während des Kriegs auch in der juristischen Titelproduktion ein Rückgang zu konstatieren ist, erhöhte sich der Anteil an der Gesamtproduktion und stieg zu dieser Zeit von 9,6 % in 1913 auf 10,4 % in 1914. Auf Grund einer stabileren Produktion juristischer Werke auch zur Zeit des Ersten Weltkriegs – die Anzahl der rechtswissenschaftlichen Werke sank in keinem Jahr unter 2000 Titel –, vergrößerte sich der Anteil an der Gesamtproduktion bis 1918 sogar auf 14 %.[31] Gemessen an der rein quantitativen juristischen Titelproduktion hatte der Krieg offensichtlich für die rechtswissenschaftlichen Verlage nicht die verheerenden Auswirkungen, wie dies in anderen Verlagssparten der Fall war. Es kann vermutet werden, dass sich in den juristischen Verlagsprogrammen Literatur

30 Zahlen nach Kastner: Statistik, 2003, S. 318–327.

31 Vgl. Kastner: Statistik, 2003, S. 322–323.

befand, die als unverzichtbar für das Staatswesen auch während des Kriegs galten: Exekutive Entscheidungen mussten zu jeder Zeit rechtlich abgesichert werden.

Auch die regionale Verbreitung der juristischen Buchproduktion innerhalb Deutschlands weist einen interessanten Aspekt auf:

Tabelle 4.2: Statistische Zahlen zur regionalen Verteilung der juristischen Produktion[32]

Preußen	1245 Werke
Sachsen	356 Werke
Bayern	183 Werke
Württemberg	147 Werke
Berlin	863 Werke
Leipzig	255 Werke
München	139 Werke
Stuttgart	77 Werke

Die Verteilung der juristischen Produktion im Vergleich der Länder Preußen, Sachsen, Bayern und Württemberg zeigt einen deutlichen Schwerpunkt der juristischen Buchherstellung in Preußen und Sachsen beziehungsweise in Berlin und Leipzig. Preußen bildete mit 1245 Werken mit großem Abstand selbst Sachsen gegenüber eindeutig das Zentrum der juristischen Buchproduktion. Nicht nur Berlin als Regierungssitz, sondern auch Preußen insgesamt weist eine hohe Erscheinungsrate juristischer Titel auf. Die Erklärung für den regionalen Schwerpunkt der juristischen Buchproduktion liegt auf der Hand. Die großen juristischen Verlage des Kaiserreichs – beispielsweise Carl Heymanns und J. Guttentag – hatten ihren Sitz in Berlin: Hier entschied die Regierung, die Wege zu den Schaltstellen der gesetzgebenden und ausführenden Gewalt waren in Berlin besonders kurz. Auffällig ist ferner die Aufteilung der Produktion innerhalb der einzelnen Länder: In Berlin, Leipzig und München wurde jeweils ungefähr 70 % der gesamten Produktion des Landes herausgegeben, während in Stuttgart nur etwas über die Hälfte der juristischen Titel Württembergs erschienen. Grund hierfür mag das insgesamt niedrige Produktionsniveau sein oder weitere württembergische Unterzentren der Buchproduktion wie Tübingen.

Die Jahre nach 1900 bis zum Ersten Weltkrieg stellten sich für den Buchhandel insgesamt als ruhige, geordnete Zeit dar.[33] Nachdem im 19. Jahrhundert durch die Krönerschen Reformen bereits viele Normierungen innerhalb des Buchhandels

32 Zahlen nach Goldfriedrich: Statistische Übersicht, 1912, S. 15–20. Die Untersuchung liegt für das Jahr 1908 vor. Vgl. Goldfriedrich: Statistische Übersicht, 1912, S. 15.

33 So Hoffmann mit Hinweis auf die Rezeption der Süddeutschen Buchhändlermesse 1907 und Ramseger für 1910 auf den Buchhandel insgesamt bezogen. Vgl. Hoffmann: Buchverlage, 1997, S. 10; Ramseger: Geburtshelfer, 1985, S. 1077. Ebenso Meiner: Deutscher Verlegerverein, 1936, S. 102–103. Die wirtschaftlichen Bedingungen gestalteten sich im Einzelfall trotzdem mitunter schwierig: So musste

stattgefunden hatten, gab es nach 1900 lediglich noch kleinere Änderungen wie eine Neuverabschiedung der Verkehrs- und Verkaufsordnung im Jahr 1909.[34] Die Strukturen des Buchhandels waren auch so weit gefestigt, dass 1908 ein erstes Lehrbuch erschien, welches noch Jahrzehnte das Standardwerk für den Buchhandel blieb: Max Paschke (1868–1932) und Philipp Rath (?–1923) waren die Herausgeber des *Lehrbuchs des deutschen Buchhandels*,[35] veröffentlicht im Verlag des Börsenvereins der deutschen Buchhändler in Leipzig, der zentralen »Umschlagstelle« im Buchhandel.[36] Die marktführenden juristischen Verlage waren allerdings wie gezeigt eher nach Berlin orientiert.

Die gefestigten Strukturen im Buchhandel wurden durch zwei Kontroversen in Frage gestellt: Eine als »Bücher-Streit« in die Buchhandelsgeschichte eingegangene Unstimmigkeit begann 1904 und betraf vor allem den wissenschaftlichen Buchhandel und die Universitäten.[37] Die universitären Einrichtungen befanden sich in Deutschland im 19. und beginnenden 20. Jahrhundert in einer herausgehobenen Stellung; sie waren ein weltweit bewundertes und imitiertes Modell.[38] Entsprechend hoch war ihre Bedeutung und entsprechend groß der Einfluss maßgeblicher universitärer Funktionsträger auch gegenüber dem Buchhandel. Hintergrund des eskalierenden Streits war, dass mit der 1902 erlassenen neuen Verkaufsordnung für das ganze Deutsche Reich nur mehr ein Skonto von 2 % zulässig war und die früher üblichen Rabatte von 5 bis 10 % untersagt wurden. In einer allgemein angespannten Situation der akademischen Haushalte regte sich von Professorenseite Widerstand. Um der gegensätzlichen universitären Auffassung eine größere Breitenwirkung zu verschaffen, fand als Folge der Auseinandersetzungen 1903 die Gründung eines akademischen Schutzvereins durch Adolf Wach (1843–1926) statt, den Rektor der Universität Leipzig. Er hatte sich zum Ziel gesetzt »im Interesse der Wissenschaft, ihrer Arbeiter und des Publikums auf den Verlag, Vertrieb und Absatz der wissenschaftlichen Literatur einzuwirken, um die Verteuerung der Schriftwerke zu steuern, den Absatz zu fördern und die Autoren gegen die wirtschaftliche Übermacht beim Abschluss der Verlagsverträge zu

---

der C. C. Buchner Verlag 1908 wichtige Werke – darunter die juristische Abteilung – abgeben. Verkauft wurde auch der Verlag Veit & Comp. ab 1911 an verschiedene Verleger mit Wechseln von Hermann Trübner zu Otto von Halem (1867–1940) und später Curt Thesing (1879–1956) jeweils als Teilhaber – um nur einige Veränderungen im relevanten Markt zu nennen.

34 Vgl. auch Hoffmann: Buchverlage, 1997, S. 11.

35 Vgl. Paschke / Rath: Lehrbuch, 1908, S. 3.

36 Hoffmann: Buchverlage, 1997, S. 11. Allgemein zu der zentralen Stellung Leipzigs für den buchhändlerischen Verkehr vgl. auch Fritzsch: Leipzig, 2007, S. 18, 42. 1913 wurde hier die Deutsche Bücherei eingeweiht, deren Gründung auf eine Anregung des Dresdner Verlegers Erich Friedrich Theodor Günther Ehlermann von 1910 zurückgeht. Vgl. Rötzsch / Plesske: Deutsche Bücherei, 1987, S. 21–22.

37 Die Bezeichnung »Bücher-Streit« geht zurück auf Karl Bücher, dessen Name sich als Schlagwort anbot. Vgl. Grieser: Bücher-Streit, 1996, S. 17.

38 Vgl. Wehler: Deutsche Gesellschaftsgeschichte, 2008a, S. 292.

schützen«.[39] 1903 verfasste der Nationalökonom Karl Bücher (1847–1930) im Auftrag des Akademischen Schutzvereins eine Denkschrift mit dem Titel *Der deutsche Buchhandel und die Wissenschaft*, die bei B. G. Teubner in Leipzig erschien.[40] Das Interesse an dem »Bücher-Streit« nahm im Laufe der Zeit deutlich ab: Sein Ende fand der Streit schließlich durch die kontradiktorischen und anschließenden Kommissionsverhandlungen, die »selbst in Buchhändler- und Bibliothekarskreisen kaum noch Beachtung«[41] fanden.

Durch ihren Autoren- und Abnehmerkreis waren die juristischen Verlage einige Jahre später nochmals von einem Streit betroffen: Im Jahre 1910 wurden Lieferungen zu Vorzugspreisen an Behörden kontrovers diskutiert.[42] Nachdem der Absatz an institutionelle Abnehmer gerade für die juristischen Verlage eine herausragende Bedeutung besaß, brachten sich auch juristische Verleger hier ein. Meiner berichtet von 47 Wissenschaftsverlegern, die sich gegen die ein Jahr zuvor in Kraft getretene Verkaufsordnung[43] beziehungsweise deren Auslegung wandten. Unter den Verlagen waren auch Gustav Fischer, Carl Heymanns und J. Springer. Erst nach zwei Jahren konnte der Streit beendet werden, indem eine überarbeitete Verkaufsordnung 1913 genau festlegte, welche Ausnahmefälle gelten sollten.

Unstimmigkeiten über Behördenrabatte und der Bücher-Streit sind Belege für die sich verschärfende Konkurrenzsituation am Markt. Dabei handelte es sich um eine anders gelagerte Konkurrenz als nach der Reichsgründung. Während Ende des 19. Jahrhunderts alle juristischen Verleger auf einen wachsenden Markt trafen, in dem sie gute oder sehr gute Geschäfte machten, war dies zu Beginn des 20. Jahrhunderts nicht mehr der Fall: Es ging zunehmend darum, in einem sich verändernden Markt neue Publikationsmodelle zu finden und die Verlagsprodukte und Vertriebsmethoden zu verändern, um weiterhin am Markt bestehen bleiben zu können – die Konkurrenzsituation verschärfte sich also in anderer Weise.

---

39 § 1 der Satzung. Zitiert nach Widmann: Geschichte des Buchhandels, 1975, S. 140.

40 Karl Bücher war Professor an der Universität Leipzig und von 1901 bis 1923 Herausgeber der »Zeitschrift für die gesamte Staatswissenschaft« (seit 1844 im Verlag der H. Laupp'schen Buchhandlung). Der publizistische Erfolg der Schrift von Karl Bücher lässt sich auch daran ablesen, dass die 2. Auflage des Titels noch im gleichen Jahr 1903, die 3. vermehrte und verbesserte Auflage im darauffolgenden Jahr 1904 erschienen sind. 1905 wurde eine Klage gegen den Verlag Wilhelm Engelmann erhoben, die ein Urteil zur Folge hatte, welches die Praxis der »Bücherämter«, die Autorenrabatte weitergaben, höchstrichterlich legalisierte. Zur Denkschrift vgl. auch Stier: Verlagshaus Gustav Fischer, 1953, S. 8. Vgl. auch Salvisberg: Preiskartell, 1904. Im Übrigen war Karl Bücher Doktorvater von Otto Schmidt, dem Gründer des Verlags Dr. Otto Schmidt. Schmidt hatte im Herbst 1895 eine Arbeit über »Uhrmacherhandwerk und Uhrmacherfabrikation in Sachsen« bei Karl Bücher in Leipzig vorgelegt. Vgl. Winters / Schmidt / Schmidt: 100 Jahre Dr. Otto Schmidt, 2005, S. 11–12.

41 Grieser: Bücher-Streit, 1996, S. 25.

42 Vgl. Meiner: Deutscher Verlegerverein, 1936, S. 122–124; Ramseger: Geburtshelfer, 1985, S. 1078.

43 Die Verkaufsordnung trat am 1. Juli 1909 in Kraft, lediglich § 11 Ziffer 2 der Verkaufsordnung, für den zunächst eine Satzungsänderung notwendig war, trat später in Kraft. Vgl. Meiner: Deutscher Verlegerverein, 1936, S. 122.

4.2.2 Vereinigung Rechts- und Staatswissenschaftlicher Verleger

Während in England bereits 1822 eine Vereinigung von rechtswissenschaftlichen Buchhändlern und Verlegern gegründet worden war,[44] fand die entsprechende Initiative in Deutschland erst knapp hundert Jahre später statt. Dies erstaunt umso mehr, als juristische Verleger häufig in buchhändlerischen und politischen Standesorganisationen mitgearbeitet hatten. Der eigene Zusammenschluss kam trotzdem erst am 23. April 1910 mit der Gründung der »Vereinigung Rechts- und Staatswissenschaftlicher Verleger« in Leipzig zu Stande.[45] Augenscheinlich hatten die Ausdifferenzierung der Rechtsgebiete und die dadurch entstandene Verunsicherung sowie die gelegentlichen Kontroversen innerhalb des Fachbuchhandels ein Bedürfnis nach institutionalisiertem Austausch mit den juristischen Verlegerkollegen entstehen lassen. Gleichzeitig zeigt die Gründung der »Vereinigung Rechts- und Staatswissenschaftlicher Verleger«, dass die Spezialisierung der juristischen Verlage Anfang des 20. Jahrhunderts abgeschlossen war. Die Mitglieder der Vereinigung definierten sich als juristische – oder staatswissenschaftliche – Verleger und gründeten die eigene Vereinigung aus diesem Selbstverständnis heraus. Sie traten auch gemeinsam als juristische Verleger nach außen auf und demonstrierten so nicht nur einen Zusammenhalt im eigenen Branchenverband, sondern auch eine besondere Stellung ihres Fachgebietes.

Die Anfangsjahre der Vereinigung sind kaum dokumentiert, so ist bereits unklar, wer die Vereinigung gegründet und in den ersten Jahren nach der Entstehung als Vorsitzender maßgeblich getragen hat. Allgemein gilt als Initiator der Vereinigung Arthur Sellier, Verleger des Verlags J. Schweitzer.[46] Allerdings zweifelt Ramseger in seinem Börsenblatt-Artikel zum 75. Jahrestag der Gründung an, dass Arthur Sellier tatsächlich der Gründer gewesen sei und nennt folgende Argumente: Wenn Sellier die Vereinigung gegründet hätte, wäre er im Vorstand zu finden gewesen, nachgewiesen sei aber lediglich eine Tätigkeit von 1911 bis 1925 als Vorsitzender einer schiedsgerichtlichen Einrichtung der Verlegervereine. Die Tätigkeit in dieser Institution könne allerdings kaum maßgeblich gewesen sein, stellt Ramseger fest, denn sie habe in 29 Jahren des Bestehens nur achtmal gearbeitet.[47] Gesichert sei die »Dynastie Sellier« in der »Vereinigung der Rechts- und Staatswissenschaftlichen Verleger« erst ab 1925. Zu diesem Zeitpunkt wurde Arthur Sellier zum Zweiten Stellvertreter gewählt, Vorsitzender war

44 Die Vereinigung »Associated Law Booksellers« brachte zunächst gemeinsame Kataloge heraus, veröffentlichte aber auch eigene Werke wie eine Neuauflage von Blackstones Kommentaren. Vgl. Prest: Law Books, 2009, S. 804–805.

45 Im Adreßbuch des Deutschen Buchhandels wird die Vereinigung 1913 erstmals verzeichnet. Vgl. Ramseger: Geburtshelfer, 1985, S. 1077, 1078.

46 Vgl. Vorwort ARSV Rechts-und Staatswissenschaftliche Verleger stellen sich vor, 1970; Ramseger: Im Bunde, 1974, S. 3; Schmidt: Gemeinschaft von Individuen, 1989, S. 2077.

47 Vgl. Ramseger: Geburtshelfer, 1985, S. 1079.

Alexander Elster (1877–1942), Stellvertreter Arthur Roßberg (1869–?). 1930 übernahm der Sohn von Arthur Sellier, Arthur Louis Sellier, den Vorsitz. Die Tatsache, dass bei einem ersten Eintrag im *Adreßbuch des Deutschen Buchhandels* 1913 Oscar Schuchardt, zu dieser Zeit Geschäftsführer bei J. Guttentag, als Vorsitzender und Arthur Roßberg von der Roßberg'schen Buchhandlung als Stellvertreter genannt werden, spricht eher gegen eine herausragende Mitwirkung von Arthur Sellier. Andererseits können auch andere Gründe wie ein Verzicht aus anderweitigen Verpflichtungen oder persönliche Umstände eine Rolle gespielt haben.

Auch der konkrete Auslöser für die Gründung der Vereinigung ist heute nicht mehr bekannt,[48] ebenso wie die Tätigkeitsagenda auf Grund der spärlichen Quellenlage nicht mehr eindeutig nachvollziehbar ist. Der Verleger Hans-Martin Schmidt vermutet ein lockeres Zusammenwirken.[49] § 1 der Satzung bleibt wenig konkret:

> »Die Vereinigung rechts- und staatswissenschaftlicher Verleger bezweckt, durch einen engeren Zusammenschluß die gemeinschaftlichen Berufs- und Standesinteressen ihrer Mitglieder nach innen und außen zu wahren und zu fördern, gemeinsame Schritte bei allen den juristischen Verlag gleichmäßig betreffenden Fragen zu beraten und durchzuführen.«[50]

Im Börsenblatt fand sich 1912 eine – wohl unvollständige – Liste von Mitgliedern: G. J. Göschen (Leipzig), J. Guttentag (Berlin), Carl Heymanns (Berlin), Otto Liebmann (Berlin), Sack (Berlin), Braun (Karlsruhe), Gustav Fischer (Jena), Andreas Deichert (Leipzig), Hirschfeld (Leipzig), J. Schweitzer (München). Ramseger macht darauf aufmerksam, dass der Münchner Verlag C.H.Beck fehlt.[51] Zwei Erklärungen sind naheliegend: Entweder war eine Teilnahme an der Vereinigung und ihren Treffen aus organisatorischen Gründen von München aus nur mit Mühen zu bewerkstelligen – beispielsweise auf Grund weiterer Wege, die anderen Verlage waren überwiegend in Berlin und Leipzig angesiedelt – oder der Verlag C.H.Beck hat sich zu dieser Zeit noch nicht als juristischer Verlag definiert und deshalb auf seine Mitwirkung verzichtet.

Auf Basis knapper Berichte im Börsenblatt des jeweils folgenden Jahres steht fest, dass die Vereinigung sich in ihren Anfangsjahren mindestens einmal jährlich getroffen hat. Vier Jahre nach ihrer Gründung, 1914, gehörten der Vereinigung 27 Mitglieder an. Diskutierte Themen waren beispielsweise »Schleuderei mit juristischer Literatur und Schaffung eines gemeinsamen Vertriebsorgans« (1914), das »Recht des Verlegers zur Überlassung von Rezensionsexemplaren nach freiem Ermessen«, die Frage der Stiftung einer Büste eines hervorragenden Juristen für die Deutsche Bücherei (ablehnend beschieden im Jahr 1915) oder die »Zusammenlegung von Zeitschriften und anderer Eingriffe in die Tätigkeit des Verlegers zum Zwecke der Papierersparnis« wäh-

48 Vgl. Ramseger: Geburtshelfer, 1985, S. 1078.
49 Vgl. Schmidt: Gemeinschaft von Individuen, 1989, S. 2077.
50 ARSV 1994, 1994, S. 5.
51 Vgl. Ramseger: Geburtshelfer, 1985, S. 1078.

rend des Ersten Weltkriegs 1917. Auffällig ist auch, dass sich die Vereinigung 1914 explizit zu der Frage äußerte, ob Fachzeitschriften trotz des Kriegs regelmäßig weiter erscheinen sollten. Die juristischen Verleger entschieden sich dafür, »da es in einer geordneten Volkswirtschaft trotz des Dreifrontenkrieges nicht zur Einstellung aller Kulturarbeit kommen soll«.[52] Die Heterogenität der Themen verwundert insofern nicht, als dass sich die juristischen Verleger in Anbetracht der Entwicklung im juristischen Verlagswesen mit der Ausgestaltung der Rechtsgebiete sowie einer Vielzahl von Unwägbarkeiten und Unsicherheiten ausgesetzt sahen. Entsprechend kann davon ausgegangen werden, dass die Mitglieder der Vereinigung den Austausch unter Kollegen bewusst gesucht haben, sich aber in Folge des jährlichen Rhythmus in dem ausgewählten vertrauten Personenkreis nur über vereinzelte Fragen besprechen konnten oder wollten.

4.3 Juristische Verlage auf der Suche nach neuen Märkten

Während die Jahre nach der Reichsgründung mit zahlreichen neuen Reichsgesetzen auch neue Marktimpulse und ein breites Betätigungsfeld für die juristischen Verlage geboten hatten, waren die Verlage zu Beginn des 20. Jahrhunderts gezwungen, neue Konzepte zu entwickeln, um sich neue Kundengruppen zu erschließen. Eine naheliegende Strategie konnte dabei sein, die Ausdifferenzierung der Rechtswissenschaft zum Anlass zu nehmen, die Verlagsprogramme für erfolgversprechende neue Spezialthemen zu öffnen. Die nachfolgenden Ausführungen befassen sich mit den Reaktionsmustern etablierter Verlage und welchen Anteil sie an der Entwicklung der neuen Rechtsgebiete hatten. Einen weiteren Gegenstand der Betrachtung bildet die Frage, welche Chancen Verlagsneugründungen ergriffen haben.

4.3.1 Rechtliche Strukturierungen als Anlass für Verlagsinitiativen

Wie umfangreich die Veränderungen zu Beginn des 20. Jahrhunderts in allen Bereichen des Rechtswesens waren, beschreibt der »Universaljurist«[53] Josef Kohler 1904 im Vorwort zu seiner *Encyklopädie der Rechtswissenschaft*:

> »Das bürgerliche Recht, die historischen Studien des römischen, deutschen und kirchlichen Rechtes haben ganz andere Wege eingeschlagen, Philosophie und Rechtsvergleichung haben ein neues Angesicht gewonnen, das Strafrecht ist in ein neues Stadium der Forschung eingetreten,

52 Zitate Ramseger: Geburtshelfer, 1985, S. 1078, 1079.

53 Spendel: Josef Kohler, 1983. Josef Kohler wird auch als »Universalgelehrter« bezeichnet. Vgl. Hueck: Gründung völkerrechtlicher Zeitschriften, 1999, S. 407; Wolter / Küper: Goltdammer's Archiv, 2003, S. 6.

die Prozeßwissenschaft ward geschichtlich und konstruktiv neu gebaut, das internationale Privatrecht neu belegt, das Handelsrecht wesentlich erweitert, vor allem aber ist auf allen Gebieten des öffentlichen Rechts ein erfreulicher Aufschwung zu verzeichnen.«[54]

Der beschriebene Aufschwung im Rechtsleben wurde wesentlich durch die im Entstehen begriffenen Rechtsgebiete geprägt. Diese waren durch gesetzliche Regelungen teilweise bereits klar abgegrenzt, teilweise befanden sich die Rechtsmaterien noch im Fluss. In beiden Fällen spielten Verlagspublikationen eine nicht unwesentliche Rolle: sowohl bei der Wissensvermittlung in gesetzlich bereits strukturierten Rechtsbereichen, vor allem aber bei den sich formierenden Rechtsdisziplinen. Ein neu gefasster Regelungsbereich im Bürgerlichen Gesetzbuch war das Familienrecht. Die Verlage unterstützten die Einarbeitung in das gesetzlich fest strukturierte Familienrecht vor allem im Rahmen von Kommentaren.[55] Bei dem ebenfalls erstmals durchdringend im Bürgerlichen Gesetzbuch geregelten Sachenrecht wurde der Markt zusätzlich mit einer umfangreichen Lehrbuchliteratur begleitet, sowohl im Verlag C.H.Beck als auch bei J. C. B. Mohr (Paul Siebeck) erschienen entsprechende didaktische Publikationen. Bei C.H.Beck allerdings ließ die Realisierung eines Projektes ungewollt auf sich warten: Hier kommentierte Leo Rosenberg (1879–1963) das Sachenrecht und obwohl die Ausgabe bereits 1914 abgeschlossen war, dauerte es kriegsbedingt noch bis 1919, bevor das Werk erscheinen konnte.[56]

Am Beispiel des Arbeitsrechts soll die zunehmende Strukturierung einer sich entwickelnden Rechtsdisziplin und etwaige Wechselwirkungen mit juristischen Publikationen betrachtet werden: Das Arbeitsrecht – im 21. Jahrhundert ein fest umrissenes Rechtsgebiet mit eigener Gerichtsbarkeit – begann sich erst nach der Jahrhundertwende als eigenständiger Regelungsbereich durchzusetzen. Zuvor entwickelte sich der Gedanke des Arbeiterschutzes nicht in eigenständigen Gesetzen, sondern wurde im Zusammenhang mit dem Gewerberecht thematisiert.[57] So bestimmte § 105 Absatz 1 der Gewerbeordnung des Norddeutschen Bundes: »Die Festsetzung der Verhältnisse zwischen den selbständigen Gewerbetreibenden und den gewerblichen Arbeitern ist, vorbehaltlich der durch Reichsgesetz begründeten Beschränkungen, Gegenstand freier Übereinkunft.«[58]

54 Kohler: Vorwort in der Encyklopädie der Rechtswissenschaft, 1904.

55 Vgl. auch Schwab: Familienrecht, 2007, S. 327–328.

56 Vgl. Thier: Sachenrecht, 2007, S. 255–256. Zu Leo Rosenberg siehe unter anderem Schwab: Leo Rosenberg, 1988, S. 650–656.

57 Vgl. auch Richardi: Arbeitsrecht, 2007, S. 596. Zur Entwicklung des Arbeitsrechts allgemein vgl. Coing: Europäisches Privatrecht, 19. Jahrhundert, 1989, S. 185–206.

58 Richardi: Arbeitsrecht, 2007, S. 596. Die Gewerbeordnung des Norddeutschen Bundes vom 21. Juli 1869 in der Fassung vom 1. Juli 1883 galt nach dem Beitritt der süddeutschen Länder flächendeckend im Deutschen Reich.

Entsprechend befasste sich der 1884 im Verlag C.H.Beck erschienene Kommentar zur Gewerbeordnung von Robert von Landmann auch mit dem Arbeitnehmerbegriff.[59] In der vierten Auflage des Kommentars – inzwischen hatte Gustav Rohmer (1868–1946) dessen Bearbeitung übernommen – wurden zusätzlich die Große Novelle zur Reichsgewerbeordnung mit ihren Regelungen zum Beschäftigungsverbot an Sonn- und Feiertagen und zum Erlass einer Arbeitsordnung sowie das 1903 erlassene neue Kinderschutzgesetz erörtert; Richardi bezeichnet den Kommentar entsprechend als eines »der ersten Standardwerke des Arbeitsrechts«.[60]

Für den Verlag J. Guttentag wurde eine Teilspezialisierung auf sozialpolitische und arbeitsrechtliche Publikationen beschrieben, hier waren es vor allem persönliche Interessen des Verlegers Hugo Heimanns, die zu dieser Ausprägung führten. Der Ausbau eines sich noch in der Entstehung befindlichen Rechtsgebietes war für Verlage wie J. Guttentag leicht zu bewerkstelligen, da der Verlag wirtschaftlich auf lukrative Gesetzesreihen wie die *Guttentag'sche Sammlungen* zurückgreifen konnte. Ansonsten waren es häufig zunächst Verlage mit einem durch eine politische Ausrichtung ohnehin spezialisiertem Programm wie der Verlag J. H. W. Dietz, die sich dem Themenbereich Arbeitsschutz und Arbeitsrecht annahmen.

Exkurs: Arbeitsrecht im Verlag von Johann Heinrich Wilhelm Dietz

Der Verlag J. H. W. Dietz wurde 1881 von Johann Heinrich Wilhelm Dietz (1843–1922) in Stuttgart gegründet, nachdem der Verleger eine drei Jahre zuvor gegründete Verlagsbuchhandlung in Hamburg aufgeben musste. Bereits vorher war Dietz offenbar verlegerisch aktiv: Ein späterer Almanach weist schon im Jahr 1877 ein Werk auf mit dem Titel *Direkte Gesetzgebung durch das Volk*. Johann Heinrich Wilhelm Dietz wird als der »erste sozialdemokratische Verleger« betrachtet und wurde später von Erich Ollenhauer (1901–1963) als »Cotta der Sozialdemokratie« bezeichnet.[61] Sein Verlag galt als Parteiverlag beziehungsweise als »Verlag der revolutionären Arbeiterschaft«.[62] Dietz gab zum Beispiel die *Gerichts-Zeitung* heraus.[63] Die *Gerichts-Zeitung* stellte sich selbst als juristische Publikation dar, da ihr dies Vorteile gegenüber der Pressezensur versprach. Tatsächlich war sie eher Nachfolger des 1878 durch das Gesetz gegen die ge-

59 Vgl. auch Richardi: Arbeitsrecht, 2007, S. 596. Robert von Landmann war königlich bayerischer Regierungsrat und Referent im Staatsministerium des Inneren. Zur Entstehungsgeschichte und Bedeutung des »Großkommentars« für das Gewerberecht vgl. auch Schmidt: Gewerberecht, 2007, S. 1008–1010.

60 Richardi: Arbeitsrecht, 2007, S. 597.

61 Zitate Schmidt-Küster: J. H. W. Dietz, 1963, S. 5.

62 Petersen: Literatur und Justiz, 1988, S. 117. Vgl. insgesamt auch Hübinger / Müller: Politische Verlage, 2001, S. 347–395.

63 Zu Johann Heinrich Wilhelm Dietz vgl. auch Schmidt-Küster: J. H. W. Dietz, 1963; Graf: Johann Heinrich Wilhelm Dietz, 1996.

meingefährlichen Bestrebungen der Sozialdemokratie verbotenen *Hamburg-Altonaer Volksblattes*.[64]

Im J. H. W. Dietz Verlag erschienen von seiner Gründung bis 1914 auch Werke, die thematische Berührungspunkte zu den skizzierten arbeitsrechtlichen Bereichen aufwiesen: 1883 das *Haftpflichtgesetz* sowie die *Gewerbeordnung für das Deutsche Reich* und das *Gesetz, betr. die Krankenversicherung der Arbeiter, nebst einem Anhang: Das Hilfskassengesetz vom 7. April 1876*. Ein Jahr später wurde der Themenbereich bereits wieder aufgenommen mit einem eigenen Werk zu den Hilfskassen. Schließlich erschien 1886 von dem SPD-Politiker Ernst Max Quak (1860–1930) das erste Werk explizit zum Thema: *Die Arbeiterschutzgesetzgebung im Deutschen Reich*.[65] 1906 wurde der Verlag von der Sozialdemokratischen Partei Deutschlands (SPD) übernommen, was den Einfluss des Verlagsgründers auf das Programm allerdings nicht einschränkte. Weitere Werke bei J. H. W. Dietz aus dem Bereich des Arbeitsrechts waren 1889 von August Bebel und Paul Singer (1844–1911) das *Gesetz betreffend die Invaliditäts- und Altersversicherung*, von Arthur Stadthagen (1857–1917) 1900 das *Arbeiterrecht* und *Die neue Unfallversicherung* sowie 1909 die *Novelle zur Gewerbeordnung vom Dezember 1908* – alle Autoren waren sozialdemokratische Poltiker. 1910 veröffentlichte Siegfried Weinberg (1880–1932) *Die Arbeiterklasse und der Strafgesetzentwurf*. Gerade das letztgenannte Werk zeigt deutlich die umfassende Behandlung des Themenspektrums und die Zielgruppe des Verlags.

Der J. H. W. Dietz Verlag hatte in der Weimarer Zeit auch einen ehemaligen juristischen Verleger unter seinen Autoren: Hugo Heimann publizierte vor allem zu den Themen Reichshaushalt und Aufwertung.[66] Den Verkaufserfolg seines »Büchleins« zum »Reichshaushalt, Grundlagen, Inhalt und Bedeutung« führte der Autor vor allem auf die Tatsache zurück, dass es zu diesem Thema keine Konkurrenzwerke gab: »Das kleine Werk fand bei dem fast gänzlichen Mangel an einschlägiger Literatur auch in der bürgerlichen Fachpresse freundliche Aufnahme, und dadurch wohl eine Verbreitung, die die zunächst geringen Erwartungen des J. H. W. Dietz Verlages erheblich übertraf.«[67]

Exkurs: Hugo Heimann und die »Öffentliche Bibliothek und Lesehalle«

Hugo Heimann war nicht nur als Verleger am Arbeitsrecht interessiert, sondern gründete nach seinem Ausscheiden aus dem Verlag J. Guttentag auch eine »Öffentliche Bibliothek und Lesehalle« für die Berliner Arbeiterschaft nach dem Vorbild englischer Free Public Libraries. Seitdem er in London diese Einrichtungen gesehen hatte, be-

64 Graf: Johann Heinrich Wilhelm Dietz, 1996, S. 48.

65 Der Katalog verzeichnet Ernst Max Quarck als Max Quark. Vgl. zu allen Werken Schmidt-Küster: J. H. W. Dietz, 1963, S. 45–61.

66 »Der Reichshaushalt« erschien 1925, »Der Reichshaushalt« erschien 1928.

67 Heimann: Vom tätigen Leben, 1949, S. 37.

stand bei Hugo Heimann der Wunsch eine solche Institution auch in Deutschland zu schaffen. Der ehemalige Verleger brachte in die 1899 gegründete Bibliothek einen Teil seines durch den Verlagskauf erhaltenen »beträchtlichen Vermögens«[68] ein. Um die Akzeptanz in der Zielgruppe zu erhöhen, gliederte Hugo Heimann der Bibliothek ein Kuratorium an, in dem unter anderem August Bebel und Paul Singer tätig waren.[69]

Bereits im ersten Jahr konnte die Bibliothek 90 000 Leser verzeichnen – hauptsächlich weibliche Nutzerinnen –, mehr als die Hälfte von ihnen aus der Kernzielgruppe. Nach einer provisorischen Unterkunft der Bibliothek wurde schließlich ein eigenes Gebäude dafür errichtet »in unmittelbarer Nähe des Gewerkschaftshauses«.[70] Die Bibliothek funktionierte als Familienunternehmen: Neben Hugo Heimanns, der seine Bibliothek täglich besuchte, wirkte auch seine Frau Cäcilie Heimann (1863–?) mit. Geöffnet war die Bibliothek wochentags in den Abendstunden und am Wochenende durchgängig – »auf die Bedürfnisse der Arbeiter abgestimmt«.[71] Die Benutzung war umsonst – sogar ohne Pfand oder Bürgschaft[72] – der anfängliche Ausleihbestand waren zunächst 7000 Bände, kurze Zeit später 20 000 Bände sowie 540 Zeitungen und Zeitschriften, die in fünf Leseräumen eingesehen werden konnten. Zur Orientierung gab es ein »in Großfolio gedrucktes Bücherverzeichnis«, das mit 322 Seiten für eine Mark abgegeben wurde. Ob es sich noch um eine Prägung seines früheren Berufs des wissenschaftlichen Verlegers handelte, steht nicht fest, aber die Bibliothek stellte vor allem »Sach- und Fachliteratur zur Vermittlung vielfältigen Wissens und weltanschaulicher Erkenntnisse«[73] zur Verfügung.

Auch bei der Außendarstellung seiner Bibliothek agierte Hugo Heimann geschickt. Anfänglich erschienen »Hunderte von Zeitungsartikeln und Kurzinformationen über die Professionalität« der Einrichtung – auch als »Bildungsanstalt der Zukunft« betitelt –, so dass die »Arbeiterzentralbibliothek« auch »viele Fachleute des In- und Auslandes sowie zahlreiche gewerkschaftliche Studienkommissionen« besuchten; in der Rückschau wird die Heimann'sche Bibliothek »innerhalb der sozialdemokratischen und gewerkschaftlichen Bildungs- und Bibliotheksarbeit« als »erste sozialistische Massenbibliothek Deutschlands« und »singuläre Erscheinung« gewürdigt.[74] Eine besondere Bedeutung erlangte die Heimannsche Bibliothek und Lesehalle auch als Ort des Parteiarchivs der Sozialdemokratischen Partei mit handschriftlichen Dokumenten und »rund 8000 gedruckten Schriften«, die unter der Leitung von August Bebel, Paul Singer und Hugo Heimann erstmals erschlossen und katalogisiert

68 Sperl: Hugo Heimann, 2009, S. 109.
69 Vgl. Heimann: Vom tätigen Leben, 1949, S. 18.
70 Sperl: Hugo Heimann, 2009, S. 110.
71 Sperl: Hugo Heimann, 2009, S. 110.
72 Sperl verweist auf diese Besonderheit. Vgl. Sperl: Hugo Heimann, 2009, S. 110.
73 Sperl: Hugo Heimann, 2009, S. 110.
74 Zitate Sperl: Hugo Heimann, 2009, S. 110–111.

wurden.[75] Bis 1919 blieb die Bibliothek in der Hand von Hugo Heimann, in diesen zwanzig Jahren »nahmen 2,5 Millionen Männer und Frauen das Besuchsangebot an«.[76] Es zeichnete Hugo Heimann aus, dass er seine Bibliothek, als er sie verkaufen musste und sie auf Wunsch der Stadt Berlin als Institution erhalten bleiben sollte, nicht verkaufen wollte, sondern diese »mit alten Beständen und dem ganzen Inventar kostenlos«[77] übereignete. Vom 9. Januar 1920 an wurde die Berliner Institution als »Hugo Heimannsche Bücherei und Lesehalle« fortgeführt.

4.3.2 Gewinner der Unübersichtlichkeit: Verlagsneugründungen

Eine stärkere Ausdifferenzierung des juristischen Verlagswesens und ein höherer Spezialisierungsgrad in einzelnen Verlagen lassen sich vor allem bei Verlagsneugründungen beobachten: Während die Verleger nach 1871 meist mit Werken aus den klassischen Rechtsgebieten Zivilrecht, Strafrecht oder Öffentliches Recht an den Start gingen, waren die Verlagsprogramme der Neugründungen zu Beginn des 20. Jahrhunderts bereits sehr viel fokussierter auf einzelne Themenbereiche ausgerichtet. Zwei Prototypen dieser Entwicklung sind der 1902 gegründete C. E. Poeschel Verlag für bank- und betriebswirtschaftliche Literatur und der Verlag Dr. Otto Schmidt, hervorgegangen 1906 aus der ein Jahr zuvor ins Leben gerufenen »Centrale für GmbH«. Beide Verlage konzentrierten sich auf ein Verlagsprogramm aus dem Bereich Wirtschaftsrecht und Wirtschaftswissenschaften.[78]

Die moderne Betriebswirtschaftslehre nahm ihren Anfang zu Beginn des 20. Jahrhunderts. Zwar gab es auch im 19. Jahrhundert bereits Klassiker wie Friedrich Lists (1789–1846) Werk *Das nationale System der politischen Oekonomie*,[79] aber erst im 20. Jahrhundert strukturierte sich die Betriebswirtschaft als eigenständige Wissenschaftsdisziplin. Seit 1898 wurden Handelshochschulen im deutschsprachigen Raum als Ausbildungsstätten gegründet, beispielsweise in Leipzig und Aachen. Drei Jahre später folgten Köln und Frankfurt am Main. Weitere Gründungen waren 1906 Berlin, 1908 Mannheim und 1910 München; auch die Universitäten richteten entsprechende Lehrstühle ein.[80] Da die Betriebswirtschaft mit ihren Themenbereichen Handels- und

75 Vgl. Sperl: Hugo Heimann, 2009, S. 111–112.
76 Heimann: Vom tätigen Leben, 1949, S. 19.
77 Heimann: Vom tätigen Leben, 1949, S. 19. Vgl. auch insgesamt Ziesak / Cram: Verlag Walter de Gruyter, 1999, S. 146–148.
78 Gleichzeitig bilden die beiden Verlage Beispiele für eine unterschiedliche Entwicklung: Während sich der Verlag C. E. Poeschel im Laufe des 20. Jahrhunderts der Betriebswirtschaftslehre zugewandt hat, entwickelte sich der Verlag Dr. Otto Schmidt in die andere Richtung und etablierte sich als juristischer Fachverlag.
79 Das Werk erschien im Verlag Gustav Fischer, eine 3. Auflage wurde 1920 als Neudruck nach der Ausgabe letzter Hand veröffentlicht.
80 Vgl. Bellinger: Geschichte der Betriebswirtschaftslehre, 1966, S. 51.

Gesellschaftsrecht, Steuerrecht und Zollbestimmungen vielfältige Überschneidungen mit juristischen Verlagsprogrammen aufweist, ergaben sich Anknüpfungspunkte auch für juristische Publikationen.

Auffällig ist, dass beide Verlage – C. E. Poeschel und Dr. Otto Schmidt – ihre Spezialisierung auf einen noch engeren Teilbereich einschränkten: Durch seine Entwicklungsgeschichte konzentrierte sich der Verlag Dr. Otto Schmidt innerhalb des Rechts der Personengesellschaften auf die GmbH. Im Rahmen der Spezialisierung war ein zielgruppenbindendes Instrument von Beginn der Geschäftstätigkeit an die Herausgabe der *GmbH-Rundschau*. Das Hauptaugenmerk des jungen Verlags Dr. Otto Schmidt lag auf Informationsdiensten, erst später entwickelte sich ein umfassendes juristisches Verlagsprogramm. Die Besonderheit des 1902 gegründeten C. E. Poeschel Verlags war nicht nur die konsequente Ausrichtung auf die wirtschaftsrechtliche Literatur, sondern auch die Fokussierung auf die Zielgruppe der Bank- und Betriebswirte.[81] Um dem Verlag zusätzlich Profil zu geben, wurde 1908 die *Zeitschrift für Handelswissenschaft und Handelspraxis* gegründet.

Die Fokussierung in den neu gegründeten Verlagen betraf nicht nur die inhaltliche Ausrichtung der Programme, sondern die Verlage passten ihre Programme auch insofern den veränderten Marktbedürfnissen an, als dass sie sich auf Publikationsformen wie Formulare und andere Kleinschriften spezialisierten. Ein typisches Beispiel ist der Wilhelm Stollfuß Verlag mit Steuertabellen: Obwohl der 1913 gegründete Verlag seinen Programmschwerpunkt nach anfänglicher Herausgabe von Landkarten und Wanderführern konsequent auf steuerrechtliche Literatur verlagerte, waren die ersten Verlagsprodukte für Steuerrecht keine groß angelegten Kommentare oder Handbücher. Der Verlag versuchte also nicht von Anfang an, möglichst viele Publikationsformen zu bedienen, sondern konzentrierte sich auf Steuertabellen und Leitfäden zur Abgabe von Steuererklärungen.[82] Wie in anderen Verlagen wurde das Programm erst im Laufe der Zeit mit umfangreicherer steuer- und wirtschaftsrechtlicher Fachliteratur abgerundet.[83] Kein betriebswirtschaftliches, sondern ein kommunalrechtliches Profil strebten der 1910 in Berlin gegründete Verlag des Reichsbundes der Standesbeamten und der 1912 von Josef Jehle (1876–1921) in München initiierte Bayerische

81 Hervorgegangen ist der C. E. Poeschel Verlag in Leipzig aus einer handelswissenschaftlichen Gruppe des Verlags Strecker & Schröder in Stuttgart mit zunächst 22 Werken. An dem neu gegründeten Verlag C. E. Poeschel war kurzzeitig auch der spätere Insel-Verleger Anton Kippenberg als Teilhaber beteiligt. Vgl. Druckenmüller: Zum Geleit, 1927, S. V.

82 Vgl. ARSV 1994, S. 46 (Stollfuß).

83 Beispiele mit einer ähnlichen Konzeption aus späterer Zeit sind der 1919 gegründete Forkel Verlag in Stuttgart. In der Weimarer Zeit startete Dr. Erich Schmidt einen Verlag mit einem sozialpolitischen Nachrichtendienst und Hermann Luchterhand mit Vordrucken für Büroarbeiten. Zu Dr. Erich Schmidt vgl. auch Fischer: 75 Jahre Erich-Schmidt-Verlag, 1999, S. VII. Zu Hermann Luchterhand vgl. Reifferscheid: Die ersten 50 Jahre, 1975, S. 14–16. Die Verlage werden im nachfolgenden Kapitel vorgestellt.

Kommunalschriften-Verlag an.[84] Auffällig ist hier, dass beide Verlage ihre Spezialbereiche gleich in den Verlagsnamen integriert haben.

Die Vorteile des fokussierten Verlagsprogramms lagen klar auf der Hand: Damit sich die neu gegründeten Verlage gegenüber den eingeführten Verlagsmarken durchsetzen konnten, mussten sie sich und ihre Publikationen innerhalb der Zielgruppe möglichst rasch bekannt machen. Dies gelang bei einem ausgewählten Bereich für eine spezielle Nutzergruppe mit geringerem Aufwand und Risiko. Gleichzeitig besaßen die Verlage als Neugründungen die Chance, auf veränderte Bedürfnisse ihrer Leserschaft genauer einzugehen und die Inhalte direkt in den bevorzugten Publikationsformen wie Leitfäden oder Informationsdiensten herauszugeben. Während die etablierten Verlage vor dem Problem standen, dass sie zunächst ihre vorhandenen Werke aktualisieren und sich teilweise auch neue Autoren suchen mussten – was angesichts der Umbruchsituation und Ausdifferenzierung der Rechtswissenschaften zunehmend schwieriger wurde –, konnten die neu gegründeten Verlage ihre Publikationen bereits in der Konzeptionsphase auf die veränderten Marktverhältnisse zuschneiden.

4.3.3 Erfolge durch die Öffnung juristischer Verlagsprogramme

Während die zunehmende Herausbildung von Teildisziplinen eine Chance für Verlagsneugründungen war, stellte sie gleichzeitig eine Herausforderung für die bereits etablierten Verlage dar. Diese befanden sich einerseits in der komfortablen Situation, dass sie seit der Reichsgründung auf ein stetiges wirtschaftliches und programmatisches Wachstum blicken konnten. Auf der anderen Seite ließ der Markt eine Expansion wie in den Jahren nach der Reichsgründung nicht mehr zu. Im Gegenteil mussten die juristischen Verlage die Bedeutung ihrer Standardwerke verteidigen und für Neuauflagen oft zusätzliche Autoren gewinnen. Darüber hinaus konnten sie – mussten aber auch – ihre Marktstellung dazu nutzen, bestehende Werke zu verändern und neue Publikationen zu konzipieren – und bestenfalls ihre Verlagsprogramme für weitere Spezialgebiete zu öffnen.

Eine veränderte Ausrichtung – und ein Profilgewinn – konnte manchmal bereits durch einen Herausgeberwechsel bewirkt werden. Ein Beispiel stellt die Zeitschrift (Goltdammer's) *Archiv für Strafrecht und Strafprozeßrecht* dar. Ab 1900 übernahm Josef Kohler als Herausgeber die Zeitschrift und erweiterte ihr Themenspektrum: Neben den klassischen strafrechtlichen Teilgebieten fanden nunmehr auch Rechtsgeschichte, Rechtsvergleichung und Strafrechtssystematik Eingang in die Zeitschrift, ferner Themen wie »Prävention und Zweispurigkeit des Strafrechts, Strafrechts-

84 Erklärtes Ziel des Verlags von Josef Jehle war »die Erweiterung und Vertiefung der fachlichen Ausbildung der bayerischen Kommunalbeamten«. Vgl. ARSV, 1994, S. 23 (Jehle Rehm).

reform, Rechtsphilosophie und Gefängniskunde«.[85] Mit der Themenerweiterung erschloss sich die Zeitschrift neue Leserkreise und hatte so die Möglichkeit, ihre Marktstellung gegenüber neuen Publikationen zu verteidigen. Die Öffnung der Zeitschrift für Gedanken auch aus anderen Rechtsgebieten wurde maßgeblich durch ihren neuen Herausgeber gestaltet. Josef Kohler profitierte dabei von seinem vielfältigen Interesse an verschiedenen Rechtsgebieten und konnte auf diverse Autoren- und Herausgeberschaften zurückgreifen. So publizierte er auch in einem weiteren Spezialgebiet: dem Völkerrecht. 1907 gründete er im Verlag Duncker & Humblot die *Zeitschrift für Völkerrecht und Bundesstaatsrecht*.[86] Dem Völkerrecht als verlegerischem Betätigungsfeld öffnete sich auch der J. Springer Verlag. Durch den 1914 erfolgten Zukauf des Berliner Verlags von Oskar Häring, der unter anderem das bekannte Werk *Das Völkerrecht* von Franz von Liszt herausgab,[87] gelangte das renommierte Werk in das J. Springer'sche Programm. Ab 1915 brachte der J. Springer Verlag dann weitere Titel auf den Markt wie *Das Völkerrecht systematisch dargestellt*.

Zu Beginn des 20. Jahrhunderts öffneten die juristischen Verleger ihre Häuser vermehrt auch für staats- und sozialwissenschaftliche Publikationsthemen. So übernahm Paul Siebeck 1903 das *Archiv für soziale Gesetzgebung und Statistik* von Carl Heymanns und öffnete seinen Verlag damit für die Sozialwissenschaften.[88] Der Verlag J. C. B. Mohr (Paul Siebeck) gab renommierte Zeitschriften wie das *Archiv für Sozialwissenschaft und Sozialpolitik* oder die *Zeitschrift für die gesamte Staatswissenschaft* heraus.[89] So war es für naheliegend, diesen Bereich auszubauen. Und auch der J. Springer Verlag erweiterte sein Verlagsprogramm: Beispielsweise mit der Übernahme des Verlags Behrend & Co. 1912, wo seit 1911 die *Annalen für soziale Politik und Gesetzgebung* erschienen waren. Ein Jahr später gründete der Verlag eine *Monatsschrift für Arbeiter- und Angestellten-Versicherung*.

Für den Verlag J. Guttentag heben Ziesak / Cram die »Modernität« des Verlags zu dieser Zeit hervor und führen als Beleg für die Öffnung des Verlagsprogramms unter anderem das *Archiv für soziale Gesetzgebung und Statistik* und die *Bibliothek für Arbeiterrecht* an.[90] Ein Verlag, der sich neben juristischen Publikationen früh den Sozialwissenschaften im Verlagsprogramm annahm, war der Verlag Duncker & Humblot: Ludwig Feuchtwanger (1885–1947) forcierte in seiner Zeit als Verlagsleiter bei Duncker & Humblot insbesondere das soziologische Profil und konnte Autoren

---

85 Bruns u. a.: Geleitwort, 1993, S. VIII.

86 Vgl. Hueck: Gründung völkerrechtlicher Zeitschriften, 1999, S. 407.

87 Vgl. Sarkowski: Der Springer Verlag I, 1992, S. 304.

88 Vgl. Müller: Wissenschaft und Markt, 2004, S. 39–40.

89 Vgl. Knappenberger-Jans: Verlagspolitik und Wissenschaft, 2001, S. 12.

90 Vgl. Ziesak / Cram: Walter de Gruyter, 1999, S. 154. Teilweise wird das Archiv für soziale Gesetzgebung und Statistik seit 1888 bei Carl Heymanns verzeichnet. Zur Bibliothek für Arbeiterrecht vgl. auch Verlagsverzeichnis J. Guttentag 1903, S. 19–20.

wie Max Weber (1864–1920) oder Werner Sombart (1863–1941) an den Verlag binden.[91] Duncker & Humblot integrierte die Sozialwissenschaften auch mit Publikationen wie Handbuchreihen und enzyklopädischen Werken. Vor allem mit umfangreicheren Werken, die sich um eine Einbettung des Themenkomplexes in einen größeren Kontext bemühten, konnten systematische Zusammenhänge durchleuchtet und einem neuen Rechtsgebiet eine Struktur gegeben werden. Ein Werk an der Schnittstelle zwischen Rechts- und Sozialwissenschaften war zum Beispiel von Siegbert Feuchtwanger (1886–1956) das Werk *Die freien Berufe*, das sich »im besonderen« mit der Anwaltschaft auseinandersetzte und den »Versuch einer allgemeinen Kulturwirtschaftslehre« darstellen sollte und laut Werbung neben praktischen Fragen auch eine »groß angelegte sozialwissenschaftliche Theorie des freien Berufes und der geistigen Arbeit« enthielt; im Auftrag des Forschungsinstituts für Sozialwissenschaften in Köln verfasste Max Scheler (1874–1928) sein Werk *Versuche zu einer Soziologie des Wissens* bei Duncker & Humblot.[92]

Begrenzte Popularisierung der Rechtswissenschaft

Eine Öffnung des Verlagsprogramms hätte auch durch die Erschließung neuer Zielgruppen geschehen können, zum Beispiel durch die Ansprache von juristisch nicht vorgebildeten Käuferschichten. Eine Popularisierungswelle, wie sie Anfang des 20. Jahrhunderts in einigen anderen Bereichen – beispielsweise in den Naturwissenschaften – stattgefunden hat, ist für die juristischen Verlage jedoch nicht vergleichbar augenfällig. Die juristischen Verlage hatten bereits im 19. Jahrhundert mit Werken wie dem *Haus-Sekretair* oder dem *Hand- und Taschenbuch für die Einwohner des Preußischen Staats* versucht, ihre Zielgruppen zu erweitern – weg von ausschließlich fachspezifischen wissenschaftlichen Werken für den studierten Juristen hin zu allgemeinverständlichen Publikationen.

Gerade diese Werke hatten in hohem Grad auch dazu beigetragen, dass sich das juristische Verlagswesen früh bereits entwickeln konnte. Juristische Handbücher, die komplexe Rechtsgebiete nicht nach der Struktur des Gesetzes erläuterten, sondern lösungsorientiert an Hand der Probleme, hatte es im juristischen Marktsegment bereits seit Herausbildung des juristischen Verlagswesens gegeben. Diese Popularisierung verfolgten die juristischen Verlage weiter, indem sie die neuen Rechtsgebiete in speziell aufbereiteten Werken auch für den juristischen Laien anboten. Da es sich hier allerdings nicht um eine Neuerung gerade um die Jahrhundertwende handelte, ist auch keine »juristische Popularisierungwelle« festzustellen.

91 Vgl. Müller: Wissenschaft und Markt, 2004, S. 94–95.
92 Vgl. Duncker & Humblot Hauptwerke, 1924, S. 2–3, 8.

4.3.4 Erfolgreicher Auftritt einer neuen Verlegergeneration

Seit der Reichsgründung und der anschließenden Expansionsphase des juristischen Verlagswesens hatte sich die Situation für die juristischen Verlage grundlegend geändert: Nicht nur die Komplexität der Fragestellungen und die daraus resultierende Ausweitung der Verlagsprogramme, sondern vor allem räumliche Veränderungen und die Umstellung der Verlagsabläufe mit Rationalisierungseffekten erforderten eine Reorganisation in den Verlagen. Der Verleger an der Spitze sah sich zu Beginn des 20. Jahrhunderts nicht nur mit der Aufgabe der Strukturveränderung im eigenen Unternehmen konfrontiert, sondern musste ferner eine zunehmende Unübersichtlichkeit der Rechtswissenschaft bewältigen und mit der Vielfalt neuer juristischer Netzwerke, in denen der Verlag präsent sein musste, fertig werden. Hinzu kam als Auswirkung der Ausdifferenzierung der Rechtswissenschaft das Problem, dass der einzelne Verleger kaum mehr dazu in der Lage war, sämtliche Rechtsentwicklungen nachzuvollziehen – auch wenn es sich in einigen Verlagen lediglich um einen Teilbereich der Rechtswissenschaft handelte. Mit dem Anwachsen des Autorenstammes und der Zunahme der Verlagspublikationen konnte der Verleger auch nicht mehr zu allen Autoren persönlich Kontakte aufbauen.

Gleichzeitig wurden zu diesem Zeitpunkt die Weichen gestellt für die zukünftige Stratgien – es handelte sich um eine entscheidende Phase für den späteren Unternehmenserfolg. Den Verlegern war bewusst, dass die bewährten Strategien ihre Gültigkeit verloren hatten und Veränderungen – in manchen Verlagen sogar ein Umbruch – notwendig waren, um die angestammten Positionen zu behalten. Auch die Rolle der Verlage änderte sich: Sie waren weniger diejenigen, die die Rechtsquellen erschlossen, als vielmehr die Vermittler im Dialog zwischen Gesetzgebung, Rechtsprechung, Wissenschaft und ausführender Verwaltung – auch dies erforderte ein Umdenken in den Verlagen und insbesondere vom Verleger. Nicht verwunderlich ist deshalb, dass es in den Verlagen gerade zu dieser Zeit zu vielfältigen Veränderungen kamen: In einigen Verlagen waren die Verleger just zu dieser Zeit damit beschäftigt, den Verleger-Staffelstab an die nachfolgende Generation zu übergeben, in anderen Verlagen veränderten sich die Gesellschafterverhältnisse durch Zukäufe. Angesichts der Veränderungen ist es nicht verwunderlich, dass eine neue Verlegergeneration um die Jahrhundertwende von einem anderen Selbstverständnis als ihre Vorgänger getragen war und eine arbeitsteiligere Unternehmensführung anstrebte.

Bis zur Reichsgründung war der Verleger in Familienunternehmen häufig »Mädchen für alles«[93] und übernahm Aufgaben, die sich später Lektorat, Herstellung und andere Abteilungen teilten. Julius Springer besaß 1877 mit Gehilfe, Fakturist, Lehrling und Packer lediglich vier Angestellte; 1906 waren 65 Mitarbeiter im Unternehmen angestellt. Ein ähnliches Bild bot sich auch bei Carl Heymanns. Der Verlag hatte

---

93 Jäger: Unternehmen, 2001, S. 245.

1871 vier Mitarbeiter, bis 1914 war die Anzahl auf 80 Angestellte gestiegen.[94] Auch in vergleichbaren Verlagen anderer Wissenschaftsdisziplinen bot sich kaum ein anderes Bild: Arthur Meiner übernahm 1890 einen Drei-Mann-Betrieb als Verlag Johann Ambrosius Barth mit einem Prokurist sowie einem Schreiber und einem Markthelfer.[95] Der Thieme Verlag beschäftigte 1901 drei Gehilfen und in dem 1837 gegründeten Verlag Ferdinand Enke waren 1902 acht Angestellte tätig: Prokurist, Hersteller, Auslieferungsleiter, zwei Buchhalter, Sekretärin, zwei Packer.[96] Auch eine Abteilungszuordnung mit spezialisiertem Personal setzte sich erst Anfang des 20. Jahrhunderts durch, als sich diese durch die Expansion nicht mehr vermeiden ließ. Mitarbeiter mussten eingebunden werden, anders konnte das juristische Verlagsgeschäft organisatorisch nicht bewältigt werden.

Die Veränderungen in den juristischen Verlagen wurden auch durch einige Übernahmen beschleunigt: 1898 hatte Hugo Heimann seinen Verlag unter anderem an Walter de Gruyter verkauft, vier Jahre später 1902 erfuhr J. Guttentag mit dem Verlag J. J. Heine selbst einen Zukauf.[97] Der Verlag integrierte sich im Stammhaus zwar gut, da die Titel sich »harmonisch« in das rechtswissenschaftliche Programm von Guttentag »einfügten«,[98] aber natürlich mussten organisatorische Veränderungen bewerkstelligt werden. Im J. Schweitzer Verlag für Rechts- und Staatswissenschaften war seit 1898 Arthur Sellier neuer Besitzer und veränderte das Unternehmen mit diversen Reihen wie den »Blauen Textausgaben« oder den »Braunen Handausgaben«, aber auch mit Zeitschriften wie den *Annalen des Deutschen Reichs*.[99] Die Verlagsübernahmen sind zugleich ein Zeichen für den tiefgreifenden Wandel des Markts, in dem die juristischen Verlage agierten.

Da der Verleger in der Regel nicht mehr alle Aufgaben allein ausfüllen konnte, setzte nicht nur eine Arbeitsteilung mit fachspezifischen Tätigkeitsbereichen ein, sondern es wurden zunehmend auch hochqualifizierte Posten im Verlag mit Mitarbeitern besetzt: so der angestellte Direktor. Bei Carl Heymanns räumte Otto Löwenstein seinen Mitarbeitern weitreichende Kompetenzen ein. Die Mitarbeiter Georg Kreyenberg, Richard Curt und Ernst Heydemann (1876–1930) erhielten 1890 Prokura.[100] Im Verlag J. Guttentag wurden nach Umwandlung des Unternehmens in eine GmbH neben Walter de Gruyter auch Oscar Schuchardt und Christian von Bornhaupt zu Geschäftsführern bestellt.[101] Und auch weibliche Arbeitskräfte nahmen als Verlagsangestellte

---

94 Vgl. Jäger: Unternehmen, 2001, S. 247.
95 Vgl. Meiner: Johann Ambrosius Barth, 1955, S. 10.
96 Alle Angaben entnommen aus Jäger: Unternehmen, 2001, S. 246.
97 Zur gleichen Zeit wurde auch im Verlag Carl Heymanns expandiert: 1905 erwarb der Verlag den Verlag Albert Nauck, vgl. Lindner: Otto Löwenstein, 2003, S. 68.
98 Lüdtke: Verlag Walter de Gruyter, 1924, S. 45.
99 Vgl. Geistiges und Künstlerisches aus München in Selbstbiographien, 1913, S. 417.
100 Vgl. Lindner: Otto Löwenstein, 2003, S. 43–44.
101 Vgl. Lüdtke: Verlag Walter de Gruyter, 1924, S. 42–44.

im Zuge der Differenzierung von Verlagsaufgaben ab dem Ende des Jahrhunderts zu – vor allem für Schreibarbeiten oder Hilfstätigkeiten, aber auch verantwortungsvollere Aufgaben.[102] Die strengen Hierarchiestrukturen, wie sie in den Familienunternehmen des 19. Jahrhunderts anzutreffen waren, begannen sich aufzulösen. Die Veränderung in der Organisation war nicht allein ein Phänomen des Verlagswesens, auch die Verwaltung zeigte sich durchlässig: Es wechselten zum Beispiel bestqualifizierte Beamte in die Wirtschaft.[103] Umgekehrt wurde auch an Verlagsmitarbeitern Interesse gezeigt: So erhielt zum Beispiel Alexander Elster als Mitarbeiter von J. Guttentag des Reichsversicherungshauptamtes für ihn vorlag.[104]

Unter dem Druck organisatorischer Veränderungen wurden in den Verlagen auch technische Umstellungen bewältigt wie die Einführung moderner Auslieferungs- und Buchhaltungssysteme – offensichtlich auch dies befördert durch eine neue Generation von Verlegern. So konnte der Verleger Oskar Siebeck (1880–1936) für den Verlag J. C. B. Mohr (Paul Siebeck) ab 1913 auf einfachem Wege die Abverkaufszahlen und deren Prozentsätze des laufenden Jahres, aber auch der vorhergehenden Jahre feststellen.[105] Um diese Veränderungen des Marktes in den Verlagen bewältigen zu können, strebten die neuen Verleger Veränderungen in der Organisation, aber auch im Umgang mit Mitarbeitern und Autoren an. Mit Gustav Adolf Fischer (1878–1946), Walter de Gruyter, Hugo Heimann, Otto Schmidt (1866–1945) oder den Brüdern Oskar Siebeck und Werner Siebeck nahm eine neue Verlegergeneration die Herausforderungen an.

Der neue Verlegertypus: innovativ und kooperativ

Dabei zeichnete sich die »junge Verlegergeneration« nicht nur durch die Umsetzung technisch-organisatorischer Umstellungen aus, sondern verband dies häufig mit einem ausgeprägten wissenschaftlichen Interesse. Um der Komplexität ihrer Aufgabenstellung gerecht zu werden, mussten die Verleger die Verantwortung im eigenen Haus teilen: Sie entwickelten mit qualifizierten Mitarbeitern und aufstrebenden Autoren veränderte Werkkonzeptionen und besaßen offensichtlich ein ausgeprägtes Gespür für neue Marktchancen. Obwohl in der Rückschau die Kollegen in den belletristischen Verlagen zu Beginn des 20. Jahrhunderts als neuer Verlegertypus bekannter waren, sind einige Merkmale des wissenschaftlichen Verlegers durchaus vergleichbar und lohnen eine Betrachtung.

---

102 Vgl. Schulze: Der deutsche Buchhandel, 1925, S. 189–190.

103 Vgl. Wehler: Deutsche Gesellschaftsgeschichte, 2008, S. 117.

104 Vgl. Müller: Wissenschaft und Markt, 2004, S. 104.

105 Oskar Siebeck resümiert in einem wissenschaftlichen Aufsatz darüber: »Seit dem Jahre 1913 ist unsere Buchhandlung so ausgebaut, daß sich durch einfache Auszüge aus den Geschäftsbüchern feststellen läßt, mit welchem Prozentsatz die in den einzelnen Erscheinungsjahren veröffentlichten Werke an dem Gesamtabsatz eines Geschäftsjahres, das mit dem Kalenderjahr zusammenfält, beteiligt sind.« Siebeck: Die wissenschaftlichen Autoren, 1922, S. 3.

Um die Jahrhundertwende tauchte im schöngeistigen Bereich ein neuer Verlegertypus auf, der allgemein als »Kulturverleger« bezeichnet wird. Dieser Kultur- oder Individualverleger zeichnete sich dadurch aus, dass er als »Partner, Freund und Gleichgesinnter unter seinen Autoren lebt – sie finanziert, anregt, fördert«.[106] Bekannte Beispiele waren Samuel Fischer (1859–1934), Eugen Diederichs oder Albert Langen (1869–1909). Auch in juristischen Verlagen kann zu dieser Zeit ein Typus Verleger beobachtet werden, der durchaus Ähnlichkeiten mit dem beschriebenen Kulturverleger aufweist. Teilweise werden wissenschaftliche Verleger wie Paul Siebeck deshalb – nicht ganz zu Unrecht in ihrer Wirkung auf Autoren und als Förderer der Wissenschaften – auch als Kulturverleger bezeichnet: »Die Verleger verstanden sich dabei stets als Förderer einer rational und liberal orientierten Gesprächskultur und waren in diesem Sinne auch ›Kulturverleger‹.«[107]

Der Unterschied zwischen den Verlegern zu Beginn des 20. Jahrhunderts und ihrer Vorgänger wird besonders deutlich im Verlag J. C. B. Mohr (Paul Siebeck). Mit Oskar und Werner Siebeck trat dort eine neue Verlegergeneration an den Start. Beide Brüder wurden zwar erst nach dem Tod von Paul Siebeck 1922 alleinige Verleger, Oskar Siebeck war aber bereits seit 1906 im Verlag tätig und leitete seit 1913 die Berliner Zweigstelle des Tübinger Verlags.[108] Hier versuchte der Jungverleger seine verlegerischen Ideale zu verwirklichen – auch um den Preis der Unstimmigkeiten mit seinem Vater. Mit einer »wesentlich offeneren Grundhaltung gegenüber neuen Strömungen, Tendenzen und Experimenten«[109] entwickelte Oskar Siebeck zwangsläufig ein anderes Verständnis von programmatischer Verlagsarbeit und seiner Rolle als Verleger.

Oskar Siebeck pflegte ein offenes Haus, er war vielen Autoren freundschaftlich verbunden; auch durch seine »sehr kommunikative Lebens- und Arbeitsweise«. Er integrierte den Kontakt zu seinen Autoren offensichtlich mit einer sehr viel größeren Intensität in sein Leben als es sein Vater getan hatte. So übernachteten die Autoren bei Besuchen im Privathaus von Oskar Siebeck ebenso wie der Verleger bei ihnen nächtigte. Auch ein gemeinsames Musizieren wurde vom Verleger angeregt. Wichtig war Oskar Siebeck vor allem der persönliche Austausch mit seinen Autoren und Verlegerkollegen. Deshalb erstaunt es nicht, dass auf Initiative Oskar Siebecks und unter seiner maßgeblichen Mitwirkung die »Arbeitsgemeinschaft wissenschaftlicher Verleger«[110] gegründet wurde. Trotz aller bereits vor dem Tod von Paul Siebeck umgesetzten Veränderungen in der Unternehmensführung waren die Brüder nicht voll-

---

106 Wittmann: Geschichte deutschen Buchhandels, 1999, S. 304. Vgl. auch Knappenberger-Jans: Verlagspolitik und Wissenschaft, 2001, S. 13–14; Schneider: Verlagsorganisation, 2012, S. 271;

107 Knappenberger-Jans: Verlagspolitik und Wissenschaft, 2001, S. 13–14. Zum Vergleich von Paul Siebeck mit den sog. Kulturverlegern siehe S. 24.

108 Vgl. Verlag J. C. B. Mohr (Verleger Siebeck): Gedanken, Ohne Datierung, S. 1. Werner Siebeck trat ein Jahr später 1914 in den väterlichen Betrieb ein.

109 Zitate Knappenberger-Jans: Verlagspolitik und Wissenschaft, 2001, S. 32–33.

110 Schneider: Der wissenschaftliche Verlag, 2007, S. 385.

ständig zufrieden: 1923 reflektierte Oskar Siebeck, dass er und sein Bruder sich »noch zu sehr von unbewussten Reminiszenzen an die ›monarchischen‹ Tendenzen unsres Vaters«[111] hatten leiten lassen.

Wissenschaftliches Ethos als verbindendes Element

Ein die Verlegergenerationen verbindendes Element war der wissenschaftliche Ethos und der hohe Anspruch an die Qualität der Inhalte und Produkte. So verkörperte Gustav Adolf Fischer – seit 1905 amtierender Verleger des Gustav Fischer Verlags – den Typus von Wissenschaftsverleger, der sich weniger als Händler, sondern vielmehr als Freund der Wissenschaften sah.[112] Gustav Adolf Fischer war studierter Nationalökonom und als Neffe von Gustav Fischer 1901 von diesem adoptiert und seit 1905 in den Verlag eingeführt worden.[113] Obwohl er nach Schilderung einer langjährigen Mitarbeiterin keine Fahrten zu Autoren unternahm und die meisten Dinge schriftlich erledigte, war er von seinen Autoren geschätzt und verkörpert vor allem den Verlegertypus, der sich der Wissenschaft zugehörig fühlte, und sich beharrlich für Verlagsprojekte einsetzten konnte. Die Festschrift charakterisiert diese Verleger entsprechend »eher als Wissenschaftlicher, als Freunde der Wissenschaft [...] denn als Händler oder ›Fabrikanten‹.«[114]

Der Grundstein für diese Haltung als »Freunde der Wissenschaft« wurde meist bereits durch eine fundierte universitäre Ausbildung gelegt: So besaßen die hier vorgestellten Verlagsverantwortlichen durchweg einen Hochschulabschluss, teilweise absolvierten sie sogar ein Doppelstudium wie Ludwig Feuchtwanger. Feuchtwanger studierte neben Geschichte und Philosophie auch Nationalökonomie – seine Lehrer waren unter anderem Gustav Schmoller (1838–1917) und Hans Delbrück (1848–1877). Nachdem er seine Studien in Berlin abgeschlossen hatte, nahm Ludwig Feuchtwanger ein weiteres Studium der Rechtswissenschaft in München auf.[115] Er promovierte zum Doktor der Philosophie und war seit 1914 als Anwalt zugelassen.[116] Einen Doktortitel erwarben auch Oskar Siebeck oder Walter de Gruyter. Gustav Adolf Fischer studierte Nationalökonomie in Jena, Halle und München und auch Oskar Siebeck studierte wie seine Verlegerkollegen Nationalökonomie – unter anderem bei Karl Bücher –

---

111 Schreiben Oskar Siebeck an Rechtsanwalt Dr. Hayum vom 23. April 1923, S. 1. VA Mohr Siebeck, Nach. 488.

112 Stier stellt dies für Gustav Fischer fest, die Festschrift zum 100jährigen Jubiläum für Gustav Adolf Fischer. Vgl. Stier: Verlagshaus Gustav Fischer, 1953, S. 6; Gustav Fischer Verlag: 100 Jahre, 1978, S. 73.

113 Vgl. im Folgenden Stier: Verlagshaus Gustav Fischer, 1953, S. 13–14, 23, 25.

114 Gustav Fischer Verlag: 100 Jahre, 1978, S. 73.

115 Vgl. Müller: Wissenschaft und Markt, 2004, S. 94–95.

116 Vgl. Duncker & Humblot Verlagsbibliographie, 1998, S. 31–32; Mehring: Carl Schmitt, 2009, S. 101–102.

und er verfasste eine Promotion im Themenumfeld der Verfassungsgeschichte des Mittelalters.[117]

Interessant und in doppelter Hinsicht ungewöhnlich war der Werdegang Walter de Gruyters. Er entstammte einer protestantischen Unternehmerdynastie aus dem Ruhrgebiet, die mit einem Kohlenhandel zu Wohlstand gelangt war. Walter de Gruyter studierte aber gleichwohl nicht Bergbau und es zog es ihn auch nicht zu einem wirtschaftswissenschaftlichen Studium, sondern er entschied sich für die Germanistik. Eine Verbindung zum väterlichen Betrieb war dann allerdings das Thema seiner Doktorarbeit: Walter de Gruyter wurde 1887 mit einer Arbeit über »Das deutsche Tagelied« promoviert.[118] Nachdem der elterliche Kohlengroßhandel liquidiert wurde, wandte sich Walter de Gruyter in Berlin dem Verlagswesen zu, wo er sich planvoll in die Usancen des Buchhandels einarbeitete. Überhaupt ist die konsequente Ausrichtung auf eine Verlagskarriere ein Kennzeichen dieser Verlegergeneration: Nach den Studienjahren strebten sie häufig gezielt eine berufliche Weiterentwicklung im Verlag an. So orientierte sich Oskar Siebeck von Anfang an im Verlagsumfeld und machte Praktika in Bern und Zürich bis er 1906 in den Verlag eintrat.

Eine weitere Gemeinsamkeit zeichnete die Verleger aus: Alle vier oben erwähnten Verleger übernahmen die Leitungsfunktion in den Verlagen in einem ähnlichen Alter: Oskar Siebeck war 26 Jahre alt als er in den Verlag J. C. B. Mohr (Paul Siebeck) eintrat, Gustav Adolf Fischer zählte bei Übernahme der ersten Verlagsverantwortung 27 Jahre. Auch Ludwig Feuchtwanger wurde bereits im Alter von 28 Jahren akademischer Leiter des Verlags Duncker & Humblot.[119] Walter de Gruyter schließlich war 35 Jahre alt, als er zunächst den Verlag Georg Reimer und ein Jahr später 1898 den Verlag J. Guttentag übernahm.[120] Otto Schmidt gründete sein Unternehmen mit 39 Jahren und hatte zu diesem Zeitpunkt bereits umfangreich Erfahrungen gesammelt, zum Bespiel als Gerichtsschreiber.[121]

---

117 Vgl. Gustav Fischer Verlag: 100 Jahre, 1978, S. 23; Knappenberger-Jans: Verlagspolitik und Wissenschaft, 2001, S. 25.

118 Vgl. Lüdtke: Verlag Walter de Gruyter, 1924, S. 95.

119 Vgl. Feuchtwanger: Vorwort, 2007, S. 7.

120 Vgl. Hübinger / Müller: Politische Verlage, 2001, S. 354. Zum Unternehmenskauf vgl. Menz: Deutsche Buchhändler, 1925, S. 303; Fouquet-Plümacher / Wolter: Aus dem Archiv, 1980, S. 3–4; Ziesak / Cram: Walter de Gruyter, 1999, S. 44.

121 Die Jubiläumsschrift weist auf den Werdegang des Verlagsgründers und auf seine »einfachen Verhältnisse« hin. Otto Schmidt hatte als Gerichtsschreiber gearbeitet, bevor er ein volkswirtschaftliches Studium aufnahm. Vgl. Winters / Schmidt / Schmidt: 100 Jahre Dr. Otto Schmidt, 2005, S. 11.

Die junge Verlegergeneration und ihre Grundhaltung

Eine soziale und altruistische Einstellung fernab jeglicher ausschließlicher Geschäftsinteressen hatten diese jüngeren Verleger offensichtlich ebenfalls von der Elterngeneration gelernt. Wie der Vater sah sich auch Oskar Siebeck in einer »Rolle des in erster Linie dienenden Verlegers«,[122] beide wahrten – zumindest bei bekannten Autoren wie Max Weber – stets die inhaltliche Hoheit des Autors über sein Werk. Das verlegerische Selbstverständnis, das Gustav Adolf Fischer und Oskar Siebeck repräsentieren, kennzeichnete vor allem die starke Verbundenheit mit den verlegten Inhalten und das Selbstverständnis als Wissenschaftsverleger. Die Verleger waren nicht ausschließlich am Profit orientiert, sie realisierten auch Projekte, die nicht primär einem wirtschaftlichen Zweck dienten. Und im Konfliktfall stellten sie wie Oskar Siebeck die Geschäftsinteressen über die Familieninteressen.[123] Das hielt sie selbstverständlich nicht von einem sozialen Engagement im privaten Bereich ab: Ein Beispiel stellen Rentenzahlungen von Paul Siebeck an die Braut seines gefallenen Sohnes Robert Siebeck dar. Im Rahmen einer Auseinandersetzung mit den Steuerbehörden kommt die moralische Verpflichtung in wirtschaftlich schwierigen Zeiten und das Selbstverständnis des Verlegers zur Sprache, Paul Siebeck entrichtete »aus freien Stücken und ohne förmliches Versprechen vom 1. Januar 1916 ab auf unbestimmte Zeit eine vierteljährliche Rente«.[124]

In besonderem Maße wird das für die neue Verlegergeneration festgestellte wissenschaftliche und verlegerische Interesse sichtbar, wenn der Verleger gleichzeitig als Herausgeber seine Publikationen verantwortete, wie dies bei Otto Liebmann der Fall war. Otto Liebmann nahm zusätzlich zu seiner Funktion als Verleger auch als Herausgeber aktiv am publizistischen Geschehen teil. Das Besondere an Otto Liebmann war die Verbindung zu seinen Autoren und Herausgebern. Die Wertschätzung, die ihm auch von anerkannten Rechtswissenschaftlern zu Teil wurde, drückt sich beispielsweise in der Festgabe aus, die Otto Liebmann anlässlich des 25. Erscheinungsjahrs überreicht wurde: die *Deutsche Juristen-Zeitung (DJZ)* wurde als »in Wahrheit ihr persönliches Werk« gekennzeichnet: »Die Deutsche Juristen-Zeitung läßt sich kaum denken ohne Dr. Liebmann und dieser nicht ohne jene, die ihm immer besonders am Herzen lag.«[125] Otto Liebmann akquirierte »ungezählte Beiträge und wertvolle Aufsätze«, er selbst verfolgte die Rechtsentwicklung. Der Verleger hatte die zielstrebige Fortentwicklung seiner Zeitschrift offensichtlich immer fest vor Augen, er akquirierte ganz gezielt die Beiträge für seine *Deutsche Juristen-Zeitung*. Als Herausgeber mischte sich Otto Liebmann auch aktiv in das Meinungsgeschehen ein, beispielsweise zum

---

122 Mommsen: Siebecks und Max Weber, 1996, S. 20. Zur dienenden Rolle Oskar Siebecks vgl. auch Knappenberger-Jans: Verlagspolitik und Wissenschaft, 2001, S. 15.

123 Vgl. Schreiben Oskar Siebeck an Rechtsanwalt Dr. Hayum vom 23. April 1923, S. 2. VA Mohr Siebeck, Nach. 488.

124 Schreiben des Kameralamts Tübingen vom 9. Juli 1918, S. 1. VA Mohr Siebeck, Nach. 488.

125 Zitate Kahl: Ansprache, 1920, S. 9.

Republikanischen Richterbund.[126] Otto Liebmann konnte in seiner Doppelrolle als Verleger und als Herausgeber beides – Rechtswissenschaft und Publizistik – im Blick behalten und die Zeitschrift unter verlegerischen und inhaltlichen Gesichtspunkten konsequent weiterentwickeln.

Als »Praktiker mit Sendungsbewusstsein«[127] gilt auch Otto Schmidt. Mit seinen *Centralen Mitteilungen* – Keimzelle seines Verlags – wollte Otto Schmidt nicht nur informieren und aufklären, sondern auch Fehlentwicklungen in Gesetzgebung und Steuerpolitik entgegenwirken.[128] Und ein Verleger, der »streng auf das wissenschaftliche Profil seines Verlags«[129] achtete und als Förderer der Wissenschaften beschrieben wird, war Walter de Gruyter. Sein Engagement für die Wissenschaften wird von dem ihm verbundenen Mitarbeiter Gerhard Lüdtke euphorisch wie folgt beschrieben:

> »In solchen Jahren, wie sie namentlich vor dem Weltkriege lagen, konnte er alle hemmenden Fesseln abstreifen, gab er freudig und willig jeder Anregung Gehör, und man konnte mit Sicherheit darauf rechnen, bei ihm alle Bedenken zu überwinden, wenn den Opfern, die der Verlag brachte, eine besonders starke Förderung eines Wissensgebietes gegenüberstand.«[130]

Mit dem politischen oder wissenschaftlichen Ethos verbanden die Verleger auch einen gewissen Altruismus: Sie verlegten Werke also nicht nur unter finanziellen Gesichtspunkten, sondern auch aus ideellen Motiven. Auch der um die Jahrhundertwende im Verlag C.H.Beck amtierende Oskar Beck verlegte in der Reihe *Abhandlungen zum Privatrecht und Zivilprozeß*, die von dem Breslauer Professor Otto Fischer herausgegeben wurde, Werke wie *Die Unterlassungspflicht im bürgerlichen Recht* sowie einen Titel über den »Prozeßvergleich«, bei dem der Verlag »kaum auf seine Rechnung« kam; im Gegenteil musste Oskar Beck bei diesem Verlagsprojekt »Kapital in die Wissenschaft und damit zugleich in das Ansehen seines Verlages«[131] investieren.

Die Beispiele haben gezeigt, dass auch für einige juristische Verleger galt, was Paschke für den deutschen Buchhandel allgemein resümiert:

> »Selbstverständlich ist das Endziel und der wirtschaftliche Zweck der verlegerischen Tätigkeit der geschäftliche Gewinn. Nicht selten aber kommt der Verleger in die Lage, [...] doch Unternehmungen zu unterstützen, bei denen ausschließlich ideale Gründe für ihn maßgebend sind, bei denen er auf Verluste rechnen muß. Er kann dies im Einzelfalle natürlich stets nur in den Grenzen seiner wirtschaftlichen Leistungsfähigkeit tun, aber gerade der deutsche Verlagsbuchhandel darf sich solcher Opferwilligkeit als Helfer und Förderer von Wissenschaft und Literatur mit berechtigtem Stolze rühmen.«[132]

---

126 Vgl. Petersen: Literatur und Justiz, 1988, S. 32.

127 Winters / Schmidt / Schmidt: 100 Jahre Dr. Otto Schmidt, Festveranstaltung, 2005, S. 14.

128 Vgl. Winters / Schmidt / Schmidt: 100 Jahre Dr. Otto Schmidt, 2005, S. 14.

129 Zitate Hübinger / Müller: Politische Verlage, 2001, S. 354.

130 Lüdtke: Verlag Walter de Gruyter, 1924, S. 93.

131 Zu allen Zitaten siehe auch den Hinweis bei Beck: Der juristische Verlag, 1988, S. 23.

132 Paschke / Rath: Lehrbuch, 1912, S. 103.

4.3.5 Der Erste Weltkrieg als Thema und Einschnitt

Der Erste Weltkrieg traf die juristischen Verlage zunächst mit der gleichen Härte wie ihre Verlegerkollegen. Am 31. Juli 1914 wurde der Kriegszustand erklärt, vier Tage später trat am 4. August 1914 das Kriegs-Ermächtigungsgesetz in Kraft, während des Kriegs wurden insgesamt 825 Bundesratsverordnungen erlassen.[133] Die Produktion war eingeschränkt durch Rohstoffzuteilungen, die »Behörden steuerten die Produktion«; für die Verlage bedeutsam war zum Beispiel die Verordnung des Bundesrats über Druckpapier vom April 1916, auf Gund derer im Juli eine Anzeigepflicht für Druckerzeugnisse bekannt gemacht wurde. Eine »kriegsbedingte Zensur öffentlichrechtlicher Zeitschriften« vermutet Stolleis nicht.[134] Eher waren es wirtschaftliche Schwierigkeiten, die zur Einstellung führten. Die juristischen Verlage waren mit ihren Programmen in der Regel auf den nationalen Markt ausgerichtet, von dem kriegsbedingten Wegfall der Exportverkäufe waren sie deshalb nicht in dem Maße betroffen wie Verlage mit international ausgerichteten Wissenschaftsprogrammen. Andererseits profitierte der juristische Buchhandel im Gegensatz zu anderen Verlagszweigen auch nicht von den zusätzlichen durch den Krieg entstandenen Absatzmärkten: Einen Impuls durch den Ersten Weltkrieg erlangte zum Beispiel der verbreitende Buchhandel, hier waren die Kriegsjahre seit 1916 geprägt von der Gründung sogenannter Frontbuchhandlungen.[135] In einer solchen Frontbuchhandlung in Lille entdeckte Heinrich Beck (1889–1973) als Oberleutnant Oswald Spenglers (1880–1936) *Untergang des Abendlandes*, ein Buch, das später zu den bekannten Werken des Verlags gehörte.[136]

Während Verleger und Buchhändler populärerer Literatur, von Landkarten und Sprachführern, aber auch von Kriegschroniken und -literatur,[137] also aus dem Faktor Krieg ihren Vorteil zogen und belletristische Verleger das ausgeprägte Lesebedürfnis der Soldaten im Feld bedienen konnten, bot der Krieg für die juristischen Verlage

133 Vgl. Stolleis: Geschichte des öffentlichen Rechts, 1999, S. 67. Dehlinger spricht 1916 auch von »demnächst tausend Kriegsverordnungen« – Dehlinger: Inhaltsverzeichnis zum Reichs-Gesetzblatt, 1916, Vorwort zur 2. Auflage.

134 Zitate Stolleis: Geschichte des öffentlichen Rechts, 1999, S. 69, 71. Zur Bekanntmachung vom 16. Juli 1916 siehe Reichs-Gesetzblatt, Jahrgang 1916, Nr. 161, S. 745.

135 Vgl. Widmann: Geschichte des Buchhandels, 1975, S. 145. Treibende Kraft war Hermann Hillger (1865–1945). Hermann Hillger besaß seit 1887 eine Druckerei und gründete 1894 den Hermann Hillger Verlag. Bekannt wurde der Verlag unter anderem durch die Veröffentlichung von Kürschners Universal-Konversations-Lexikon. Zu Hermann Hillger vgl. Welt: Bücher ins Feld, 1995, S. 6. Zum Thema der »militarisierte Buchhandel im Ersten Weltkrieg« vgl. Lokatis: Der militarisierte Buchhandel, 2010, S. 444–469.

136 Vgl. Widmann: Geschichte des Buchhandels, 1975, S. 146. Oswald Spengler gehörte später zu den persönlichen Freunden Heinrich Becks und wurde eine Art Mentor für ihn. 1922 erschien das Werk neu bei Beck. Vgl. Wittmann: Hundert Jahre Buchkultur, 1993, S. 119. Wittmann konstatiert auch, dass der Verlag trotzdem nicht in das »völkische Fahrwasser« geriet.

137 Bis Anfang Dezember 1914 erschienen rund 1400 neue Titel. Vgl. Welt: Bücher ins Feld, 1995, S. 1.

keine zusätzlichen Einnahmequellen. Umso erstaunlicher ist, dass die Anzahl der produzierten rechtswissenschaftlichen Titel während des Ersten Weltkrieges zwar sank, sich die Zahl der veröffentlichten juristischen Werke allerdings nicht in dem Maße verringerte, wie dies in anderen Wissenschaftsdisziplinen der Fall war. Im Verhältnis zu anderen Wissenschaften vergrößerte sich der Anteil der juristischen Buchproduktion sogar noch.[138] Die Produktion juristischer Titel sank in keinem Kriegsjahr unter 2000 Werke und erreichte 1919 mit 3767 Titeln wieder einen vorläufigen Höhepunkt. Die reinen Produktionszahlen legen die Vermutung nahe, dass die juristischen Verlage der wirtschaftlichen Notlage während des Ersten Weltkrieges begegnen konnten. Ein Grund hierfür kann generell in der Unverzichtbarkeit juristischer Publikationen vermutet werden. Auch von dem Rückgang der Studenten – die Zahl reduzierte sich von 10 890 Studenten im Studienjahr 1910–1911 auf 8469 Studenten im Sommersemester 1915[139] – waren die juristischen Verlagsprogramme auf Grund ihrer überwiegend rechtspraktischen Ausrichtung offenbar weniger stark betroffen als die Kollegen mit anderen Wissenschaftsschwerpunkten.

Die allgemeine Notsituation während des Krieges wirkte sich auch auf die Bedingungen der Verlagstätigkeit juristischer Verlage aus: Nach der Einführung der Papierbewirtschaftung 1916 wurde 1918 eine Notstandsordnung des Börsenvereins mit einem allgemeinen Teuerungszuschlag verabschiedet.[140] In Österreich stiegen die Papierpreise 1914 und 1918 um das zehnfache und die 1916 eingeführte »Bleiabgabe« bestimmte, »daß 15 % der Bleibestände« an eine Metallzentrale abgeliefert werden mussten. Daneben beklagte der in Wien ansässige Verlag Manz, dass die für die Verlage lukrativen »Drucksortenaufträge für den Staat, etwa das Kriegsministerium«[141] den Verlagen als Privatunternehmen entzogen und an die Staatsdruckerei vergeben wurden. Einschränkungen wie sie im Verlag C.H.Beck hingenommen werden mussten – Einziehung von Personal in den Krieg, Beachtung von Zensurvorschriften, Papierkontingentierung und eine schlechtere Qualität[142] – waren für alle juristischen Verlage an der Tagesordnung.

Im Verlag J. C. B. Mohr (Paul Siebeck) wurde nicht nur Personal einberufen, sondern der Verlag musste auch Angestellte entlassen. Im August 1914 gab der Verleger Paul Siebeck eine Erklärung über die Reduzierung des Personals ab: Vier Mitarbeiter

---

138 Vgl. auch Statistiken bei Kastner: Statistik, 2003, S. 320–321.

139 Vgl. Knemeyer: Der Deutsche Juristen-Fakultätentag, 1992, S. 75.

140 Dem Sortiment wurde ein verbindlicher Zuschlag von 10 % bewilligt. Vgl. Widmann: Geschichte des Buchhandels, 1975, S. 147. Die Papierbewirtschaftung wurde für Bücher und Zeitschriften erst am 1. Oktober 1920, für Zeitungen am 1. April 1921 wieder aufgehoben. Vgl. Hoffmann: Buchverlage, 1997, S. 13; Wittmann: Geschichte deutschen Buchhandels, 2010, S. 331.

141 Stein / Hilscher: 150 Jahre Manz, 1999, S. 14.

142 Vgl. Beck: Festschrift, 1963, S. 105–106. Auch der Verlag L. Staackmann gibt in seinem Katalog offen zu, dass »der immer empfindlicher werdende Mangel an Rohstoffen [. . .] zeitweilig die Qualität der Ausstattung« verminderte, er »zwang zur Verwendung holzhaltiger Papiere und Bindung der Bücher in geringwertige Einbandstoffe«. Vgl. Verlagsverzeichnis L. Staackmann 1929, S. 15.

erklärten sich zur Aufgabe ihres Arbeitsplatzes bereit »freiwillig [...] im Einvernehmen mit ihren Eltern zu Gunsten derjenigen Mitarbeiterinnen, die keinen Vater mehr haben«.[143] Eine weitere Reduzierung erfolgte durch Einberufungen, an dritter Stelle wurde einem Mitarbeiter der Rat erteilt, sich eine andere Arbeitsstelle zu suchen; fünf weiteren Mitarbeitern wurde zum Ende des Monats, vier Mitarbeitern zum Jahresende gekündigt. Der Verleger betonte, dass die Zusagen auf Wiedereinstellung eingehalten würden »sollte das Geschäft nach Beendigung des Krieges nach und nach wieder in seinem früheren Umfang weitergeführt werden können«.

Auch kriegsbedingte staatliche Anordnungen behinderten das Alltagsgeschäft. So erhielt Paul Siebeck 1917 vom Stellvertretenden Generalkommando zur Druckschriftenausfuhr den Hinweis, dass bei einem Werk von Wilhelm Bauer *Die öffentliche Meinung* Exemplare ungestempelt ins Ausland verschickt werden sollten und eine Strafandrohung im Wiederholungsfall: »Weitere Zuwiderhandlungen gegen die Bestimmungen über die Bücherausfuhr müssten unbedingt Strafe zur Folge haben«.[144] Paul Siebeck rechtfertigt sich gleich am nächsten Tag unter anderem damit, dass seine besten Mitarbeiter einberufen worden seien – »gerade mein gewandtester und zuverlässigster Expeditionsgehilfe steht schon seit Anfang des Krieges im Felde«[145] – und dass er sich als Verleger »unmöglich auch um das Abstempeln kümmern« könne.

Eine direkte Auswirkung des Krieges war zwangsläufig das zeitliche Verschieben von Werken wie beim Kommentar zum Sachenrecht von Leo Rosenberg im Verlag C.H.Beck: Das Werk war bereits 1914 abgeschlossen, konnte allerdings erst 1919 als Teilkommentierung erscheinen.[146] Ebenso erging es dem ersten Band des *Handwörterbuchs der Kommunalwissenschaften* bei Gustav Fischer, es verzögerte sich durch den Krieg und erschien erst 1918. Dramatischer als die Verschiebung war das endgültige Einstellen von geplanten Werken: Hier bildet das von Friedrich Naumann im Frühjahr 1912 angestoßene *Deutsche Staatslexikon* ein Beispiel, welches noch in den Vorbereitungen unmittelbar nach Kriegsbeginn eingestellt wurde.[147] Ein Verschieben von Werken konnte aber auch auf Wunsch des Verlegers stattfinden. So äußerte Paul Siebeck Anfang 1914 seinem juristischen Autor Max Fleischmann (1872–1943) gegenüber den Wunsch, das Manuskript für einen Beitrag zum Werk *Öffentliches Recht der Gegenwart* auf Anfang Januar 1915 zu verschieben, »damit ich es erst auf den Etat des nächsten Jahres bekomme«.[148]

---

143 So Paul Siebeck in einer Erklärung über kriegsbedingte Entlassungen vom 11 August 1914. Auch alle weiteren Zitate entstammen der Erklärung Paul Siebecks. VA Mohr Siebeck, Nach. 488.

144 Schreiben des Stellv. Generalkommando zur Druckschriftenausfuhr des Verlags J. C. B. Mohr vom 17 August 1917. VA Mohr Siebeck, Nach. 488.

145 Schreiben Paul Siebeck zur Druckschriftenausfuhr vom 17. August 1917. VA Mohr Siebeck, Nach. 488.

146 Vgl. Thier: Sachenrecht, 2007, S. 255–256.

147 Vgl. zu beiden Beispielen Müller: Wissenschaft und Markt, 2004, S. 131, 144, 201.

148 Schreiben Paul Siebeck an Professor Max Fleischmann vom 21. Januar 1914. VA Mohr Siebeck, Nach. 488.

Für einige traditionsreiche Verlage bedeutete der Krieg nicht nur wirtschaftliche Einbußen, sondern sogar das Ende ihrer Stellung im Marktsegment: Kriegsbedingt geriet die Verlagsbuchhandlung Wilhelm Braumüller 1915 in finanzielle Schwierigkeiten und wurde teils an Gläubiger wie die Druckerei Jasper verkauft.[149] Auch Carl Winter's in Heidelberg konnte nach dem Ersten Weltkrieg seine frühere Position nicht wiedererlangen.[150] Dabei handelte es sich aber eher um Einzelfälle. Die bekannten juristischen Verlage konnten ihre Tätigkeit nach dem Krieg wieder aufnehmen.

Angesichts der dargestellten Einschränkungen stellt sich die Frage, inwieweit der Erste Weltkrieg als Thema Eingang in juristische Publikationen fand: Bei der Erwähnung der Autorennamen setzte sich allgemein relativ rasch die Nennung des militärischen Dienstgrades durch.[151] Im Rahmen der inhaltlichen Auseinandersetzung mit den Kriegsereignissen reagierten die juristischen Zeitschriften durchaus unterschiedlich. Doerfert zitiert aus der Zeitschrift *Juristische Wochenschrift*, als Organ des Deutschen Anwaltsvereines die Stimme der Anwälte, am 25. August 1914 einen ganzseitigen »Aufruf an die deutschen Rechtsanwälte«.[152] Im Gegensatz dazu erwähnten viele Zeitschriften den Krieg gar nicht wie zum Beispiel das *Archiv des öffentlichen Rechts (AöR)* oder das *Verwaltungsarchiv*. Doerfert führt eine fehlende Thematisierung bei Vierteljahreszeitschriften eher auf »fehlende aktuelle Präsenz zurück [...] als auf eine abgeklärtere Haltung in den dortigen Redaktionen«. Auch die Reaktionen der Verleger waren unterschiedlich: Paul Siebecks »vorsichtiges, abwägendes Verhalten, eine eher passive Verlagsführung und die Bereitschaft, den Krieg als Ausnahmesituation zu begreifen«[153] war offenkundig eine erfolgreiche Reaktion in der Kriegszeit. Vereinzelt wurde der Krieg als Thema in die Verlagskataloge integriert wie im Falle des Verlags Duncker & Humblot, der 1914 einen Katalog entsprechend mit dem Titel »Bücher für die Zeit«[154] herausgab.

4.4 Innovationen bei Finanzierungs- und Vertriebsformen

Einer der zentralen Erfolgsfaktoren für juristische Verlage zu Beginn des 20. Jahrhunderts waren die Verbindungen in die Zielgruppe. Je intensiver die Rückkopplung in die Leserschaft war, desto besser standen die Chancen für eine frühe Entwicklung neuer Verlagsprodukte und für deren erfolgreiche Markteinführung. Eine – teils freiwillige, teils eher durch den Konkurrenzdruck hervorgerufene – Reaktion der Verleger war neben der Programmerweiterung auch eine Ausweitung ihrer Vertriebsmaßnahmen.

149 Vgl. Nawrocka: Braumüller wird 222, 2005, S. 6.
150 Vgl. Schneider: Der wissenschaftliche Verlag, 2007, S. 387.
151 Vgl. Doerfert: Archiv des Öffentlichen Rechts, 1993, S. 158.
152 Zitate Doerfert: Archiv des Öffentlichen Rechts, 1993, S. 158.
153 Knappenberger-Jans: Verlagspolitik und Wissenschaft, 2001, S. 24.
154 Verlagsverzeichnis Duncker & Humblot 1914.

Der Konkurrenzdruck nahm von verschiedenen Seiten zu: 1912 gab es in Deutschland 184 Buchhandelsunternehmen der Rechts- und Staatswissenschaften; Ramseger stellt ferner eine »verblüffend hohe Zahl von Sortimenten«[155] fest, die gleichzeitig Verlag und Sortiment waren, an reinen Verlagen zählte er lediglich 61 Verlagsunternehmen. Häufig bildeten die Vertriebsmaßnahmen gleichzeitig Formen der Finanzierung, wenn zum Beispiel Kunden als Mitglieder gewonnen werden konnten oder umgekehrt aus lockeren Verbandsmitgliedschaften Kundenbeziehungen wurden. Neben den eingeführten Verkaufskanälen des Buchhandels begann sich ein professioneller Direktvertrieb für juristische Literatur zu entwickeln und neue Vertriebsformen wurden mehr und mehr eine feste Größe beim Verkauf juristischer Werke.

Dies verwundert nicht: Zu Beginn des 20. Jahrhunderts war es marktentscheidend, welcher Verlag als erster ein bestimmtes Themenfeld besetzte und die vom Nutzer benötigten Informationen in der gewünschten Ausgabeform bereitstellen und direkt verkaufen konnte. Um den Kontakt zu den Stammkäufern zu halten, gingen einige Verlage dazu über, mit Einzelmaßnahmen wie den beschriebenen »Umtauschaktionen« den Verkauf beispielsweise von Neuauflagen zu befördern. Neben diesen eher auf den Einzelverkauf gerichteten Vertriebsmethoden sollen nachfolgend drei Formen des Vertriebs vorgestellt werden, die die beteiligten Verlage nachhaltiger – teils sogar in ihren organisatorischen Strukturen – prägten. Otto Löwenstein versuchte seine Leser mittels einer juristischen Literaturzeitschrift an den eigenen Verlag zu binden, Otto Schmidt gab juristische Informationsdienste heraus und Hans Soldan (1870–1940) betätigte sich sogar vornehmlich im Vertrieb: nicht nur von juristischen Werken, sondern zunächst im Verkauf von Einrichtungs- und Bürogegenständen sowie Anwaltsroben.

Hauszeitschrift Kritisches Literaturblatt im Verlag Carl Heymanns

Um sich im konkurrenzstarken Umfeld zu positionieren, suchten die juristischen Verlage nach Vertriebsmethoden, mit denen sie nicht nur den Verkauf ihrer Publikationen steigern konnten, sondern auch als juristischer Verlag insgesamt oder als Anbieter für ein spezielles Rechtsgebiet erinnert wurden. Eine gerade im Kaiserreich wahrgenommene Möglichkeit dafür stellten kostenlose Informationsblätter dar. Ebenso wie Buchhandlungen[156] warben auch die Verlage selbst um ihre Kunden. Otto Löwenstein hatte bereits seit längerer Zeit Erfahrung mit verschiedenen Arten von Kundenbindungsinstrumenten sammeln können.

---

155 Ramseger: Geburtshelfer, 1985, S. 1078.

156 So warb das Sortiment J. Schweitzer auf der Umschlagrückseite seines Schweitzers Vademecums mit gratis und franco versendeten Kundenmitteilungen – »Literarische Mittheilungen für Juristen und Verwaltungsbeamte« –, um die »verehrten Kunden mit der neu erscheinenden einschlägigen Literatur auf dem Laufenden zu erhalten«. Umschlaginnenseite J. Schweitzer Sortiment: Literarisches Vademecum, 1891.

Tabelle 4.3: Gründung vertriebsfördernder Zeitschriften bei Carl Heymanns

1871	Der literarische Verkehr »Organ für die Interessen der deutschen Schriftstellerwelt«
1879	Carl Heymann's Kritisches Literaturblatt für Rechts- und Staatswissenschaft
1889	Juristisches Litteraturblatt

Ab 1871 erschien der *Literarische Verkehr* im Verlag von Otto Löwenstein und war laut Untertitel ein »Organ für die Interessen der deutschen Schriftstellerwelt«.[157] Zwar gehörte es »zu den vorrangigen Zielen [...] im ›literarischen Zwischenhandel‹ Kontakte zwischen Autoren und Verlegern zur Vermarktung von Manuskripten herzustellen«, das Informationsblatt bot nach eigenem Bekunden aber auch einen »möglichst vollständigen Überblick über die in Deutschland publizierten juristischen Neuerscheinungen und Zeitschriften«. Diese Informationsblätter hatten für die Fachverlage eine ähnliche Funktion wie die Kundenzeitschriften, mit denen belletristische Verlage ihre Kunden über Neuerscheinungen und Neuerungen im Verlag informierten.[158] Ganz in diesem Sinn erschien ab 1879 *Carl Heymann's Kritisches Literaturblatt für Rechts- und Staatswissenschaft*, das sich unter Mitwirkung namhafter Theoretiker und Praktiker – so der Untertitel – als »neues kritisches Organ« präsentierte und das sich »ausschließlich mit der rechts- und staatswissenschaftlichen Literatur beschäftigen« sollte.

Programmatisch machte die Redaktion in einem »Prospect« deutlich, dass es sich nicht nur um eine stets aktuelle, streng wissenschaftliche kritische Übersicht über die Neuerscheinungen der Rechts- und Staatswissenschaften handeln sollte, sondern versprach dem Leser auch, dass er alles »in übersichtlicher Ordnung vorfinden« würde und das Blatt »durch sorgsame Beschränkung der Kritik auf die gebührende Grenze« vermeiden würde, »dass das kritische Referat, den Reiz des Pikanten abstreifend, sich in weitläufige Excurse verliere«.[159] Neben Rezensionen enthielt das Blatt »Miscellanea, Personal-Nachrichten und Literarische Bekanntmachungen«, subjektive Meinungsäußerungen wurden »in einem ›Sprechsaal‹ eine Stätte bereitet«. Zusätzlich erschien ein halbjährliches Literatur-Verzeichnis. Der Herausgeber Richard Ryck stellte in einem Vorwort fest: »bei der mächtigen Ausdehnung, welche gegenwärtig die Rechts- und Staatswissenschaften durch Literatur und Gesetzgebung erfahren haben, wird die vorliegende Zeitschrift eine fühlbare Lücke ausfüllen, wenn sie eine vollständige und zuverlässige kritische Ueberschau über den jeweiligen Stand der rechts- und staatswissenschaftlichen Literatur zu ihrer Hauptaufgabe macht«.[160]

---

157 Zitate Lindner: Otto Löwenstein, 2003, S. 37, S. 10, 35.

158 So gab bspw. der S. Fischer Verlag »unterstützende Publikationsformen zur Integration des Programms und zur Sicherung des Qualitätsstandards« in Form einer »Hauszeitschrift« heraus. Vgl. Schanze: Samuel Fischer, 1999, S. 152.

159 Zitate Carl Heymanns Verlag: Prospekt, 1879.

160 Ryck: Vorwort, 1879, S. 1.

Er wirbt auch für Beiträge »die von anderer Seite der Zeitschrift etwa zugehen sollten« und versprach eine »thunlichste Berücksichtigung« derselben.

Die »Lieblingsidee«[161] des Verlegers Otto Löwenstein war allerdings das von ihm selbst initiierte *Juristische Litteraturblatt* – hier war der Verleger persönlich Schriftleiter. Das erste Heft erschien am 15. Januar 1889, der Verleger erläuterte sein Konzept in einem einleitenden Aufsatz: Unter anderem sollte das *Litteraturblatt*, jedem »der sich für die deutsche Litteratur auf dem Gebiete der Rechts- und Staatswissenschaft interessirt, ein möglichst vollständiges Bild der neuen Erscheinungen auf allen ihren Zweigen«[162] geben. Otto Löwenstein sah sein *Litteraturblatt* nicht als Konkurrenz zu bereits bestehenden Zeitschriften oder Blättern gleichen inhaltlichen Formats, sondern äußerte im Gegenteil die »ergebensthe Bitte« gegenüber Autoren, Referenten, Lesern und Verlegern, an dem Blatt mitzuwirken »durch directe Mittheilungen, Hinweise und Nachrichten, Bemerkungen und Rathschläge«. Inhaltlich beschränkte sich Otto Löwenstein auf die deutsche Literatur, die den Lesern des *Litteraturblatts* unter anderem in folgenden Rubriken vorgestellt wurde: Neuerscheinungen von Büchern, Gesetzesausgaben, Sammlungen, Entscheidungen, Zeitschriften, Besprechungen und Hinweisen auch »aus anderen Gebieten«; in einer Beilage finden sich »Notizen und Vermischtes«, ein »Briefkasten« sowie Platz für Werbeanzeigen.

Das *Litteraturblatt* war explizit auf den Austausch mit seinen Lesern angelegt. Nicht nur an Hand des Aufrufes in der ersten Ausgabe, auch durch Rubriken wie den »Briefkasten« wird dies deutlich. Indem der Leser als potenzieller Kunde des Verlags zur Mitwirkung aufgefordert wurde, sollte er sich dem Verlag verbunden fühlen und auf dessen Werke zurückgreifen. Dabei wurde keine Beschränkung der Inhalte auf solche des eigenen Verlags angestrebt: Das Blatt berücksichtigte die Werke anderer Verlage ebenso wie die des Carl Heymanns Verlags.[163] Im Gegenteil war in allem eine möglichst große Vollständigkeit gewollt, Berücksichtigung finden sollten deshalb auch Werke verwandter Bereiche »welche für Juristen besonderes Interesse bieten [...] das Juristische Litteraturblatt soll Nichts ausschließen, was dem Anhänger desselben interessant und nutzbringend sein kann«.[164] Nicht nur der Verleger selbst schrieb für das Litteraturblatt, sondern auch fremde Federn kamen zu Wort wie Paul Oertmann, der in der letzten Ausgabe des 19. Jahrhunderts über sieben Spalten seine Ansichten zum neuen Bürgerlichen Gesetzbuch mitteilte, die bereits am Markt erhältlichen Werke zum Bürgerlichen Gesetzbuch bewertete und eine kritische Auseinandersetzung mit dem Gesetzeswerk anmahnte.[165]

Dabei ging der Anspruch des *Juristischen Litteraturblatts* durchaus über eine reine bibliographische Präsentation der Neuerscheinungen hinaus: Paul Oertmann

---

161 Lindner: Otto Löwenstein, 2003, S. 35.

162 Zitate Löwenstein: Juristisches Litteraturblatt, 15. Januar 1889, S. 1.

163 Vgl. Löwenstein: Juristisches Litteraturblatt, 15. März 1896, 16. Januar 1899 und 17. Januar 1898.

164 Löwenstein: Juristisches Litteraturblatt, 15. Januar 1889, S. 1.

165 Vgl. Oertmann: Juristisches Litteraturblatt, 20. Dezember 1899, S. 221.

blickte in einer Zusammenfassung der Werke zum Bürgerlichen Recht anlässlich des Firmenjubiläums 1915 auf die Charakteristika und Alleinstellungsmerkmale der Zeitschrift zurück und hebt insbesondere die orientierenden »Leitartikel über grundsätzlich wichtige Fragen der Rechtsentwicklung oder besonders bedeutsame Neuerscheinungen« und »nicht selten mehr oder minder kritische Besprechungen«[166] hervor. Er stellt dabei auch fest, dass es das *Juristische Litteraturblatt* auch über die Jahrhundertwende hinaus geschafft habe, »seine anfängliche Eigenart bis auf den heutigen Tag unverändert« zu bewahren. 1915 schließlich war das *Juristische Litteraturblatt* die einzige Zeitschrift, die eine nahezu vollständige Bibliographie oder in Paul Oertmanns Worten ein »doch der Vollständigkeit nahe kommendes Bild der gesamten juristischen Literatur« vermittelte und »dem Spezialistentum, das den Blick über sein Sonderfach hinaus nicht nach rechts noch nach links zu erheben geneigt ist, versucht [...] nach besten Kräften ein Paroli zu bieten«. Selbst wenn eine gewisse Euphorie anlässlich des Firmenjubiläums von Carl Heymanns unterstellt wird, bleibt der Anspruch der Zeitschrift – auch im Rahmen der Kundenbindung – sichtbar, dem Rechtsanwender und Wissenschaftler eine Orientierungshilfe zu bieten. Das Periodikum *Juristisches Litteraturblatt* wurde offensichtlich auch von den Kollegen geschätzt: So zitierte der Verlag W. Kohlhammer eine Besprechung seines Werkes von Oskar Haidlen zum Bürgerlichen Gesetzbuch aus dem *Litteraturblatt*.[167]

Mitteilungen der »Centrale für GmbH« und Verlag Dr. Otto Schmidt

Eine innovative Idee begleitete bereits die Gründung des Verlags Dr. Otto Schmidt.[168] Die *Mitteilungen* der 1905 von Otto Schmidt in Köln gegründeten Interessengemeinschaft »Centrale für Gesellschaften mit beschränkter Haftung Dr. Otto Schmidt« wurden mittels eines Informations-Rundbriefs und später einer ersten Rechtsprechungs-Sammlung – der *Kartothek der Rechtsprechung zum GmbH-Gesetz* – an die Mitglieder der »Centrale« abgegeben. Anlass für die Verlagsgründung war ein Gesetzesvorhaben zur Besteuerung Gesellschaften mit beschränkter Haftung.[169] Die von Otto Schmidt – von Haus aus studierter Volkswirt und Jurist – herausgegebenen Informationen hatten eine konsequente Mitgliederausrichtung und erfüllten einen umfassenden Informationsanspruch. Bei dem Erfahrungswissen des Unternehmensgründers erweiterte sich das Themenspektrum rasch: Weitere Themen seiner Beratungstätigkeit und Publikationen waren beispielsweise Gesellschafter- und Geschäftsführerverträge oder

---

166 Zitate Oertmann: Bürgerliches Recht, 1915, S. 11, 12.

167 Vgl. Verlagsverzeichnis W. Kohlhammer 1897, S. 26.

168 Zum Verlag Dr. Otto Schmidt allgemein siehe u. a. Verleger berichten, 1967; Arbeitsgemeinschaft rechts- und staatswissenschaftlicher Verleger: ARSV 1990; Winters / Schmidt / Schmidt: 100 Jahre Dr. Otto Schmidt, 2005; Dr. Otto Schmidt Verlag: Verlagsgeschichte, 2010.

169 Vgl. zur Entwicklung der Gesellschaft mit beschränkter Haftung Coing: Europäisches Privatrecht, 19. Jahrhundert, 1989, S. 127–130.

Steuererklärungen. Nach Gründung der ersten Fachzeitschrift *Rundschau für GmbH* 1909 – hervor-gegangen aus dem Rundbrief *Centrale Mitteilungen* – folgten weitere fachspezifische Werke wie ein umfassender Kommentar zum Preußischen Einkommensteuergesetz und komplettierten das Verlagsprogramm.

Bekannt wurde das Unternehmen auch durch Aufklärungsversammlungen zu den neuen Regelungen. Das Erfolgsrezept der »Centrale für GmbH« bestand in der Beratung ihrer Mitglieder – auch der Beratung vor Ort – und der eindeutigen Spezialisierung auf das GmbH- und Steuerrecht. Der Verlagsgründer Otto Schmidt bereiste das gesamte Reichsgebiet, um Mitglieder für seine Centrale zu werben, er hielt selbst Beratungen ab und machte mittels Kundgebungen auf gesetzliche Änderungen aufmerksam. Der Verlag verweist noch heute auf seine Anfänge: »Von Protestveranstaltungen zum Seminarprogramm«.[170] Das oberste Ziel der Centrale für GmbH war die Interessenvertretung und Beratung. Ein korrespondierender Auskunftsdienst sollte als »Versicherung gegen Ratlosigkeit« dienen. Entsprechend firmierte die Centrale für GmbH auch erst später – nämlich 1919 – als »Verlag Dr. Otto Schmidt«.

Für die *Steuerrechtsprechung in Karteiform*, auch bekannt geworden als *Mrozek-Kartei*, experimentierte Otto Schmidt zum ersten Mal mit dem Format eines Werkes, bereits seit Einführung der *Rundschau für GmbH* 1909 hatte es entsprechende Überlegungen auf Verlegerseite gegeben. Der Verlag nimmt für sich in Anspruch im Jahr 1922 den Vorläufer und das »vielleicht erste Loseblattwerk überhaupt«[171] geschaffen zu haben. Insbesondere bevor 1919 das Berufsfeld des Steuerberaters bestand, bediente der Verlag das Informationsbedürfnis an der Schnittstelle zwischen GmbH- und Steuerrecht.

Nicht nur die Gründungsgeschichte des Verlags war ungewöhnlich und nicht mit den traditionellen Verlagsgründungen des 19. Jahrhunderts zu vergleichen, auch der Gründer verfolgte über die verlegerischen Ziele hinausgehende Interessen: Otto Schmidt war im Sinne der Aufklärung über die neue Gesellschaftsform der GmbH »Überzeugungstäter«, er wollte auch beeinflussen:

---

170 Winters / Schmidt / Schmidt: 100 Jahre Dr. Otto Schmidt, 2005, S. 23.

171 Die Verlagsgeschichte von 2005 spricht bei dem 1922 eingeführten Werk wiederum davon, dass es sich »vielleicht sogar das erste umfangreiche Loseblattwerk überhaupt« handelte. Winters / Schmidt / Schmidt: 100 Jahre Dr. Otto Schmidt, 2005, S. 44. Eine Aussage zum »ersten Loseblattwerk« zu treffen ist aus mehreren Gründen nicht einfach: Nachdem es in früheren Jahrhunderten durchaus üblich war, Werke in aufeinander folgenden Lieferungen herauszugeben und erst später aufzubinden, ist das erste Loseblattwerk qua Definitionem schwer zu bestimmen. Die derzeit übliche Form des Abheftens von einzelnen Seiten in Ordnern hat sich seit dem 19. Jahrhundert allmählich aus sog. Klemmdeckeleinbänden entwickelt. Insofern kann davon ausgegangen werden, dass es sich erst hier um juristische Loseblattwerke moderner Prägung handelte. Bei der von Stolleis erwähnten »Rhapsodia Iuris Publici«, »die als Loseblatt-System konzipierte« Sammlung, handelte es sich eher um die beschriebene Art der Veröffentlichung in Lieferungen. Vgl. Stolleis: Geschichte des öffentlichen Rechts, 1988, S. 360–361. Zu Klemmdeckeleinbänden siehe auch Reifferscheid: Die ersten 50 Jahre, 1975, S. 16.

»Aber die ›Centrale-Mitteilungen‹ ab 1905 und die ›Rundschau für GmbH‹ ab 1909 weisen aus, dass es schon in den Anfängen des Unternehmens nicht nur um die Wahrung der steuerpolitischen Interessen von GmbH-Gesellschaftern ging, sondern auch um die Auslegung des geltenden GmbH- und GmbH-Steuer-Rechts, das auch für die Gerichte sehr neu war und für alle daran Interessierten großes Gewicht bekam. Die eigene schriftstellerische, redaktionelle und verlegerische Tätigkeit des Gründers war eine Einheit und begann bereits 1905.«[172]

Wirtschaftlicher Verband Deutscher Rechtsanwälte Hans Soldan

Eine ganz andere Gründungsgeschichte begleitete das Unternehmen von Hans Soldan: Der Anwalt gründete 1908 den »Wirtschaftlicher Verband Deutscher Rechtsanwälte«, in dem er juristische Fachliteratur zunächst als Anwalt quasi nur im Nebengeschäft vertrieb. Auch mit der ein Jahr später gegründeten Zentralbuchhandlung und Verlag Deutscher Rechtsanwälte engagierte sich Soldan nicht nur als Verleger, sondern bot neben der üblichen Fachliteratur »alles für den Anwalt« anbot – zum Kerngeschäft gehörten auch Gebührentabellen, Anwaltsroben, Schreibmaschinen und andere Gegenstände für den Kanzleialltag. Das Neuartige an dem Vertriebskonzept war das Zusammenspiel von Fachliteratur und anderen Produkten, die zum Arbeitsalltag des Anwalts gehörten.

Dabei war das Verlagsgeschäft für Soldan kein unbekanntes, er hatte bereits vor der Gründung seiner Buchhandlung Erfahrungen mit Publikationen gesammelt: 1908 hatte er in Mainz von einem Kollegen »die von diesem 1904 auf eigene Gefahr und Kosten gegründete«[173] *Deutsche Rechtsanwalts-Zeitung (DRAZ)* übernommen. Diese sollte nach dem Selbstverständnis von Hans Soldan vor allem ein Diskussionsforum für die Anwaltschaft sein. Er suchte mit der Gründung der *DRAZ* vor allem auch nach einem alternativen Meinungsforum zur Diskussion, da die führende Anwaltszeitschrift, die *Juristische Wochenschrift*, beispielsweise gegenüber einer Zwangsruhegehaltskasse eine ablehnende Haltung eingenommen hatte. Die *DRAZ* »wurde unter der Leitung Soldans zu einem kritischen, oft äußerst kämpferischen Forum standespolitischer Auseinandersetzungen, bis sie 1923 infolge der Inflation nicht mehr getragen werden konnte«.

Hans Soldan verlegte nicht nur klassische Verlagsprodukte, sondern versorgte seine Zielgruppe auch mit weiteren Informationsmitteln. So gründete er 1909 zunächst ein »Statistisches Amt«, »das der Anwaltschaft mit zuverlässigen, nach exakt wissenschaftlichen Methoden gewonnenen Daten zur Verfügung stehen«[174] sollte. Wenn es sich um traditionelle juristische Werke handelte, wurden die Werke auf die Zielgruppe exakt zugeschnitten: 1910 erschien gleichzeitig mit einer Novelle zur Zivilprozessordnung ein entsprechendes Formularbuch mit Anmerkungen. Auch die

---

172 Winters / Schmidt / Schmidt: 100 Jahre Dr. Otto Schmidt, 2005, S. 14.

173 Zitate Fohr: Hans-Soldan-Stiftung, 1983, S. 13–14.

174 Zitate Fohr: Hans-Soldan-Stiftung, 1983, S. 23, 27.

im Jahre 1912 eingerichtete »Wissenschaftliche Hilfsstelle« hatte eine »Rundumversorgung« des Anwalts im Blick, neben juristischen Gutachten wurden auch weitere Auskünfte für die Anwaltschaft – beispielsweise zu kaufmännischen Fragen – erteilt. Die Auskunftsstelle wurde vielfach in Anspruch genommen: In den ersten drei Jahren waren »über 2000 zum Teil sehr umfangreiche Arbeiten« geschrieben worden. Das Unternehmen funktionierte offensichtlich als »Familienbetrieb«: Im Februar 1930 gründeten die Ehefrau Magdalene Soldan und die Schwester Lotti Soldan gemeinsam mit weiteren Ehefrauen von Anwälten die »Vereinigung Deutscher Rechtsanwaltsehefrauen« und gaben eine Zeitschrift *Der gemeine Pfennig* heraus.[175] Hans Soldan selbst hatte bereits 1929 sein Lebenswerk auf die Hans Soldan Stiftung übertragen, er starb 1940.[176]

Der Erfolg von Hans Soldan beruhte vor allem auf den innovativen Ideen für eine klar umrissene Zielgruppe, deren Teil der Unternehmer selbst war. Er kannte die Sorgen der Anwaltschaft aus eigener Erfahrung und wusste, welche Publikationen diese benötigte. Er blieb während seiner anderweitigen Aktivitäten auch dem Berufsstand treu und wurde 1923 zum Anwalt am Leipziger Reichsgericht berufen. Während bei Carl Heymanns und Dr. Otto Schmidt noch im Vordergrund stand, Rechtsinformationen an die Leserschaft weiterzugeben, stellt Hans Soldan ein Bespiel für ein Unternehmen dar, dass sich im Laufe seiner Geschichte nicht zu einem klassischen Verlag entwickelt hat und eigene Verlagswerke nie als Hauptgeschäft betrachtet hat.

Innovative Vertriebsmethoden und Verlagsgründungen

Die drei Beispiele haben gezeigt, dass es sowohl etablierten Verlagen wie Carl Heymanns als auch Verlagsneugründungen wie Dr. Otto Schmidt und Hans Soldan gelungen ist, in direktem Kontakt zu ihren Kunden erfolgreich vertrieblich zu agieren. Dieser direkte Draht in die Zielgruppe – zu Käufer-, Multiplikatoren- und Autorengruppen – war zu dieser Zeit angesichts der Komplexität juristischer Problemstellungen zunehmend wichtiger. Während der zu Beginn des 20. Jahrhunderts bereits langjährig etablierte Verlag Carl Heymanns zu einer klassischen Marketingmethode gegriffen und eine hauseigene Zeitschrift angeboten hat, gingen die Neugründungen mit Informationsdiensten als Verlagsprodukte an den Start – ihre Verkaufsanstrengungen waren für Dr. Otto Schmidt und Hans Soldan ohnehin von größerer Tragweite und führten erst zur Gründung dieser Verlage. Interessant ist bei den Verlagsneugründungen insofern auch die Tatsache, dass die Unternehmen als Verlage quasi nur nebenbei gegründet wurden. Die veröffentlichten Publikationen dienten zunächst nur der Information der Leserschaft, es wurde also der umgekehrte Weg gegangen: Nicht klassische Verlags-

175 Vgl. Fohr: Hans-Soldan-Stiftung, 1983, S. 34.

176 Zum juristischen Vermächtnis und zur Stiftung Hans Soldans vgl. auch Fohr: Hans-Soldan-Stiftung, 1983, S. 32; Hans Soldan GmbH: 100 Jahre Soldan, 2008, S. 2.

werke wurden mit renommierten Autoren konzipiert, sondern die Verlage orientierten sich ausschließlich an den Marktgegebenheiten und brachten schnelllebige Informationsdienste und Mitteilungsblätter heraus. Die konsequente Ausrichtung an den Marktgegebenheiten und die Erschließung der Märkte mittels neuer Vertriebs- und Verkaufsmethoden waren Merkmale gerade dieser Neugründungen nach der Jahrhundertwende – im Falle von Dr. Otto Schmidt führte dies zu einem etablierten juristischen Fachverlag, Hans Soldan hat seinen unternehmerischen Schwerpunkt nach wie vor im Vertrieb.

4.5 Demokratisierung und Öffnung der Autorenschaft

Die zu Beginn des 20. Jahrhunderts neu entstandenen juristischen Themengebiete und die intensiven Debatten um Rechtsbegriffe und Wissenschaftsdisziplinen bewirkten eine Öffnung der juristischen Autorenschaft auch für bisher nur vereinzelt in Erscheinung getretene Autorengruppen. Juristische Verleger waren in dieser Zeit häufig auf der Suche nach neuen Autoren, die die Erfordernisse der Zeit adäquat erfüllten. Die neuen Rechtsgebiete verlangten die Zusammenarbeit auch mit fachfremden Autoren. Zur gleichen Zeit gelangten Frauen in juristische Funktionen und gerieten als potentielle Autoren in das Blickfeld von Verlagen.

4.5.1 Autorengemeinschaften statt Einzelautorenwerke

Mit der Zunahme der Anforderungen im Hauptberuf wurde es für die juristischen Autoren Anfang des 20. Jahrhunderts zunehmend schwieriger, sich Freiräume für eine schriftstellerische Tätigkeit zu schaffen. Die Ausdifferenzierung der Rechtswissenschaften und die verstärkte Arbeitsteilung innerhalb der Rechtspraxis bewirkten zusätzlich, dass die Arbeitsbelastungen in der beruflichen Funktion den Autoren vermutlich keine Spielräume mehr boten. Ohnehin waren Doppelrollen – beispielsweise diejenige eines Politikers und Professors – nicht mehr möglich: Zu Beginn des 20. Jahrhunderts wurden »politische Leidenschaften [...] als unvereinbar mit dem Anspruch aus Wissenschaftlichkeit angesehen«.[177] Doerfert konstatiert, dass die »Zeit der »politischen Professoren« in der großen Politik vorbei war«: im Reichstag 1903–1904 saßen noch 58 Juristen, »aber erstmals seit der Reichsgründung kein Professor der Rechte mehr«.

Eine Lösung für Verleger und Autoren war die Verpflichtung mehrerer Autoren für ein Werk. Die zunehmende Konzeption von Mehrautorenwerken kam nicht nur den Autoren selbst entgegen, sie bot auch Vorteile für die Verlage: So konn-

177 Zitate Doerfert: Zeitschriften des öffentlichen Rechts, 1999, S. 440.

ten alle Aspekte eines juristischen Teilgebietes von verschiedenen Verfassern aus unterschiedlichen Expertenperspektiven beleuchtet werden, ferner konnten bei unterschiedlichen beruflichen Funktionen differenziertere Erfahrungen eingebracht werden. Vorteilhaft war auch, dass die Manuskriptbearbeitung auf mehrere Verfasser verteilt werden und eine Manuskriptabgabe rascher bewerkstelligt werden konnte. Vorzüge für die Verlage waren auch dann gegeben, wenn ein Mitglied des Autorenkollegiums krankheitsbedingt oder aus anderen Gründen als Autor ausfiel. Die Initiative zu Autorengemeinschaftswerken ging häufig auch dann von den Verlegern aus, wenn sie sich durch die Erweiterung des Autorenkreises eine größere inhaltliche Abdeckung der Themenfelder und dadurch einen besseren Absatzmarkt versprachen. Da es für die Verlage ohnehin zunehmend schwieriger wurde, adäquate Autoren als alleinige Nachfolger für ein Werk zu finden, traten insbesondere auch bei Nachfolgeregelungen vermehrt Autorengemeinschaftswerke auf.[178]

Notgedrungen – oder vielleicht auch bereitwillig – bildeten Verlage deshalb Autorenallianzen. Willoweit betont für die Schwierigkeiten der Verleger in der ersten Hälfte des 20. Jahrhunderts bei der Nachfolge verstorbener Autoren »wie sehr ein geistiges Produkt als eine individuelle, unwiederholbare Leistung begriffen wurde«[179] und führt die Zunahme an Autorenteams unter anderem darauf zurück. So berichtete auch der Autor Max Hachenburg von seinem Zögern den eingeführten Kommentar von Hermann Staub zu übernehmen. Er folgte schließlich dem Wunsch des J. Guttentag Verlags und führte den Kommentar ebenso erfolgreich fort wie sein Vorgänger und Kommentargründer. Allerdings stellte er auch fest, dass durch seine Überarbeitungen des Kommentars seines Vorgängers im Laufe der Zeit »von Auflage zu Auflage ein neues Buch entstanden«[180] war. Während es für die Verleger eine Notwendigkeit darstellte, standen die Zeitgenossen Mehrautorenwerken gerade bei der Publikationsform des Kommentars häufig skeptisch gegenüber wie eine zeitgenössische Auffassung – hier von Paul Oertmann – zeigt:

> »Eigenthümlich ist es, dass fast sämmtliche grösseren Kommentare im Gegensatz zu den Lehrbüchern nicht von einem Einzelnen, sondern einer ganzen Gruppe von Autoren herausgegeben werden. [...] Bleibt auch in den einzelnen Theilen die Einheitlichkeit der technischen Anordnung und äusseren Ausgestaltung, so leidet doch das Gleichmaass der Auffassung und Stoffbehandlung.«[181]

Nicht selten fanden die Autorengemeinschaften aber einen Weg, wie ihr Gemeinschaftswerk dennoch eine Einheitlichkeit und Lesbarkeit behielt. So verfassten Adelbert Düringer und Max Hachenburg gemeinschaftlich einen Kommentar zum Han-

---

178 Vgl. Willoweit: Juristische Literatur, 2007, S. 57.

179 Willoweit: Juristische Literatur, 2007, S. 57.

180 Hachenburg: Lebenserinnerungen, 1978, S. 112.

181 Oertmann: Juristisches Litteraturblatt, 20. Dezember 1899, S. 222–223.

delsrecht, indem sie »der Eigenart des andern Rechnung«[182] trugen. Offensichtlich verantwortete immer einer von beiden einen bestimmten Bereich als Hauptverfasser, diesem stand auch das Letztentscheidungsrecht in zweifelhaften Fragen zu. Mit dieser Methode erzielten die beiden Autoren einen weitestgehenden Konsens. In einem »einzigen Punkte blieb der Widerspruch« bei der Beurteilung einer Reichsgerichtsentscheidung nach Auffassung von Max Hachenburg unentdeckt: Es fiel niemandem auf, dass »hier die Verfasser keine ausgesprochene Stellung nahmen«. Eine andere Möglichkeit unterschiedlichen Ansichten verschiedener Autoren vorzubeugen, stellte Gottlieb Planck für seinen Gemeinschaftskommentar fest:

> »In Folge dieser Theilung der Arbeit wird eine Verschiedenheit des Styles und der Art der Darstellung nicht ganz zu vermeiden sein. Die sachliche Einheitlichkeit des ganzen Werkes wird aber durch die unter den Verfassern getroffene Vereinbarung und die dem Herausgeber obliegende Leitung des Unternehmens gesichert.«[183]

Ausnahmen bestätigen die Regel: Nach wie vor gab es zu Beginn des 20. Jahrhunderts Autoren, die breit gestreut publizierten und allein umfangreiche Werke betreuten: Einer von ihnen war der Universalgelehrte Josef Kohler, der nicht nur zu unterschiedlichsten Themen veröffentlichte, sondern auch in verschiedenen Verlagen und für diverse Zielgruppen. Kohler veröffentlichte zum Beispiel in den Bereichen Zivil-, Straf- und Prozeßrecht, bekannt war auch für seine Werke im Völkerrecht, in der Rechtsphilosophie, Rechtsgeschichte und Rechtsvergleichung sowie in der »ethnologischen Rechtsforschung«.[184] Er gilt als Begründer der Lehre vom Immaterialgüterrecht. Fast 2500 Veröffentlichungen umfasst die Bibliographie, die Kohlers Sohn Arthur in zehnjähriger Arbeit zusammenstellte und 1931 veröffentlichte.[185] Daneben war Kohler Herausgeber »monumentaler Sammelwerke«[186] wie der renommierten, von Franz von Holtzendorff begründeten *Encyklopädie der Rechtswissenschaft*, der *Handelsgesetze des Erdballs*, erschienen in neunzehn Bänden, oder der *Patentgesetze aller Völker*. Als Mitbegründer der *Zeitschrift für Vergleichende Rechtswissenschaft* trat Josef Kohler ebenfalls hervor. Trotz oder gerade wegen seines Reichtums an Publikationen war Kohler als Jurist und vor allem als juristischer Autor durchaus umstritten.[187] Manche Zeitgenossen warnten explizit vor seinen Ausführungen und angeblich fehlt

---

182 Zitate Hachenburg: Lebenserinnerungen, 1978, S. 110.

183 Planck: Vorwort, 1898, S. 2.

184 Zitate Spendel: Josef Kohler, 1983, S. 2–3.

185 Vgl. Kohler: Josef Kohler-Bibliographie, 1931. Allerdings sind bei den 2500 Erwähnungen nicht nur eigenständige Publikationen erwähnt, sondern auch Aufsätze in Zeitschriften und kleinere Abhandlungen.

186 Spendel: Josef Kohler, 1983, S. 3.

187 In den Erinnerungen seines Kollegen Max Hachenburg lag »etwas Rastloses« in dem Schaffen Josef Kohlers, obwohl Max Hachenburg den Umgang mit Josef Kohler und die Fülle seiner Gedanken schätzte. Vgl. Hachenburg: Lebenserinnerungen, 1978, S. 135.

er in vielen Werken bei der Darstellung der »bedeutenden« Juristen.[188] In seiner – manchmal negativ als »Vielschreiber« bezeichneten – Rolle stand Josef Kohler nicht allein: Zur gleichen Zeit veröffentlichte Karl Binding in unterschiedlichen Verlagen – so auch bei Felix Meiner. So war Karl Binding Herausgeber des Werkes *Handbuch der deutschen Rechtswissenschaft* im Verlag Duncker & Humblot.[189] Er verfasste »in wenigen Jahren« eine fünfzehnbändige vergleichende Darstellung des deutschen und ausländischen Strafrechts, ein »Ruhmesblatt gründlicher Gelehrsamkeit«, welches 1906 als Grundlage für die Arbeit einer Kommission im Reichsjustizamt diente, »einen ersten Entwurf für ein neues Strafgesetzbuch aufzustellen«.[190] Sein »Lebenswerk« wird in seinem »einflußreichen« vierbändigen Werk *Die Normen und ihre Übertretung* gesehen; an dem Werk arbeitete Bindung von 1872 bis 1919–1920 und ergänzte es schließlich um ein weiteres »monumentale Werk« – das *Handbuch des Strafrechts* mit einem ersten Band 1885. Sein *Grundriß des gemeinen deutschen Strafrechts* erschien zwischen 1879 und 1913 in immerhin acht Auflagen.[191]

Beide Autoren waren im Hauptberuf Professoren: Josef Kohler in Berlin, Karl Binding in Leipzig. Mit einer ohnehin der Wissenschaft verpflichtenden Hauptbeschäftigung, gelang es den Autoren unter Umständen besser, eine umfangreiche publizistische Tätigkeit zu verbinden als es den Praktikern Anfang des 20. Jahrhunderts bei einer zunehmenden beruflichen Belastung möglich war. So hat beispielsweise auch Julius von Staudinger seine »Enzyklopädie des bürgerlichen Rechts«[192] im Wesentlichen geschrieben, nachdem er früh aus dem aktiven Dienst ausgeschiedenn war. Darüber hinaus war es für die Praktiker unter den Autoren auf jeden Fall von Vorteil, wenn sie durch ihre Haupttätigkeit profitieren konnten: So konnte Gottlieb Planck bereits die Kommissionsarbeit für seine Beschäftigung am Kommentar nutzen. Der Kommentar erschien rasch nach Verkündung des Bürgerlichen Gesetzbuchs – aber auch hier war Gottlieb Planck nicht mehr alleiniger Verfasser – ein weiteres Beispiel für die Zunahme von Autorengemeinschaftswerken statt umfangreicher Einzelautorenwerke.

4.5.2 Erste weibliche Juristen melden sich zu Wort

Frauen standen zu Beginn des 20. Jahrhunderts als Autorinnen noch nicht im Fokus der juristischen Verleger: Die Vordrucke standardisierter Akquiseschreiben enthiel-

---

188 Vgl. Spendel: Josef Kohler, 1983, S. 5, 7 und S. 8–9.
189 Vgl. Duncker & Humblot Verlagsbibliographie, 1998, S. 28.
190 Zitate Dreher, Strafrecht, 1963, S. 283.
191 Vgl. insgesamt Kühl: Strafrecht, 2007, S. 776.
192 Schmidt: Kommentar als Darstellungsform, 1966, S. 187.

ten lediglich die männliche Form der Anrede.[193] Bis zur Einführung des Bürgerlichen Gesetzbuchs galten Frauen ohnehin als rechtlich unselbstständig.[194] Sie wurden in Preußen erst 1908 zum akademischen Studium, ab 1921 zum juristischen Vorbereitungsdienst und zur Großen Staatsprüfung zugelassen.[195] Mit Gesetz vom 11. Juli 1922 konnten Frauen dann auch das Amt eines Richters oder Staatsanwalts ausüben und der Rechtsanwaltschaft beitreten.[196] Obwohl es nach wie vor Restriktionen gab – beispielsweise einen Runderlass des Kultusministeriums von 1908, der eine Habilitation von Frauen für grundsätzlich nicht zulässig erklärte[197] – waren Juristinnen zu Beginn des 20. Jahrhunderts immer häufiger in juristischen Diskussionen präsent, erwarben akademische Titel und engagierten sich in gemeinsamen Vereinen.

1911 promovierte Marie Munk (1885–1978) als erste Juristin in Preußen.[198] 1914 wurde der Deutsche Juristinnen-Verein in Berlin unter dem Vorsitz von Dr. Margarete Meseritz (1891–1975) gegründet.[199] Auch in die bereits bestehenden juristischen Vereinigungen wurden Juristinnen aufgenommen. Die erste Frau der Juristischen Gesellschaft zu Berlin war 1900/01 die 1899 in der Schweiz promovierte Juristin Marie Raschke (1850–1935), seit 1904 war sie Mitglied des Deutschen Juristentags.[200] Erna Scheffler (1893–1983), war zwar mit 21 Jahren in Breslau 1914 promoviert worden, blieb allerdings von allen juristischen Staatsprüfungen noch ausgeschlossen und erst 1925 konnte Erna Scheffler nach ihren Examina den Weg einer Amtsgerichtsrätin einschlagen.[201] Marie Munk brachte es nach beiden Staatsexamen und einer Zeit an der Universität zur Assistentin des preußischen Justizministers, war als Anwältin in Berlin tätig und wurde schließlich 1929 die erste deutsche Richterin. Munk hielt auch als erste Frau 1924 auf dem Deutschen Juristentag ein Hauptreferat »mit großem Eindruck auf das männliche Publikum«[202] über die Reform des ehelichen Güterrechts hielt. Im Kaiserreich dagegen wurden Juristinnen außerhalb der Wissenschaft häufig noch mit

---

193 So zum Beispiel im vorgedruckten Anschreiben des Verlags C. H. B. Mohr (Paul Siebeck) bei der Ansprache von Autoren für das Sammelwerk »Wirtschaft und Recht der Gegenwart«. Vgl. Anschreiben Professor Leopold von Wiese. Auch in anderen Anschreiben waren für die Leerstellen zum Ausfüllen der Autoren-Namen nach »Herrn … « und »Sehr verehrter Herr Kollege« nur männliche Formen vorgesehen. Vgl. Paul Siebeck, Vertrag mit Professor Leopold von Wiese vom 9. Mai 1910. VA Mohr Siebeck, Nach. 488.

194 Vgl. Parr / Schönert: Autoren, 2010, S. 379.

195 Vgl. Egly: Karl Ringleb, 1988, S. 634; Petersen: Literatur und Justiz, 1988, S. 48.

196 Vgl. Petersen: Literatur und Justiz, 1988, S. 48; Röwekamp: Die ersten deutschen Juristinnen, 2011, S. 367.

197 Vgl. Röwekamp: Juristinnen, 2005, S. 509.

198 Zu Marie Munk vgl. ausführlich auch Röwekamp: Juristinnen, 2005, S. 275–279; Röwekamp: Die ersten deutschen Juristinnen, 2011, S. 405. Vgl. auch Wesel: C.H.Beck, 2013, S. 128.

199 Vgl. Fijal: Geschichte der juristischen Gesellschaft, 1991, S. 94.

200 Zu Marie Raschke vgl. auch Röwekamp: Juristinnen, 2005, S. 318–320.

201 Vgl. Conrad / Dilcher / Kurland: Der Deutsche Juristentag, 1997, S. 18, 251–252. Zu Erna Scheffler ausführlich auch Röwekamp: Juristinnen, 2005, S. 348–350.

202 Wesel: C.H.Beck, 2013, S. 128.

Misstrauen betrachtet. Für die anfängliche Ablehnung von Juristinnen, insbesondere in der Richterschaft, identifiziert Röwekamp vor allem Statusinteressen der etablierten juristischen Berufsstände; Ausnahme war die Anwaltschaft, die sich zeitlich rascher auch für Juristinnen öffnete; der Grund könnte im Selbstbild der Anwaltschaft von der freien Advokatur gelegen haben.[203] In der Wissenschaft waren dagegen »die meisten Professoren männerbündisch organisiert«.[204]

Im Carl Heymanns Verlag arbeitete Margarete Berent (1887–1965) in Teilzeit für die Presse. Sie war »neben ihrem Volontariat in einer Rechtsanwaltskanzlei 1916 vertretungsweise Redakteurin am Zentralblatt für Vormundschaftswesen, Jugendfürsorge und Jugendgerichtshilfe«.[205] Auch Margarete Meseritz war Kollegin im Pressebereich: Bei den größeren Tageszeitungen gab es häufig Rechtsauskunftsstellen für Abonnenten, daneben auch eigene Auskunftsstellen für Frauen. In einer dieser Auskunftsstellen arbeitete Margarete Meseritz. Von 1914 bis 1922 arbeitete sie beim Ullstein Verlag an verschiedenen Stellen, so als juristische Mitarbeiterin des »Briefkastens« und nach der Betreuung der juristischen Sprechstunde der »Berliner Morgenpost« übernahm sie die Abteilung »Gerichtssaal«. Schließlich war sie seit 1924 »erst Schriftleiterin und Auslandskorrespondentin und danach stellvertretende Chefredakteurin bei der Vossischen Zeitung«. Insgesamt boten sich den Juristinnen zu Beginn des 20. Jahrhunderts bessere Möglichkeiten zur juristischen Berufsausübung, als dies vorher der Fall war. Röwekamp bezeichnet die Kaiserzeit und insbesondere die Weimarer Republik als »eine kurze Sternstunde«[206], in der Juristinnen vor allem als selbständig Tätige – beispielsweise als Rechtsanwältinnen – eine Familie mit der Berufsausübung verbinden konnten.

Der juristische Autorenmarkt wurde von männlichen Verfassern dominiert – im Katalog von Duncker & Humblot von 1914 finden sich zum Beispiel lediglich im Rahmen von Beiträgen zu Sammelwerken weibliche Autoren.[207] So verfasste Gertrud Dyhrenfurth (1862–1945/46) innerhalb der unter anderem von Gustav Schmoller herausgegebenen »Staats- und sozialwissenschaftlichen Forschungen« eine Abhandlung zu den »hausindustriellen Arbeiterinnen in der Berliner Blusen-, Unterrock- usw. Konfektion« sowie einen Beitrag mit dem Titel »Ein schlesisches Dorf und Rittergut. Geschichte und soziale Verfassung«. Weitere Autorinnen waren Alice Salomon (1872–1948) mit einem Beitrag zu den Ursachen der ungleichen Entlohnung von Männer- und Frauenarbeit und Marie Elisabeth Lüders (1878–1966) mit dem Titel

203 Vgl. Röwekamp: Die ersten deutschen Juristinnen, 2011, S. 359–360.

204 Röwekamp: Die ersten deutschen Juristinnen, 2011, S. 508.

205 Zitate Röwekamp: Die ersten deutschen Juristinnen, 2011, S.405–406.

206 Röwekamp: Die ersten deutschen Juristinnen, 2011, S. 783.

207 Im Gegensatz zu anderen Verlagsverzeichnissen weist der Katalog des Verlags fast durchgängig auch die Vornamen der Autoren aus. Vgl. zu den genannten Titeln Verlagskatalog Duncker & Humblot 1914, S. 110–148.

»Die Fortbildung und Ausbildung der im Gewerbe tätigen weiblichen Personen und deren rechtliche Grundlagen«. Auffällig sind nicht nur die Berührungspunkte in den Themenfeldern, auch das Verhältnis der weiblichen zu den männlichen Autoren ist bemerkenswert – von insgesamt 176 aufgelisteten Heften, stammten zwölf von weiblichen Autoren.[208] Bei den »Schriften des deutschen Vereins für Armenpflege und Wohltätigkeit waren unter 101 Heften bei drei Heften Frauen beteiligt – eine von ihnen Alice Salomon – und bei 148 Bänden wiederum lediglich fünf Autorinnen.[209] Erst in der Weimarer Republik wurden Juristinnen als Autoren üblicher: Bei Otto Liebmann erschien 1929 Marie Munks Werk *Recht und Rechtsverfolgung im Familienrechts.*[210]

Trotz der insgesamt geringeren Präsenz von Publikationen weiblicher Juristen, gab es bereits erste Neugründungen, die auf Juristinnen zurückgingen: So rief Marie Raschke im Herbst 1900 die *Zeitschrift für populäre Rechtskunde* ins Leben, in der männliche wie weibliche Autoren publizierten. 1914 folgte die Zeitschrift *Frauenkapital*, wiederum mit Marie Raschke als Schriftleiterin.[211] Marie Raschke publizierte im Ebering Verlag in Berlin, Einzelwerke aber auch bei Schweizer in Berlin wie die *Rechtsbücher für das deutsche Volk*. Bei Ebering wurden *Das Vormundschaftsrecht* (1901) oder die erwähnte *Zeitschrift für populäre Rechtskunde* 1900–1902 herausgegeben. Es waren noch nicht viele weibliche Autoren auf dem juristischen Buchmarkt präsent, trotzdem zeichnete sich zu Beginn des 20. Jahrhundert eine Ausweitung der Beteiligten am Rechtsdiskurs ab, die sich insbesondere nach dem Zweiten Weltkrieg fortsetzte: Nicht mehr der alleinige männliche Autor verfasste juristische Publikationen, sondern Gemeinschaftswerke mit ganz unterschiedlichen Autorentypen prägten den Publikationsmarkt.

4.6 Neue Publikationskonzepte für den stagnierenden Markt

Angesichts der dargestellten Komplexität juristischer Themenfelder und einer angespannteren Marktsituation waren die juristischen Verleger gezwungen, neue tragfähige Publikationskonzepte zu entwickeln, die dem Rechtsanwender als Hilfsmittel bei ihrer täglichen Arbeit dienen konnten. Insbesondere juristische Handbücher und Publikationen mit einer spezifischen zielgruppenorientierten Aufbereitung wie Leitfäden, Formulardienste und ähnliche juristische Hilfsmittel eroberten den Markt. Um den Rechtsanwendern einen Überblick über die als immer diffuser wahrgenomme-

---

208 Das Sammelwerk wurde zunächst in Bänden mit einer unterschiedlichen Anzahl von Abhandlungen gegliedert, ab dem 26. Band wurde auf eine Heftzählung (beginnend mit Heft 122) umgestellt. Das Heft 175 fehlt im Verzeichnis.

209 Nicht alle verzeichneten Werke sind eindeutig mit Ihren Autoren erkennbar, trotzdem sind Autorinnen eindeutig in der Minderzahl.

210 Vgl. Wesel: C.H.Beck, 2013, S. 128.

211 Vgl. Röwekamp: Die ersten deutschen Juristinnen, 2011, S. 406.

nen Rechtsvorschriften zu geben, entstanden neue und veränderte enzyklopädische Werke, die das gesamte juristische Wissen eines Rechtsgebietes an einer Stelle bündelten.

4.6.1 Kurz und knapp: Handbücher und Leitfäden für die Praxis

Im Kaiserreich des 19. Jahrhunderts standen Publikationen wie Gesetzessammlungen und Kommentare im Vordergrund verlegerischer Überlegungen.[212] Zu Beginn des 20. Jahrhunderts hatten sich bei diesen Publikationsarten in fast allen juristischen Bereichen Standardwerke etabliert. Rechtspraktische Debatten wurden in Zeitschriften aufgefangen, auch hier hatte sich die juristische Leserschaft bis zur Jahrhundertwende in den meisten Rechtsbereichen festgelegt. Der Absatzmarkt war also nur noch in neuen Rechtsgebieten zu erweitern. Für die neu aufkommenden Rechtsgebiete galten allerdings andere Publikationsregeln: Auf Grund ihrer Heterogenität und der Regelungen in unterschiedlichen Gesetzen eigneten sich die neuen Rechtsgebiete weniger für die klassische Kommentarform. Gegenüber den Kommentaren boten Handbücher, aber auch Lehrbücher und einführende Werke, den Vorteil, dass eine »Hervorhebung der leitenden Gesichtspunkte und allgemeinen Rechtsprinzipien«[213] möglich war, die das Verständnis des Lesers förderte. Gerade bei Handbüchern war auch der verlegerische Einfluss besonders groß.[214] Eine Option für die Verleger bestand demnach darin, mit der Konzeption neuer Handbücher gezielt die Stammleserschaft, aber auch neue Nutzer an den Verlag zu binden. Handbücher gehörten spätestens seit Beginn des 20. Jahrhunderts zum Standardrepertoire juristischer Titelkonzeptionen.

Die Etablierung von juristischen Handbüchern lag zu dieser Zeit außerdem nahe, da gerade diese Publikationsart – den Rechtsgegenstand überblicksartig, dafür aber unter allen Aspekten darzustellen – den Lesererwartungen entsprach, um der Schnelllebigkeit der gesetzlichen Grundlagen entgegenzutreten. Willoweit identifiziert ein zwischen 1900 und 1910 sehr erfolgreiches Handbuch zur Gesetzgebung in übersichtlichen Zusammenstellungen, das »den Zugang in das Dickicht der Gesetzgebung«[215] erleichtern sollte und hebt damit eine ähnliche Funktion des Handbuchs hervor. Der Erfolg von Handbüchern resultierte zu Beginn des 20. Jahrhunderts vor allem aus der praktischen Ausrichtung, die zur Orientierung immer wichtiger wurde und aus der Möglichkeit einer stärkeren Systematisierung nach unterschiedlichen Gesichtspunkten. Neu war die rechtsbereichsübergreifende Darstellungsform der Handbücher, bei der sich die Erläuterungen des Rechtsgebietes nicht an die Struktur eines Gesetzes

212 Vgl. auch Prölss: Glanz und Elend, 1963, S. 260–261.

213 Oertmann: Juristisches Litteraturblatt, 20. Dezember 1899, S. 223.

214 Vgl. allgemein für Handbücher und Fachbücher auch Blaschke: Verleger machen Geschichte, 2010, S. 379.

215 Willoweit: Juristische Literatur, 2007, S. 5.

anlehnten oder pointiert lediglich bestimmte Aspekte herausgriffen.[216] Die Handbücher bildeten den Gegenstand in seiner gesamten Bandbreite ab und gaben auch dem juristischen Laien die Möglichkeit, sich einen Einblick in die fremde Rechtsmaterie zu verschaffen.

Zu Beginn des 20. Jahrhunderts war eine zunehmende Verrechtlichung zu beobachten, so dass auch Zielgruppen außerhalb der Rechtswissenschaft und Rechtspraxis gezwungen waren, sich mit Rechtsthemen auseinanderzusetzen. Für die juristischen Verlage bedeuteten insbesondere die Handbücher eine Chance der gezielten Ansprache spezieller Zielgruppen, die zwar in ihrer täglichen Arbeit mit rechtspraktischen Themen konfrontiert waren, aber keine Rechtskenntnisse besaßen, zum Beispiel Ärzte oder Architekten. Diesen Nutzergruppen war der Zugang über klassische juristische Publikationsarten erschwert, da sie mit der Systematik beispielsweise von Kommentaren nicht vertraut waren. Diese Lücke schlossen die Handbücher und boten gleichzeitig den Verlagen die Möglichkeit einer Erweiterung der Käuferkreise um zahlungskräftige Nutzergruppen. Das Handbuch konnte auch deshalb zu dieser Zeit so erfolgreich sein, da ohnehin andere Publikationsformen wie das Loseblattwerk den Markt eroberten – gleichzeitig ein Beleg für den aufbrechenden Markt im Bereich juristischer Fachinformationen und für die Heterogenität im juristischen Publizieren insgesamt.

Das Handbuch passte auch in die Zeit: In der Regel waren an Handbüchern mehrere Autoren beteiligt – Willoweit konstatiert als ein Charakteristikum die »Versammlung eines relativ großen Mitarbeiterkreises, der sonst nur für Großkommentare benötigt wird«[217] –, die Lösungsansätze erweiterten sich auch außerhalb enggefasster juristischer Fragestellungen. Deshalb ist es nicht verwunderlich, dass der Autorenkreis für die Handbücher – meist Praktiker – sich mit der Autorenausrichtung in den Verlagen deckte. Dass die Handbücher einen Aufschwung nahmen, mag auch mit der Tatsache zusammenhängen, dass bei Verlagsgründungen der Verleger häufig nicht mehr einer alteingesessenen Verlegerdynastie entstammte wie dies noch im 19. Jahrhundert der Fall war, sondern auch andere Berufsgruppen in die Verlagslandschaft kamen und ausgewiesene Praktiker waren wie Hans Soldan oder Otto Schmidt. Auch ließen Äußerungen zu konzeptionell-programmatischen Überlegungen von Autoren und Verlegern – von Ausnahmen abgesehen – nach: Nur noch selten wurde in den einleitenden Passagen neuer Publikationen ein programmatischer Charakter entworfen und dem Leser mitgeteilt.[218] Mit den Handbüchern fanden auch andere Publikationsarten wie Informationsdienste und eine neue Leitfadenliteratur einen größeren Abnehmerkreis. Die überblicksartigen Darstellungen wie Leitfäden oder Informationsdienste lagen zu Beginn des 20. Jahrhunderts im Trend.

---

216 Vgl. Beck: Der juristische Verlag, 1988, S. 54.
217 Willoweit: Juristische Literatur, 2007, S. 56.
218 Vgl. auch Bergfeld: Handelsrechtliche Zeitschriften, 1999, S. 273.

4.6.2 Umfassende Orientierung: Sammelwerke und Enzyklopädien

Als Gegenstück zu den kurzgefassten Leitfäden, Informationsdiensten und Handbüchern konnten sich nach der Jahrhundertwende auch umfassende Sammelwerke und umfangreiche Enzyklopädien am Markt behaupten. Dabei lag die Erfolgskomponente der Rechtsenzyklopädie als vertiefter wissenschaftlich aufbereiteter Darstellung der gesamten Rechtswissenschaft und Rechtspraxis beziehungsweise des »gesamten juristischen Wissens«[219] ebenso wie bei Sammelwerken vor allem in der wissenschaftlichen Durchdringung des Stoffes und der vollständigen Darstellung des Rechtsgebietes. Damit ähnelten die Enzyklopädien – was ihren Anspruch an den Umfang der inhaltlichen Themenabdeckung angeht – einerseits den Handbüchern, andererseits unterschieden sie sich von diesen deutlich durch den wissenschaftlichen Charakter.

Entwurf einer juristischen Enzyklopädie im 18. Jahrhundert in Göttingen

Zu Beginn des 20. Jahrhunderts hatte die juristische Enzyklopädie bereits eine eigene Entwicklungsgeschichte vollzogen: Als erste juristische Enzyklopädie gilt der von Johann Stephan Pütter 1757 in Göttingen veröffentlichte *Entwurf einer juristischen Enzyklopädie*, dessen zweite Auflage zehn Jahre später stark verändert und erweitert unter dem Titel *Neuer Versuch einer juristischen Enzyklopädie und Methodologie* bei Vandenhoeck & Ruprecht erschien.[220] Eine frühe juristische Enzyklopädie war auch der *Entwurf einer Encyklopädie und Methodologie der Cameralwissenschaften* mit dem Untertitel »Zum Behuf akademischer Vorlesungen« dessen zweite Auflage 1819 bei Duncker & Humblot erschien; vom gleichen Autor Friedrich Benedict Weber (1774–1848) hatte der Verlag 1804 bereits ein *Systematisches Handbuch der Staatswissenschaft* 1804 herausgegeben.[221] Während sich im Laufe des 19. Jahrhundert eine sogenannte »enzyklopädische Bewegung« entwickelte, erlebten im 20. Jahrhundert vor allem Sammelwerke eine Blütezeit und traten an die Stelle von Enzyklopädien.[222]

Enzyklopädien mussten nicht mehrere Bände umfassen und konnten auch geringeren Umfangs sein wie das Werk von Adolf Merkel beweist, welches inklusive Sachregister lediglich 436 Seiten enthielt.[223] Bei Sammelwerken war es üblich, einen oder mehrere Herausgeber zu verpflichten, die wiederum selbstständig potenzielle Autoren ansprachen. So schloss der Verlag J. C. B. Mohr (Paul Siebeck) beispielsweise mit Professor Leopold von Wiese (1876–1969) einen Herausgebervertrag über das Werk *Wirtschaft und Recht der Gegenwart*. Der Herausgeber trat bei diesem Sammelwerk

219 Buschmann: Rechtsenzyklopädie, 1990, S. 284. Buschmann weist auch darauf hin, dass die ersten juristischen Enzyklopädien erst spät, nämlich erst Ende des 13. Jahrhunderts erschienen sind.

220 Vgl. Adam: Josef Kohler, 1920, S. 3.

221 Zu beiden Werken siehe Verlagsverzeichnis Duncker & Humblot 1823, S. 20–21.

222 Vgl. Buschmann: Rechtsenzyklopädie, 1990, S. 287–288.

223 Vgl. Merkel: Juristische Enzyklopädie, 1920.

umfassend auch in eine redaktionelle Rolle und erklärte den Autoren brieflich im Namen des Verlags den Charakter und die Zielsetzung des Sammelwerkes:

> »Hochverehrter Herr Kollege, darf ich mir erlauben, Ihr Interesse und Ihre Mitwirkung für ein literarisches Unternehmen zu erbitten, dessen Verlag die Firma J. C. B. Mohr (Paul Siebeck) in Tübingen dankenswerterweise zu übernehmen bereit ist, und mit dessen Herausgabe ich betraut worden bin. Es handelt sich um die Abfassung eines Sammelwerkes Wirtschaft und Recht der Gegenwart. Ein Leitfaden für Studierende der technischen Hochschulen und Bergakademien, sowie für praktische Techniker und Bergleute. [...] Obwohl sich in letzter Zeit die Zahl der Lehrbücher über Volkswirtschaftslehre und ihre Einzelgebiete vermehrt hat [...], so entspricht doch keines von ihnen den besonderen Anforderungen des Unterrichts an den technischen Hochschulen und Bergakademien. Sie alle wenden sich an Studierende der Universitäten, setzen teils philosophisch-historische, teils juristische Vorbildung und Interessen voraus. [...] Zeigt es sich doch, daß neben diesem Interesse unter Technikern bisweilen nur eine unklare Vorstellung über den Inhalt, die Grenzen und die ganze Natur der genannten Disziplinen einhergeht; ja häufig stößt man geradezu auf eine Verwechslung von Jurisprudenz und Nationalökonomie.«[224]

Das Akquiseschreiben und die Vorstellung des Sammelwerkes zeigen deutlich den Anspruch von Verlag und Herausgeber, ein praxisorientiertes Werk auf den Markt zu bringen, das sich – dem Trend der Zeit gemäß – nicht nur mit juristischen Fragestellungen beschäftigte, sondern auch wirtschaftliche Themenbereiche mit umfassen sollte. Für die redaktionelle Einhaltung dieser Zielsetzung sollte unter anderem der Herausgeber Sorge tragen. Vorgegeben war dem Herausgeber, der einen »Redaktions-Vertrag« erhielt,[225] unter anderem das Erscheinen in zwei Bänden und die Ausrichtung auf die Zielgruppe der Studenten; dem Herausgeber oblag ausdrücklich die redaktionelle Leitung des Unternehmens. Auch bei dem im Verlag J. C. B. Mohr (Paul Siebeck) erschienenen Sammelwerk *Das Öffentliche Recht der Gegenwart* wurden die Herausgeber Georg Jellinek, Paul Laband und Robert Piloty (1863–1926) als »Redakteure« bezeichnet,[226] was auf eine ähnliche Aufgabe schließen lässt. Gewähr für eine Umsetzung im Sinne der Herausgeber boten Autoren wie Gerhard Anschütz (1867–1948), der allerdings 1913 wieder aus dem Werk ausschied. Sammelwerke besaßen nicht nur den Anspruch der Vollständigkeit, sondern sollten mit der Breite ihrer Themen häufig auch eine Brücke schlagen zwischen verschiedenen Teildisziplinen, dies formuliert der Herausgeber Leopold von Wiese auch ausdrücklich:

> »Das Werk muß gewissermaßen die Brücke schlagen vom mathematischen und naturwissenschaftlichen Denken und der Art, wie der Techniker Menschen und Dinge anschaut, zu der vielfach anders orientierten Geistesrichtung, die in den Wirtschafts- und Rechtswissenschaften herrscht.«[227]

---

224 Anschreiben Professor Leopold von Wiese an Mitarbeiter, 1910. VA Mohr Siebeck, Nach. 488.
225 Vgl. Verlag J. C. B. Mohr (Dr. Paul Siebeck): Vertrag Leopold von Wiese, 1910, S. 1–4. VA Mohr Siebeck, Nach. 488.
226 Vgl. Vertrag J. C. B. Mohr (Paul Siebeck) mit Professor Gerhard Anschütz vom 4. August 1906. VA Mohr Siebeck, Nach. 488.
227 Anschreiben Professor Leopold von Wiese an Mitarbeiter, 1910, S. 2. VA Mohr Siebeck, Nach. 488.

Gerade bei Sammelwerken war eine der größten Herausforderungen für die Herausgeber, den richtigen Umfang zu finden, damit das Werk seinem Anspruch der praxisorientierten Einführung und einer tiefgehenderen Durchdringung gerecht wurde. Leopold von Wiese fand auch dafür den Autoren gegenüber treffende Worte:

> »Die Schwierigkeit für ein solches Werk liegt meines Erachtens in der rechten Bemessung seiner Größe. Es darf nicht zu umfangreich werden, schon aus dem praktischen Grunde, daß ein zu dickleibiger Band vielen Studierenden zu teuer würde. Anderseits muß es doch alles Notwendige – wenn auch in knappster Form – enthalten.«[228]

Der Vertrag zwischen J. C. B. Mohr (Paul Siebeck) und den Herausgebern Georg Jellinek, Paul Laband und Robert Piloty über das Werk *Das Öffentliche Recht der Gegenwart* nennt auch die Verlagsbuchhandlung »als Verlagseigenthümerin des Sammelwerkes«.[229] Damit wurde bereits im Vertrag klargestellt, dass bei einem Auseinandergehen der Herausgeber oder Unstimmigkeiten zwischen Verlag und Herausgebern das Recht an dem umfangreichen Sammelwerk beim Verlag J. C. B. Mohr (Paul Siebeck) verblieb. Für diese großangelegten Werke waren in der Regel umfangreiche Vorarbeiten auf Verlagsseite und durch die Herausgeber notwendig.[230]

Erfolgreich war zum Beispiel das umfangreiche Buchprojekt *Patentgesetze aller Völker*, welches von den Autoren Josef Kohler und Maximilian Mintz (1867–?) 1907 im Verlag R. von Decker herausgegeben wurde. Kohler übernahm auch die von Franz von Holtzendorff 1870 begründete *Encyklopädie der Rechtwissenschaft in systematischer und alphabetischer Bearbeitung* im Verlag Duncker & Humblot in Leipzig,[231] noch im Jahr der Übernahme erschien die Neubearbeitung als »Sechste, der Neubearbeitung erste Auflage«.[232] Ein Konkurrent war das von Karl von Birkmeyer (1847–1920) 1900 herausgegebene Werk *Encyklopädie der Rechtswissenschaft* im Verlag O. Häring in Berlin. Dieses Monumentalwerk, welches ebenfalls als »Encyklopädie der Rechtswissenschaft« konzipiert war,[233] kam mit mehr als 1500 Seiten starkes Werk mit dem Kauf des Verlags O. Häring Verlags 1914 zu J. Springer. Der frühere Herausgeber, Karl von Birkmeyer, zeigte »zur Bearbeitung keine Neigung« und so verpflichtete der Verlag im Mai 1914 Franz von Liszt und Walter Kaskel (1882–1928) als Herausgeber. Nachdem das Werk noch 1914 um die Bereiche Nationalökonomie und Statistik erweitert wurde, hieß das Werk *Encyklopädie der Rechts- und Staatswissenschaft*. Nach dem Tod von Franz von Liszt übernahm dessen Schüler Eduard Kohlrausch (1874–1948) die Herausgeberfunktion. Für den Wiener Nationalökonom Eugen Philippovich (1858–1917)

---

228 Anschreiben Professor Leopold von Wiese an Mitarbeiter, 1910, S. 2. VA Mohr Siebeck, Nach. 488.
229 Vertrag J. C. B. Mohr (Paul Siebeck) mit Professor Gerhard Anschütz vom 4. August 1906. VA Mohr Siebeck, Nach. 488.
230 Vgl. Müller: Wissenschaft und Markt, 2004, S. 141.
231 Vgl. Spendel: Josef Kohler, 1983, S. 2–3; Ziesak / Cram: Walter de Gruyter, 1999, S. 149–150.
232 Kohler: Encyklopädie der Rechtswissenschaft,1904.
233 Vgl. insgesamt Sarkowski: Der Springer Verlag I, 1992, S. 304–305.

trat 1921 Arthur Spiethoff (1873–1957) ein. 1922 schließlich erschien die erste Ausgabe »Rechtsphilosophie« der *Encyklopädie der Rechts- und Staatswissenschaft*, nach Sarkowski »ein Bändchen von gerade 100 Seiten«.[234]

Im Verlag Otto Liebmann in Berlin erschien von 1905 bis 1908 die fünfzehnbändige *Vergleichende Darstellung des deutschen und ausländischen Strafrechts* bei der sich »fast die gesamte deutsche Strafrechtswissenschaft beteiligte«, stellte später Robert von Hippel (1866–1951) fest; »ein Werk, wie es meines Wissens kein anderes Volk und kein anderes Rechtsgebiet besitzt«.[235] Ein umfangreich angelegtes Projekt im Verlag R. von Decker waren auch die *Die Handelsgesetze des Erdballs*, ein Werk mit dem der Verlag 1908 »neue Bahnen« betrat und nach eigenen Angaben »die größte handelsrechtliche Enzyklopädie der Welt schuf«.[236] Das Gesamtwerk besaß 14 Abteilungen und erschien in einer deutschen, britischen, amerikanischen und französischen Ausgabe.

Encyklopädie der Rechtswissenschaft: Franz von Holtzendorff und Josef Kohler

Ein Verlag, der sich sogar als Verlag auf umfangreiche Verlagswerke spezialisiert hatte, war der Verlag Duncker & Humblot: »Das Programm war von hochpreisigen Enzyklopädien, Handbüchern, Reihen und mehrbändigen Monographien geprägt«.[237] Eine herausragende Enzyklopädie war die seit 1904 von den Verlagen Duncker & Humblot und J. Guttentag gemeinsam herausgegebene *Encyklopädie der Rechtswissenschaft*.[238] Begründet von ihrem ersten Herausgeber Franz von Holtzendorff 1870, übernahm sie Josef Kohler im Jahr des Verlagsgemeinschaftsprojektes 1904. Mit Blick auf die Inhalte der Enzyklopädie verlieh der Herausgeber seinem Wunsch Ausdruck, dass das Werk die Umbrüche der Rechtswissenschaft begleiten möge, da die Rechtsforschung sich in den letzten dreißig Jahren stark verändert hatte und alle Bereiche »ganz andere Wege eingeschlagen« hatten oder »neu belebt« worden waren.[239] Als Grund für die vollständige Neubearbeitung führt Kohler an, dass sich nicht nur das Bürgerliche Recht und die Rechtsgeschichte verändert hatten, sondern auch das Handelsrecht und das Straf- und Prozeßrecht. Er weist explizit auf das Öffentliche Recht hin, bei welchem »ein erfreulicher Aufschwung zu verzeichnen« sei. Entsprechend der Neuausrichtung begann auch die Auflagenzählung wieder mit der ersten Auflage. Der Herausgeber Kohler hoffte:

234 Sarkowski: Der Springer Verlag I, 1992, S. 305.
235 Hippel: Selbstdarstellung, 1925, S. 142.
236 Lendenmann: Deckersche Kleine Verlagsgeschichte, 1988, S. 66.
237 Jäger: Der wissenschaftliche Verlag, 2001, S. 456.
238 Vgl. Ziesak / Cram: Walter de Gruyter, 1999, S. 150.
239 So Kohler: Vorwort, 1904, S. 1.

»Möge die ›Encyklopädie‹ eine Zeugin der Errungenschaften sein, welche die deutsche Rechtswissenschaft heute auf allen diesen Gebieten zu verzeichnen hat; möge sie zum eifrigen Weiterstudium anregen! Möge sie wirken als eine Tat des in der Vielheit der Forschung waltenden und niemals rastenden deutschen Geistes!«[240].

Diesen vom Herausgeber formulierten Anspruch löste die Encyklopädie mit monographischen »Glanzleistungen juristischer Wissenschaft«[241] und durch Autoren wie Ludwig Mitteis (1859–1921), Julius von Gierke (1874–1960), Ernst von Beling (1866–1932) oder Gerhard Anschütz ein. Im ersten Band bearbeitete Josef Kohler als Herausgeber die Rechtsphilosophie und Universalrechtsgeschichte und das Bürgerliche Recht; die Grundzüge des deutschen Privatrechts sowie die des Handelsrechts stellte Otto von Gierke dar und für die Darstellung der ausländischen Rechte konnten zum Beispiel Ernst Heymann (1870–1946) für das englische Privatrecht und Carl Crome für das romanische Recht gewonnen werden. Josef Kohler übernahm mit 265 Seiten den größten Anteil im ersten Band. Mit ihrem Charakter des Sammelwerks führte die *Encyklopädie der Rechtswissenschaft* eine Besonderheit fort: Im Gegensatz zu anderen Enzyklopädien des 19. Jahrhunderts stellte die *Encyklopädie der Rechtswissenschaft* Recht und Rechtswissenschaft nicht mehr als »geschlossenes System« dar, sondern war »bewußt als Sammelwerk, verfaßt von unterschiedlichen Autoren, konzipiert«.[242] Diese Tradition setzte sich im 20. Jahrhundert verstärkt fort, da die Fülle der Facetten unterschiedlicher Themenbereiche innerhalb der Rechtswissenschaft nicht mehr aus einheitlicher Perspektive beschrieben werden konnten. Auch in der oben erwähnten Enzyklopädie im J. Springer Verlag wurde das Themenspektrum um die Bereiche Nationalökonomie und Statistik ausgebaut und der Titel des Werkes erweitert in *Encyklopädie der Rechts- und Staatswissenschaft*.

Die Publikationsarten Handbücher und Sammelwerke genossen zu Beginn des 20. Jahrhunderts auch deshalb einen so großen Erfolg, weil sie die Informationsbedürfnisse der Zielgruppe in dieser Zeit wie kaum eine andere Publikationsart erfüllten. Während zu Beginn des 19. Jahrhunderts der bewahrende Archivcharakter juristischer Publikationen im Vordergrund der Publikationen gestanden hatten, waren es im beginnenden Kaiserreich vor allem die Informations- und Diskussionsfunktion. Zu Beginn des 20. Jahrhunderts wandelten sich die Bedürfnisse der juristischen Leserschaft wiederum: Nicht mehr Diskurs und Debatten waren gefragt, sondern vielmehr fundierte Information zur leichteren Einordnung des juristischen Wissens. Der Umfang der erwarteten Informationen konnte entsprechend dem Rechtsbereich variieren: vom kurzgefassten Handbuch bis zu ausführlichen Erläuterungen in der juristischen Enzyklopädie.

240 Zitate Kohler: Vorwort, 1904, S. 1.

241 Ziesak / Cram: Walter de Gruyter, 1999, S. 150.

242 Brockmöller: Entstehung der Rechtstheorie, 1997, S. 164.

4.7 Die Ausdifferenzierung des juristischen Verlagswesens

Die Ausdifferenzierung der Rechtswissenschaften bewirkte nach 1900 eine größere Heterogenität auch des juristischen Verlagswesens. Neue Marktanbieter und spezialisiertere Verlagsprogramme – auch in den etablierten Verlagen – waren die Folge. Die Schwerpunkte der Verlagsarbeit veränderten sich Anfang des 20. Jahrhunderts gegenüber dem beginnenden Kaiserreich erheblich: Nicht mehr eine hohe Anzahl von Publikationen und eine expansive Strategie trugen zum Erfolg eines juristischen Verlagsunternehmens bei, sondern die Verlage waren um eine definierte Zielgruppenansprache bestrebt – häufig einhergehend mit einer weiteren Spezialisierung. Mit einer zunehmenden Unübersichtlichkeit der eigenen Wissenschaftsdisziplin wuchs bei den Rechtsanwendern das Bedürfnis nach spezifisch aufbereiteten Informationen in neuen Ausgabeformen. Erfolgreich waren deshalb sowohl bereits etablierte Verlage, die sich programmatisch-vertrieblich innovativ aufstellten, als auch Verlagsneugründungen, die von Beginn an einen hohen Spezialisierungsgrad aufwiesen. Gerade für die neu gegründeten Verlage war die Kombination aus inhaltlicher Spezialisierung und neuen Produktformen offensichtlich ein Erfolgsfaktor: Verlage wie Dr. Otto Schmidt boten ihren Kunden hochspezialisierte Informationen mittels laufend aktualisierten Informationsdiensten an.

Während die juristischen Werke zur Zeit des Kaiserreichs eine normierende Funktion erfüllten und zur Formierung des Rechtswesens beitrugen, nahmen die Publikationen zu Beginn des 20. Jahrhunderts eine die rechtsfortbildenden Diskussionen unterstützende Rolle ein: Sie werteten zum Beispiel mündlich gehaltene Kongressvorträge durch die schriftliche Niederlegung auf und trugen zu einer Nachhaltigkeit der Argumentationslinien bei. Ohne Publikationen wären die Kontroversen um neue Rechtsbegriffe und die Grundgedanken der gesetzlichen Entwicklung weniger intensiv und wirkungsvoll gewesen. Die Veröffentlichung von Vorträgen und Denkschriften belebte den Diskurs, schaffte Bezugspunkte und trug so zu einer weiteren Ausformung der Wissenschaftsdisziplin bei. Durch die weitere Ausdifferenzierung entstanden auf Anwenderseite allerdings wieder neue Unsicherheiten: Diesen kamen die Verlage mit entsprechenden Publikationen wiederum entgegen.

Das beschriebene Bedürfnis nach Orientierung erfüllten vor allem Handbücher und Enzyklopädien, die ein Teilgebiet im umfassenden Überblick darstellten oder dem Leser als Einführung dienten. Für die juristischen Verlage bestand dadurch nicht nur die Notwendigkeit, Publikationsarten wie Leitfäden, Handbücher oder Sammelwerke weiterzuentwickeln, sondern sie mussten sich auch innerhalb der ausdifferenzierten Rechtswissenschaften engere Schwerpunkte setzen, um sich eine Marktführerschaft auch in den neuen Teilbereichen zu sichern. Diese neuen Teilbereiche konnten entweder in einem juristischen Teilgebiet bestehen oder aus dem Teilsegment einer angrenzenden Wissenschaftsdisziplin. Dabei lagen die Staatswissenschaften als die der Rechtswissenschaft benachbarte Disziplin für eine weitere Ausdehnung des Programmbereichs nahe: Sie entwickelten sich nicht nur bei

J. C. B. Mohr (Paul Siebeck) zu einem Schwerpunktbereich, sondern auch im Verlag Duncker & Humblot.

Angesichts der Marktveränderungen und der Zunahme der Komplexität innerhalb von Rechtswissenschaft und Rechtspraxis mussten sich die Strategien in den juristischen Verlagen grundlegend verändern. Neue juristische Themenfelder und ein Markt, der von Produktinnovationen geprägt war, bildeten ein günstiges Umfeld für den Marktzutritt weiterer Verlage. Etlichen neuen Akteuren im juristischen Buchmarkt gelang es, die Nischenmärkte nutzbringend zu bedienen und sich hier mit neuen Vertriebsmethoden in der spezialisierten Zielgruppe rasch einen Namen zu machen. Auch die notwendige Öffnung der Verlagsprogramme gelang vor allem Verlagen, deren Verleger für die neuen Rechtsströmungen aufgeschlossenen waren.

Im Kaiserreich bildete sich ein neuer Verlegertypus heraus, der mittels neu initiierter Werke die Konstellationen und Handlungsmuster im Markt für juristische Publikationen veränderte. Mit flacheren Hierarchien und geteilter Verantwortung wurden die Autorenbeziehungen modernisiert. Autorengemeinschaften betreuten Werke, deren Themenumfang nicht mehr von Einzelautoren in der gebotenen Tiefe bearbeitet werden konnte. Weibliche Juristen wurden für die Verleger als Autoren denkbar. Die Ausrichtung des Verlags wurde dabei nicht mehr allein durch den Verleger bestimmt: Die Verlage hatten sich vergrößert, dem Verleger war es nicht mehr möglich, alle Verlagsfunktionen in seiner Person auszufüllen. Er war deshalb bestrebt, die Verantwortung in seinem Unternehmen zu teilen und neue Organisationsstrukturen einzuführen.

Auffällig ist, dass die Verleger der Neugründungen in der Regel nicht traditionsreichen Verlegerfamilien entstammten oder umfangreiche Verlagserfahrungen aufwiesen. Auch ihr Selbstverständnis war verschieden von dem der Verlagsgründer des 19. Jahrhunderts. Der neue Verlegertypus zu Beginn des 20. Jahrhunderts sah sich nicht mehr primär als Teil eines Buch- und Druckgewerbes mit seinen Rollen- und Methodentraditionen, sondern definierte sich über die Inhalte und das Leistungsversprechen. Verleger zu sein bedeutete nun, einen spezifischen Kundenkreis möglichst umfassend mit Informationen zu versorgen – in welchen Formaten und mit welchen Vertriebsmethoden, war dabei zweitrangig. Verleger wie Otto Schmidt oder Hans Soldan erreichten ihre Nutzergruppe entsprechend zunächst mit Informationsdiensten oder mit komplementären Produkten. Neugründungen waren deshalb nicht von Anfang an als Verlag angelegt und definierten sich erst später als solche.

Eine Tradition die sich bei den erfolgreichen juristischen Verlegern allerdings fortsetzte war ihre Grundeinstellung: Im Gegensatz zu weltanschaulichen, aber auch zu literarischen Verlagen, die in viel stärkerem Maße von politischen Mehrheiten abhängig oder zeitgeistgebunden waren, zeichneten sich die juristischen Verlage durch eine hohe Neutralität ihrer Publikationen und eine Liberalität ihrer Verleger aus. Die gestaltende Funktion, der gesellschaftliche und geistesgeschichtliche Einfluss, den andere Verleger für sich in Anspruch nehmen konnten, trat bei juristischen Verlegern letztlich immer hinter einer dienenden Funktion zurück. In der Regel fanden die persönlichen Neigungen der Verleger nur in einem Ausmaß statt, das das eigentliche Hauptgeschäft im juristischen Bereich nicht negativ beeinflusste und keine geschäftsschädliche Abkehr von dessen Neutralitätsprinzip bedeutete.

Belohnt wurde dieser Verzicht aber damit, dass das Risiko auf die falsche Seite, auf die falsche Geistesrichtung zu setzen, kaum bestand. Solange sie sich an den vorhandenen Herrschaftsstrukturen orientierten und keine handwerklich-kaufmännischen Fehler begingen, konnten sie wirtschaftliche Stabilität und finanziellen Erfolg erwarten – insbesondere bei einer marktführenden Stellung. Prägend im Markt waren außerdem Neugründungen mit einem spezialisierten Verlagsprogramm. Trotz ihres Expansionsstrebens, moderner Ansätze und ausgesuchter Kontakte in die Reichsverwaltung gelang es den neu gegründeten Verlagen bis zum Ersten Weltkrieg allerdings nicht, die angestammten juristischen Verlage des Kaiserreichs wie Carl Heymanns und J. Guttentag gemessen an Titel- und Mitarbeiterzahl zu übertreffen. Diese traditionsreichen Verlage blieben Marktführer in der juristischen Verlagslandschaft. Auch der Erste Weltkrieg brachte keine Rangverschiebungen: Die Zeit war in allen juristischen Verlagen gleichermaßen geprägt von operativen Missständen wie Papierknappheit und Personalmangel.

5 Verlegerische Strategien zur Krisenbewältigung in der Weimarer Zeit

»Die ›Bücherkrise‹ entpuppte sich – auf dem Hintergrund der wirtschaftlichen Depression – als generelle Kulturkrise. Die Absatzprobleme des Buchhandels waren Symptome allgemeiner Desorientierung, einer umfassenden Hilflosigkeit gegenüber der rapide beschleunigten Modernisierung, Rationalisierung und Technisierung auf der einen, zugleich aber Ideologisierung und Irrationalisierung auf der anderen Seite.«[1]

(Reinhard Wittmann)

Die Zeit der Weimarer Republik war geprägt von wirtschaftlichen Schwierigkeiten. Der Erste Weltkrieg hatte Spuren hinterlassen und die fehlende Kaufkraft der Zielgruppen wirkte sich direkt auf das Alltagsgeschäft der Verlage aus. Ein Schreiben Paul Siebecks verdeutlicht die Situation der Verleger:

»Sehr verehrter Herr Professor, je mehr die Auswirkungen der Wirtschaftskrise auch die Absatzchancen wissenschaftlicher Werke und Zeitschriften beeinträchtigen, desto notwendiger wird für den Verleger, der sein Unternehmen gleichwohl auf der Höhe halten will, planmässige Vorsorge auf lange Sicht. Nach dem Voranschlag den ich demzufolge in letzter Zeit für 1932 aufgestellt habe, muss ich mindestens für das kommende Jahr mit einer derartigen Anspannung meiner Produktion rechnen, dass es für mich nicht mehr tragbar wäre, wenn ich eines Tages vor die Notwendigkeit gestellt würde, ein Manuskript vom Umfang der von Ihnen für ›Das oeffentliche Recht der Gegenwart‹ übernommenen Darstellung des Staatsrechts von Anhalt, Schaumburg-Lippe, Lippe und Waldeck zum Druck zu befördern.«[2]

Dass die Ausführungen Siebecks nicht nur ein abstraktes verlegerisches Klagen waren, wird in der nachfolgenden Bitte um Auflösung des Vertrags deutlich:

»Ich bin daher leider genötigt, von sämtlichen noch nicht ausgeführten Verlagsverträgen über Beiträge zum Systematischen Teil des ›Oeffentlichen Rechts der Gegenwart‹ zurückzutreten, und darf Sie bitten, mir eine der beiden beiliegenden Ausfertigungen eines Auflösungsvertrages durch Ihre Unterschrift vollzogen freundlichst wieder zugehen zu lassen.«[3]

In der Wirtschaftskrise der Weimarer Zeit waren die Verlage gezwungen, auf den sich nachhaltig wandelnden Absatzmarkt zu reagieren. Als Folge veränderte sich das Alltagsgeschäft der Verleger, bewährte Geschäftsmodelle verloren ihre Bedeutung und angestammte Marktpositionen verschoben sich zu Gunsten neuer Informationsanbieter.

---

1 Wittmann: Geschichte deutschen Buchhandels, 2010, S. 356.

2 Schreiben Paul Siebeck an Professor Max Fleischmann vom 1. Dezember 1931, S. 1. VA Mohr Siebeck, Nach. 488.

3 Schreiben Paul Siebeck an Professor Max Fleischmann vom 1. Dezember 1931, S. 2. VA Mohr Siebeck, Nach. 488.

5.1 Akademische Diskussionen und rechtspraktische Debatten

Mit der Gründung der Weimarer Republik wurde in Deutschland nicht nur die Staatsform der Monarchie beendet, sondern es wurden auch noch andere grundsätzliche Reformen im Bereich des Staatsrechts wirksam. Das zu Grunde liegende Gesetz – die Weimarer Reichsverfassung – wurde entsprechend wissenschaftlich durchleuchtet und kontrovers diskutiert. Gedanken der sozialen Gerechtigkeit gewannen zu dieser Zeit in den juristischen Diskussionen an Gewicht; auch dieser Meinungsaustausch war wiederum geprägt von politischen und ideologischen Gegensätzen. Insgesamt handelte es sich um eine Zeit »der geistigen und ideologischen Zersplitterung und Polarisierung«.[4] Die rechtswissenschaftlichen Debatten fanden zu maßgeblichen Teilen auch in den juristischen Publikationen Widerhall und die juristischen und staatswissenschaftlichen Verlage fanden sich mit ihren Veröffentlichungen inmitten der kontroversen Diskussionen wieder.

> »Die Parlamente sind nunmehr in die Sommerferien gegangen und man kann das gesetzgeberische Resultat der abgeschlossenen Tagungen feststellen. Die neue Reichsverfassung hat eine sehr erhebliche Erweiterung der Zuständigkeit des Reichs auch auf dem Gebiete der Gesetzgebung herbeigeführt, und die einzelnen Landtage treten in dieser Beziehung stark zurück. Alles Sträuben gegen das Vordringen des unitarischen Gedankens ist unangebracht. Die Notwendigkeit und der Druck von außen zwingt zu einem engeren und festeren Zusammenschluß der zum Reich gehörigen Länder.«[5]

Die Ansicht von Eduard Heilfron (1860–1938) – geäußert in der *Zeitschrift für Handelswissenschaft und Handelspraxis* im C. E. Poeschel Verlag – wurde nicht von allen geteilt: Gerade um die grundlegende Norm des Staates entbrannten viele Debatten. Verabschiedet wurde die Weimarer Reichsverfassung von der verfassungsgebenden Versammlung vom 11. August 1919. Als »Schöpfer« der Weimarer Reichsverfassung wird Hugo Preuß (1860–1925) bezeichnet.[6] Preuß hatte sich 1889 habilitiert mit einer Schrift über *Gemeinde, Staat, Reich als Gebietskörperschaften*, zuvor hatte er bereits diverse Zeitschriftenaufsätze veröffentlicht. Hugo Preuß gab 1919 zwar eine Textausgabe zur Verfassung mit Register heraus bei der Reichszentrale für Heimatdienst, 1920 im Zentralverlag, einen bekannten Kommentar zur Weimarer Reichsverfassung hat er nicht – mehr – geschrieben.[7] Bei Carl Heymanns veröffentlichte Hugo Preuß 1922 eine

---

4 Wittmann: Geschichte deutschen Buchhandels, 2010, S. 337. Speziell für den Münchner Buchhandel Wittmann: Hundert Jahre Buchkultur, 1993, S. 143–148.

5 Heilfron: Rechtsfragen des Tages, 1921, S. 111.

6 Doerfert: Archiv des Öffentlichen Rechts, 1993, S. 117. Vgl. zu den beruflichen Stationen auch Grothe: Zwischen Geschichte und Recht, 2005, S. 100–101.

7 Teile des geplanten Kommentars sind später erschienen. Vgl. Stolleis: Geschichte des öffentlichen Rechts, 1999, S. 95. Bekannte Werke von ihm waren auch Stadt und Staat (1909), Zur preussischen Verwaltungsreform (1910), Deutschlands republikanische Reichsverfassung (1921) oder Um die Weimarer Reichsverfassung (1924) in verschiedenen Verlagen.

Ausgabe zu *Artikel 18 der Reichsverfassung. Seine Entstehung und Bedeutung*. Ein Jahr nach seinem Tod erschienen 1926 die von Theodor Heuss (1884–1963) herausgegebenen gesammelten Aufsätze unter dem Titel *Staat, Recht und Freiheit. Aus vierzig Jahren deutscher Politik und Geschichte*.

Insgesamt stellte sich die Weimarer Reichsverfassung als ein Kompromiss dar,[8] was die Diskussionen um ihre Inhalte erklärt. So wurde auch der Deutsche Juristentag bei seinem erstmaligen Wiederzusammentreten 1921 unter anderem um das Verfassungsrecht erweitert, in den folgenden Jahren war »fast jeder Juristentag«[9] der Weimarer Republik auch von einzelnen verfassungsrechtlichen Fragen getragen. Die Bedeutung des Verfassungsrechts und ein Bedürfnis nach entsprechendem Austausch zeigte sich beispielsweise an der Gründung der Vereinigung der Deutschen Staatsrechtslehrer 1921–1922. Mitglieder waren unter anderem Gerhard Anschütz, Hugo Preuß, Georg Jellinek, Otto Koellreutter (1883–1972), Hans Nawiasky (1880–1961), Carl Sartorius, Carl Schmitt (1888–1985), Rudolf Smend (1882–1975), Fritz Stier-Somlo (1873–1932) oder Richard Thoma (1874–1957). Maßgeblich wurde die Vereinigung von Heinrich Triepel (1868–1946) als ihrem Ersten Vorsitzenden geprägt.[10] Die erste Kommentierung zur Weimarer Reichsverfassung verfasste Friedrich Giese (1882–1958) bei Carl Heymanns, der bereits eine Woche nach dem Inkrafttreten lieferbar war; weitere stammten unter anderem von Friedrich Poetzsch-Heffter (1881–1935) bei Otto Liebmann, Ludwig Gebhard im Verlag J. Schweitzer und von Ottmar Bühler (1884–1965) bei B. G. Teubner.[11] Stolleis weist darauf hin, dass es sich bei den genannten Kommentaren eher um kleinere Handreichungen für Ausbildung und Praxis handelte, weniger um umfassende wissenschaftliche Werke.[12]

Die Weimarer Reichsverfassung war umstritten und die jeweiligen unterschiedlichen Positionen wurden im politischen Klima der Weimarer Republik mit besonderer Vehemenz vertreten. Ein Staatsrechtler, der das zu spüren bekam, war Gerhard Anschütz. Er hatte sehr früh bereits ein erfolgreiches Werk zur Verfassung herausgegeben: *Die Verfassung des Deutschen Reichs vom 11. August 1919* war 1921 bei Georg Stilke erschienen und erlebte bis 1932 zwölf Auflagen. Der Verleger, der noch vor

---

8 Zur Weimarer Reichsverfassung als »Kompromiß zwischen Bürgerlichen und Sozialdemokraten« vgl. Wesel: Geschichte des Rechts, 2006, S. 446–447.

9 Waldmann: Recht mitgestalten, 2010, S. 58. Vgl. auch Conrad / Dilcher / Kurland: Der Deutsche Juristentag, 1997, S. 14–15, 18.

10 Heinrich Triepel qualifizierte sich für den Vorsitz auch als Verfasser staatsrechtlicher Werke wie Die Reichsaufsicht: Untersuchungen zum Staatsrecht des Deutschen Reiches bei J. Springer 1917. Seine Antrittsrede Staatsrecht und Politik gab der Autor bei Walter de Gruyter heraus. Die Staatsverfassung und die politischen Parteien erschien 1928 bei Otto Liebmann und die Quellensammlung zum deutschen Reichsstaatsrecht in mehreren Auflagen bei J. C. B. Mohr (Paul Siebeck).

11 Vgl. Stolleis: Geschichte des öffentlichen Rechts, 1999, S. 95–97. Vgl. auch J. Schweitzer Sortiment: Literarisches Vademecum, 1932, S. 33, 113, 28, 13.

12 Vgl. Stolleis: Geschichte des öffentlichen Rechts, 1999, S. 95.

Verabschiedung der Weimarer Reichsverfassung auf Anschütz zukam,[13] bewies bei der Auswahl seines Autors eine glückliche Hand: Anschütz hatte den Sitzungen der Nationalversammlung im Theater von Weimar persönlich beigewohnt, konnte sich mit vielen Bekannten austauschen und die gewonnenen Erkenntnisse wissenschaftlich verarbeiten. Anschütz selbst verwies in seinen Erinnerungen zwar auch auf frühere Publikationen zum Verfassungsrecht, stellte seinen Verfassungsrechtskommentar aber eindeutig als seine »Hauptarbeit«[14] heraus. Auch wenn der Autor selbstkritisch vermutete, dass sich der Verlag eine eher praktisch ausgerichtete Erläuterung vorgestellt hatte, war sein Kommentar offensichtlich erfolgreich, polarisierte allerdings auch. Wie umstritten seine Äußerungen waren, erlebte Anschütz 1922 auf einer Veranstaltung in der Berliner Universität, bei der seine »Anschauungen als zu ›staatsabsolutistisch‹ und zu wenig ›liberal‹ kritisiert«[15] wurden.

Nicht nur die Weimarer Verfassung stieß auf Kritik, auch gegen andere Gesetze regte sich heftiger Widerstand der teilweise bis zu einem Boykott ging: So kündigten 1924 die im Richterverein organisierten Richter an, sich dem in Vorbereitung befindlichen Gesetz zu Lasten der Hypothekengläubiger »Mark gleich Mark« zu widersetzen; sie taten dies durch eine förmliche Erklärung beim Reichsgericht. Daneben boten in der Weimarer Zeit vor allem Arbeitnehmer- und Mieterschutz Anlass zu kontroversen wissenschaftlichen Debatten und riefen in erheblichem Maße auch rechtspraktische Auseinandersetzungen hervor. Dabei war die Befassung mit Vorschriften zum Schutz von benachteiligten Gruppen nicht neu: Bereits im 19. Jahrhundert setzte sich zum Beispiel Johann Caspar Bluntschli als einer der ersten Juristen 1854 mit dem *Lohndienstvertrag des Fabrikarbeiters* auseinander, Otto von Gierke beschäftigte sich 1868 mit dem »kapitalistischen Großbetrieb«.[16] Noch während des Ersten Weltkriegs wurde 1917 die Mieterschutzverordnung verabschiedet, 1918 die Arbeitslosenversicherung eingeführt. In rascher Folge wurden verschiedene Schutzgesetze verkündet: Im gleichen Jahr 1918 wurde die Tarifvertragsverordnung eingeführt, zwei Jahre später 1920 das Betriebsrätegesetz. 1922 erblickte das Jugendwohlfahrtsgesetz und 1923 das Jugendgerichtsgesetz das Licht der Rechtswelt, 1923 das Geldstrafengesetz, 1924 die Fürsorgepflichtverordnung, 1925 die Aufwertungsgesetze und 1926 das Arbeitsgerichtsgesetz.[17]

Den Debatten entsprechend gründeten sich in der Weimarer Zeit auch in den juristischen Vereinigungen neue Foren der Meinungsbildung wie die Konferenzen des

---

13 Vgl. Anschütz: Aus meinem Leben, 1993, S. 255. Gerhard Anschütz publizierte in verschiedenen anderen Verlagen, so bei Duncker & Humblot oder Dr. Walther Rothschild. Mit Richard Thoma gab er gemeinsam das Handbuch des Deutschen Staatsrechts in zwei Bänden bei J. C. B. Mohr (Paul Siebeck) in Tübingen heraus.

14 Anschütz: Aus meinem Leben, 1993, S. 254.

15 Pauly: Zu Leben und Werk, 1993, S. 23, 36.

16 Kroeschell: Deutsche Rechtsgeschichte, 2008, S. 187.

17 Vgl. Wesel: Geschichte des Rechts, 2006, S. 479.

Deutschen Juristen-Fakultätentages[18] oder Arbeitsgruppen innerhalb des Deutschen Anwaltvereins wie diejenige für Arbeitsrecht ab 1923.[19] Auch ganz praktisch erhielt das Arbeitsrecht in der Weimarer Zeit einen neuen Stellenwert: Gewerkschaftliche Gruppen – »in der Weimarer Verfassung als staatstragende Kräfte anerkannt«[20] – organisierten auch den Buchhandel und es kam zu ersten Buchhändlerstreiks und eine »Sozialisierungsdebatte« entstand.

5.2 Markt für juristische Literatur: Ein Markt bricht zusammen

Wittmann bezeichnet die Zeit der Weimarer Republik als »politisch und wirtschaftlich fast unablässig von Krisen gebeutelte Zeit«.[21] Im Hinblick auf die klassischen juristischen Publikationsfelder handelte es sich um einen gesättigten Markt, in dem sich ein Großteil der Standardwerke bereits etabliert hatte und neue Werke nur schwer im Markt zu verankern waren. Insofern standen die juristischen Verlage nach den Jahren des Wachstums im Kaiserreich seit dem Ersten Weltkrieg grundlegend veränderten Absatzbedingungen gegenüber.

Der juristische Buchmarkt: Schwankende Produktionen

Innerhalb ihrer statistischen Untersuchungen für die Weimarer Republik hat Kastner auch die rechtswissenschaftliche Buchproduktion untersucht, die folgenden Ausführungen beruhen zusätzlich auf dem Zahlenmaterial von Umlauff und Schönrock.[22] Kontinuierliche statistische Auswertungen und eine einheitliche Betrachtung der juristischen Buchproduktion werden für die Zeit der Weimarer Republik allerdings wiederum durch eine zweimalige Neugestaltung der Gruppe »Rechts- und Staatswissenschaften« erschwert: Ursprünglich waren in der Gruppe juristische, politische und volkswirtschaftliche Werke enthalten. Von 1924 bis 1931 fand eine Trennung zwischen den »Rechtswissenschaften« einerseits und »Staats- und Sozialwissenschaften« andererseits statt.[23] Nach 1931 wurde der Bereich der »Staats- und Sozialwissenschaften« dann nochmals in die Gebiete »Politik und Verwaltung« und »Wirtschafts- und Sozialwissenschaft, Statistik« unterteilt. Trotz der mehrmaligen Veränderung des Be-

18 Knemeyer vermutet die erste Konferenz in der Weimarer Republik. Vgl. Knemeyer: Fakultätenkonferenzen, 1992, S. 36.

19 Vgl. Rabe: Der Deutsche Anwaltverein, 2011, S. 608.

20 Fischer / Füssel: Kultur und Gesellschaft, 2007, S. 8.

21 Wittmann: Geschichte deutschen Buchhandels, 1999, S. 329.

22 Vgl. Kastner: Buchverlag, 2005; Kastner: Statistik, 2007, S. 341–378. Umlauff: Beiträge zur Statistik, 1934. Schönrocks Auswertungen basierten auf der Statistik von J. Springer aus dem Jahr 1913, erweitert um statistische Zahlen für das Jahr 1927. Vgl. Schönrock: Statistische Zahlen, 1929.

23 Vgl. Kastner: Statistik, 2003, S. 98; Umlauff: Beiträge zur Statistik, 1934, S. 75.

trachtungszuschnitts können aber Entwicklungslinien der juristischen Buchproduktion nachvollzogen werden. Interessant ist auch die Betrachtung des Verhältnisses der juristischen Neuerscheinungen zu den Nachauflagen, die bei Kastner für die Weimarer Zeit getrennt erfasst werden:

Tabelle 5.1: Statistiken zur juristischen Gesamtproduktion von 1919 bis 1933

Jahr	Titel insgesamt	Anzahl der Neuerscheinungen	Anzahl der Neuauflagen[24]
1919	3767 Titel	3400 Titel	367 Titel
1920	3669 Titel	3203 Titel	466 Titel
1921	3536 Titel	3140 Titel	386 Titel
1922	3366 Titel	2878 Titel	488 Titel
1923	2690 Titel	2347 Titel	343 Titel
1924	2686 Titel	2246 Titel	440 Titel
1925	3533 Titel	2918 Titel	615 Titel
1926	3735 Titel	3071 Titel	664 Titel
1927	3696 Titel	3084 Titel	612 Titel
1928	3688 Titel	3116 Titel	572 Titel
1929	3689 Titel	3158 Titel	531 Titel
1930	4009 Titel	3408 Titel	601 Titel
1931	3886 Titel	3321 Titel	565 Titel
1932	4023 Titel	3482 Titel	541 Titel
1933	3390 Titel	2925 Titel	465 Titel

Die Weimarer Republik startete im ersten Jahr nach dem Krieg mit einem statistischen Sprung für die juristische Buchproduktion: Während 1918 lediglich 2088 juristische Titel produziert wurden, waren es in 1919 mit einem Mal 3767 Werke. Mit 3400 neuen Werken wurden vor allem Neuerscheinungen produziert. Als Grund hierfür kann neben neuen gesetzlichen Grundlagen auch die veränderte Staatsform und entsprechend eine höhere Anzahl staatsrechtlicher Publikationen vermutet werden. Auf die gesamte Weimarer Zeit betrachtet verdoppelte sich die juristische Buchproduktion nahezu: Sie stieg von 2088 Titeln in 1918 auf 4032 Titel im Jahr 1932. Allerdings unterlag die Anzahl der im Laufe der Jahre 1918 bis 1933 produzierten Titel – im Gegensatz zur Zeit des Kaiserreichs – einzelnen Schwankungen und entwickelte sich zunächst auch entgegen eines allgemeinen statistischen Trends: Die Gesamtproduktion stieg bis 1922 auf 30 804 Titel an. Die Titelproduktion der Rechts- und Staatswissenschaften nahm dagegen zunächst bis 1924 kontinuierlich ab und reduzierte sich seit 1919 von 3767 Titeln auf 2686 Titel in 1924 – nur wenig Titel mehr als im Jahr 1918. Anzunehmen ist, dass die Ursache der zurückgehenden Produktion in den allgemeinen Krisenjahren

24 Vgl. Kastner: Statistik, 2003, S. 99.

der Nachkriegszeit 1919 bis 1923 liegt. Auffällig sind auch Schwankungen zwischen der Anzahl der Neuerscheinungen und Neuauflagen.

Mit den Jahren größerer wirtschaftlicher Stabilität von 1924 bis 1929 stieg dann auch die juristische Buchproduktion wieder an. Allerdings muss gerade das Jahr 1924 differenzierter betrachtet werden. Auch wenn es statistisch so aussieht, als hätte sich die Titelproduktion nochmals verringert: Es handelte sich um das erste Jahr, in dem die Staatswissenschaften nicht mehr in der Sparte enthalten waren. Ab dem Jahre 1925 erhöhte sich die juristische Buchproduktion dann wieder überdurchschnittlich: Waren es 1925 bereits 3533 Titel, stieg die Produktion ein Jahr später auf 3735 Werke. 1930 erreichten die juristischen Werke mit 4009 Titeln erstmals einen Höchststand von über 4000 Werken. Auch der Anteil an der Gesamtproduktion vergrößerte sich in der Weimarer Zeit seit 1927 kontinuierlich: von 11,91 % in 1927 bis hin zu 16,14 % in 1931 und 18,75 % in 1932.[25] Kastner stellt deshalb fest, dass die rechts- und staatswissenschaftlichen Verlage zu den »führenden Verlagszweigen« in der Weimarer Republik gehörten, insbesondere in den 1930er Jahren erlebte dieser Programmbereich seine »(Weimarer) Glanzjahre«.[26] Während dies für die Zeit nach 1924 auf eine allgemein stabilere wirtschaftliche Lage in der Weimarer Republik zurückgeführt werden kann, ist die stabile Gesamtproduktion für die Jahre nach 1929 in den Zeiten der Weltwirtschaftskrise umso erstaunlicher und lässt sich mit einem verstärkten Bedürfnis nach rechtssicheren Grundlagen interpretieren. Auch Wesel gelangt für die juristischen Verlage in der Weimarer Republik zu der Einschätzung, dass es ihnen zunächst »besser als dem Durchschnitt«[27] ging.

Die Anzahl der Neuerscheinungen unterlag in der Weimarer Republik ebenfalls Schwankungen. Während 1919 insgesamt 3400 neue juristische Titel auf den Markt kamen, waren es ein Jahr später lediglich noch 3203, im Jahr 1921 3140 und 1922 wiederum 2878 neue Titel der Rechtswissenschaft. Die relativ hohe Anzahl sank bereits ein Jahr darauf wieder auf 2347 Titel ab. Auffällig ist der Rückgang der Neuerscheinungen in 1933 von 3482 neuen Titeln im Jahr 1932 auf 2925 Titel im Jahr der Machtübernahme der Nationalsozialisten. Bei den Nachauflagen zeichnet sich ein gleichmäßigeres Bild ab: Von 1919 bis einschließlich 1924 lag die Anzahl der Nachauflagen zwischen 350 und 450 Werken. Ab 1925 bis 1932 bewegte sich die Anzahl zwischen 650 und 530 Titeln, um im Jahr 1933 wiederum auf 465 Titel abzusinken. Eine Erklärung für die größere Kontinuität kann darin liegen, dass es sich bei den Nachauflagen um bewährte Titel handelte, während die Neuerscheinungen stärker von neuen Gesetzen und anderen äußeren Einflüssen abhängig waren. Die Verleger griffen auf bewährte Titel für Neuauflagen zurück und versuchten so, ihre Verlagsprogramme wirtschaftlich zu stabilisieren. Die Neuerscheinungen waren dagegen wie bereits zur Zeit des

25 Vgl. Umlauff: Beiträge zur Statistik, 1934, S. 75.
26 Kastner: Statistik, 2007, S. 343, 344.
27 Wesel: C.H.Beck, 2013, S. 62.

Kaiserreichs von gesetzlichen und staatlichen Veränderungen abhängig, was die Weimarer Zeit wiederum deutlich zeigt.

Umlauff betrachtet außerdem die verschiedenen Publikationsarten rechtswissenschaftlicher Literatur noch einmal detaillierter: Von insgesamt 299 juristischen Titeln entfallen 131 – die größte Gruppe – auf das wissenschaftliche Schrifttum, gefolgt von 93 Textausgaben und Kommentaren, 47 sonstigen Gebrauchsbüchern und 28 Titeln des populären Schrifttums.[28] Auch hier zeigt sich ein ähnliches Bild wie für die Nachauflagen beschrieben. Bei Textausgaben und Kommentaren handelte es sich um kontinuierliche Absatzträger in den juristischen Verlagsprogrammen – die rechtswissenschaftlichen Verleger wollten offenbar keine größeren Risiken eingehen und brachten vornehmlich die klassischen Publikationsarten auf den Markt, die einen stabilen Umsatz versprachen. Die hohe Anzahl von wissenschaftlichem Schrifttum erklärt sich zu einem Teil aus den dargestellten rechtswissenschaftlichen Diskursen, aber auch aus dem während der Weimarer Zeit teils bestehenden Publikationszwang für Laufbahnschriften.

Während Kastner die Zunahme juristischer Titel vor allem auf die »sich zuspitzende Krise im Reich«[29] zurückführt, erklärt Umlauff den Anstieg der rechtswissenschaftlichen Buchproduktion dagegen weniger mit der Krise als vielmehr mit dem verstärkten Regelungswillen des Gesetzgebers, mit neuen Rechtsgebieten und einem wachsenden allgemeinen Leserinteresse.[30] Festgestellt werden kann, dass der Gesetzgeber in der Weimarer Republik dazu neigte, viele neue Gesetze auch für kleinere Regelungsbereiche einzuführen. Ferner stand in dieser Zeit der Gedanke von Schutzvorschriften im Vordergrund, was wiederum eine verstärkte Gesetzgebung zur Folge hatte. Gleichzeitig etablierte sich in juristischen Kreisen eine ausgeprägte Diskussionskultur, die sich teilweise auch in Publikationsorganen niederschlug.

Währungsverfall und Wirtschaftskrise erschüttern den Absatzmarkt

Der Buchhandelsmarkt hatte sich in den Jahren nach 1914 stark verändert und war in der Weimarer Zeit geprägt durch Währungsverfall, Kaufkraftverlust und Wirtschaftskrise, was sich vor allem am Ende der Weimarer Republik verschärfte: 1930 waren 16 000 Akademiker arbeitslos, vor allem die Rechtsanwälte waren einer zeitgenössischen Umfrage zufolge stellenlos, zwei Jahre später hatte sich die Zahl auf 40 000 bis 60 000 erhöht.[31] Auch der studentische Markt blieb nach dem Ersten Weltkrieg angespannt: Die Zahl der Studenten – die zwar einerseits Bücher für ihren Unterricht benötigten, sich diese aber nicht in dem Umfang wie ihre Kollegen im Beruf leisten konnten – erhöhte sich im Laufe der Weimarer Republik, unterlag aber star-

---

28 Vgl. Umlauff: Beiträge zur Statistik, 1934, S. 126–128.
29 Kastner: Statistik, 2007, S. 344.
30 Vgl. Umlauff: Beiträge zur Statistik, 1934, S. 76.
31 Vgl. Jarausch: Deutsche Studenten, 1989, S. 137.

ken Schwankungen. Zunächst kamen durch die Demobilisierung 1919 »tausende von Kriegsstudenten«[32] zurück an ihre Universitäten, die Wirtschaftskrise und fehlende Arbeitsplatzmöglichkeiten trugen ebenfalls zu einem Anstieg der Studentenzahlen bei. Verglichen mit dem Vorkriegsniveau – 1914 betrug die Zahl der Studenten 60 235 – war zu Beginn der Weimarer Republik ein starker Anstieg auf 87 312 Studenten zu beobachten, der bis 1925–1926 allerdings wieder auf 58 724 Studenten abfiel.[33]

Mit der Wirtschaftskrise Anfang der 1930er Jahre stieg die Zahl der Studenten dann wieder auf 103 912 (1931) an, ein Jahr später lag die Zahl mit 92 601 Studenten immer noch knapp unter der 100 000-Marke. Dabei trugen die Studenten der Rechtswissenschaften ihren Anteil an dem allgemeinen Anstieg bei: Von 1923 bis 1929 vergrößerte sich die Zahl der Studenten von 9896 auf 22 990 Jurastudenten, unterlag aber den oben für die Gesamtentwicklung skizzierten Schwankungen. Der Anteil der Jurastudenten lag zwischen 16,4 % vor dem Ersten Weltkrieg und 27,5 % im Jahr 1925. Interessanterweise waren im Jahr 1932–1933 nur noch 16 175 Jura-Studenten eingeschrieben. Unter Umständen haben die unsichere Arbeitsmarktlage und eine sich verstärkende individuelle Notsituation Interessierte von einem Jurastudium abgehalten.

Einzig die handelsrechtlichen Verlagsprogramme profitierten zumindest kurzzeitig von der Inflation: Auf Grund eines erstarkten Informationsbedürfnisses in den Zielgruppen wurde vermehrt handels- und betriebswirtschaftliche Literatur gekauft.[34] Abgesehen von den wirtschaftswissenschaftlichen Verlagen spürten die übrigen Verlagsunternehmen die finanzielle Notlage ihrer Zielgruppe deutlicher. Für den belletristischen Bereich spricht der Verleger Samuel Fischer von einer »Bücherkrise«.[35] Hierzu im Widerspruch entstanden trotz Wirtschaftskrise zur gleichen Zeit 1927 Institutionen wie die Buchkunst-Stiftung.[36] 1925 feierte der Börsenverein sein hundertjähriges Jubiläum mit einer opulenten Festschrift.[37] Bemerkenswerterweise für Zeiten der Absatzkrise konnten trotzdem hochpreisige Werke am Markt abgesetzt werden. So stellt der Verleger Hans Dieter Beck in der Rückschau fest:

> »Zu den Merkwürdigkeiten der Inflationszeit gehörte es, daß damals Luxusdrucke einen guten Absatz fanden. Viele Menschen glaubten auf diese Weise für ihr schlechtes Geld einen echten Wert einhandeln zu können. Soweit sie von wahrer Bibliophilie geleitet waren, wurden sie dabei auch kaum getäuscht. Doch trieb die Mode seltsame Blüten.«[38]

---

32 Jarausch: Deutsche Studenten, 1989, S. 129.

33 Vgl. insgesamt Jarausch: Deutsche Studenten, 1989, S. 129–130.

34 So die Aussage von Druckenmüller für den C. E. Poeschel Verlag. Vgl. Druckenmüller: Zum Geleit, 1927, S. VI.

35 So schrieb Samuel Fischer 1926 in seinem Almanach »Das 40. Jahr« über die »Bücherkrise« und riet seinen Verlegerkollegen: »Neben dem speziell Verlegerischen liegt in dem Organisatorischen und Vertriebsmäßigen eine der wichtigsten Aufgaben des modernen Verlegers.« Zitiert nach Füssel: Belletristische Verlage, 2012, S. 11.

36 Vgl. Widmann: Geschichte des Buchhandels, 1975, S. 153.

37 Vgl. Widmann: Geschichte des Buchhandels, 1975, S. 123.

38 Beck: Festschrift, 1963, S. 119.

Nicht nur, aber auch als Folge der häufig finanziell angespannten Situation entstanden Meinungsverschiedenheiten zwischen Autoren und Verlegern über wirtschaftliche Fragen. Wittmann konstatiert insgesamt einen »Rückzug auf Partikularinteressen«.[39] Bereits während der Weimarer Republik gab es erste »völkische« Netzwerke, der vorhandene Antisemitismus verstärkte sich und breitete sich aus; er erfasste auch buchhändlerische Zirkel.[40] Andererseits gab es gerade in dieser Zeit parallel eine Fülle von Zusammenschlüssen und Sozialisierungsmodellen: sowohl gesellschaftsrechtlicher Art wie im Falle der Vereinigung wissenschaftlicher Verleger (Walter de Gruyter) innerhalb eines Verlages als auch im Sinne eines Erfahrungsaustausches wie bei der »Arbeitsgemeinschaft wissenschaftlicher Verleger«.[41] Veränderungen prägten auch den Börsenverein als Standesorganisation. Ab 1927 erfolgte die Gründung eines Werbeausschusses im Börsenverein[42] sowie die Umstellung von Regionalvereinen im Börsenverein auf Fachverbände 1928. Bereits 1922 war die »Abrechnungs-Genossenschaft Deutscher Buchhändler« als Abrechnungsgesellschaft (BAG) mit einem stetigen Mitgliederzuwachs ins Leben gerufen worden. Auf Schriftstellerseite kam es ebenfalls zu vielfältigen Zusammenschlüssen, beispielsweise gründeten sich kommunistische Schriftstellerverbände.[43] Im Wissenschaftsbereich wurde von staatlicher Seite die »Nothilfe für das wissenschaftliche Buch« mit einer Subventionierung von Druckkostenzuschüssen gegründet.

5.3 Juristische Verlage in wirtschaftlich schwierigen Zeiten

»Zur Inflationszeit hingen schwere Wolken über dem Deutschen Anwaltsverein und der Juristischen Wochenschrift. Man mußte die Opferwilligkeit der Kollegen anrufen.«[44] Die Zerrissenheit der Zeit und die wirtschaftlichen Schwierigkeiten holten auch die juristischen Verlage ein: Was Max Hachenburg – Autor in verschiedenen namhaften Verlagen der Weimarer Republik – für die Zeitschrift des Deutschen Anwaltvereins feststellte, galt in gleicher Weise für andere Zeitschriften, gesamte Verlagsprogramme oder sogar ganze Verlage.

39 Wittmann: Geschichte deutschen Buchhandels, 1999, S. 331.

40 Vgl. Wittmann: Geschichte deutschen Buchhandels, 1999, S. 339, 352. Tavernaro befasst sich in seiner Studie u. a. mit der Mentalitätsgeschichte und den »völkischen« Tendenzen im Vorfeld des Nationalsozialismus. Vgl. Tavernaro: Der Zentralverlag, 1997.

41 Zur Vereinigung wissenschaftlicher Verleger vgl. Lüdtke: Verlag Walter de Gruyter, 1924; Schneider: Der wissenschaftliche Verlag, 2007; Ziesak / Cram: Walter de Gruyter, 1999.

42 Vgl. Wittmann: Geschichte deutschen Buchhandels, 1999, S. 337.

43 Vgl. Wittmann: Geschichte deutschen Buchhandels, 1999, S. 351.

44 Hachenburg: Lebenserinnerungen, 1978, S. 103.

5.3.1 Herausforderungen und Schwierigkeiten verschiedener Art

Die »Richtlinien für die buchhändlerische Abrechnung« vom 14. August 1923 machten die finanziellen Schwierigkeiten der Buchhändler in der Weimarer Zeit deutlich:

> »Die katastrophale Entwertung der an den Verleger gelangenden Zahlungen, die sich aus dem Zusammenbruch unserer Währung und den durch diesen erzwungenen sprunghaften Erhöhungen der Schlüsselzahl ergeben musste, hat im Buchhandel Erscheinungen gezeitigt, die den furchtbaren Ernst der Lage für jeden klar erkennen lassen. Eine Anzahl Verleger, darunter die grössten und widerstandsfähigsten Betriebe unseres Berufs, haben ihre Auslieferung die zur Einführung einer neuen Berechnungsart eingestellt, andere sind zu den verschiedenartigsten Methoden der Goldmarkberechnung übergegangen. Die Gefahr völlig chaotischer Zustände im Buchhandel ist damit zum mindesten in greifbare Nähe gerückt.«[45]

Das vom Börsenverein aufgezeigte Bild der wirtschaftlichen Lage buchhändlerischer Unternehmen wurde in den Anfangsjahren der Weimarer Republik zusätzlich durch die Auswirkungen des Ersten Weltkriegs verstärkt. Bedeutsam für die juristischen Verlage war vor allem die wirtschaftliche Lage ihrer Zielgruppen: Für die Juristen spricht Conrad 1921 von einer »allgemeinen finanziellen Bedrängnis«,[46] verweist allerdings auch auf den Umstand, dass sich trotzdem 700 Besucher beim Deutschen Juristentag aus allen Teilen Deutschlands und Österreichs eingefunden hatten – symptomatisch für die Widersprüche in der Weimarer Zeit.

Die Weimarer Republik war von Anfang an von wirtschaftlichen Krisen geprägt. So machte J. Springer 1922 und 1923 in den Verzeichnissen seiner Neuerscheinungen auf die angespannte wirtschaftliche Lage aufmerksam und kündigte Veränderungen im Bereich der Kommissions-Lieferungen an.[47] R. von Decker sah sich 1922 ebenfalls zu Teuerungszuschlägen gezwungen: »Im Begriff, vorliegendes Verzeichnis in Druck zu geben, sehen wir uns durch die Teuerungsverhältnisse genötigt, die darin angegebenen Preise abermals um 25 % zu erhöhen.«[48] Ohnehin waren die juristischen Verlage zu jeder Zeit von dem Problem betroffen, dass ihre Publikationen durch Gesetzesänderungen ihre Gültigkeit verlieren konnten. Die vielfach zitierte These, dass gesetzliche Änderungen ganze Verlagsprogramme wertlos werden lassen können, findet sich in unterschiedlichen Ausprägungen im Laufe der Zeit immer wieder. Meist wird in diesem Zusammenhang Julius Hermann von Kirchmann zitiert, Bibliotheken würden durch »einen Federstrich des Gesetzgebers«[49] zu Makulatur. Gerhard Anschütz spricht im Zusammenhang mit seinem Werk zur Weimarer Reichsverfassung zwar nicht von

45 So der Vorstand des Börsenvereins in einer Bekanntmachung »Richtlinien für die buchhändlerische Abrechnung« vom 14. August 1923. VA Mohr Siebeck, Nach. 488.

46 Conrad / Dilcher / Kurland: Der Deutsche Juristentag, 1997, S. 18.

47 Vgl. Verlagsverzeichnis J. Springer, November 1922, S. 2.

48 Verlagsverzeichnis R. von Decker 1916, S. 2.

49 Das bekannte Bonmot wird meist wie folgt zitiert: »Ein Federstrich des Gesetzgebers, und ganze Bibliotheken werden Makulatur.« Eine andere Version lautet: »Drei berichtigende Worte des Gesetz-

Makulatur, aber davon, dass es zur Geschichte geworden ist.[50] Lediglich für die Wissenschaft wird teilweise – unabhängig von sozialen Entwicklungen und gesetzlichen Änderungen – eine Allgemeingültigkeit der Inhalte in Anspruch genommen: So postulierte Edmund Metzger (1883–1962) zu späterer Zeit in der Einleitung seines ersten Kurzlehrbuchs im Strafrecht im Hinblick auf die Aussage von Julius Hermann von Kirchmann: »Echte Wissenschaft wird nie zur ›Makulatur‹, auch wenn sich die zugrunde liegenden Gesetze ändern: [...] Im Konkreten das Allgemeine zu schauen und zu erkennen, ist und bleibt in der Wissenschaft überall das vornehmste Ziel.«[51] Die meisten Verleger der Weimarer Zeit werden eher zu der Ansicht Walter Kohlhammers (1879–1946) geneigt haben, der bei der Bewertung von Lagervorräten der Firma J. C. B. Mohr (Paul Siebeck) 1925 feststellt: »Die Berechnungen [...] sind theoretisch unzweifelhaft einwandfrei, in der Praxis aber wohl nicht haltbar, da ein Verlagswerk, wenn der Verleger auch eine noch so hohe Risikoprämie einkalkulierte besonders beim wissenschaftlichen Verlag von heute auf morgen Makulatur sein kann.«[52]

Die Auswirkungen in der Weimarer Zeit waren für die Verlage vergleichsweise dramatisch und nicht mit früheren Schwierigkeiten in einzelnen Verlagen zu vergleichen. Ein Beleg für die Krise kann in der Tatsache gesehen werden, dass bei der Buchhandlung für Rechts- und Staatswissenschaften Hermann Bahr ein Konkurs mangels Masse abgelehnt wurde.[53] Unter den Verlagsunternehmen, die in ernsthafte wirtschaftliche Schwierigkeiten gerieten, befanden sich auch traditionsreiche renommierte Verlage.[54] Bereits direkt nach dem Ersten Weltkrieg und als dessen Folge war dies wie beschrieben beispielsweise für die Verlagsbuchhandlung Wilhelm Braumüller der Fall.[55] Sie

gebers, und ganze Bibliotheken werden zur Makulatur.« So zitiert nach Maunz: Von der Wertlosigkeit, 1963, S. 289–290. Maunz und Ramseger schreiben das Zitat dem Juristen und Philosophen Julius Hermann von Kirchmann zu. Es taucht unter anderem bei Oscar Siebeck 1933 und bei Eugen Bahr, dem Inhaber »der damals größten juristischen Fachbuchhandlung Berlins, Hermann Bahr« auf, später im Zusammenhang mit einem Artikel zur Arbeitsgemeinschaft rechts- und staatswissenschaftlicher Verleger. Vgl. zu beiden Zuschreibungen auch Ramseger: Geburtshelfer, 1985, S. 1079–1080. Aufgegriffen hat es in neuerer Zeit auch Münch: Autor und Verlage, 2013, S. 29.

50 Vgl. Anschütz: Aus meinem Leben, 1993, S. 255.

51 Zitiert nach Jan: Edmund Mezger, 1988, S. 561.

52 Schreiben gez. Dr. W. Kohlhammer vom 23. September 1925, S. 2. VA Mohr Siebeck, Nach. 488. Walter Kohlhammer macht im weiteren Verlauf seines Schreibens noch einmal deutlich, wie schwierig eine Einschätzung selbst für einen Kollegen ist: »Es ist für einen Aussenstehenden ungemein schwierig, zu beurteilen, wieviel (durchgestrichen, unleserliche Verbesserung – Anmerkung der Verfasserin) Wert der einzelnen Werke eines wiss. Verlags ist. Auch wenn der Betreffende ebenfalls eine ähnliche Firma leitet. Das Buch ist für den Verleger eine derartig individuelle Sache, dass eigentlich nur er beurteilen kann, was das Buch speziell für ihn wert ist.«

53 Vgl. Vertrag zwischen Herrn Conrad Haber und der Firma Arthur Collignon aus dem Januar 1929.

54 Widmann verweist auf »viele Hauschroniken« in denen die wirtschaftlichen Schwierigkeiten nachzulesen seien. Vgl. Widmann: Geschichte des Buchhandels, 1975, S. 150. Zu den Schwierigkeiten der Barsortimente siehe auch Bez / Keiderling: Zwischenbuchhandel, 2010, S. 113.

55 Vgl. Schulze: Der deutsche Buchhandel, 1925, S. 255–256.

konnte ihren finanziellen Schwierigkeiten entgegenwirken, indem sie den Verlag an einen ihrer Gläubiger veräußerte, nämlich an die Druckerei Jasper.[56] Selbst alteingesessene Verlage hatten wirtschaftliche Sorgen: So traten 1922 zum Beispiel auch im Verlag C.H.Beck »zu einem Zeitpunkt glänzender Verkaufserfolge [...] ernsthafte finanzielle Schwierigkeiten«[57] ein. Andere Verlage blieben länger verschont: Im Verlag von Gustav Fischer hatte die Wirtschaftskrise seit 1929 lediglich im Anzeigengeschäft negative Auswirkungen.[58]

Und auch wenn nicht die Aufgabe des Verlagsgeschäfts drohte, veränderte sich die Arbeit in den juristischen Verlagen. Es wurden häufiger Projekte abgelehnt – teils explizit mit dem Hinweis auf die desolate wirtschaftliche Lage. So beschreibt Alexander Elster vom Verlag Walter de Gruyter die Schwierigkeiten bei der Herausgabe von Werken wie im Falle der Ablehnung des Werkes eines Autors für das sich sogar ein anderer Autor verwendet hatte. Alexander Elster brauchte für die Entscheidung nicht lange Zeit, er antwortete am darauffolgenden Tag und begründete die Ablehnung damit, dass »der wissenschaftliche Verlag zur Zeit kaum über die Mittel verfügt, die für ein solches Buch, dessen Absatz ja von vornherein sehr unsicher erscheint, aufgewendet werden müssen«. Auch auf »absehbare Zeit« konnte Alexander Elster dem Anfragenden keine Hoffnung machen: »Es tut mir leid, Ihnen keinen aussichtsreicheren Bescheid erteilen zu können, aber Sie kennen ja selbst die Lage, mit der die wissenschaftliche Publizität zu rechnen hat.«[59]

Um der wirtschaftlichen Krise entgegenzuwirken, wurde 1918 vom Börsenverein eine Notstandsordnung mit der Einführung eines Teuerungszuschlags in Höhe von 10 % auf den Verkaufspreis aller Bücher erlassen und im Januar 1920 wurde ein Teuerungszuschlag von 20 % bewilligt.[60] Der Verkauf ins Ausland verteuerte sich ab 1921, da Valutazuschläge für den Export eingeführt wurden.[61] Um die Abrechnung im Buchhandel zu erleichtern, wurde 1923 die Buchhändlerische Abrechnungsgenossenschaft (BAG) in Leipzig für den Zahlungsverkehr der Buchhändler untereinander gegründet. Diese Maßnahmen dienten vor allem der Stabilisierung der Organisationsstrukturen im Buchhandel, sie konnten die Absatzkrise im Buchmarkt allerdings nur marginal abfedern. Die Verlage litten – ohnehin geschwächt durch den Ersten Weltkrieg und seine Auswirkungen – unter dem schlechteren Verkauf ihrer Werke.

---

56 Der Verkauf war erfolgreich und gestaltete sich einvernehmlich. Der bisherige Inhaber, Rudolf Braumüller, blieb bis 1919 Anteilsinhaber. Vgl. Nawrocka: Braumüller wird 222, 2005, S. 6.

57 Beck: Festschrift, 1963, S. 114.

58 Vgl. Meiner: G. J. Manz, 1957, S. 175.

59 Zitate aus einem Schreiben Alexander Elsters an Professor Wassermann zu der schwierigen Situation des wissenschaftlichen Verlags vom 2. November 1932. VA WdG, Dep. 42.

60 Vgl. Widmann: Geschichte des Buchhandels, 1975, S. 148, 149; Wittmann: Geschichte deutschen Buchhandels, 1999, S. 330.

61 Vgl. Wittmann: Hundert Jahre Buchkultur, 1993, S. 139.

Im Bereich wissenschaftlicher Publikationen war die finanzielle Not so groß, dass weitere Maßnahmen ergriffen wurden: Am 12. April 1920 erfolgte die Aufhebung der Publikationspflicht für Dissertationen »mit Rücksicht auf die hohen Druck- und Papierpreise« – damit brach für einige Verlage wiederum eine weitere finanzielle Stütze weg, da nur noch »ein Bruchteil der eingereichten Dissertationen«[62] gedruckt wurde. Die Maßnahme traf den juristischen Bereich besonders hart. Die Rechtswissenschaft stellte neben der Medizin und Staatswissenschaft die meisten Promotionen. Damit die Forschungsergebnisse der Dissertationen überhaupt veröffentlicht werden konnten, schlug Otto Koellreutter, Professor aus Halle, dem Verlag J. C. B. Mohr (Paul Siebeck) bereits vor der Aufhebung des Publikationszwangs in einem Schreiben vom 30. Januar 1920 vor, zumindest die Resultate in Zeitschriften zu veröffentlichen, da er nicht an bessere Zeiten glaubte:

> »Dann möchte ich Sie wegen einer Sache fragen, die mir sonst aufgefallen ist. Das ist die Frage der Veröffentlichung der Dissertationen. Soviel ich weiss, steht die Frage an allen Universitäten jetzt so, dass die Drucklegung der Dissertationen für bessere, d. h. billigere Zeiten gestundet wird. Nun werden aber meines Erachtens derartige billige Zeiten überhaupt nicht mehr kommen, wenn wir auch das gegenwärtige Preisniveau, gerade auch auf dem Papiermarkte hoffentlich nicht behalten. Jedenfalls erscheint es mir aber fraglich, ob man für die Zukunft den Druckzwang aufrechterhalten kann, ich glaube es nicht. Dann könnte man sich nur dadurch helfen, dass man wirklich wertvolle Arbeiten in Zeitschriften nimmt, eventuell wenigstens das Resultat derselben veröffentlicht. Und da wäre es nun die Frage, ob nicht auch die Verleger von wissenschaftlichen Zeitschriften einmal dieser Frage nähertreten müssten, die bisher meines Wissens noch ungelöst ist. Es wäre vielleicht gar nicht schlecht, wenn die Zeitschriften der einzelnen Gebiete die Resultate der wichtigsten Doktorarbeiten ihres Gebietes veröffentlichen könnten und das irgendwie geregelt würde. Die meisten Akademiker sind in diesen Fragen etwas unpraktisch, hoffen auf Wiederkehr der alten Zeiten und sehen nicht, dass das bettelarm gewordene Deutschland auf geistigem Gebiet hinsichtlich der Organisation rationeller arbeiten muss. Denn bisher wurde da doch rechte Verschwendung getrieben. Durch derartige Veröffentlichungen würde auch den Zeitschriften ein fester Halt gegeben.«[63]

Nach fünf Jahren, ab dem 1. April 1925, wurde der Publikationszwang mit der Möglichkeit zu Ausnahmegenehmigungen wieder eingeführt.[64] Die schwierige finanzielle Lage blieb für die juristischen Verlage allerdings nicht nur bestehen, sondern wurde noch dadurch verschärft, dass auch die öffentlichen Haushalte – vorher Abnehmer größerer Mengen juristischer Verlagsprodukte – sparsamer geworden waren. Für die juristischen Verlage trugen beide Entwicklungen zu ihren erheblichen finanziellen Problemen bei.

---

62 Zitate Schneider: Der wissenschaftliche Verlag, 2007, S. 435.

63 Schreiben Otto Koellreutter an den Verlag J. Guttentag vom 30. Januar 1920. VA Mohr Siebeck, Nach. 488.

64 Vgl. Schneider: Der wissenschaftliche Verlag, 2007, S. 435.

Zur Bewältigung ihrer wirtschaftlichen Schwierigkeiten suchten die juristischen Verlage jeweils individuelle Lösungen. Die für das Kaiserreich beschriebene Uniformität in der strategischen Ausrichtung hatte ohnehin bereits mit der Ausdifferenzierung der Rechtswissenschaften im juristischen Verlagswesen aufgehört. Die Verlagslandschaft in der Weimarer Zeit gestaltete sich schon deshalb heterogener, da neben die alteingesessenen rechtswissenschaftlichen Verlage neue Marktteilnehmer traten. Im Jahr 1925 besaß die »Vereinigung Rechts- und Staatswissenschaftlicher Verleger« 25 Mitgliedsverlage, unter ihnen befanden sich die traditionsreichen Verlage C.H.Beck in München, J. Bensheimer in Mannheim, Duncker & Humblot in München, Ferdinand Enke als Stuttgarter Verlag, Gustav Fischer in Jena, in Berlin die Vereinigung wissenschaftlicher Verleger Walter de Gruyter und Carl Heymanns, J. C. B. Mohr in Tübingen, die Leipziger Verlage Ludwig Roßberg und Andreas Deichert, der Verlag Dr. Walther Rothschild in Berlin sowie J. Schweitzer in München und schließlich Otto Liebmann und Franz Vahlen in Berlin.[65] Während sich hier überwiegend traditionsreiche Verlagsunternehmen aus dem 19. Jahrhundert fanden, kann eine schwankende Anzahl von Verlagsneugründungen zwischen 1920 und 1925 als Zeichen der Krise und einer Umbruchsituation der Weimarer Zeit gewertet werden. Nach Wittmann bot die Firmenstatistik nach dem Ersten Weltkrieg entsprechend ein »eher hektisches Bild«.[66] Unter den Neugründungen befanden sich im gleichen Jahr 1924, dem Jahr der allmählich wiederkehrenden wirtschaftlichen Stabilität, auch drei Verlage, die einen späteren Schwerpunkt in rechtswissenschaftlichen Teilgebieten begründeten: Erich Schmidt, Hermann Luchterhand und Alfred Metzner. Sechs Jahre später wurde der Klostermann Verlag gegründet, der von seiner eigenen Gründung als einer »in einer unruhigen Zeit«[67] sprach.

Welche Verlage konnten sich also trotz der krisenanfälligen Zeit am Markt behaupten? Nach den Marktdaten waren es vor allem die bereits im Kaiserreich führenden juristischen Verlage, die auch in der Weimarer Republik erfolgreich waren. Der Carl Heymanns Verlag war nach B. G. Teubner (Gründung 1811), J. Springer (1842) und Moritz Diesterweg (1860) auf Platz vier der produktionsstärksten aller Verlage auf dem deutschen Buchmarkt.[68] Betrachtet man allein die Buchverlage in den führenden Verlagsorten Berlin, Leipzig, München und Stuttgart, so liegt Carl Heymanns nach

65 Vgl. Ramseger: Geburtshelfer, 1985, S. 1078.

66 Wittmann: Geschichte deutschen Buchhandels, 1999, S. 330.

67 Klostermann: Vittorio Klostermann, 1980, S. VIII. Der 28jährige Verlagsgründer Vittorio Klostermann baute seinen Verlag in Frankfurt am Main im Laufe der Zeit vor allem in einem juristischen Teilbereich aus und fokussierte sich auf Werke der Rechtsphilosophie.

68 Vgl. Schneider: Der wissenschaftliche Verlag, 2007, S. 387. 1927 veröffentlichte Carl Heymanns 307 Werke, gefolgt von Franz Vahlen mit 43 Werken, R. von Decker mit 42 Titel und Otto Liebmann mit 19 Verlagswerken. Walter de Gruyter konnte im gleichen Jahr insgesamt 279 Verlagsveröffentlichungen nachweisen, allerdings nicht nur auf rechtswissenschaftlichem Gebiet. Vgl. Schönrock: Statistische Zahlen, 1929, S. 1.

produzierten Titeln 1927 sogar auf Platz zwei hinter J. Springer, war also nicht nur der produktionsstärkste juristische Verlag zu dieser Zeit, sondern auch sonst Teil der Spitzengruppe. Berlin und Leipzig waren in der Weimarer Republik die nach Anzahl der Verleger und Verlagsveröffentlichungen führenden Städte.[69] Trotz seiner Marktstärke musste auch der Carl Heymanns Verlag Einbußen durch die Wirtschaftskrise hinnehmen. Beispielsweise verlor er 1921 das *Reichsarbeitsblatt* nach 18 Jahren an den Verlag Reimar Hobbing.

Obwohl für die juristischen Verlage festgestellt worden ist, dass es ihnen teils besser ging als anderen Fachverlagen, gerieten auch sie zunehmend in Bedrängnis. Notverordnungen und Teuerungszuschläge trafen sie wie alle Verlage in ihrer praktischen Verlagsarbeit, so die am 8. Dezember 1931 erlassene Notverordnung bezüglich der Bücherpreise. Wegen ihr mussten die Preise für alle Bücher, die vor dem 1. Juli 1931 erschienen waren, bis zum 1. Januar 1932 um mindestens 10 % gegenüber dem Stand vom 30. Juni 1931 gesenkt werden. Die meisten Verlagskataloge dieser Zeit enthielten entsprechende Zusätze wie diejenigen der Verlage Carl Heymanns und Andreas Deichert[70] und wie viele Verlage machte auch J. C. B. Mohr in seinem Verlagsbericht auf die angepassten Preise aufmerksam und kündigte an: »Um jedes Mißverständnis über die neuen Preise auszuschließen, sind in unserm diesjährigen Verlagsbericht nur diejenigen Ladenpreise angegeben, die ab 1. Januar 1932 gelten.«[71]

Inhaltlich beschäftigte sich unter anderem der Verlag W. Kohlhammer mit dem aktuellen Notverordnungsrecht dieser Zeit und brachte einen Referentenkommentar zum neuen Recht heraus.[72] Und auch im Verlag Walter de Gruyter erschien 1932 eine erläuterte Textausgabe mit Durchführungsverordnungen *Die Vierte Notverordnung*. Herausgeber war Alexander Elster, der mit weiteren Berliner Kollegen – fünf Rechtsanwälten, zwei Gerichtsassessoren, einem Amtsgerichtsrat und dem Direktor im Reichsversicherungamt Karl Lippmann (1839–1915) – diese Ausgabe als Nr. 180 der *Guttentag'schen Sammlung Deutscher Reichsgesetze* verantwortete und einführte. Alexander Elster geht allerdings in seiner Einleitung auch kritisch mit dem Notverordnungsrecht um und weist auf den grundlegenden Widerspruch aller vier

69 1927 wirkten in Berlin 929 Verleger, in Leipzig 401 Verleger, Verlagsveröffentlichungen gab es in Berlin 7545, in Leipzig 4569. München hatte zum gleichen Zeitpunkt lediglich 171 Verleger und 1662 Verlagsveröffentlichungen vorzuweisen. Vgl. Schönrock: Statistische Zahlen, 1929, S. 1. Für die rechtswissenschaftlichen Werke war der Abstand der Verlags- und Reichshauptstadt Berlin zu den anderen Verlagszentren noch augenfälliger: In Berlin erschienen 786, Leipzig 152, München 109, Wien 102, Stuttgart 60 rechtswissenschaftliche Werke in 1927, dagegen waren im Jahr 1908 in Berlin 863 erschienen, Leipzig 255, München 139, Wien 275, Stuttgart 77. Vgl. Schönrock: Statistische Zahlen, 1929, S. 1–2. Vgl. Kastner: Statistik, 2007, S. 371.

70 Der Carl Heymanns Verlag machte im Januar 1932 auf die ermäßigten Preise aufmerksam. Vgl. Verlagsverzeichnis Carl Heymanns, Januar 1932, S. 3. Vgl. weiterhin auch Verlagsverzeichnis Deichert'sche Verlagsbuchhandlung, ohne Datierung (wohl 1931), S. 1.

71 Verlagsverzeichnis J. C. B. Mohr (Paul Siebeck), Dezember 1931, S. 3.

72 Vgl. Fetzer: Erinnerungen, 1966, S. 175.

Notverordnungen hin. Er resümiert: »In der Vierten NotVO. handelt es sich ja aber noch mehr um praktische Gegenwartsfragen, bei deren Lösungsversuchen freilich eine sich verändernde Weltanschauung über das Problem der Rechtssicherheit mitgesprochen hat.«[73]

5.3.2 Differenzierte verlegerische Strategien zur Krisenbewältigung

Die juristischen Verlage reagierten entsprechend ihrer finanziellen Möglichkeiten und ihres marktbedingten Umfeldes unterschiedlich auf die wirtschaftliche Krise. Die Reaktionen reichten von einem Rückzug auf die Kernkompetenzen über den Verkauf lukrativer Verlagsteile bis zu Änderungen von Konditionen und der Annahme fremder finanzieller Hilfe. Füssel beobachtet für die schöngeistigen Verlage in der Weimarer Republik allgemein eine »zunehmende Tendenz zur vertriebsorientierten Verlagsführung«.[74] Die Bedeutung der Politik spiegelte sich nur teilweise in den Programmen und Absatzzahlen juristischer Verlage wieder. Zwar brachte der »Schwarze Freitag« des Börsencrashs 1929 auch für die rechtswissenschaftlichen Verlagsunternehmen eine »erhöhte Flut von Gesetzen, Erlassen und Notverordnungen«,[75] diese fanden sich allerdings weniger deutlich in den juristischen Verlagsprogrammen wieder als es beispielsweise die Gesetze nach der Reichsgründung Ende des 19. Jahrhunderts getan hatten.

Eine – äußerste – Reaktion auf den schwieriger werdenden Markt konnte der Verkauf lukrativer Verlagssegmente sein. So hatte sich der Verlag der H. Laupp'schen Buchhandlung beziehungsweise J. C. B. Mohr (Paul Siebeck) in Tübingen 1924 aus wirtschaftlichen Gründen von seiner medizinisch-naturwissenschaftlichen Verlagssparte getrennt und diese an den Verlag Urban & Schwarzenberg veräußert.[76]

Eine ebenfalls naheliegende, allerdings ebenso einschneidende Alternative war die Einstellung von Verlagsobjekten.[77] Eingestellt wurden zum Beispiel die *Deutsche Notariatszeitung* und die *Zeitschrift für Reichs- und Landesrecht* aus dem Verlag C.H.Beck 1922.[78] Entgegen des allgemeinen Trends zu dieser Zeit wurden die traditionsreichen *Blätter für administrative Praxis* 1925 dagegen weder dezimiert oder gar

73 Elster: Notverordnung, 1932, S. XVI. Vgl. auch S. X.

74 Füssel: Belletristische Verlage, 2012, S. 2.

75 Reifferscheid: Die ersten 50 Jahre, 1975, S. 16.

76 Vgl. auch den Hinweis im Verlagsbericht J. C. B. Mohr (Paul Siebeck) H. Laupp'sche Buchhandlung Verlagsbericht 1. Januar–31. Dezember 1924. Knappenberger-Jans: Verlagspolitik und Wissenschaft, 2001, S. 56–57; Schneider: Der wissenschaftliche Verlag, 2007, S. 417. Für Urban & Schwarzenberg handelte es sich im Übrigen nicht um den einzigen Zukauf: 1928 kaufte der Verlag auch große Teil medizinischer und veterinärmedizinischer Titel der Verlagsbuchhandlung Wilhelm Braumüller. Vgl. Nawrocka: Braumüller wird 222, 2005, S. 6.

77 Vgl. Schulze: Der deutsche Buchhandel, 1925, S. 255–256.

78 Vgl. Weber: Juristische Zeitschriften, 2007, S. 9.

eingestellt, sondern unter dem Namen *Bayerische Verwaltungsblätter* neu aufgelegt. Die Titeländerung hatte nur indirekt etwas mit der krisenhaften Situation auf dem Markt zu tun: Sie geschah, um dem veränderten Zeitgeist Rechnung zu tragen – und insofern wiederum einen größeren Absatz zu erzielen. Ein Rettungsanker für Zeitschriften konnte die Unterstützung durch staatliche Stellen sein. So erhielten im Jahr 1924 nicht weniger als 115 wissenschaftliche Zeitschriften einen Zuschuss, »und 1927 erreichte die Zahl der geförderten Zeitschriften mit 224 Titeln ihren Höchststand«.[79]

Um einer Einstellung oder einem Teilverkauf zu entgehen, stellte die Neuausrichtung von Zeitschriften zunächst ein milderes Mittel dar: Die Zeitschriften in der Weimarer Republik sahen sich insofern einem erheblichen Veränderungsdruck ausgesetzt. Eine augenfällige Veränderung war dabei eine namentliche Kennzeichnung der Verfasser von Zeitschriftenbeiträgen;[80] nicht nur um die Motivation der Verfasser zu erhöhen, sondern um höheren Honorarforderungen entgegenzutreten. Teilweise wurden die Themen in den Zeitschriften populärer aufbereitet und der Umfang der einzelnen Beiträge reduziert. So erschien die *Deutsche Richterzeitung* ab 1921 nur noch in vermindertem Umfang mit »zuweilen nur noch sechs Seiten«.[81]

Einige Verlage bündelten ihre Kompetenzen und schonten durch eine weitere Spezialisierung die Verlagskräfte: Im Verlag J. C. B. Mohr (Paul Siebeck) war dies nach dem unerwarteten Tod von Paul Siebeck 1920 der Fall. Die Söhne Oskar Siebeck und Werner Siebeck konzentrierten das Verlagsprogramm auf drei Säulen: Theologie, Philosophie mit Geschichte sowie Rechts- und Staatswissenschaften. Während der Anteil der Theologie allerdings im Laufe der Weimarer Zeit sank und auch die Anzahl der Titel aus den Bereichen Philosophie und Geschichte abnahm, entwickelten sich die Rechts- und Staatswissenschaften positiv.[82] Sie wurden im Gegensatz zu den beiden anderen Wissenschaftsdisziplinen ausgebaut, ihr Anteil stieg von knapp 30 % am Gesamtprogramm im Jahr 1919 auf 63,4 % in 1926.[83] Der relativ hohe prozentuale Anstieg erklärt sich allerdings auch aus dem Absinken der übrigen Programmteile.

Damit einhergehend trat eine Fokussierung auf bestimmte Publikationsformen ein: Die Brüder Siebeck verbannten vor allem Werke mit geringem Umfang und Broschüren aus dem Programm, im Gegenzug wurde die Reihenbildung verstärkt – so die Reihe *Recht und Staat in Geschichte und Gesellschaft*, die gleichzeitig eine Verbindung zweier Schwerpunkt-Themenbereiche des Programms, nämlich der Rechts- und Staatswissenschaften und der Geschichte, darstellte. Durch die Verschlankung der Themenbereiche war der Verlag J. C. B. Mohr (Paul Siebeck) in der Lage, sein Profil in der Zielgruppe zu schärfen und spezifische Kompetenzen im rechts- und staatswis-

79 Schneider: Der wissenschaftliche Verlag, 2007, S. 381.

80 Für die landesrechtlichen Zeitschriften siehe Doerfert: Zeitschriften des öffentlichen Rechts, 1999, S. 428.

81 Glauben: Die Deutsche Richterzeitung, 2009, S. 378.

82 Vgl. insgesamt Schneider: Der wissenschaftliche Verlag, 2007, S. 409.

83 Vgl. Schneider: Der wissenschaftliche Verlag, 2007, S. 409.

senschaftlichen Bereich auf- und auszubauen. Dies war insbesondere in der Weimarer Zeit notwendig, da nicht nur die bestehenden juristischen Verlagshäuser verstärkt um Druckaufträge und Autoren konkurrierten, sondern zunehmend auch hochspezialisierte neue Anbieter auf dem Markt auftraten. Diese stellten vor allem für die juristischen Verlage mittlerer Größe mit einem unscharfen Profil neue Wettbewerber dar.

Eine dem Verkauf gegensätzliche, offensive Strategie konnte der Zukauf weiterer juristischer Verlagsteile aus anderen Verlagen sein, um in einem bestimmten Rechtsgebiet eine Monopolstellung zu erhalten oder zu behaupten und einen Großteil der noch vorhandenen Kaufkraft abzuschöpfen: Diese Strategie verfolgte Carl Heymanns, der 1929 Teile aus dem Verlag Hermann Sack in Berlin erwarb.[84] Es handelte sich überwiegend um juristische Lehrbücher wie *Examinatorium und Repetitorium*, *Die typischen Fehler in den juristischen Prüfungen*, *Die wissenschaftliche Arbeit*, *Gutachten und Urteilsentwurf*, ferner eine *Gerichtliche Formenlehre* und *Neuere Reichsgerichtsentscheidungen*. Außerdem ging der *Lehrkommentar zum Bürgerlichen Gesetzbuch* von Victor Loewenwarter (1887–1873) auf Carl Heymanns über.[85] Der Verlag konnte sich die Zukäufe leisten: Carl Heymanns war wie erwähnt nach wie vor einer der produktionsstärksten Verlage in Deutschland.

Vor allem Standardwerke boten eine Möglichkeit zur Generierung von Umsatz auch in wirtschaftlich schwierigen Zeiten. Einmal zum Standardwerk avanciert, verkaufte sich auch die Neuauflage meist ähnlich gut wie die Vorauflagen. Die Verlage unternahmen also vermehrt Anstrengungen, ihre gutgehenden Titel zu Standardwerken auszubauen. Als ein solches Standardwerk darf Leo Rosenbergs *Lehrbuch des deutschen Zivilprozessrechts* bei Otto Liebmann gelten.[86] Bei Carl Heymanns waren die 1876 erstmals herausgegebenen *Organisationsgesetze der inneren Verwaltung* von Max von Brauchitsch ein Standardwerk im Programm: Dabei war es für die Verlegerin Annie Gallus (1877–1864) in den 1920er Jahren zunächst durchaus ein Risiko, den Titel neu zu veröffentlichen. Das Wagnis war überaus erfolgreich: Das Standardwerk trug zur finanziellen Möglichkeit bei, weitere Verlagsprojekte zu realisieren.[87]

Neben Standardwerken waren es vor allem Verlagsreihen, die einen Beitrag zum Umsatz in den juristischen Verlagen leisteten. Letztere konnten den Umsatz vor allem dann unterstützen, wenn die Leser Werke aus der Reihe auch außerhalb ihres eigentlichen Schwerpunktinteresses kauften – wenn ein Leser also vor allem die Reihe vollständig besitzen wollte. Willoweit macht auf die Vielzahl der Bände aufmerksam,

---

84 Die Firma Hermann Sack wurde 1919 in Berlin gegründet. Eine angeschlossene Buchhandlung vertrieb ausschließlich juristische Literatur. Vgl. im Zusammenhang mit der weiteren Entwicklung auch Diag: Firmengeschichten Leipziger Antiquariate, 2013, S. 222.

85 Vgl. Verlagsverzeichnis Carl Heymanns »Erster Nachtrag zum Jubiläumsverzeichnis 1815–1915« 1927.

86 Vgl. Hess / Mack: Zivilprozeßrecht, 2007, S. 701.

87 Vgl. Reuter: Von Manuskripten, 1967, S. 111, 113.

die in den größeren juristischen Verlagen am Ende der Weimarer Republik erschienen waren: bei C.H.Beck die »Roten Textausgaben« im Taschenformat, bei Walter de Gruyter die *Guttentag'sche Sammlung Deutscher (Reichs)Gesetze*, *Stilkes Rechtsbibliothek* im gleichnamigen Verlag oder die *Sammlung deutscher Gesetze* im J. Bensheimer Verlag in Mannheim.[88] Diese Reihen wurden von den juristischen Verlagen insbesondere seit der Zeit des Kaiserreichs als Umsatzträger in besonderer Weise gepflegt.

Gerade bei Verlagsreihen waren die Kontakte zu Institutionen und Bibliotheken ein entscheidender Faktor für den Erfolg. Die meisten juristischen Verlage pflegten insbesondere in Zeiten wirtschaftlicher Schwierigkeiten gezielt diese Kontakte und waren um einen Ausbau dieser Verbindungen bestrebt: So entstand im Herbst 1931 der Kontakt zwischen dem Verlag C.H.Beck und der Bayerischen Akademie der Wissenschaften. Der Kontakt fiel dem Verlag leicht, da einige Mitglieder dem Verlag »schon vorher als Autoren freundschaftlich verbunden«[89] waren. Im Laufe der Geschäftsbeziehung wurden C.H.Beck dann der gesamte Kommissionsverlag der Akademie und der Druck ihrer Veröffentlichungen übertragen. Und obwohl der Kommissionsverlag kleinteilig gestaltet war und die Werke hauptsächlich im Tauschverkehr abgegeben wurden, sicherten die Aufträge dem Verlag ein dauerhaftes finanzielles Standbein.

5.3.3 Gewinner der Krise: Gründererfolg mit Programminnovationen

Die in der Weimarer Republik gegründeten Verlage fokussierten sich meist von Beginn an auf ein spezialisiertes Programm, oft nicht nur mit einer Spezialisierung auf ein Rechtsgebiet, sondern auch auf eine spezielle Publikationsform. Erfolgversprechend schienen den juristischen Verlagsgründern am ehesten klar abgegrenzte Programme zu sein, teilweise begannen sie ihre Verlage mit einem regelrechten Nischenprogramm. Verlagsgründungen wie R. Boorberg (1927), Hermann Luchterhand oder Erich Schmidt (beide 1924) wurden explizit als Verlage mit einer spezialisierten Ausrichtung gegründet – im Erich Schmidt Verlag beispielsweise mit einem »vierseitigen, in Eigenregie verfaßten und handgetippten«[90] Informationsdienst: dem *Sozialpolitischen Nachrichtendienst*. Umgekehrt nahmen andere zu dieser Zeit gegründete Verlage Teilsegmente der Rechtswissenschaften in ihr Verlagsprogramm auf.

Ein Verlag, der eine rechtsphilosophische Teilausprägung gefunden hat, war der 1930 in Frankfurt am Main von Vittorio Klostermann (1901–1976) ins Leben gerufene Klostermann Verlag. Markant ist hier die Teilspezialisierung auf die Rechtsphilosophie – zwar nur ein vergleichsweise kleines Rechtsgebiet, das sich aber in die Gesamtausrichtung des Verlags mit philosophischen Werken passgenau einfügte. Auftakt für den juristischen Verlagszweig bildeten in späterer Zeit die *Frankfurter Wis-*

88 Vgl. Willoweit: Juristische Literatur, 2007, S. 7–8.
89 Beck: Festschrift, 1963, S. 160.
90 Vorwort Fischer: 75 Jahre Erich-Schmidt-Verlag, 1999.

senschaftlichen Beiträge in Kooperation mit der Frankfurter Universität.[91] Bedeutende juristische Autoren des Verlags waren unter anderem Erik Wolf (1902–1977), der auch das juristische Verlagsprogramm insgesamt nachhaltig geprägt hat.[92] Später wurde mit Helmut Coings (1912–2000) 1939 erschienenem Werk *Die Rezeption des Römischen Rechts in Frankfurt am Main* der rechtsgeschichtliche Programmteil begründet.

Weiteres Charakteristikum der neu gegründeten Verlage war die Konzentration auf eine klar abgegrenzte Zielgruppe: Die Verlagsprogramme wurden für einen speziellen Käuferkreis konzipiert – dabei häufig noch mit einem Fokus auf einen regionalen Markt. Eine solche regionale Ausrichtung und ein spezialisiertes Programm verband der ehemalige Beamte des gehobenen Dienstes Richard Boorberg (1899–1977) mit seiner Verlagsgründung 1927.[93] Boorberg nutzte das im Rahmen seiner beruflichen Tätigkeit erworbene Wissen für die Konzeption seiner Verlagsprodukte, mitentscheidend für die Ausrichtung auf die württembergische Verwaltung war der Sitz des Verlages in Stuttgart. Typisch für eine Verlagsgründung in wirtschaftlich schwierigen Zeiten ließ sich Boorberg ein Jahr vor der Verlagsgründung zunächst vom Staatsdienst beurlauben und baute parallel mit dem *Wegweiser durch die württembergische Gesetzgebung*,[94] Besoldungstabellen sowie mit Ordnungsmitteln und Formularen sein erstes Programm auf. Das Verlagsprogramm wurde vor allem im Bereich der Öffentlichen Verwaltung ausgeweitet, insbesondere die kleineren Gemeinden waren Zielgruppe des Verlags.[95] Im folgenden Jahr erschien zum Beispiel der *Systematische Aktenplan für die Württembergische Gemeindeverwaltung*, 1929 *Das geltende Recht* als »Kanzleizentralblatt zur Gesetzgebung des Reiches und der Länder«, ersetzt durch die *Vorschriftensammlung für die Kommunalverwaltung*.[96]

Auch der Verleger des 1924 gegründeten Hermann Luchterhand Verlags nutzte seine im Berufsleben erworbenen Kenntnisse aus einem Steuerberatungsbüro: Erste Verlagserzeugnisse waren Steuerinformationen und Formblätter, ein erstes Loseblattwerk war das *Handbuch für das Lohnbüro*.[97]

---

91 Vgl. Hollerbach: Rechtswissenschaft, 2000, S. 44; Klostermann: Vittorio Klostermann, 1980, S. X.

92 Vgl. auch ARSV 1994, S. 25 (Vittorio Klostermann). Das erste Werk Erik Wolfs im Verlag war »Der Rechtsgedanke Adalbert Stifters«, erschienen 1941. Zur Bedeutung Erik Wolfs für das das Verlagsprogramm vgl. auch Hollerbach: Rechtswissenschaft, 2000, S. 44, 46.

93 Vgl. auch Wandel als Konstante 2003, S. 5–6.

94 Dieser Titel erscheint als erstes gebundenes Buch noch im Selbstverlag. Vgl. auch Wandel als Konstante 2003, S. 221.

95 Vgl. insgesamt Wandel als Konstante 2003, S. 228 –229. Es sind »unter den Gemeindeverwaltungen [...] vor allem die der kleineren Gemeinden, auf die meine Verlagsarbeit gerichtet ist« schreibt der Verleger Richard Boorberg in einem Schriftsatz 1943 anlässlich der Stilllegung des Unternehmens.

96 Erst nach dem Zweiten Weltkrieg kamen 1956 weitere Programmteile hinzu: beispielsweise Formularsortimente für steuerberatende Berufe, seit 1972 auch für Rechtsanwälte.

97 Vgl. Reifferscheid: Die ersten 50 Jahre, 1975, S. 14. Der Verlag behielt diese Ausrichtung auch später bei: 1934 trat Eduard Reifferscheid in den Verlag ein, zunächst als Prokurist, später als alleiniger Verlagsleiter und Anteilseigner. Ab 1936 beendete der Verlagsgründer Hermann Luchterhand seine

Der im gleichen Jahr ebenfalls in Berlin gegründete Verlag Erich Schmidt war nicht nur mit einem spezialisierten Programm, sondern auch mit einer spezifischen Publikationsform – einem Informationsdienst im Bereich des Sozialrechts – gegründet worden. Obwohl das Verlagsgeschäft bei Erich Schmidt (1897–1952) durch einen Großvater quasi in der Familie lag,[98] handelte es sich um eine Neugründung. Erich Schmidt begann sein Verlagsgeschäft mit dem erwähnten *Sozialpolitischen Nachrichtendienst*. Ebenso wie Richard Boorberg und Hermann Luchterhand (1886–1950) war Schmidt durch seine berufliche Tätigkeit mit den verlegten Inhalten vertraut. Vor der Verlagsgründung hatte er zunächst den Bereich der Sozialpolitik bei der damaligen Telegraphen-Union betreut und auch leitende Funktionen bei sozialpolitischen Organisationen inne, ferner war er Mitglied des sozialpolitischen Ausschusses im Deutschen Reichstag. Diese Fokussierung behielt Erich Schmidt auch bei: Der *Sozialpolitische Nachrichtendienst* »stand im Mittelpunkt der verlegerischen Arbeit«.[99]

Die Gründe für eine von Beginn an ausgeprägte Spezialisierung der neu gegründeten Verlage sind sicher darin zu suchen, dass die traditionsreichen, marktführenden juristischen Verlage sich in den Jahrzehnten nach der Reichsgründung mit ihren Standardwerken am Markt durchgesetzt hatten und es für Verlagsneugründungen nur noch selten möglich war, bei allgemeinen Werken den Konkurrenzkampf erfolgreich zu bestehen. Eine Profilbildung war für die neu gegründeten Verlage nur noch in Nischen möglich, die klassischen rechtswissenschaftlichen Programmsegmente waren durch marktführende oder zumindest länger am Markt bestehende Verlage bereits besetzt. Durch die starke Ausdifferenzierung zu Beginn des 20. Jahrhunderts waren vertiefte Kenntnisse aller Gebiete des Rechts in der Zielgruppe nicht mehr vorhanden; auch war der Aufbau der notwendigen Verlagskenntnisse nur im Laufe einer längeren Zeitspanne möglich. Dies erklärt auch, warum die Neugründungen der Weimarer Zeit nicht mit klassischen Büchern, sondern mit Informationsdiensten oder Loseblattwerken ihr Verlagsgeschäft begannen. Daneben spielten auch wirtschaftliche Gründe eine Rolle: Das für eine umfassende Verlagsneugründung notwendige Kapital war zur Zeit der Weimarer Republik nur unter großen Anstrengungen aufzubringen und das verlegerisch-wirtschaftliche Risiko einer solchen Unternehmung für die Verlagsgründer zu ungewiss. Zudem waren die klassischen juristischen Themenbereiche bereits besetzt und die renommierten Autoren in traditionsreicheren Verlagen unter Vertrag. Und schließlich bestand einer der vertrieblichen Erfolgsfaktoren juristischer Publikationen im 20. Jahrhundert exakt in dieser Art von knappen Informationen.

Verlagstätigkeit, erst nach dem Krieg 1950 trat sein Sohn Heinz Luchterhand in den Verlag ein. Unter Eduard Reifferscheid wurde das juristische Verlagsprogramm konsequent auf- und ausgebaut, es erschienen Loseblattwerke, »Kurzdarstellungen zum Wirtschaftsrecht und Monographien«. Vgl. Luchterhand: Die ersten 50 Jahre, 1975, S. 21.

98 Der Großvater von Erich Schmidt, Christian Ulrich Altwegg, unterhielt von 1859 bis in die Mitte der 1880er Jahre einen Verlag in St. Gallen. Vgl. Fischer: 75 Jahre Erich-Schmidt-Verlag, 1999, S. VII.

99 Fischer: 75 Jahre Erich-Schmidt-Verlag, 1999, S. VII.

Entwicklungsfaktor »Preiswerte Informationen auf den Punkt«

Höchste Auflagen erzielten in der Weimarer Zeit vor allem Werke mit praktischen Informationen, wie im Sozialrecht die Broschüre *Die Altersversorgung des Handwerksmeisters*. Autoren im Erich-Schmidt-Verlag waren der Generalsekretär des Reichsstandes des Deutschen Handwerks Felix Schüler und der Präsident der Reichsversicherungsanstalt für Angestellte Albert Grießmeyer (1879–1937), die Gesamtauflage der Broschüre betrug 124 000 Exemplare.[100] Neben Broschüren bildeten zu dieser Zeit auch Formulare ein krisenfestes Standbein juristischer Verlage. Die Festschrift des W. Kohlhammer Verlags verweist darauf, dass die Druckerei und der Formularverlag »verhältnismäßig wenig unter den Erschütterungen der Jahre 1919 bis 1923 zu leiden«[101] hatten. Der Verlag R. Boorberg gründete sein Verlagsprogramm 1927 unter anderem auf Formulare und Ordnungsmittel.[102] 1931 begann die bis dahin nicht auf diesem Gebiet tätige Hans Soldan-Stiftung mit der Formular-Produktion, nachdem eine Druckerei erworben wurde.[103]

Der Verlag Erich Schmidt arrondierte sein sozialrechtliches Programm mit einem neuen Verlagsbereich, der sich auf Publikationen aus dem Gebiet der Unfallverhütung und der Technik spezialisierte; hier wurde gemeinsam mit dem Reichsverband der gewerblichen Berufsgenossenschaften zum Beispiel eine *Sammlung von Unfallverhütungsbroschüren* herausgegeben; die Broschüren erreichten Auflagen bis zu 250 000 Exemplaren.[104] Mit Steuertabellen und Leitfäden zur Abgabe von Steuererklärungen hatte der Wilhelm Stollfuß Verlag Erfolg und veränderte im Laufe der Zeit seinen verlegerischen Schwerpunkt weg von Reiseführern und Wanderkarten hin zu einem steuerrechtlichen Verlagsprogramm.[105] Um die immer umfangreicher werdenden Informationen trotzdem in handlichen Ausgaben herausbringen zu können, wurde mit neuen Buchmaterialien experimentiert: Die erste Dünndruckausgabe erschien nach dem Ersten Weltkrieg in den 1920er Jahren im Verlag C.H.Beck mit einer Ausgabe zum Bürgerlichen Gesetzbuch.[106]

Das Aufkommen von Loseblattwerken und ihr Siegeszug

In der Weimarer Zeit begann in den juristischen Verlagen der Siegeszug des Loseblattwerkes und seine endgültige Durchsetzung als anerkannte Form für juristische Informationen. Bereits zu Beginn des 20. Jahrhunderts hatten Verleger mit dieser neuen Publikationsform experimentiert. So hatte der Verlag Dr. Otto Schmidt einen frühen

100 Vgl. Fischer: 75 Jahre Erich-Schmidt-Verlag, 1999, S. IX.
101 Rühle: Die zweite Generation, 1966, S. 51.
102 Vgl. Boorberg Verlag: Verlagschronik 1927–2007, 2007.
103 Vgl. Hans Soldan GmbH: 100 Jahre Soldan, 2008, S. 7.
104 Vgl. Fischer: 75 Jahre Erich-Schmidt-Verlag, 1999, S. IX.
105 Vgl. ARSV 1994, S. 46 (Stollfuß).
106 Vgl. Beck: Festschrift, 1963, S. 163.

Vorläufer für sein erstes Loseblattwerk Anfang des 20. Jahrhunderts auf den Markt gebracht. Bereits 1909 gab der Verlag unter Otto Schmidt die *Kartothek der Rechtsprechung zum GmbH-Gesetz* heraus, 1922 erschien die *Steuerrechtsprechung in Karteiform*, auch *Mrozek-Kartei* genannt.[107] Ende der 1920er Jahre gab der Verlag Hermann Luchterhand eine Wortlaut-Gesetzesauswahl *Handbuch für das Lohnbüro* heraus, »die in Klemmdeckeleinbänden untergebracht war, ausgewechselt werden konnte und damit das erste echte Verlagswerk darstellte«.[108] Offensichtlich war das »buchbinderische Verfahren, durch Klemmdeckeleinbände das Auswechseln von Seiten zu ermöglichen [...] in der graphischen Industrie seit längerem bekannt«. Ein weiteres Beispiel aus dem Verlag Hermann Luchterhand ist der 1930 erschienene *Reichswirtschaftsführer für Handel und Gewerbe*, der ebenfalls »in zwei Klemmdeckeleinbänden« herausgebracht wurde.

In anderen juristischen Verlagen erschienen Loseblattwerke zu Beginn der 1930er Jahre: Das erste Loseblattwerk im Verlag C.H.Beck war die 1932 erstmals herausgegebene und 1935 als Textausgabe auf ein Loseblatt-System umgestellte Gesetzessammlung *Schönfelder*, Deutsche Gesetze.[109] Die Umstellung geschah »nach sorgenvollen Überlegungen« und erst nachdem die Umstellung erfolgreich war, »getraute man sich, nun auch den *Sartorius*, Deutsche Verwaltungsgesetze in diese neue, für überraschende Neuregelungen weniger anfällige Form überzuführen«.[110] Der R. Boorberg Verlag gab 1932 ebenfalls eine frühe Loseblattsammlung *Das geltende Recht* beziehungsweise die *Vorschriftensammlung für die Kommunalverwaltung* heraus. Beispiele für Loseblattwerke waren im Verlag Erich Schmidt eine wöchentlich erscheinende Loseblatt-Sammlung *Soziales Archiv*, ein umfangreiches Loseblatt-Handbuch *Kraftverkehrsrecht von A–Z* oder das Loseblatt-Handbuch *Steuerrecht von A–Z*.[111]

Das Einsortieren einzelner Blätter war ein rasches und effizientes Verfahren, um ein juristisches Werk auf dem aktuellen Stand zu halten. Die durchschnittliche Produktionszeit von gebundenen Büchern war zu Beginn des 20. Jahrhunderts eine sehr viel längere, als dies durch neue technische Verfahren heute der Fall ist. Insofern stellte der Druck einzelner Seiten ein probates Mittel dar, die Produktionszeit zu verkürzen. Ferner waren die Lieferungen gegenüber fest gebundenen Büchern preiswerter für den Kunden – was in späterer Zeit nicht mehr unbedingt der Fall war. In der preiswerteren Produktion bestand zunächst ein Vorteil für die Verlage, der an den Kunden weitergegeben werden konnte und die Akzeptanz dieser Produktionsform erhöhte.

107 Vgl. Winters / Schmidt / Schmidt: 100 Jahre Dr. Otto Schmidt, 2005, S. 44.

108 Zitate Reifferscheid: Die ersten 50 Jahre, 1975, S. 14–16.

109 Vgl. Weber: 225 Jahre Verlag C.H.Beck, 1988, S. 2782.

110 Beck: Der juristische Verlag, 1988, S. 26.

111 Vgl. Fischer: 75 Jahre Erich-Schmidt-Verlag, 1999, S. VIII–IX. Allgemein siehe auch Verleger berichten aus ihrer Werkstatt: Erich Schmidt Verlag,1967, S. 157.

5.3.4 Die Rolle weiblicher Verleger – von Statthaltern zu Entscheidern

Nicht nur neue Publikationsformen etablierten sich am Markt und neue Verlage entstanden, auch innerhalb der Verlage veränderten sich die Akteure: Nachdem die juristische Verlagslandschaft des 19. Jahrhunderts von männlichen Verlegern dominiert war, traten im 20. Jahrhundert die ersten juristischen Verlegerinnen neben ihre männlichen Kollegen. Für die Zeit vorher wurde bereits Anna Vandenhoeck als eine frühe eigenständige Verlegerin vorgestellt. In ihrer Forschungsarbeit zu Anna Vandenhoeck stellt Lösel fest, dass diese die Verlagsgeschäfte allein geführt hatte und nicht – wie teilweise behauptet – die Geschäfte von Carl Friedrich Ruprecht (1730–1816) geleitet wurden: Anna Vandenhoeck unterzeichnete die Verträge und führte die Autorenkorrespondenz.[112] Für den Verlag C.H.Beck weist Rebenich auf die Verdienste Catharina Magdalena Becks als Verlegerin hin, die den Verlag »selbstbewusst und engagiert«[113] leitete. Sie hatte bereits zu Lebzeiten von Carl Beck am Verlagsgeschehen teilgenommen und konnte nach seinem plötzlichen Tod die Verlegerschaft übernehmen. Eine Verlagsschrift spricht von »dem hohen Ansehen, das diese Frau bei allen ihren Geschäftsfreunden genoß, und wie sie ihren angestammten festen Platz im Kontor behauptete und bei allen wichtigen Dingen selbst eingriff«.[114] Catharina Magdalena Beck hat die Verlagsgeschäfte nicht nur so lange geführt bis der Sohn seine Ausbildung beendet hatte, sondern auch noch darüber hinaus nach dessen Eintritt in den Verlag. Aber Anna Vandenhoeck und Catharina Magdalena Beck blieben als erfolgreiche Wissenschafts- und Fachverlegerinnen zunächst die Ausnahme.

Trotz der aufgezeigten Gegenbeispiele spielten weibliche Mitglieder in den Verlegerfamilien bis zum Ende des 19. Jahrhunderts eine eher untergeordnete Rolle. Selbst wenn weibliche Mitglieder der Familie die Verlagsgeschäfte als Witwen fortführten, taten sie dies in der Regel mit Unterstützung von männlichen Geschäftsführern. Die Witwen fanden sich häufig in der Situation wieder, dass sie bis zur endgültigen Nachfolgeregelung die Rolle der verstorbenen Männer übernahmen oder übernehmen mussten, auf Grund gesellschaftlicher Konventionen aber auf männliche Unterstützung zurückgriffen. So hat die Kommerzienratswitwe Johanna Heymann »nur kurzfristig [...] das Verlagshaus nach dem Willen des Gründers persönlich weitergeführt«.[115] Gleichzeitig bestellte sie bereits ihren Sohn Theodor Heymann (1823–1878) zum Geschäftsführer. Im Verlag J. Guttentag ging der Verlag nach dem Tod von Immanuel Guttentag an Agnes Guttentag und ihre Töchter Marie und Helene über. Die Geschäftsführung

112 Vgl. Lösel: Die Frau als Persönlichkeit, 1991, S. 27.

113 Rebenich: C.H.Beck, 2013, S. 127. Vgl. zur Einschätzung der Leistung Catharina Magdalena Becks S. 128.

114 Beck: Festschrift, 1963, S. 25.

115 Lindner: Carl Heymann, 1996, S. 52.

übernahm der Bonner Verlagsbuchhändler Franz Vahlen, der später Marie Guttentag heiratete und Teilhaber des Verlags wurde.[116]

Auch Helene Eichborn erbte 1907 das Verlagshaus Wilhelm Gottlieb Korn von ihrem Mann Heinrich Korn. Nachdem die beiden Söhne bereits in ihren Zwanzigerjahren gestorben waren,[117] gingen die Geschäfte nicht auf die zwei Töchter über, sondern es wurde zwei Jahre später ein männlicher Verwandter zur Nachfolge bestimmt: der älteste Enkelsohn Richard von Bergmann (1885–1945). Obwohl sie selbst aus einer Verlegerfamilie stammte, gab auch Johanna Reimer (1861–1907)[118] als Witwe die Verlagsgeschäfte an zwei Männer ab, bis ihr Sohn Hans die Weidmann'sche Verlagsbuchhandlung 1865 übernahm.[119] Mit der Zwischenlösung männlicher Geschäftsführer konnte eine Situation wie bei Stämpfli vermieden werden: Als 1846 Carl Samuel Stämpfli (1808–1846) im Alter von nur 40 Jahren starb, konnte seine Witwe Luise Stämpfli-Gerwer das Unternehmen nicht fortführen, Teile davon wurden verkauft.[120]

Erst im 20. Jahrhundert änderte sich die Geschäftspolitik in den juristischen Verlagen: Verlegerfunktionen nahmen zum Beispiel Marie Kohlhammer (1850–1925) bei W. Kohlhammer oder Gotho Sprockhoff (1884–?) als Prokuristin des Alfred Metzner Verlags wahr.[121] Und mit Annie Gallus bei Carl Heymanns wurde 1918 ein weibliches Mitglied der Familie berufen, das ohne Einschränkungen eine so umfassende Verlegerschaft übernahm wie ihre männlichen Kollegen und das Verlagsprogramm nachhaltig prägte.

Welchen Vorurteilen auf Seiten der männlichen Kollegen weibliche Führungskräfte und Verantwortliche im Geschäftsleben begegneten, zeigt das folgende Beispiel: Georg von Holtzbrinck (1909–1983) wurde nach seiner Installation von Margarethe Nespital, die bereits einen Doktortitel besaß, vor Frauen »vom Typ des Fräulein Dr. N.«[122] gewarnt: Diese seien »gewöhnlich strenge und gefürchtete Lehrerinnen, aber [...] für die Position, [...] nicht sehr geeignet. Diesem Typ fehlt die Weichheit und Wärme, die zu jeder Art von künstlerischer Beschäftigung unerläßlich ist«. Und die langjährige Mitarbeiterin im Verlag Gustav Fischer, Elfriede Teller, schildert ihr Zusammentreffen mit den männlichen Verlagskollegen in den 1930er Jahren

116 Vgl. Ziesak / Cram: Walter de Gruyter, 1999, S. 144.

117 Vgl. insgesamt Schmilewski: Verlegt bei Korn, 1991, S. 57.

118 Johanna Reimer war die Tochter des Universitätsbuchhändlers und Bürgermeisters von Heidelberg Christian Friedrich Winter.

119 Vgl. Brauer: Weidmann 1680–1980, 1980, S. 83.

120 Vgl. Albers-Schönberg / Homburger / Reiser: Geschichte Schulthess, 1991, S. 70–73. Es wurden die Druckerei sowie die zugehörige Liegenschaft aufgegeben. Ein Verlag existiert nach wie vor als juristischer Verlag in der Schweiz.

121 Zu Marie Kohlhammer siehe auch Rühle: Stetige Weiterentwicklung, 1966, S. 31. Ferner Hinweise bei Jäger: Verlegerpersönlichkeit, 2001, S. 217–218; Schneider: Der wissenschaftliche Verlag, 2007, S. 409–410. Zu Gotho Sprockhoff vgl. Alfred Metzner Verlag: 50 Jahre, 1959, S. 7.

122 Zitate Garke-Rothbart: Georg von Holtzbrinck, 2008, S. 165.

entsprechend: »denn dann waren es zunächst einmal die älteren Herren – deren es ja genug im Verlag gab –, die meiner etwas selbstbewußten Art einen gehörigen Dämpfer aufsetzten und mir deutlich machten, daß junge Mädchen hier überhaupt nichts zu sagen haben und als Schreibkraft gerade eben recht waren«.[123]

Rollenwechsel: Von einer untergeordneten Rolle in die Verlegerschaft

Häufig fungierten Frauen als »hilfreiches Bindeglied zu den Mitarbeitern hin«.[124] So wurde Clara Beck (1849–1918) als »helfende Hand« ihres Bruders Heinrich Beck beschrieben.[125] Eine Würdigung als Unterstützerin erfährt auch Eleonore Geibel, die Witwe des Duncker & Humblot-Verlegers Carl Geibel.[126] Eine andere Rolle der Verlegerehefrauen konnte wie im Falle Carl Becks auch die der Geldgeberin sein. Durch die Heirat mit Eugenie Heinzelmann wurde »die finanzielle Basis des Geschäftes gefestigt«.[127] In allen Fällen wurden die Ehefrauen in ihrer unterstützenden Rolle zwar gewürdigt, hatten selbst aber keinen Anteil an einer aktiven Verlagspolitik und Programmgestaltung.

Eine aktivere Rolle übernahm Ende des 19. Jahrhunderts Mathilde Ottilie Löwenstein (?–1918) als Witwe von Otto Löwenstein, die nach dessen Tod 1896 den Verlag fortführte. Sie leitete den Verlag und die zugehörige Druckerei gemeinsam mit einem Kuratorium, in dem Georg Kreyenberg die Position des Geschäftsführers ausübte. Ottilie Löwenstein gab ihre Leitung in einem Rundschreiben bekannt. Interessanterweise änderte die Verlegerin sogar ihren Mädchennamen Rahel Bauer in Ottilie Löwenstein.[128] Ein Beispiel für eine ähnliche Rolle bildet Marie Kohlhammer, die zeitweilige W. Kohlhammer-Verlegerin. Sie übernahm den Verlag nach dem Tod ihres Mannes, an dessen Arbeit sie vorher bereits »regen Anteil«[129] genommen hatte. Marie Kohlhammer stand nicht nur dem Verlag, sondern auch der Druckerei vor. Einen Ratgeber für die Druckerei fand sie vor allem in ihrem Bruder, Eugen Görlach (1856–1939), »der schon einige Jahre als Schriftleiter der Kohlhammerschen Wochenblätter im Hause tätig war und nunmehr Prokurist wurde«.

Während von den bisher vorgestellten Verlegerinnen nicht bekannt ist, dass sie die strategische Ausrichtung ihrer Verlage offensiv beeinflussen wollten, tritt mit der

123 Gustav Fischer Verlag: 100 Jahre, 1978, S. 25.
124 Beck: Der juristische Verlag, 1988, S. 41.
125 Vgl. Beck: Der juristische Verlag, 1988, S. 41.
126 Vgl. Fritzsch: Leipzig, 2007, S. 41–42.
127 Beck: Festschrift, 1963, S. 30.
128 Vgl. Lindner: Otto Löwenstein, 2003, S. 67. Lindner vermutet antisemitische Verleumdungen für die Änderung in »die ›deutsch‹ klingenden Vornamen Mathilde Ottilie«. Ebenso gut ist aber auch denkbar, dass die Verlegerin den Namen geändert hat, um an den gleichklingenden Namen ihres Mannes anzuknüpfen und so einen zusätzlichen Wiedererkennungseffekt oder gar um so zusätzliche Autorität im Verlagsgeschäft zu erreichen.
129 Zitate Rühle: Stetige Weiterentwicklung, 1966, S. 31.

Carl Heymanns-Verlegerin Annie Gallus 1918 erstmals eine Frau an der Spitze eines juristischen Verlags hervor, die sich wie ihre männlichen Kollegen umfänglich als Unternehmenslenkerin – und nicht lediglich als Statthalterin für spätere männliche Verleger – sah. Annie Gallus war Stief- und Adoptivtochter von Otto Löwenstein und Ottilie Löwenstein und hatte 1918 als Inhaberin dessen Leitung übernommen. Sie trat in einer schwierigen Zeit nach dem Ersten Weltkrieg in die Geschäftsführung: Lediglich die Gebäude, das umfangreiche Lager und die Druckerei waren erhalten geblieben.[130] Allerdings schienen Annie Gallus diese Herausforderungen wenig auszumachen, bedingt vielleicht durch ihre Erfahrungen im Ersten Weltkrieg oder durch ihre persönliche Situation: Sie war mit dem Offizier Arthur Gallus verheiratet, hatte in Berlin und Danzig gelebt und betätigte sich im Ersten Weltkrieg als »freiwillige Rotkreuz-Oberschwester mit der Leitung eines Kriegslazaretts an der Verwundetenfürsorge«.[131] Lindner beschreibt die Verlegerin: »Tatkraft und Durchsetzungsfähigkeit verschafften ihr den Ruf der ›Generalin‹, ein Titel, der an den Dienstgrad ihres Gatten angelehnt war.« Annie Gallus führte den Verlag ohne externe Hilfe oder offizielle »familiäre Berater« nicht nur durch die krisenhafte Weimarer Zeit, sondern hielt die Verlagsgeschäfte auch während des Dritten Reiches in der Hand.[132] Die Verlegerin leitete nicht nur den Carl Heymanns Verlag erfolgreich, sie gründete auch Tochterunternehmen – so 1928 in Zürich, 1937 in London, in Wien und Stockholm, die in der Zeit des Nationalsozialismus eine wichtige Rolle für den Verlag spielten und nach Lindner »besondere Bedeutung als Verlagsstätte für emigrierte Autoren und Freunde von Heymanns«[133] besaßen.

Als Verlegerin gestaltete Annie Gallus das Verlagsprogramm durch die Neuentwicklung von Werken nach ihren Vorstellungen und konnte die Stellung des Carl Heymanns Verlags in der Weimarer Republik behaupten. Zu dieser Zeit steigerte sie die Titelanzahl von 204 Titeln in 1920 auf 307 Titel im Jahr 1927; gemessen an seiner Titelanzahl war der Carl Heymanns Verlag damit der viertgrößte wissenschaftliche Verlag auf dem deutschen Markt.[134] Sie konnte hochrangige Autoren für den Verlag gewinnen wie 1921 den Senatspräsidenten am Reichsgericht Enno Becker (1869–1940), der einen *Kommentar zur Reichsabgabenordnung* verfasste, 1927 gab sie das *Preußische Polizeirecht* heraus. Durch den Ausbau der Kontakte zu Behördenvertretern und in die Regierungskreise gelang ihr die Akquise weiterer amtlicher Zeitschriften, darunter das Reichsministerialblatt und die Schiedsmannszeitung. Dabei scheute Annie Gallus auch das verlegerische Risiko nicht: Ein solches Risiko stellt zum Beispiel die Neuauflage des Brauchitsch, *Die Verwaltungsgesetze für Preußen* dar. Die Investition erwies

130 Vgl. Reuter: Von Manuskripten, 1967, S. 109–111.

131 Zitate Lindner: Otto Löwenstein, 2003, S. 68.

132 Damit erlebte Annie Gallus als Verlegerin nicht nur die Endphase des Kaiserreichs, die Republik und die nationalsozialistische Diktatur, sondern auch die ersten Jahre der Bundesrepublik.

133 Lindner: Otto Löwenstein, 2003, S. 68.

134 Vgl. Schneider: Der wissenschaftliche Verlag, 2007, S. 388 mit Verweis auf Schönrock.

sich aber als überaus erfolgreich und konnte sogar andere Verlagsprojekte mitfinanzieren.[135] Die Jahre unter der Verlagsführung von Annie Gallus waren verlegerisch und wirtschaftlich ebenso erfolgreich wie die Jahre ihrer männlichen Vorgänger im Carl Heymanns Verlag.

5.3.5 Der Lektor als unentbehrlicher Helfer im Namen des Verlags

In einigen wissenschaftlichen, vor allem aber in den literarischen Verlagen hatte der steigende Umfang der Verlagsaufgaben und die zunehmend komplexere Verlagsorganisation den Typus des Lektors hervorgebracht. Namentlich die um 1900 auf dem Buchmarkt auftretenden sogenannten Kulturverleger wie Samuel Fischer, Bruno Cassirer (1872–1941), Albert Langen, Georg Müller (1877–1917) oder Kurt Wolff (1887–1963) engagierten Lektoren als literarische Berater zu ihrer Entlastung bei der täglichen Verlagsarbeit.[136] In den juristischen Verlagen war die Beschäftigung eines festangestellten Lektors zu dieser Zeit allerdings noch keinesfalls üblich, zeitlich ist seine Etablierung frühestens nach dem Ersten Weltkrieg festzustellen und erst in der Weimarer Zeit festigte sich seine Position als Bindeglied zwischen Verlag und Autor sowie als Repräsentant des Verlags nach außen. Zu Zeiten als es noch keine festangestellten juristischen Lektoren gab, wurde eher auf externe Berater und Autoren zurückgegriffen wie im Verlag C.H.Beck. Heinrich Beck bedankte sich bei Erich Eyermann (1906–1998): »Nie werde ich vergessen, daß Sie uns bei unseren juristischen Textausgaben Ihre Hilfe schon zu einer Zeit gewährten, als in meinem Verlag überhaupt noch kein juristischer Lektor vorhanden war.«[137]

Die Rolle der Lektoren in Wissenschaftsverlagen ist bisher noch nicht in dem Maße erforscht wie die Rolle ihrer Kollegen in belletristischen Verlagen.[138] Sicher ist aber, dass diese im 20. Jahrhundert eine wichtige Rolle nicht nur bei der Verlagsbindung von Autoren einnahmen, sondern auch für die programmatische Ausrichtung des Verlags insgesamt. Die Lektoren in den juristischen Verlagen waren in der Regel ausgebildete Juristen, die mit den von ihnen betreuten Autoren auf Augenhöhe kommunizieren konnten; in ihrem buchhändlerischen Umfeld agierten sie wie selbstständige Verleger. So wurde Alexander Elster als eine der hervorstechendsten Persönlichkeiten in der juristischen Verlagsszene wahrgenommen.[139] In

135 Vgl. Reuter: Von Manuskripten, 1967, S. 111–113; Schneider: Der wissenschaftliche Verlag, 2007, S. 419–420.

136 Vgl. Schneider: Verlagsorganisation Lektorat, 2012, S. 271.

137 Fröhler: Erich Eyermann, 1988, S. 303.

138 Zum Lektor in belletristischen Verlagen vgl. vor allem Schneider: Der unsichtbare Zweite, 2005; Schneider: Verlagsorganisation Lektorat, 2012. Zum Beruf des Lektors siehe auch Göbel: Lektoren, 1986, S. 271–280; Siblewski: Die diskreten Kritiker, 2005.

139 Vgl. Müller: Wissenschaft und Markt, 2004, S. 76.

ihrem Tätigkeitsradius waren die Lektoren also durchaus vergleichbar mit ihren Verlegerkollegen.

Bekannte juristische Lektoren in der Weimarer Republik waren Alexander Elster bei J. Guttentag und Ludwig Feuchtwanger im Verlag Duncker & Humblot. Für den Verlag C.H.Beck haben Walter Eggert-Windegg (1880–1936) und nach dessen plötzlichem Tod 1936 Horst Wiemer (?–1984) als Lektoren gearbeitet[140] – allerdings nicht explizit für den juristischen Bereich; Walter Eggert-Windegg lektorierte vornehmlich die Schöne Literatur. Erst 1934 hatte bei C.H.Beck in der Berliner Niederlassung Alfred Flemming als erster juristischer Lektor seine Tätigkeit aufgenommen,[141] ihm folgte 1938 in München Walter Mallmann, der unter anderem die Reihe *Juristische Kurzlehrbücher* konzipierte.[142] Diese Aufgabe fiel den Lektoren vor allem in denjenigen Verlagen zu, in denen kein Jurist als Verleger an der Spitze stand. Daneben war Alfred Flemming als Lektor unter anderem für die »interne Verlagsredaktion der Zeitschrift«[143] *Deutsche Juristen-Zeitung (DJZ)* zuständig und es gelang ihm nach 1934 laut Weber sogar »trotz immer wieder zu veröffentlichender politischer Tendenzbeiträge im Großen und Ganzen doch den fachlich-rechtswissenschaftlichen Charakter der alten DJZ zu wahren«.

Die Rolle des juristischen Lektors, seine Aufgaben und Funktionen, hingen stark von den spezifischen Anforderungen des Verlags ab, in dem er angestellt war. Sie konnten von lediglich unterstützenden Tätigkeiten bis zu einer vollwertigen Vertretung des Verlegers den Autoren gegenüber reichen. Für Heinrich Beck sollte der Lektor »idealerweise [...] nun lesen und lesen und den Verleger bei der ersten Prüfung der Manuskripte entlasten«.[144] Eine Teilaufgabe speziell des juristischen Lektors bestand – zusätzlich zur Überwachung von Gesetzesvorhaben – oftmals darin, Gesetzestexte nach den neuesten Gesetzesänderungen auf den aktuellen Stand zu bringen; die Arbeit an den Textausgaben, also die einzelnen Änderungen korrekt nachzuvollziehen, konnte dabei durchaus vertiefte juristische Kenntnisse erfordern. Die für die Weimarer Zeit immer wieder erwähnte Hauptaufgabe des Lektors bestand in der Begutachtung der Manuskripte zur Annahme oder Ablehnung.

Neben der Arbeit an Manuskripten und Texten, erweiterte sich das Aufgabenspektrum der Lektoren rasch: Nachdem die juristischen Lektoren überwiegend ein

---

140 Vgl. Schneider: Verlagsorganisation Lektorat, 2012, S. 272. Zu Walter Eggert-Windegg vgl. auch Beck: Festschrift, 1963, S. 182.

141 Der Verlag hatte Ende 1933 den Verlag von Otto Liebmann in Berlin gekauft und unter anderem die juristische Fachzeitschrift Deutsche Juristen-Zeitung und die Reihe der Kurzkommentare erworben, die Berliner Filiale besaß in den 1930er Jahren sechs Angestellte. Vgl. Weber: Alfred Flemming, 1988, S. 326–327.

142 Vgl. zu Walter Mallmann Beck: Der juristische Verlag, 1988, S. 35. Siehe allgemeine auch Weber: Alfred Flemming, 1988, S. 326–327.

143 Zitate Weber: Alfred Flemming, 1988, S. 328.

144 Beck: Der wissenschaftliche Verleger, 1969, S. 35.

juristisches Studium absolviert hatten[145] – Ludwig Feuchtwanger war nicht nur Jurist und Nationalökonom, sondern sogar als Rechtsanwalt zugelassen – reichten ihre Aufgaben bald über die rein unterstützenden Tätigkeiten hinaus. Sie waren ohne weiteres in der Lage, mit den Verlagsautoren gemeinsam juristische Werke zu konzipieren und eine Markteinschätzung vorzunehmen, dadurch wuchsen ihnen verstärkt auch verlegerische Aufgabenbereiche zu. Eine konsequente Weiterentwicklung der Lektorenrolle war die eines Verlagsdirektors oder Bereichsleiters; eine Position, die Ludwig Feuchtwanger bei Duncker & Humblot und Alexander Elster bei J. Guttentag erreichten. Bei Elster ging die juristische Tätigkeit ohnehin weit über die Manuskriptarbeit hinaus: Er verfasste eigene juristische Kommentare und wirkte an größeren Handbuchprojekten wie dem *Handwörterbuch der Staatswissenschaften* mit, fertigte rechtspraktische Gutachten und unterhielt vielfältig Kontakte zu Juristenkollegen. Damit war Alexander Elster bestens in der Lage, auch die für den Lektor hervorgehobene Bindegliedfunktion zu erfüllen: »Aus allen, noch vage formulierten Anforderungsprofilen geht unmissverständlich hervor, dass der Lektor als Bindeglied zwischen buchmarktrelevanten, ökonomisch-strategischen Handlungserfordernissen und literarisch-kulturellen Wertmustern fungieren sollte.«[146]

Schneider stellt fest, dass in den 1920er Jahren nur selten eine trennscharfe Abgrenzung zwischen den Bezeichnungen und Aufgabengebieten des Verlagslektors, Verlagsredakteurs oder des wissenschaftlichen Verlagsmitarbeiters vorgenommen wurde. Insgesamt lässt sich festhalten, dass Redakteure im Gegensatz zu Lektoren »weniger programmbildend tätig« waren. Während die meisten Lektoren selbst nicht prominent in Erscheinung traten, bildete Alexander Elster eine der wenigen Ausnahmen. Als juristischer Verlagslektor professionalisierte er sich im Verlag J. Guttentag: Er war dort nicht nur festangestellter Verlagsmitarbeiter[147] und hielt als »Cheflektor« Kontakt mit den juristischen Autoren, mit Reichsbehörden und Ministerien, sondern er verantwortete später den gesamten juristischen Verlagsbereich im Verlag Walter de Gruyter. Die Stellung Alexander Elsters wird von Müller wie folgt eingeschätzt:

> »Als leitender Mitarbeiter, später als Direktor des Guttentag-Verlags und der rechtwissenschaftlichen Abteilung der Vereinigung wissenschaftlicher Verleger gehörte Elster auf dem verlegerischen Gebiet der Rechtswissenschaften sicher zu den mächtigsten Personen der Weimarer Republik. Er war sich dieser Position offenbar nicht nur bewusst, sondern versuchte indirekt sogar, sie wissenschaftlich-kritisch zu reflektieren.«[148]

145 Zur Akademisierung des Lektorenberufes in der Weimarer Zeit vgl. Schneider: Verlagsorganisation Lektorat, 2012, S. 278.

146 Zitate Schneider: Verlagsorganisation Lektorat, 2012, S. 278, 276–277.

147 Vgl. Müller: Wissenschaft und Markt, 2004, S. 108, 104–106.

148 Müller: Wissenschaft und Markt, 2004, S. 76.

Alexander Elster in herausgehobener Stellung und Doppelrolle

Alexander Elster entstammte einer »preußischen Gelehrten- und Beamtenfamilie«.[149] Direkt im Anschluss an sein Studium der Rechtswissenschaft in Berlin und Jena begann er 1898 im Verlag Gustav Fischer als Lektor, vermutlich wurde seine Bewerbung durch seinen Onkel Ludwig Elster unterstützt. 1914 wechselte Elster von Gustav Fischer zu J. Guttentag, »wo er sogleich auf der Ebene eines leitenden Mitarbeiters eingestellt wurde«. Ab 1918 konnte Elster seine Position bei J. Guttentag nochmals verbessern, da ein Konkurrenzangebot des Reichsversicherungshauptamtes für ihn vorlag.[150] Elster erfüllte auch juristisch anspruchsvolle Aufgaben wie die Tätigkeit als Schiedsmann,[151] daneben verfasste er eigene Aufsätze, beispielsweise zum Wettbewerbsrecht, und schrieb wie erwähnt auch Kommentare zum Urheberrecht.[152] Insofern nahm Elster einerseits klassische Lektoren- und Verlegertätigkeiten wahr wie die Autorenakquise und -pflege, die Organisation von Autorenbesprechungen oder die Weitergabe verlagswirtschaftlicher Überlegungen an die Autoren.[153] Darüber hinaus wurden ihm offensichtlich auch höchst diffizile verantwortungsvolle Aufgaben übertragen wie das Vermitteln bei Streitigkeiten zwischen Verlag und Autoren.

Bei Zusammenschluss des Verlags J. Guttentag mit den übrigen Verlagen der Vereinigung wissenschaftlicher Verleger war Alexander Elster Prokurist und verantwortete in dem neuen Verlagsverbund das rechtswissenschaftliche Programm. Vorteil seiner Doppelrolle als Lektor beziehungsweise Verlagsdirektor und Autor war, dass Elster durch seine Autorentätigkeit – quasi auf gleicher Ebene – auch Kontakte zu potenziellen Autoren für den Verlag sammeln und Werke für den Verlag akquirieren konnte. Nach einer Mitwirkung an dem renommierten Kommentar zum Urheberrecht *Voigtländer* gefragt, versuchte er diesen für den Verlag J. Guttentag zu gewinnen und profitierte so einmal mehr von seiner Doppelrolle als Verlagsmitarbeiter und juristischer Autor.

---

149 Zitate Müller: Wissenschaft und Markt, 2004, S. 99.

150 Vgl. Müller: Wissenschaft und Markt, 2004, S. 104.

151 Siehe auch das Schreiben von Alexander Elster an die Verlagsbuchhandlung Reimar Hobbing, in welcher er die Übernahme der juristischen Tätigkeit bestätigt vom 5. September 1929. Vorausgehendes Schreiben der Verlagsbuchhandlung Reimar Hobbing Verlagsbuchhandlung: Schreiben des Verlags an Alexander Elster bzgl. Vertretung als Schiedsmann vom 3. September 1929. VA WdG, Dep. 42.

152 Vgl. auch das Schreiben Alexander Elsters an Robert Voigtländer vom 13. März 1929. VA WdG, Dep. 42. Elster hatte Voigtländer bereits eigene Aufsätze zukommen lassen und kündigt weitere zwölf Aufsätze aus der Zeitschrift »Gewerblicher Rechtsschutz« an. Werke zum Urheberrecht waren beispielsweise »Das deutsche Urheber- und Verlagsrecht« von 1923, das die Grundzüge des Urheber- und Verlagsrechts erklärte. Vgl. Elster: Urheber- und Verlagsrecht, 1923. Siehe ferner die Fortführung des Voigtländerschen Erläuterungswerkes »Gesetz über das Verlagsrecht« Elster: Verlagsrecht, 1939.

153 Vgl. Schreiben Alexander Elster an Oberreichsanwalt Ludwig Ebermayer vom 3. Juni 1927. VA WdG, Dep. 42.

Ludwig Feuchtwanger als motivierender und unterstützender Lektor

Ludwig Feuchtwanger gehörte »zu den bekanntesten staatswissenschaftlichen Lektoren des späten Kaiserreichs«.[154] Er hatte nicht nur bei Gustav Schmoller und Hans Delbrück in Berlin Nationalökonomie und Geschichte, sondern ab 1908 in München zusätzlich Rechtswissenschaft studiert. Feuchtwanger war bei Duncker & Humblot zunächst als Lektor, nach dem Tod des Verlagsinhabers Franz Carl Geibel 1910 als Verlagsleiter angestellt. Müller vermutet, dass auch Walter de Gruyter Interesse an dem Rechtsanwalt und Doktor der Philosophie Feuchtwanger gehabt hatte.[155] Feuchtwanger wurde 1914 zur Rechtsanwaltschaft zugelassen, war aber bereits ab 1915 als geschäftsführender Direktor bei Duncker & Humblot beschäftigt. Zusätzlich zu lektorischen Tätigkeiten übernahm er auch andere verantwortungsvolle Aufgaben im Verlag wie die Regelung der Ehrenpromotion für den Verlagsinhaber Franz Carl Geibel.[156]

Ebenso wie Alexander Elster arbeitete auch Ludwig Feuchtwanger intensiv mit Autoren zusammen: Einige der Werke Carl Schmitts sind auf eine gemeinsame Konzeption mit Feuchtwanger zurückzuführen, in den Jahren 1922 bis 1928 wurden die *Politische Theologie*, die *Politische Romantik*, *Die geistesgeschichtliche Lage des heutigen Parlamentarismus*, das bekannte Werk *Verfassungslehre* und *Die Diktatur* herausgegeben.[157] Dabei war gerade Carl Schmitt kein unkomplizierter Autor und Ludwig Feuchtwanger konnte ihn für manches Projekt nur auf Grund eines über das professionell-distanzierte hinausgehende Verhältnis und mit einigen Mühen gewinnen.[158] Die anfängliche Freundschaft zu Carl Schmitt kühlte im Laufe der Weimarer Republik ab, es kam zunehmend zu Spannungen auch im geschäftlichen Verhältnis. Da sich auf Seiten Carl Schmitts immer mehr Unmut ansammelte unter anderem über die fehlende Vermarktung seiner Werke, wechselte er »aus Verärgerung« 1930–1931 mit Werken zum Verlag J. C. B. Mohr (Paul Siebeck), wo auch seine Habilitationsschrift erschienen war.

Die beiden Beispiele Alexander Elster und Ludwig Feuchtwanger können als prototypisch für die Rolle des wissenschaftlichen Lektors in der Weimarer Republik gelten. Beide waren vielseitig ausgebildet und interessiert und begriffen ihre Funktion sowohl dem Verlag als auch den Autoren gegenüber in inhaltlicher wie wirtschaftlicher Hinsicht: Hier nahmen sie die Aufgaben wahr, die im 19. Jahrhundert allein dem Verleger vorbehalten waren, nämlich die Konzeption der juristischen Verlagsprodukte und die Kontakte zu den Autoren des Verlags. Nicht nur auf Grund höheren Arbeitsaufkommens, auch weil die konzeptionellen Überlegungen für die juristischen Werke zugenommen hatten und ein spezifisches juristisches Know-How erforderten, konnte sich der Lektor im juristischen Verlag der Weimarer Zeit unentbehrlich machen.

154 Müller: Wissenschaft und Markt, 2004, S. 95.
155 Vgl. Müller: Wissenschaft und Markt, 2004, S. 95–96.
156 Vgl. Mehring: Carl Schmitt, 2009, S. 150–151.
157 Vgl. Duncker & Humblot Verlagsbibliographie, 1998, S. 35.
158 Vgl. insgesamt Mehring: Carl Schmitt, 2009, S. 161–162, 214, 242.

5.4 Kooperationen und Zusammenschlüsse statt Konkurrenzkampf

»Ich bin der Ansicht, dass wir uns auf die neuen Verhältnisse nur dann mit Aussicht auf Erfolg umstellen können, wenn wir uns mit dem Gedanken vertraut machen, dass von uns keiner die glücklichen Zeiten wiedersehen wird, wo man so aus dem Vollen wirtschaften kann wie vor dem Kriege. Dann müssen wir aber auch unsere Betriebe einmal daraufhin ansehen, ob wir nicht bis zum heutigen Tage Einrichtungen mitschleppen, die damals schön und gut waren, die aber künftig eine Belastung bedeuten, die unsere Kräfte – die persönlichen so gut wie die finanziellen – von anderen wichtigeren Aufgaben abziehen. Und da scheint es mir vor allem an der Zeit zu sein zu überlegen: Ist es nicht in unserer heutigen Lage ein Luxus, dass jeder von uns seine eigene Expedition hat?«[159]

Die Überlegungen im Verlag J. C. B. Mohr (Paul Siebeck) illustrieren die Notwendigkeit organisatorischer Veränderungen in den Verlagen. Die schwierig wirtschaftliche Situation verschärfte zwangsläufig auch den Konkurrenzdruck der juristischen Verlage untereinander, interessanterweise entwickelte sich gleichzeitig eine gegenläufige Reaktion: nämlich eine vermehrte Hinwendung zu Gemeinschaftsprojekten. Die wissenschaftliche Verlagslandschaft der Weimarer Zeit weist einige augenfällige Verlagszusammenschlüsse und Projektkooperationen auf, daneben bildeten sich Arbeits- und sogar Notgemeinschaften. Nachdem 1910 bereits die »Vereinigung Rechts- und Staatswissenschaftlicher Verleger« ins Leben gerufen worden war, formierte sich 1920 die »Arbeitsgemeinschaft wissenschaftlicher Verleger«. Im Gegensatz zur »Vereinigung«, die als verbandlicher Zusammenschluss im *Adressbuch des Deutschen Buchhandels* erwähnt wird, taucht die »Arbeitsgemeinschaft wissenschaftlicher Verleger« dort nicht auf.[160] Grund hierfür könnte sein, dass es sich um eine reine »Interessenvertretung« handelte und weniger um einen korporativen Zusammenschluss. Gründungsinitiatoren der »Arbeitsgemeinschaft wissenschaftlicher Verleger« waren die Verleger Oskar Siebeck und Eduard Urban (1875–1953). Die Arbeitsgemeinschaft konnte die »größten und kapitalkräftigsten Verlage«[161] gewinnen. Unter ihnen befand sich der J. Springer Verlag, die Vereinigung wissenschaftlicher Verleger (Walter de Gruyter), Urban & Schwarzenberg, J. C. B. Mohr (Paul Siebeck), R. Oldenbourg, Wilhelm Ernst & Sohn, Max Niedermeyer, Theodor Steinkopff, Georg Thieme und die J. B. Metzlersche Verlagsbuchhandlung. Auffällig ist, dass juristische Verlage wie Carl Heymanns oder C.H.Beck fehlten, obwohl auch diese Verlage Titel aus dem Wissenschaftsbereich im Programm besaßen.

Im Gegensatz zu den Vereinigungen und Arbeitsgemeinschaften, bei denen es sich lediglich um lockere Zusammenschlüsse zum Zwecke eines Erfahrungsaus-

---

159 Verlag J. C. B. Mohr (Verleger Siebeck): Gedanken, Ohne Datierung, S. 1.

160 Vgl. Adressbuch des Deutschen Buchhandels 1929. Zur Arbeitsgemeinschaft vgl. auch Schneider: Der wissenschaftliche Verlag, 2007; Wittmann: Geschichte deutschen Buchhandels, 2010.

161 Schneider: Der wissenschaftliche Verlag, 2007, S. 385.

tauschs handelte, entstanden auf Verlagsseite auch gesellschaftsrechtliche Verbindungen. Formal enger rückten zum Beispiel die Verlage J. C. B. Mohr (Paul Siebeck) und H. Laupp zusammen: Sie wurden 1924 beide unter dem Namen J. C. B. Mohr (Paul Siebeck) fortgeführt. Im Folgenden sollen zwei Zusammenschlüsse von Verlagen mit juristischen Verlagsprogrammen vorgestellt werden: Während der traditionsreiche Verlag J. Guttentag 1919 in der »Vereinigung wissenschaftlicher Verleger« aufging und einige Jahre später auch als Marke vom Markt genommen wurde, bildete sich durch den Zusammenschluss des Verlags des Reichsbundes der Standesbeamten und Alfred Metzner ein schlagkräftiger spezialisierter juristischer Verlag, der seine Zielgruppe erst nach der Fusion optimal bedienen konnte.

5.4.1 Vereinigung wissenschaftlicher Verleger Walter de Gruyter

Von dem Zusammenschluss zur Vereinigung wissenschaftlicher Verleger (Walter de Gruyter) war auch der juristische Buchmarkt betroffen: Unter den fünf renommierten Berliner Wissenschafts- und Fachverlagen, die sich 1919 zusammenschlossen, befand sich unter anderem der Verlag J. Guttentag – seit der Zeit des Kaiserreichs einer der führenden juristischen Fachverlage. J. Guttentag ging im Verbund mit den Verlagen J. G. Göschen'sche Verlagshandlung, Georg Reimer, Karl J. Trübner und Veit & Comp. in der Vereinigung wissenschaftlicher Verleger (Walter de Gruyter) auf. Für den Zusammenschluss waren im Vorfeld verschiedene Verlage mit der Option einer engeren Zusammenarbeit angesprochen worden: Im Gegensatz zu den genannten Verlagen hatten die Verlage C.H.Beck und Duncker & Humblot beide Abstand von einem Zusammenschluss und das Ansinnen Walter de Gruyters abgelehnt; Duncker & Humblot schien immerhin bis 1924 zu überlegen.[162] Bei der Vereinigung wissenschaftlicher Verleger (Walter de Gruyter) handelte es sich im Gegensatz zu den vorher erwähnten Vereinigungen nicht lediglich um einen lockeren Zusammenhalt, sondern die Verlage bildeten eine gemeinsame handelsrechtliche Gesellschaft in Form einer Kommanditgesellschaft. Innerhalb der neu gegründeten Gesellschaft repräsentierte der J. Guttentag Verlag den rechtswissenschaftlichen Verlagsteil. Vorangetrieben wurde die Fusion neben Walter de Gruyter auch durch den Verleger Otto von Halem (1867–1940), Mitinhaber von Veit & Comp.[163]

---

162 Vgl. Müller: Wissenschaft und Markt, 2004, S. 76.
163 Vgl. Ziesak / Cram: Walter de Gruyter, 1999, S. 200.

Mit im Verbund: Der Verlag Veit & Comp. – »Hochgeachtet und vornehm«

Der Verlag Veit & Comp. galt als »hochgeachtet und vornehm«.[164] Der Mann, der das vornehme Verlagsprogramm aufgebaut und das Ansehen des Verlags geprägt hat, war Moritz Veit. Auf Grund von ererbtem Vermögen finanziell unabhängig, konnte sich Veit 1833 die Übernahme der 1820 gegründeten Boikesche Verlagsbuchhandlung leisten. 1834 gründete er das Unternehmen als Verlag neu, die Firma erhielt offiziell den Namen Veit & Com.[165] Obwohl kein ausgewiesener juristischer Verlag, konnte Veit & Com. im 19. Jahrhundert bekannte juristische Autoren wie Friedrich Carl von Savigny herausgeben, dessen Werk *System des heutigen Römischen Rechts* in acht Bänden von 1840 bis 1849 im Verlag erschien.[166] Die Kataloge von 1856 und 1859 weisen neben den Werken von Friedrich Carl von Savigny auch eine bekannte Gesetzessammlung von Ludwig von Rönne aus.[167] Der Verlag übernahm das von Kammergerichtsrat Rönne ursprünglich im Verlag G. F. Aderholz in Breslau veröffentlichte Werk *Die Verfassung und Verwaltung des Preußischen Staates*, welches über Jahre im Verlag weiter vertrieben wurde, *Die Landes-Kultur-Gesetzgebung* in zwei Bänden (1854) sowie weitere Werke desselben Autors.[168] Die »juristische Ära« endete mit dem Tod von Moritz Veit 1864 und der Übernahme des Verlags durch Theodor Einhorn, der das Verlagsprogramm zu einem naturwissenschaftlich-medizinischen ausgestaltete.[169] Neben der veränderten programmatischen Ausrichtung fand 1859 mit dem Umzug von Berlin nach Leipzig auch eine räumliche Veränderung statt.

Einige juristische Titel wurden offensichtlich von Anfang an nicht mit unternehmerischer Vehemenz vorangetrieben: Im Verlagskatalog von 1867 wird ein Titel *Die Verbrechen gegen das Vermögen. Vom Standpunkte und nach den Bedürfnissen der gegenwärtigen deutschen Strafgesetzgebung in zusammenhängenden Monographien herausgegeben* gelistet, dessen Band I erschienen war und dessen Band II angekündigt wurde. Im späteren Katalog von 1891 gibt es den Hinweis, dass die Fortsetzung nicht mehr erschienen war.[170] Obwohl Hermann Credner (1842–1924) als neuer Inhaber ab 1876 den Verlag »durch zahlreiche neue Unternehmungen wesentlich« ausdehnte, kehrte auch er nicht mehr zu juristischen Titeln zurück. 1911 schließlich erfolgte die Umwandlung in eine Kommanditgesellschaft durch einen nächsten Besitzer, Otto von

---

164 Ziesak / Cram: Walter de Gruyter, 1999, S. 105. Der Beitrag über den Verlag ist entsprechend überschrieben.

165 Zur Geschichte siehe bspw. auch Verlagsverzeichnis Veit & Comp. 1891, S. 1–2. Der Verlag erhielt den Zusatz »und Comp.« auf Grund der Kooperation von Moritz Veit mit Joseph Lehfeld. Siehe auch Ziesak / Cram: Walter de Gruyter, 1999, S. 105–140.

166 Der 3. Band wurde als »unter der Presse« angekündigt. Verlagsverzeichnis Veit & Comp. 1840, S. 12.

167 Vgl. Verlagskataloge Veit & Comp. 1856 und 1859.

168 Vgl. Verlagsverzeichnisse Veit & Comp. 1859, S. 25; 1867, S. 22; 1891, S. 63.

169 Das bis heute bekannteste medizinische Werk ist der 1894 erschienene Pschyrembel. Vgl. auch Ziesak / Cram: Walter de Gruyter, 1999, S. 105–140.

170 Vgl. Verlagsverzeichnisse Veit & Comp. 1867, S. 17; 1891, S. 49.

Halem. Nachdem durch ein gemeinsames Projekt der Kontakt zu Walter de Gruyter zu Stande gekommen war, wurde der Verlag 1919 in der Vereinigung wissenschaftlicher Verleger (Walter de Gruyter) verschmolzen.

Der Verlag J. Guttentag in der Vereinigung wissenschaftlicher Verleger

Innerhalb der Vereinigung wissenschaftlicher Verleger wird dem rechtswissenschaftlichen Verlag J. Guttentag in vielfacher Weise eine herausgehobene Stellung bescheinigt.[171] Bei der Zusammenlegung der fünf Verlage versprach sich insbesondere Otto von Halem gerade von einer Beteiligung des J. Guttentag Verlags das »Entstehen einer besonders wertvollen Verlagsgruppe«.[172] Die Programmpolitik im Verlagsteil J. Guttentag orientierte sich nach wie vor stark an den gesetzlichen Neuregelungen. Verantwortet wurde das Programm von Oscar Schuchardt als Mitinhaber und – insbesondere nach dem plötzlichen Tod Walter de Gruyters im Jahr 1923 – von dem bereits erwähnten Juristen Alexander Elster als Prokuristen.[173]

Für J. Guttentag hatte die Vereinigung mit den anderen vier Verlagen zunächst offensichtlich keine negativen Auswirkungen. Der Verlag konnte sein eigenständiges juristisches Profil behalten und seine rechtswissenschaftlichen Programmschwerpunkte weiter ausbauen. Und J. Guttentag profitierte von der Vereinigung insofern, als dass er als größter juristischer Verlagszweig innerhalb der Vereinigung auch juristische Werke der anderen beteiligten Verlage erhielt: Insbesondere ab 1929 fand eine stärkere Konzentration der Programmbereiche statt, die rechtswissenschaftlichen Werke wurden bei J. Guttentag zusammengeführt.[174] Auf diesem Wege konnte J. Guttentag durch die ihm übertragenen Lehrbücher wie die *Grundbegriffe der Rechtswissenschaft* von Fritz Stier-Somlo, der als einer der angesehensten Professoren der Weimarer Zeit galt, und seine Kontakte zum Reichsgericht noch intensivieren Auch Titel wie *Die Verfassung und Verwaltung des Preußischen Staates* von Ludwig von Rönne und die Werke von Friedrich Carl von Savigny waren noch lieferbar und wurden dem Verlag J. Guttentag zugeschlagen.

Die Vereinigung brachte – so die Intention bei der Zusammenlegung – neben einer Kapitalbündelung auch verwaltungstechnische und organisatorische Zusammenlegungen, gemeinsame Werbemaßnahmen und einen gemeinsamen Vertrieb.[175] Gleichzeitig blieben die Verlagsprogramme inhaltlich eigenständig. Die Gesellschaf-

---

171 Diese Besonderheit stellt insbesondere Lüdtke fest. Vgl. Lüdtke: Verlag Walter de Gruyter, 1924. Vgl. auch Müller: Wissenschaft und Markt, 2004, S. 67.

172 Ziesak / Cram: Walter de Gruyter, 1999, S. 158.

173 Vgl. Schneider: Der wissenschaftliche Verlag, 2007, S. 392; Ziesak / Cram: Walter de Gruyter, 1999, S. 242. Zur Verteilung der Gesellschaftsanteile vgl. Ziesak / Cram: Walter de Gruyter, 1999, S. 201.

174 Vgl. ingesamt Schneider: Der wissenschaftliche Verlag, 2007, S. 393; Lüdtke: Verlag Walter de Gruyter, 1924, S. 48–49; Verlag Veit & Comp.: Verlagsverzeichnis, 1891, S. 62–63, 65.

175 Vgl. Schneider: Der wissenschaftliche Verlag, 2007, S. 389.

ter waren überzeugt, dass »nur ganz starke Verlagsgebilde fortan wirtschaftlich widerstandsfähig, für die Wissenschaft fruchtbar sein können«.[176] Die Gründe für die Zusammenlegung bestanden also vor allem in wirtschaftlichen Überlegungen, nicht in einer Profilschärfung oder Neuausrichtung der Verlagsprogramme. Diese ist im Laufe der Jahre durch Verteilung der Werke nach den verschiedenen Wissenschaftsdisziplinen eingetreten und noch durch einen weiteren Umstand begünstigt worden: Zur Stärkung des juristischen Verlagsprogramms des ehemaligen J. Guttentag Verlags trug auch bei, dass weitere rechtswissenschaftliche Werke aus anderen Verlagen und ganze Verlage gekauft wurden: so die Berliner Verlage Hermann Bahr 1931 und Hermann Sack 1933 sowie Anteile an Georg Stilke in Hamburg 1938 und J. Schweitzer in München 1939.[177] Die Titel der später hinzugekauften Verlage wurden nicht mehr als Einheit unter dem früheren Verlagsnamen gehalten, sondern jeweils in die bestehenden Verlagsteile der Vereinigung eingegliedert.

Vorteil des Zusammenschlusses zu einer größeren Einheit und der dadurch erweiterten Themenpalette unterschiedlicher Wissenschaftsgebiete war auch, dass jeder der Verlage seine Standardwerke in die Gesellschaft einbrachte und damit das Renommee des Verlags insgesamt gestärkt wurde. Dies wiederum ließ den Verlag vor allem für Autoren attraktiv werden, die überschneidende Interessen in mehreren Wissenschaftsbereichen besaßen oder die sich von einer anderen Wissenschaftsdisziplin aus persönlicher Neigung angesprochen fühlten. Der Zusammenschluss insgesamt bewährte sich offensichtlich: So konnte die Vereinigung in der Weimarer Zeit trotz Inflation und steigender Papier-, Druck- und Buchbinderpreise 1919 65 neue Titel, 167 Neuauflagen und 28 Zeitschriften fortführen, die Vereinigung wissenschaftlicher Verleger (Walter de Gruyter) war 1920 mit 434 veröffentlichten Titeln einer der produktionsstärksten deutschen Verlage.[178] Allerdings nivellierte sich dies im Laufe der Weimarer Jahre wieder: 1927 produzierte der Verlag Walter de Gruyter mit allen Verlagsteilen gemeinsam lediglich noch 279 Titel, hingegen brachte der Verlag Carl Heymanns im selben Jahr 307 juristische Titel heraus.[179]

Für den Verlag J. Guttentag scheint einzig die Aufgabe des renommierten und eingeführten Verlagsnamens problematisch gewesen zu sein. Seit 1919 hieß der Verlag Vereinigung wissenschaftlicher Verleger (Walter de Gruyter), die zusammengeschlossenen Verlage behielten zunächst ihre Firmennamen.[180] Eine Umbenennung der Vereinigung wissenschaftlicher Verleger (Walter de Gruyter) fand ab dem 1. Januar 1923 statt und wurde mittels Anzeige im Börsenblatt des Deutschen Buchhandels mit der Verwechslungsgefahr mit Vereinen und Verbänden begründet. Der neue Name des

176 Zitiert nach Ziesak / Cram: Walter de Gruyter, 1999, S. 199.

177 Siehe auch die Tabelle bei Schneider: Der wissenschaftliche Verlag, 2007, S. 393. Ausführlich Ziesak / Cram: Walter de Gruyter, 1999, S. 246–252.

178 Vgl. insgesamt auch Ziesak / Cram: Walter de Gruyter, 1999, S. 201–202.

179 Siehe auch die Produktionsübersicht bei Schneider: Der wissenschaftliche Verlag, 2007, S. 388.

180 Vgl. Müller: Wissenschaft und Markt, 2004, S. 62.

Verlags war verkürzt nur noch Walter de Gruyter, mit einem Zusatz »vormals« wurden die Namen der einzelnen Verlage genannt. Im Laufe der Zeit traten die fünf Verlagsnamen allerdings immer stärker hinter der Marke Walter de Gruyter zurück und je stärker die Vereinigung beziehungsweise der Name Walter de Gruyter in den Vordergrund trat, desto seltener erschien der traditionsreiche Verlagsname J. Guttentag. Unstimmigkeiten über die Aufgabe gerade des renommierten Namens J. Guttentag führten sogar zu einem Gesellschafterwechsel: Unter anderem weil er negative Auswirkungen befürchtete, schied Christian von Bornhaupt als Mitinhaber aus dem J. Guttentag Verlag aus, er wollte die Aufgabe des bekannten Verlagsnamens nicht mittragen. Da der Name allerdings für die renommierten Reihen wie die *Guttentag'sche Sammlung Deutscher Reichsgesetze* beibehalten wurde, traten augenscheinlich keine negativen Auswirkungen ein.

5.4.2 Verlag des Reichsbundes der Standesbeamten Deutschlands

Bereits aus einer Kooperation entstanden war der Verlag für Standesamtswesen. Der Verlag wurde 1924 in Berlin als Verlag des Reichsbundes der Standesbeamten Deutschlands durch den Verleger Alfred Metzner (1874–1930) und den Reichsbund der Standesbeamten gegründet, trug allerdings erst seit 1931 den Namen Verlag für Standesamtswesen, als der Reichsbund seine verlegerische Tätigkeit vollständig aufgegeben hatte. Der Zusammenschluss zwischen Alfred Metzner und dem Reichsbund der Standesbeamten erfolgte auf Grund einer persönlichen Freundschaft Metzners mit dem Geschäftsführer des Reichsbundes, Edwin Krutina. 1910 war der Verlag des Reichsbundes der Standesbeamten in Berlin ins Leben gerufen worden. Als Geschäftsführer der Spitzenorganisation der deutschen Standesbeamten war Krutina gleichzeitig auch Schriftleiter des Verbandsorgans, der *Zeitschrift für Standesamtswesen.*[181] Vorteilhaft an dem Zusammenschluss waren für Metzner zweifelsohne die Kontakte zum Reichsbund der Standesbeamten und damit der direkte Draht in die Zielgruppe. Gleichzeitig profitierte der Verlag des Reichsbundes von den umfangreichen Erfahrungen Metzners auf verlegerischem Gebiet.

Der Verlag Alfred Metzner agierte als erfolgreicher Ein-Mann-Betrieb: Ein Jahr vor der Gründung des Verlags des Reichsbundes der Standesbeamten wurde 1909 der Alfred Metzner Verlag ebenfalls in Berlin gegründet, der hauptsächlich Broschüren aus den Bereichen Vollstreckung, Rechtshilfe und Sozialpolitik herausgab. Der Verlagsgründer Alfred Metzner ging zu dieser Zeit hauptberuflich noch einer Tätigkeit als Verlagsleiter bei Dr. Eysler & Co. nach; wohl auch deshalb war ein erstes und einziges Verlagsprodukt zunächst eine *Broschüre über die Eintreibung von Außenständen mit gebrauchsfertigen Formularen*. Die Werbung für das Verlagswerk lautete plakativ:

181 Vgl. insgesamt Alfred Metzner Verlag: 50 Jahre, 1959, S. 8–9.

»Augen auf oder Beutel auf!«[182] Daneben gab es lediglich einige Broschüren aus den Bereichen »Rechtshilfe für Laien und Sozialpolitik«. Typisch für einen nebenberuflichen Ein-Mann-Betrieb waren die Autoren des Verlegers »meistens seine persönlichen Freunde«.

Im späteren Verlag für Standesamtswesen entstanden neben der *Zeitschrift für Standesamtswesen* Kommentare zum Personenstandsgesetz, zum Internationalen Ehe- und Kindschaftsrecht sowie zum Berliner Ortsrecht, eine eigene Abteilung bediente das Bedürfnis der Zielgruppe für Standardisierung und kümmerte sich um die Vordrucke. Seine ausgeprägte Spezialisierung auf die Zielgruppe der Standesbeamten behielt der Verlag auch über die Anfangsjahre hinaus bei und ist noch heute in diesem Marktsegment führend. Der Zusammenschluss im späteren Verlag für Standesamtswesen zeichnete sich durch die Besonderheit aus, dass durch die direkte Beteiligung des Reichsbundes ein Verband involviert war und dadurch eine direkte Verbindung des Verlags zu den Verbandsmitgliedern bestand.

Während die Vereinigung wissenschaftlicher Verleger vor allem von den Stärken der einzelnen Mitgliedsverlage profitierte, waren es beim Verlag Alfred Metzner insbesondere die Konzentration des Verlagsprogramms und die vertrieblichen Möglichkeiten durch den Zusammenschluss mit dem Reichsbund – unabhängig von den Vorteilen im Einzelnen bilden beide Verlage Beispiele für erfolgreiche Fusionen in der Weimarer Republik, die bis heute als Verlage existieren.

5.5 Meinungshoheit als Herausgeber- und Autorenhonorar

Die Weimarer Republik war gekennzeichnet durch extreme ideologische Gegensätze. Die Publikationskultur der Weimarer Zeit war außerdem geprägt von akademischem Ehrgeiz und intellektueller Auseinandersetzung: eine Entwicklung, die sich einerseits mit neuen Formen in unterhaltender juristischer Informationsvermittlung niederschlug, andererseits aber bereits durch erste »völkische« Tendenzen bestimmt war. Eine Besonderheit der Weimarer Zeit war eine spezifische Publikationskultur, die sich – vielleicht gerade deshalb – in der Zeit gegensätzlicher Positionsbestimmungen entwickelte. Drei Beispiele sollen verschiedene Aspekte exemplarisch verdeutlichen.

Max Hachenburg: Juristischer Journalist und stilsicherer Kolumnist

Die Tatsache, dass juristische Zeitschriften im 20. Jahrhundert verstärkt auch feuilletonistische Elemente aufnahmen, hatte vor allem mit dem sich wandelnden Charakter der Zeitschriften zu tun: Die juristischen Zeitschriften hatten sich mit Beginn des 20. Jahrhunderts von ihrem Archivcharakter gelöst und bildeten in zunehmendem

182 Zitate Alfred Metzner Verlag: 50 Jahre, 1959, S. 8.

Maße eine Plattform für den juristischen Meinungsaustausch. Gleichzeitig veränderte sich der Anspruch an die Vermittlung juristischer Informationen. Manche Rubriken in juristischen Zeitschriften zeichneten sich nicht nur durch ihre inhaltliche Qualität aus, sondern auch durch eine ausgesuchte Wortwahl und brillante Stilistik. Max Hachenburg entwickelte eine spezifisch »juristische Journalistik«,[183] aber auch Hugo Sinzheimer (1875–1945) kommentierte in der *Richterzeitung* das juristische Geschehen abseits der reinen Inhaltevermittlung. Die publizistische Form Max Hachenburgs war der Kommentar als Interpretation und Bewertung juristischer Ereignisse, die er benutzte, um das juristische Tagesgeschehen einzuordnen und zu bewerten. Kleindiek verweist in diesem Zusammenhang auf Hachenburg als Kolumnist.[184] Die von Hachenburg fortgeführte und zur Blüte gebrachte Art der Informationsvermittlung war in der Weimarer Zeit deshalb so ungewöhnlich, da die juristischen Zeitschriften nach wie vor ihren Fokus auf die Weitergabe von rechtswissenschaftlichen und rechtspraktischen Informationen und Diskussionsbeiträgen legten. Unterhaltende Elemente waren dort im Normalfall nicht vorgesehen und wurden von den Lesern nicht erwartet. In einer vermittelnden Rolle verstand sich offensichtlich bereits die Zeitschrift *Die Justiz*, die Rasehorn als »Kulturzeitschrift«[185] charakterisiert.

Neue Formen der Informationsvermittlung waren notwendig, da der Konkurrenzdruck in der Weimarer Republik auch bei Zeitschriften stark ausgeprägt war. Angesichts der Vielzahl juristischer Zeitschriften ist es auch nicht erstaunlich, dass der bekannte Max Hachenburg gleich bei drei maßgeblichen Zeitschriften der Weimarer Zeit mitwirkte: der *Deutschen Juristen-Zeitung*, der *Juristischen Wochenschrift* und der *Leipziger Zeitschrift*.[186] Zur *Deutschen Juristen-Zeitung* hatte Max Hachenburg nach Kleindiek eine Verbindung »von ganz besonderer Art«, da er seit April 1912 über 21 Jahre in jedem Heft eine eigene Kolumne betreute – der oben beschriebenen »Juristischen Rundschau«. Seit 1924 war Max Hachenburg dann auch Mitherausgeber der *Deutschen Juristen-Zeitung*. Max Hachenburg war »einer der profiliertesten Rechtsanwälte im Deutschland der Weimarer Republik«,[187] als prominenter Jurist

---

183 Max Hachenburg selbst hat den Begriff in seinen Lebenserinnerungen verwendet. Vgl. Kleindiek: Max Hachenburg, 1993, S. 1295; Ulmer: Max Hachenburg, 1997, S. 53.

184 Vgl. Kleindiek: Max Hachenburg, 1993, S. 1295.

185 Rasehorn: Justizkritik, 1985, S. 102, 109.

186 Vgl. insgesamt Kleindiek: Max Hachenburg, 1993, S. 1295, 1297–1298. Ab Dezember 1933 war Max Hachenburg als Jude gezwungen, die Mitarbeit aufzugeben.

187 Kleindiek: Max Hachenburg, 1993, S. 1295. Ein bekanntes juristisches Werk war »Die besondere Streitgenossenschaft«, 1889 bei J. Bensheimer erschienen. In Erinnerung geblieben ist Max Hachenburg vor allem als Nachfolger von Hermann Staub in seinem Kommentar zum GmbH-Gesetz, dem Staub / Hachenburg, der bei Walter de Gruyter erschien. Sein Kommentar zum Handelsgesetzbuch erschien bei J. Bensheimer, hier waren Verlags- und Kanzleisitz am gleichen Ort in Mannheim. Nachdem der Verlag J. Bensheimer vom Verlag Deutsches Druck- und Verlagshaus übernommen wurde, erschien hier 1935 die »Umwandlung von Kapitalgesellschaften und die Steuererleichterungen«, ebenfalls ein Kommentar von Max Hachenburg.

veröffentlichte er seine *Lebenserinnerungen eines Rechtsanwalts* 1927 im Neue Brücke Verlag in Düsseldorf.

Max Hachenburg schreckte auch bei Gegenwehr nicht zurück: In der *Juristischen Wochenschrift* initiierte er Urteilsbesprechungen und setzte seine publizistische Form auch gegen den Widerstand des Reichsgerichts durch, das sich dagegen wehrte, dass »hier gleichsam eine weitere Instanz geschaffen wurde, die seine Urteile kritisch prüfte«.[188] Kennzeichen der »Juristischen Rundschau« als Rubrik der *Deutschen Juristen-Zeitung* waren »das System der kurzen Sätze«.[189] Die Beiträge zeichneten sich vor allem durch eine Themenvielfalt aus, die auch politische und justizkritische Aspekte beinhaltete. So hatte die Rundschau »einen großen meinungsbildenden Einfluß«, Beiträge der Rundschau wurden auch in der Tagespresse zitiert und nachgedruckt. Max Hachenburg führte damit zur Blüte, was Hermann Staub begonnen hatte: Dieser hatte 1896 in der *Deutschen Juristen-Zeitung* die »Juristische Rundschau« begründet, in der zum Beispiel neu erschienene Literatur kommentiert wurde, das alles in »plauderndem Ton, mit wenigen Sätzen, kritisch und scharfsinnigem nicht ohne Witz und Ironie«.[190] Wie professionell, gleichzeitig aber sensibel Hachenburg auch mit umstrittenen juristischen Themenfeldern umzugehen wussste, zeigt ein Zitat von Otto Kirchheimer (1905–1965):

> »Hachenburg habe durch lange Übung eine große Meisterschaft darin erlangt, strittige weltanschauliche und politische Probleme hinter einem dreifachen Schutzwall von Sachkunde, Abgeklärtheit und scheinbarer Objektivität zielsicher im Sine der Wahrung traditioneller juristischer Standesinteressen zu beantworten.«[191]

Max Hachenburg stand nicht allein: Eine besondere Rubrik wie die »Juristische Rundschau« fand sich auch in anderen Zeitschriften. Eine der erfolgreichsten Zeitschriften zu dieser Zeit war die *Juristische Wochenschrift*, die maßgeblich durch Julius Magnus (1867–1944) als Schriftleiter geprägt wurde. Nach der Übernahme 1915 baute der Rechtsanwalt das Vereinsblatt des Deutschen Anwaltsvereins nicht nur zu einer juristischen Universalzeitschrift aus, sondern machte es auch zum auflagenstärksten Fachblatt zu der Zeit.[192] In der Zeitschrift *Die Justiz* betreute Hugo Sinzheimer die »Chronik«. Diese bildete gleichzeitig das »Herzstück«[193] der Zeitschrift, für die nicht nur Juristen schrieben, sondern auch republikanisch gesinnte Autoren wie Thomas Mann (1875–1955).[194]

---

188 Ulmer: Max Hachenburg, 1997, S. 53.

189 Zitate Kleindiek: Max Hachenburg, 1993, S. 1298.

190 Kleindiek: Max Hachenburg, 1993, S. 1298. Vgl. auch die Lebenserinnerungen von Max Hachenburg, in denen er sich auch hier als Erbe von Hermann Staub bezeichnet. Vgl. Hachenburg: Selbstdarstellung, 1925, S. 107–109.

191 Kleindiek: Max Hachenburg, 1993, S. 1295.

192 Vgl. Kleindiek: Max Hachenburg, 1993, S. 1296.

193 Rasehorn: Justizkritik, 1985, S. 31.

194 Vgl. Rasehorn: Justizkritik, 1985, S. 57.

Zeitschrift für Erneuerung des Deutschen Rechtswesens: Die Justiz

So wie Max Hachenburg mit seiner präzisen Sprache und seiner pointierten Darstellungsform in seiner Kolumne die *Deutsche Juristen-Zeitung (DJZ)* als Publikation mitgeprägt hat, begründete auch die Zeitschrift *Die Justiz* eine spezifische Publikationskultur, die für sich eine kritische Auseinandersetzung mit den Vorgängen in der Rechtspraxis reklamierte und dem ausgeprägten Anspruch der Herausgeber entsprang.[195] 1922 gründete sich in den Reihen der Justiz der Republikanische Richterbund, ein Zusammenschluss von Richtern, die die Weimarer Republik unterstützten; ihr Organ war die Zeitschrift *Die Justiz*. Eine Besonderheit der Zeitschrift war ihre Kritik an den Missständen innerhalb des Gerichtswesens. Die Justiz sah sich bereits ihrem Titelzusatz nach als »Zeitschrift für Erneuerung des Deutschen Rechtswesens«, die fachspezifische Ausrichtung kam im Untertitel zum Ausdruck: »Zugleich Organ des Republikanischen Richterbundes«. Insbesondere die Rubrik »Praxis und Recht« bildete ein Forum für die Kritik an der Justiz, ihrer Organisation und ihren Organen. Die Zeitschrift war ein »Organ der Justizkritik«,[196] die von verschiedenen Seiten geübt wurde, so zum Beispiel von Gustav Radbruch (1878–1949) und Otto Landsberg (1869–1957).

Mit ihrer spezifischen Ausrichtung und Publikationskultur stand *Die Justiz* in der Tradition der sich wandelnden Zeitschriften der Weimarer Zeit: Um eine breite Leserschaft zu erreichen, waren die Autoren zu dieser Zeit bemüht, wissenschaftlich, trotzdem aber allgemeinverständlich zu schreiben.[197] Autoren wie Gustav Radbruch und Hugo Sinzheimer hatten ohnehin ein eher »gebrochenes Verhältnis zur literarischen Hochsprache«, der Zeitschrift *Die Justiz* wurde eine ausgeprägte Volksnähe bescheinigt. Rasehorn charakterisiert die juristischen Autoren der Weimarer Republik wie folgt: »Aber auch bei den ›funktional‹ schreibenden Autoren spürte man die Person, ihre Betroffenheit und ihr Engagement, hindurch. Sie empfinden sich nicht als unpolitische Fachjuristen, sondern ließen ihre politische Grundhaltung mitschwingen.«[198]

Martin Beradt: »Dichterjurist« und prominenter jüdischer Rechtsanwalt

Um die juristischen Streitfragen der Zeit wurde gerungen, gerade auch über das Justizwesen wurde diskutiert – zum Beispiel mittels essayistischer oder dichterischer Ausdrucksformen. Neben bekannteren Namen wie Kurt Tucholsky (1890–1935) übte auch der Rechtsanwalt Martin Beradt (1881–1949) pointiert Justizkritik.[199] Martin Be-

---

195 Siehe auch Rasehorn für das Beispiel der Zeitschrift »Die Justiz« Rasehorn: Justizkritik, 1985, S. 102.

196 Petersen: Literatur und Justiz, 1988, S. 115.

197 Vgl. insgesamt Rasehorn: Justizkritik, 1985, S. 26, 104, 106–108.

198 Zitate Rasehorn: Justizkritik, 1985, S. 106.

199 Vgl. Wambach: Grenzgänger zwischen Jurisprudenz und Literatur, 2000, S. 1. Zu Kurt Tucholsky vgl. auch Hammerschmidt: Literarische Justizkritik, 2002.

radt führte die Zustände in der Justiz der Weimarer Republik in essayistischer Form vor und verband die »lockere« Form mit einer scharfsinnigen Justizkritik. Beradt war bereits im Alter von 28 Jahren ein erfolgreicher Rechtsanwalt, der sich bewußt gegen ein rein dichterisches Leben entschieden hatte: »Nur Literat, ich würde verrückt werden«[200] erklärte er in einem Brief an seine Frau Charlotte Beradt (1907–1986). Die Entscheidung für den Rechtsanwaltsberuf bedeutete für Beradt materiellen Wohlstand.[201] Beradt wird als »Mann der stillen großen Geschäfte« bezeichnet, der Großkonzerne ebenso zu seinem Mandantenkreis zählte wie Literaten, mit denen er unter anderem als Mitglied der bekannten »Donnerstagsgesellschaft« Freundschaft schloss.[202] Da er die Not mancher Schriftsteller durch die Kontakte immer wieder persönlich erlebte, war er 1910 Mitbegründer des Schutzverbands Deutscher Schriftsteller.

Martin Beradt hatte sich fundiert mit juristischen Themen beschäftigt: Seine juristische Promotion zu dem Thema »Die Sperrung bezogener Mietwohnungen durch ungerechtfertigte polizeiliche Verfügung und die dadurch bewirkte Unmöglichkeit der Erfüllung des Mietvertrags nach BGB und preußischem Recht« erschien 1906 unter dem Titel *Miete und Polizei* im Verlag Ebering in Berlin. Bekannter waren allerdings seine Werke, in denen er Kritik an den deutschen Richtern übte. 1909 erschien *Der Richter*, der 1930 erweitert wurde in seinem Werk *Der deutsche Richter* in der Literarischen Anstalt Rütten & Loening mit einem doppelten Umfang.[203] Während das erste Buch *Der Richter* »in juristischen, insbesondere in Richterkreisen mit Recht einmütige Aufnahme« fand, erfuhren *Der deutsche Richter* und sein Autor zum Teil harte Kritik – am schärfsten kritisiert wurden »die Verallgemeinerungen aus Einzelfällen«.

Einige Standeskollegen sahen sich zu einer öffentlichen Distanzierung bewogen wie der Geheime Justizrat Adolf Heilberg (1858–1936) aus Breslau in der *Juristischen Wochenschrift*. Steffen analysiert die harsche Kritik als »entweder getragen von verletztem Berufsstolz oder dem Umstand, daß Martin Beradt bewußt einen essayistischen Stil gewählt hat, um ein juristisches Problem zu erörtern, und dazu noch polemische Beispiele, wissend, daß es keine vollständige Erörterung werden kann, die er ja auch gar nicht angestrebt hatte«.[204] Martin Beradt selbst verteidigte seine Schrift 1930 unter anderem in einem Vortrag zum Thema »Darf ein Rechtsanwalt über den Richter zu Gericht sitzen?« 1932 konnte bereits die zweite Auflage des Werkes erschei-

200 Zitiert nach Steffen: Martin Beradt, 1990, S. 300.

201 Vgl. insgesamt Steffen: Martin Beradt, 1990, S. 151, S. 299–300.

202 So vertrat er Heinrich Mann oder Ernst Toller als Rechtsanwalt. Vgl. Steffen: Martin Beradt, 1990, S. 294. Zur Donnerstagsgesellschaft siehe S. 151, 153–159. Zu seiner Mitwirkung im Schutzverband Deutscher Schriftsteller S. 195, 200.

203 Vgl. insgesamt Steffen: Martin Beradt, 1990, S. 139–140, 143–146. Das Werk von Martin Beradt »Der Richter« ist in der Reihe »Die Gesellschaft Sammlung Sozialpsychologischer Monographien« in der Literarischen Anstalt Rütten & Loening 1909 erschienen. »Der Deutsche Richter« 1930 ebenfalls bei Rütten & Loening 1930.

204 Steffen: Martin Beradt, 1990, S. 145.

nen, die allerdings 1933 verboten wurde: Die Restauflage wurde eingestampft. Hier besteht eine weitere Gemeinsamkeit des juristischen Kolumnisten Max Hachenburg und des schriftstellerischen Juristen Martin Beradt: Ihrem juristischen, journalistischen und schriftstellerischen Wirken wurde mit der Machtübernahme durch die Nationalsozialisten 1933 in Deutschland ein Ende gesetzt.

5.6 Bestseller und Longseller in der Weimarer Republik

Die wirtschaftlich schwierigen Zeiten förderten veränderte Produktformen wie Informationsdienste oder Loseblattwerke, aber auch inhaltlich veränderte juristische Werke wie kürzer gefasste, praxisgerecht aufbereitete Kommentare – ihrem Umfang entsprechend später auch *Kurz-Kommentare* genannt. Die Verlage bedienten die Leser mit neuen Produkten, gleichzeitig versuchten sie ihr Verlagsgeschäft durch langlebige Werke wirtschaftlich zu konsolidieren. Hierfür eigneten sich die Ausbildungsliteratur und die Kommentare als unverzichtbare Hilfsmittel der juristischen Studenten beziehungsweise Anwälte besonders gut. Im Spannungsfeld zwischen wissenschaftlichem Anspruch einerseits und dem Bedürfnis des Marktes nach praktischen Informationen andererseits, etablierte sich der *Kurz-Kommentar*, in dem praktische Informationen zur Rechtsfindung in verdichteter Form dargestellt werden konnten. Auch das Lehrbuch erlebte in der Weimarer Republik eine »Blütezeit«. Die Publikationen hatten Erfolg: In Krisenzeiten setzten die Leser auf Bewährtes und Vertrautes – Standardwerke und bekannte Namen waren publizistische Zugpferde in der Weimarer Zeit.

5.6.1 Taschen- und Kurz-Kommentare als Kassenschlager

Zu Standardwerken entwickelten sich in der Weimarer Zeit vor allem kurzgefasste Kommentare. Um auf ihre Praktikabilität hinzuweisen nannte der Verleger Otto Liebmann diese Art von Kommentaren bei sich im Verlag »Taschenkommentare«. Angespielt wird damit nicht nur auf die Größe des Werkes, sondern auch auf die Möglichkeit, den Kommentar als Informationsquelle in der Tasche immer bei sich tragen zu können. Der erste »Taschenkommentar« erschien 1924 mit einer zivilrechtlichen Kommentierung von Adolf Baumbach (1874–1945) und trug den Titel *Taschenbuchausgabe der neuen Zivilprozeßordnung*. Bereits der erste Kommentar hatte eine Druckauflage von 10 000 Exemplaren, obwohl oder vielleicht gerade weil die Kommentierung von Baumbach »ein schmales Bändchen von 615 Seiten«[205] war. Allerdings überraschte der »ungewöhnliche Erfolg«[206] des Werkes selbst den Autor und seinen Verleger. Der Erfolg hielt an, nicht nur bei den Folgeauflagen des Werkes

205 Hefermehl: Adolf Baumbach, 1988, S. 133.

206 Willoweit: Juristische Literatur, 2007, S. 28.

von Baumbach, sondern auch bei anderen Titeln der Reihe. So brachte Friedrich Weißler (1891–1937) 1932 mit Viktor Hoeniger (1870–1953) einen Kommentar zur Grundbuchordnung heraus, das Werk war ebenfalls ein Erfolg und »nach weniger als einem Jahr vergriffen«.[207] Die »Erfindung« der besonderen Form des Kommentars ging dabei nicht vom Autor aus, sondern war das Werk seines kreativen Verlegers Otto Liebmann. Nach der »Liliput-Ausgabe« ein weiterer geschickter verlegerischer Schachzug Otto Liebmanns.[208]

Die verkaufsfördernde eingängige Bezeichnung *Kurz-Kommentare*[209] ist in erster Linie für die nach 1933 erschienenen Bände der Reihe im Verlag C.H.Beck verwendet worden.[210] Eingeführt wurde der Begriff allerdings bereits im Verlag von Otto Liebmann. Seit Beginn der Markteinführung 1924 wurden die Taschenkommentare bei Otto Liebmann unter verschiedenen Bezeichnungen geführt. Bis 1930 wurden die Kommentare in der Reihe als »Taschenkommentare« bezeichnet: wie der *Taschenkommentar der ZPO* oder der *Taschenkommentar der Reichskostengesetze.*[211] Im Laufe der Jahre wurde aus den »Liebmann'schen Taschenkommentaren« dann *Liebmann'sche Kurzkommentare.*[212] In einer Werbung im *Schweitzers Vademecum* von 1933 werden unter anderem die Kommentare der Zivilprozessordnung, der Reichskostengesetze und des Arbeitsgerichtsgesetzes von Adolf Baumbach, weiterhin die erwähnte Ausgabe zur Grundbuchordnung von Friedrich Weißler und Viktor Hoeniger sowie die Kommentare zur Strafprozessordnung und zum Strafgesetzbuch von Otto Georg Schwarz (1876–1960) unter dieser Rubrik geführt. Offenbar wollte der Verleger Otto Liebmann die Liebmann'schen Kurzkommentare als Marke bekannt machen und dabei nicht nur die erfolgreiche Reihe stützen, sondern diese auch dauerhaft mit dem Verlagsnamen und der Assoziation »Kurzkommentare« verbinden. Dass der Verlag von Liebmann bis heute als »sehr innovativer Verlag«[213] gilt, hatte sicher auch mit dem Marketingtalent des Verlegers zu tun.

---

207 Miosge: Friedrich Weißler, 1997, S. 2573.

208 Otto Liebmann stellt dies später in einem Brief so dar. Vgl. Wesel: C.H.Beck, 2013, S. 121–122.

209 Die Schreibweise der »Kurzkommentare« änderte sich im Laufe der Zeit in »Kurz-Kommentare«. Die Arbeit verwendet der leichteren Lesbarkeit wegen durchgängig die bekanntere getrennte Bezeichnung »Kurz-Kommentare«.

210 Die Bezeichnung »Kurz-Kommentar« ist seit 1935 auch als Warenzeichen beziehungsweise Marke geschützt Vgl. auch Hefermehl: Adolf Baumbach, 1988, S. 131.

211 Vgl. J. Schweitzer Sortiment: Literarisches Vademecum, 1930, S. 1.

212 Vgl. auch die Werbung im vorderen Teil J. Schweitzer Sortiment: Literarisches Vademecum, 1933.

213 Stürner: Zwangsvollstreckungs- und Insolvenzrecht, 2007, S. 733. Die Suche nach dem besten Begriff für seine Produkte fand sich bei Otto Liebmann auch an anderen Stellen, er war bei deren beschreibenden Bezeichnungen kreativer als seine Kollegen. Die Bezeichnung sollte Assoziationen an die Handhabbarkeit wecken und sich von den Konkurrenzausgaben abheben. Auch die erwähnten »Liliput-Ausgaben« gehören in diese Kategorie. Verlagsprospekt Otto Liebmann Zirkular No. 30, 1900. Vgl. Werbung im vorderen Teil J. Schweitzer Sortiment: Literarisches Vademecum, 1930.

Das Konzept von Otto Liebmann mit seinen *Kurz-Kommentaren* ging nicht nur wegen der zugkräftigen Produktbezeichnungen auf, die *Kurz-Kommentare* hatten auch deshalb Erfolg, weil ihre Inhalte die Lesebedürfnisse der Weimarer Zeit optimal bedienten. Mit ihrer Intention »möglichst viel Stoff auf engstem Raum« hatte Otto Liebmann einen »preiswerten und doch inhaltsreichen Kommentartyp«[214] geschaffen. Für die inhaltlich-juristische Konzeption griff Otto Liebmann auf das Wissen und den Erfahrungsschatz von Adolf Baumbach zurück, der seinerzeit als Senatspräsident am Kammergericht bereits im Ruhestand war und die Einführung der Kommentarreihe maßgeblich unterstützte. Die Art zu kommentieren wurde dann auch nach Adolf Baumbach benannt. So hieß die Reihe im Verlag C.H.Beck nach 1933 zunächst »Kurz-Kommentare in Baumbach'scher Erläuterungsweise«.[215] Auch später wurde auf die »Baumbach'sche Kommentierungsweise« aufmerksam gemacht und mit der inhaltlichen Konzeption geworben. Beck charakterisiert die Art Adolf Baumbachs zu kommentieren zutreffend und anschaulich: Nach seiner Ansicht verband der Autor mit seinem knappen Kommentierungsstil »Präzision mit großem Inhaltsreichtum und außerdem mit einer persönlichen Note«, er nahm »in erfrischenden Seitenbemerkungen gern Mißstände aufs Korn«.[216] Die von ihm mitgestalteten Kommentare fungierten entsprechend als Vorbild für viele spätere Kommentierungen. Um dem Leser auch optisch den Zugang zu den Erläuterungen zu erleichtern und eine möglichst große Lesefreundlichkeit zu erreichen, wurde zusätzlich am Layout gefeilt: So wurde die »Übersichtlichkeit des Druckbildes mit dem später allgemein üblich gewordenen Fettdruck für die Oberbegriffe«[217] eingeführt.

Willoweit macht noch auf ein anderes Charakteristikum der *Kurz-Kommentare* aufmerksam: »mit einer ausgeprägten Praxisorientierung einerseits und Wissenschaftlichkeit auf engstem Raum andererseits scheinbar Unvereinbares zu verbinden«.[218] Die inhaltliche Konzeption erläutert auch eine Rezension aus der *Deutschen Richterzeitung* wie folgt: »Die neue Auflage des Werkes zeichnet sich wieder durch seltene Reichhaltigkeit des Inhalts, knappe klare Darstellung und zuverlässige selbständige Beantwortung der einzelnen Streitfragen aus.«[219] Der Erfolg bei der Erstellung der Kommentierungen hatte durchaus seinen Preis: Als Autor stellte Adolf Baumbach die Schwierigkeit seines Unterfangens fest, er hat sich »im Bewußtsein der großen Bedenken, die, zumal in der jetzigen Zeit schwerster wirtschaftlicher Not« für

214 Zitate Hefermehl: Adolf Baumbach, 1988, S. 131.
215 Verlagsprospekt C.H.Beck »Kurzkommentare in Baumbach'scher Erläuterungsweise für die juristische Praxis, das Studium und die Wirtschaft – Neuerscheinungen« 1933/1934, S. 11.
216 Beck: Der juristische Verlag, 1988, S. 27.
217 Willoweit: Juristische Literatur, 2007, S. 29.
218 Willoweit: Juristische Literatur, 2007, S. 28.
219 Verlagsverzeichnis C.H.Beck »Kurzkommentare« 1933/1934, S. 11. Es handelt sich um eine Rezension aus einer Werbung aus dem Jahr 1933/34. Im Hinblick auf die Konzeption knüpft die Aussage allerdings an die vor 1933 erschienenen Ausgaben an.

das Projekt entschieden und sich der Aufgabe gestellt »die Mitte zu halten zwischen der Scylla der Lückenhaftigkeit und der Charybdis der Überfülle«.[220]

5.6.2 Didaktische Literatur: Lehrbücher als Longseller

Nicht nur die bis heute gebräuchlichen Kurzkommentare haben sich zur Zeit der Weimarer Republik etabliert, sondern auch das juristische Lehrbuch moderner Prägung hat sich zu dieser Zeit durchgesetzt.[221] Neben den seit Beginn des 20. Jahrhunderts etablierten Publikationen mit einem ausgeprägten Praxisbezug rückten auch die Lehrbücher in der Weimarer Zeit wieder stärker in das Blickfeld der juristischen Verleger. Gerade in wirtschaftlich schwierigen Zeiten war es für die Verlage eine doppelte Herausforderung, neue Standardwerke zu etablieren: Die Verlage waren mehr denn je auf Werke angewiesen, die ein stabiles finanzielles Rückgrat für das übrige Verlagsprogramm bildeten – Lehrbücher waren ein solcher Stabilitätsfaktor, wenn sie sich konsequent an den Bedürfnissen der Ausbildung orientierten.[222] Grund für den gefestigten – in Teilen sogar gesicherten – Absatzmarkt war die Tatsache, dass sich auch neue Lehrbücher im Umfeld des jeweiligen Dozenten an die Studenten leicht absetzen ließen – sofern der Autor für sein Werk als Dozent entsprechende Werbung machte. Ferner waren Lehrbücher durch ihren einführenden Charakter weniger von Richtungsstreitigkeiten berührt[223] und in der Regel auch seltener von Gesetzesänderungen betroffen. Sie lösten die Rechtsprobleme mit der sogenannten herrschenden Meinung unter Kenntlichmachung der verschiedenen Rechtsansichten. Die Prüflinge bereiteten sich auf Examina mittels Fachliteratur vor und vertrauten in der Regel auf die Empfehlungen ihrer Dozenten. Insofern konnten sich die Verlage durch ihr Lehrbuchangebot rasch neue Märkte erschließen – meist handelte es sich um einen regionalen Markt. Jeder neue Prüfungsjahrgang erwarb von Neuem die Lehrbücher, was einen kontinuierlichen Absatz bedeutete und nicht lediglich einen Abverkauf bei Erscheinen einer Neuauflage. Gleiches stellt Beck fest:

> »Das auch der wissenschaftliche Verlag vom Umsatz leben muß, kann er sich nicht auf langsam verkäufliche Bücher beschränken, sondern muß sich auch Objekte suchen, die den wirtschaftlichen Belangen mehr entgegenkommen. Das sind vor allem die umfassenden Darstellungen größerer Stoffgebiete und die Lehrbücher.«[224]

---

220 Zitiert nach Richardi: Handelsrecht, 2007, S. 478.

221 Vgl. Willoweit: Juristische Literatur, 2007, S. 45.

222 Stolleis stellt eine solche Ausrichtung bei den Lehrbüchern zum Staatsrecht fest. Vgl. Stolleis: Geschichte des öffentlichen Rechts, 1999, S. 97.

223 Vgl. Stolleis: Geschichte des öffentlichen Rechts, 1999, S. 234.

224 Beck: Der wissenschaftliche Verleger, 1969, S. 34.

Ein weiterer Vorteil für die Verlage bestand darin, dass die studentische Zielgruppe die zukünftigen Entscheider in der Rechtspraxis waren: einmal mit den Produkten des Verlags vertraut und von ihnen überzeugt griffen sie auch später wieder auf seine Werke zurück. Alle genannten Wesensmerkmale machten die Lehrbücher gerade in der wirtschaftlich schwierigen Zeit der Weimarer Republik zu einem attraktiven Publikationsfeld. Bekannte Lehrbuchreihen waren *Schaeffers Grundrisse* oder Rudolf von Jherings *Zivilrechtsfälle ohne Entscheidungen*, ferner Heinrich Schönfelders (1902–1944) *Prüfe dein Wissen.*[225] In der Lehrbuchreihe bei Otto Liebmann erschien das bekannte Werk von Leo Rosenberg: *Lehrbuch zum Zivilprozessrecht*.

Umso erstaunlicher ist, dass die Studienliteratur trotzdem in manchen Verlagen erst spät zu einem bedeutenden Programmbestandteil in ihren juristischen Verlagsteilen wurde. So hat der Verlag C.H.Beck zwar ein bedeutendes Lehrbuch im Programm, nämlich das 1893 von Emanuel Ullmann (1843/1841/1842–1913) herausgegebene *Lehrbuch des Deutschen Strafprocessrechts*, trotzdem war die Studienliteratur im Verlag C.H.Beck bis in die späten 1920er Jahre, als Heinrich Schönfelder dem Verlag 1929 die Reihe *Prüfe dein Wissen* anbot, nicht besonders ausgeprägt.[226] Erst als die Reihe *Prüfe dein Wissen* äußerst erfolgreich war, nahm der Verlag auf Anregung Schönfelders drei Jahre später auch die Textsammlung *Schönfelder*, Deutsche Gesetze an, welche ebenfalls zunächst den Zweck verfolgte, die sich in der Ausbildung befindlichen Juristen mit den wichtigsten Gesetzesmaterialien zu versorgen. In der Weimarer Zeit, als die Lehrbücher eine stabile wirtschaftliche Basis bildeten, erweiterte der Verlag wie seine Kollegen das Programm im Bereich der Ausbildungsliteratur.

5.7 Die Bewältigung der Krise in den juristischen Verlagen

Von den wirtschaftlichen Schwierigkeiten in der Zeit zwischen den Kriegen waren die juristischen Verlage grundsätzlich in dem gleichen Maße betroffen wie ihre Verlegerkollegen anderer Wissenschaftsdisziplinen. Gleichzeitig wirkten sich die politischen Unsicherheiten in besonderer Weise aus: Das öffentliche Recht unterlag umfangreichen Änderungen – allein schon durch den Wechsel der Staatsform. Die entsprechenden Gesetzesänderungen und Publikationen konnten allerdings nicht auf eine stabile politische und gesellschaftliche Basis aufbauen. Schon die Verfassung der Weimarer Republik wurde weder von einem breiten Konsens der Rechtswissenschaft noch von allen Bevölkerungsschichten mitgetragen. Die verbesserte Berücksichtigung der breiten Bevölkerungsmehrheit artikulierte sich in der Weimarer Zeit darüber hinaus im Kampf um soziale Schutzvorschriften und Verbesserungen entsprechender gesetzlicher Regelungen. Hiervon wiederum waren auch die juristischen Verlagsprogramme

225 Vgl. Willoweit: Juristische Literatur, 2007, S. 5.

226 Vgl. Hoyer: Strafverfahrensrecht, 2007, S. 800; Beck: Der juristische Verlag, 1988, S. 19.

berührt. Die Verlage bildeten mit ihren Publikationen diese Entwicklung ab, sie befanden sich inmitten der Diskurse.

Die Weimarer Zeit bedeutete für die juristischen Verlage das Publizieren unter veränderten Rahmenbedingungen. Die im Kaiserreich erfolgreichen Strategien der Expansion und Konkurrenzorientierung konnten als unternehmerische Handlungsmaximen in Zeiten von Wirtschaftskrise und Kaufkraftverlust nicht in gleicher Weise fortgesetzt werden: Es ging nun vielmehr darum, das verlegerische Überleben zu sichern. Verlagsprojekte mussten aus Geldmangel verschoben werden, bereits geschlossene Verträge wurden aufgelöst – vor allem bei kostspieligen Verlagsprodukten wie Sammelwerken. Teils waren darüber hinaus staatliche finanzielle Hilfen notwendig, teils konnten die Verlage zumindest in ihren angestammten Kompetenzbereichen mittels etablierter Werke wirtschaftliche Verluste ausgleichen. Trotzdem mussten in manchen Verlagen Werke oder ganze Verlagsteile verkauft werden – dies führte wiederum entweder zu einer thematischen Fokussierung auf das rechtswissenschaftliche Kernprogramm oder weg von juristischen Inhalten. Verlage, die sich bis dahin noch nicht spezialisiert hatten, begannen Überlegungen in dieser Richtung anzustellen.

Obwohl in einigen Verlagen versucht wurde, mit Hilfe von Standardwerken und Großprojekten nochmals an die Erfolge im Kaiserreich anzuknüpfen und es manchen Verlagen gelang, durch den Aufbau eines Wissenschaftsprogramms Umsatzverluste zu kompensieren oder durch die Zusammenlegung von Werken und Zeitschriften zumindest Betriebsverluste zu vermeiden, änderten sich die Strategien der Verleger grundlegend. Im Gegensatz zu der Zeit des Kaiserreichs, in der eine Spezialisierung in der Regel mit einer Ausweitung der Verlagsprogramme einherging, wurden expansive Strategien in der Weimarer Republik kaum verfolgt – was angesichts des wirtschaftlichen Drucks auch kaum möglich gewesen wäre. Die Krise besaß in den Verlagen verschiedene Ursachen und wirkte sich auf unterschiedliche Weise aus: Es gab Verlage, deren Geschäftsmodell nicht mehr erfolgversprechend war, andere Verlage waren branchenunabhängig vom Verlagsgeschäft – beispielsweise aus persönlichen Gründen – in eine finanzielle Krise geraten.

Während die Handlungsschwerpunkte in der Verlagsbranche nach der Reichsgründung vor allem vom äußeren Konkurrenzverhältnis bestimmt waren, hatten sich die Parameter bereits im ausgehenden Kaiserreich geändert: Die Fokussierung auf Spezialgebiete und eine ausgeprägte Produktneuentwicklung bewirkten nicht nur eine größere Heterogenität der Verlagsprogramme, sondern riefen vor allem verlagsinterne Veränderungen hervor. Als Folge der programmatischen und organisatorischen Veränderungen entwickelten die Verlage zunehmend eigenständige Profile. Dies schuf in der Krisensituation der Weimarer Republik die Chance für eine intensivere Zusammenarbeit über Unternehmensgrenzen hinweg. Auffällig sind in dieser Zeit Zusammenschlüsse und Vereinigungen von Verlagen wie der Vereinigung wissenschaftlicher Verleger (später Verlag Walter de Gruyter), zu deren Bestandteilen der renommierte juristische Verlag J. Guttentag gehörte, aber auch die Bildung von Foren zum Austausch von Informationen wie der 1920 ins Leben gerufenen »Arbeitsgemeinschaft wissenschaftlicher Verleger«. Die Verleger hatten offensichtlich verinnerlicht, dass die Strategie der Expansion unter den Marktbedingungen der Weimarer Zeit nicht erfolgversprechend war; eher waren es das mit den Kollegen geteilte Wissen und eine gemeinsame Vertretung der Interessen, die eine Stabilisierung für alle Beteiligten versprachen.

Drei juristische Publikationsarten und -formen erwiesen sich in der wirtschaftlich schwierigen Weimarer Zeit als besonders erfolgreiche Veröffentlichungskonzepte: Kurzkommentare entwickelten sich zu wahren Kassenschlagern, am Markt etablierte Lehrbücher gewannen als Longseller an Bedeutung für die Stabilität des Verlagsgeschäfts und das Loseblattwerk trat seinen Siegeszug an. Diese an sich sehr unterschiedlichen Publikationsarten hatten eines gemeinsam: die Unverzichtbarkeit für die Zielgruppe und eine starke Kundenbindung. Standardkommentare wurden durch Verweise in Schriftsätzen und Urteilen zu Werken, die in der gesamten Rechtswissenschaft zitiert werden mussten. Erfolgreiche Lehrbücher wurden über Studentengenerationen hinweg weiterempfohlen und Loseblattwerke erreichten durch regelmäßige, aktualisierende Ergänzungslieferungen eine Bindung der Nutzer an den Verlag. Vor allem die etablierten Standardwerke verschafften den juristischen Verlagen Zugewinne – in Zeiten der allgemeinen Unsicherheit griffen die Leser bevorzugt auf bewährte Werke zurück.

Das beschriebene Phänomen der Zerrissenheit der Gesellschaft, Zersplitterung der politischen Landschaft und fundamentaler Orientierungslosigkeit erreichte die juristischen Verlage in einem Abbild dessen, was sich durch alle gesellschaftlichen Schichten zog. In dieser Zeit der Debatten und Meinungsstreitigkeiten entwickelte sich eine spezifisch juristische Publikationskultur: Die Zeit zwischen den Weltkriegen war eine Blütezeit des journalistischen und belletristischen Wirkens – auch von Juristen wie Max Hachenburg und Martin Beradt. Pointierte Texte wie in der Zeitschrift *Die Justiz* oder die von Max Hachenburg kultivierte »juristische Journalistik« fanden ein Echo in der juristischen Leserschaft und veränderten den Umgang mit juristischen Texten nachhaltig. Gerade die Spannungen innerhalb der Gesellschaft und die allgegenwärtigen wirtschaftlichen Schwierigkeiten brachten eine Diskurskultur hervor, die im Kaiserreich so noch nicht vorhanden war.

Aufgrund der gesellschaftlichen Spannungen und der wirtschaftlichen Notlage gewannen auch die »völkischen« Tendenzen an Bedeutung in der Gesellschaft. Die Tatsache, dass die juristischen Werke diese Tendenzen vor 1933 nicht abbildeten, muss allerdings nicht Ausdruck einer entgegengesetzten Geisteshaltung sein, sondern kann seine Ursache ebenso gut in der grundsätzlich konservativen Leitlinie des juristischen Publizierens haben: Die juristischen Verleger waren am Status Quo, an den bestehenden Gesetzen und der »herrschenden (Rechts-)Meinung« orientiert. Solange »völkische« Ansätze sich nicht in Rechtsetzung oder Rechtsprechung auswirkten, gab es für juristische Verlage offensichtlich wenig Motivation, sie aufzugreifen.

6 Kontinuitäten und Brüche im juristischen Verlagswesen nach 1933

»Nähert man sich dem Fragenkreis der Rechtsentwicklung im Nationalsozialismus, so fällt als erstes der große Einfluß auf, den Literatur und Rechtsprechung auf diesen Vorgang gehabt haben.«[1]

(Bernd Rüthers)

Der Nationalsozialismus war eine »Bewegung der Tat«. Wie passt das zu einer juristischen Kultur der schriftlichen Niederlegung von Gesetzen, deren Auslegung und Erläuterung? Wie konnten erfahrene juristische Verleger – die überwiegend als liberal galten und Meinungspluralismus in ihren Verlagsprogrammen ermöglichten – nach 1933 einzelne juristische Werke oder sogar ganze Programme verlegen, in denen Rechtsansichten vertreten wurden, die einem übergeordneten Verständnis von Recht und Gerechtigkeit offenkundig widersprachen? Wie konnten ihre Autoren – akademisch bestens ausgebildet und von Berufs wegen mit Menschenwürde und Gerechtigkeitsgedanken befasst – solche Rechtsmeinungen äußern und das offensichtliche Unrecht durchsetzen? Zumindest die letzte Frage wird häufig mit einem Hinweis auf die geltenden Gesetze beantwortet,[2] eine Rechtfertigung also im Gesetzespositivismus gefunden. Die konkrete Ausführung der Gesetze sei durch Anweisung festgelegt, die Rechtsanwender nur ausführende Organe gewesen. Mit dem Argument des Rechtspositivismus ließe sich eine Kette bilden von den juristischen Werken nach 1933 bis zu den Verlegern und ihren Autoren, die Fragen aufwirft nach dem Einfluss von Rechtsliteratur im allgemeinen oder sogar einzelner juristischer Werke.

Mit der Machtübernahme der Nationalsozialisten sind einerseits Brüche zu beobachten – vor allem durch den Ausschluss und die Vertreibung von jüdischen Verlegern und Autoren –, andererseits sind in den juristischen Verlagen vielfältige Kontinuitäten nach 1933 augenfällig. Diese Kontinuitäten setzten sich in Teilen über 1945 fort und prägten das juristische Verlagswesen noch in der Zeit der Bundesrepublik. Die Hausgeschichtsforschung in den Verlagen blendete diese Tatsache lange Zeit aus: Verlagsgeschichten sparten den Zeitraum zwischen 1933 und 1945 sowie die Frage nach Kollaboration aus oder erwähnten lediglich vereinzelte Begebenheiten ohne eine vertiefende Würdigung oder kritische Auseinandersetzung. Erst in den letzten Jahren öffneten sich einige Verlage der eigenen Historie in dieser Zeit und diesem Forschungsinteresse, teils wurden inzwischen eigene wissenschaftliche Untersuchungen initiiert.[3] Das zunehmende – teils auch von gesellschaftlichem Druck verstärkte – Interesse der

---

1 Rüthers: Entartetes Recht, 1994, S. 18.

2 Willoweit verweist darauf im Zusammenhang mit Rechtfertigungen von Juristen in der Nachkriegszeit. Vgl. Willoweit: Juristische Literatur, 2007, S. 9.

3 So beauftragte der Konzern C. Bertelsmann eine unabhängige Kommission zur Aufbereitung dieser Zeit und veröffentlichte die Ergebnisse in einer eigenen Publikation. Vgl. Bertelsmann im Dritten Reich

Verlage hängt sicher auch damit zusammen, dass für die Zeit des Nationalsozialismus inzwischen vermehrt Erkenntnisse vorliegen: Dass es bereits vor 1933 »völkische« Tendenzen gab und die Nationalsozialisten schon in der Weimarer Zeit Unterstützung fanden, ist allgemein anerkannt. Einzelne Verlage wie J. F. Lehmanns statteten ihr Verlagsprogramm bereits vor 1933 mit rassenkundlichen Werken im Sinne der nationalsozialistischen Gesinnung aus, zum Vorsitzenden der Deutschen Studentenschaft wurde 1931 ein sich zum Nationalsozialismus bekennender Student gewählt[4] – um nur zwei Beispiele von vielen zu nennen. Kontinuitäten nach der Machtübernahme sind also naheliegend. Nach 1933 hatte sich manifestiert, was bereits zuvor in der Gesellschaft vorhanden war. Schriftliche Zeugnisse davon sind zum Beispiel Hans Grimms (1875–1959) Werk *Volk ohne Raum* von 1926 oder Alfred Rosenbergs (1893–1946) *Der Mythos des 20. Jahrhundert.*[5] Statt eines radikalen Starts nach 1933 hat sich vielmehr verstärkt, was an ideologischen Strömungen in der Gesellschaft bereits in der Zeit der Weimarer Republik vorhanden war.

Dabei ist bereits die Frage nach dem Verständnis von Kontinuität in diesem Zusammenhang nicht einfach zu beantworten: Bedeutete es für die juristischen Verlage eine Kontinuität, wenn Traditionen aus der Weimarer Zeit aufrechterhalten werden konnten oder war eine Kontinuität nicht vielmehr gegeben, wenn die Verlage – wie nach anderen politischen Systemwechseln –, sich auf die neue Situation bestmöglichst einstellten und ihre Marktstellung mittels den neuen Verhältnissen angepassten Publikationen beibehalten konnten? Darüber hinaus war es nach 1933 nicht mehr allen juristischen Verlagen möglich, sich überhaupt auf die neuen Bedingungen einzulassen und ihre Verlagsprogramme zu verändern: Jüdische Verleger besaßen diese Handlungsoption nicht, sie wurden systematisch von einer Teilhabe ausgeschlossen.

Terminologisch betrachtet die vorliegende Arbeit den Versuch der Verlage, ihre traditionelle Tätigkeit auch unter den veränderten Bedingungen nach 1933 wie in der Weimarer Zeit fortzuführen unter dem Aspekt der Traditionslinien. Unter Kontinuitäten werden die systemunabhängigen Veränderungen der Verlagsprogramme und der Wandel im Umgang mit den Autoren verstanden, mit dem sich die Verlage das Beibehalten ihrer Marktstellung auch unter der nationalsozialistischen Herrschaft er-

---

2002. Der Verlag C.H.Beck betraute den Professor für Rechtsgeschichte und Autor Uwe Wesel mit der Untersuchung des juristischen Verlagsteils. Für den Bereich »Literatur, Sachbuch, Wissenschaft« recherchierte der Historiker Stefan Rebenich. Die Ergebnisse wurden inzwischen in Festschriften veröffentlicht. Vgl. Wesel: C.H.Beck, 2013, S. 49; Rebenich: C.H.Beck, 2013.

4 Vgl. Jarausch: Deutsche Studenten, 1989, S. 152.

5 Vgl. Das Werk von Hans Grimm ist 1926 bei Albert Langen erschienen. Antisemitische Werke von Alfred Rosenberg waren unter anderem »Die Spur der Juden im Wandel der Zeiten« (1920), »Unmoral im Talmud« (1920), »Der staatsfeindliche Zionismus« (1922). Vgl. Piper, Alfred Rosenberg, 2007, S. 63. Das Werk Volk ohne Raum machten die »Drückerkolonnen« im Verlag Hanseatische Verlagsanstalt zu einem »Bestseller«. Vgl. Lokatis, Weltanschauungsverlage, 2012, S. 134. Für die nationalsozialistische Literatur vor und nach 1933 vgl. insgesamt auch Ketelsen, Völkisch-nationale und Nationalsozialistische Literatur, 1976, S. 64–65.

hofften. Gleichwohl war auch das kontinuierliche Fortführen der Verlagspolitik einer Orientierung an den herrschenden Systemen mit Brüchen für die Verlage verbunden: Sie mussten sich beispielsweise von jüdischen Autoren trennen und einen größeren Einfluss der Machthaber auf ihr Verlagsgeschäft erdulden, als dies unter vorhergehenden Regierungen der Fall war. Kontinuität bedeutet für die vorliegende Arbeit also, dass mit der Tätigkeit in den Verlagen so fortgefahren wurde wie nach anderen Systemwechseln auch: in dem Versuch, sich in der Nähe der Regierungskreise zu positionieren und dadurch die frühere Marktstellung zu bewahren oder sogar auszubauen – auch wenn die Anpassung mit weitestgehenden Zugeständnissen an die neuen Machthaber und einer Abkehr von einer eventuellen liberalen Geisteshaltung in den Verlagen verbunden waren.

In folgender überblicksartiger Darstellung werden einige Verlage mit ihren Verlagsprogrammen hinsichtlich etwaiger Kontinuitäten, aber auch Diskontinuitäten in der Zeit des Dritten Reiches betrachtet. Es handelt sich um eine nicht repräsentative Auswahl von Verlagen, deren bisherige Entwicklung bereits im Rahmen dieser Arbeit erörtert wurde.[6] Die Auswahl stellt in keiner Weise eine Wertung dar: Es wurden weder Verlage gewählt, die sich dem Regime in besonderer Weise annäherten, noch sollten vornehmlich Verlage untersucht werden, die sich absichtlich distanzierten. Durch die Auswertung von Verlagsverzeichnissen soll die Arbeit erste Erkenntnisse im Hinblick auf die Entwicklungslinien in einzelnen juristischen Verlagen nach 1933 geben. Die Verlagskataloge aus der Zeit nach 1933 liefern – vor allem in einem Vergleich mit den Programmen der Verlage in der Weimarer Republik – eine Basis für erste überblicksartige quantitative und beispielhafte qualitative Einschätzungen: So geben die Verzeichnisse aus dieser Zeit einen Überblick über die Neuerscheinungen nach 1933 und die Herausgabe nationalsozialistisch geprägten Schrifttums in den Verlagen.

6.1 Rechtshistorisches Umfeld: Recht im Unrechtsstaat

Die Zeit des Nationalsozialismus war geprägt von legalem Unrecht. Die formal rechtmäßig zustande gekommenen Gesetze der Nationalsozialisten – ausgehend vom Ermächtigungsgesetz als Basis – wurden im Sinne der nationalsozialistischen Ideologie ausgelegt und den Grundsätzen des Führerstaates entsprechend angewendet. Es

6 Die Arbeit war im Wesentlichen fertiggestellt, bevor die beiden Festschriften des Verlags C.H.Beck, die sich ausführlich auch mit der Zeit nach 1933 und der Rolle Heinrich Becks als Verleger auseinandersetzen, im September 2013 erschienen sind. Deshalb sind die Erkenntnisse von Rebenich und Wesel nur noch mit ihren Ergebnissen eingearbeitet, im Übrigen die an anderer Stelle gefundenen Quellenhinweise, die sich teils mit den Quellen von Rebenich und Wesel decken, aber so belassen worden. Vgl. Rebenich: C.H.Beck, 2013; Wesel: C.H.Beck, 2013.

handelte sich darüber hinaus um einen »Maßnahmenstaat«[7], in dem nicht von Gesetzen gedeckte harte Eingriffe gewollt und geplant waren. Im Hinblick auf die Legalität wurde ohnehin der Nationalsozialismus selbst als Gesetzgeber betrachtet, so der Schriftleiter des *Nationalsozialistischen Handbuchs für Recht und Gesetzgebung*, Wilhelm Coblitz, in seinen Vorbemerkungen: »Mit ungeheurer Vitalität hat der Nationalsozialismus – mit der Übernahme der politischen Macht zum Gesetzgeber geworden – die Neugestaltung des deutschen Rechts nach Maßgabe seiner grundsätzlichen Auffassungen von Recht und Staat in Angriff genommen.«[8]

In der Zeit der nationalsozialistischen Regierung wurden insgesamt 985 Regierungsgesetze und acht Reichstagsgesetze erlassen, die höchste Anzahl davon in 1933 mit 224 Gesetzen.[9] Vor allem ab 1939 verringerte sich die Anzahl der neuen Gesetze kontinuierlich – 1941 und 1942 waren es lediglich noch zwölf und zehn Gesetze, 1944 noch drei und 1945 schließlich noch ein einziges Gesetz. Dafür stieg die Anzahl der Führerverordnungen und Führererlasse nach 1938 stark an. Der Durchschnitt in den Jahren bis 1937 lag bei 11,8 Führerverordnungen und 13,6 Führererlassen, dagegen waren es 1938 allein 38 Führerverordnungen und 32 Führererlasse; ein Jahr später 29 Führerverordnungen und 39 Führererlasse.[10] Die unterschiedliche Anzahl der neuen Gesetze pro Jahr lässt vermuten, dass insbesondere zu Beginn der nationalsozialistischen Herrschaft und 1938 viele rechtliche Änderungen noch mit dem Anschein formaler Legitimität angestrebt wurden. Augenfällig sind die Unterschiede in der Art der Anordnung der rechtlichen Änderungen: Während nach 1933 formale Gesetze erlassen wurden, geschah die Durchsetzung der Rechtsänderungen ab 1938 häufiger mittels Führererlasse. Die Gesetze dienten in der Zeit des Dritten Reiches der Durchsetzung nationalsozialistischer Ziele und stellten ebenso wie die diktatorischen Maßnahmen bei ihrer Anwendung einen Bruch mit dem Demokratieverständnis der Weimarer Republik dar.

Im Hinblick auf Kontinuitäten innerhalb der Rechtsetzung im Nationalsozialismus stellt Mertens fest, dass sich »zu fast jedem Bereich der NS-Herrschaft [...] Aspekte für beide Tendenzen – Kontinuität wie Diskontinuität – ausfindig machen«

---

7 Der Begriff »Maßnahmenstaat« wurde von Ernst Fraenkel (1898–1975) erstmals gebraucht und in seinem späteren Verwendungszusammenhang geprägt. In seinem 1940/41 bei der Oxford University Press in New York erschienenen Werk »The dual state« – »Doppelstaat« unterschied Fraenkel zwischen dem Normenstaat und dem Maßnahmenstaat als konkurrierende Herrschaftssysteme. In Deutschland erschien das Werk 1974 in der Europäischen Verlagsanstalt. Erstmals wurde der Begriff des Maßnahmenstaates von Fraenkel in einem Artikel 1937 verwendet, der in der Zeitschrift des Internationalen Sozialistischen Kampfbundes (ISK) in Paris erschien und in Deutschland teils als Flugblatt verteilt wurde. Ernst Fraenkel floh 1938 in die USA, zuvor war er seit 1927 als Anwalt zugelassen. Vgl. Brünneck: Ernst Fraenkel, 2012, S. 9. Vgl. ferner Dreier: Was ist doppelt am Doppelstaat? 2012, S. 281, 283, 284.

8 Coblitz: Nationalsozialistisches Handbuch, 1935, S. VII.

9 Vgl. insgesamt Mertens: Rechtsetzung im Nationalsozialismus, 2009, S. 158.

10 Die Basis der Auswertungen stammt aus Mertens: Rechtsetzung im Nationalsozialismus, 2009, S. 160.

lassen und betont das Vorverständnis des Betrachters. So besaßen Generalklauseln oder unbestimmte Rechtsbegriffe bereits eine längere Tradition und wurden wie dargestellt gerade zu Beginn des 20. Jahrhunderts publizistisch intensiv aufbereitet. Erhebliche Diskontinuitäten sowohl zur Weimarer Zeit als auch zur späteren Bundesrepublik findet Mertens allerdings beim »Einsatz der Rechtsetzung als Steuerungsinstrument« und resümiert: »Spezifisch für die NS-Zeit war die Radikalität und zweckorientierte Bedenkenlosigkeit, mit der die Rechtsetzung als Mittel der politischen Gestaltung ge- und missbraucht wurde.«[11]

Für die Verlage von besonderem Interesse waren die für den Buchhandel bedeutsamen Gesetze. Eine der Grundlagen für die angestrebten Strukturveränderungen war das Reichskulturkammergesetz vom 22. September 1933, welches die zwangsweise Zusammenfassung aller Buchhändler in der Reichsschrifttumskammer bestimmte.[12] Der Börsenverein war seit 1934 nur noch eine wirtschaftliche Arbeitsgemeinschaft mit freiwilliger Mitgliedschaft. Daneben war vor allem das Reichsschriftleitergesetz vom 4. Oktober 1933 von weitreichender Bedeutung für alle Verlage und Redaktionen: Durch Forderungen wie beispielsweise diejenige nach »arischer« Abstammung von Schriftleitern und deren Ehegatten wurde die legale Möglichkeit geschaffen, missliebige Verantwortliche in Verlagen auszuschalten oder zumindest in ihrer Tätigkeit zu behindern.

Auch das die Autoren und Verleger betreffende Urheberrecht erfuhr nach 1933 eine veränderte Interpretation durch die Nationalsozialisten: Es wurde vornehmlich als soziales Recht betrachtet und die Werke der Urheber als »Teil des Allgemeingutes des Volkes« angesehen, es »stand in geistiger Hinsicht jedermann zur Verfügung«. Begründet wurde die beschränkende Auslegung mit dem Schutz des Volkes und der kulturellen Weiterentwicklung. Deshalb durften die Rechte der Autoren als Urheber nur so weit geschützt werden, wie »die Interessen der Allgemeinheit nicht verletzt und der Kulturfortschritt nicht gehemmt würde«.[13] Die Formulierungen ließen einen Interpretationsspielraum offen zur Durchsetzung nationalsozialistischer Interessen.

Ein politisches Ziel und besonderes Anliegen der nationalsozialistischen Gesetzgebung und Rechtsanwendung war die vollständige »Arisierung« Deutschlands. In einem ersten Schritt ermöglichte das Gesetz zur Wiederherstellung des Berufsbeamtentums 1933 die großflächige Entlassung jüdischer Juristen in Wissenschaft und Rechtspraxis. Die endgültige Behinderung und Vernichtung jüdischen Lebens begann 1935 mit den sogenannten Rassengesetzen[14]. So konnten mit Hilfe der Rege-

---

11 Zitate Mertens: Rechtsetzung im Nationalsozialismus, 2009, S. 136, 137.

12 Zur Reichskulturkammer im Hinblick auf Publikationen vgl. bspw. Becker: Schritte auf einer abschüssigen Bahn, 1999, S. 12–22. Zur Reichskulturkammer als Zwangskörperschaft des öffentlichen Rechtes und dem »Zugriff auf Verlage« vgl. auch Heine: Juristische Zeitschriften, 1985, S. 276.

13 Zitate Hefti: Urheberrecht, 1988, S. 171.

14 Die Verwendung der Begriffe »Rasserecht« und »Rassenrecht« ist nicht einheitlich. Die Maßnahmen richteten sich vornehmlich, aber nicht ausschließlich, gegen die jüdische Rasse.

lungen in den einschlägigen Gesetzen in einigen Fakultäten nach 1933 rasch jüdische Professoren entlassen werden und die freiwerdenden Stellen boten die Möglichkeit, nationalsozialistisch-gesinnungstreue Juristen zu installieren. Eine besondere Rolle nahm dabei die Kieler juristische Fakultät ein – auch als »Stoßtruppfakultät«[15] bezeichnet. Neben der Ausschaltung jüdischer Professoren gab es bereits im Frühjahr 1933 erste Entlassungen von jüdischen Richtern und Staatsanwälten.[16] Zur sogenannten Rassegesetzgebung gehörten nach einer Zusammenstellung von Brodersen unter anderem folgende Gesetze:

Tabelle 6.1: Rassenrechtliche Regelungen der nationalsozialistischen Gesetzgebung[17]

I. Gesundheitswesen
Gesetz zur Verhütung erbkranken Nachwuchses vom 14.7.1933
Gesetz zum Schutze der Erbgesundheit des deutschen Volkes vom 18.10.1935
II. Judenverfolgung
Reichsbürgergesetz vom 15.9 1935
Gesetz zum Schutze des deutschen Blutes und der deutschen Ehre vom 15.9.1935
Verordnung gegen die Unterstützung der Tarnung jüdischer Gewerbebetriebe vom 22.4.1938
Verordnung über die Anmeldung des Vermögens von Juden vom 26.4.1938
Gesetz zur Änderung der Gewerbeordnung für das deutsche Reich vom 6.7.1938
Zweite Verordnung zur Durchführung des Gesetzes über die Änderung von Familiennamen und Vornamen vom 17.8.1938
Verordnung über Reisepässe von Juden vom 5.10.1938
Verordnung gegen den Waffenbesitz der Juden vom 11.11.1938
Verordnung über eine Sühneleistung der Juden deutscher Staatsangehörigkeit vom 12.11.1938
Verordnung zur Ausschaltung der Juden aus dem deutschen Wirtschaftsleben vom 12.11.1938
Verordnung zur Wiederherstellung des Straßenbildes bei jüdischen Gewerbebetrieben vom 12.11.1938
Polizeiverordnung über das Auftreten der Juden in der Öffentlichkeit vom 28.11.1938
Verordnung über den Einsatz des jüdischen Vermögens vom 3.12.1938
Gesetz über Mietverhältnisse mit Juden vom 30.4.1939
Polizeiverordnung über die Kennzeichnung der Juden vom 1.9.1941
Verordnung über die Beschäftigung von Juden vom 3.10.1941

15 Rüthers: Entartetes Recht, 1994, S. 42. Vgl. auch Grothe: Zwischen Geschichte und Recht, 2005, S. 168–169. In Kiel wurde besonders häufig das Gesetz zur Wiederherstellung des Berufsbeamtentums angewendet. Siehe Hattenhauer: Eugen Wohlhaupter, 1987, S. 9.

16 Vgl. Göppinger: Nationalsozialismus, 1963, S. 26.

17 Vgl. Brodersen: Gesetze des NS-Staates, 1968. Auch Gesetze wie das »Gesetz zur Wiederherstellung des Berufsbeamtentums« vom 7.4.1933 gehörten zu den Regelungen, mittels derer Juden aus dem öffentlichen Leben in Deutschland ausgeschlossen wurden. Bei Brodersen wird dieses Gesetz im Bereich »Regierung und Verwaltung« genannt. Vgl. auch Brodersen, 1968, S. 29.

Die Zusammenstellung verdeutlicht noch einmal die Phasen der rassenrechtlichen Gesetzgebung: Während die Maßnahmen gegen die jüdische Bevölkerung bis 1938 vornehmlich auf Grundlage des »Reichsbürgergesetzes« und des »Gesetzes zum Schutze des deutschen Blutes und der deutschen Ehre« angeordnet wurden, gab es insbesondere 1938 eine Vielzahl einschränkender Verordnungen, die schließlich 1939 und 1941 nochmals verstärkt wurden. Bereits in dem 1935 von der Akademie für Deutsches Recht herausgegebenen *Nationalsozialistischen Handbuch für Recht und Gesetzgebung*, wurde die »Rasseschutzgesetzgebung« als eine »Hauptaufgabe des Staats«[18] proklamiert. Ziel war es, jüdischen Menschen systematisch die Lebensgrundlage zu entziehen und ihr Leben zu vernichten. In welcher Disposition im Wesentlichen die Ursachen für die dieser Gesetzgebung zu Grunde liegende politische Einstellung lag, gilt als noch weitgehend unerforscht.[19] Anerkannt ist allerdings, dass antisemitische Tendenzen und Ressentiments gegenüber jüdischen Mitbürgern keine Phänomene allein der Zeit des Nationalsozialismus waren.[20]

Bekannte jüdische juristische Autoren waren zum Beispiel Max Hachenburg, Hans Kelsen (1881–1973), Leo Rosenberg, Hugo Sinzheimer oder Friedrich Weißler. Bis auf Hans Kelsen, der in Wien Staatsrecht lehrte, und Leo Rosenberg als Professor in Leipzig waren alle genannten jüdischen Autoren als Rechtsanwälte tätig.[21] Die Lebensläufe dieser Juristen erfuhren in der Regel nach der Machtübernahme der Nationalsozialisten einen Bruch, es folgten zunehmende Angriffe und Bedrohungen auch für das Leben. So wurde Friedrich Weißler direkt nach der Machtübernahme aus dem Justizdienst entlassen, 1936 verhaftet und verstarb 1937 im Konzentrationslager. Hugo Sinzheimer wurde im Februar 1933 in »Schutzhaft« genommen, floh nach seiner Freilassung in die Niederlande und wurde nach Mai 1940 noch zweimal inhaftiert. Kurz nach dem Krieg starb Sinzheimer entkräftet an den Folgen der Verfolgung. Hans

---

18 Frank: Einleitung Nationalsozialistisches Handbuch, 1935, S. XVIII. Das Handbuch spricht von »Rasseschutz«, im Folgenden wird der Begriff »Rassengesetzgebung« verwendet.

19 So stellt Essner in ihrer Untersuchung zu den Nürnberger Gesetzen fest, dass die völkische Bewegung in ihrer Geisteshaltung bisher wenig erforscht ist. Vgl. Essner: Nürnberger Gesetze, 2002, S. 15.

20 Zum sogenannten »Berliner Antisemitismusstreit« Ende des 19. Jahrhundert, bei dem auch Studienkollegen von Hermann Staub beteiligt waren vgl. Henne: Diskriminierungen, 2006. Ein bereits erwähntes Beispiel aus dem Umfeld der juristischen Verlage war 1853 die Kündigung der Zeitschrift Justiz-Ministerialblatt für die »Preußische Gesetzgebung und Rechtspflege«. Als Grund für das Abziehen der Zeitschrift aus dem Carl Heymanns Verlag werden unter anderem antisemitische Motive vermutet: Der Verleger Carl Heymann war Jude. Vgl. insgesamt Lindner: Carl Heymann, 1996, S. 34.

21 Der Zugang zu Hochschul- und Staatsämtern war zwar seit 1869 glaubensunabhängig und insbesondere die Rechtsanwaltschaft erlangte »nach ihrer Freigabe besonders für jüdische Anwärter einen beachtlichen Stellenwert innerhalb der juristischen Berufe und der freien Berufe überhaupt«. So Strenge: Juden im Justizdienst, 1996, S. 4. Strenge stellt aber trotzdem eine noch lange nachwirkende Feindlichkeit und informelle Zurücksetzung bei der Besetzung von Beamtenstellen und gegenüber der Berufung jüdischer Professoren fest. Im Hinblick auf eine Hochschulkarriere resümiert Strenge, dass es ohne Taufe »fast unmöglich« war »ein Extraordinariat oder Ordinariat zu erlangen«. Siehe auch Strenge, 1996, S. 183.

Kelsen wurde 1933 gezwungen, seine Professur aufzugeben; 1934 wurde er in den Ruhestand versetzt. Eine Professur an der Prager Universität scheiterte 1936 an den Protesten nationalsozialistischer Studenten. Bis 1940 konnte Kelsen in Genf lehren, danach emigrierte er in die USA, wo er bis zu seinem Tod 1973 lebte. Max Hachenburg floh 1939 aus Deutschland und lebte bis zu seinem Tode 1951 ebenfalls in den USA. Leo Rosenberg wurde zwar wie die anderen Professoren in den Ruhestand versetzt, überlebte den Krieg und konnte wieder in München lehren. Exemplarisch stehen die Lebensläufe für dienigen vieler jüdischer Juristen nach 1933.

Nicht nur die einzelnen Schicksale illustrieren die dramatische Situation, auch zahlenmäßig wirkte sich der Verlust dieser jüdischen Juristen eklatant aus: Zu Beginn der nationalsozialistischen Herrschaft waren von ungefähr 20 000 Rechtsanwälten über 4500 jüdischer Abstammung, von 6000 Notaren in Preußen 2000 jüdisch.[22] Der Verlust dieser Rechtskompetenz war unwiederbringlich, wurde allerdings nach 1933 nicht kritisch gesehen. Ohnedies wurde die Frage diskutiert, ob eine Anwaltschaft im Dritten Reich nicht generell überflüssig war – so in der *Zeitschrift der Akademie für Deutsches Recht*:

> »Vorurteile, gegen die die Anwaltschaft wieder und wieder zu kämpfen hat, rechtfertigen die Frage, ob für die Einrichtung der Anwaltschaft im Dritten Reich überhaupt noch Raum und Lebensnotwendigkeit besteht. Um ein erstes Vorurteil auszuräumen: die Anwaltschaft ist nicht etwa eine Einrichtung des Liberalismus, dazu bestimmt, rücksichtslos individualistische Interessen zu verfechten.«[23]

Die »Einheit von Volk und Recht« und die Bedeutung eines »nationalsozialistischen Rechts« betont auch die Einführung von Hans Frank (1900–1946) als Reichsjustizkommissar und Präsident der Akademie für Deutsches Recht auf der ersten Seite der Zeitschrift der Akademie:

> »Das deutsche Volk muß vor Zersetzung gehütet werden und das Recht die formale Schutzwehr gegen irgendwelches Aufkommen gefährdender Richtungen in Deutschland sein. Wie auf allen Gebieten des deutschen Lebens ist dem deutschen Volk durch die fortreißende Kraft der großen schöpferischen Ideen des Nationalsozialismus die Erkenntnis zum Gemeingut geworden, daß das deutsche Recht nationalsozialistisches Recht sein muß.«[24]

Was erwünscht war und was der nationalsozialistischen Ideologie widersprach, wurde in der juristischen Literatur maßgeblich von rechtswissenschaftlichen, aber auch von politischen Meinungsführern bestimmt. Durch den Ausschluss unliebsamer, vor allem jüdischer Rechtsdenker wurden einflussreiche berufliche Positionen frei

---

22 Die Zahlen sind umso erstaunlicher angesichts des gesamten Bevölkerungsanteils: Rasehorn stellt diese Zahlen einem Bevölkerungsanteil von nicht einmal 1 % gegenüber. Vgl. Rasehorn: Justizkritik, 1985, S. 100.

23 Neubert: Wesen und Bedeutung der Anwaltschaft, 1935, S. 65.

24 Hans Frank in Einführung in der Zeitschrift der Akademie für Deutsches Recht, 1934, S. 1.

und die Zahl der Teilnehmer am rechtswissenschaftlichen Diskurs verringerte sich zunächst. Im Gegensatz zu Verlegern, für die das Schriftleitergesetz galt, existierte weder für die Autoren noch für die Herausgeber eine gesetzliche Grundlage für staatliche Maßnahmen.[25] Aber auch ohne gesetzliche Regelung gestaltete sich die Situation für juristische Autoren im Dritten Reich je nach persönlichem Hintergrund und beruflicher Anpassungsbereitschaft sehr unterschiedlich: Während Autoren jüdischer Abstammung und Autoren, die nicht zu weitgehender Anpassung bereit waren, praktisch gänzlich aus der kommentierenden Juristenzunft verschwanden, taten sich für regimeunterstützende Autoren neue Chancen auf. Insofern veränderten sich mit der Verschiebung der Machtverhältnisse innerhalb von Rechtspraxis und Wissenschaft auch die Machtgefüge innerhalb des juristischen Publikationswesens.

Die gesetzlichen Grundlagen diskutierten[26] zur Zeit des Nationalsozialismus unter anderem Ernst Forsthoff (1902–1974), Hans Globke (1898–1973), Wolfgang Hefermehl (1906–2001), Ernst Rudolf Huber (1903–1990), Karl Larenz (1903–1993) oder Theodor Maunz (1901–1993). Neben Franz Schlegelberger (1876–1970) und Hans Globke nahm ein weiterer nationalsozialistischer Rechtspraktiker am publizistischen Rechtsdiskurs teil: Roland Freisler (1893–1945).[27] Stolleis vermutet bei den Parteijuristen einen gewissen Reiz darin »nun in der akademischen Welt aufzutreten und als ›Herausgeber‹ Anerkennung zu suchen«.[28] Ein bekanntes Beispiel stellt auch Carl Schmitt dar, dessen Rolle als »geistiger Wegbereiter« oder »Kronjurist«[29] des Dritten Reichs später vielfach und kontrovers diskutiert wurde. Neben Carl Schmitt versuchten auch andere Autoren, deren publizistische Karrieren noch nicht in dem Maße erforscht sind, die politischen Veränderungen und neuen Machtstrukturen juristisch zu legitimieren. Ein Versuch der Rechtfertigung der nationalsozialistischen Ideologie verfasste beispielsweise der Berliner Jurist Herbert Meyer (1875–1941) 1938 mit seinem Titel *Das Wesen des Führertums in der germanischen Verfassungsgeschichte*.[30] Und Ernst Forsthoff setzte sich in seinem 1933 im Verlag Hanseatische Verlagsanstalt erschienenen 48 Seiten schmalen Werk mit dem Staat nach nationalsozialistischem

---

25 Zum Herausgeber vgl. bspw. Heinzler: Herausgeber, 1940, S. 1672.

26 In Frage gestellt werden kann, ob es sich bei den Meinungsäußerungen im Dritten Reich noch um einen Rechtsdiskurs handelte, oder ob nicht vielmehr eine gelenkte Diskussion unter dem Zeichen der Zensur stattfand.

27 Vgl. bspw. die gemeinsam mit Franz Schlegelberger herausgegebene »Reihe Beiträge zur Rechtserneuerung«, dessen erstes Heft die von ihm verfassten »Gedanken über Strafvollzug an jungen Gefangenen« waren. Vgl. auch Verlagsverzeichnis R. von Decker, Herbst 1937, S. 22–24.

28 Stolleis: Geschichte des öffentlichen Rechts, 1999, S. 300.

29 Mehring: Carl Schmitt, 2009, S. 292.

30 Vgl. Grothe: Zwischen Geschichte und Recht, 2005, S. 269. Herbert Meyer war Mitglied der Akademie für Deutsches Recht und hatte auch in deren Zeitschrift Aufsätze wie »Öffentliches und Privatrecht nach germanischer Anschauung« publiziert. Vgl. Zeitschrift der Akademie für Deutsches Recht 1935, S. 49–55.

Verständnis auseinander: *Der totale Staat.*[31] Trotz der teils sogar wissenschaftlichen Abhandlungen und Versuche, die nationalsozialistische Ideologie rechtlich zu untermauern, gab es keine einheitliche stringente nationalsozialistische Rechtslehre.

Auch wenn es im Rückblick bei oberflächlicher Betrachtung den Anschein haben könnte: Die Haltung der die Nationalsozialisten unterstützenden juristischen Autoren war nicht in dem Maße konform und opportunistisch, wie die Abhandlungen und Ausführungen aus der Zeit nach 1933 es vermuten lassen könnten. So ist zum Beispiel für Hans Globke oder Franz Schlegelberger umstritten, wie sehr ihre Äußerungen und ihr Verhalten durch ihre Funktionen im Dritten Reich bedingt, von unbedingtem Opportunismus geprägt waren oder ihrer inneren Einstellung entsprochen haben.[32] Für Carl Schmitt zeigt Mehring auf, in welchem Zweispalt dieser sich offensichtlich befunden hatte. Sein Verhalten war am Anfang durchaus von einer Unentschiedenheit im Umgang mit den neuen Machthabern und von Widersprüchen geprägt: Während er in der Hamburgischen Verwaltungsakademie über das Ermächtigungsgesetz und den nationalsozialistischen Rechtsstaat referierte, besprach er sich am gleichen Abend mit »seinem engsten jüdischen Freund«.[33]

Überhaupt zeigt das Beispiel von Carl Schmitt, wie schnell sich Karrieren ergeben und wieder ins Stocken geraten konnten. Obwohl er in nationalsozialistischen Kreisen zunächst gut vernetzt und fest verankert war und heute sogar als »Kronjurist« des Nationalsozialismus gilt, war Carl Schmitt schon im Herbst 1933 unter seinen Juristenkollegen nicht mehr unumstritten. So sollte eine von ihm geplante Zeitschrift »erst einmal auf unbestimmte Zeit hinausgeschoben«[34] werden. Trotzdem blieb Carl Schmitt dem Nationalsozialismus in herausragenden Funktionen verbunden: Er war unter anderem Leiter der Rechtsfachgruppe Hochschullehrer des NS-Juristenbundes und übernahm ab Juni 1934 die Schriftleitung der *Deutschen Juristen-Zeitung.*[35] Bis die Zeitschrift 1936 zum Organ der »Akademie für Deutsches Recht« wurde, prägte Carl Schmitt die *Deutsche Juristen-Zeitung* ganz wesentlich. Das Thema seines Aufsatzes im 1. Jahrgang der *Zeitschrift der Akademie für Deutsches Recht* lautete »Unsere geistige Gesamtlage und unsere juristische Aufgabe«.[36] Nach 1936 verlor Carl Schmitt »im Zusammenhang mit seiner allgemeinen Entmachtung«[37] die Herausgeberschaft der Zeitschrift *Deutsche Juristen-Zeitung* wieder.

---

31 Die 1. Auflage des Werkes erschien 1933, die 2. Auflage ein Jahr später. Das Exemplar von 1935 trägt keine Auflagenbezeichnung. Vgl. Forsthoff: Der totale Staat, 1935.

32 Für Franz Schlegelberger thematisiert Förster dies bereits in seiner Einleitung, Lommatzsch nimmt im Hinblick auf Hans Globke in Teilen eine verteidigende Position ein. Vgl. Förster: Jurist im Dienst des Unrechts, 1995, S. 9; Lommatzsch: Hans Globke, 2009.

33 Mehring: Carl Schmitt, 2009, S. 329.

34 Becker, Selbstgleichschaltung, 1999, S. 497.

35 Der bisherige Schriftleiter Adolf Baumbach musste die Zeitschrift »auf Anordnung« der »Deutschen Rechtsfront« abgeben. Vgl. Hefermehl: Adolf Baumbach, 1988, S. 131–132.

36 Schmitt: Unsere geistige Gesamtlage, 1934, S. 11.

37 Stolleis: Geschichte des öffentlichen Rechts, 1999, S. 301.

Bevor die Publikationsorgane und Herausgeberschaften in den Blick nationalsozialistischer Machtpolitik gerieten, wurden zunächst die Verbände und Vereinigungen in ihren gewachsenen Organisationsstrukturen verändert, eingegliedert oder verboten: Bereits ab 1933 wurden der Deutsche und der Bayerische Anwaltverein aufgelöst. In der juristischen Gesellschaft zu Berlin unterblieb eine Gleichschaltung nur deshalb, da die Gesellschaft selbst ihre Aktivitäten im April 1933 ohne förmlichen Beschluss einstellte. Der Deutsche Juristentag wurde 1933 wegen einer Parallelveranstaltung, der 4. Reichstagung des »Bundes Nationalsozialistischer Deutscher Juristen«, vertagt und hatte damit nach eigener Aussage de facto sein Ende gefunden, formal bestand er bis zu seiner – zwangsweisen – Auflösung 1937 fort.[38]

Der Deutsche Juristentag selbst formulierte sein Ende wie folgt:

> »Die Ständige Deputation des Deutschen Juristentages erachtet es nicht für angezeigt, inmitten einer noch völlig in Fluß befindlichen, grundlegenden Umgestaltung des deutschen Staats- und Rechtslebens einen juristischen Kongreß rein wissenschaftlichen Charakters abzuhalten. Sie hat deshalb beschlossen, den Deutschen Juristentag, der für den September dieses Jahres in München in Aussicht genommen war, zu vertagen.«[39]

Die entstandene Lücke im wissenschaftlichen Diskurs füllten neue juristische Vereinigungen wie der »Bund Nationalsozialistischer Deutscher Juristen«.[40] Ferner gründete sich die »Akademie für Deutsches Recht« als öffentliche Körperschaft, deren Hauptprotagonist Hans Frank war. Aufgabe der Akademie war es unter anderem »die Neugestaltungen des deutschen Rechtslebens zu fördern«.[41] Um die eigene Meinung adäquat kundzutun, gab die Akademie ein Jahrbuch, eine Schriftenreihe sowie eine Zeitschrift heraus. Neben der seit 1934 erscheinenden *Zeitschrift der Akademie für Deutsches Recht* gab die Akademie ab 1939 »als wissenschaftliche Vierteljahresschrift der Akademie«[42] die ursprünglich 1935 gegründete *Deutsche Rechtswissenschaft* heraus. Insbesondere im ersten Jahrgang der Zeitschrift spiegelt sich der Wille der neuen Machthaber zur Meinungsführerschaft und der nationalsozialistische Zeitgeist wieder: Den Auftakt der Zeitschrift der Akademie für Deutsches Recht bildeten 1934 Geleitworte beispielsweise von Reichsminister des Innern Wilhelm Frick (1877–1946), Reichsminister für Volksaufklärung und Propaganda Joseph Goebbels (1897–1945) oder Reichsminister der Justiz Franz Gürtner (1881–1941). Die Zeitschrift von Hans Frank erfuhr nicht nur durch diverse Geleitworte die Unterstützung der Ministerien,

---

38 Vom 30. September bis 2. Oktober 1933 fand der erste nationalsozialistische Juristentag statt. Zur Auflösung des DJT vgl. auch Conrad / Dilcher / Kurland: Der Deutsche Juristentag, 1997, S. 19.

39 Zitiert nach Göppinger: Nationalsozialismus, 1963, S. 51.

40 Ab 1936 als »Nationalsozialistischer Rechtswahrerbund« bezeichnet. Vgl. Grothe: Zwischen Geschichte und Recht, 2005, S. 205–206.

41 Zitiert nach Mehring: Carl Schmitt, 2009, S. 327. Zur wissenschaftlichen Arbeit und den Publikationen der Akademie auch Pichinot: Akademie für Deutsches Recht, 1981, S. 102–105.

42 Pichinot: Akademie für Deutsches Recht, 1981, S. 102.

der Staatssekretär im Justizministerium Roland Freisler wurde 1935 als »Leiter der wissenschaftlichen Arbeiten der Akademie für Deutsches Recht« und zum »unmittelbaren ersten Berater« von Hans Frank – inzwischen selbst Reichsminister – berufen.[43] Die Berufung von Roland Freisler zeigt den Wunsch von Hans Frank nach größerer Bedeutung der Akademie, gleichzeitig kann es als Zeichen gewertet werden, der nationalsozialistischen Verwaltung Einfluss auf meinungsführende wissenschaftliche Publikationsorgane zu geben mit dem Ziel einer umfassenden Kontrolle der öffentlichen Meinung.

In Machtkämpfen mit den zuständigen Stellen der Ministerialbürokratie verlor die Akademie für Deutsches Recht später zunehmend an Bedeutung, 1942 wurde Hans Frank als Präsident abberufen und die Akademie für Deutsches Recht in das Innenministerium eingegliedert. Neuer Präsident wurde der Justizminister Otto Georg Thierack (1889–1946). Damit hatte sich der ursprüngliche Geltungsanspruch des Gründers der Akademie für Deutsches Recht vollends erledigt. Gerade in ihrer Anfangsphase unter der Leitung von Hans Frank wollte die Akademie nicht nur Einfluss nehmen auf die Gesetzgebung, sondern besaß auch einen hohen Geltungsanspruch: die völlige Gleichberechtigung gegenüber dem Justizministerium.[44] Mit der Akademie war der feste Wille verbunden, das Rechtswesen insgesamt umzuformen und das Recht im Sinne nationalsozialistischer Ziele zu instrumentalisieren.

6.2 Markt für juristische Literatur: Der gelenkte Markt

Rein formal hatte sich der Markt für juristische Literatur durch die nationalsozialistische Gesetzgebung nicht verändert: Bei Anwälten und Richtern war es seit jeher Brauch, bei gesetzlichen Änderungen die alte Auflage durch eine Neuauflage zu ersetzen. Egal wie umfangreich die gesetzlichen Änderungen waren, stets wurde die aktuelle Auflage zitiert. Darüber hinaus brachte die nationalsozialistische Gesetzgebung – zumindest für systemkonforme juristische Verlage – erhebliche Marktchancen für Neuauflagen von bereits eingeführten Werken und die Möglichkeit der Markteinführung neuer Werke.

Marktpotenzial durch umfassende Ideologisierung

Ein wesentlicher Unterschied zu allen bisherigen Umbrüchen und Systemwechseln war die Tatsache, dass die nationalsozialistische Ideologie sich durch alle Publikationsbereiche und alle Publikationsarten zog: Insbesondere Kommentare und Lehrbü-

43 So Roland Freisler in der Zeitschrift der Akademie für Deutsches Recht 1935, S. 76.

44 Konsequenz war ein Konkurrenzverhältnis zu Franz Gürtner als erstem Justizminister im Dritten Reich. Vgl. dazu auch die Ausführungen zur Proklamation der Akademie für Deutsches Recht bei Pichinot: Akademie für Deutsches Recht, 1981, S. 12.

cher waren der Ideologie anzupassen, selbst wenn ihre gesetzlichen Grundlagen keine Änderungen erfahren hatten. Auch wenn es bereits bei früheren Epochenwechseln Situationen gegeben hatte, in denen juristische Verlagsprogramme in erheblichem Umfang angepasst werden mussten, waren diese in ihrem Ausmaß nicht mit dem Änderungsbedarf nach 1933 vergleichbar. Entsprechend veranstalteten viele juristische Verlage zügig Neuauflagen ihrer Werke und versuchten sich an einer Neuausrichtung und ihre Verlage in die neuen nationalsozialistischen Strukturen einzugliedern.

Diese Marktveränderungen boten den Verlagen andererseits die Chance, auch in ursprünglich bereits von anderen Verlagen besetzte Publikationsfelder vorzudringen. Durch die Tatsache, dass viele Verlage verkauft werden mussten oder aufhörten zu existieren, durch »Arisierungen« oder freiwillige Geschäftsaufgaben, wurde die Anzahl der Marktteilnehmer geringer: Hier konnten die übrigen Verlage mit nationalsozialistischen Autoren und einem offensiven Propagieren nationalsozialistischen Gedankengutes sich leicht einen zusätzlichen Absatzmarkt erobern. Wiederum war die Marktsituation für die juristischen Verlage vergleichsweise günstig gegenüber Unternehmen anderer Branchen, da alle offiziellen Stellen – Ministerien, Behörden, Gerichte – gezwungen waren, Kommentierungen, Handbücher und Zeitschriften zu zitieren, die unzweideutig nationalsozialistisches Gedankengut verbreiteten.

Neue Strukturen und Institutionen beherrschen den Markt

Der Markt für juristische Literatur wurde nicht nur durch das Entfernen unliebsamen Schrifttums bestimmt, sondern in dem Maße, in dem unerwünschte Fachliteratur ausgesondert und verboten wurde, wurden umgekehrt Werke gefördert, die der nationalsozialistischen Ideologie entsprachen: Durchsetzen sollte sich das »artgemäße«[45] deutsche Buch. Die Förderung systemkonformen Schrifttums ging Hand in Hand mit »anpassungsfreudigen Buchhändlern«[46] und Verlegern. Zuständig für die erwünschte Förderung und Werbung war die »Reichsschrifttumsstelle« des Propagandaministeriums.[47] Die Lenkung des Buchmarktes geschah unter anderem dadurch, dass die Strukturen des Buchhandels in Schlüsselpositionen mit Nationalsozialisten besetzt und von hoheitlicher Stelle wie der »Reichsschrifttumskammer« beeinflusst wurden. Für die »Reichsschrifttumskammer« bestand eine Zwangsmitgliedschaft: Wer der Kammer nicht beitrat oder aus ihr ausgeschlossen wurde, konnte seinen Beruf nicht mehr ausüben.

45 Wittmann: Geschichte deutschen Buchhandels, 2010, S. 368.

46 Einführung Lokatis in Garke-Rothbart: Georg von Holtzbrinck, 2008, S. 8.

47 Das Reichsministerium für Volksaufklärung stellte nach eigenem Verständnis »etwas Erstmaliges und Einzigartiges in der deutschen Geschichte und überhaupt in der Geschichte der Staaten dar«, es sollte Aufklärung und Werbung für die Politik bewerkstelligen. So Adalbert von Hanstein in einem Aufsatz »Das Reichsministerium für Volksaufklärung und Propaganda als Träger nationalsozialistischer Kulturpolitik« im Nationalsozialistischen Handbuch für Recht und Gesetzgebung 1935, S. 512.

Innerhalb der Reichsschrifttumskammer wurde der Buchhandel in fünf Fachschaften eingegliedert: regional dem »Reichspropagandaamt« und dessen Hierarchie; die nationalsozialistischen Einflussnahmen erstreckten sich über Landesobmänner und Landesfachberater bis hinunter zu örtlichen Arbeitsgemeinschaften. Daneben war die von Joseph Goebbels ins Leben gerufene »Reichskulturkammer« als Standesorganisation für Künstler zuständig, sie regelte Buch- und Berufsverbote und verhängte Ordnungsstrafen. Bei den vielfältigen Regelungsbereichen verschiedener Institutionen ist es nicht verwunderlich, dass trotz straffer Hierarchien im totalitären Staat in der nationalsozialistischen Bürokratie teils chaotische Zuständigkeiten und vielfache Unsicherheiten im Rahmen von exekutiven Entscheidungen herrschten.[48]

Die Anpassung der Strukturen im Buchhandel wurde auch durch die Buchhandelsorganisationen selbst forciert: Im *Börsenblatt für den Deutschen Buchhandel* erschien bereits im Mai 1933 das »Sofortprogramm des deutschen Buchhandels«. Konsequenterweise verankerte der Börsenverein auch das Führerprinzip seit 1933, also den Grundsatz der unbedingten Führerautorität. Ein weiteres Zeichen der raschen Ergebenheit gegenüber den neuen Machthabern war im Mai 1933 zum Beispiel eine Ausstellung »Das Schrifttum der nationalen Bewegung« anlässlich der Hauptversammlung des Börsenvereins der Deutschen Buchhändler zu Leipzig.[49] Weitere Verbindungen bestanden beispielsweise durch die »Fachschaft Deutsche Bücherei« im nationalsozialistischen Beamtenbund und ab 1934 war die »Reichsschule des Deutschen Buchhandels« nationalsozialistische Pflichtschule. Ohne »Solidaritätsbekundungen« konnte es zu unterschiedlich stark ausgeprägten Repressalien kommen.[50] Aufgelöst wurden 1936 der Bayerische und Münchner Buchhändlerverein, 1938 die »Vereinigung Münchner Verleger«.

Die aufgelösten Vereinigungen wurden teils durch neue Verbandsstrukturen ersetzt: 1934 wurde der »Bund reichsdeutscher Buchhändler« gegründet. Für den juristischen Bereich entstand die »Arbeitsgemeinschaft der rechts- und staatswissenschaftlichen Verlage« innerhalb der Fachschaft »Verlag, Fachgruppe I: Wissenschaftlicher und Fachverlag«, die Leitung hatte Arthur Louis Sellier inne,[51] der auch als einziger Verlagsbuchhändler als Mitglied der Akademie für Deutsches Recht geführt wurde.[52] Obwohl die Gleichschaltung nicht in allen Teilen reibungslos funktionierte, waren der

---

48 Vgl. Barbian: Literaturpolitik im NS-Staat, 2010, S. 21.

49 Vgl. Rötzsch, Plesske: Deutsche Bücherei, 1987, S. 49.

50 Zum Münchner Buchhandel vgl. Wittmann: Hundert Jahre Buchkultur, 1993, S. 164. Zum Stuttgarter Buchhandel vgl. Hoffmann: Buchverlage, 1997, S. 17.

51 Vgl. Ramseger: Geburtshelfer, 1985, S. 1079. Zu diesem Zeitpunkt wurde die bis heute beibehaltene Formulierung der »Arbeitsgemeinschaft« erstmals verwendet. 1942 wurde die Arbeitsgemeinschaft in die Reichsschrifttumskammer eingegliedert: Abt. III, Gruppe Buchhandel, Fachschaft Verlag, Fachgruppe Recht und Wirtschaft, Fachuntergruppe 1 Rechtswissenschaft, Verwaltung.

52 Vgl. die Mitgliederliste bei Pichinot: Akademie für Deutsches Recht, 1981, S. 156–167.

Buchmarkt und das Verlagswesen rasch von einer nationalsozialistischen Ideologie geprägt, deren Einfluss sich durch die Strukturveränderungen nochmals intensivierte.

Es verstärkten sich auch im Buchhandel die »völkischen« Tendenzen, die bereits vor 1933 vorhanden waren: Die Machtübernahme durch die Nationalsozialisten ist auch im Buchhandel insofern weniger als ein Bruch in der Geschichte anzusehen, vielmehr kann von einer Verfestigung der Strukturen ausgegangen werden, die bereits vorher bestanden hatten. Im Laufe der Weimarer Zeit hatte die Radikalisierung in einzelnen Verlagen zugenommen, in München wurde die »Bewegung« unterstützt unter anderem durch J. F. Lehmanns.[53] Auch der Aufstieg späterer nationalsozialistischer Verlage wie der Franz Eher Nachf. oder der Deutsche Volksverlag begann bereits vor 1933.[54] Nationales und »völkisches« Schrifttum verlegten außerdem Theodor Fritsch, Stalling, Hoheneichen, L. Staackmann, die Hanseatische Verlagsanstalt, aber auch traditionsreiche Häuser wie Georg Westermann oder Langen-Müller.

Aussonderungen von Werken und geteilte Bibliographien

Zum Buchhandel allgemein stellt Wittmann fest, dass der Buchmarkt während des Dritten Reiches den statistischen Höhepunkt von 1925 nicht mehr erreichte und führt dies unter anderem auf die »rigorosen Säuberungsaktionen«[55] zurück. Hinzu kam eine geringe Buchproduktion gerade 1934 im Jahr nach der Machtübernahme, was für die juristischen Verlage nicht in diesem Maße angenommen werden kann.

Seit 1936 existierte ein »Reichsindex« – die »Liste 1 des schädlichen und unerwünschten Schrifttums« – ab 1939 waren Jahreslisten üblich. Diese Verbotslisten waren streng vertraulich, Verleger besaßen in der Regel keinen Einblick und unterlagen so der ständigen Unsicherheit, dass sie ein unerwünschtes Werk in Schwierigkeiten bringen könnte. Zu dem »unerwünschten Schrifttum« gehörten unter anderem Werke von jüdischen Autoren: Nach Ausschluss beispielsweise jüdischer Wissenschaftler und Rechtsanwälte und nach öffentlichkeitswirksamen Aktionen wie den Bücherverbrennungen wurden auch die Restauflagen ihrer Bücher größtenteils vernichtet. Im Rahmen der »Säuberungsmaßnahmen« reduzierten sich 1934 die Verlagsproduk-

53 Vgl. Dahm: Das jüdische Buch, 1993, S. 24. Tavernaro weist für den J. F. Lehmanns Verlag nach, wie die verlegten Werke im Bereich Rassenkunde und -hygiene die nationalsozialistische Bewegung erst unterstützt und ihr den Weg bereitet hatten. Tavernaro: Der Zentralverlag, 1997, S. 134–145. Zu J. F. Lehmanns Verlagsaktivitäten in der Weimarer Republik vgl. auch Lokatis: Weltanschauungsverlage, 2012, S. 132–133.

54 Insbesondere der Verlag Franz Eher Nachf. sammelte schon vor 1933 und der Machtübernahme der Nationalsozialisten viele nationalsozialistisch Gesinnte in seiner Leserschaft. Zum Eher Verlag ausführlich Tavernaro: Der Zentralverlag, 1997; Tavernaro: Der Verlag Hitlers 2004.

55 Wittmann: Geschichte deutschen Buchhandels, 2010, S. 369. Die Buch- und Zeitschriftenproduktion befand sich 1934 auf dem niedrigsten Stand seit 1918. Ein »deutlicher Aufwärtstrend« wurde wieder durch den Kriegsbeginn 1939 aufgehalten bis schließlich 1945 nur noch 215 Novitäten erschienen.

tionen von Buch- und Zeitschriftentiteln auf 20 850 Neuerscheinungen und Neuauflagen – ein Tiefstand vergleichbar mit dem von 1918. Erst 1935 war wieder ein Anstieg zu verzeichnen, der sich im Krieg wiederum reduzierte. Als Ursache vermutet Wesel nicht nur die kriegsbedingte Verknappung des Papiers, sondern auch Unsicherheiten auf Seiten der Verleger durch Zensur und Beschlagnahmungen.[56]

Trotz aller Bemühungen um »Arisierung« gelang es im Wissenschaftsbereich allerdings nicht, alle unerwünschte Literatur aus den Bibliotheken zu entfernen – was teilweise auch gar nicht gewollt war: Zu Forschungszwecken sollten auch verbotene Publikationen gesammelt werden, allerdings »strengstens sekretiert«.[57] Hinzu kam, dass jüdische Wissenschaftler in der Forschung in Deutschland so verankert waren, dass es nicht möglich war, die komplette wissenschaftliche Literatur jüdischer Autoren auszusondern. Man konnte also nicht gänzlich auf die bereits bestehenden Werke jüdischer Wissenschaftler verzichten und konnte auch der sich noch im Buchhandel befindlichen Exemplare nicht lückenlos Herr werden.[58] Umgekehrt gab es nach 1933 alle Spielarten direkter oder indirekter Boykottaktionen gegenüber jüdischen Autoren. So wurden Werke jüdischer Autoren nicht mehr in der *Juristischen Wochenschrift* besprochen. Die Zeitschrift hatte bereits 1933 verkündet, dass Bücher nicht-arischer Autoren bei den Rezensionen keine Beachtung mehr finden würden.[59] Das Beispiel ist eines von vielen Verweigerungsmaßnahmen.

Bei Betrachtung der Literatur im Dritten Reich gilt es im Zusammenhang mit statistischen Angaben ohnehin einen weiteren Aspekt in den Blick zu nehmen: Zu bedenken ist, dass die statistischen Angaben sich nur auf das in Deutschland erschienene systemkonforme Schrifttum beziehen. Über diese »offizielle« Literatur hinaus existierten Werke, die im Exil veröffentlicht, aber in der deutschen Buchproduktion nicht erfasst wurden. Beispielsweise veröffentlichte Hugo Sinzheimer sein Werk *Jüdische Klassiker der deutschen Rechtswissenschaft* 1938 im Verlag Hertzberger in Amsterdam.[60] Auch seine weiteren Veröffentlichungen erschienen in den Niederlanden und wurden durch deutsche Buchstatistiken nicht erfasst. Gleichwohl gehören diese Werke in den Kanon der deutschen juristischen Literatur: So ist das Werk auch bereits 1953 im Klostermann Verlag wieder neu aufgelegt worden. Die Veröffentlichungen von Emigranten wurden ohnehin nicht mehr in der Deutschen Nationalbibliographie angezeigt.[61] Insofern gestalten sich selbst überblicksartige statistische Angaben nicht nur in qualitativer, sondern auch in quantitativer Hinsicht schwierig.

---

56 Vgl. Wesel: C.H.Beck, 2013, S. 109.

57 Dahm: Das jüdische Buch, 1993, S. 198.

58 Vgl. Dahm: Das jüdische Buch, 1993, S. 196.

59 Vgl. auch Miosge: Friedrich Weißler, 1997, S. 2573.

60 Werke Hugo Sinzheimers erschienen in Groningen 1933 »Das Problem des Menschen im Recht«, 1938 »Jüdische Klassiker der deutschen Rechtswissenschaft« in Amsterdam oder posthum 1949 »Theorie der Gesetzgebung. Die Idee der Evolution im Recht« in Haarlem.

61 Vgl. auch Rötzsch, Plesske: Deutsche Bücherei, 1987, S. 49.

6.3 Juristische Verlage zwischen Anpassung und Ablehnung

Obwohl für die Zeit nach 1933 und über 1945 hinaus bei einer oberflächlichen Betrachtung die juristischen Verlage durchgängig wie Profiteure des nationalsozialistischen Regimes wirken könnten und sich in allen betrachteten Verlagen einschlägige nationalsozialistische Werke im Programm finden, lassen sich bereits in den Anfangsjahren des Nationalsozialismus Unterschiede in den Verlagsprogrammen wahrnehmen und auch die Strategien im Umgang mit dem System sind im Rückblick unterscheidbar: von moderatem Widerstand – im Rahmen des Möglichen – bis zu willfähriger Anpassung oder einem sanften Gleiten unter die totale Kontrolle. Im Rahmen einer Typologie der Verlage im Nationalsozialismus sind unterschiedliche Reaktionen der Verlage zu beobachten: Auf der einen Seite gab es Verlage, die nach der Machtübernahme 1933 sofort verboten oder geschlossen wurden, ferner Verlage, die emigrierten. Das andere Extrem bildeten Verlage, die kompromisslos Werke verlegt haben, die der nationalsozialistischen Weltanschauung entsprachen und ihre Verlagsprogramme auf das neue Recht ausrichteten – einige dieser Verlage profitierten dabei auch von Emigrationen und Zwangsverkäufen. Der überwiegende Teil der Verlage dürfte aber nach 1933 versucht haben, die Arbeit fortzusetzen und sich mit den neuen Rahmenbedingungen zu arrangieren. Inwieweit die juristischen Verlage in eine dieser Kategorien eingeordnet werden können, soll an Hand ihrer Autoren und Werke, an Hand von Kontinuitäten und Brüchen in den einzelnen Verlagsprogrammen skizziert werden.

Dabei darf nicht außer Acht gelassen werden, dass sich die juristischen Verlage im Nationalsozialismus in einer doppelt schwierigen Situation befanden: Sie waren von der neuen Gesetzgebung und den Restriktionen zum einen wie alle anderen Verlage betroffen, zum anderen demonstrierten die juristischen Verlage durch die Auswahl der von ihnen publizierten Autoren und der veröffentlichten Werke gleichzeitig auch ihre Haltung gegenüber den neuen Machthabern. Die Veröffentlichung eines Kommentars zu den sogenannten »Rassengesetzen« tat eine Bereitschaft zur Anpassung oder einen Willen zur Unterstützung auf Verlagsseite kund, die eindeutig waren. Durch die Entscheidung über die Aufnahme stark nationalsozialistisch geprägter Erläuterungen der gesetzlichen Grundlagen trafen die juristischen Verlage implizit eine Entscheidung über die Integration der nationalsozialistischen Ideologie in ihre Verlagsprogramme. Der Positionierungszwang für die juristischen Verlage wurde noch dadurch verstärkt, dass ein besonderes Augenmerk gerade auf den juristischen Verlagsprogrammen und der Haltung ihrer Verleger lag. Selbst wenn die Nationalsozialisten ein eher gebrochenes Verhältnis zur schriftlichen Vermittlung hatten und innerhalb der Propaganda »machtvolle Tagungen«[62] bevorzugten, galt dies nicht für diejenigen juristischen Werke, deren Inhalte sie bei der Durchsetzung der nationalsozialistischen Ideologie unterstützen konnten.

---

62 Göppinger: Nationalsozialismus, 1963, S. 5.

6.3.1 Unterwerfung oder Untergang: Repressalien

Für Walter de Gruyter wird die Verlagstätigkeit nach 1933 als »Gratwanderung zwischen Restriktionen und Komplizenschaft«[63] beschrieben. Bekenntnisse und Ergebenheitsadressen wurden von Seiten der neuen Machthaber erwartet – und die Verlage fügten sich: So begrüßte der Mitherausgeber des Archivs für Rechts- und Sozialphilosophie Wilhelm Sauer (1879–1962) »die nationalsozialistische Machtergreifung als eine kulturelle Revolution, die anders als die marxistische ›Hungerrevolte von 1918‹ wieder an die traditionellen kulturellen Werte der Nation anknüpfte«[64] und selbst Otto Liebmann, der wenige Monate später seinen Verlag – und damit sein »Lebenswerk«[65] – verlor, begrüßte den politischen Umbruch zunächst enthusiastisch:

> »Zum 21. März 1933. Der 21. März 1933, der Tag des Frühlingserwachens, war zugleich der Tag des Erwachens des Deutschen Volkes. Nach langer Wintersnacht darf Deutschland hoffen, einem Wiederaufbau entgegenzugehen. Auch das Recht wird gemäß der programmatischen Rede des Herrn Reichskanzlers am 25. März im Reichstage durchgreifende Aenderungen erfahren. An dieser Neu- und Umgestaltung mitzuwirken, ist Pflicht und Aufgabe der DJZ. Vom 1. Jahrgang an mit dem Aufsatz ihres Mitbegründers Labend: ›Zum 18. Januar‹ zur 25jährigen Gründungsfeier des Deutschen Reiches bis zum heutigen Tage hat sie 38 Jahre lang, weit über den Rahmen eines engbegrenzten, formal-juristischen Organes hinaus, stets alle bedeutenden Fragen der Rechtspolitik und der Gesetzgebung im deutschen Geiste erörtert. Unausgesetzt, in allen Stunden vaterländischer Erhebung und mehr noch in den Zeiten der tiefsten Not des deutschen Volkes, hat die DJZ, wenn ihr auch in den letzten Jahren ihre Haltung gar oft verdacht wurde, stets das Recht zu wahren, den nationalen Rechtsstandpunkt zu verteidigen gewußt. Diesem alten Geiste wird die Deutsche Juristen-Zeitung auch in Zukunft treu bleiben!«[66]

Otto Liebmann hatte nicht mehr die Chance, sich auf die neuen Verhältnisse einzustellen, wie viele jüdische Verleger musste er sein Unternehmen bald aufgeben.[67] Die Verlage wurden stillgelegt, verkauft oder anderweitig aufgelöst und im Falle der »Arisierung« mit nicht-jüdischen Inhabern besetzt. Ein bekanntes Beispiel ist auch der J. Springer Verlag: Hier musste einer der beiden Enkel des Firmengründers auf Anweisung 1935 ausscheiden, die »Arisierung« selbst geschah verdeckt. Ferdinand Springer (1881–1965) »konnte sich dagegen noch mit einer ›Sondergenehmigung‹ des Propagandaministeriums halten«.[68] Im juristischen Bereich stellen die Verkäufe der Verlage

---

63 Ziesak / Cram: Walter de Gruyter, 1999, S. 246.

64 Zitiert nach Heine: Juristische Zeitschriften, 1985, S. 273.

65 Beck: Festschrift, 1963, S. 170; Wesel: C.H.Beck, 2013, S. 111.

66 Zitiert nach Wesel: C.H.Beck, 2013, S. 129–130. Vgl. auch Rebenich: C.H.Beck, 2013, S. 368.

67 Die Androhung und Schließung von Unternehmen traf nicht nur Betriebe mit jüdischen Inhabern. Zu einer später wieder aufgehobenen Schließungsverfügung für den Verlag Duncker & Humblot vgl. Duncker & Humblot Verlagsbibliographie, 1998, S. 43.

68 Barbian: Literaturpolitik im NS-Staat, 2010, S. 223. Zur Geschichte der »Arisierung« des Julius Springer Verlags siehe auch Dahm: Das jüdische Buch, 1993, S. 91–92; Sarkowski: Der Springer Verlag I, 1992, S. 325–346.

J. Bensheimer, Jakob Heß, Otto Liebmann oder Dr. Walther Rothschild Beispiele einer unfreiwilligen Geschäftsaufgabe dar. Den Verlegern, die ihre Unternehmen auch über 1933 hinaus fortführen konnten, wurde der Zwang zur Anpassung auf unterschiedliche, teils auch subtile Art, vermittelt. So kontaktierte Carl Schmitt den Verleger Heinrich Beck im Juli 1934 mit dem dringenden Hinweis, dass im *Schönfelder*, Deutsche Gesetze »die ›wichtigen neuen verfassungsrechtlichen Gesetze in die Fußnoten‹ verbannt worden seien«; der Verleger fügte sich, ließ ein Einlegeblatt anfertigen und dieses Carl Schmitt »begleitet von wortreichen Entschuldigungen«[69] zukommen. Das Beispiel zeigt, wie weit die Einflussnahme in das tägliche Verlagsgeschäft nach 1933 ging, und sei es nur, um Unsicherheiten auf Verlagsseite zu provozieren.

In der Zeit nach der Machtübernahme schwebten die Verleger insofern in einer ständigen Ungewissheit: Die Sicherheit, in einem soliden Geschäftsumfeld zu agieren und auf vertraute Kontakte in Ministerien und Verwaltung zurückgreifen zu können, war für die juristischen Verlage nach 1933 von einem Moment auf den anderen vorbei. Über die Jahre gewachsene buchhandelsspezifische Organisationsstrukturen wurden sukzessive von den Nationalsozialisten zunächst verändert, schließlich praktisch zerstört. Nicht nur die Arbeitsumgebung für die Verlage und ihre Mitarbeiter änderte sich, auch das menschliche Zusammenleben wurde in seinen Grundfesten erschüttert. Diese Unsicherheit wurde von Anfang an gezielt verstärkt durch Maßnahmen wie von Willkür getragenen exekutiven Entscheidungen, durch die Auflösung gefestigter Strukturen und vertrauter Kontakte sowie durch umfangreiche Kontrollmechanismen und undurchsichtige Entscheidungswege. Mit durchgreifender Härte fanden bereits im Mai 1933 Bücherverbrennungen in deutschen Universitäts- und Großstädten statt, beteiligt waren deutsche Studenten, Bibliothekare und vor allem der seit 1927 aufgebaute Kampfbund für Deutsche Kultur. Neben Werken prominenter Schriftsteller mit juristischer Ausbildung wie Heinrich Heine (1797–1856) oder Kurt Tucholsky wurden auch die Werke des ein Jahr zuvor verstorbenen Rechtswissenschaftlers Fritz Stier-Somlo verbrannt. Die Bücherverbrennungen eigneten sich auch deshalb als Beispiel für die Ungewissheit, mit der die Verleger nach 1933 agieren mussten, da sie nicht staatlich verordnet oder zentral von NSDAP-Parteistellen organisiert waren – sie entstanden mit unterschiedlicher Intensität an den verschiedenen Orten und haben die Willkür und Härte gezeigt, mit der die vertraute Umgebung auf den Umschwung im Dritten Reich reagierte.

Staatliche Repressalien waren nicht nur die Schließung von Verlagsunternehmen, das Einstellen von Publikationen oder kontingentierte Papierzuteilungen. Insbesondere der Krieg zwang zu Einschränkungen und gab den nationalsozialistischen Machthabern eine Möglichkeit zu weiteren indirekten Zensurmaßnahmen. Neben Regularien beispielsweise zum Druck von Dissertationen gab es Anweisungen für die Anmeldung von Verlagsprojekten – vor allem auch nach Kriegsbeginn. So lautete ein

---

69 Zitate Rebenich: C.H.Beck, 2013, S. 381.

Hinweis des »Werbe- und Beratungsamt für das deutsche Schrifttum beim Reichsministerium für Volksaufklärung und Propaganda« an den Verlag Walter de Gruyter vom 30. November 1939:

> »Hierdurch bitten wir Sie, uns alle Werke Ihrer Produktion, die Sie in diesem und in dem kommenden Jahr herausbringen wollen und von denen Sie wünschen, dass sie gerade in der heutigen Kriegssituation besonders beachtet werden sollen, vor Drucklegung in Druckfahnen nach hier einzureichen, damit rechtzeitig über die für die einzelnen Werke notwendigen Förderungsmassnahmen entschieden werden kann. Besonders zu berücksichtigen sind hierbei die Bücher politischen und wirtschaftlichen Inhalts, sowie das politisch ausgerichtete schöngeistige Schrifttum und das aktuelle politische Jugendbuch. Wir bitten sie ferner, uns jeweils zwei Druckfahnenexemplare des betreffenden Buches zu schicken und uns in regelmäßigen Abständen über die Verlagsplanung zu berichten. Heil Hitler!«[70]

In einer vertraulichen Mitteilung für die »Fachschaft Verlag« vom 27. März 1940 gab die Abteilung Schrifttum des Reichsministeriums für Volksaufklärung und Propaganda mittels Anweisung von Reichsminister Joseph Goebbels bekannt, wie mit den Verlagsplanungen zu verfahren sei, damit Kontrollen möglich waren: »möglichst genaue Angaben über den Verfasser und den vorläufigen Titel sowie eine knappe Übersicht über Inhalt und voraussichtlichen Aufbau, über Umfang, vorgesehene Auflage und voraussichtlichen Ladenpreis der Werke«[71] waren einzureichen. Die Anweisung galt auch für Neuauflagen, die »unter dem Gesichtspunkte des Krieges«[72] noch nicht beurteilt worden waren. Obwohl auf eine »Totalindexierung« auf Grund der gravierenden negativen Folgen für den Buchhandel verzichtet wurde – nach 1933 litten diese »ohnehin an einer dramatischen Entwertung ihrer Altlager«[73] –, unterlagen auch bereits veröffentlichte Werke der Kontrolle und konnten von der »Geheimen Staatspolizei« beschlagnahmt werden.

---

70 Die Abschrift befindet sich innerhalb der Korrespondenz des Verlags Walter de Gruyter zum Werk »Die deutsche Stadt und ihre Verwaltung«. Vgl. Schreiben des Werbe- und Beratungsamtes für das deutsche Schrifttum beim Reichsministerium für Volksaufklärung und Propaganda vom 30. November 1939. VA WdG, Dep. 42.

71 Vertrauliche Mitteilungen der Reichsschrifttumskammer Abteilung III (Gruppe Buchhandel) für die Fachschaft Verlag vom 27. März 1940, S. 1. VA WdG, Dep. 42. Die Mitteilung war mit dem Hinweis versehen: »Als Manuskript gedruckt. Nur zum eigenen Gebrauch der Mitglieder mit der Verpflichtung, den Inhalt streng vertraulich zu behandeln«.

72 Rundschreiben des Reichsministeriums für Volksaufklärung und Propaganda an die deutschen Verlage vom 26. April 1940. VA WdG, Dep. 42.

73 Dahm: Das jüdische Buch, 1993, S. 180. Bereits gedruckte Bücher der »verbotenen« Autoren konnten deshalb noch abverkauft werden, so »sah die Kammer grundsätzlich davon ab, das über Schriftsteller verhängte Berufsverbot mit einer Indizierung ihrer vor dem Kammerausschluß publizierten Bücher zu koppeln, [...] gegen den Ausverkauf von Restauflagen wurden keine Einwände erhoben«.

Wie weit die Einflussnahme ging und willkürlich sie teils war, zeigt zum Beispiel die Anordnung über zu verwendende Schriften: Unerwartet traf die Verleger die Entscheidung über die Normalschrift, die Willkür und Geist des Systems illustriert. Anfang 1941 erließ Adolf Hitler (1889–1945) die Anordnung zur Normalschrift. Zuvor waren Fraktur- und Antiquaschriften nebeneinander verwendet worden. Zeitschriften und Flugblätter, aber auch Adolf Hitlers Werk *Mein Kampf* wurden in Fraktur gesetzt, wissenschaftliche Texte dagegen eher in Antiquaschriften.[74] Der Schrifterlass stellte eine Umkehrung bisheriger Praxis dar, da viele Publikationen nach 1933 gerade auf eine Frakturschrift umgestellt worden waren. So veränderte zum Beispiel die *Zeitschrift der Akademie für Deutsches Recht* ihre Typographie in der Mitte ihres 1. Jahrgangs 1934: Während die ersten drei Hefte in einer Antiquaschrift gesetzt waren, wurde ab dem vierten Heft vom Oktober 1934 auf eine Frakturschrift umgestellt. 1941 wurde dann zunächst nichtöffentlich verfügt, dass nunmehr die Antiqua-Schrift zukünftig die Normalschrift sei.[75] Als Grund mag die Tatsache eine Rolle gespielt haben, dass die Frakturschrift insbesondere im Ausland schwerer lesbar war, begründet wurde die Entscheidung aber mit einer antisemitischen Aussage von »Schwabacher Judenlettern«.

Neben der Anmeldung von Publikationsprojekten war eine weitere Form staatlicher Einwirkung – und ein direktes Eingreifen in die Verlagsgeschäfte – das »Aufzwingen« von Partnerschaften. Selbst wenn es sich um »Angebote« handelte, konnten sich die Verlage dem Ansinnen – gerade bei renommierten Werken – kaum widersetzen: Unter diesen Umständen glichen auch Angebote der Zusammenarbeit oft eher Zwangskooperationen. Aufgezwungene Partnerschaften trafen viele Verlage: So beschreibt Eduard Reifferscheid (1899–1992) für den Verlag Hermann Luchterhand das Drängen des Propagandaministeriums, mit »ausgesprochenen NS-Verlagen zu kooperieren« und »das vom Propagandaministerium zur Verfügung gestellte Material zu veröffentlichten«.[76] Auch der Verlag C.H.Beck musste eine Art Zwangskooperation bei der Zeitschrift *Deutsche Verwaltungsblätter* mittragen und obwohl der Verlag Deutscher Rechtsverlag mit auf dem Titelblatt der Zeitschrift erschien, wurden die zusammengeführten *Deutsche Verwaltungsblätter* vornehmlich von C.H.Beck betreut.[77] Im Verlag Carl Heymanns wurde die »ehemals demokratisch orientierte« *Zeitschrift für Politik* bereits 1933 »gleichgeschaltet«.[78] Auch die von C.H.Beck aus dem Verlag Otto Liebmann übernommene *Deutsche Juristen-Zeitung* wurde nach 1933 zunächst mit Carl Schmitt als Herausgeber versehen und schließlich 1937 mit der *Zeitschrift der Akademie für Deutsches Recht* verschmolzen.[79]

---

74 Vgl. Eisele / Naegele: Texte zur Typografie, 2012, S. 18.
75 Vgl. insgesamt Eisele / Naegele: Texte zur Typografie, 2012, S. 18–19.
76 Reifferscheid: Die ersten 50 Jahre, 1975, S. 17.
77 Vgl. Weber: Juristische Zeitschriften, 2007, S. 4.
78 Zitate Lindner: Otto Löwenstein, 2003, S. 68–69.
79 Vgl. Weber: Juristische Zeitschriften, 2007, S. 3192.

Einschränkungen und Zwangsmaßnahmen fanden vor allem nach 1936 statt wie im Verlag Hermann Luchterhand. Hier war der Verlagsleiter dem Vorwurf »der Begünstigung von Juden und Angehören von KZ-Inhaftierten und der Verbindung zu Emigranten«[80] ausgesetzt. Er musste sich mehrfach gegenüber der Gestapo verantworten. Nicht nur die Übernahme von Verlagsprodukten durch nationalsozialistische Autoren und die »Gleichschaltung« von Verlagsobjekten stellten staatliche Repressalien dar. Eine für die Verlage noch empfindlichere Einwirkung bedeutete es, wenn sie für Publikationen, die dem Staat nicht genehm waren, keine Papierzuteilung mehr erhielten. Ab 1941 wurde der Druck auf die Verlage vor allem durch Papierkontingentierungen als Maßnahme zur Durchsetzung der nationalsozialistischen Ideologie nochmals erhöht – Wittmann spricht im Zusammenhang mit Kösel auch von einer »Aushungerung«.[81]

Überhaupt kam die Zeitschriftenproduktion nach 1941 fast vollständig zum Erliegen. Einige Werke fanden bereits vorher durch die Nichterteilung von Papierkontingenten faktisch ihr Ende. Dass von einer verweigerten Papierzuteilung nicht automatisch auf besondere Schwierigkeiten oder gar eine oppositionelle Haltung gegenüber dem nationalsozialistischen Regime geschlossen werden kann, zeigt Lokatis in seiner Untersuchung der Hanseatischen Verlagsanstalt: Obwohl der Verlag Werke mit einer eindeutig nationalsozialistischen Ausrichtung herausgab und der führende Verlag auch beim »wissenschaftlichen Antisemitismus« war, blieb der Verlag von Zensurmaßnahmen und Verweigerung von Papierzuteilungen nicht verschont. Lokatis spricht auch von einer »Zensur durch Papierbewirtschaftung«.[82] Das Beispiel der Hanseatischen Verlagsanstalt zeigt deutlich die Unberechenbarkeit nationalsozialistischer Maßnahmen – auch bei systemkonformen Verlagen.

6.3.2 Bewährte Traditionen versus neue Allianzen

Angesichts der geschilderten Beschränkungen und Einflussnahmen stellt sich die Frage, ob es für die Verlage überhaupt möglich war, an ihren Traditionen der Weimarer Zeit und des Kaiserreichs festzuhalten. Und wenn ja, welche Anpassungsleistungen mussten vorgenommen werden und wie stark dominierte das nationalsozialistische Gedankengut trotzdem das Verlagsprogramm?

Neben allen Bekenntnissen zum »Neuen Recht« wiesen einige Verlage zumindest in harmloser, unverfänglicher Form auf bewährte Traditionen aus der Zeit vor 1933 hin – so bei Carl Heymanns: Die Kataloge aus dieser Zeit tragen auf dem Titelblatt die Unterzeile »121 Jahre 1815–1936« oder »123 Jahre 1815–1938«.[83] Auch an ande-

80 Reifferscheid: Die ersten 50 Jahre, 1975, S. 17–18.
81 Wittmann: Hundert Jahre Buchkultur, 1993, S. 166.
82 Zitate Lokatis: Hanseatische Verlagsanstalt, 1992, S. 135, 141.
83 Vgl. Preisverzeichnisse Carl Heymanns 1936 und 1938.

rer Stelle verzichtete Carl Heymanns auf die plakative Darstellung einer »Neuen Zeit« und listete in den Katalogen 1936 und 1938 im »Verzeichnis der Medaillen des Verlages« seine Auszeichnungen aus der Zeit vor 1933 auf Deutsch, Englisch und Französisch auf – nach 1933 sind keine Ehrungen mehr erwähnt. Solche Maßnahmen können natürlich allein nicht als Zeichen für eine Distanz zum nationalsozialistischen Regime gewertet werden. Sie lassen aber zumindest eine gewisse Distanzierung von dem von Seiten der Nationalsozialisten zu dieser Zeit allgemein propagierten Bruch mit Traditionen und dem Neuanfang nach 1933 erkennen und zeigen außerdem, dass der Verlag auch nicht sofort alle bisherigen Werte zugunsten eines Neuanfangs aufgegeben hat. Weitaus häufiger bekannten sich Herausgeber und Verlage denn auch zu konzeptionellen Veränderungen im Sinne nationalsozialistischer Ideologie: Als ein Beispiel von vielen versprach der Verlag J. C. B. Mohr (Paul Siebeck) in seinen »Neuigkeiten« 1934 die 90jährige Tradition der *Zeitschrift für die gesamte Staatswissenschaft* »im Geiste unserer Zeit neu zu beleben«.[84] Die neue Reihe bei W. Kohlhammer trug diese Intention bereits im Titel: *Neugestaltung von Recht und Wirtschaft*.

Eine weitere Traditionslinie bestand im Verlag Carl Heymanns durch das Beibehalten von Werken, die bereits vor 1933 erschienen waren. Selbst nach fünf Jahren im Dritten Reich hatte der Verlag 1938 noch immer 47 % seiner Verlagsproduktion aus der Weimarer Zeit lieferbar.[85] Die Produktion insgesamt dehnte sich nach 1933 nicht entscheidend aus: Der Katalog von 1936 listet knapp 370 Werke, 1938 waren es knapp 400 Titel im Bereich »Staats- und Verwaltungsrecht«.[86] Beides vermittelt den Eindruck, dass der Verlag nicht wie nach der Reichsgründung sein Programm durch neue Werke ausgeweitet hatte, sondern ein eher reduziertes, traditionelles Programm auch im Dritten Reich beibehalten und anbieten wollte. Dafür spricht auch, dass der Verlag offensichtlich keinen Unterschied danach machte, wie die Karrieren seiner Autoren nach 1933 verliefen: Werke des im Dritten Reich bekannten Staatssekretärs im Reichsjustizministerium Franz Schlegelberger wie der 1928 in der »Taschen-Gesetzessammlung« erschienene »Einführungskommentar« zur Freiwilligen Gerichtsbarkeit listet der Katalog von 1936 nach wie vor als Auflage von 1928.[87] Die nach 1933 zunächst fehlende Neuauflage könnte dabei auch am Autor gelegen haben: Franz Schlegelberger hatte inzwischen den Verlag Franz Vahlen als seinen Hausverlag entdeckt.

Bei Carl Heymanns finden sich aus der Weimarer Zeit noch der *Kommentar zum Bürgerlichen Gesetzbuch und seinen Nebengesetzen* von Paul Oertmann, die

84 Umschlaginnenseite der Neuigkeiten des Verlags J. C. B. Mohr (Paul Siebeck) Nr. 3 1934.

85 12 % der Verlagsproduktion wurde 1933 veröffentlicht, 41 % in der Zeit des Dritten Reichs. Bei der Auswertung wurden Entscheidungssammlungen und Jahrbücher nicht mitgezählt.

86 Vgl. Preisverzeichnisse Carl Heymanns 1936 und 1938.

87 Vgl. Verlagsverzeichnis Carl Heymanns 1932, S. 118; Preisverzeichnis Carl Heymanns 1936, S. 48.

aufgeführte Kommentierung stammte von 1927.[88] Schließlich enthielt der Katalog mit Conrad Bornhaks *Das Verwaltungsrecht in Preußen* von 1899 noch Werke aus dem vorangegangenen Jahrhundert.[89] Verzichtet wurde dagegen offensichtlich auf die Fortführung des Werkes *Lohn und Aufrechnung* des jüdischen Autors Hugo Sinzheimer. Der Katalog von 1936 erwähnte dieses Werk nicht mehr,[90] was sicher auch mit der Vertreibung Hugo Sinzheimers zusammenhing. Mit den anderen Maßnahmen – die wie zu betonen noch keine Distanzierung mit dem nationalsozialistischen Regime darstellen – unterstrich der Verlag Carl Heymanns jedenfalls mit kleinen Gesten, dass er Wert auf die Tradition des Verlagshauses legte. Zumindest hat der Verlag keinen »Bruch« mit seiner Vergangenheit forciert, um Platz für neue im Dritten Reich renommiertere Projekte zu machen und sich nach 1933 neu auszurichten.

Diese Tradition wurde auch durchgängig von der Verlegerin bewahrt: Annie Gallus hatte die Verlagsleitung bereits zur Zeit des Kaiserreichs übernommen und war die gesamte Weimarer Republik über Verlegerin im Carl Heymanns Verlag. Sie konnte den Verlag auch das gesamte Dritte Reich über führen, was angesichts der jüdischen Wurzeln ihrer Vorgänger im Verlag erstaunlich scheint: Sowohl der Firmengründer Carl Heymann als auch sein Enkel Otto Löwenstein als langjähriger Verleger im Kaiserreich waren Juden gewesen. Da die Ehe von Otto Löwenstein und seiner Frau Ottilie Löwenstein allerdings kinderlos blieb, adoptierten sie Annie Gallus, die keine leibliche Tochter, sondern schottischer und nicht jüdischer Abstammung war. Lindner vermutet, dass es deshalb nach 1933 im Carl Heymanns Verlag nicht zu einer »Arisierung« kam.[91] Allerdings blieben Annie Gallus, die aus ihrer demokratischen Grundhaltung nach Verlagsdarstellung keinen Hehl machte, und der Carl Heymanns Verlag nach Lindner ebenfalls nicht von Repressalien verschont. Der Versuch der Reichsschrifttumskammer, den Verlag zu schließen, blieb allerdings erfolglos – der Carl Heymanns Verlag konnte bis 1945 weiterarbeiten. Annie Gallus äußerte sich über die Schwierigkeiten nach 1933:

> »Unter der nationalsozialistischen Regierung trat ein starker Umschwung ein. Die besten Mitarbeiter des Verlages verloren Amt und Beruf und wanderten aus. Die jüdischen Autoren wurden verfemt und gingen gleichfalls ins Ausland. Die Ministerialbeamten, die dem Verlag wegen seiner demokratischen Haltung nahestanden, wurden durch Nazi-Beamte ersetzt, denen jene Haltung ein Dorn im Auge war. An die Stelle der Sympathie, die bisher von den öffentlichen Stellen dem Verlag entgegengebracht worden war, trat eine oft ausgesprochene Antipathie.«[92]

---

88 Vgl. Verlagsverzeichnis Carl Heymanns 1932, S. 70–72; Preisverzeichnis Carl Heymanns 1936, S. 42–43.

89 Vgl. Verlagsverzeichnis Carl Heymanns 1932, S. 17; Preisverzeichnis Carl Heymanns 1936, S. 3.

90 Der Grund für die Nichterwähnung kann natürlich auch das Erscheinungsjahr 1902 sein. Der Eintrag im Katalog von 1932 enthält den Zusatz »Ein Beitrag zur Lehre vom gewerblichen Arbeitsvertrag auf reichsrechtlicher Grundlage«. Vgl. Verlagsverzeichnis Carl Heymanns 1932, S. 135.

91 Vgl. insgesamt Lindner: Otto Löwenstein, 2003, S. 68–69.

92 Zitiert nach: Reuter: Von Manuskripten, 1967, S. 115–117.

Die Strategie der Verlegerin Annie Gallus bestand unter anderem in der Gründung von Produktionsstätten im Ausland, insbesondere in der Schweiz und in England. Der Verlag sah quasi in einem »Teilexil« einen Ausweg: Annie Gallus hatte bereits durch eine 1928 in Zürich gegründete Verlagsgesellschaft Erfahrung mit ausländischen Tochtergesellschaften. Daher lag es nahe, dies auch nach 1933 zu tun. Seit 1937 existierte in London die Massie Publishing Co. Ltd. – benannt nach dem Mädchennamen von Annie Gallus. Die neugegründeten Niederlassungen – auch in Österreich (1941) und in Stockholm (1945) – veröffentlichten vornehmlich schöngeistige Literatur und hatten die Aufgabe, die Buchproduktion der Mutterfirma in verstärktem Maße zu verbreiten und trugen so zur wirtschaftlichen Stabilität bei.[93]

Mit einer ähnlichen Strategie wie bei Carl Heymanns für seine Tochterunternehmen verfolgte auch der Erich Schmidt Verlag: Neben dem systematischen Ausbau der sozialrechtlichen Literatur wurden seit Kriegsausbruch außerdem belletristische Werke verlegt; dies geschah ebenfalls aus wirtschaftlichen Gründen:

> »Als Kuriosität mag es heute erscheinen, daß es dem Verlag gelang, im Jahre 1940 in einer neuen Abteilung ›Die Neue Lese‹ eine belletristische Produktion in Gang zu bringen, die bis 1944 durchgehalten werden konnte und die damit wesentlich zur Sicherung der Verlagsarbeit während des Krieges beitrug. Die hier veröffentlichten Romane und Erzählungen erschienen jeweils gleichzeitig in einer Normalausgabe und einer Feldpostausgabe.«[94]

Unverfängliche belletristische Titel und die Gründung von Tochterunternehmen schien eine Strategie gewesen zu sein zur Stabilisierung des Umsatzes und der Verlagsarbeit im Dritten Reich und gleichzeitig eine vorsichtige Distanzierung mittels harmlos anmutender Maßnahmen eine Möglichkeit, die eigene Autonomie zu behaupten.

6.3.3 Schwierigkeiten beim Aufbau von Kontinuitäten

Mit der Machtübernahme änderten sich für die juristischen Verlage nicht nur die Grundlagen ihrer programmatischen Arbeit, sondern die Rahmenbedingungen ihrer Verlagstätigkeit insgesamt. Sie standen wie ausgeführt unter einem besonderen Druck, ihre politische Einstellung nach außen sichtbar zu machen. Aber sogar wenn die Neupositionierung im Nationalsozialismus erklärtes Verlagsziel war, konnte sich der Aufbau von neuen Kontakten mitunter problematisch gestalten. Wollten die juristischen Verlage Kontinuitäten im oben beschriebenen Sinn wahren und sich dem neuen Regime und den veränderten Gegebenheiten anpassen, konnten sie dabei auf unterschiedliche Probleme stoßen: Häufig hatten ihre Autoren die bisherigen Positionen innerhalb von Gesetzgebung und Verwaltung nach dem Machtwechsel

93 Vgl. Reuter: Von Manuskripten, 1967, S. 115–117.
94 Fischer: 75 Jahre Erich-Schmidt-Verlag, 1999, S. IX–X.

verloren. Oder umgekehrt wanderten ihre Autoren in Verlage ab, die der nationalsozialistischen Ideologie näher standen. Nicht selten passierte es, dass die Autoren ihre neu gewonnene Machtposition den Verlagen gegenüber ausspielten und die Verlage unter Druck setzten oder zumindest ihre Mitwirkung in den Werken beendeten, in denen sie mit ihnen nicht genehmen Mitautoren schreiben mussten. In der Beziehung zwischen Autoren und Verlagen verschoben sich die Machtverhältnisse: In der Regel hatten systemkonforme Autoren durch ihre Kontakte zu den Schaltstellen der nationalsozialistischen Macht auch gegenüber Verlagen eine Trumpfkarte in der Hand. Sie konnten Verleger gegeneinander ausspielen und sich ihre Verlage aussuchen, da nur eindeutig ideologisch geprägte Werke in nationalsozialistischen Multiplikatorenkreisen empfohlen wurden.

Der Zwang zur Anpassung wurde für die juristischen Verlage noch dadurch verstärkt, dass auf dem juristischen Absatzmarkt neue Akteure auftraten, die mit den angestammten Verlagen um lukrative Verlagsprojekte konkurrierten. Bereits vor 1933 hatten sich Verlage gebildet, die in erster Linie nationalsozialistisches Schrifttum verlegten. Nach der Machtübernahme der Nationalsozialisten wurden diese Firmen – insbesondere diejenigen die von verantwortlichen Stellen direkt oder indirekt protegiert wurden – marktbeherrschend. Zentraler Verlag und uneingeschränkter Meinungsführer war der parteieigene Verlag Franz Eher Nachf. in München, das »wichtigstes Verlagsunternehmen schlechthin«, das die »Hauptrolle« in der nationalsozialistischen Verlagslandschaft spielte.[95] Gegründet wurde der Verlag Franz Eher Nachf. 1885 von Johann Maderer. 1900 erwarb der spätere Namensgeber, der Redakteur Franz Josef Eher, den Verlag. 1920 erfolgte die Übernahme der Verlagsbuchhandlung als Deutschvölkische Buchhandlung durch die Nationalsozialistische Deutsche Arbeiterpartei; ihr Leiter war Dietrich Eckart (1868–1923), nach dessen Tod Max Amann (1891–1957). Letzterer baute den Verlag zum Zentralverlag der Partei aus – »ebenso skrupellos wie erfolgreich«.[96] Mit den Jahren stieg die Anzahl der Mitarbeiter von acht Mitarbeitern im Jahr 1920 auf 300 hauptamtlich Beschäftigte im Jahr 1933. Das erste Buch des Franz Eher Nachf. Verlags war 1925 Adolf Hitlers *Mein Kampf*. Der Verlag veröffentlichte auch juristische Werke: Nach 1933 erschienen beispielsweise ein *Nationalsozialistisches Handbuch für Recht und Gesetzgebung* von Hans Frank, *Das Recht der NSDAP.: Vorschriften-Sammlung mit Anmerkungen, Verweisungen und Sachregister*, ein Titel *Deutsche Rechtsphilosophie* oder von Carol von Braunmühl, *Das neue Werbegesetz: Leitfaden für den praktischen Gebrauch*.[97]

Neben dem Verlag Franz Eher Nachf. waren rund 70 weitere Gau-, Partei-, SS- und sonstige Verlage am Markt aktiv. Verlage, die sich rasch auf die nationalsozialistische

95 Zitate Wittmann: Hundert Jahre Buchkultur, 1993, S. 156 und Wittmann: Geschichte deutschen Buchhandels, 2010, S. 369–370.

96 Wittmann: Hundert Jahre Buchkultur, 1993, S. 138.

97 Vgl. Vgl. Nationalsozialistisches Handbuch für Recht und Gesetzgebung 1935; Haidn: Das Recht der NSDAP, 1937. Jung: Deutsche Rechtsphilosophie, 1935. Braunmühl: Das neue Werbegesetz, 1934.

Ideologie festlegten, waren Verlage wie der parteieigene Verlag Deutscher Verlag, der Deutsche Rechtsverlag und der Deutsche Volksverlag oder die Hanseatische Verlagsanstalt.[98] Gerade die Hanseatische Verlagsanstalt konnte auch führende juristische Autoren für sich gewinnen: So veröffentlichten unter anderem Ernst Forsthoff und Carl Schmitt hier ihre Werke. Die Hanseatische Verlagsanstalt konnte insbesondere durch die guten Kontakte des Verlegers Benno Ziegler (1894–1949) zu Ernst Rudolf Huber punkten.[99]

Autoren, die dem Nationalsozialismus nahestanden, publizierten verstärkt in Verlagen, die sich dem nationalsozialistischen Regime früher oder nachhaltiger öffneten als andere. So wandte sich Carl Schmitt trotz des bestehenden, fast freundschaftlichen Verhältnisses zu seinem Lektor Ludwig Feuchtwanger von Duncker & Humblot ab. Nach 1933 erschienen seine Werke bei parteikonformeren Verlagen: Obwohl es bei der Hanseatischen Verlagsanstalt zunächst Vorbehalte gegenüber Carl Schmitt gab[100] und bereits die Verhandlungen über den Titel seiner Schriftenreihe sich schwierig gestalteten, wechselte Schmitt den Verlag. In der Hanseatischen Verlagsanstalt erschienen seine »wichtigsten Schriften«[101] wie sein *Leviathan* und die *Positionen und Begriffe*, er gab dort die Reihe *Der deutsche Staat der Gegenwart* heraus. Im Fall von Carl Schmitt änderte sich die Einstellung des Autors zu seinem bisherigen Hausverlag Duncker & Humblot auch überraschend, Mehring resümiert: »Zur Jahreswende schickt Schmitt noch freundliche Neujahrsgrüße an Feuchtwanger. Am 12. April 1933 zieht er den Begriff des Politischen von Duncker & Humblot ab.«[102] Neben Carl Schmitt erkannte zum Beispiel der Staatsrechtler Ernst Rudolf Huber seinen eigenen Wert und denjenigen seiner Kontakte in nationalsozialistische Kreise und wusste seine Position gegenüber den Verlagen herauszustellen. Nach 1933 verschoben sich die Machtverhältnisse klar zu Gunsten von Autoren mit guten Verbindungen in die Machtzentralen des Nationalsozialismus. Die Abhängigkeit der Verlage verstärkte sich dadurch zusätzlich.

6.3.4 Neue Chancen durch neue Verhältnisse

Wittmann stellt fest, dass es den Wissenschafts- und Fachverlagen kaum möglich war, ohne Kompromisse durch die Zeit des Nationalsozialismus zu kommen.[103] Andererseits boten die neuen Verhältnisse bei entsprechender Anpassungsbereitschaft auch

98 Vgl. Frei / Schmitz: Journalismus im Dritten Reich, 1999, S. 59; Weber: Juristische Zeitschriften, 2007, S. 3190; Willoweit: Juristische Literatur, 2007, S. 8–9; Wittmann: Geschichte deutschen Buchhandels, 2010, S. 341, 369–370; Wittmann: Hundert Jahre Buchkultur, 1993, S. 135, 156.

99 Vgl. Grothe: Zwischen Geschichte und Recht, 2005, S. 207–208.

100 Vgl. Lokatis: Hanseatische Verlagsanstalt, 1992, S. 48, 52.

101 Mehring: Carl Schmitt, 2009, S. 322. Vgl. insgesamt Grothe: Zwischen Geschichte und Recht, 2005, S. 199, 206, 211–214; Lokatis: Hanseatische Verlagsanstalt, 1992, S. 66.

102 Mehring: Carl Schmitt, 2009, S. 316.

103 Vgl. Wittmann: Hundert Jahre Buchkultur, 1993, S. 161.

neue Chancen für die Verleger. So nutzten eine Reihe von Verlagen die »völkischen« Tendenzen und veränderten Konstellationen und passten sich der nationalsozialistischen Ideologie umfassend an. Dabei trafen sie auf die Konkurrenz von Verlagen, die nationalsozialistisches Schrifttum pflegten wie beispielsweise Theodor Fritsch, Hoheneichen, Junker & Dünnhaupt, J. F. Lehmanns, L. Staackmann, Stalling oder die Hanseatische Verlagsanstalt.[104] Wechsel in der Verlagslandschaft waren ab 1933 außerdem der Zukauf der juristischen Fachbuchhandlung Hermann Sack (1933) sowie *Stilkes Rechtsbibliothek* (1938) durch den Verlag Walter de Gruyter – 1937 kam noch der Technische Verlag M. Krayn (umbenannt in Technischer Verlag Herbert Cram) hinzu. 1939 beteiligte sich der Verlag Walter de Gruyter außerdem an J. Schweitzer und damit an dessen bekanntestem Kommentar *Staudinger*, Bürgerliches Gesetzbuch.[105] Einen Verlagswechsel durchlief auch der Verlag Duncker & Humblot: Der traditionsreiche Verlag wurde 1938 von Johannes Broermann (1897–1984) gekauft.[106] Neue Akteure auf dem juristischen Buchmarkt waren mit einem rechts-, staats- und wirtschaftswissenschaftlichen Programm zum Beispiel Rudolf Haufe und der Verlag für Verwaltungspraxis Franz Rehm mit dem Gründungsjahr 1934 sowie der Schäffer Verlag mit vorwiegend steuerrechtlicher Literatur. 1936 wurde der Nomos Verlag von August Lutzeyer in Berlin ins Leben gerufen, 1937 der Gieseking Verlag in Bielefeld.

Während die neu gegründeten Verlage sich von Beginn an programmatisch auf ein nationalsozialistisches Schrifttum ausrichten konnten, waren die traditionellen juristischen Verlage mit größeren Schwierigkeiten konfrontiert: Es bedurfte erheblicher Anstrengungen, um ihre Programme anzupassen und die angestammte Marktstellung zu behalten. Eine wirksame Möglichkeit für die Verleger war, im nationalsozialistischen Umfeld bekannte Autoren zu gewinnen, die ihren Verlag in diesen Kreisen bekannt machten. Die größten Chancen versprachen sich die Verlage insofern mittels der Gewinnung besonders renommierter systemkonformer Autoren. Häufig war die Gewinnung dieser Autoren allerdings nur mit weitgehenden Zugeständnissen möglich, die die Autoren kompromisslos einforderten: Sie spielten ihre Marktstellung aus wie zum Beispiel Ernst Rudolf Huber gegenüber dem Verlag J. C. B. Mohr (Paul Siebeck). Oskar Siebeck bot Huber 1934 für eine Studienreihe sowohl die Reihen-Herausgeberschaft als auch eine Autorenschaft nach freier Wahl an. Huber bekundete »umgehend sein nachdrückliches Interesse«.[107] Kurze Zeit

---

104 Vgl. Dahm: Das jüdische Buch, 1993, S. 24. Der Hoheneichen Verlag gehörte seit 1929 ebenfalls der NSDAP. Ein Ausbau des weltanschaulichen Verlagsprogramms fand ab 1938 durch Alfred Rosenberg statt. Zum Hoheneichen Verlag auch Wittmann: Hundert Jahre Buchkultur, 1993, S. 136. Die Hanseatische Verlagsanstalt gehörte ab 1943 zum Eher-Konzern.

105 Die anderen Teile lagen nach wie vor beim Verlag Sellier. Vgl. Sellier: Festakt und Empfang, 1999, S. 3; Fouquet-Plümacher / Wolter: Aus dem Archiv, 1980, S. 6. Zum Erwerb vgl. Ziesak / Cram: Walter de Gruyter, 1999, S. 249–250.

106 Vgl. Duncker & Humblot Verlagsbibliographie, 1998, S. 37.

107 Grothe: Zwischen Geschichte und Recht, 2005, S. 206. Vgl. auch S. 207–211.

später kamen Huber offenbar Bedenken und er machte deutlich, dass er sich eine Mitwirkung an der geplanten Reihe nur vorstellen könne, wenn auch andere ihm genehme Autoren ausgewählt würden: So schlug er Ernst Forsthoff vor – Verfasser der Ausführungen zum »totalen Staat«. Andere Autoren lehnte Ernst Rudolf Huber ab, obwohl diese dem Nationalsozialismus positiv gegenüberstanden und im Gegenteil ihrerseits versuchten, sich in den neuen Strukturen zu etablieren wie Otto Koellreutter, einer der Herausgeber des *Archiv des öffentlichen Rechts* im Verlag von Oskar Siebeck. Huber hatte dezidierte Vorstellungen, die er dem Verlag gegenüber deutlich zum Ausdruck brachte und Siebeck zum Beispiel die Rechtswissenschaftler der Kieler Fakultät vorschlug – ausgewiesene Befürworter der nationalsozialistischen Ideologie.

Trotz weiterer Verhandlungen kam man letztlich nicht zusammen. Ernst Rudolf Huber wurde mit seinen Einzelwerken Autor in der Hanseatischen Verlagsanstalt und gab hier auch die Reihe *Grundzüge der Rechts- und Wirtschaftswissenschaft* mit heraus. Bei J. C. B. Mohr (Paul Siebeck) wurde schließlich die Reihe *Grundrisse des Deutschen Rechts* mit den Herausgebern Heinrich Stoll (1891–1937) und Heinrich Lange (1900–1977) ins Leben gerufen. Mit seiner Strategie eine Neuausrichtung vor allem mittels neuer Verlagsreihen deutlich nach außen sichtbar zu machen, stand Oskar Siebeck als Verleger nicht allein: Neue Reihen waren in der Leipziger Abteilung des Verlags W. Kohlhammer die mit dem pensionierten Oberlandesgerichtsrat Carl Schaeffer erschienene Reihe *Neugestaltung von Recht und Wirtschaft*, bei Junker & Dünnhaupt wurde die Reihe *Rechtswissenschaftliche Grundrisse* mit Ernst Forsthoff ins Leben gerufen.

Chancen bestanden für die Verlage vor allem mit der Gewinnung nationalsozialistischer Autoren, mit neuen Reihen und der einen oder anderen »Ergebenheitsadresse«. Eine erste Anpassung an die veränderten Umstände und ein Zeichen der Hinwendung zum Nationalsozialismus – und sei es auch gegen die eigentliche Überzeugung – war dabei eine Mitgliedschaft in der NSDAP. Eine Parteimitgliedschaft konnte auch ein Ausweg gegenüber drohenden Repressalien sein, wohl auch deshalb erwarben einige Verleger zumindest pro forma eine Parteimitgliedschaft – auch ohne innere Anteilnahme, wie es im Manz Verlag in Wien geschah: Dort übernahm der damalige Direktor der Buchdruckerei Ernst Gießauf eine Parteimitgliedschaft, »um als Betriebsführer oder ›Teilhaber auf Zeit‹ die Nazimachthaber zu beschwichtigen«[108] – so jedenfalls die Darlegung in der späteren Verlagschronik. Er tat dies, da die Inhaber des Verlags, die vier Kinder von Richard Stein (1871–1932) nach den Nürnberger Rassengesetzen »Mischlinge« waren. Konsequenz war, dass die Verlagstätigkeit mit den damals üblichen Einschränkungen und Zwangsmaßnahmen fortgeführt werden konnte. Auch Heinrich Beck wählte diesen Weg 1937 und trat »nach massivem Druck […] schließlich der Partei bei«,[109] im Verlag Walter de Gruyter war bis 1936 ebenfalls

108 Stein / Hilscher: 150 Jahre Manz, 1999, S. 20.
109 Wittmann: Hundert Jahre Buchkultur, 1993, S. 161.

kein leitender Verlagsmitarbeiter Parteimitglied.[110] Während bei einem späteren Beitritt also ein gesellschaftlicher oder wirtschaftlicher Druck als Motivation vermutet werden kann, geschahen die bereits vor 1933 erworbenen Mitgliedschaften eher aus einer inneren Überzeugung.[111] Ein Beispiel für einen relativ frühen Parteibeitritt auf Lektorenseite war der 1934 von Heinrich Beck als erster juristischer Lektor für die Berliner Niederlassung eingestellte Alfred Flemming, der seit dem 1. Mai 1933 NSDAP-Mitglied war.[112] Die Tatsache, dass einige juristische Verleger erst nach 1937 in die NSDAP eingetreten waren, kann auch mit einer restriktiven Aufnahmepolitik der Partei selbst zusammenhängen: Zwischen 1933 und 1937 nahm die NSDAP keine neuen Mitglieder mehr auf – Grund waren die vielen Aufnahmeanträge. Lockerungen des Aufnahmeverbotes existierten seit 1937, eine vollständige Aufhebung erfolgte erst 1939.

Die Chancen auf Teilhabe an dem veränderten Publikationsmarkt erhöhten sich auch durch den direkten Kontakt – zum Beispiel durch eine Niederlassung in Berlin. Ebenso wie eine Parteimitgliedschaft ohne eigene Überzeugung angenommen werden konnte, muss auch eine räumliche Nähe zu den Zentren nationalsozialistischer Macht allein noch kein Zeichen für eine Hinwendung zum herrschenden Regime darstellen. Der Verlag J. C. B. Mohr (Paul Siebeck) hatte die Leitung seines Verlags nach Berlin verlegt, da er »in der Pflege der ›gesamten Staatswissenschaft‹ im Sinne dieses Programmbereichs [...] eine unserer wichtigsten verlegerischen Aufgaben«[113] sah und kündigte dies im Verzeichnis von 1934 auch so an. Eine Zweigstelle in Berlin gründete auch der W. Kohlhammer Verlag, hier hing die Erweiterung der Verlagsaktivitäten auch damit zusammen, dass der Verlag 1934 den aus dem Deutschen Gemeindetag ausgegliederten Deutschen Gemeindeverlag übernommen hatte.[114] Schließlich unterhielt auch der Verlag C.H.Beck eine Niederlassung in Berlin, die er durch die Übernahme des jüdischen Verlags von Otto Liebmann quasi automatisch erlangt hatte.[115]

Während Parteimitgliedschaften und Niederlassungen in den Zentren nationalsozialistischer Macht nach außen sichtbar waren, geschah die Anpassung innerhalb der juristischen Publikationen nuancierter und auf ganz unterschiedliche Weise. Eine »Ergebenheit« gegenüber den neuen Machthabern drückten die publizistischen Bekenntnisse der Verleger und Herausgeber gleichwohl aus. So konnten die Verlage ihre Einstellung gegenüber dem Nationalsozialismus zum Beispiel auch durch die Auswahl und Anordnung von Gesetzen und Erörterungen bekunden. Wasmuth verweist darauf, dass in der Gesetzessammlung *Sartorius*, Deutsche Verwaltungsgesetze – im

---

110 Vgl. Ziesak / Cram: Walter de Gruyter, 1999, S. 253.

111 Vgl. Garke-Rothbart: Georg von Holtzbrinck, 2008, S. 77–79.

112 Vgl. Rebenich: C.H.Beck, 2013, S. 382.

113 Umschlaginnenseite der Neuigkeiten des Verlags J. C. B. Mohr 1934.

114 Bereits vor der Übernahme bestanden Kontakte zwischen W. Kohlhammer, dem Verlag Deutscher Gemeindeverlag und dem Kommunalwissenschaftliche Institut der Universität Berlin. Vgl. insgesamt Fetzer: Erinnerungen, 1966, S. 175–176; Rühle: Die zweite Generation, 1966, S. 89–90.

115 Vgl. Beck: Der juristische Verlag, 1988, S. 29.

Gegensatz zur Anfang der 1930er Jahre gegründeten Sammlung *Schönfelder*, Deutsche Gesetze – die Weimarer Reichsverfassung an prominenter Stelle bestehen blieb und das Programm der NSDAP nicht als eigene Rechtsquelle in der eigentlichen Sammlung, sondern in einem Anhang abgedruckt wurde.[116]

Häufig geschah eine Anpassung an die nationalsozialistische Ideologie zunächst durch programmatisch-einleitende Worte in den Publikationen. Ein Beispiel von vielen stellt das Geleitwort der Zeitschrift *Archiv des öffentlichen Rechts (AöR)* dar, in dem Heinrich Triepel 1933 erklärte, die »neue Zeit verlange neue Werkzeuge und neue Kräfte«.[117] Sein Geleitwort diente der Positionierung der Zeitschrift in den neuen Machtstrukturen und gelangte zur Zufriedenheit des Verlegers Oskar Siebeck: »Um die Zukunft der Zeitschrift wie seines Verlages war es dem Verleger nicht mehr bange. Das AöR verfügte über ein Redaktionsgremium, das sich in der Zusammensetzung Heckel, Koellreutter und Triepel auch in der ›nationalen Revolution‹ vielversprechend präsentierte.«[118]

Oskar Siebeck beabsichtigte eine »generelle Neuordnung der rechts- und staatswissenschaftlichen Zeitschriften«[119] und nutzte unter anderem seine »guten Kontakte« zu Carl Schmitt. Dabei kam es im Verlag von Siebeck auch zur Ablöse von Autoren und Herausgebern und zu Umbesetzungen innerhalb der Publikationen, wie im Falle des »als liberal geltenden Brodnitz«. Die Herausgeberschaft für dessen bis dahin allerdings eher erfolglose Zeitschrift übernahm Carl Schmitt. Nach Grothe wählte Oskar Siebeck »ohne direkten politischen und akut ökonomischen Zwang, die Strategie der freiwilligen Selbstgleichschaltung«. Beispielsweise proklamierte er in einem Rundschreiben vom 31. Juli 1933, dass »[...] die nationale Revolution eine entscheidende Etappe erreicht hat« und kündigte an, dass »es an der Zeit« sei, »bei denjenigen Zeitschriften, dessen Herausgeberstab unter den neuen Verhältnissen nicht unverändert bleiben kann, die teilweise schon seit Monaten vorbereiteten Neubesetzungen und Ergänzungen der Redaktionen durchzuführen«.

Daneben kann auch in dem Verschweigen von nach 1933 unliebsamen – vor allem jüdischen – Autoren eine Anpassungsleistung gesehen werden. Im Verlag Walter de Gruyter wurde der Kommentar von Hermann Staub mit der 13. Auflage 1934 in *Kommentar zum Wechselgesetz* umbenannt,[120] der jüdische Autor aber nach wie vor genannt. Hermann Staubs Kommentar zum Handelsgesetzbuch dagegen wurde ab

---

116 Mit weiteren Ausführungen vgl. Wasmuth: Schönfelder, 2007, S. 440–441.

117 Doerfert: Zeitschriften des öffentlichen Rechts, 1999, S. 445.

118 Zitiert nach Becker: Schritte auf einer abschüssigen Bahn, 1999, S. 63. Dass Heinrich Triepel einige Zeit später trotzdem als Herausgeber des »Archivs des öffentlichen Rechts« ausschied, war auch ein Zeichen für die Unsicherheiten in der Zeit direkt nach der Machtübernahme durch die Nationalsozialisten. Ohnehin verblieb von den drei genannten Herausgebern des AöR lediglich noch Otto Koellreutter im Herausgeberkreis der Zeitschrift.

119 Zitate Grothe: Zwischen Geschichte und Recht, 2005, S. 206–207, 210–211.

120 Vgl. Ziesak / Cram: Walter de Gruyter, 1999, S. 252.

1940 neu aufgelegt, ohne Staub und die bisherigen Auflagen zu nennen. Neue Herausgeber waren »Mitglieder des Reichsgerichts«. Die fehlende Erwähnung Hermann Staubs hätte trotz der Umstände auch deshalb gerechtfertigt sein können, da die von ihm ins Leben gerufene Art zu kommentieren von den neuen Autoren exakt beibehalten wurde. Thiessen rekonstruiert die Hintergründe und sieht vor allem Alexander Elster in einer aktiven Rolle bei der Ansprache mehrerer Reichsgerichtsräte: »Formal war der Staub nun ebenso ›arisiert‹ wie das Vermögen der deutschen Juden – und zwar zum gleichen Zeitpunkt. Der neue Kommentar wurde in Fachkreisen zuweilen ›Staub-Sauger‹ genannt.«[121]

Wie schnell die Namen der jüdischen Autoren aus den Verlagswerken entfernt wurden, war – zumindest formal – die individuelle Entscheidung des Verlags. Einige Verlage eliminierten die Namen jüdischer Autoren wie beschrieben direkt nach 1933. Umgekehrt griffen Verlage im Gegenteil teilweise auch ganz bewusst zu Maßnahmen, um Werke mit jüdischen Autoren noch eine Zeitlang fortführen zu können – wie C.H.Beck bei seinem Werk mit Friedrich Weißler:

> »1932 veröffentlichte er zusammen mit dem jüdischen Reichsgerichtsrat Hoeniger, mit dem er verwandt war, einen Kommentar zur Grundbuchordnung in dem jüdischen Verlag des um die deutsche Rechtswissenschaft hochverdienten Otto Liebmann, in dessen Reihe ›Kurzkommentare in Baumbachscher Erläuterungsweise‹. [...] Hoeniger und Weißler erschienen als Verfasser, aber ein Rechtsanwalt Bergmann aus Frankfurt a. M. fungierte als Herausgeber.«[122]

6.4 Kontinuitäten durch Programmveränderungen

Die juristischen Verlage haben ihre Verlagsproduktionen nach 1933 an die neue Gesetzeslage angepasst – sie taten dies mit unterschiedlichem Engagement, aber letztlich doch bereitwillig oder zumindest ohne offenen Widerstand. Bildete die Machtübernahme der Nationalsozialisten also lediglich eine Aktualisierung der juristischen Verlagsprogramme, wie sie nach jedem Wechsel in der Regierung stattfand? Oder markierte das Jahr 1933 für die juristischen Verlage eine Zäsur, die nicht mit den vorhergehenden Veränderungen vergleichbar ist?

6.4.1 Ideologische Programmanpassungen in den Verlagen

Um relevanter Marktteilnehmer für juristische Publikationen zu bleiben und eine Kontinuität im eigenen Verlagsgeschäft zu wahren, mussten die Verlagspublikationen angepasst werden. Die folgenden Kapitel untersuchen die juristischen Verlagspro-

121 Thiessen: Ein ungeahnter Erfolg, 2006, S. 104.
122 Miosge: Friedrich Weißler, 1997, S. 2573.

gramme vornehmlich nach zwei Gesichtspunkten: zum einen wie sich die Verlagsproduktionen quantitativ veränderten, zum anderen wie rasch sich die Verlagsprogramme durch Veröffentlichung nationalsozialistisch geprägter Werke inhaltlich der nationalsozialistischen Ideologie anpassten. Dabei ist das pauschale Auszählen von Werken in den Verlagskatalogen nach 1933 unter mehreren Gesichtspunkten problematisch: Wenn sich Gesetze änderten, mussten die entsprechenden Textausgaben oder Gesetzessammlungen angepasst werden. Es sagt also nicht unbedingt etwas über die politische Einstellung der Verleger aus. Ferner sind den juristischen Verlagen in einigen Bereichen offensichtlich Partnerschaften aufgezwungen worden. In einem solchen Fall konnten sich die Verleger nicht gegen das Ansinnen der nationalsozialistischen Funktionäre wehren, ohne gravierende Schwierigkeiten zu riskieren. Dies sind nur zwei Beispiele, die deutlich machen, dass ein Verlagsprogramm im Dritten Reich nicht allein an Hand der vor oder nach 1933 erschienenen Werke beurteilt werden kann. Wie bei Gesetzessammlungen, bei denen das Interesse der juristischen Verlage an Neuauflagen entsprechend der gesetzlichen Änderungen unabhängig von ihrer politischen Einstellung war, sind auch Entscheidungssammlungen separat zu betrachten: Die Ausgaben, die bereits vor 1933 erschienen waren, behielten ihre Bedeutung auch nach 1933 unverändert bei – und sei es als Diskussionsgrundlage für die juristische Auseinandersetzung mit vormals gefällten Urteilen. Ein ähnliches Problem stellt sich für Jahrbücher, die selbstverständlich jedes Jahr neu herausgegeben wurden. Beide Publikationsarten werden nur eingeschränkt in die Betrachtung einbezogen.

Trotz dieser Problematiken soll die quantitative Betrachtung den Ausgangspunkt für weitere inhaltliche Betrachtungen der Programmpolitiken in den Verlagen bilden. Mittels der veröffentlichten Werke kann eine Einschätzung erfolgen, wie stark die Verlage die Nähe zu den nationalsozialistischen Machthabern suchten und wie erfolgreich sie in deren Umfeld agierten. Das Beispiel von Carl Schmitt, der sich von seinem Hausverlag Duncker & Humblot bewusst abwendete, zeigt, dass in nationalsozialistischen Kreisen offenbar sehr genau der Publikationsort registriert wurde. Konnte also ein Verlag eine größere Anzahl nationalsozialistischer Funktionäre als Autoren gewinnen – und mit ihnen eine hohe Anzahl von Neuerscheinungen auf den Markt bringen – kann von einer stärkeren Hinwendung zum Nationalsozialismus ausgegangen werden. Die Anzahl der nach 1933 verlegten Werke stellt hierfür ein Indiz dar.

Eine Auszählung der verfügbaren Kataloge aus der Zeit nach 1933 zeigt,[123] dass einige Verlage ihre Titelproduktionen schnell auf die neuen politischen Machtverhält-

123 Für einige Verlage wie Franz Vahlen konnten nur Sonderverzeichnisse ausgewertet werden, bei Franz Vahlen war der Katalog mit der umfangreichsten Produktion derjenige der »Blauen Textausgaben – Kommentare Handbücher für die Rechts- und Wirtschaftspraxis«. Hierbei handelte es sich vermutlich nicht um die Gesamtproduktion des Verlags, sondern lediglich um einen Ausschnitt der neueren Verlagsproduktion. Genauso hatte der Verlag W. Kohlhammer nach 1933 lediglich Sonderkataloge herausgebracht. Ein Sonderverzeichnis »Rechtswissenschaft« erschien 1938, ein Sonderverzeichnis »Kommunalwissenschaft« 1939.Vgl. Verlagsverzeichnisse W. Kohlhammer 1938 und 1939. Die

nisse einstellten, andere Verlage agierten weniger rasch. So hatte der Verlag C.H.Beck im Jahr nach der Machtübernahme 27 % seiner Verlagsproduktion umgestellt auf Titel, die 1933 oder 1934 neu erschienen waren. Zwei Jahre später waren es 62 %.[124] Im gleichen Jahr waren bei Carl Heymanns lediglich 43 % der Titel nach 1933 neu erschienen, noch im Jahr 1938 lag die Titelproduktion der nach 1933 neu aktualisierten Werke nur bei 51 %.[125] Auch im Verlag Duncker & Humblot waren 1939 nurmehr 38 % und 1941 nur 51 % Werke neu erschienen.[126] Dagegen betrug der Anteil der nach 1933 veröffentlichten Werke bei R. von Decker 1934 bereits 26 %, zwei Jahre später 59 % und im Jahr 1937 schließlich 75 %; der Trend im Programm setzte sich fort: 1939 waren es 89 %, 1941 92 % Titel, die nach 1933 erschienen waren.[127] Die Auswertung zeigt, dass einige der untersuchten Verlage bereits im ersten Jahr nach der Machtübernahme der Nationalsozialisten ihre Verlagsproduktion zu über 25 % aktualisiert hatten, 1936 waren teilweise bereits über die Hälfte der Titel in den juristischen Verlagen neu aufgelegt worden. Während die Verlage zunächst einen ähnlichen Prozentsatz an Neuerscheinungen von 1933 und später aufwiesen, waren die Anpassungen in den Folgejahren unterschiedlich stark. Bei aller Vorsicht und Einschränkungen Pauschalisierungen betreffend, kann festgestellt werden, dass Verlage wie R. von Decker bereits 1937 einen Anteil von Neuerscheinungen nach 1933 von 75 % aufwiesen, während andere Verlage wie Carl Heymanns ein Jahr später noch fast 50 % ihrer Werke mit einem Erscheinungsdatum vor 1933 in ihren Katalogen listeten. Eine detaillierte Auflistung bei R. von Decker sieht wie folgt aus:

Tabelle 6.2: Gegenüberstellung der Produktion 1934 und 1936 bei R. von Decker[128]

	Katalog 1934	Katalog 1936
Anzahl der Titel insgesamt	152 Titel	74 Titel
davon vor 1933 erschienen	112 Titel	30 Titel
davon im Jahr 1933 erschienen	16 Titel	6 Titel
davon nach 1933 erschienen	24 Titel	38 Titel
Anteil der Titel vor 1933	74 %	41 %
Anteil der Titel aus dem Jahr 1933	10 %	8 %
Anteil der Titel nach 1933	16 %	51 %

»Verlagsberichte« von J. C. B. Mohr (Paul Siebeck) listeten ebenfalls nur Werke, die in dem jeweiligen Jahr neu erschienen waren. Vgl. Verlagsverzeichnisse J. C. B. Mohr (Paul Siebeck) 1934, 1936, 1937 und 1940. Der Katalog für die Jahre 1941 bis 1945 liegt lediglich als Typoskript vor: J. C. B. Mohr (Paul Siebeck). VA Mohr Siebeck, Nach. 488. Daneben brachte der Verlag Verzeichnisse mit seinen »Neuigkeiten« heraus. Hier wurden die Neuerscheinungen ausführlicher gewürdigt.

124 Vgl. Verlagsverzeichnisse C.H.Beck 1934 und 1936.

125 Vgl. Verlags- und Preisverzeichnisse Carl Heymanns 1936 und 1938.

126 Vgl. Verlagsverzeichnisse Duncker & Humblot 1939 und 1941.

127 Vgl. Verlagsverzeichnisse R. von Decker 1934, 1936, 1937, 1939 und 1941.

128 Vgl. Verlagsverzeichnisse R. von Decker 1934 und 1936.

Der Verlag R. von Decker veröffentlichte 1934 in seinem Programmbereich »Rechts- und Staatswissenschaft« noch 74 % Titel – mit Nachträgen und Einzelheften –, die aus der Zeit vor 1933 datieren; zwei Jahre später war 59 % der Verlagsproduktion nach der Machtübernahme der Nationalsozialisten erschienen.[129] Weiterhin ist auffällig, dass der Verlag R. von Decker die Anzahl der lieferbaren Titel zunächst stark zurückgefahren hatte – und damit die Anzahl der Werke vor 1933 reduziert –, um dann nach 1934 mit neuen Publikationen wieder zu expandieren. Damit erhöht sich auch der Anteil der nach 1933 erschienenen Publikationen. Speziell bei R. von Decker hatte die hohe Anzahl von nach 1933 veröffentlichten Werken also zwei Ursachen: Eine Ausweitung der Verlagsproduktion nach 1933 und eine Programmbereinigung von Titeln, die vor 1933 erschienen waren. Vor allem die deutliche Reduzierung des Programms erweckt den Eindruck einer Programmbereinigung – auf weniger als die Hälfte der Titel, konkret von 152 auf 74 Titel. Im Katalog von 1937 wurden insgesamt 84 rechts- und staatswissenschaftliche Titel gelistet, von denen noch 21 Titel ein Erscheinungsdatum vor 1933 aufwiesen.[130] 1939 ergab sich wiederum ein verändertes Bild: Die Gesamttitelanzahl betrug jetzt 103 Titel mit Nachträgen und Einzelheften, von denen lediglich noch elf Titel vor 1933 erschienen waren (entspricht rund 11 %). Mit den drei Titeln aus 1933 und 89 Titeln nach 1933 erschienen 89 % der Produktion 1933 und später,[131] was als deutlicher Programmaufbau erscheint. Der Verlag entwickelte sich auch weiter in diese Richtung: 1941 waren es insgesamt 130 Titel mit Nachträgen und Einzelheften von denen lediglich noch zehn Titel vor 1933 erschienen waren und insgesamt 92 % der Verlagsproduktion ein Erscheinungsdatum 1933 und später aufwies.[132] Quantitativ hat damit bei R. von Decker ein deutlicher Aufbau von Werken nach 1933 stattgefunden.

Auch die Mechanismen der Programmveränderung waren unterschiedlich. Im Verlag C.H.Beck hing die neuere Verlagsproduktion auch mit dem Umstand zusammen, dass der Verlag 1933 den Verlag von Otto Liebmann übernommen hatte und dadurch seine Produktion ausweiten konnte. Insgesamt listete der Katalog aus dem Jahr 1934 322 Titel: 236 Titel waren vor 1933, 20 Titel in 1933 und 66 Werke nach 1933 erschienen, 73 % der Werke stammte noch aus der Weimarer Zeit.[133] Zwei Jahre später

129 Vgl. Verlagsverzeichnis R. von Decker 1934; Verlagsverzeichnis R. von Decker 1936. Der Katalog weist verschiedene Programmbereiche aus, zur Vergleichbarkeit mit den Verlagsproduktionen anderer juristischer Verlage wurden vorliegend nur die rechts- und staatswissenschaftlichen Werke ausgezählt. Es können sich natürlich auch in anderen Programmbereichen vereinzelt Gesetzessammlungen oder juristische Handbücher befinden. Nicht mitgezählt wurde auch der Bereich »Amtsblätter und Zeitschriften«.

130 Vgl. Verlagsverzeichnis R. von Decker 1937, S. 22–38. Hier wurden nur diejenigen Werke mit Erscheinungsdatum gezählt.

131 Vgl. Verlagsverzeichnis R. von Decker 1939, S. 20–38.

132 Vgl. Verlagsverzeichnis R. von Decker´1941, S. 19–40.

133 Die Titel »in Vorbereitung« wurden zu den Werken nach 1933 gezählt, da sie frühestens 1934 erschienen sind. Bei den Titeln mit Nachträgen nach 1933 wurden die Nachträge ebenfalls als Werke nach 1933 gezählt. Vgl. Verlagsverzeichnis C.H.Beck 1934.

bot der Verlag insgesamt 177 Werke an, von denen lediglich noch 68 Titel vor 1933 erschienen waren, 16 Titel stammten aus 1933 und 93 Titel (62 %) waren 1934 und später erschienen.[134] Fast die Hälfte der 1936 lieferbaren Titel war bereits vor oder in 1933 erschienen und wurde nach wie vor vertrieben. Die Gründe für Neuauflagen nach 1933 mussten also nicht zwangsläufig in einer Anpassung an die nationalsozialistische Ideologie liegen, auch die Übernahme von Werken aus Fremdverlagen konnte ein Hauptmotiv darstellen. Gerade wenn die Titel aus jüdisch geführten Verlagen übernommen wurden, kann den neuen Eigentümern ein hohes Interesse an raschen Neuauflagen unter den eigenen Verlagsmarken unterstellt werden: Die ehemals als Werke eines »jüdischen Verlags« bekannten Werke sollten umgehend neu positioniert und marktgängig gemacht werden. So veröffentlichte der Verlag C.H.Beck die aus dem Verlag Otto Liebmann übernommene Reihe der Taschenkommentare bei Neuauflagen nicht nur unter dem eigenen Verlagsnamen, sondern benannte auch die gesamte Reihe um in *Beck'sche Kurz-Kommentare.*

Auch die von Heinrich Schönfelder Anfang der 1930er Jahre mitkonzipierte Reihe *Prüfe dein Wissen* erfuhr Neuauflagen und erweiterte damit das C.H.Beck'sche Programm, wenn auch nicht in dem Maße wie die Reihe der *Beck'schen Kurz-Kommentare*: im Verlagsprospekt von 1934[135] weisen von insgesamt zwölf Titeln zehn Titel ein Erscheinungsdatum 1931 oder 1932 auf. Die Zivilprozeßordnung und vier weitere Titel sind mit »Deckblättern« April oder August 1934 angekündigt. Lediglich die Bände zur Strafprozessordnung und zur Konkursordnung sind im Jahr 1933 erschienen. Entweder bestand bei Werken zu Repetitoriumszwecken kein so rascher Anpassungsbedarf oder der Verlag hatte aus anderen Gründen zunächst darauf verzichtet. Im Katalog von 1936 sind die Bände zum Bürgerlichen Gesetzbuch und zum Verfassungsrecht als Neuauflage in Vorbereitung gelistet, ansonsten weisen alle beworbenen Titel die gleichen Erscheinungstermine auf, die Werke waren zwischenzeitlich nicht überarbeitet worden.

Eine so expansive Ausweitung lässt sich im Verlag Duncker & Humblot nicht nachvollziehen: Das Verlagsverzeichnis von 1939 listete insgesamt 47 juristische Werke und drei Schriftenreihen auf, die alle vor 1933 erschienen sind. Von den mit Erscheinungsjahr angegebenen Werken weisen 24 Titel ein Erscheinungsjahr vor 1933 auf, ein Titel ist 1933 erschienen und 14 Titel nach 1933; das Verzeichnis von 1941 zeigt ein ähnliches Bild.[136] Von dem früheren Hausautor Carl Schmitt wiesen beide Kataloge nur noch den 1938 erschienen Titel aus der Schriftenreihe der Akademie für Deutsches Recht

134 Vgl. Verlagsverzeichnis C.H.Beck 1936, S. 2–22.

135 Der Verlagsprospekt von 1934 ist überschrieben mit »Die wichtigsten Gesetzesausgaben«.

136 Hier gestaltete sich die Auswertung der Kataloge ohnehin schwierig: Ein Verzeichnis von 1939 umfasste lediglich 40 Seiten, Vergleiche mit Vorjahren waren nicht möglich. Vgl. Verlagsverzeichnisse Duncker & Humblot 1939 und 1941. Im Katalog von 1941 werden 52 juristische Werke gelistet sowie die drei erwähnten Schriftenreihen. Nach wie vor waren 24 Titel aus der Zeit vor 1933 und ein Titel aus dem Jahr 1933 lieferbar, die Anzahl der seit 1933 veröffentlichten Titel hatte sich auf 20 Titel erhöht.

aus: *Die Wendung zum diskriminierenden Kriegsbegriff*.[137] Inzwischen hatte sich Carl Schmitt wie beschrieben von seinem früheren Hausverlag abgewandt.

Der Verlag W. Kohlhammer veröffentlichte Sonderverzeichnisse: Für 1938 ist ein Sonderverzeichnis »Rechtswissenschaft« erschienen, es sind sowohl Titel mit Erscheinungsdatum vor und nach 1933 enthalten.[138] Der Katalog »Kommunalwissenschaft« ein Jahr später listete fast nur noch Titel, die erst nach 1933 erschienen waren. Auffällig ist eine Schriftenreihe mit dem Kommunalwissenschaftlichen Institut an der Universität Berlin, deren Bände ausnahmslos nach 1936 erschienen waren. Im Rahmen seiner Untersuchung zu Georg von Holtzbrinck stellt Garke-Rothbart fest, dass sich in den Programmen der W. Kohlhammer Verlage – seit 1934 auch des Deutschen Gemeindeverlags – nicht nur Werke mit antisemitischen Tendenzen finden, »der Vertrieb auch von NS-Propaganda war Teil des Geschäfts«.[139]

Ebenso erwies sich eine Auswertung der Verlagsproduktion für den Verlag Franz Vahlen als schwierig: Ein Verlagskatalog aus dem Jahr 1938[140] weist insgesamt 172 Titel und sechs Zeitschriften auf, von diesen haben lediglich fünf Titel ein Erscheinungsjahr vor 1933. Die sechs in 1933 veröffentlichten Werke stehen eher der nationalsozialistischen Ideologie nahe. 152 Titel sind nach 1933 erschienen. Bei den Titeln, die noch aus der Zeit vor 1933 lieferbar waren, handelte es sich beispielsweise um handelsrechtliche Werke wie eine vergleichende Darstellung zum Thema *Aktienrechte der Gegenwart* oder Hilfestellungen allgemeiner Art im Sinne von *Wie schließe ich einen Vertrag*. Konkrete Aussagen für den Verlag Franz Vahlen sind auf Grund der geringen Materialbasis wie dargelegt nicht möglich.

Der Verlag J. C. B. Mohr (Paul Siebeck) stellte seine neue Verlagsproduktion in den Jahren zwischen 1933 und 1945 in sogenannten Verlagsberichten vor, die die Neuerscheinungen des jeweiligen Jahres enthielten. Dadurch kann die Anpassung des Verlagsprogramms prozentual nicht nachvollzogen werden. Die Entwicklung der Neuerscheinungen lässt zumindest den Schluss zu, dass sich die Produktion zwar angepasst, aber nicht maßgeblich vergrößert hatte.[141]

Der Verlag Carl Heymanns unterteilte seine Kataloge in zehn verschiedene Rechts- und Wissenschaftsbereiche. Erstaunlich ist hier, dass das Preisverzeichnis von 1938 noch 49 % Werke aufweist, die bereits vor 1933 erschienen waren. Wesel gelangt für

---

137 Vgl. Verlagsverzeichnis Duncker & Humblot 1939, S. 19; 1941, S. 18.

138 Vgl. insgesamt Verlagsverzeichnisse W. Kohlhammer 1938 und 1939.

139 Garke-Rothbart: Georg von Holtzbrinck, 2008, S. 77.

140 Vgl. Vahlen's »blaue« Textausgaben, 1938.

141 Ausgezählt wurden jeweils Bücher und keine Zeitschriften, da diese jährlich fortlaufend erschienen sind. Nicht mitgezählt wurden die Titel der Finanzwissenschaften. Mitgezählt wurden die als »Beiträge« bezeichneten Werke in den verschiedenen juristischen Reihen. Die Bände der Reihe »Recht und Staat in Geschichte und Gegenwart« wurden gemäß ihrer Erwähnung im Verzeichnis gezählt und werden in der Auflistung noch einmal separat genannt. Vgl. Verlagsverzeichnisse J. C. B. Mohr (Paul Siebeck) 1933, 1934, 1936, 1937 und 1940.

den Verlag Carl Heymanns im Nationalsozialismus zu der Einschätzung, dass bei Carl Heymanns im Dritten Reich »von allen behandelten Verlagen wohl die meisten juristischen Neuerscheinungen zum NS-Recht, auch von prominenten NS-Juristen wie Reinhard Höhn, Otto Koellreutter und Carl Schmitt«[142] erschienen seien. Diese Ansicht kann nach Auswertung der Verlagskataloge zumindest so pauschal nicht geteilt werden. Im Rahmen der Darstellung des Verlags ist bereits auf den Einfluss der Tradition hingewiesen worden. Durch die detaillierte Aufteilung ist bei Carl Heymanns auch eine Auswertung nach einzelnen Rechtsgebieten möglich.

Tabelle 6.3: Gegenüberstellung der Produktion 1936 und 1938 bei Carl Heymanns[143]

Anteil nach 1933 erschienener Werke im Jahr	Anteil 1936	Anteil 1938
Staats- und Verwaltungsrecht...	46 %	53 %
Reichs-, Zivil-, Straf-, Wirtschaftsrecht...	33 %	40 %
Steuer- und Zollwesen	56 %	64 %
Kartellrecht, Kartellwesen	37 %	47 %
Ausländisches- und Völkerrecht	45 %	59 %
Gewerblicher Rechtsschutz...	51 %	63 %
Bau-, Siedlungs-, Genossenschaftswesen	31 %	40 %
Volkswirtschaft	55 %	58 %
Wohlfahrtspflege...	40 %	50 %
Philosophie, Geschichte, Politik...	33 %	38 %
Mittelwert	43 %	51 %

Die Einzelauswertung zeigt, dass vor allem die Rechtsbereiche des »Steuer- und Zollwesen« und der »Gewerbliche Rechtsschutz« früh angepasst worden sind. Gerade das Patentrecht besaß für den Verlag bereits seit der Zeit des Kaiserreichs eine hohe Bedeutung. Als Teil des gewerblichen Rechtsschutzes hatte der Carl Heymanns Verlag in diesem Bereich auch amtliche Publikationen im Programm, was ein weiterer Grund für das rasche Aktualisieren gewesen sein könnte: Werke dieser Art unterlagen nach 1933 einem besonderen Überarbeitungsbedarf. Nicht überraschend ist der geringe Prozentsatz in den übrigen Wissenschaftsbereichen: Die Titel aus den Bereichen »Philosophie, Geschichte, Politik, Erziehung, Unterricht, Sprachlehre, Allg. Literatur, Naturwissenschaft, Technik, Chemie, Medizin« unterlagen – zumindest im Carl Heymanns Verlag – keinem so ausgeprägten Änderungsbedarf wie die juristischen Publikationen.

142 Wesel: C.H.Beck, 2013, S. 181. Lebensdaten Reinhard Höhn (1891–1937).

143 Vgl. Preisverzeichnisse Carl Heymanns 1936 und 1938.

Die Beispiele aus den verschiedenen Verlagen haben gezeigt, dass eine Programmanpassung in allen Verlagen vorgenommen wurde. In manchen Verlagen ergab sich eine Aktualisierung des Verlagsprogramms nach 1933 rascher als in anderen Verlagen – was sowohl an einer bewussten Verlegerentscheidung als auch an den Publikationsarten gelegen haben kann. Einige Verlage hatten bereits sehr früh ein stark nationalsozialistisch geprägtes Programm, andere Verlage behielten ein eher gemäßigtes Verlagsprogramm bei. Auffällig ist auch, dass in einigen Verlagen sogar in den späteren Jahren des Dritten Reichs noch Werke lieferbar waren, die bereits in der Weimarer Republik initiiert worden waren. Programmanpassungen wurden in den Verlagen folglich individuell vorgenommen – und nicht in dem Ausmaß radikal und pauschal, wie es bei oberflächlicher Betrachtung unterstellt werden könnte. Anpassungsleistungen konnten dabei nicht nur rein quantitativ erfolgen, sondern waren auch durch die Herausgabe einschlägigen Schrifttums möglich.

6.4.2 Nationalsozialistisches Gedankengut in Einzelwerken

Ein noch deutlicheres Zeichen der ideologischen Hinwendung zum Nationalsozialismus stellten Werke mit nationalsozialistischem Gedankengut im Programm dar. Nicht nur Titel aus dem Bereich der »Rassengesetzgebung«[144] bilden Beispiele, sondern auch Werke aus dem Staats- und Verfassungsrecht oder strafrechtliche Titel konnten die Verlage eindeutig positionieren. Vieldiskutierte Beispiele für problematische Werke aus der Zeit nach 1933 stellen die Werke von *Lösener / Knost* und *Stuckart / Globke* zur »Rassengesetzgebung« dar. Im Verlag C.H.Beck veröffentlichten Wilhelm Stuckart (1902–1953) und sein Mitarbeiter Hans Globke die *Kommentare zur deutschen Rassengesetzgebung*, der erste Band erschien 1936. Enthalten waren das Reichsbürgergesetz, das Blutschutzgesetz und das Ehegesundheitsgesetz mit allen Ausführungsvorschriften und den einschlägigen Gesetzen und Verordnungen.[145] Verfasst war das Werk von dem im Reichsinnenministerium zuständigen Staatssekretär Wilhelm Stuckart und dem Oberregierungsrat Hans Globke. Das Werk im Umfang von XII, 287 Seiten besaß ein Handausgabenformat mit grauem Leinenband. Geplant waren weitere Bände zum Reichsangehörigkeitsgesetz, zum Sippenamtsgesetz und anderen Gesetzen.[146] Nach Erscheinen des *Stuckart / Globke* wurde dieser an das

---

144 Nach nationalsozialistischem Verständnis handelte es sich um einen »Schutz der Rasse«, es wird deshalb auch von »Rasseschutzgesetzgebung« gesprochen. Vgl. Frank: Einleitung, 1935, S. XVIII. Vorliegende Ausführungen verwenden den Begriff »Rassengesetzgebung«.

145 Vgl. C.H.Beck: Verlagsverzeichnis Verlag C.H.Beck, 1936, S. 11.

146 Der Kommentar von Stuckart / Globke war nicht das erste Werk mit nationalsozialistischer Prägung im Verlag C.H.Beck: Neben Textausgaben nationalsozialistischer Gesetze erläuterte Albert Gorter, Ministerialrat im Bayerischen Staatsministerium der Finanzen, 1933 das Gesetz zur Wiederherstellung des Berufsbeamtentums im Taschenformat. Vgl. auch Rebenich: C.H.Beck, 2013, S. 385.

Hauptamt für Erzieher bei der Reichsverwaltung des NS-Lehrerbunds versandt »als authentische Auslegung der neuen Rassengesetz, die den Parteistellen wertvolle Dienste leisten werde«.[147] Die Autoren Wilhelm Stuckart und Hans Globke bürgten durch ihre Tätigkeit im Ministerium für die Auslegung des Gesetzes im Sinne des offiziellen nationalsozialistischen Verständnisses. Mit der Autorenschaft von Wilhelm Stuckart und Hans Globke hatte der Verlag C.H.Beck die Kommentierung aus der Feder des Reichs- und Preußischen Innenministeriums und damit eine Erläuterung von offizieller Seite im Programm.[148] Weiterer Vorteil für den Verlag C.H.Beck: Der Verlag konnte 1936 ein umfangreicheres Werk zeitgleich mit seinem Konkurrenten Franz Vahlen auf den Markt bringen. Dies hing sicher auch damit zusammen, dass die Autoren durch ihre Tätigkeit im Ministerium mit den Inhalten auf höherer Ebene vertraut waren.

Zuständiger Referent im Reichsinnenministerium war Bernhard Lösener (1890–1952), der ein Jahr später bereits die zweite Auflage seines Werkes im Verlag Franz Vahlen veröffentlichte: Die Kommentierung von Bernhard Lösener und Friedrich Knost (1899–1982) enthielt neben den *Nürnberger Gesetzen über das Reichsbürgerrecht und den Schutz des deutschen Blutes und der deutschen Ehre*[149] die Durchführungsverordnungen, das Ehegesundheitsgesetz sowie sämtliche einschlägigen Bestimmungen und die Gebührenvorschriften. Alles wurde »im Rahmen der nationalsozialistischen Gesetzgebung dargestellt und erläutert«.[150] Das Werk war mit 107 Seiten in der ersten und 168 Seiten in der zweiten Auflage weniger umfangreich als die Konkurrenz bei C.H.Beck und erschien in der *Sammlung Vahlen*. Der Mitautor von Bernhard Lösener, Friedrich Knost, war diesem nicht nur unterstellt, sondern auch in der Reichsstelle für Sippenforschung tätig, hatte also ebenfalls berufliche Anknüpfungspunkte. Auch andere nationalsozialistische Autoren prägten das Programm von Franz Vahlen nach 1933: Ein prominenter Autor war zum Beispiel Roland Freisler. Im 1. Jahrgang der *Zeitschrift der Akademie für Deutsches Recht* hatte der Verlag bereits eine halbseitige Anzeige geschaltet, in der er für die *Schriften der Akademie für Deutsches Recht* warb, unter anderem mit einem Werk zum »kommenden Strafrecht« des Reichsjustizministers Franz Gürtner unter Mitwirkung von Staatssekretär Roland Freisler.[151] Als Staatssekretär im Reichsjustizministerium veröffentlichte Roland Freisler vor allem zu strafrechtlichen Themen und zur Reform des Strafrechts im Dritten Reich; so auch einen Aufsatz in der Festschrift für Franz Schlegelberger 1936 mit dem Titel »Der Heimweg des Rechts in die völkische Sittenordnung«, der die zukünftige Rolle des

147 Zitiert nach Rebenich: C.H.Beck, 2013, S. 393.

148 Vgl. Stuckart / Globke: Reichsbürgergesetz, 1936.

149 Vgl. Lösener / Knost: Nürnberger Gesetze, 1937; Verlagsverzeichnis Franz Vahlen 1938, S. 18.

150 Titelblatt Lösener, Knost: Nürnberger Gesetze, 1937.

151 Vgl. Franz Vahlen: Werbung Schriften der Akademie für Deutsches Recht. In: Zeitschrift der Akademie für Deutsches Recht 1934, S. Ohne Paginierung.

Strafrechts eindeutig im Sinne der nationalsozialistischen Ideologie positionierte.[152] Bei Franz Vahlen erschienen auch diverse Vorträge des Staatssekretärs Franz Schlegelberger als gedruckte Publikationen. Themen und Titel waren unter anderem *Ein Volk erlebt sein Recht* von 1936 mit dem Satz »Wir sind wieder stolz, Deutsche zu sein«[153] oder *Abschied vom BGB* aus dem Jahr 1937 mit den einleitenden Worten:

> »Wer das Wesen des Rechts nicht außerhalb des Volkslebens sucht, sondern in ihm nur eine besondere Anschauung des Lebens unter ordnenden Gesichtspunkten erblickt, muß aufs tiefste davon überzeugt sein, daß die Rechtsentwicklung zwangläufig durch den Wandel der Lebensauffassung und durch die Richtung der völkischen Lebensziele bestimmt wird.«[154]

Im Verlagsprogramm von R. von Decker ist eine Reihe auffällig mit dem Titel *Beiträge zur Rechtserneuerung. Gemeinschaftsarbeiten aus der Deutschen Rechtspflege*, im Rahmen derer auch Roland Freisler publiziert hat.[155] Dies verlieh der Reihe ein zusätzliches Gewicht: Neben anderen Ämtern war Freisler seit 1935 »Leiter der wissenschaftlichen Arbeiten der Akademie für Deutsches Recht«. Ernannt von Hans Frank avancierte er damit »zum unmittelbaren ersten Berater von Reichsminister Dr. Frank in allen Fragen der Rechtsreform«.[156] Bei R. von Decker herausgegeben wurden die *Gedanken zum Schutz der Bewegung*, *Grundzüge eines Allgemeinen Deutschen Strafrechts* oder ein Werk mit dem Titel *Schutz des Volkes oder des Rechtsbrechers?* sowie die programmatische Schrift *Zur Neugestaltung des Strafverfahrens und Strafvollzugs*.[157] Lieferbar war außerdem eine Denkschrift zum nationalsozialistischen Strafrecht, dessen Gesamtbearbeitung wiederum unter anderem Roland Freisler vorgenommen hatte.[158] Gemeinsam gaben Roland Freisler und Hans Frank auch die *Schriften der Akademie für Deutsches Recht* heraus; mit dem Reichsjustizminister Otto Georg Thierack besaß das Werk als Autor einen Politiker höchsten Ranges. Ein weiterer prominenter nationalsozialistischer Autor im Verlag war Hermann Göring (1893–1946) mit seiner veröffentlichten Rede *Grundsätze der heutigen Staatspolitik* »im Büro des Preuß. Landtags durchgesehene authentische Ausgabe« von 1933. Wiederum ist im Verlagsprogramm von R. von Decker bemerkenswert, dass der Verlag auch die politische Ebene der Minister publizieren konnte. Dies erinnert an die verlegerische Strategie des Verlags im 19. Jahrhundert: Auch jetzt gelang es dem Verlag offenbar, gerade zu den herausragenden politischen Funktionären Bindungen aufzubauen, während andere Verlage ihre Autoren eher auf anderen Ebenen der Ministerialbürokratie suchten und fanden.

---

152 Vgl. Freisler: Der Heimweg des Rechts in die völkische Sittenordnung, 1936, S. 28–29.
153 Schlegelberger: Ein Volk erlebt sein Recht, 1936, S. 4.
154 Schlegelberger: Abschied vom BGB, 1937, S. 3.
155 Vgl. Verlagsverzeichnis R. von Decker, Herbst 1937, S. 22–24.
156 Akademie für Deutsches Recht: Roland Freisler, 1935, S. 76.
157 Vgl. R. von Decker: Verlagsverzeichnis, Sommer 1936, S. 23.
158 Vgl. insgesamt Verlagsverzeichnis R. von Decker, Herbst 1934, S. 24, 28, 30.

Auch im Carl Heymanns Verlag erschienen Werke, die eine eindeutig nationalsozialistische Tendenz aufwiesen wie die Erläuterung zur Gesetzgebung des Dritten Reiches von Erwin Noack (1899–1967) mit einem Kapitel zur Rassengesetzgebung und Einzelkapiteln wie »Maßnahmen zur Zurückdrängung des völkisch Unerwünschten«, »Säuberung des öffentlichen Lebens von politisch Unzuverlässigen und Rassefremden« oder »Läuterung des Volkskörpers«.[159] Eine Reihe »Das Recht der nationalen Revolution« enthielt unter anderem ein Werk zur *Erneuerung des Berufsbeamtentums* von Hanns Seel (1876–1941), ferner gab der Carl Heymanns Verlag eine Handbücherei mit Werken zu Rassenkunde heraus.[160] Der Verlag hatte auch einen bis heute bekannten Kommentar zum Schriftleitergesetz im Programm: Bereits ein Jahr nach Verkündung des Gesetzes veröffentlichten Hans Ernst Albert Schmidt-Leonhardt (1886–?) und Peter Gast 1934 die Erläuterung im Umfang von 255 Seiten.[161]

Im Verlag W. Kohlhammer waren es wiederum rassekundliche Veröffentlichungen, die das Verlagsprogramm in die Nähe der nationalsozialistischen Ideologie rückten. Ein solches Werk stellte das *Erbgesundheitsrecht* von Erich Ristow dar, das sich mit der »Berechtigung, Bedeutung und Anwendung des Gesetzes zur Verhütung erbkranken Nachwuchses mit einem Anhang der Gesetze, Verordnungen und wichtigsten Runderlasse« beschäftigte und 1935 im Umfang von 350 Seiten herausgegeben wurde, bereits ein Jahr später erschien ein Nachtrag.[162] Die Werke zum Rassen- und Erbgesundheitsrecht positionierte der Verlag auch, indem er eine Rubrik in seinem Katalog mit »XIV. Bauern-, Rassen- und Erbgesundheitsrecht / Wehr- und Kriegsrecht« überschrieb.[163] Durch den Verlag Deutscher Gemeindeverlag war der Verlag ohnehin »geschäftlich mit diversen Dienststellen von Partei und Staat verbunden«[164] und gab unter anderem ein *Jahrbuch für Sippenkunde des Deutschtums im Ausland* heraus. Ferner war im Verlag eine Schriftenreihe unter der Schirmherrschaft der Hitlerjugend geplant.[165] In der Reihe »Neugestaltung von Recht und Wirtschaft« erschien von Wilhelm Stuckart und Rolf Schiedermair (1909–1991) – beide im Reichsministerium des Innern – ein Werk zur *Rassen- und Erbpflege in der Gesetzgebung des Dritten Reiches* in Leipzig in der Abteilung Schaeffer.[166]

Auch wenn Werke zur NSDAP zunächst im Verlag Franz Eher Nachf. vermutet werden wie *Das Recht der NSDAP.: Vorschriften-Sammlung mit Anmerkungen, Verwei-*

---

159 Vgl. Noack: Die Gesetzgebung des Dritten Reiches, 1938, S. 45–57.

160 Vgl. Preisverzeichnis Carl Heymanns 1936, S. 28; Preisverzeichnis Carl Heymanns 1938, S. 11–12.

161 Vgl. Preisverzeichnis Carl Heymanns 1936, S. 26.

162 Vgl. Verlagsverzeichnis W. Kohlhammer 1938, S. 23.

163 Vgl. Verlagsverzeichnis W. Kohlhammer 1938, S. 76–77.

164 Garke-Rothbart: Georg von Holtzbrinck, 2008, S. 75.

165 Vgl. Garke-Rothbart: Georg von Holtzbrinck, 2008, S. 79–80.

166 Vgl. Stuckart / Schiedermair: Rassen- und Erbpflege in der Gesetzgebung des Dritten Reiches, 1938.

sungen und Sachregister,[167] besaß der Verlagskatalog von W. Kohlhammer ebenfalls eine Rubrik »Staats-, Verfassungs- u. Völkerrecht und Recht der NSDAP«, in der sich ein Titel aus dem Jahr 1935 findet: *Die nationalsozialistische Deutsche Arbeiterpartei – Versuch einer Rechtsdeutung.*[168] Eine weitere Öffnung in Richtung des herrschenden Regimes war der Abdruck von Geleitworten oder Auszügen aus Rezensionen nationalsozialistisch geprägter Zeitschriften: So bei dem Kommentar zum Jugendschutzgesetz von Wolfgang Siebert (1905–1959), der an der Universität Berlin lehrte und stellvertretender Vorsitzender des Jugendrechtsausschlusses der Akademie für Deutsches Recht war. Das 1938 erschienene Werk enthielt Geleitworte von Hans Frank und vom Reichsjugendführer Baldur von Schirach (1907–1974). Für die Werbung wird in einer Rezension betont, dass das Werk auch für »alle mit dem Jugendschutz befaßten Parteistellen und Behörden, ferner [...] bei der Hitler-Jugend und der Arbeitsfront«[169] hilfreich sei. Eine Rezension der Zeitschrift *Die nationalsozialistische Gemeinde* ordnete das Werk ebenfalls eindeutig ein.

Der Verlag J. C. B. Mohr (Paul Siebeck) trat im Zusammenhang mit der Akademie für Deutsches Recht in Erscheinung. Ein Katalog von 1937[170] enthält an Neuerscheinungen die *Arbeitsberichte der Akademie für Deutsches Recht*, die vom »Präsidenten der Akademie für Deutsches Recht Reichsminister« Hans Frank herausgegeben wurden. Neu lieferbar war hier die Denkschrift des Erbrechtsausschusses der Akademie für Deutsches Recht mit dem Titel *Das Recht des Testaments*. Der Katalog von 1938[171] enthält eine neue Rubrik »Volk und Staat« mit Titeln wie *Diktatur und Führung* oder *Der deutsche Volksstaat*. Der Verlag machte insbesondere in seinen »Neuigkeiten« auf einschlägige Neuerscheinungen aufmerksam. So wurde 1934 *Der Deutsche Führerstaat* von Otto Koellreutter herausgegeben. In der Reihe *Recht und Staat in Geschichte und Gegenwart* erschien ferner von dem Breslauer Professor Heinrich Lange ein Werk mit dem bezeichnenden Titel *Vom Gesetzesstaat zum Rechtsstaat*, das – auf einem Vortrag des Autors basierend –, die »wahre Volksherrschaft« an die Stelle der »leeren Demokratie« setzen wollte.[172] In der Werbung des Verlags wird das Gesetzesverständnis der Nationalsozialisten wie folgt dargestellt:

> »Das nationalsozialistische Rechtsempfinden stellt dem Gesetz das Recht gegenüber, vertieft die wertfreie Gesetzestechnik zur wertbestimmten Rechtsethik. Es hat an die Stelle der leeren Demokratie die wahre Volksherrschaft gesetzt, läßt die Staatsgewalt nicht nur im Wort, sondern in der Tat vom Volke ausgehen, nicht von der Gesellschaft der Klasse oder der Masse. Das neue Rechtsempfinden ordnet so Führer, Bewegung, Staat wie Einzelnen diesem höchsten Werte unter

167 Vgl. Haidn: Recht der NSDAP, 1937.

168 Vgl. Verlag W. Kohlhammer: Verlagsverzeichnis, 1938, S. 37.

169 Verlagsverzeichnis W. Kohlhammer, Ohne Datierung (1941), S. 23.

170 Vgl. Verlagsverzeichnis J. C. B. Mohr (Paul Siebeck) 1937.

171 Vgl. Verlagsverzeichnis J. C. B. Mohr (Paul Siebeck) 1938.

172 Vgl. Neuigkeiten Verlag J. C. B. Mohr (Paul Siecek) 1934, S. 36. Heinrich Lange war ab 1934 Professor in Breslau und hatte den Auftrag, die juristische Fakultät zu einer »Stoßtruppfakultät« umzubauen.

> und verbindet sie zugleich in ihm zu einer wahren Gemeinschaft, die an die Stelle einer zerrissenen Gesellschaft das Vertrauen und die Treue einer notwendigen Volksgemeinschaft setzt. Führer, Bewegung, Staat und Einzelner dienen dem Volke, stehen unter dem Volksgeiste, unter dem Rechte. Der Nationalsozialismus stellt so der äußeren Form des Gesetzesstaates den inneren Wert des Rechtsstaates entgegen.«[173]

Die Verzeichnisse des Verlags enthielten teilweise eine eigene Rubrik »Volk und Staat« in der Titel verzeichnet waren wie *Diktatur und Führung* aus der Reihe *Recht und Staat in Geschichte und Gegenwart*[174] und auch die Brücke zwischen Staats- und Strafrecht wurde geschlagen: So veröffentlichte der Göttinger Professor Karl Siegert (1901–1988) die *Grundzüge des Strafrechts im neuen Staate* mit einem Fokus auf der Gewinnung des Nachwuchses für den Nationalsozialismus: »Der junge politische Student, der in Hitlerjugend, Arbeitsdienst und SA die politischen Grundlagen unseres völkischen Lebens erkannt und erlebt hat, muß als Mitkämpfer um die politische nationalsozialistische Strafrechtswissenschaft gewonnen werden.«[175] Im Verlag J. C. B. Mohr (Paul Siebeck) erschien 1935 außerdem das Werk *Rasse und Familie* in der Reihe *Recht und Staat in Geschichte und Gegenwart*, das sich mit der »Durchführung des Rassegedankens im bürgerlichen Recht« beschäftigte und mit einer einschlägigen Charakterisierung bekannt gemacht wurde: »Die Durchführung des Rassegedankens bedeutet für das bürgerliche Recht eine Neugestaltung in doppelter Richtung: einmal sichert das künftige Recht die Volksgenossen gegen rassische Überfremdung; ferner wird es die Entwicklung eines gesunden blühenden Familienlebens fördern.«[176]

Insgesamt kann für den Verlag J. C. B. Mohr (Paul Siebeck) festgestellt werden, dass nach 1933 zwar eine Anpassung vorgenommen wurde, der Verlag aber nationalsozialistisches Gedankengut vor allem in Reihen bündelte. Insgesamt scheint der Verlag nicht in dem Maße wie andere Verlage nationalsozialistische Werke zu veröffentlichen und sich zu positionieren. Wesel sieht im Verlag bei J. C. B. Mohr (Paul Siebeck) eine starke Programmreduzierung der »vielen jüdischen und antinationalsozialistischen Autoren«.[177] Seine These, dass der Verlag J. C. B. Mohr (Paul Siebeck) einer derjenigen juristischen Verlage mit der stärksten nationalsozialistischen Ausprägung im Verlagsprogramm gewesen sei, findet allerdings keinen Halt in den Verlagsverzeichnissen dieser Zeit. Im Gegenteil, kann man den Eindruck gewinnen, dass Oskar Siebeck als Verleger eher Distanz zum Regime zu wahren versuchte: Im Rahmen einer 1934 veröffentlichten Schrift über den wissenschaftlichen Verlag, die der Verleger im Juni 1933 nach der Machtübernahme der Nationalsozialisten verfasst hatte, finden sich zu Aussagen »Bücher treten in den Hintergrund, das Erleben rückt in den Vordergrund« des langjährigen Leiters des deutschen Studentenwerkes Reinhold Schai-

173 Neuigkeiten Verlag J. C. B. Mohr (Paul Siebeck) 1934, S. 36.
174 Vgl. Verlagsverzeichnis J. C. B. Mohr 1938, S. 5–6.
175 Neuigkeiten J. C. B. Mohr (Paul Siebeck) 1934, S. 38.
176 Zitate Neuigkeiten J. C. B. Mohr (Paul Siebeck) 1935, S. 11.
177 Wesel: C.H.Beck, 2013, S. 181.

rer (1887–1971) oder »Man verschone uns mit theoretischen Spitzfindigkeiten, heute gilt nur die Tat« die Anmerkung von Oskar Siebeck: »Solche und ähnliche weniger besonnene Urteile konnte man noch zu Anfang dieses Jahres von Vertretern der jüngeren und jüngsten Generation auf wissenschaftlichen Kongressen hören.«[178] Gleich zu Beginn des Werkes scheut sich Oskar Siebeck nicht, auf Differenzen innerhalb der Arbeitsgemeinschaft der rechts- und staatswissenschaftlichen Verlage hinzuweisen und den persönlichen Charakter der Schrift zu betonen:

> »In der Aussprache über diesen Entwurf wurden aber Einwendungen erhoben, die es mir richtiger erscheinen ließen, in der Ausarbeitung den persönlichen Charakter der vertretenen Auffassung mindestens nicht zu verwischen. Wenn er schließlich mehr betont worden ist, als dem Geschmack manches Lesers entsprechen mag, so muß das seine Rechtfertigung darin finden, daß die Arbeit des Verlegers immer einen starken persönlichen Einsatz verlangen wird. Tübingen, im August 1934.«[179]

Darin kann sicher keine Kritik oder kein Widerstand gegenüber dem herrschenden nationalsozialistischen Regime gesehen werden, allerdings stimmte Oskar Siebeck – trotz des in Verzeichnissen festgestellten Neuanfangs – offensichtlich auch nicht vorbehaltlos in den Chor der euphorischen Befürworter der nationalsozialistischen Veränderungen nach 1933 ein. Folgerichtig ist, dass der Verlag J. C. B. Mohr (Paul Siebeck) seine nationalsozialistischen Autoren nicht exklusiv an den Verlag binden konnte, sie schrieben in erheblichem Maße auch in anderen Verlagen, wie zuvor für Ernst Rudolf Huber als Autor und Herausgeber beschrieben.

Die Beispiele haben gezeigt, dass jeder der exemplarisch betrachteten Verlage Werke im Programm führte, die das herrschende System im »Dritten Reich« publizistisch unterstützten. Keiner der Verlage hat sich eindeutig gegen die nationalsozialistische Herrschaft positioniert – was angesichts der drohenden Repressalien auch nicht möglich gewesen wäre. Bereits im 1. Jahrgang der *Zeitschrift der Akademie für Deutsches Recht* finden sich im Rahmen einer Werbeanzeige für die »Schriften der Akademie für Deutsches Recht« die Namen renommierter Verlage: neben Werken aus dem Verlag Franz Eher Nachf. oder dem Verlag Hanseatische Verlagsanstalt wurde in der Gruppe »Strafrecht« auf das Werk von Roland Freisler im Verlag R. von Decker hingewiesen, aus dem Verlag Carl Heymanns auf Viktor Bruns (1884–1943) Werk *Deutschlands Gleichberechtigung als Rechtsproblem*, ferner finden sich im Rahmen der Schriften der Akademie Titel aus dem Verlag Franz Vahlen oder Walter de Gruyter.[180] Gleichzeitig haben die Beispiele deutlich gemacht, dass durchaus Unterschiede in der Ideologisierung der Verlagsprogramme bestanden. Bei quantitativer Betrachtung wurden die Verlagsprogramme der Verlage C.H.Beck und Carl Heymanns in geringe-

178 Siebeck: Die Aufgabe des wissenschaftlichen Verlags, 1934, S. 11

179 Siebeck: Die Aufgabe des wissenschaftlichen Verlags, 1934, Vorbemerkung.

180 Akademie für Deutsches Recht: Schriften der Akademie für Deutsches Recht. In: Zeitschrift der Akademie für Deutsches Recht 1934, S. 126.

rem Maße und weniger rasch umgestellt als diejenigen von R. von Decker oder Franz Vahlen. In welchem Ausmaße die Programme angepasst wurden, hing von verschiedenen Umständen ab: Davon, ob der Verlag für eine Öffnung bereit war ebenso wie von den – teils auch durch Zufälle geprägten – Gelegenheiten zu einer Ideologisierung. So hat das Beispiel des Verlags J. C. B. Mohr (Paul Siebeck) gezeigt, dass in diesem speziellen Fall trotz der Bemühungen des Verlegers der Kontakt zu den nationalsozialistischen Autoren nur bedingt gelang. Dabei wäre die rein quantitative Analyse der juristischen Verlagsprogramme für eine Einschätzung im Hinblick auf eine Hinwendung zum nationalsozialistischen System unzureichend: Ein einziger reichweitenstarker Kommentar konnte durch seine Einflussmacht ähnliches Unrecht bewirken wie eine hohe Anzahl eindeutig nationalsozialistischer Werke mit jeweils geringer Verbreitung.

6.4.3 Kontinuitäten durch Orientierung an den Machthabern

Kontinuitäten konnten am ehesten dann gewahrt werden, wenn es den Verlagen gelang, ihre Programme an den – offen geäußerten oder impliziten – Vorgaben der neuen Machthaber auszurichten. Dies war in vielen Fällen nur mit Veränderungen in den Verlagsprogrammen möglich: Die Meinungsführerschaften hatten sich nach 1933 geändert, die neuen Protagonisten des juristischen Diskurses suchten dezidiert nach ihn genehmen Publikationsplattformen – umgekehrt mussten die Verlage bemüht sein, prominente Nationalsozialisten als Autoren zu gewinnen. Drei Beispiele sollen eine Neuorientierung der Verlage an den nationalsozialistischen Machthabern illustrieren: Im Verlag R. von Decker schrieb nach 1933 eine Vielzahl hochrangiger Politiker des neuen Systems, dem Verlag C.H.Beck gelang es, seinen Kommentar zum Bürgerlichen Gesetzbuch mit dem im juristischen Prüfungsbereich bedeutendsten Herausgeber zu besetzen und Franz Vahlen konnte mit Franz Schlegelberger einen langjährigen Autor weiterhin an sich binden, der nach 1933 das Wohlwollen der Mächtigen des nationalsozialistischen Staates genoss.

Der Verlag R. von Decker orientierte sich bereits früh an den veränderten Verhältnissen, zu seinen Autoren gehörten schon kurz nach der Machtübernahme hochrangige nationalsozialistische Politiker. Diese konnte der Verlag für sich gewinnen, da er direkt nach 1933 seine Werke umstellte und viele amtliche Publikationen nahtlos fortführen konnte. Bereits im Rahmen der quantitativen Betrachtung wurde bei R. von Decker ab 1935 eine markante Programmbereinigung im Sinne der nationalsozialistischen Ideologie festgestellt. Diese wurde insbesondere ab Ende der 1930er Jahre durch eine Ausweitung der neueren Titelproduktion begleitet. Bei den neu veröffentlichten Werken ist eine Fortführung des Schwerpunktbereichs der amtlichen Publikationen auffällig: Bereits im Katalog von 1934 gab es einen Eintrag mit »Amtlichen Sonderveröffentlichungen der Deutschen Justiz. Gesetze, Entwürfe, Begründungen«.[181] Eigene

181 Verlagsverzeichnis R. von Decker, Herbst 1934, S. 29, 31–33, 50–51.

Rubriken nahmen die »Amtlichen Veröffentlichungen verschiedener Ministerien« sowie die »Amtsblätter und Zeitschriften« ein. Gerade für diese Publikationen versuchte R. von Decker hochrangige Politiker als Herausgeber und Autoren einzubinden. Konsequenz war, dass der Verlag diese amtlichen Werke über 1933 hinaus kontinuierlich im Verlag fortsetzen konnte.

Als »Amtliches Blatt der deutschen Rechtspflege« wurde nach 1933 zum Beispiel *Die Deutsche Justiz. Rechtspflege und Rechtspolitik* übernommen. Als »Gründer« war Reichs- und Staatsminister Staatsrat Hanns Kerrl (1887–1941) genannt. Reichsjustizminister Franz Gürtner war Herausgeber, Franz Schlegelberger fungierte ebenso als Schriftleiter wie Roland Freisler, beide Staatssekretäre im Justizministerium; letzterer als amtierender Schriftleiter. Die Zeitschrift bestand 1934 im 96. Jahrgang, die Jahrgangszählung wurde beibehalten. Daneben veröffentlichte der Verlag Denkschriften wie diejenige des Preußischen Justizministers Hanns Kerrl zum »Nationalsozialistischen Strafrecht«, unter anderem mit Roland Freisler als Bearbeiter.[182] Neben diesen amtlich gekennzeichneten Ausgaben, besaß der Verlag R. von Decker bereits 1934 Werke im Programm, denen ein offizieller Charakter zugeschrieben werden konnte wie den *Schriften der Akademie für Deutsches Recht.*

Mit prominenten Rechtspolitikern fortgeführt wurde auch *Goltdammer's Archiv für Strafrecht* mit dem Titel *Deutsches Strafrecht. Strafrecht, Strafrechtspolitik, Strafprozeß* als *Zeitschrift der Akademie für Deutsches Recht. Goltdammer's Archiv* ist gleichzeitig ein Beispiel für die Bewahrung von Kontinuitäten durch personelle Veränderungen: Die Zeitschrift konnte 1933 im 80. Jahr erscheinen. 1934 wurde *Goltdammer's Archiv für Strafrecht* als Zeitschrift »für nationalsozialistisches Strafrechtsdenken, Strafrechtserneuerung und Strafrechtspflege«[183] übernommen. Neben Reichsjustizminister Otto Georg Thierack und Roland Freisler wirkten bis 1942 auch Karl Klee (1876–1944), zeitweise Senatspräsident am Kammergericht, und Karl Krug mit; beide Ministerialräte im Reichsjustizministerium. Herausgeber waren zunächst Otto Georg Thierack und Roland Freisler. 1943–1944 wurde Thierack alleiniger Herausgeber, was eine zunehmende Verankerung der Zeitschrift in der Politik und dort auf höchster Ebene dokumentiert. Durch die Herausgabe als *Zeitschrift der Akademie für Deutsches Recht* und durch die Herausgeber war sichergestellt, dass die Werke die offizielle Stellungnahme der Akademie wiedergaben und den Inhalten ein herausragendes Gewicht zukam. Wolter charakterisiert die Zeitschrift zwischen 1919 und 1933 sowie 1944 als »Sammelstelle der wissenschaftlich begründeten und *begleiteten* höchst- und untergerichtlichen Rechtsprechung; Landesstrafrecht; Polizeirecht; Kerngebiete des Straf- und Strafverfahrensrechts«.[184] Unter der Ägide von Roland Freisler und Otto Georg Thierack in der Zeit zwischen 1934 und 1944 stand

182 Vgl. Verlagsverzeichnis R. von Decker, Herbst 1934, S. 30.

183 Wolter / Küper: Goltdammer's Archiv, 2003, S. 1.

184 Wolter / Küper: Goltdammer's Archiv, 2003, S. 10–11.

»Strafrechtspolitik; Politik-Strafrecht« im Vordergrund. Auch Bruns stellt eine Gradlinigkeit der »Geschichte der Herausgeber des Archivs, seiner Titel und Anliegen«, aber auch ein »Interregnum von 1934 bis 1944«[185] fest. In dieser Zeit gab *Goltdammer's Archiv* die offizielle nationalsozialistische Rechtsauffassung wieder und sicherte so eine Kontinuität im Erscheinen der Zeitschrift. Der Verlag R. von Decker unterbrach die Kontinuität der Zeitschrift nach 1933 lediglich, indem sie im Verlagsverzeichnis unter dem Titel *Deutsches Strafrecht. Strafrecht, Strafrechtspolitik, Strafprozeß* und als »Zeitschrift der Akademie für Deutsches Recht« erschien.

Als Begründer wurde auf Theodor Goltdammer verwiesen, als Vorgänger in der Herausgeberschaft auf Josef Kohler.[186] Damit knüpfte die Ankündigung an zwei herausragende Rechtswissenschaftler an, die beide einen hohen Anspruch hatten und einen starken Fokus auch auf praktische Erläuterungen setzten, und stellte die neuen Herausgeber in diese Tradition. Die Nennung gerade von Theodor Goltdammer und Josef Kohler war sicher bewusst erfolgt: Theodor Goltdammer wirkte im 19. Jahrhundert, Josef Kohler von 1900 bis 1919. Es wurde damit wiederum eine Verbindung in die Zeit des Kaiserreichs hergestellt, nicht aber in die Weimarer Republik. Eine Traditionslinie blieb auch nach 1945 bestehen: Der Herausgeber nach 1953 Heinrich Grützner (1905–1974) war ehemaliger Assistent von Karl Klee.[187] Eine kontinuierliche Orientierung an den jeweils herrschenden Systemen war durchgängig über 100 Jahre gegeben.

Das unveränderte Fortbestehen von amtlichen Zeitschriften stellt gleichzeitig einen Beleg für die Kontinuität innerhalb der Geschäftsfelder dar: So war es R. von Decker zum Beispiel gelungen, das *Reichs-Gesundheitsblatt* weiterzuführen. Die Zeitschrift wurde vom Reichsgesundheitsamt 1934 im 9. Jahrgang herausgegeben und bildete den 58. Jahrgang der »Veröffentlichungen«. Weitere Beispiele sind die *Preußische Gesetzessammlung* (herausgegeben vom Preußischen Staatsministerium, erschienen 1934 im 125. Jahrgang 1934), die Zeitschriften *Preußisches Finanz-Ministerialblatt* und *Preußisches Besoldungsblatt*.[188] Eine fortgeführte Zeitschrift aus dem Ausbildungsbereich war *Die Postbetriebsschule* als »Zeitschrift für die Weiterbildung der Beamten der Deutschen Reichspost«, herausgegeben im Auftrage des Reichspostministeriums im 8. Jahrgang 1934.[189] Auch die *Amtlichen Ausgaben des Reichsmonopolamts für Branntwein* konnten über die Weimarer Zeit hinaus im Dritten Reich fortgesetzt werden mit

---

185 Bruns u. a.: Geleitwort, 1993, S. VII.

186 Vgl. Verlagsverzeichnis R. von Decker, Herbst 1934, S. 50–51; Verlagsverzeichnis R. von Decker, Sommer 1936, S. 52–53.

187 Vgl. Bruns u. a.: Geleitwort, 1993, S. VIII.

188 Herausgeber war jeweils das Preußische Finanzministerium, erschienen sind die Zeitschriften 1934 im 18. Jahrgang.

189 Vgl. Verlagsverzeichnis R. von Decker, Herbst 1934, S. 50–51. Zu den Titeln »Preußische Gesetzessammlung«, »Preußisches Finanz-Ministerialblatt« oder »Preußisches Besoldungsblatt« siehe auch Verlagsverzeichnis R. von Decker 1932, S. 43, zum »Reichs-Gesundheitsblatt« S. 44 sowie zur »Postbetriebsschule« S. 53.

Titeln wie der *Meßuhrordnung* oder den *Tafeln für die amtliche Weingeistermittlung*.[190] Ferner verlegte R. von Decker das *Handbuch für den Preußischen Staat*, welches vom Preußischen Staatsministerium herausgegeben wurde und das *Handbuch für den Preußischen Landtag*. R. von Decker gelang es nach 1933 offenbar, nahtlos an Kontakte zu amtlichen Stellen anzuknüpfen und in den angestammten Geschäftsfeldern weiter erfolgreich zu publizieren. Nicht nur Amtsblätter und Orientierungshilfen wurden kontinuierlich über 1933 hinaus herausgegeben: Der Verlag führte auch verlagseigene Publikationen fort wie *Das Gerichtsvollzieherwesen in Preussen*. Die gesetzlichen Bestimmungen und Verwaltungsverfügungen für die Gerichtsvollzieher und die Gerichtskassenvollzieher wurden »unter Benutzung amtlichen Materials zusammengestellt« und vom Vizepräsidenten des Juristischen Landesprüfungsamts und einem Ministerialrat im Preußischen Justizministerium veröffentlicht.[191] Über das eigentliche Geschäftsfeld der amtlichen Publikationen hinaus wird hier die Kontinuität in der spezifischen verlegerischen Arbeit deutlich.

Auch der Verlag C.H.Beck konnte Mitglieder der nationalsozialistischen Machtelite für sich gewinnen. Eines der bekanntesten Beispiele stellt der *Palandt*, Bürgerliches Gesetzbuch dar – gleichzeitig ein geschickter Schachzug des Verlags, um die Verbreitung des Werkes in Studentenkreisen zu befördern.[192] Der Verlag wollte den aus der Reihe der vom Verlag Otto Liebmann übernommene Kurz-Kommentare[193] personell verändern und gewann unter anderem den Ministerialrat im Justizministerium Gustav Wilke (1889–1938), persönlicher Referent von Justiz-Staatssekretär Franz Schlegelberger,[194] als Herausgeber und sechs Richter des Kammergerichts sowie einen Rechtsanwalt als Autoren. Nach dem plötzlichen Tod des Gründungsherausgebers Wilke 1938 war der Verlag gezwungenermaßen auf der Suche nach einem neuen Herausgeber. Gerade unter dem Zeitdruck – das Werk war vollendet und stand kurz vor dem Erscheinen – hätte es nahegelegen, einen profilierten Juristen aus dem Autorenkreis als Herausgeber zu benennen oder das Werk unter dem Namen der Autoren auf den Markt zu bringen.[195] Der Verlag entschied sich aber anders und trug die Herausgeberschaft für das fertige Werk dem seit 1934 amtierenden Präsidenten des Reichsjustizprüfungsamtes, Otto Palandt (1877–1951), an. Otto Palandt war zum

---

190 Vgl. Verlagsverzeichnis R. von Decker 1932, S. 16; Verlagsverzeichnis R. von Decker, Herbst 1934, S. 21.

191 Vgl. Verlagsverzeichnis R. von Decker 1932, S. 18; Verlagsverzeichnis R. von Decker, Herbst 1934, S. 23.

192 Palandt: Bürgerliches Gesetzbuch, 1939.

193 Der Komme tar war dort als Nr. 7 der Taschenkommentare mit James Basch, Otto Loening und Ernst Strassmann (1897–1958) erschienen.

194 Vgl. Slapnicar: Der Wilke, 2000, S. 1692.

195 Tatsächlich wurde auch der Titel »Kammergerichtsrätekommentar« ins Auge gefasst. Vgl. Slapnicar: Der Wilke, 2000, S. 1694–1695.

Beispiel 1934 mit einem Werk zur Justizausbildungsordnung des Reiches mit Durchführungsbestimmungen im Verlag Franz Vahlen hervorgetreten.[196]

Statt den Kommentar wie geplant als »Wilke« oder unter den Autorennamen herauszugeben setzte der Verlag auf den zugkräftigen Namen von Otto Palandt, um damit vor allem die absatzrelevante Zielgruppe der Studenten in den Prüfungen zu erreichen. Die Erwartungen des Verlags erfüllten sich, der *Palandt* entwickelte sich zu einer Erfolgsgeschichte: Die ersten 5000 Exemplare des Kommentars waren innerhalb weniger Tage vergriffen, was nicht nur einen großen Verkaufserfolg darstellte, sondern für den Kommentar auch die Marktführerschaft bedeutete. Weitere Auflagen folgten 1940, 1941, 1942 und schließlich 1943–1944 die sechste Auflage als Kriegsausgabe. Der Hauptgrund hierfür lag – neben allen inhaltlichen Aspekten – auch in der personellen Veränderung bei der Herausgeberschaft und einer impliziten Hinwendung zu einem nationalsozialistischen Entscheidungsträger. Der Herausgeber Otto Palandt bot den Studenten Gewähr dafür, dass die Inhalte systemkonform und verlässlich waren. Gleichzeitig wurden im Verlag dadurch strategische Kontinuitäten gewahrt: C.H.Beck hatte sich in der Weimarer Republik bereits einen Namen mit erfolgreichen Lehrbüchern gemacht und konnte diesen Programmbereich durchgängig erfolgreich fortführen.

Die Verlage konnten auch durch bestehende langjährige Autorenbeziehungen Kontinuitäten wahren und in die Nähe der nationalsozialistischen Machtelite gelangen. Wenn sich Autoren an den politischen Machthabern orientierten – und hier nach 1933 sogar Karriere machten – und die Kontinuität in der Autorenschaft gewahrt werden konnte, fand auch in den Verlagen zwangsläufig eine starke Annäherung an das herrschende Regime statt. Ein markantes Beispiel für die Orientierung an den Machthabern und gleichzeitig ein Beleg für eine Autorenkontinuität über 1933 hinaus bildet Franz Schlegelberger in den Verlagen Franz Vahlen und Carl Heymanns, wobei seine Präferenzen als Autor offensichtlich bei Franz Vahlen lagen – Wesel spricht auch von Franz Vahlen als dem »Lieblingsverlag«[197] von Schlegelberger. In seinen favorisierten Verlag gelangte der Autor auch bereits kurz nachdem er die ersten Werke veröffentlicht hatte: Nach einer ersten Veröffentlichung bei Gustav Fischer publizierte Franz Schlegelberger bei Carl Heymanns. Er übernahm 1914 unter anderem den Kommentar *Die Gesetze über die Angelegenheiten der Freiwilligen Gerichtsbarkeit für das Reich und Preußen* ab der zweiten Auflage.[198] Seine weiteren Werke brachte er dann ab 1915 bis auf wenige Ausnahmen ausschließlich im Verlag Franz Vahlen heraus. Den Aufschlag machte 1915 das *Kriegsbuch. Die Kriegsgesetze mit der amtlichen Begründung und der gesamten Rechtsprechung und Rechtslehre.* Im gleichen Jahr erschien das *Kriegsrecht der Freiwilligen Gerichtsbarkeit* und ein Jahr später übernahm

196 Palandt: Justizausbildungsordnung, 1934. Zu dem gemeinsam mit Heinrich Richter verfassten Werk hatte Roland Freisler ein Geleitwort verfasst.

197 Wesel: C.H.Beck, 2013, S. 181.

198 Vgl. insgesamt zu den Werken auch Förster: Jurist im Dienst des Unrechts, 1995, S. 177, 186.

Franz Schlegelberger das von Hugo Neumann (1859–1915) begründete *Jahrbuch des Deutschen Rechts*, das er bis 1938 im Verlag Franz Vahlen betreute – zum Schluss in gemeinsamer Herausgeberschaft mit Roland Freisler.

Franz Schlegelberger schien sich auch rasch auf seinen »Hausverlag« festzulegen: Von 45 insgesamt vor 1933 veröffentlichten Werken Schlegelbergers erschienen 36 Werke bei Franz Vahlen.[199] Bei einer so lange währenden Partnerschaft zwischen Verlag und Autor, lag eine Kontinuität über 1933 hinaus nahe – vor allem, wenn der Autor eine wichtige Funktion im herrschenden Regime gekleidete. Die Kontinuität des Autors Franz Schlegelberger bedeutete für Franz Vahlen ganz automatisch eine Positionierung in der Nähe des nationalsozialistischen Regimes. So gab Franz Schlegelberger bei R. von Decker *Die Deutsche Justiz* unter anderem gemeinsam mit Roland Freisler heraus.[200] Auch die ergänzende Schriftenreihe wurde gemeinsam verantwortet: Die Reihe *Beiträge zur Rechtserneuerung* – während Freisler allerdings auch als Autor in der Reihe veröffentlichte,[201] wirkte Schlegelberger primär als Herausgeber – als Autor war er dem Verlag Franz Vahlen stärker verbunden. Seinem »Hausverlag« hielt der Autor offensichtlich die Treue, umgekehrt publizierte der Verlag auch kleinere Schriften seines Autors wie die Vorträge von Franz Schlegelberger. Veröffentlichte Vorträge waren zum Beispiel *Die Entwicklung des deutschen Rechts in den letzten 15 Jahren* 1930,[202] *Ein Volk erlebt sein Recht* 1936 und *Abschied vom BGB* 1937. Der Verlag Franz Vahlen war also nicht nur an den Kommentaren seines bekannten Autors interessiert, sondern fühlte sich auch seinem Werk als Ganzem verpflichtet.

Allein in seiner Funktion als Staatssekretär im Justizministerium besaß Schlegelberger eine herausgehobene Stellung innerhalb nationalsozialistischer Kreise – er war deshalb auch als Autor attraktiv für die juristischen Verlage. Gleichzeitig war er Professor für Handels- und Wirtschaftsrecht, was ihn auch für wissenschaftliche Publikationen interessant machte. Die Tatsache, dass Schlegelberger nicht erst nach 1933 als Verfasser juristischer Werke hervorgetreten war, verlieh ihm als Autor nach der Machtübernahme durch die Nationalsozialisten ein zusätzliches Gewicht. Neben den erwähnten Werken, war Franz Schlegelberger seit 1916 Herausgeber des *Jahrbuchs des Deutschen Rechts*, ab 1926 gab er die Rechtssammlung *Das Recht der Neuzeit* heraus, er erreichte damit eine höhere Transparenz des anwendbaren Rechts. Diese von Schle-

---

199 Lediglich der fortgeführte Kommentar zu den Gesetzen der Freiwilligen Gerichtsbarkeit erschien weiterhin bei Carl Heymanns und ein schmales Bändchen von 31 Seiten bei Max Hueber. Zwischen 1933 und 1945 veröffentlichte Schlegelberger 42 Werke, von denen wiederum 34 Werke im Verlag Franz Vahlen erschienen. Neben Carl Heymanns gab er Werke im Verlag Deutsches Druck- und Verlagshaus und Weidmann'sche Buchhandlung heraus.

200 Hier war Franz Schlegelberger gemeinsam mit Roland Freisler, Karl Krug und Erwin Pätzold Herausgeber. Vgl. Verlagsverzeichnis R. von Decker, Herbst 1934, S. 50–51; Verlagsverzeichnis R. von Decker, Herbst 1937, S. 56–58.

201 Roland Freisler war beispielsweise Autor des ersten Heftes »Gedanken über Strafvollzug an jungen Gefangenen«. Verlagsverzeichnis R. von Decker 1938, S. 5.

202 Vgl. Förster: Jurist im Dienst des Unrechts, 1995, S. 32–33.

gelberger vor 1933 veröffentlichten Schriften erfuhren breite Zustimmung, so durch den damaligen Reichsaußenminister Gustav Stresemann (1878–1929), der Schlegelbergers Beitrag zu einem Handbuch zum Zivil- und Handelsrecht in der Zeitschrift *Juristische Wochenschrift* lobte. Dieses Renommee Franz Schlegelbergers hielt auch über 1933 hinaus an.

Auch ein anderer Verlag wahrte die Kontinuität mit seinem Autor Franz Schlegelberger und rückte damit zwangsläufig in die Nähe der nationalsozialistischen Machthaber: Die Erläuterungen von Franz Schlegelberger zu dem Werk *Die Gesetze über die Angelegenheiten der Freiwilligen Gerichtsbarkeit für das Reich und Preußen* erschienen erstmals 1914 bei Carl Heymanns. Nachdem Schlegelberger ab 1915 fast ausschließlich im Verlag Franz Vahlen publizierte, war er erst dreizehn Jahre später wieder Autor bei Carl Heymanns – mit der dritten Auflage seines Kommentars zu den Gesetzen über die Angelegenheiten der Freiwilligen Gerichtsbarkeit. Der Kommentar stellte auch über 1933 hinaus eine Kontinuität im Verlag Carl Heymanns dar: Die vierte Auflage erschien 1935, die fünfte Auflage zwei Jahre später. 1938 gab Schlegelberger zusätzlich einen »Einführungskommentar« zu den Gesetzen über die Angelegenheiten der freiwilligen Gerichtsbarkeit heraus. Möglicherweise beruhten die rascheren Folgeauflagen nach 1933 auf der wachsenden Popularität des Autors: Während zwischen den ersten Neuauflagen des Kommentars dreizehn und sieben Jahre lagen, gaben Verlag und Autor 1935 und 1937 weitere Neuauflagen heraus, erweiterten das Angebot um eine zusätzliche Auflage des Einführungskommentars und teilten den Ursprungskommentar Schlegelbergers in zwei Bände. Eine Kontinuität wurde insofern bewusst gewahrt, als dass die Auflagenzählung auch über 1933 hinaus beibehalten wurde, sowohl über 1933 hinaus als auch nach 1945. Dies setzte sich auch nach 1945 fort: 1952 erschien eine weitere, 1956 noch eine letzte Neuauflage des Kommentars – wiederum in zwei Bänden mit dem Autor als »Staatssekretär i. R.«.[203] Die Kontinuität bestand noch über 1945 hinaus und über zwanzig Jahre fort.

6.4.4 Programmkontinuitäten durch personelle Veränderungen

Grundsätzlich hatten vorausgegangene politische Wechsel keine Veränderungen in der Autorenschaft nach sich gezogen, sondern die Verlage waren bemüht, die Kontakte zu ihren Autoren zu behalten. Nicht selten bedeuteten Regierungswechsel auch die Chance, dass Autoren nach dem Wechsel ein höheres Amt bekleideten als zuvor, was in der Regel auch die Verkaufschancen ihrer Werke nochmals erhöhte. Die hohe Bedeutung der Autoren für die Verlage hatte nach 1933 nicht abgenommen, im Gegenteil waren die juristischen Verlage insbesondere in der ersten Phase der Orientierung nach dem Regierungswechsel auf Informationen aus dem Autorenkreis angewiesen.

203 Zu allen Auflagen Förster: Jurist im Dienst des Unrechts, 1995, S. 177–189.

Nach 1933 konnten die Verlage ihre frühere Marktstellung nur behalten, wenn sie ihre Verlagsprogramme so anpassten, dass dem Regime genehme Autoren veröffentlichten. Dies zwang die Verlage, personelle Veränderungen in ihren Publikationen vorzunehmen – viele Werke wurden wie dargestellt von jüdischen Autoren betreut –, also Herausgeber renommierter Zeitschriften auszutauschen und jüdische Autoren durch systemtreue Verfasser zu ersetzen.

Seit dem 19. Jahrhundert besaß J. C. B. Mohr (Paul Siebeck) ein renommiertes Programm im Bereich der Staatswissenschaften mit bekannten Verlagsmarken, hohem Aufmerksamkeitswert und einer festen Verankerung in der Zielgruppe. Deshalb lag es für den Verlag nahe, die zeitgemäße Neuausrichtung der Verlagsprodukte durch personelle Veränderungen – zunächst durch die Gewinnung neuer Autoren – in diesem Programmbereich sichtbar werden zu lassen. Die Bemühungen Oskar Siebecks um Autoren wie Ernst Rudolf Huber oder Carl Schmitt sind bereits dargestellt worden; ebenso die Schwierigkeiten im Rahmen der Autorenakquise. Im Gegensatz zu früheren Systemwechseln zählte nicht mehr allein die bekannte Verlagsmarke bei den Autoren, sondern auch die politisch-ideologische Ausrichtung des Verlagsprogramms. Oskar Siebeck gelang eine Wiederetablierung vor allem bei seinen bekannten staatwissenschaftlichen Zeitschriften. So erschien das *Archiv des öffentlichen Rechts (AöR)* vom 25. Band an unter einer neuen Schriftleitung: Die langjährigen Herausgeber Rudolf Smend und Heinrich Triepel waren 1933 ausgeschieden, der Herausgeber Otto Koellreutter – im Gegensatz zu den ausgeschiedenen Mitherausgebern Mitglied der Akademie für Deutsches Recht[204] – nahm eine zentrale Rolle bei der Fortführung des *Archivs des öffentlichen Rechts* ein. Otto Koellreutter war bereits 1934 mit dem Werk *Der Deutsche Führerstaat* in Erscheinung getreten. Der Verlag charakterisierte das Werk entsprechend der nationalsozialistischen Wortwahl und zeigte bereits bei der Werbung deutlich seinen Willen, auch im nationalsozialistischen Staat im Bereich der Staatswissenschaften führend zu bleiben. Gemeinsam mit den bibliographischen Angaben war in den »Neuigkeiten« des Verlags eine Rezension aus dem Reichsverwaltungsblatt vom 3. Februar 1934 abgedruckt:

> »Die kleine Schrift enthält eine glückliche Darstellung grundlegender nationalsozialistischer Staatsgedanken. Richtig wird im Gegensatz zu dem liberalen Machtstaat im Volk das Fundament und in der völkischen, rassischen Idee das Wesen des Dritten Reiches erkannt. Das Recht im völkischen Staate kann immer nur völkisch bestimmt sein. Der Positivismus muß überwunden werden. Deshalb muß die juristische Erziehung eine andere werden. Es kommt zuvorderst auf eine staatspolitische Erziehung des jungen Juristen an: ›der Jurist muß zunächst politischer Mensch sein‹.«[205]

---

204 Vgl. Pichinot: Akademie für Deutsches Recht, 1981, S. 156–167.
205 Verlagsverzeichnis J. C. B. Mohr (Paul Siebeck) »Archiv des öffentlichen Rechts«, 1934, S. 7.

Bei der Betrachtung der Programmveränderungen nach 1933 fällt auf, dass die Verleger einerseits Kontinuitäten wahrten; andererseits in jedem Fall den Aufbruch propagierten. Im Spannungsfeld zwischen der Tradition ihres Gewerbes auf der einen und dem von den Nationalsozialisten eingeforderten Neuanfang auf der anderen Seite waren die Verlage bemüht, auf beides hinzuweisen. Zwei exemplarische Fundstellen im Verlag J. C. B. Mohr (Paul Siebeck) verdeutlichen dies: Der Verlag verwies 1934 einerseits auf seinen Wunsch nach Kontinuität, bekannte sich andererseits aber deutlich zum Aufbau des nationalsozialistischen Staates: »Aufgaben und Ziele dieser ältesten deutschen Zeitschrift für öffentliches Recht sind dabei unverändert geblieben. Die mit dem Aufbau des deutschen nationalsozialistischen Staates neu auftauchenden wissenschaftlichen Probleme sollen in der Zeitschrift besonders behandelt werden.«[206] Kontinuitäten konnten also häufig nur durch personelle Veränderungen, durch einen »Neuanfang« gewahrt werden. Das gleiche Ansinnen – Kontinuität und Aufbruch – drückte sich auch bei der *Zeitschrift für die gesamte Staatswissenschaft* aus:

> »Die Zeitschrift soll wieder anknüpfen an den alten, von Robert von Mohl und Lorenz von Stein zuletzt vertretenen Gedanken der ›gesamten Staatswissenschaft‹, wird aber nicht alte Wissenschaftsideale nachahmen, sondern die Einheit von Politik, Recht und Wirtschaft im Geiste der deutschen Gegenwart erfassen. Die Herausgeber wollen damit der Aufgabe dienen, die der Nationalsozialismus der deutschen Universität gestellt hat: die Wissenschaft vom völkischen Staat als einem politischen Lebensganzen zu begründen. In strenger Wissenschaftlichkeit und ohne dogmatische Enge soll die Zeitschrift entschieden und klar auf dieses Ziel gerichtet werden.«[207]

Interessanterweise nahmen Verlag und Herausgeber dabei – wie im Verlag R. von Decker im Rahmen der Fortführung von Goltdammer's Archiv – auf renommierte Staatswissenschaftler des 19. Jahrhunderts Bezug, nicht aber auf eine Tradition des 20. Jahrhunderts. Damit bedienten sie den Wunsch in Juristenkreisen nach hehren Idealen aus einer früheren Zeit, ohne an eine vorhergehende umstrittene Tradition der Weimarer Republik anzuknüpfen, die im Dritten Reich in der Juristenschaft wie in der Gesellschaft als deplatziert empfunden wurde.

6.5 Diskontinuitäten und existentielle Brüche

Nach der Machtübernahme der Nationalsozialisten wurde das Rechtssystem den Leitlinien der nationalsozialistischen Politik angepasst: Es wurden nicht nur gesetzliche Regelungen verändert, sondern nach dem Willen der Nationalsozialisten sollten Rechts- und Gesellschaftsordnung insgesamt von der nationalsozialistischen Weltanschauung beherrscht werden. Für einige juristische Verleger und Autoren bedeutete

206 Verlagsverzeichnis J. C. B. Mohr (Paul Siebeck) »Archiv des öffentlichen Rechts« 1934, S. 3.
207 Neuigkeiten J. C. B. Mohr (Paul Siebeck) 1934, S. 33.

die Machtübernahme der Nationalsozialisten das berufliche und persönliche Ende ihres Lebens in Deutschland, sie mussten auf Grund ihrer jüdischen Abstammung auswandern oder wurden Opfer des Völkermordes. Für diese Verleger bedeutete das Jahr 1933 einen existentiellen Bruch mit ihrem bisherigen gesellschaftlichen Leben. Gewachsene Strukturen aufzubrechen und im Sinne der nationalsozialistischen Ideologie zu beeinflussen, war erklärtes Ziel des nationalsozialistischen Regimes nach 1933. So fanden sich in den Mitteilungen der Abteilung Schrifttum des Reichsministeriums für Volksaufklärung und Propaganda Aufrufe, in denen vor der Zusammenarbeit mit jüdischen Dienstleistern ebenso gewarnt wurde wie vor Geschäftsbeziehungen mit Verlagen in jüdischem Besitz.

Hinweise lauteten zum Beispiel: »ist für deutsche Verlage als Übersetzerin aus dem Französischen tätig gewesen. Da es sich um eine Volljüdin handelt, ist von jeder Zusammenarbeit abzusehen«[208] oder »Der Verlag Contemporana, Bukarest, steht unter jüdischem Einfluß und hat bisher in antideutschem Sinne gearbeitet. Eine Zusammenarbeit mit dem genannten Verlagsunternehmen kommt daher nicht in Frage«. Auch aus nationalsozialistischer Sicht »scheinjüdische« Unternehmen waren zu meiden: »Aus gegebener Veranlassung wird darauf hingewiesen, daß die Buchhandlung Rosenberg und Sellier zwar in eine Aktiengesellschaft umgewandelt worden, daß jedoch Rosenberg weiterhin als alleiniger Inhaber anzusehen ist. Geschäftsverbindungen zu der Firma können nicht empfohlen werden.« Ebenso: »Die Firma Sigmund Steiner, Preßburg (Slowakai) ist an Ludovik Wistrik (Schriftstellername Ondrejov) übergegangen, die bisherigen jüdischen Inhaber Max und Josef Steiner sind jedoch weiter in dem Unternehmen tätig. Die Geschäftsverbindung mit der Firma Ludovik Mistrik ist demnach unerwünscht.« Es ist zu vermuten, dass diesen Mitteilungen Beachtung geschenkt wurde und die Geschäftsbeziehungen zu den jüdischen Unternehmen abgebrochen wurden.

Juden wurde nach dem nationalsozialistischen Verständnis kein Recht »zur Mitarbeit am kulturellen Leben des deutschen Volkes gewährt«.[209] Dahm weist darauf hin, dass der größte kulturpolitische »Feind« vor allem der assimilierte Jude war, bis Ende 1938 wurden »fast ausschließlich assimilatorische Schriftsteller indiziert«.[210] Dem »Buchverleger« wurde bei der Durchsetzung der Ziele nationalsozialistischer Ideologie eine öffentlich-rechtliche Stellung bescheinigt, seine Rolle in einer wissenschaftlichen Arbeit sehr allgemein beschrieben mit dem Anspruch »zum geistigen Erzieher der großen Massen des Volkes zur Gemeinschaft und zur Nation«[211] zu werden.

208 Zitate aus der vertraulichen Mitteilung der Reichsschrifttumskammer Abteilung III (Gruppe Buchhandel) für die Fachschaft Verlag vom 15. August 1942, S. 7. VA WdG, Dep. 42.

209 Fehlig, Aufhebung Verlagsvertrag, 1937, S. 37.

210 Dahm: Das jüdische Buch, 1993, S. 179 unter Verweis auf eine weitere Studie.

211 Schulz: Der Schriftleiter, 1935, S. 33.

> »Der Buchverleger nimmt unter diesen Berufen als Mittler des Schrifttums, das der Öffentlichkeit zugänglich gemacht wird, eine für die Gemeinschaft besonders wichtige Stellung ein. [...] Das Wesenseigentümliche der neuen Gesetzgebung liegt darin, daß nicht wie beim Reichspressegesetz das Druckerzeugnis, sondern die Persönlichkeit seines Betreuers, der Buchverleger, Ausgangspunkt für die Neugestaltung war.«[212]

Durch den Ausschluss nicht nur jüdischer Verleger, sondern auch jüdischer Autoren aus dem Rechtsleben traten vielfältige Brüche in gewachsenen Strukturen auf. In *Schweitzers Vademecum* waren 1932 und 1933 noch die Namen von Max Hachenburg, Hans Kelsen, Leo Rosenberg, Hugo Sinzheimer und Hermann Staub zu finden.[213] Bereits im Nachtrag für 1934 fehlten die Einträge von Hachenburg, Kelsen und Sinzheimer. In der Ausgabe von 1936 wurde Max Hachenburg noch einmal mit einem Sonderdruck aus dem *Düringer / Hachenburg* genannt, der 1935 erschienen ist, danach fehlte sein Name wieder. Das *Lehrbuch des deutschen Zivilprozeßrechts* von Leo Rosenberg mit einem Nachtrag zur dritten Auflage von 1934 fand sich noch in der Ausgabe von 1936, nicht mehr aber 1937. Der Name »Staub« tauchte im Zusammenhang mit dem Kommentar zum Handelsgesetzbuch und zur Wechselordnung ebenfalls über 1934 hinaus auf, fehlte aber in der Ausgabe von 1937. Die Eliminierung der Namen und Werke jüdischer Autoren aus den Verzeichnissen zeigt die Konsequenz mit der die Bedeutung von Juristen jüdischer Abstammung für die Rechtsentwicklung ausgeblendet werden sollte. Gleichzeitig wird deutlich, dass die Ausschaltung dieser Rechtswissenschaftler in Teilen nicht so leicht zu bewerkstelligen war, da ihre Werke eingeführt waren: So finden sich die Namen von Max Hachenburg und Leo Rosenberg zum Teil auch über 1933 hinaus noch in den Katalogen der Verlage und den allgemeinen Verzeichnissen wie *Schweitzers Vademecum* – hier wie oben erwähnt noch im Katalog von 1936.

Nach dem Willen der nationalsozialistischen Machthaber sollten jüdische Verleger und Buchhändler vollständig ausgeschaltet werden.[214] Bereits zu Beginn der nationalsozialistischen Herrschaft emigrierten zwischen 1933 und 1935 etwa 600 Verleger und Buchhändler aus Deutschland.[215] Das *Biographische Handbuch der deutschsprachigen Emigration 1933 bis 1945* weist rund 170 Verleger, rund 50 Buchhändler und Antiquare nach. Bei den Tätigkeiten im Buchhandel – gerade als juristischer Verleger – handelte es sich um weit verbreitete Berufszweige unter jüdischen Intellektu-

---

212 Stollfuß: Öffentlich-rechtliche Stellung Buchverlegers, 1940, Vorwort.

213 Vgl. J. Schweitzer Sortiment: Literarisches Vademecum, 1932, S. 37, 52, 87, 101, 104; J. Schweitzer Sortiment: Literarisches Vademecum, 1933, S. 39, 55, 92, 106, 110.

214 Der jüdische Buchhandel bildete in Teilen eine eigene Gruppe und stellte sich als solche dar. So wurde bspw. 1927 ein »Adressbuch für den jüdischen Buchhandel« herausgegeben. Vgl. Buchhandlung Jalkut: Adressbuch für den jüdischen Buchhandel, 1927, S. 3–18. Vgl. auch Dahm: Das jüdische Buch, 1993, S. 285. Zur Diskriminierung jüdischer Verleger und Buchhändler siehe insgesamt auch S. 59–159.

215 Vgl. zu folgenden Angaben Saur: Deutsche Verleger im Exil, 2009, S. 211.

ellen. Von den bedeutenden juristischen Verlegern des 19. Jahrhunderts waren zum Beispiel Carl Heymann, Isaak Heß (1789–1866), Immanuel Guttentag, Jacob Bensheimer (1805–1863), Otto Löwenstein[216], Moritz Veit oder Otto Liebmann jüdischer Herkunft. Der Grund für das verstärkte Engagement von Juden im Buchhandel wird häufig in der Teilhabe an einem intellektuellen Beruf und der Integration in entsprechende Zirkel gesehen. Juden standen viele juristische Berufsfelder nicht offen. Lindner schildert die Motivation jüdischer Buchhändler und Verleger: »Dieses Berufsfeld versprach geistige Erfüllung und permanente Weiterbildung, die gewissermaßen einen Ersatz für eine verwehrte Tätigkeit im Staatsdienst darstellte.«[217]

Viele Verlage, die sich in jüdischer Hand befanden, mussten – zu Beginn unter dem Eindruck der Veränderungen des politischen Klimas freiwillig, später zunehmend zwangsweise – verkauft werden. Dahm analysiert allgemein, dass der jüdische Verlag noch bis 1938 bestehen konnte.[218] Allerdings gestaltete sich die Alltagsarbeit für jüdische Verleger zunehmend schwieriger: Manuskriptakquisitionen und Honorartransfers waren nicht mehr leicht zu bewerkstelligen.[219] Trotzdem war es für einige der entlassenen jüdischen Verlagsmitarbeiter anfangs noch möglich, eine andere Tätigkeit im jüdischen Umfeld zu finden: So konnte Ludwig Feuchtwanger »einen Lehrauftrag und eine Bibliothekarstätigkeit am jüdischen Lehrhaus in München«[220] übernehmen, als er bei Duncker & Humblot ausscheiden musste.[221]

Von den erzwungenen Geschäftsaufgaben konnten andere Verlage profitieren, so von dem Verkauf des traditionsreichen Verlags J. Bensheimer. Seit seiner Gründung 1838 durch Jacob Bensheimer konnte das Familienunternehmen bekannte Rechtswissenschaftler wie Karl Salomo Zachariä für sich gewinnen und strebte im Kaiserreich wie alle juristischen Verlage eine Erweiterung des Wirkungskreises an: Er eröffnete 1871 zusätzlich eine Filiale in Straßburg.[222] Die Spezialisierung zu einem juristischen Fachverlag trat mit der Übernahme des Verlags von Albert Bensheimer (1847–1906)

216 Otto Löwenstein ließ sich mit 25 Jahren 1866 taufen, da er hier bessere Berufschancen für sich sah. Vgl. Lindner: Otto Löwenstein, 2003, S. 7–8.

217 Lindner: Carl Heymann, 1996, S. 49. Zur Motivation der jüdischen Studenten vgl. auch Strenge: Juden im Justizdienst, 1996, S. 178.

218 Vgl. Dahm: Das jüdische Buch, 1993, S. 113.

219 Vgl. Dahm: Das jüdische Buch, 1993, S. 372.

220 Mehring: Carl Schmitt, 2009, S. 316.

221 Neben seiner Tätigkeit für Duncker & Humblot war Ludwig Feuchtwanger außerdem Redakteur einer der beiden jüdischen Zeitungen in München und redigierte die Bayerische israelitische Gemeindezeitung. Bereits 1933 musste Feuchtwanger als Jude seine Tätigkeit als Verlagsleiter einstellen. Ludwig Feuchtwanger wurde als »Schutzjude« für sechs Wochen in das Konzentrationslager Dachau gebracht; mit Unterstützung seines Bruders Lion Feuchtwanger konnte er das Lager wieder verlassen und emigrierte noch vor Kriegsbeginn nach England, wo er 1947 »unter bedrückenden Verhältnissen« in Winchester starb. Vgl. Duncker & Humblot Verlagsbibliographie, 1998, S. 37; Wittmann: Hundert Jahre Buchkultur, 1993, S. 169.

222 Vgl. Schmidt: Jacob Bensheimer, 1902, S. 44–45.

durch Heinrich Gütermann (1888–1963) ein, dem Neffen einer der drei Söhne Jacob Bensheimers.[223] Publiziert wurden unter anderem Werke im Handels- und Arbeitsrecht. Prominenter Autor war Max Hachenburg, der seinen Kommentar zum Handelsgesetzbuch bei J. Bensheimer veröffentlichte. 1933 unterhielt der Verlag noch Niederlassungen in Berlin und Leipzig. Die Übernahme und Umfirmierung in »Deutsches Druck- u. Verlagshaus G. m. b. H., Verlag f. Rechtswissenschaft« war »ein nur kurze Zeit erfolgreicher Versuch des Unternehmers, der Arisierung zu entgehen«,[224] der Verlag führte den Zusatz »früher J. Bensheimer«.[225] Noch aus der Zeit vor 1933 war die *Sammlung deutscher Gesetze* bekannt: Bände aus dieser Reihe erschienen 1934 im Verlag Deutsches Druck- und Verlagshaus. 1936 wurde der Verlag an die Weidmann'sche Verlagsbuchhandlung verkauft.[226] Schließlich gelangte der Verlag zu Franz Vahlen, wo die Werke aus dem ehemaligen J. Bensheimer Verlag weiterhin erschienen wie das *Lehrbuch des Arbeitsrechts* von Hans Carl Nipperdey (1895–1968).[227] Übergegangene Werke waren auch die »Vierteljahresschrift für die gesamte Zivilrechtspflege« *Juridicum*, das offizielle Organ der Vereinigung der deutschen Zivilprozeßrechtslehrer, das seit 1931 bei J. Bensheimer erschienen war, der Verlag existierte dagegen nicht mehr. Willoweit konstatiert: »das alte Familienunternehmen Bensheimer war der Arisierung zum Opfer gefallen«.[228]

Bereits an mehreren Stellen erwähnt und in der Forschung vergleichsweise gut aufbereitet ist die Übernahme des Verlags von Otto Liebmann durch Heinrich Beck.[229] Der jüdische Verleger Otto Liebmann hatte zunächst noch versucht, direkt im ersten April-Heft 1933 der renommierten *Deutschen Juristen-Zeitung* die neuen Machthaber mit einer »Ergebenheitsadresse«[230] zu beschwichtigen, um die Zeitschrift fortführen zu können; er musste seine Tätigkeit als Herausgeber und Schriftleiter trotzdem zum Jahresende 1933 aufgeben. Der Eintrag im Adressbuch des Börsenvereins der Deut-

223 Im Verlagsverzeichnis von 1841 werden einige juristische Titel erwähnt, allerdings noch ohne Schwerpunkt. Lediglich die Werke des Rechtswissenschaftlers Karl Salomo Zachariäs treten hervor. Der Katalog umfasst insgesamt 12 Seiten. Von 131 gelisteten Werken sind lediglich 32 Titel dem juristischen und staatswissenschaftlichen Bereich zuzuordnen, teils handelt es sich um Mehrfachnennungen von Werken Zacharias. Vgl. Verlagsverzeichnisse J. Bensheimer, 1841 und 1843. Zur Entwicklung des Verlags vgl. auch Fußnote bei Hachenburg: Lebenserinnerungen, 1978, S. 101. Zu Heinrich Gütermann im Verlag vgl. Fischer: Heinrich Gütermann, 2011, S. 112.

224 Willoweit: Juristische Literatur, 2007, S. 8.

225 Halbjahresverzeichnis der Neuerscheinungen des deutschen Buchhandels 1933, 1934, S. 235.

226 Zum Zwangsverkauf siehe auch Fischer: Heinrich Gütermann, 2011, S. 112.

227 Das Werk ist 1928 in 1. Auflage und bis zur 5. Auflage 1931 bei J. Bensheimer erschienen. Die 6. Auflage erschien nach Kriegsende 1957/1959 bei Vahlen. Vgl. auch Stumpf: Hans Carl Nipperdey, 1988, S. 609.

228 Willoweit: Juristische Literatur, 2007, S. 8.

229 Zuletzt 2013 im Rahmen der Festschriften von Rebenich: C.H.Beck, 2013; Wesel: C.H.Beck, 2013. Im Übrigen Beck: Festschrift, 1963, S. 170; Beck: Der juristische Verlag, 1988, S. 27; Weber: 225 Jahre Verlag C.H.Beck, 1988, S. 2782; Weber: Juristische Zeitschriften, 2007, S. 9–14.

230 Kleindiek: Max Hachenburg, 1993, S. 1301.

schen Buchhändler von 1934 lautete lapidar: »Liebmann, Otto, Berlin W 57, ging 1934 in der Firma C.H.Becksche Verlagsbuchh., München u. Berlin, auf.«[231] Otto Liebmann selbst starb 1942, bei seiner Beerdigung waren nur drei Menschen anwesend: Neben seinen beiden Töchtern auch der langjährige Autor Leo Rosenberg, der sich kurzfristig in Berlin aufhielt und die Gedächtnisrede hielt.[232] Der ursprünglich als Nachfolger vorgesehene Sohn Carlos Liebmann (1900– gestorben nach 1978)[233] war nicht mehr in Deutschland.

Von C.H.Beck übernommen wurden etwa 350 Buchtitel.[234] Mit dem Kauf des Verlags war auch die erfolgreiche Reihe der *Liebmann'schen Taschenkommentare* bzw. *Kurzkommentare* in den Verlag C.H.Beck übergegangen. Ein Katalog von 1933–1934 stellte die Reihe als »Kurz-Kommentare in Baumbach'scher Erläuterungsweise« vor, es findet sich kein Hinweis auf die Vorläufer im Otto Liebmann Verlag.[235] Sämtliche Bände der Reihe sind nach 1933 neu erschienen oder wurden in Neuauflagen angekündigt. Unabhängig von einer wertenden Einschätzung bleibt Fakt, dass der Verlag C.H.Beck von dem Zukauf des Verlags von Otto Liebmann in erheblichem Maße profitiert hat und – quasi ohne sein aktives Zutun – sich auch »paradoxerweise schon durch die Übernahme des Verlages Otto Liebmann in der Nähe der neuen Machthaber platziert« hat – »räumlich in Berlin, was die Gewinnung von Autoren aus der Ministerialbürokratie sicher erleichterte, und inhaltlich infolge der nicht vorauszusehenden Usurpation der Deutschen Juristen-Zeitung durch die Nationalsozialisten«.[236]

Dass der Entschluss zum Verkauf auf Seiten der Verleger ein erzwungener war und die jüdischen Verleger damit in der Regel wie im Fall von Otto Liebmann ihr Lebenswerk aufgeben mussten, steht außer Frage. Allerdings war der Erfolg der Werke im übernehmenden Verlag mit neuen Autoren nicht automatisch gesichert. Auch bekannte Werke konnten verschiedene Schicksale erleiden: Im Gegensatz zu der Reihe der *Liebmann'schen Kurzkommentare*, deren Bände als *Beck'sche Kurz-Kommentare* an die Erfolge der Weimarer Zeit anknüpfen konnten und auch heute noch auflagenstark sind, wurde die *Deutsche Juristen-Zeitung (DJZ)* mit der *Zeitschrift der Akademie für Deutsches Recht* verschmolzen unter der Leitung von Hans Frank als Präsident der Akademie[237] und konnte erst nach 1945 als neue Zeitschrift mit dem bezeichnenden

---

231 Halbjahresverzeichnis der Neuerscheinungen des deutschen Buchhandels 1933, 1934, S. 237.

232 Vgl. Gräfe: Leo Rosenberg, 2011, S. 85. Heine geht davon aus, dass nicht mehr Personen bei dem Begräbnis anwesend sein durften. Vgl. Heine: Juristische Zeitschriften, 1985, S. 285.

233 Karl Wilhelm Liebmann – später Carlos G. Liebmann – wurde 1900 geboren, im Zeitpunkt des Verkaufs also bereits in den 30er Lebensjahren. Er war später selbst Buchhändler und Verleger. Vgl. Fischer: Carlos G. Liebmann, 2011, S. 196.

234 Vgl. Wesel: C.H.Beck, 2013, S. 111.

235 Vgl. Verlagsprospekt C.H.Beck: Kurzkommentare, 1933/1934.

236 Zitate Willoweit: Das Profil des Verlages C.H.Beck, 2007, S. 70–71.

237 Vgl. Weber: Juristische Zeitschriften, 2007, S. 13, 14. Die Zeitschrift der Akademie konnte sich bis September 1944 am Markt halten, danach wurde auch sie kriegsbedingt eingestellt.

Namen *Neue Juristische Wochenschrift* und einer eindeutigen Positionierung als Fachblatt für den Anwalt wieder belebt werden.

Dass es sich bei dem Verkauf des Otto Liebmann Verlags an C.H.Beck lediglich um ein prominentes Beispiel, allerdings nicht um einen Einzelfall der »Arisierung« eines juristischen Verlags handelt, zeigt auch die Übernahme des Jakob Heß Verlags durch J. Springer. Der Verlag wurde 1818 in Ellwangen von Isaak Heß gegründet[238] und residierte ab 1905 in Stuttgart. Mit einer Spezialisierung auf Arbeits- und Steuerrecht veröffentlichte der Verlag vor allem renommierte juristische Fachzeitschriften wie das *Arbeitsrecht*, seit Februar 1914 eine der ersten Zeitschriften dieses Rechtsgebiets überhaupt. Die Zeitschrift wurde bis zum März-Heft 1933 unter der Herausgeberschaft von Hugo Sinzheimer herausgegeben, danach musste sie aufgegeben werden. Bei der Zeitschrift *Steuer und Wirtschaft* handelte es sich um das Publikationsorgan des Reichsfinanzhofs und eine der angesehensten Steuerzeitschriften Deutschlands unter Mitwirkung von Albert Hensel (1895–1933), redigiert von dem Rechtsanwalt Heinrich Reinach, der ebenfalls jüdischer Abstammung war. Auch diese Zeitschrift musste der Verlag ab März 1934 abgeben: Sie erschien anschließend im Verlag J. F. Bergmann (München) und J. Springer (Berlin). Überhauupt verlor der Verlag viele seiner Zeitschriften: *Reich und Länder* – Mitarbeiter waren unter anderem Walter Jellinek und Eugen Schiffer (1860–1954) – ging ab Januar 1934 an den Verlag Franz Vahlen, die *Württembergische Verwaltung und Verwaltungsrechtspflege* verlor der Verlag 1935 an W. Kohlhammer. Die *Leitsatzkartei der Rechtsprechung des Reichsfinanzhofs* schließlich musste der Verlag 1938 an den 1934 neu gegründeten Schäffer Verlag abgeben. Verleger zu dieser Zeit war Arthur Heß (1879–1937), nach dessen Tod 1937 wurde der Verlag von Berta Heß (?–1981) und Alfred Cohn kurzzeitig fortgeführt – beide wurden wurden nach dem Krieg wieder beteiligt, indem der Schäffer Verlag »im Zuge der Wiedergutmachung umgegründet« wurde.[239]

Das gleiche Schicksal wie den Jakob Heß Verlag traf auch den Verlag Dr. Walther Rothschild mit Sitz in Berlin-Grunewald: Hier wurden ebenfalls Zeitschriften ohne vorherige Ankündigung eingestellt.[240] Der Verleger jüdischer Abstammung gründete 1905 seinen Verlag und brachte zum Beispiel das *Handbuch der Politik* heraus mit so profilierten Juristen als Herausgeber wie Paul Laband und Georg Jellinek, das 1920 unter anderem mit Gerhard Anschütz, Eugen Schiffer und Adolf Wach (1843–1926) als Herausgeber neu erschien. 1933 wurde der Verlag in eine GmbH umgewandelt, der »gesamte juristische und geschichtliche Verlag mit Ausnahme der Zeitschrift ›Europäische Gespräche‹ und der Serie ›Politische Wissenschaft‹« wurde bereits 1933 an den Verlag für Staatswissenschaften und Geschichte G.m.b.H. in Berlin-

---

238 Der Verlag wurde von Isaak Heß gegründet und wohl nach dem Vater Jakob Heß benannt. Aus der Familie Heß waren noch weitere Verwandte im Buchhandel in Ellwangen und München tätig.

239 Vgl. insgesamt Schäffer-Poeschel: Der Schäffer Verlag, 2014; Hoffmann: Buchverlage, 1997, S. 19.

240 Vgl. Rasehorn: Justizkritik, 1985, S. 23.

Grunewald-Forst veräußert.[241] Walther Rothschild (1879–1967) selbst konnte noch bis 1935 in Berlin tätig sein, danach lebte er in Freiburg. 1938 musste er flüchten – über die Schweiz und Großbritannien gelangte er 1940 in die USA. Fischer erwähnt ein Engagement Walther Rothschilds »hinsichtlich der deutsch-französischen Beziehungen sowie in juristischen Gruppen, so gehörte er zu den Begründern des Juristen-Kreises in Berkeley«.[242] Einige Verleger, die das Schicksal Walther Rothschilds teilten, hatten mit der Wahl des Exils Glück und fanden wieder eine adäquate Tätigkeit. Saur verweist auf die Errungenschaften der Exilverleger für den Buchhandel insgesamt:

> »Die Lebensläufe zeigen in exemplarischer Weise, dass die Katastrophe der Vertreibung aus Deutschland für viele zum Ausgangspunkt einer glänzenden Karriere oder doch einer befriedigenden, produktiven Tätigkeit geworden ist. Der globale Buchmarkt verdankt den Verlegeremigranten unendlich viel an Impulsen, und es ist auch nicht übertrieben zu behaupten, dass sie das Bild der Verlegerpersönlichkeit im 20. Jahrhundert in einer sehr positiven Weise mit geprägt haben.«[243]

6.6 Kontinuitäten nach dem Zweiten Weltkrieg

Unabhängig davon, wie sich die Situation der juristischen Verlage in den Jahren der nationalsozialistischen Herrschaft gestaltete, hatten alle Verlage nach dem Ende des Zweiten Weltkriegs ähnliche Probleme bei der Fortführung ihrer Verlagsunternehmen; desaströs gestaltete sich die Lage vor allem nach der Zerstörung der Produktionsstätten. In der Nacht vom 3. auf den 4. Dezember 1943 wurde das sogenannte Graphische Viertel in Leipzig bombardiert: »Das Zentrum des deutschen Buchhandels und Buchgewerbes sank nahezu vollständig in Schutt und Asche«, bemerkt Staub und stellt fest, dass 90 Prozent der Geschäftsakten des Börsenvereins des Deutschen Buchhandels als Kriegsverlust zu gelten haben.[244] Zerstört wurden zum Beispiel die Gebäude des Verlags C.H.Beck, ferner wurden dessen Vorräte aus dem Leipziger Kommissionshaus Haessel vernichtet.[245] Bereits 1943 wurde der Hermann Luchterhand Verlag in Berlin ausgebombt, das Gebäude wurde schwer beschädigt.[246] Der Erich Schmidt Verlag war vor der Zerstörung seiner Liegenschaft in ein anderes Gebäude umgezogen.[247] Auch die Verlagsgebäude von Carl Heymanns wurden durch den Krieg in Mitleidenschaft gezogen.[248] Der Alfred Metzner Verlag schließlich blieb

---

241 Vgl. Halbjahresverzeichnis der Neuerscheinungen des deutschen Buchhandels 1933, 1934, S. 238.
242 Fischer: Walther Rothschild, 2011, S. 272.
243 Saur: Deutsche Verleger im Exil, 2009, S. 217.
244 Vgl. Staub: Das Historische Archiv, 2012, S. 3.
245 Vgl. Beck: Festschrift, 1963, S. 185; Wittmann: Hundert Jahre Buchkultur, 1993, S. 185.
246 Vgl. Reifferscheid: Die ersten 50 Jahre, 1975, S. 18–19; Luchterhand – Die ersten 50 Jahre 1924–1974 1975, S. 21.
247 Vgl. Fischer: 75 Jahre Erich-Schmidt-Verlag, 1999, S. X.
248 Vgl. Lindner: Otto Löwenstein, 2003, S. 69.

bis fast zum Schluss verschont, bis 1945 ein »Bombenvolltreffer« das Verlagshaus völlig zerstörte.[249]

Im Verlag Walter de Gruyter wurde die Verlagsarbeit im April 1945 eingestellt, aber bereits Mitte Mai 1945 wieder aufgenommen. Ziesak / Cram beschreiben die Anfangsschwierigkeiten nach Kriegsende für Walter de Gruyter: »Die wirtschaftliche Existenz der Firma sicherten in dieser Anfangsphase Barverkäufe aus dem Berliner Lager. Nach Abschluß der gröbsten Aufräumungsarbeiten wurden ab Ende Mai im Erdgeschoß des Verlagsgebäudes die gängigsten Bücher ausgestellt und verkauft.«[250] Dabei hatte der Verlag Walter de Gruyter eine Sorge nicht: Herbert Cram (1890–1967) erhielt als »erster Verleger im britischen Besatzungsgebiet« bereits im Oktober 1945 eine Verlagslizenz. Andere Verleger hatten nach 1945 größere Schwierigkeiten, ihre Verlagsgeschäfte wieder aufzunehmen und eine Lizenz zu erhalten. Lokatis beschreibt dies für die Hanseatische Verlagsanstalt und ihren Verleger Benno Ziegler.[251] Der Verlag C.H.Beck musste zunächst einen Umweg gehen: Da Heinrich Beck Parteimitglied gewesen war und nicht direkt wieder eine Lizenz erhielt, gründete sein Vetter Gustav End 1946 »ad hoc« den Biederstein Verlag, in dem der Verlag C.H.Beck »provisorisch«[252] weitergeführt wurde. Ab 1947 wurde der Biederstein Verlag in eine GmbH umgewandelt mit Heinrich Beck als »weiterem Gesellschafter und zweitem Geschäftsführer«.[253] Der Verlag wurde auf Titelblättern als »Biederstein Verlag München Berlin – hervorgegangen aus dem Verlag C.H.Beck«[254] genannt. Im gleichen Jahr nahm auch Carl Hoeller als juristischer Verlagslektor seine Tätigkeit im Verlag auf. Eine seiner ersten Aufgaben bestand darin, »juristische Textausgaben und Kommentare zu ›entnazifizieren‹, d. h. nach Begriffen nationalsozialistischen Inhalts zu durchsuchen«.[255] Aus wirtschaftlicher Not wurden im Verlag C.H.Beck zunächst problematische Stellen in noch vorhandenen Rohbögen lediglich geschwärzt:

> »Papier für die Verlagsproduktion wurde von der ›Information Control‹ in absolut ungenügender Menge zugeteilt. Deshalb waren die in der unversehrt gebliebenen Nördlinger Druckerei lagernden Rohbogenbestände ein wertvolles Gut. Um gefährliche Begriffe, wie beispielsweise ›gesundes Volksempfinden‹ oder ›Protektorat Böhmen und Mähren‹ zum Verschwinden zu bringen, überdruckte man sie mit schwarzen Balken. Von dem Benutzer einer solchen Ausgabe wurde also nicht nur das übliche juristische Wissen, sondern auch das Erraten früher vorhandener Textbestandteile und ihre Transformation in nach-nationalsozialistisches Rechtsdenken verlangt.«[256]

249 Vgl. Alfred Metzner Verlag: 50 Jahre, 1959, S. 10.
250 Zitate Ziesak / Cram: Walter de Gruyter, 1999, S. 258, 259.
251 Vgl. Lokatis: Hanseatische Verlagsanstalt, 1992, S. 178–179.
252 Zitate Guenther: Der junge Siebziger, 1970, S. 20.
253 Weber: Juristische Zeitschriften, 2007, S. 15.
254 So zum Beispiel im Werk von Leo Rosenberg, welches 1949 in 4. Auflage neu erschien. Vgl. Rosenberg: Lehrbuch des deutschen Zivilprozessrechts, 1949.
255 Beck: Führende Mitarbeiter, 1988, S. 69.
256 Beck: Führende Mitarbeiter, 1988, S. 69.

Trotz der Schwierigkeiten beim Aufbau intakter Lektorats- und Redaktionsgeschäfte – die Probleme beim Aufbau einer Zeitschriftenredaktion beschreibt eindrucksvoll unter anderem Weber[257] – waren die meisten der bisher behandelten Verlage in der Lage, relativ rasch ihre Verlagstätigkeit wieder aufzunehmen. Die ersten Kataloge erschienen 1949 zum Beispiel im Verlag J. C. B. Mohr (Paul Siebeck) oder bei Carl Heymanns. Sie enthielten überwiegend die neuere Verlagsproduktion – also Titel, die nach 1945 erschienen waren. Das »Verzeichnis der Neuerscheinungen« bei J. C. B. Mohr (Paul Siebeck) umfasste auf 56 Seiten explizit die Neuerscheinungen zwischen 1945 und 1949.[258] Der Verlag Carl Heymanns warb bereits im Titel seines Verzeichnisses wieder mit seinen angestammten Geschäftsfeldern: »Verlag Berlin W. 8 – Buchverlag Rechts- und Staatswissenschaft, Zeitschriftenverlag, Formularverlag«. Allerdings umfasste das Verzeichnis 1949 lediglich sieben Seiten, erst der Katalog zwei Jahre später stellte auf 71 Seiten wieder ein umfassenderes Programm zusammen.[259] Der Verlag W. Kohlhammer brachte 1950 ein Verzeichnis »Kohlhammer Gesetzestexte« heraus, zwei Jahre später erschien 1952 ein »Gesamtkatalog«.[260] Ab 1953 sind dann bereits wieder vielfältig Kataloge zu finden: so bei R. von Decker's Verlag G. Schenck, bei Duncker & Humblot »Bücher für Studium und Praxis« oder Franz Vahlen, der im Titel bereits die Zielgruppen im Blick hatte: »Kommentare Textausgaben Handbücher und Lehrbücher für die Gerichts-, Anwalts-, Verwaltungs-, Steuer- und Wirtschaftspraxis sowie für das Studium aus dem Verlag Franz Vahlen«.[261]

Die juristischen Verlage konnten offensichtlich auch ihre angestammten traditionellen Geschäftsfelder beibehalten: Für die Zeit nach 1933 ist diese Strategie bereits für die Verlage R. von Decker und W. Kohlhammer aufgezeigt worden. Was im Systemumbruch 1933 funktionierte, war für die juristischen Verlage auch 1945 in der Bundesrepublik eine Strategie. Erneut bot es sich an, die jüngere Vergangenheit bei Traditionsbezügen zu überspringen und Rückgriff auf ältere Epochen zu nehmen: Der Verlag R. von Decker folgte in seinen Katalogen diesem Konzept ebenso wie Carl Heymanns nach 1933: Mit einem Hinweis auf die Tradition des Verlags »Gegründet in Berlin 1537 (Mathias Apiarius) in Basel 1635 (Rats- und Universitätsdruckerei) in Berlin 1713 (Kgl. Geh. Ober-Hofbuchdruckerei)«[262] leitete R. von Decker den ersten Katalog seiner Neuerscheinungen seit der Wiederaufnahme der Verlagsarbeit im Jahre 1951 ein. In dem Katalog finden sich Werke wie das von dem Deutschen Richterbund her-

257 Vgl. Weber: Juristische Zeitschriften, 2007, S. 15–18.

258 Von insgesamt 26 aufgelisteten Werken stammten sechs Werke aus dem Jahr 1947, 13 Werke aus 1948 und fünf Werke aus 1949, zwei Werke waren ohne Angabe eines Erscheinungsjahrs genannt. Vgl. Verlagsverzeichnis J. C. B. Mohr (Paul Siebeck) 1949, S. 12–19.

259 Vgl. Verlagsverzeichnisse Carl Heymanns 1949 und 1951.

260 Verlagsverzeichnis W. Kohlhammer 1950; Gesamtkatalog W. Kohlhammer 1952.

261 Verlagsverzeichnis R. von Decker, Herbst 1953; Verlagsverzeichnis Duncker & Humblot 1953; Verlagsverzeichnis Franz Vahlen 1953.

262 Umschlagrückseite Verlagsverzeichnis R. von Decker, Herbst 1953.

ausgegebene *Handbuch der Justiz*, der Verlag gab außerdem Werke zum Bundeshaushaltsrecht und zum Bundesdisziplinarrecht heraus und konnte damit das bereits vor 1933 und danach erfolgreich betriebene Geschäft mit amtlichen Publikationen fortsetzen. Im Rahmen der Werbung für das *Handbuch der Justiz* setzte R. von Decker explizit auf die Kontinuität im Verlag: »Das Handbuch setzt die Reihe der früher in unserem Verlag erschienen Kalender für Reichsjustizbeamte fort. – Es enthält wie früher das Verzeichnis der Inhaber von Planstellen für Richter und Staatsanwälte [...]«[263] Weitere Werke in Zusammenarbeit mit staatlichen Stellen waren die Postleitfäden – »Der Dienst bei der Deutschen Bundespost – Leitfaden für die Ausbildung« –, die im Auftrag des Bundesministers für das Post- und Fernmeldewesen herausgegeben wurden.[264] Die amtliche Reihe entwickelte sich in den 1950er Jahren offensichtlich gut, sie war ein Jahr später bereits stark angewachsen. Auch die *Tafeln für die amtliche Weingeistermittlung* waren durch eine offizielle Herausgeberschaft geadelt: Sie wurden nach wie vor vom Bundesmonopolamt für Branntwein herausgegeben.[265] Die Beispiele machen deutlich, dass es dem Verlag R. von Decker gelungen war, wie nach 1933 an sein ureigenes Stammgeschäft – die amtlichen Publikationen – anzuknüpfen und erfolgreicher Marktteilnehmer zu bleiben.

Neben den amtlichen Publikationen boten vor allem Formulare und Vordrucke die Möglichkeit, rasch wieder am Markt agieren zu können, auch ohne direkt umfangreiche Produktionsmittel zur Verfügung zu haben. Notwendig waren lediglich einzelne Kontakte in die Verwaltung. So wurde auch das erfolgreiche Vordruck- und Formularwesen als Geschäftsfeld direkt wieder aufgenommen. Der Verlag W. Kohlhammer knüpfte im eigenen Verlag und insbesondere mit seinem Deutschen Gemeindeverlag an das traditionsreiche Geschäft mit landesrechtlichen Publikationen und Formularen für die Verwaltung an.[266] Und auch Carl Heymanns machte auf sein traditionelles Geschäftsfeld im Titel seines Verlagsverzeichnisses von 1949 aufmerksam: »Buchverlag Rechts- und Staatswissenschaft, Zeitschriftenverlag, Formularverlag«.[267] Neben dem Formulargeschäft waren auch Druckaufträge für die Verlage in den 1950er Jahren attraktiv. Vorteil für Carl Heymanns war 1949 die Ernennung der Stadt Bonn zur provisorischen Hauptstadt der Bundesrepublik: Der Verlag mit Sitz in Köln wurde direkt mit der Herstellung und dem Vertrieb der am 1. April 1950 vom Bundesministerium des Innern herausgegebenen ersten Ausgabe des Gemeinsamen Ministerialblattes beauftragt.[268] Dass die räumliche Nähe eine Rolle gespielt hat, ist

263 Verlagsverzeichnis R. von Decker, Herbst 1953, S. 6. Vgl. auch Verlagsverzeichnis R. von Decker 1954, S. 11.

264 Vgl. Verlagsverzeichnis R. von Decker, Herbst 1953, S. 21–24.

265 Vgl. zur Reihe und Herausgeberschaft Verlagsverzeichnis R. von Decker, Herbst 1954, S. 27–33, 17.

266 Vgl. Gutbrod: 50 Jahre im Dienste, 1975, S. 1–2.

267 Verlagsverzeichnis Carl Heymanns, 1949.

268 Vgl. Reuter: Von Manuskripten, 1967, S. 121.

naheliegend. Sicher bestand aber das Vertrauen der Auftraggeber in den Verlag und seine langjährige Tradition in diesem Geschäftsfeld – auch bereits seit den Anfängen des Verlags.

Interessant sind im Rahmen einer abschließenden Betrachtung der fortgeführten Geschäftsfelder zwei Auffälligkeiten. Die Verlage haben sich nach 1945 offensichtlich auf ihre druck- und verlegerischen Wurzeln besonnen, um zunächst mit dem Vordruckgeschäft und kleineren Publikationen ihr Verlagsunternehmen wieder aufzubauen. Dieses Geschäftsfeld lag nahe, da es mit kleineren Aufträgen und ohne hohe Investitionskosten bewerkstelligt werden konnte und die Verlage nach den Zerstörungen durch den Zweiten Weltkrieg nicht über die Ressourcen für großangelegte neue Verlagsprogramme verfügten. Ferner eroberten alle Verlage diesen Markt – unabhängig davon, wie sie ihre Programme zur Zeit des Dritten Reiches gestaltet hatten und wie sehr diese auf die nationalsozialistische Ideologie ausgerichtet waren: Sowohl diejenigen juristischen Verlage, die während des nationalsozialistischen Regimes nicht reüssieren konnten, als auch die systemkonformeren Verlage begannen mit ihren angestammten Geschäftsfeldern einen Neuanfang.

Naheliegend waren wie nach 1933 auch nach 1945 vor allem Kontinuitäten in den Programmbereichen. Auffällig ist – bei entsprechender regionaler Verankerung – die Ausrichtung auf landesrechtliche Programme. Damit zogen sich die Verlage auf ihre ältesten Publikationsfelder überhaupt zurück: Das juristische Publizieren im räumlichen Umfeld. Diese Strategie verfolgten beispielsweise die Verlage C.H.Beck in Bayern und W. Kohlhammer in Baden-Württemberg. Erfolgversprechend war die Herausgabe landesrechtlicher Werke auch deshalb, da einige untergesetzliche Regelungen über 1933 und über 1945 hinaus Geltung behielten und die Landesgesetzgebung zügig wieder arbeitete. Der Verlag W. Kohlhammer positionierte sich auch explizit mit landesrechtlicher Literatur: »Gesetzgebung der Länder in den Kohlhammer Gesetzestexten« lautete eine Rubrik im Katalog von 1950. Der Verlag veröffentlichte zum Beispiel *Die Deutsche Gemeindeordnung* in der Fassung für Nordwürttemberg von 1946, die Gemeindeordnung für Württemberg-Hohenzollern jeweils mit unterschiedlichen Bearbeitern oder ein Werk zum Haushalts-, Kassen-, Rechnungs- und Prüfungswesen der Gemeinden. Neben Baden-Württemberg wurde Nordrhein-Westfalen bedient. Ministerialrat Wilhelm Triebel (1887–1951) bearbeitete das *Gesetz über die Vergnügungssteuer Nordrhein-Westfalen* von 1948.[269] Der Bereich entwickelte sich auch fort: Während das Landesrecht bei W. Kohlhammer zunächst lediglich fünfzehn Werke beinhaltete, waren es zwei Jahre später bereits zwanzig Titel, vor allem außerhalb Baden-Württembergs.[270] Neben Textausgaben mit Erläuterungen wie zur Verfassung von Nordrhein-Westfalen waren auch in der Rubrik »Kohlhammer Kommentare« landesrechtliche Titel für Nordrhein-Westfalen und Niedersachsen

---

269 Vgl. Verlagsverzeichnis W. Kohlhammer »Gesetzestexte« 1950, S. 22–24.

270 Vgl. zu den Werken Verlagsverzeichnis W. Kohlhammer, Ohne Datierung (1952), S. 4–6, 8.

aufgenommen. Die Titel wurden in den verschiedenen Ländern mit unterschiedlichen Autoren konzipiert, was auf eine gewisse Nachhaltigkeit schließen lässt, mit der der Verlag den Programmbereich des Landesrechts auszubauen beabsichtigte.

Auch C.H.Beck entdeckte das Landesrecht rasch wieder als einen lukrativen Programmbereich, an welchen es sich anzuknüpfen lohnte. In einem Werbeprospekt von 1953 bot der Verlag gleich die Bandbreite verschiedener Publikationsarten an: Textausgaben mit Gesetzessammlungen und Einzelausgaben, erläuterte Ausgaben und Kommentare, Entscheidungssammlungen und bundesrechtliche Ausgaben mit bayerischen Ausführungsgesetzen. Darüber hinaus sind die unterschiedlichen Themengebiete auffällig: Vom bayerischen Apothekergesetz bis zum bayerischen Wassergesetz, neben der Verfassung des Freistaats Bayern ein Titel zum Nachlaßwesen in Bayern und sogar eine Münchner Bauordnung.[271] Der Verlag C.H.Beck erkannte frühzeitig die Chancen eines Neubeginns im regionalen Umfeld und die Vorteile kontinuierlicher Programmarbeit. So kehrte man nach 1945 auf einen bereits vor 1933 entwickelten Schwerpunkt im Lehrbuchprogramm zurück und entwickelte eine neue Lehrbuchreihe: Der Lektor Carl Hoeller übernahm ein bereits zu Beginn des Zweiten Weltkriegs gefertigtes Konzept für eine Reihe *Juristische Kurzlehrbücher* und schloss erste Verlagsverträge für die Reihe.[272] Der Name der Reihe weckt Assoziationen an die seit 1933 im Verlag C.H.Beck erfolgreichen *Kurz-Kommentare*, der Verlag hatte mit der Reihe seine angestammte Käuferschaft im Blick.

Eine ausgeprägte Kontinuität ergab sich bei Carl Heymanns auf dem Gebiet des Patentrechts. Das Deutsche Patentamt bezog seinen Sitz nach dem Krieg in München und übertrug dem Carl Heymanns Verlag die verlegerische Betreuung der Zeitschrift *Blatt für Patent-, Muster- und Zeichenwesen*. Der erste Nachkriegsjahrgang erschien als 51. Jahrgang 1946/49. Das *Patentblatt* wurde mit dem ersten Nachkriegsjahrgang, dem 70. Jahrgang, 1950 herausgegeben. Als dritte Publikation veröffentlichte der Verlag schließlich die vom Vorstand der Deutschen Patentanwaltskammer herausgegebenen *Mitteilungen der deutschen Patentanwälte*, deren erster Nachkriegsjahrgang als 45. Jahrgang 1954 erschien.[273] Der Programmbereich wurde arrondiert mit der amtlichen Sammlung *Entscheidungen des Bundespatentgerichts*, die seit 1962 erschienen sowie mit der Rechtsprechungskartei *Gewerblicher Rechtsschutz*, die 1950 gegründet wurde. Der Verlag gründete eigens für diesen Programmbereich eine Niederlassung in der bayerischen Landeshauptstadt und knüpfte damit an eines der traditionsreichsten Rechtsgebiete im Verlag an: Bereits im Kaiserreich wurden Publikationen des Kaiserlichen Patentsamts herausgegeben. Nicht nur im Patentrecht bestanden mit den Entscheidungssammlungen Berührungspunkte zu Programmbereichen, die der Verlag bereits im 19. Jahrhundert bedient hatte. Überhaupt bildeten Entscheidungssammlun-

271 Das Erscheinungsdatum wurde vom Veröffentlichungsjahr der Werke abgeleitet. Vgl. Verlagsverzeichnis C.H.Beck, Ohne Datierung, geschätzt 1953, S. 1.

272 Vgl. Beck: Führende Mitarbeiter, 1988, S. 71–72.

273 Vgl. Reuter: Von Manuskripten, 1967, S. 119–121.

gen auch nach 1945 wieder ein bedeutendes Geschäftsfeld im Carl Heymanns Verlag, so mit der *Entscheidungssammlung des Oberverwaltungsgerichts Berlin*, die wiederum seit 1954 von der Berliner Niederlassung betreut wurden und mit der *Entscheidungssammlung des Bundesverwaltungsgerichts* ein Jahr später.

Bereits erwähnt wurden die Kontinuitäten im Rahmen der durchgängig fortbestehenden periodischen Publikationen wie bei *Goltdammer's Archiv für Strafrecht* im Verlag R. von Decker oder bei Neuauflagen von eingeführten Kommentaren wie Franz Schlegelbergers *Die Gesetze über die Angelegenheiten der Freiwilligen Gerichtsbarkeit für das Reich und Preußen* bei Carl Heymanns – prominent und umstritten auch die Fortführung des Kommentars zum Bürgerlichen Gesetzbuch unter dem Namen von Otto Palandt im Verlag C.H.Beck, hier ließen sich unzählige Beispiele finden. Diese Kontinuitäten erstaunen nicht nur wegen des Systemwechsels – die Titel waren unter einer totalitären Herrschaft zumindest überarbeitet worden –, sondern auch wegen des Zusammenbruchs nach 1945.

Eine Programmkontinuität nicht nur über 1933, sondern auch über 1945 hinaus bestand auch bei C.H.Beck mit der Gesetzessammlung von Heinrich Schönfelder sowie mit der von ihm initiierten Reihe *Prüfe dein Wissen*. Durch die erwähnte Aufnahme des Parteiprogramms der NSDAP als Nr. 1 des *Schönfelders*[274] hatte der Verlag nach 1933 ein ideologisches Signal gegeben. Die Textausgabe von Schönfelder hatte vor allem den juristischen Nachwuchs im Blick. Um die Studenten anzusprechen, sollte die Gesetzessammlung »nur die allernotwendigsten Texte für das Studium zum billigstmöglichen Preis bieten«. Die erste Auflage der Gesetzessammlung erschien 1932 im Umfang von »doch schon 1300 Seiten und war sofort ein durchschlagender Erfolg«.[275] Das Werk bestand auch über 1933 hinaus erfolgreich fort: *Schweitzers Vademecum* verzeichnete 1935 die vierte, 1937 bereits die siebte und 1940 die zehnte Auflage.[276] Die Bedeutung des Werkes für den Verlag ist auch daran ersichtlich, dass es erst nach »sorgenvollen Überlegungen«[277] 1935 in eine Loseblattausgabe überführt wurde. Gleichzeitig stellt der *Schönfelder* wie nur wenige Werke im Verlag C.H.Beck einen Beleg für Kontinuitäten dar: Das Werk ist auch im 21. Jahrhundert unter dem Namen des »überzeugten« Nationalsozialisten Heinrich Schönfelder eines der bekanntesten Werke unter dem Verlagsdach C.H.Beck.[278] Ebenso wie im Rahmen der Geschäftsfelder kann

---

274 Weitere Gesetze waren das Gesetz zur Sicherung der Einheit von Partei und Staat als Nr. 2, nach Wesel »eines der Grundgesetze des NS-Staats«, unter Nr. 5 das Ermächtigungsgesetz, Nr. 10 a und 12 a die Nürnberger Rassegesetze bis zu Nr. 18, dem Reichsarbeitsdienstgesetz. Vgl. Wesel: C.H.Beck, 2013, S. 101.

275 Zitate Beck: Der juristische Verlag, 1988, S. 26.

276 Vgl. J. Schweitzer Sortiment: Literarisches Vademecum, 1935, S. 83; J. Schweitzer Sortiment: Literarisches Vademecum, 1937, S. 86–87; J. Schweitzer Sortiment: Literarisches Vademecum, 1940, S. 107.

277 Beck: Der juristische Verlag, 1988, S. 26. Vgl. auch Werbung im hinteren Teil J. Schweitzer Sortiment: Literarisches Vademecum, 1935.

278 Vgl. Wesel: C.H.Beck, 2013, S. 101–102.

auch bei den Programmbereichen zusammenfassend festgestellt werden, dass die juristischen Verlage an ihre Traditionslinien anknüpfen konnten. Augenfällig ist dabei, dass nicht nur Kontinuitäten aus dem 20. Jahrhundert bestanden, sondern teilweise noch aus der Zeit der Anfänge ihrer jeweiligen Verlagsprogramme.

Auch in der Autorenschaft waren Kontinuitäten naheliegend: Ein Autor, dessen Verbindungen zu seinen Verlagen C.H.Beck und W. Kohlhammer auch über 1945 hinaus fortbestanden, war Ernst Forsthoff: Im Verlag W. Kohlhammer veröffentlichte Forsthoff 1938 sein Werk *Die Verwaltung als Leistungsträger*.[279] Die zweite Auflage erschien 1959 unter verändertem Titel ebenfalls im Verlag W. Kohlhammer – *Rechtsfragen der leistenden Verwaltung*.[280] Die Kontinuität wird bereits im Vorwort der Ausgabe von 1959 deutlich. Forsthoff verweist auf das ursprüngliche Erscheinungsjahr 1938, revidiert allerdings einzelne seiner früheren Aussagen:

> »Dem häufig an mich herangetragenen Wunsch, meine seit langem vergriffene Schrift *Die Verwaltung als Leistungsträger* aus dem Jahre 1938 erneut der Öffentlichkeit zugänglich zu machen, entspreche ich mit einer durch die Umstände gebotenen Einschränkung. Im folgenden werden das erste und das vierte Kapitel der Schrift wiedergegeben. Angesichts der Tatsache, daß die Schrift in der Entwicklung der modernen Dogmatik des Verwaltungsrechts eine spezifische Bedeutung gewonnen hat, verbot sich eine Umarbeitung. Die beiden Kapitel sind also unverändert geblieben. Sie sind auf die Situation des Jahres 1938 hin formuliert. Sätze wie: ›Die Grundrechte gehören der Geschichte an‹ machen das dem Leser deutlich. Trotzdem wird es ihm nicht entgehen, daß der Sinn der Schrift darauf gerichtet war, dem einzelnen neue rechtliche Sicherungen seiner Existenz zu verschaffen. Die weggelassenen Kapitel enthalten Exemplifikationen auf das damals geltende Recht. Sie sind ohne eigenes, rechtsdogmatisches Interesse und inzwischen durch die einschlägigen Teile meines Lehrbuchs des Verwaltungsrechts überholt.«[281]

Die Neuauflage des Werkes *Die Verwaltung als Leistungsträger* war nicht das erste Werk Ernst Forsthoffs bei W. Kohlhammer nach 1945. Er hatte bereits seit 1956 wieder im Stuttgarter Verlag publiziert: *Öffentliches Recht. Sammlung staats- und verwaltungsrechtlicher Gesetze*, danach erschienen verschiedene Bände in der von ihm herausgegebenen Reihe *res publica. Beiträge zum öffentlichen Recht*. Sein bekanntes *Lehrbuch zum Verwaltungsrecht* erschien allerdings in einem anderen Verlag: bei C.H.Beck in München. So blieb Forsthoff auch im Verlag C.H.Beck prominenter Autor, und zwar nicht nur mit seinem erwähnten Lehrbuch. Die Verbundenheit des Verlags mit Forsthoff kommt vor allem in der 1967 erschienenen Festschrift zu Ehren seines 65. Geburtstags zum Ausdruck, die Heinrich Beck und der Verlag laut dem Dank des Herausgebers Karl Doehring (1919–2011) »in einer Art ermöglichten, wie sie großzügiger nicht denkbar ist«.[282] Das bekannteste Werk von Forsthoff im Verlag C.H.Beck war sein *Lehrbuch zum Verwaltungsrecht* in zwei Bänden. Bereits vor 1945 wurde die Konzeption hierfür

---

279 Vgl. Forsthoff: Die Verwaltung als Leistungsträger, 1938.

280 Vgl. Forsthoff, Ernst: Rechtsfragen der leistenden Verwaltung 1959.

281 Forsthoff: Rechtsfragen der leistenden Verwaltung, 1959, Vorwort.

282 Doehring: Ernst Forsthoff, S. 3.

zwischen Autor und Verlag entwickelt, fertig gestellt wurde das Werk allerdings erst 1950.[283] Der Katalog kündigte den ersten Band für Herbst 1951 an, den zweiten Band als in Vorbereitung.[284] Fast zehn Jahre später erlebte das Werk bereits seine achte Auflage, noch zwei weitere Auflagen folgten bis zum Tod von Ernst Forsthoff.[285] Der Verlag blieb seinem Autor über 1945 nicht nur verbunden, sondern förderte Forsthoff mit seinem Lehrbuch und als Autor vor allem nach 1945. Carl Schmitt-Schüler Forsthoff war ein erfolgreicher Autor, dem seine Publikationen während des Dritten Reiches im Hinblick auf seine wissenschaftliche Karriere nicht schadeten: Er war langjährig Professor in Heidelberg. Mehring charakterisiert Ernst Forsthoff in Heidelberg als »Schlüsselfigur akademischer Reetablierung«[286] Die Verlage wiederum profitierten von dem Renommee, welches Forsthoff nach 1945 in wissenschaftlichen Kreisen genoß und von seiner Popularität unter den Studenten.[287]

Eine bekannte und auffällige Autorenkontinuität bestand zwischen Franz Schlegelberger und seinem Hausverlag Franz Vahlen. Bereits im Rahmen der Kontinuitäten nach 1933 ist auf das außergewöhnliche Verlagsverhältnis eingegangen worden. *Das Recht der Neuzeit* erschien durchgängig im Verlag Franz Vahlen seit 1921. Franz Schlegelberger verfasste das Werk zeitweilig gemeinsam mit Werner Hoche (1890–?).[288] Das Werk wurde schnell hintereinander im zwei- bis dreijährigen Rhythmus immer wieder neu aufgelegt, die Seitenzahl erhöhte sich von Auflage zu Auflage, beides spricht für einen wirtschaftlichen Erfolg des Werkes. Während es für den Verlag Franz Vahlen unter verkaufsfördernden Gesichtspunkten eine logische Strategie war, an seinem Autor Franz Schlegelberger festzuhalten – die Karriere von Franz Schlegelberger festigte sich nach 1933 bis zum kommissarischen Justizminister –, kann dies nach 1945 nicht als selbstverständlich betrachtet werden. Beide Autoren waren nach 1945 nicht unumstritten: Neben Franz Schlegelberger war auch Werner Hoche kein unbelasteter Autor und hatte nach 1933 eine herausragende Position in der nationalsozialistischen Ministerialverwaltung bekleidet. Als Ministerialrat im Reichs- und Preußischen Ministerium des Innern hatte er in der *Sammlung Vahlen* ein mehrbändiges Werk herausgegeben *Die Gesetzgebung Adolf Hitlers für Reich, Preußen und Österreich*, »die Gesetze nebst amtlichen Begründungen und Durchführungsvorschriften in Reich und Preußen seit dem 30. Januar 1933 sowie die Rechtseinführungsvorschriften für Öster-

283 Vgl. Doehring: Ernst Forsthoff, 1988, S. 346.

284 Vgl. Verlagsverzeichnis C.H.Beck 1951, S. 41.

285 Vgl. Verlagsverzeichnis C.H.Beck, 1960, S. 53; Verlagsverzeichnis C.H.Beck »Lehrbücher« 1963, S. 6.

286 Mehring: Carl Schmitt, 2009, S. 464.

287 Ernst Forsthoff wird in seiner Haltung zum Nationalsozialismus in der Rückschau unter anderem von Stolleis differenziert betrachtet, der mit dem Hinweis auf den »eindrucksvollen akademischen Lehrer« endet. Zitat nach Stolleis: Geschichte des öffentlichen Rechts, 2012, S. 178–179.

288 Vgl. Verlagsverzeichnis Franz Vahlen, 1926, S. 88.

reich in systematischer Ordnung mit Sachverzeichnissen«.[289] Die beiden Werke *Das Recht der Neuzeit* und *Die Gesetzgebung Adolf Hitlers* waren auf der Umschlaginnenseite des Vahlen-Katalogs von 1938 als »die beiden vielbenutzten Handbücher für die tägliche Praxis«[290] prominent herausgestellt und zusätzlich werblich hervorgehoben worden. Der Verlag Franz Vahlen hielt auch nach 1945 an seinen Autoren fest: *Das Recht der Neuzeit* wurde – wohl weil es zeitgemäßer klang und zumindest eine kleinere Veränderung im Titel bedeutete – als *Recht der Gegenwart* wieder veröffentlicht, Herausgeber waren wie vor 1945 Franz Schlegelberger und Werner Hoche. Eine Kontinuität bestand auch insofern, als dass der Verlag das Werk 1953 in der 20. Ausgabe als »in Vorbereitung« ankündigte,[291] die Auflagen- und Ausgabenzählung also aufrechterhielt. Die Kontinuität der Ausgabenzählung wurde vermutlich beibehalten, um die bewährte Tradition verkaufsfördernd herauszustellen.

Die Wertschätzung des Verlags für seinen Autor Franz Schlegelberger, »Staatssekretär im Ruhestand«, zeigt sich an vielen strategischen Entscheidungen. Während der Name von Werner Hoche in den 1970er Jahren durch den neuen Bearbeiter Walter J. Friedrich ersetzt wurde, blieb der Name von Franz Schlegelberger dauerhaft bestehen. Das *Recht der Gegenwart* wurde überdies innerhalb der Familie vererbt: An dem Werk wirkte später auch der Sohn von Franz Schlegelberger mit – Hartwig Schlegelberger (1913–1997) war ebenfalls Jurist und in den 1970er Jahren Innenminister in Schleswig-Holstein.[292] Nicht nur in dem bekannten Werk *Das Recht der Neuzeit* beziehungsweise *Recht der Gegenwart* blieb der Name von Franz Schlegelberger bestehen: Der langjährige Autor wird auch in dem von ihm im Dritten Reich begründeten und herausgegebenen Kommentar zum Handelsgesetzbuch nach wie vor genannt.[293] Zwanzig Jahre nach dem Ende des Dritten Reichs werden die Werke dann nicht nur mit dem Namen von Franz Schlegelberger als Begründer versehen, sondern sein Name selbst war durch den Verlag zum Markenzeichen geworden.

Die Autorenkontinuität von Franz Schlegelberger im Verlag Franz Vahlen ist offensichtlich. Offensichtlich ist auch, dass der Verlag mit seinem Autor erfolgreiche Werke am Markt platzieren konnte, sonst wäre der Name von Schlegelberger nicht vom Verlag zu einem Markenzeichen gemacht worden – gerade für die Werke, die auch während der Zeit des Nationalsozialismus über Jahre erfolgreich waren. Im Unterschied zu Ernst Forsthoff, der selbst noch als Rechtswissenschaftler in Juristenkreisen präsent war, reduzierte sich die Mitwirkung von Franz Schlegelberger am Rechtsdiskurs der Bundesrepublik allerdings auf die Fortführung seiner Werke. Er veröffentlichte keine neuen Werke mehr. Schließlich blieb auch die Verlagsbeziehung zwischen Franz Schlegelberger und dem Verlag Carl Heymanns nach 1945 erhalten: 1952 erschien das

289 Franz Vahlen: Verlagskatalog Vahlen's blaue Textausgaben, 1938, S. 10.
290 Franz Vahlen: Verlagskatalog Vahlen's blaue Textausgaben, 1938, S. 31.
291 Vgl. Verlagsverzeichnis Franz Vahlen 1953, S. 19.
292 Vgl. Verlagsverzeichnis Franz Vahlen 1973, S. 3.
293 Vgl. Franz Vahlen: Verlagskatalog Vahlen's blaue Textausgaben, 1938, S. 32.

Gesetz über die Angelegenheiten der Freiwilligen Gerichtsbarkeit in sechster Auflage, vier Jahre später 1956 die siebte neubearbeitete Auflage in zwei Bänden.[294]

Franz Leonhard bei Carl Heymanns und Franz Vahlen

Anders gelagert war die Autorenkontinuität bei Franz Leonhard (1870–1950). Im Gegensatz zu Ernst Forsthoff und Franz Schlegelberger, die am Dritten Reich auch publizistisch mitwirkten, wurden die Werke von Franz Leonhard im Nationalsozialismus nicht neu aufgelegt. Franz Leonhard war Jude und wurde 1936 emeritiert. Er konnte erst nach 1945 wieder mit Erfolg veröffentlichen, zum Beispiel das im Verlag Carl Heymanns erschienene Werk *Bürgerliches Recht* – »Ein Lehrbuch in kurzen Sätzen«, der Titel wurde 1948 in der vierten Auflage veröffentlicht.[295] Im Katalog von 1936 war die dritte Auflage des Werkes verzeichnet, diese war – wie die Vorauflagen – noch in der Weimarer Zeit 1932 veröffentlicht worden.[296] *Schweitzers Vademecum* verzeichnete den Titel bis auf den Nachtrag 1934 durchgängig bis einschließlich 1936.[297] Franz Leonhard war nach dem Krieg in Marburg Professor, offensichtlich hielt die Verlagsbeziehung über das Dritte Reich und den Krieg hinaus an und der Autor erstellte direkt wieder die Neuauflage. Die Kontinuität in der Autorenschaft setzte sich hier also nach einer Lücke zwischen 1933 und 1945 fort.

Franz Leonhards Werke erlitten nicht nur im Verlag Carl Heymanns das Schicksal des »Verschwindens nach 1933«, sondern auch bei Franz Vahlen. Hier veröffentlichte Leonhard die *Anleitung für die juristischen Übungs- und Prüfungsarbeiten*. Das Werk war erstmals 1908 im Verlag Franz Vahlen erschienen und offensichtlich von Beginn an sehr erfolgreich: Noch im Erscheinungsjahr wurde die zweite Auflage herausgegeben, 1910 bereits die dritte Auflage. Nachdem weitere Auflagen 1914, 1926, 1931 erschienen waren, datiert die achte verbesserte Auflage erst aus 1948 – ein Jahr später konnte hier wiederum bereits die neunte ergänzte Auflage erscheinen.[298] Der Verlag Franz Vahlen bewirbt diese neunte Auflage mit einer Rezension aus der Zeitschrift *Neue Juristische Wochenschrift*: »Das Buch ist ein Juwel der juristischen Unter-

---

294 Vgl. Förster: Jurist im Dienst des Unrechts, 1995, S. 177–189; Reuter: Von Manuskripten, 1967, S. 107–109.

295 Vgl. Verlagsverzeichnis Carl Heymanns 1949, S. 2; Verlagsverzeichnis Carl Heymanns 1951, S. 21.

296 Vgl. Preisverzeichnis Carl Heymanns 1936, S. 44. Zur 2. Auflage von 1926 vgl. Verlagsverzeichnis Carl Heymanns 1932, S. 78.

297 Vgl. J. Schweitzer Sortiment: Literarisches Vademecum, 1932, S. 62; J. Schweitzer Sortiment: Literarisches Vademecum, 1933, S. 65; J. Schweitzer Sortiment: Literarisches Vademecum, 1935, S. 51; J. Schweitzer Sortiment: Literarisches Vademecum, 1936, S. 57.

298 Verlagsverzeichnis Franz Vahlen 1910, S. 81. Verlagsverzeichnis Franz Vahlen 1926, S. 60. Der Katalog der Deutschen Nationalbibliothek verzeichnet die Auflagen von 1948 und 1949 im Verlag für Rechtswissenschaften in Berlin.

richtsliteratur.«[299] Nach dem Tod des Autors wird 1967 noch eine zehnte Auflage unter dem Namen Franz Leonhard bei Franz Vahlen herausgebracht. Die Auflagenzählung wurde dabei durchgängig beibehalten – hier weist eine Rezension explizit auf die hohe Auflagenzahl als Verkaufsargument und Qualitätsmerkmal für das Werk: »Die Schrift gibt eine für Studenten und Referendare wertvolle Anleitung dafür, wie man ein Gutachten über einen Fall aus dem bürgerlichen Recht macht. Das große pädagogische Geschick und die langjährigen Erfahrungen des Verfassers erklären die Beliebtheit der kleinen Schrift, die in der hohen Auflagezahl hervortritt.«[300] Auch zwanzig Jahre später findet sich der Titel von Franz Leonhard noch im Verlagsprogramm von Franz Vahlen.[301]

Die Autorenkontinuität die sich im Verlag Franz Vahlen für Franz Schlegelberger nachweisen lässt, besteht also auch bei dem Autor Franz Leonhard. Ein eklatanter Unterschied zwischen den beiden Autoren war wie dargestellt die Tatsache, dass die Werke von Franz Leonhard zwischen 1933 und 1945 offenbar nicht mehr erscheinen konnten, Franz Schlegelberger dagegen im Dritten Reich ein erfolgreicher Autor war. Zumindest für den Verlag Franz Vahlen entsteht damit der Eindruck, dass der Verlag nach 1945 unterschiedslos auf erfolgreiche Werke aus früheren Zeiten zurückgegriffen hat: unabhängig davon, ob die Werke in der Weimarer Zeit – oder sogar bereits im Kaiserreich – erfolgreich waren oder nach 1933 im Nationalsozialismus – solange sich ein vielversprechender Markt ergab.

Leo Rosenberg bei Otto Liebmann und C.H.Beck

Eine ähnliche Autoren-Kontinuität wie bei Franz Leonhard bestand auch im Verlag C.H.Beck mit Leo Rosenberg: 1927 hatte Leo Rosenberg im Verlag Otto Liebmann erstmals sein *Lehrbuch des deutschen Zivilprozeßrechts* herausgegeben. Das Werk gilt bis heute im Rahmen historischer Rechtsfragen als »Standardwerk«.[302] Zwei Jahre später erschien die zweite Auflage, wiederum zwei Jahre später die dritte Auflage – alle Neuauflagen jeweils bei Otto Liebmann. Nach dem zwangsweisen Verkauf des Verlags führte der Verlag C.H.Beck den Titel fort. 1934 erschien zunächst ein Nachtrag zur dritten Auflage, 1949 dann die vierte Auflage. Im Vorwort der vierten Auflage heißt es: »Die erste Auflage war im Jahre 1927 erschienen, die zweite im Jahre 1929 und die dritte im Jahre 1931 mit einem Nachtrag vom Jahre 1934 wegen der Novelle vom 27. Oktober 1933. Damals sollte bald die vierte Auflage in Angriff genommen werden. Fünfzehn Jahre sind vergangen, ehe sie veröffentlicht werden kann. Alt ist die Form, in der sie

---

299 Verlagsverzeichnis Franz Vahlen 1953, S. 14. Vgl. auch Verlagsverzeichnis Franz Vahlen mit dem Titel »Wintersemester 1960/61 Die altbewährten Werke für das Studium Rechts-, Staats-, Wirtschaftswissenschaften« 1960, S. 9.

300 Verlagsverzeichnis Franz Vahlen 1960, S. 9.

301 Vgl. Verlagsverzeichnis Franz Vahlen 1973, S. 31; Verlagsverzeichnis Franz Vahlen 1974, S. 6.

302 Hess / Mack: Zivilprozeßrecht, 2007, S. 701.

erscheint, neu ihr Gewand und der Verlag [...]«[303] Der lange Zwischenraum zwischen den Auflagen erklärt sich mit der jüdischen Herkunft Leo Rosenbergs.[304] Deshalb ist die erwähnte Verzeichnung des Nachtrags im *Schweitzers Vademecum* noch 1934 unter dem Namen des Autors bemerkenswert. Die vierte Auflage erschien nach dem Krieg 1949 im Biederstein Verlag – dem Verlag, dem Heinrich Beck verbunden war, bis der Verlag C.H.Beck fortgeführt werden konnte; die fünfte Auflage folgerichtig im Verlag C.H.Beck 1951. Das Lehrbuch erwarb sich rasch den Ruf eines Standardwerkes und war offensichtlich ein voller Erfolg: 1954 und 1956 erschienen bereits die nächsten Auflagen. Eine Besonderheit besteht darin, dass der Verlag offensichtlich versucht hatte, auch während des Dritten Reiches an dem Autor festzuhalten: Noch 1936 – also zu einer Zeit, als das Verzeichnis *Schweitzers Vademecum* Namen und Werk Leo Rosenbergs nicht mehr nannten – führte der Verlag das Werk unter dem Namen des Autors noch in seinem Katalog.[305] Die Strategie von Heinrich Beck nach 1945 war verlegerisch eine ebenso naheliegende wie erfolgversprechende: Eine Kontinuität aufzubauen mit bekannten Autoren und gleichzeitig eine Brücke zu schlagen in eine Zeit, in der jüdische Wissenschaftler in Deutschland hohes Ansehen genossen.

Die verschiedenen Beispiele haben gezeigt, dass es vielfältige Autoren-Kontinuitäten nach 1945 gab. Dabei lassen sich zwei grundverschiedene Konstellationen unterscheiden: Zum einen gab es Autoren, die für ihre Verlage bereits zwischen 1933 und 1945 geschrieben haben und deren Autorenschaft sich nach 1945 nahtlos fortsetzte wie bei Ernst Forsthoff und Franz Schlegelberger. Zum anderen entdeckten einige Verlage Autoren wieder, deren Werke sie bereits vor 1933 betreut hatten, die aber während des Dritten Reiches nicht publizieren konnten. Die erstgenannten Beispiele stehen heute häufig in der Kritik. Um zu unterstreichen, dass es sich bei den genannten Verlagen lediglich um einige Beispiele handelt, seien mit der Fortsetzung des Autorenverhältnisses von Friedrich Knost im Verlag Alfred Metzner[306] ein weiteres Beispiel für die Einbindung ehemals nationalsozialistischer Autoren. Mit Heinrich Triepel, Mitherausgeber des *Archiv des öffentlichen Rechts (AöR)*, im Verlag J. C. B. Mohr (Paul Siebeck) lässt sich ein weiteres Beispiel für die Wiederaufnahme von Verlagsbeziehungen finden: Heinrich Triepel veröffentlichte nach seinem Rücktritt als Herausgeber nach der Machtübernahme durch die Nationalsozialisten erst wieder nach 1945 im Verlag

303 Vorwort Rosenberg: Lehrbuch Zivilprozessrecht, 1949.

304 Leo Rosenberg war ein vielseitiger Autor. Er veröffentlichte in der Weimarer Republik auch Texte über das Judentum wie »Die Juden in Litauen« oder »Das Ostjudenproblem und Palästina« und auch mit seinen juristischen Texten war er offensichtlich nicht an einen Verlag gebunden: Ein Werk »Die Zivilprozeßgebung« erschien 1930 bei Walter de Gruyter 1931, das »Zivilprozessrecht« bei Stilke und »Zur Lehre vom Streitgegenstand« 1932 bei C. L. Hirschfeld. An den bekannten Namen aus der Weimarer Republik knüpfte der Verlag C.H.Beck erfolgreich an.

305 Vgl. Verlagsverzeichnis C.H.Beck 1936, S. 20.

306 Friedrich Knost war im Dritten Reich »Rassereferent« und nach 1945 als Präsident des Niedersächsischen Verwaltungsbezirks Braunschweig Berater und Autor im Verlag Alfred Metzner. Vgl. Alfred Metzner: 50 Jahre, 1959, S. 11.

J. C. B. Mohr (Paul Siebeck). Erst im Katalog von 1951 taucht wieder ein Titel von Triepel auf: *Vom Stil des Rechts* »Beiträge zu einer Ästhetik des Rechts«, veröffentlicht 1947.[307]

Eine Erklärung für die ausgeprägte Kontinuität bei den Autoren liegt zweifelsohne in den persönlichen Beziehungen zwischen den Autoren und ihren Verlagen. Sicher spielte aber auch der Umstand eine Rolle, dass die juristischen Autoren nach 1945 in der Bundesrepublik ihre erfolgreichen Karrieren in ihren rechtswissenschaftlichen und rechtspraktischen Tätigkeitsfeldern fortsetzen konnten. Die Verlage waren wie zu allen Zeiten bemüht, ihre erfolgreichen Autoren auch weiterhin an den Verlag zu binden – teilweise offensichtlich ohne die jeweilige Rolle ihrer Autoren zur Zeit des Nationalsozialismus in besonderem Maße zu reflektieren. Gleichzeitig sind die Kontinuitäten bei den Verfassern und ihren Werken nach 1945 die am facettenreichsten: Nicht nur bei den systemkonformen Autoren wie Ernst Forsthoff oder Franz Schlegelberger bestanden Kontinuitäten, sondern auch bei Autoren, deren Werke nach 1933 nicht mehr veröffentlicht wurden wie diejenigen von Leo Rosenberg. Insofern bedeutete die Zeit nach Ende des nationalsozialistischen Regimes für manche Verlage tatsächlich eine stärkere Zäsur als die Systemwechsel zuvor. Den Verlagen bot der Neuanfang nach 1945 die Gelegenheit, ihre Programme in demokratischen Strukturen neu auszurichten.

6.7 Strukturelle Kontinuitäten und Brüche

Die Untersuchung hat gezeigt, dass Kontinuitäten in allen juristischen Verlagen vorhanden waren, insbesondere bei den publizistischen Kontinuitäten handelte es sich nicht um Einzelfälle, sondern die juristischen Verlage reagierten gleichförmig. Ohne sich bewusst an den Kollegen zu orientieren, veröffentlichten alle Verlage nach 1933 Werke von Autoren, die das nationalsozialistische Regime unterstützten und zu seiner Stabilisierung beitrugen. Auch nach 1945 sind Linien der Kontinuität festzustellen. Während die Kontinuitäten nach 1933 allerdings offen praktiziert und dargelegt wurden, handelte es sich nach 1945 eher um versteckte oder gar verdeckte Kontinuitäten. Im Hinblick auf die Personen waren es oft die gleichen Kontinuitäten nach 1933 und nach 1945. Die Brüche dagegen waren unterschiedlicher Art: Nach 1933 verloren jüdische und andere dem nationalsozialistischen Regime nicht genehme Verleger ihre Unternehmen, wurden vertrieben und fanden auch nach 1945 nicht wieder eine Existenzgrundlage. Die Namen der vier dargestellten Verlage sind heute in der juristischen Publizistik weitgehend unbekannt: Otto Liebmann ist 2013 im Zusammenhang mit dem Firmenjubiläum des Verlags C.H.Beck noch einmal erwähnt worden, an J. Bensheimer wird teils im Zusammenhang mit Max Hachenburg erinnert. Nach 1945 konnte in den meisten Verlagen nicht bruchfrei weitergearbeitet werden, da viele Verlags-

307 Vgl. Verlagsverzeichnis J. C. B. Mohr (Paul Siebeck) 1951, S. 21.

gebäude zerstört waren, Mitarbeiter im Krieg gefallen waren und sich die Verleger zunächst für ihr Handeln im Dritten Reich verantworten mussten. Selbst wenn dies kurzfristig zu einem Bruch geführt hat – Heinrich Beck erhielt nicht sofort wieder eine Lizenz und musste den »Umweg« über den Biederstein Verlag und seinen Vetter Gustav End gehen, waren alle dargestellten nicht-jüdischen juristischen Verlage der Weimarer Republik auch nach 1945 wieder in ihren Geschäftsfeldern tätig – unabhängig von dem Ausmaß ihrer Verstrickung zur Zeit des Nationalsozialismus.

Die nationalsozialistische Machtübernahme 1933 bedeutete für das gesamte Rechtswesen tiefgreifende Veränderungen, die aus zeitgenössischer Sicht – nach den in den vorausgehenden Jahrzehnten bereits erlebten Umbrüchen – zunächst allerdings nicht als derart einschneidend für den juristischen Bereich empfunden wurden. Dazu mag beigetragen haben, dass die neuen Machthaber sorgsam darauf achteten, die materiellen rechtlichen Änderungen durch strukturelle Kontinuität und formale Legitimität zu begleiten: Der neue totalitäre Staat verzichtete zu Beginn nicht auf Rechtswesen und Gesetz, sondern gebrauchte sie als nützliche Werkzeuge. Diese anfängliche strukturelle Kontinuität und die ideologische Indifferenz, die von den juristischen Verlagen schon in den vorausgehenden Epochen gelebt worden war, erlaubte der Mehrzahl der Marktteilnehmer 1933 – wie später auch nach 1945 – ein weitgehend unbeschadetes Überstehen des politischen Systemwechsels. Sofern sie nicht durch rassische Diskriminierung zur Aufgabe oder Übergabe ihres Verlagsgeschäfts gezwungen waren, ergaben sich bei entsprechender Anpassungsbereitschaft sogar neue Chancen: Solche Chancen bestanden nicht nur durch die »Arisierung«, die in einigen Fällen die Übernahme von Verlagen durch Wettbewerber ermöglichte, sondern auch für den regulären Verlagsbetrieb. Die Untersuchung hat gezeigt, dass es auch im Dritten Reich möglich war, eine Kontinuität in den Geschäftsfeldern, Verlagsprogrammen und mit den ihnen verbundenen nichtjüdischen Autoren aufrechtzuerhalten – die Verlagsgeschäfte konnten offensichtlich in bewährter Form fortgesetzt werden.

Juristische Verlage, die im nationalsozialistischen Staat expandierten, nutzten und stützten die Gegebenheiten, ohne zu nationalsozialistischen Verlagen im ideologischen Sinn zu werden. So nahmen die Verlage R. von Decker und W. Kohlhammer den Ausbau ihres Verlagsprogramms gerade in den Geschäftsfeldern vor, in denen sie bereits seit dem Kaiserreich erfolgreich am Markt auftraten – mit amtlichen Publikationen bei R. von Decker und mit Vordrucken im Verlag W. Kohlhammer. Gleichwohl wurden diese Aufträge in der Regel von Verwaltungsseite vermittelt, verlangten also gute Kontakte zu den Schaltstellen der nationalsozialistischen Macht, für die ein persönliches politisches Näheverhältnis erforderlich oder zumindest förderlich war. Die namhaftesten nationalsozialistischen Autoren mit einer hochrangigen Stellung im NS-Staat bevorzugten für ihre Publikationstätigkeit die politisch-ideologisch eindeutig positionierten Verlage des eigenen Lagers und waren für die traditionellen juristischen Fachverlage nur schwer zu binden. Allerdings gab es auch in juristischen Verlagen Beispiele: Die Werkgeschichte juristischer Publikationen liefert dabei einige der markantesten und am besten dokumentierbaren Beispiele für ideologiegetriebenes Verhalten im Nationalsozialismus und auch für Autoren-Kontinuitäten, die sich bis hinein in die Bundesrepublik fortsetzten. Der wohl bekannteste Fall ist die Kommentierung zu den Nürnberger Rassegesetzen, an der ein späterer bundesdeutscher Staatssekretär maßgeblich mitwirkte und die seinen Namen trug. Die besondere Prominenz verdankt dieser Fall der Tatsache, dass sowohl ein führender Verlag wie auch ein später hochrangiger Politiker involviert waren: C.H.Beck und Hans Globke. Während in diesem Fall keine Kontinuität über 1945 bestehen konnte, wurden andere Publikationen mit den vormaligen Autoren auch nach Ende des Dritten Reichs ohne Unterbrechung fortgesetzt.

Brüche – und einen erheblichen Verlust an Fachkompetenz – bedeuteten die nationalsozialistische Machtübernahme und die »Rassengesetzgebung« dagegen bei den jüdischen Autoren: Die bedeutende Rolle jüdischstämmiger Juristen in der deutschen Rechtswissenschaft drückte sich naturgemäß auch in der entsprechenden Autorenaktivität aus. Anders als in der Belletristik gab es bei juristischen Werken trotzdem keine Bücherverbrennung in dem Ausmaß wie bei schöngeistigen Werken. Den neuen Machthabern reichte aus, wenn in der ohnehin zu erwartenden oder seltener in der eigens vorgezogenen Folgeauflage des Werks die unerwünschten Herausgeber- und Autorennamen getilgt waren. Nicht selten geschah dies unter Beibehaltung der inhaltlichen Beiträge. Verglichen mit der belletristischen Literaturwelt, in der die Verfemung von Autoren als erheblicher Einschnitt wahrgenommen wurde, reagierten juristische Verlage und Verleger ohne besondere Befremdung: Autorenwechsel aus verschiedensten Gründen waren eine Routineangelegenheit; neue Autoren und Herausgeber wurden bestimmt, die Werke fortgeführt – aus zeitgenössischer Sicht wohl ein verlagsüblicher Vorgang, kein ethisches Problem.

Die – von der vorliegenden Untersuchung nicht zu beantwortende – Frage, wie verständlich oder verwerflich diese Neutralität, Indifferenz oder Gleichgültigkeit war, stellt sich noch mehr bei Werken, die sich unmittelbar auf den Kern nationalsozialistischer Ideologie bezogen. In der Bewertung der Verlagsstrategien aus heutiger Sicht ist umstritten, inwieweit die Verlage mit der Herausgabe solcher Werke inhaltlich Position bezogen haben, ob sie also vorsätzlich zu Mittätern wurden oder lediglich als opportunistische Mitläufer den bestmöglichen Nutzen aus der gegebenen Situation zogen. Diese Frage ist nicht dem Verlagswesen eigen, sondern stellt sich für nahezu alle Branchen der Wirtschaft im nationalsozialistischen Deutschland. Unabhängig von Kontinuitäten – ideologiegetrieben oder überlebensnotwendig –, haben alle Verlage versucht, sich zumindest soweit den neuen Machthaber anzunähern, dass die Fortführung der Verlagsgeschäfte gesichert war. So besaßen alle untersuchten Verlage in ihren Programmen Titel, die im Nachhinein als problematisch zu bewerten sind: Alphabetisch angefangen von dem erwähnten Werk bei C.H.Beck zu den »Rassengesetzen« von *Stuckart / Globke* bis hin zu Franz Vahlen und demjenigen von *Lösener / Knost*; von R. von Decker und seinem Autor Roland Freisler über Carl Heymanns und einer Kommentierung zum Schriftleitergesetz sowie W. Kohlhammer und dem *Erbgesundheitsrecht* bis hin zu entsprechenden staatwissenschaftlichen Titeln bei J. C. B. Mohr (Paul Siebeck) lassen sich in jedem juristischen Verlagsprogramm Werke mit nationalsozialistischer Prägung finden. Pauschale Urteile oder inhaltliche Gegenüberstellungen der Verlagsprogramme verbieten sich bei einer überblicksartigen Darstellung von selbst. Die Ausführungen wollten lediglich zeigen, dass die juristischen Verlagsprogramme angepasst wurden – soweit es von obrigkeitlicher Seite angeordnet wurde oder die Verleger es für eine notwendige beziehungsweise sinnvolle Strategie erachteten. Diese Kontinuitäten sind vor allem nach 1933 als Zugeständnisse an das nationalsozialistische Regime zu beobachten, aber auch nach 1945 vorhanden.

7 Das juristische Verlagswesen: Beständigkeit und Wandel

»Nachdem 1945 alle anderen Fronten zusammengebrochen waren, hat die Rechtsfront als einzige gehalten.«[1]

(Ingo Müller)

Was Müller für das Rechtswesen nach 1945 feststellt, kann auch für die juristischen Verlage gelten – nicht nur nach dem Zweiten Weltkrieg, sondern für sämtliche Epochenumbrüche. Die Entwicklungsgeschichte des juristischen Verlagswesens war seit seiner Herausbildung zu Beginn des 19. Jahrhunderts von hoher Beständigkeit geprägt – im Sinne der Abschnittsüberschrift eindeutig »mehr Beständigkeit als Wandel«. Die juristischen Verlage haben ihre Marktpositionen durchweg auch nach politischen Systemwechseln halten können. Gründe hierfür waren eine ausgeprägte Anpassungsfähigkeit, die Neutralität oder zumindest Ausgewogenheit ihrer Verlagsprogramme sowie eine Staatsstrukturnähe statt Staatsnähe.

Die hohe Kontinuität bei einigen Marktteilnehmern – teilweise über zweihundert Jahre – ist zunächst erstaunlich: Juristische Verlage agieren im politischen Feld; mit dem Umbruch von politischen Systemen läge es nahe, dass auch die in diesem politischen System erfolgreich positionierten Verlage ihre angestammte Marktposition verlieren. Bei den juristischen Verlagen war aber das Gegenteil der Fall: Die vor der Reichsgründung erfolgreichen Verlage konnten ihre Position während des Kaiserreichs wahren und blieben auch in der Weimarer Republik Marktführer in ihren Bereichen. Lediglich die nationalsozialistische Machtübernahme bildete insofern eine außergewöhnliche Zäsur. Nach 1933 verschoben sich die angestammten Positionen der Verlage in vielfacher Hinsicht. Nicht nur für die Verlage in jüdischer Hand, alle juristischen Verlage mussten zur Zeit des Nationalsozialismus hinnehmen, dass karriereorientierte Autoren in ideologisch eindeutig positionierte Verlage wechselten und das juristische Renommee weniger zählte als die Hinwendung zum Nationalsozialismus.

Bei näherer Betrachtung ist die Kontinuität, mit der die juristischen Verlage im politischen Feld agiert haben, durchaus plausibel: Ihre typischen Erfolgskonzepte in allen Epochen waren ihre Anpassungsfähigkeit an die jeweiligen Gegebenheiten und die Neutralität ihrer Verlagsprogramme. Dies machte ihre Verlagshäuser nicht nur wenig angreifbar nach politischen Machtwechseln, sondern so konnten sie auch die Rolle als Mittler im Rechtsdiskurs erfolgreich gestalten: zwischen Staat und Rechtspraxis, zwischen Rechtswissenschaft und Rechtspraxis, aber auch zwischen Rechtspraxis und Bürger. Von dieser Mittlerrolle profitierten die juristischen Verlage in erheblichem Maße. Seit Beginn des juristischen Verlagswesens war sowohl eine

1 Müller: Die Vertreibung des Rechts, 2003, S. 4.

umfangreiche institutionelle Abnehmerschaft vorhanden wie auch eine volumenstarke Berufsgruppe, deren Mitglieder sich die Werke der Verlage nicht nur leisten konnten, sondern auch leisten mussten. Hiervon profitierte der juristische Verlag nicht nur programmatisch, sondern vor allem in wirtschaftlicher Hinsicht.

Die Verlage richteten ihre Programme also zu jeder Zeit nach dem herrschenden politischen System aus: Sie waren in ihrer Grundhaltung eher opportunistisch, nur selten avantgardistisch und kaum revolutionär. Die Feststellung, dass die juristischen Verlage eine mitgestaltende Rolle innehatten, gilt lediglich für die zugewiesene Funktion, nicht für die eigene Intention. Langfristige institutionelle Kontinuität als Verlag, was die Voraussetzung für eine starke Stellung am Markt war, konnte nur erreicht werden, wenn Systemumbrüche im Staatswesen und Veränderungen im Rechtswesen unbeschadet überstanden wurden.

Das Dilemma zwischen geschäftsnotwendiger Staatsnähe und existenzgefährdender Staatsabhängigkeit wurde von den erfolgreichen Verlagen gelöst, indem sie sich für »Staatsstrukturnähe« entschieden: Statt den Staat als Bezugssystem wählten die Verlage dessen Beamte und Vertreter der Rechtspflege als Bezugsgruppe. Und wie dieser Beamtenapparat waren die Verlage in hohem Maße abhängig von legislativer Gesetzgebung und staatlichen Rechtsakten, selbst aber nie Teil der Gesetzgebung oder Rechtsetzung und überlebten grundlegende Veränderungen durch ihre Anpassungsfähigkeit. Diese Anpassungsfähigkeit bedeutete nach 1933 allerdings auch, sich dem Diktat des nationalsozialistischen Regimes nicht entgegenzustellen und in stärkerem oder weniger starkem Maße, in aktiverer oder passiverer Form dann auch an dem Unrechtssystem zu partizipieren oder von ihm zu profitieren.

Ähnlich verhielt es sich mit den juristischen Verlegern: Es gab zwar keine typische juristische Verlegerpersönlichkeit, die erfolgreichen juristischen Verleger besaßen allerdings einige gemeinsame Eigenschaften. Die Verleger zeigten durchweg eine besonnene bis konservative Grundhaltung und die Bereitschaft zum Verzicht darauf, an politischen Kontroversen teilzunehmen. Im internen Handeln war der Verleger auf Kontinuität gerichtet und hat eine langfristige Etablierung seiner Verlagsprodukte angestrebt. Er war dabei aber innovativ was die Produktformen anging: Der Gestaltungswille bezog sich auf die Form, nicht auf den Inhalt.

Der juristische Verleger war der Gestalter im Verlag: Bei einer Gesamtbetrachtung ist ferner festzustellen, dass es innerhalb des juristischen Verlagswesens gelang, entscheidende Entwicklungsschritte auch personell nachzuvollziehen – zum Beispiel als sich der Markt zu Beginn des 20. Jahrhunderts veränderte. Der Wandel in den juristischen Verlagen gelang vor allem einer neuen Verlegergeneration. Mit der erstarkenden Konkurrenz nach der Reichsgründung betraten die ersten Verleger den Markt, die ihren juristischen Verlag planmäßig auf Expansions- und Erfolgskurs brachten und zu jeder Zeit waren die erfolgreichen Verleger bestrebt, ihre Publikationen den neuen Anforderungen des Marktes anzupassen.

Das juristische Verlagswesen hat Recht nicht inhaltlich mitgestaltet, aber sehr wohl in den grundlegenden Arbeitsweisen. Die »herrschende« juristische Meinung wird von den Verlagen nicht geprägt, sondern lediglich dokumentiert. Die innere Expansion des Rechts – also die zunehmende Ausdifferenzierung und Vertiefung einzelner Rechtsgebiete – war ein wesentlicher Wachstumstreiber für die Verlage. Es ist nicht eindeutig belegt, ob die juristischen Verlage die Trennlinien zwischen den einzelnen Teildisziplinen vorgezeichnet und dadurch den Grenzverlauf maßgeblich bestimmt haben, oder ob sie diese lediglich nachgezeichnet und verstärkt haben. Jedenfalls profitierten sie von eindeutig definierten Teilgebieten mit am meisten. Publikationsformate, die einmal etabliert wurden, sind dem Markt über zweihundert Jahre im Wesentlichen erhalten geblieben. Die Entscheidungssammlungen als eines der ältesten Formate ist bis heute durch umfangreiche Reihen repräsentiert, ebenso wie das Anfang des 20. Jahrhunderts entwickelte Kommentarformat bis heute weitgehend unverändert blieb.

Die hierarchische Struktur des Rechts bildet sich unmittelbar in den Autorenrealitäten ab. Ansehen und Einfluss des Autors in seiner Haupttätigkeit bestimmen die Wirkungsmacht des Werks und nicht umgekehrt. Durchbrochen wurde dieses Prinzip bei jüdischen Autoren, denen der Zugang zur staatlichen Rechtspflege und zum wissenschaftlichen Bereich anfänglich verwehrt war, die ihre Beiträge zur Rechtsfortbildung aber erfolgreich durch Aufsätze und Publikationen leisteten. Gerade das juristische Verlagswesen war über 150 Jahre stark geprägt durch jüdische Rechtswissenschaftler als Autoren sowie durch Verleger jüdischer Herkunft.

Autoren bilden das Kapital und Potenzial des Verlags: Bei juristischen Autoren ist die Position allerdings bedeutender als die Person. Der einzelne Autor als Person ist vielfach austauschbar. So erklärt sich die lange Lebensdauer einzelner Werke, die bei Ausscheiden eines Autors durch andere Verfasser fortgeführt werden. Dabei ist es auch nur ein scheinbarer Widerspruch, dass diese Werke mit einem bestimmten Herausgebernamen verknüpft sind, weil dieser Name gerade bei Standardwerken häufig in keinem Zusammenhang steht mit dem tatsächlichen inhaltlichen Beitrag der Person – ein bekanntes Beispiel bildet der Kommentar Palandt.

Eine erfolgreiche Juristenkarriere war also typischerweise Voraussetzung für die erfolgreiche Autorentätigkeit; nach einmal erfolgter Etablierung bedeutete dies aber nicht, dass das Ende der juristischen Laufbahn auch ein Ende der Autorenkarriere bedeuten musste: Die gewonnene Reputation sicherte den Autoren Einfluss auch nach dem Ausscheiden aus dem Amt, die nicht selten sogar Anlass für eine Intensivierung der Publikationstätigkeit war. Eine erfolgreiche Karriere als Jurist war zu allen Zeiten auch mit finanzieller Unabhängigkeit verbunden, soweit sie nicht – wie in das 20. Jahrhundert hinein üblich – bereits von Anfang an aus familiären Gründen gegeben war. Die Hauptleistung des juristischen Verlags gegenüber dem Autor bestand vor diesem Hintergrund in reputationswirksamer Öffentlichkeit, nicht in materieller Vergütung.

Über die verschiedenen Epochen hinweg ist auch eine Besonderheit juristischer Autoren gleichgeblieben: Es hat sich bei Juristen nie eine hauptberufliche Autorenschaft herausgebildet, sondern die Autoren hatten immer einen Haupterwerb, mit dem sie in der Rechtspraxis verankert waren – das Publizieren war für sie stets eine mehr oder minder bedeutende Nebenbeschäftigung. Verlagstraditionen, Verlagsnamen und Mitautoren waren im juristischen Bereich deshalb wichtiger als in anderen Wissenschaftsdisziplinen, da nur der renommierte Verlagsname für den juristischen Autoren eine adäquate Rezeption seiner Werke und eine Wahrnehmung seiner juristischen Kenntnisse garantieren. Aus dem gleichen Grund war es für die juristischen Autoren auch wenig attraktiv, Werke im Eigenverlag zu veröffentlichen oder sich an nicht-spezialisierte Verlage zu binden, bei denen ihre Veröffentlichungen nicht in dem Maße rezipiert wurden wie bei ausgewiesenen juristischen Verlagen. Umgekehrt haben die anerkannten und in der politischen Hierarchie hochstehenden Autoren zu allen Zeiten ihren Publikationen, und damit auch dem herausgebenden Verlag zu Ansehen und Geschäftserfolg verholfen.

Es bestand im juristischen Bereich ein starres Korsett an Publikationsarten. Die gängigen Formate mussten eingehalten werden, um in juristischen Diskussionen wahrgenommen zu werden. Eine Konsequenz daraus war, dass der Rechtsdiskurs ein geschlossenes System bildete, der von den Beteiligten auf Autoren- und Verlagsseite auch eine hohe formale Kompetenz verlangte. Neben dem »Was« und dem »Wo« einer juristischen Darstellung war das »Wie« ein wesentlicher Wahrnehmungsfaktor. Beherrschten erfahrene Autoren und Verleger die Klaviatur der konventionellen juristischen Publikationsformate allerdings einmal, war sogar ein Rollentausch vom Verleger zum Autor oder Herausgeber offensichtlich leicht zu bewerkstelligen.

Das juristische Verlagswesen weist hohe Markthürden für neue Marktteilnehmer auf. Der Marktzutritt für neue Wettbewerber war dadurch erschwert: Der beschriebene feste Rahmen, in dem juristische Verlage handelten, lässt diesen Bereich über die Epochen hinweg betrachtet als relativ geschlossenen Markt erscheinen. Das kann einerseits aus den Präferenzen der maßgeblichen Autoren erklärt werden, für die es – anders als zum Beispiel für Kulturschaffende – nicht attraktiv war, in einem neu auftretenden »für Neues stehenden« Verlag zu publizieren. Das Rechtswesen ist streng hierarchisch aufgebaut, die Normen stehen in einem Über- und Unterordnungsverhältnis, obergerichtliche Entscheidungen geben einen Entscheidungsrahmen für andere Gerichte vor. Der juristische Autor gliedert sich mit seinen Publikationen in das hierarchische System ein. In diesem System ist es für die Anerkennung des Autors von überragender Bedeutung in einem anerkannten verlegerischen Umfeld zu publizieren und mit seinen Rechtsansichten im Verbund mit anderen bekannten Autoren in einem Verlagshaus wahrgenommen zu werden. Renommierte und absatzfördernde Autoren wie staatliche Stellen – im Rahme der Auftragsvergabe – bevorzugen etablierte Verlage, die die eigene Etabliertheit im juristischen System beziehungsweise im politischen Feld abbilden. Die Verfügbarkeit von gemeinfreiem Material bedeutet keine Erleichterung des Marktzutritts. Der Erfolg im Markt verlangte zu allen Zeiten eine tiefe inhaltliche Kompetenz im juristischen Bereich nicht nur von den Autoren, sondern auch vom Verlag. Diese Eigenschaften der juristischen Verlage, ihre Marktposition auf Grund von Tradition und Bekanntheit, waren ihre spezifische Erfolgsgrundlage.

Die Mehrzahl dieser für die Entwicklungsgeschichte bis 1949 getroffenen Feststellungen gilt sicher auch für die weitere Entwicklung über diesen Zeitpunkt hinaus. Einige der Charakteristika des juristischen Verlagswesens haben sich in den vergangenen sechs Jahrzehnten aber signifikant verändert oder werden sich, soweit dies heute absehbar ist, in naher Zukunft verändern. Zentrale Bedeutung gewonnen haben die allgemeinen Veränderungen in der Informationsaufbereitung und die Herausforderungen für das Grundverständnis von verlegerischer Rolle. So findet eine Auflösung von Werk und Reihe als zentrale Vermarktungseinheiten statt. Dies geht zugunsten von Wissenspools und Aufbereitung von Datenbankformaten bis hin zu Workflow-Lösungen. Zunehmen wird auch die Tendenz zu immer größeren verlegerischen Einheiten in der Trägerschaft von internationalen Verlagskonzernen mit Vorteilen bei der Investitionskraft und bei der Schaffung effizienter Produktionsstrukturen.

Die früher typische Verlegerpersönlichkeit in juristischen Verlagen ist heute zur Ausnahmeerscheinung geworden. Die Rolle der einzelnen Person ist funktionierenden betriebswirtschaftlichen Entscheidungsprozessen und einer allgemeinen Managementqualität gewichen. Die geschäftsnotwendige Neutralität, die juristische Verleger bewusst oder unbewusst leben mussten, ist in den Strukturen kein handlungsrelevanter Faktor mehr, sondern eine Selbstverständlichkeit. Dies entspricht auch den geänderten Erwartungen der Autoren, die sich nicht mehr in persönlicher Beziehung zu ihrem Verleger sehen, sondern lediglich die funktionalen Leistungen des Verlags in Anspruch nehmen. Unverändert ist dabei die Bedeutung der Verlagsreputation geblieben. Sie bestimmt sich bis heute nicht allein durch Leistungsfähigkeit und Qualität des Programms, sondern auch durch Markenbotschaften und Unternehmenskultur. Neben den wenigen traditionsreichen, tatsächlich noch von Verlegerpersönlichkeiten oder von Familien geführten Verlagen wird dieser Reputationsaspekt auch durch die Konzernverlage gewürdigt, die ihre Traditionsnamen als Imprint erhalten und damit an die langjährige Beständigkeit anknüpfen.

Die Verringerung der Bedeutung der Verlegerpersönlichkeit findet ihre Entsprechung auch auf Autorenseite. Bereits im Laufe des 20. Jahrhunderts war eine Entwicklung vom Einzelautor hin zu Mehrautorenwerken zu beobachten. Seinerzeit war dies begründet im wachsenden Umfang der Werke und in dem zunehmenden Problem, die ausdifferenzierten Rechtsbereiche durch eine einzige Person vertieft bearbeiten zu lassen. Schon mit diesen Autorenwerken trat der einzelne Verfasser hinter den Hauptherausgeber oder die Werkmarke zurück. Das Ende des Einzelwerks als maßgebliche Gliederungs- und Verbreitungseinheit, dessen im 21. Jahrhundert beginnende Ablösung durch Datenbanken und die Bildung eines Gesamtkorpus mit internen Hypertextbezügen und somit beliebiger Neubündelung lässt die Bedeutung der durchschnittlichen Autorenpersönlichkeit weiter zurückgehen. Die Plattformen der täglichen Rechtsanwendung lösen sich damit erstmals von den Formaten der Rechtsfortbildung und es ist insofern durchaus bemerkenswert, dass die Debattenbeiträge und einflussreichen Meinungsäußerungen der namhaftesten Rechtswissenschaftler auch heute noch in den seit zweihundert Jahren bestehenden Formen publiziert werden: Der Anspruch auf grundsätzliche Bedeutung, auf Wirkungsmacht wird auch weiterhin in Zeitschriftenbeiträgen, Denkschriften und Debattenbüchern manifestiert.

Neben den bewährten Positionierungs- und Markenstrategien sind es vor allem die klassischen Rollen des juristischen Verlags, die ihn über zweihundert Jahre erfolgreich in allen politischen Umfeldern handeln ließen. Seine Publikationen dienten der Erschließung und Vermittlung juristischer Informationen – diese Mittlerrolle hat in Deutschland begonnen nach den Napoleonischen Kriegen und wurde fortgeführt über sämtliche Systemveränderungen. Es waren nicht die juristischen Verlage, die für die Durchsetzung neuer Staatsideale oder politischer Teilhabe an vorderster Front kämpften: In den seltensten Fällen bildeten sie Gegenpole zur herrschenden politischen Auffassung. Im Gegenteil trugen sie zur Formierung der Wissenschaftsdisziplin bei, indem sie den Markt mit Publikationen führender Rechtsdenker bedienten, und wirkten damit zu jeder Zeit systemstabilisierend. Auf der Ebene der Institutionen – also auf die einzelnen Verlage und Verlagskonzerne bezogen – würde die These nicht überraschen, dass hier ein hoher Konzentrationsgrad erreicht ist und sich der Trend zu immer weniger, immer größeren Einheiten fortsetzen wird. Aus historischer Perspektive betrachtet relativiert sich dieser mit vielen Einzelbeispielen belegbare Trend allerdings. In jeder der beschriebenen Epochen nach der Reichsgründung war der juristische Publikationsmarkt im jeweiligen Bereich von einigen wenigen, hocheinflussreichen Verlagen dominiert. Dies hatte seine Ursache in der bereits beschriebenen Präferenz der Autoren- und Leserschaft zu Gunsten führender Werke und Publikationsorte. Dies schloss jedoch, auch das zeigen die vergangenen zweihundert Jahre, Veränderungen in der Zusammensetzung dieses Führungskreises zu keinem Zeitpunkt aus.

Es ist nicht verwunderlich, dass juristische Verlage vor allem immer dann wirtschaftlich und programmatisch prosperierten, wenn eine breite Mehrheit der politischen Elite und der Bevölkerung die herrschende Staatsform mittrug – zur Zeit des Kaiserreichs im 19. Jahrhundert, zu Beginn der nationalsozialistischen Herrschaft und auch in der beginnenden Bundesrepublik. Zu diesen Zeiten genossen auch die juristischen Verlage ein hohes Ansehen. Die Symbiose zwischen juristischen Verlagen und Rechtswesen ist ebenso eine Symbiose zwischen ihnen und dem gesamten Gemeinwesen: Sie stabilisieren, indem sie informieren und werden durch diese Stabilität wiederum mit wirtschaftlichen Erfolg belohnt. Von der ihnen zugewiesenen Mittlerrolle profitierten die juristischen Verlage in erheblichem Maße. Juristische Verlage drucken, was Recht ist und fungieren seit der Spätaufklärung Ende des 18. Jahrhunderts bis zum Beginn des 21. Jahrhunderts als Vermittler des Rechts.

Tabelle 7.1: Verlegerfamilien – Inhaber von Verlagshäusern mit juristischen Publikationen

Johann Ambrosius Barth	**1780**
Wilhelm Ambrosius Barth	(*1790 †1851)
Arthur Meiner	(*1865 †1952)
C.H.Beck	**1763**
Carl Gottlob Beck	(*1733 †1802)
Carl Heinrich Beck	(*1767 †1834)
Catharina Magdalena Beck	(*1780 †1848)
Carl Beck	(*1817 †1852)
Eugenie Beck	(*1825 †1917)
Wilhelm Beck	(*1821 †1879)
Ernst Rohmer	(*1818 †1897)
Carl Beck	(*1847 †1922)
Clara Beck	(*1849 †1918)
Oskar Beck	(*1850 †1924)
Heinrich Beck	(*1889 †1973)
J. Bensheimer	**1838**
Jacob Bensheimer	(*1805 †1863)
Albert Bensheimer	(*1847 †1906)
Heinrich Gütermann	(*1888 †1963)
Richard Boorberg	**1927**
Richard Boorberg	(*1899 †1977)
Cotta	**1659**
Johann Georg I Cotta	(*1631 †1692)
Johann Georg II Cotta	(*1663 o. 1673 †1712)
Johann Georg III Cotta	(*unb. †1770)
Johann Georg IV Cotta	(*unb. †unb.)
Johann Friedrich Cotta	(*1764 †1832)
Johann Georg Cotta	(*1796 †1863)
Carl Cotta	(*1835 †1888)
Adolf Kröner	(*1836 †1911)
Paul Kröner	(*1839 †1900)
Alfred Kröner	(*1861 †1922)
Robert Kröner	(*1869 †1945)
R. von Decker	**1537/1713**
Kilian Decker	(*um 1570 †unb.)
Georg Decker	(*1596 †1661)
Johann Jakob I Decker	(*1635 †1697)
Johann Jakob II Decker	(*1666 †1726)
Johann Heinrich I Decker	(*1679 †1741)
Johann Heinrich II Decker	(*1710 †1754)
Georg Jakob d. Ä. Decker	(*1732 †1799)
Georg Jakob d. J. Decker	(*1765 †1819)
Karl Gustav Decker	(*1801 †1829)
Rudolf Ludwig von Decker	(*1804 †1877)

Tabelle 7.1 (fortgesetzt)

J. H. W. Dietz	**1881**
Johann Heinrich Wilhelm Dietz	(* 1843 † 1922)
Ferd. Dümmler, vormals Julius Eduard Hitzig	**1808**
Julius Eduard Hitzig	(* 1780 † 1849)
Ferdinand Dümmler	(* 1777 † 1846)
Duncker & Humblot	**1798**
Peter Humblot	(* 1779 † 1828)
Carl Friedrich Wilhelm Duncker	(* 1781 † 1869)
Franz Duncker	(* 1822 † 1888)
Carl Geibel	(* 1806 † 1884)
Franz Carl Geibel	(* 1842 † 1910)
Ludwig Feuchtwanger	(* 1885 † 1947)
Johannes Broermann	(* 1897 † 1984)
Ferdinand Enke	**1837**
Ernst Enke	(* 1782 † 1846)
Ferdinand Enke	(* 1810 † 1869)
Alfred Enke	(* 1852 † 1937)
Gustav Fischer	**1878**
Gustav Fischer	(* 1845 † 1910)
Gustav Adolf Fischer	(* 1878 † 1946)
J. Guttentag, ab 1919 Walter de Gruyter	**1853**
Immanuel (Meyer) Guttentag	(* 1817 o. 1815 † 1862)
Agnes Friederike Guttentag	(* 1819 † 1881)
Marie Guttentag	(* unb. † unb.)
Franz Vahlen	(* 1833 † 1898)
Daniel Collin	(* 1824 † unb.)
Oskar Haering	(* 1843 † 1931)
Hugo Heimann	(* 1859 † 1950)
Christian von Bornhaupt	(* unb. † unb.)
Walter de Gruyter	(* 1862 † 1923)
Oscar Schuchardt	(* unb. † unb.)
Alexander Elster	(* 1877 † 1942)
Herbert Cram	(* 1890 † 1967)
Carl Hermann Hemmerde, ab 1788 Hemmerde & Schwetschke, ab 1829 Gebauer & Schwetschke bzw. C. A. Schwetschke & Sohn	**1729/1737**
Johann Georg Klemm	(* 1666? † 1737)
Carl Hermann Hemmerde	(* 1708 † 1782)
Carl Hermann Schwetschke	(* 1708 † 1782)
Weitere Linie	
Johann Justinus Gebauer	(* 1710 † 1772)
Johann Jakob Gebauer	(* 1745 † 1818)
Friedrich Wilhelm Ferdinand Gebauer	(* 1786 † 1819)

Tabelle 7.1 (fortgesetzt)

Carl August Schwetschke	(*1756 †1839)
Carl Ferdinand Schwetschke	(*1798 †1843)
Carl Gustav Schwetschke	(*1804 †1881)
Moritz Bruhn	(*1806 †1883)
Harald Bruhn	(*1841 †1900)
Jakob Heß	**1818**
Isaak Heß	(*1789 †1866)
Moritz Heß	(*1823 †1902)
Arthur Heß	(*1879 †1937)
Berta Heß	(*unb. †1981)
Alfred Cohn	(*unb. †unb.)
Georg Friedrich Heyer	**1790**
Georg Friedrich Heyer	(*1770 †1847)
Friedrich Wilhelm Heyer	(*unb. †unb.)
Carl Heymanns	**1815**
Carl Heymann	(*1793 †1862)
Johanna Heymann	(*unb. †1887)
Theodor Heymann	(*1823 †1878)
Otto Löwenstein	(*1841 †1896)
Mathilde Ottilie Löwenstein	(*unb. †1918)
Annie Gallus	(*1877 †1964)
Josef Jehle	**1912**
Josef Jehle	(*1876 †1921)
Vittorio Klostermann	**1930**
Vittorio Klostermann	(*1901 †1976)
W. Kohlhammer	**1866**
Wilhelm Kohlhammer	(*1839 †1893)
Marie Kohlhammer	(*1850 †1925)
Eugen Görlach	(*1856 †1939)
Walter Kohlhammer	(*1879 †1946)
Karl Gutbrod	(*1905 †unb.)
Wilhelm Gottlieb Korn, später Bergstadtverlag	**1732**
Johann Jacob Korn	(*1702 †1768)
Wilhelm Gottlieb Korn	(*1739 †1806)
Johann Gottlieb Korn	(*1765 †1837)
Julius Korn*	(*1799 †1837)
Heinrich Korn	(*1829 †1907)
Helene Eichborn	(*1840 †1909)
Richard von Bergmann-Korn	(*1885 †1945)
Fr. Kortkampf	**1866**
Friedrich Kortkampf	(*1837?†1893)

* 13 Jahre vormundliche Geschäftsführung nach Schmidt: Familie Korn, 1905, S. 579.

Tabelle 7.1 (fortgesetzt)

Krieger	**1725**
Johann Philipp Krieger	(* 1693 † 1773 o. 1775)
Johann Justus Friedrich Krieger	(* 1744 † 1790)
Johann Christian Conrad Krieger	(* 1746 † 1825)
S. Krieger	(* unb. † unb.)
(Gattin von Johann Christian Krieger)	
Ludwig Kempf	(* unb. † unb.)
(Schwager von Johann Christian Krieger)	
Karl Kempf	(* unb. † unb.)
Otto Liebmann	**1890**
Otto Liebmann	(* 1865 † 1942)
Karl Wilhelm (Carlos) Liebmann	(* 1900 † nach 1978)
Hermann Luchterhand	**1924**
Hermann Luchterhand	(* 1886 † 1950)
Eduard Reifferscheid	(* 1899 † 1992)
Manz	**1849**
Friedrich Manz	(* unb. † 1866)
Georg Josef Manz	(* 1808 † 1894)
Hermann Manz	(* 1839 † 1896)
Markus Stein	(* 1845 † 1935)
Richard Stein	(* 1871 † 1932)
Robert Stein	(* 1899 † 1970)
J. B. Metzler	**1682**
Augustus Metzler	(* 1654 † 1713)
Johann Benedikt I Metzler	(* 1696 † 1754)
Johann Benedikt II Metzler	(* 1727 † 1797)
Weitere Linie	
Christoph Erhard	(* 1684 † 1742)
Johann Christoph Erhard	(* 1724 † 1784)
Johann Philipp Erhard	(* unb. † unb.)
Christoph Heinrich Erhard	(* 1756 † 1815)
Heinrich Erhard	(* 1796 † 1873)
Alfred Metzner, später auch Verlag des Reichsbundes der Standesbeamten	**1909**
Alfred Metzner	(* 1874 † 1930)
Wolfgang Metzner	(* 1909 † 1992)
J. C. B. Mohr, ab 1878 J. C. B. Mohr (Paul Siebeck)	**1801**
August Hermann	(* 1776 † 1803)
Jacob Christian Benjamin Mohr	(* 1778 † 1854)
Christian Friedrich Winter	(* 1773 † 1858)
Johann Georg Zimmer	(* 1777 † 1853)
Ernst Christian Mohr	(* 1811 † 1890)

Tabelle 7.1 (fortgesetzt)

Georg Mohr	(* unb. † unb.)
Carl Mohr	(* 1817 † 1897)
Weitere Linie	
Jakob Heinrich Laupp	(* 1780 † 1836)
Luise Friederike Laupp	(* 1798 † 1882)
Rudolf Laupp	(* 1818 † 1866)
Weitere Linie	
Hermann Siebeck	(* 1816 † 1877)
Gustav J. Kötzle	(* 1840 † 1900)
Paul Siebeck	(* 1855 † 1920)
Oskar Siebeck	(* 1880 † 1936)
Werner Siebeck	(* 1891 † 1934)
Hans Georg Siebeck	(* 1911 † 1990)
C. F. Müller	**1799**
Christian Friedrich Müller	(* 1776 † 1821)
Wilhelm Müller	(* 1815 † 1890)
Carl Friedrich Theodor Müller	(* unb. † 1866)
Max Müller	(* unb. † unb.)
Georg Müller	(* 1877 † 1917)
Robert Müller-Wirth	(* 1898 † 1982)
Puttkammer & Mühlbrecht	**1867**
Otto Mühlbrecht	(* 1838 † 1906)
Albert Puttkammer	(* unb. † unb.)
Ludwig Roßberg	**1854**
Ludwig Roßberg	(* 1827 † 1877)
Curt Roßberg	(* 1850? † 1878)
Theodor Leibing	(* 1849 † unb.)
Arthur Roßberg	(* 1869 † unb.)
Albert Berger	(* unb. † 1902)
Dr. Walter Rothschild	**1905**
Walter Rothschild	(* 1879 † 1967)
Erich Schmidt	**1924**
Erich Schmidt	(* 1897 † 1952)
Dr. Otto Schmidt	**1906**
Otto Schmidt	(* 1866 † 1945)
Otto Anton Schmidt	(* 1902 † 1984)
Helmut Simons	(* unb. † unb.)
Schulthess	**1791**
Johannes Schulthess	(* 1763 † 1836)
Friedrich Schulthess	(* 1804 † 1869)
Johann Friedrich Schulthess	(* 1816 † 1881)
Friedrich Schulthess-Meyer	(* 1832 † 1904)
Hans Schulthess-Hünerwadel	(* 1872 † 1959)
Robert Hürlimann-Schulthess	(* 1893 † 1968)

Tabelle 7.1 (fortgesetzt)

J. Schweitzer	**1868**
Johann Baptist Schweitzer	(* unb. † unb.)
Arthur Sellier	(* 1860 † 1951)
Arthur Louis Sellier	(* 1889 † 1967)
Soldan	**1908**
Hans Soldan	(* 1870 † 1940)
Julius Springer	**1842**
Julius Springer	(* 1817 † 1877)
Ferdinand Springer	(* 1846 † 1906)
Fritz Springer	(* 1850 † 1944)
Ferdinand Springer jun.	(* 1881 † 1965)
Julius Springer jun.	(* 1880 † 1968)
Franz Vahlen	**1870**
Franz Vahlen	(* 1833 † 1898)
Friedrich Gebhardt	(* 1848 † 1917)
Agnes Gebhardt	(* unb. † unb.)
Heinrich Heise	(* 1867 † 1931)
Ernst Gebhardt	(* unb. † unb.)
Johannes Gundlach	(* 1902 † 1983)
Vandenhoeck & Ruprecht	**1735**
Abraham Vandenhoeck	(* 1700 † 1750)
Anna Vandenhoeck	(* 1709 † 1787)
Carl Friedrich Günther Ruprecht	(* 1730 † 1816)
Carl August Adolf Ruprecht	(* 1791 † 1861)
Carl Johann Friedrich Ruprecht	(* 1821 † 1898)
Wilhelm Ruprecht	(* 1858 † 1943)
Gustav Ruprecht	(* 1860 † 1950)
Karl Ruprecht	(* 1890 † 1968)
Günther Ruprecht	(* 1898 † 2001)
Hellmut Ruprecht	(* 1903 † 1991)
Moritz Veit	**1834**
Moritz Veit	(* 1808 † 1864)
Joseph Levy (ab 1839 Joseph Lehfeld)	(* 1804 † 1858)
Theodor Einhorn	(* unb. † 1878)
Paul Thon	(* unb. † unb.)
Hermann Credner	(* 1842 † 1924)

Dank

Bedanken möchte ich mich an erster Stelle sehr herzlich bei Frau Professor Dr. Ute Schneider vom Institut für Buchwissenschaft der Johannes-Gutenberg-Universität Mainz für die stets rege Anteilnahme und Unterstützung sowie bei Professor Dr. Dr. h. c. mult. Michael Stolleis vom Max-Planck-Institut für europäische Rechtsgeschichte in Frankfurt am Main für die Übernahme des Zweitgutachtens. Intensiv Anteil genommen haben mit wertvollen Anregungen Frau Dr. Christina Lembrecht und Dr. Stephan Tausch, dafür ebenfalls herzlichen Dank.

Ferner möchte ich mich bei den Verlegern Dr. Hans Dieter Beck, Dr. Georg Siebeck und Professor Dr. h. c. mult. Klaus Gerhard Saur für die geführten Gespräche bedanken. Stellvertretend für alle Ansprechpartner in Archiven und Bibliotheken gebührt Dank Frau Dr. Jutta Weber von der Staatsbibliothek zu Berlin Preußischer Kulturbesitz, Frau Carola Staniek und Herrn Hermann Staub von der Deutschen Nationalbibliothek in Leipzig und Frankfurt am Main sowie Frau Petra Willich von der Bibliothek des Bundesverwaltungsgerichts in Leipzig.

Abschließend der herzliche Dank an Dr. Bettina Blum und Dr. Silke Weglage, die aus ihrer Perspektive als Historikerinnen wichtige Anregungen gegeben haben. Mein besonderer Dank gilt auch Rudolph Attlfellner für die Unterstützung bei allen IT-Angelegenheiten, ferner meiner Mutter Katharina Henschel. Gewidmet ist die Arbeit meinem Vater, Hugo Henschel, ohne den alles nicht möglich gewesen wäre.

Literaturverzeichnis

Ungedruckte Quellen

Deutsches Buch- und Schriftmuseum in der Deutschen Nationalbibliothek Leipzig, Archivalien und Dokumente zur Buchgeschichte, Buchhändlerische Geschäftsrundschreiben sowie Verlags- und Antiquariatskataloge. Zitiert DNB DBSM.

Staatsbibliothek zu Berlin, Preußischer Kulturbesitz, Archiv der Königl. Geheimen Ober-Hofbuchdruckerei.

Staatsbibliothek zu Berlin, Preußischer Kulturbesitz, Verlagsarchiv Mohr Siebeck, Nachl. 488. Zitiert VA Mohr Siebeck, Nach. 488.

Staatsbibliothek zu Berlin, Preußischer Kulturbesitz, Verlagsarchiv Walter de Gruyter, Dep. 42. Zitiert VA WdG, Dep. 42.

Zentralbibliothek Zürich, Nachlass Bluntschli, FA Blu. Zitiert ZB, Nachlass Bluntschli.

Gedruckte Quellen

75 Jahre Deutscher Juristen-Fakultätentag. Geschichte und Gegenwart, Thesen zur Juristenausbildung. Hrsg. von Franz-Ludwig Knemeyer. 2., erw. Aufl. Stuttgart / München / Hannover / Berlin / Weimar / Dresden: Boorberg 1995.

100 Jahre Kölner Anwaltverein. Festschrift. Hrsg. von Oswald Bussenius, M. Hüttemann und A. Gerard Schwend. Köln: Post 1987.

140 Jahre Goltdammer's Archiv für Strafrecht. Eine Würdigung zum 70. Geburtstag von Paul-Günter Pötz. Hrsg. von Jürgen Wolter. Heidelberg: R. v. Decker's Verlag / G. Schenck 1993.

150 Jahre Deutscher Juristentag. Festschrift Deutscher Juristentag 1860–2010. Hrsg. von Felix Busse. München: C.H.Beck 2010.

Anschütz, Gerhard: Aus meinem Leben. Erinnerungen von Gerhard Anschütz. In: Gerhard Anschütz – Aus meinem Leben (Jus Commune Veröffentlichungen des Max-Planck-Instituts für Europäische Rechtsgeschichte Frankfurt am Main 59). Hrsg. von Walter Pauly. Frankfurt a. M.: Vittorio Klostermann 1993, S. 1–332.

Anwälte und ihre Geschichte. Zum 140. Gründungsjahr des Deutschen Anwaltvereins. Hrsg. Deutscher Anwaltverein. Tübingen: Mohr Siebeck 2011.

Arbeitsgemeinschaft rechts- und staatswissenschaftlicher Verleger: ARSV – Rechts-und Staatswissenschaftliche Verleger stellen sich vor. Die Mitgliedsverlage und ihre Programme. München 1970.

Arbeitsgemeinschaft rechts- und staatswissenschaftlicher Verleger: ARSV – Arbeitsgemeinschaft rechts-und staatswissenschaftlicher Verleger. Die Mitgliedsverlage und ihre Programme. 6. Aufl. Köln 1990.

Arbeitsgemeinschaft rechts- und staatswissenschaftlicher Verleger: ARSV – Die Mitgliedsverlage und ihre Programme. 7. Aufl. Baden-Baden 1994.

Beck, Heinrich: Der wissenschaftliche Verleger. Rede zur Eröffnung der Münchner Bücherschau im Stadtmuseum München, am 6. November 1964. In: Drei Reden. Hrsg. von Heinrich Beck. München: C.H.Beck 1969, S. 25–37.

Becker, Hans-Jürgen: Hundert Jahre Kölner Anwaltverein. Zur Geschichte der Kölner Rechtsanwaltschaft 1887–1987. In: 100 Jahre Kölner Anwaltverein. Hrsg. von Oswald Bussenius / M. Hüttemann / A. Gerard Schwend. Köln: Post 1987, S. 17–126.

Beiträge zum Recht des neuen Deutschland. Festschrift für Franz Schlegelberger. Hrsg. von Erwin Bumke, Justus Wilhelm Hedemann und Gustav Wilke. Berlin: Franz Vahlen 1936.

Beradt, Martin: Der Deutsche Richter. Frankfurt a. M.: Literarische Anstalt Rütten & Loening 1930.

Beradt, Martin: Der Richter. Reihe Die Gesellschaft Sammlung Sozialpsychologischer Monographien. Frankfurt a. M.: Literarische Anstalt Rütten & Loening 1909.

Berkovits, Eli L.: Was ist der Talmud. Die 1. Auflage erschien 1935 im Jüdischen Buch-Verlag Erwin Löwe, Berlin und wurde gleich nach Erscheinen verbrannt. 2. Aufl. Frankfurt a. M.: Ner-Tamid-Verlag 1962.

Beseler, Georg: Erlebtes und Erstrebtes 1809–1859. Berlin: Wilhelm Hertz 1884.

Bluntschli, Johann Caspar: Denkwürdiges aus meinem Leben. 2. Band München. (1848–1861). Nördlingen: C.H.Beck'sche Verlagsbuchhandlung 1884.

Braunmühl, Carol von: Das neue Werbegesetz: Leitfaden für den praktischen Gebrauch. München: Franz Eher Nachf. 1934.

Briefe deutscher Strafrechtler an Karl Josef Anton Mittermaier. 1832–1866 (Studien zur europäischen Rechtsgeschichte – Juristische Briefwechsel des 19. Jahrhunderts 188). Hrsg. von Lieselotte Jelowik. Frankfurt a. M.: Vittorio Klostermann 2005.

Briefwechsel Herrmann Theodor Goltdammers an Karl Josef Anton Mittermaier (Studien zur europäischen Rechtsgeschichte – Juristische Briefwechsel des 19. Jahrhunderts 224). Hrsg. von Dorothee Mußgnug. Frankfurt a. M.: Vittorio Klostermann 2007.

Briefwechsel Leopold August Warnkönigs an Karl Josef Anton Mittermaier. 1833–1858 (Studien zur europäischen Rechtsgeschichte – Juristische Briefwechsel des 19. Jahrhunderts 240). Hrsg. von Lieselotte Jelowik. Frankfurt a. M.: Vittorio Klostermann 2009.

Briefwechsel Karl Josef Anton Mittermaier – Robert von Mohl (Studien zur europäischen Rechtsgeschichte – Juristische Briefwechsel des 19. Jahrhunderts 179). Hrsg. von Dorothee Mußgnug. Frankfurt a. M.: Vittorio Klostermann 2005.

Briefwechsel Karl Josef Anton Mittermaier – Rudolf von Gneist (Jus Commune Sonderheft 132). Hrsg. von Erich J. Hahn. Frankfurt a. M.: Vittorio Klostermann 2000.

Briefwechsel Karl Josef Anton Mittermaier Hermann Fitting (Jus Commune Sonderheft 133). Hrsg. von Lieselotte Jelowik. Frankfurt a. M.: Vittorio Klostermann 2000.

Bürgerliches Gesetzbuch mit dem Einführungsgesetz, Ehegesetz, Testamentsgesetz und allen anderen einschlägigen Gesetzen (Beck'sche Kurz-Kommentare Band 7). Hrsg. von Otto Palandt. München / Berlin: C.H.Beck'sche Verlagsbuchhandlung 1939.

Carl Schmitt – Ludwig Feuchtwanger – Briefwechsel 1918–1935. Mit einem Vorwort von Edgar J. Feuchtwanger. Hrsg. von Rolf Rieß. Berlin: Duncker & Humblot 2007.

Coblitz, Wilhelm: Vorbemerkungen. In: Nationalsozialistisches Handbuch für Recht und Gesetzgebung. Hrsg. von Hans Frank. München: Zentralverlag der NSDAP., Franz Eher Nachf. 1935, S. VII–XI.

Dehlinger, Alfred: Inhaltsverzeichnis zum Reichs-Gesetzblatt von 1867 bis 1916 und Übersicht über die Kriegsverordnungen und das gesamte Reichsrecht. Sachliche Zusammenfassung der geltenden im Reichs-(Bundes-)Gesetzblatt veröffentlichten Gesetze, Verordnungen, Staatsverträge u. a. mit Sachverzeichnis in der Buchstabenfolge. 2. Aufl. Berlin / Stuttgart / Leipzig: W. Kohlhammer 1916.

Deutsches Rechtswörterbuch. Wörterbuch der älteren deutschen Rechtssprache Band 2. Hrsg. von der Preußischen Akademie der Wissenschaften. Weimar: Böhlau 1935.

Die Geschichte des Deutschen Anwaltvereins und seiner Landesverbände. Festschrift für Georg Greißinger. Hrsg. Deutscher Anwaltverein. Bonn: Deutscher Anwaltverlag 1997.

Die Rechtswissenschaft der Gegenwart in Selbstdarstellungen. Hrsg. von Hans Planitz. Leipzig: Felix Meiner Verlag 1925.

Enke, Ernst: Geschäftsrundschreiben zur Übergabe Verlagsgeschäft an Sohn Ferdinand. 31.01.1837. DNB DBSM, Buchhändlerische Geschäftsrundschreiben, Bö-Gr/P/44b.

Festgabe der Juristischen Gesellschaft zu Berlin zum 50jährigen Dienstjubiläum ihres Vorsitzenden, des Wirklichen Geheimen Rats Dr. Richard Koch. Hrsg. von der Juristischen Gesellschaft zu Berlin. Berlin: J. Guttentag 1903.

Festgabe für Dr. jur. h. c. Otto Liebmann, den Begründer, Verleger, Schriftleiter und Herausgeber der Deutschen Juristenzeitung. Zum 25. Jahrgange gewidmet von Freunden des Blattes. Hrsg. von der Deutschen Juristen-Zeitung. Berlin: Verlag Otto Liebmann 1920.

Festschrift zum 125jährigen Bestehen der Juristischen Gesellschaft zu Berlin. Hrsg. von Klaus Wilke. Berlin / New York: de Gruyter 1984.

Firma C. G. Röder: Die ersten Vorsteher des Börsenvereins der deutschen Buchhändler 1825–1925. Dem Börsenverein der deutschen Buchhändler zu seinem hundertjährigen Bestehen gewidmet von der Firma C. G. Röder GmbH Leipzig. Leipzig: Firma C. G. Röder 1925.

Forsthoff, Ernst: Der totale Staat. Hamburg: Hanseatische Verlagsanstalt 1935.

Forsthoff, Ernst: Die Verwaltung als Leistungsträger. Stuttgart / Berlin: W. Kohlhammer 1938.

Forsthoff, Ernst: Rechtsfragen der leistenden Verwaltung (res publica – Beiträge zum öffentlichen Recht 1). Stuttgart / Berlin: W. Kohlhammer 1959.

Frank, Hans: Einführung. In: Zeitschrift der Akademie für Deutsches Recht 1934, S. 1.

Frank, Hans: Einleitung. In: Nationalsozialistisches Handbuch für Recht und Gesetzgebung. Hrsg. von Hans Frank. München: Zentralverlag der NSDAP., Franz Eher Nachf. 1935, S. XIII–XXIV.

Freisler, Roland: Der Heimweg des Rechts in die völkische Sittenordnung. In: Beiträge zum Recht des neuen Deutschland. Hrsg. von Erwin Bumke, Justus Wilhelm Hedemann und Gustav Wilke. Berlin: Franz Vahlen 1936, S. 28–44.

Geistiges und Künstlerisches aus München in Selbstbiographien. Mit zwölf Bildnissen und einem Anhang »Münchener Verleger und Presse«. Hrsg. von W. Zils-München. München: Max Kellerers Verlag 1913.

Gelehrtes Berlin: Gelehrtes Berlin im Jahre 1825. Zu einem milden Zwecke herausgegeben. Berlin: Ferdinand Dümmler 1826.

Gensler, Johann Caspar / Mittermaier, Carl Josef Anton / Schweitzer, Christian Wilhelm: Vorrede. In: Archiv für die civilistische Praxis 1818, 1819, 1820 und 1821, jeweils S. 3–4.

Gerhard Anschütz – Aus meinem Leben (Jus commune Veröffentlichungen des Max-Planck-Instituts für Europäische Rechtsgeschichte Frankfurt am Main 59). Hrsg. von Walter Pauly. Frankfurt a. M.: Vittorio Klostermann 1993.

Geschichte des Börsen-Vereins der Deutschen Buchhändler. Hrsg. von Friedrich Johannes Frommann. Leipzig: Verlag des Börsenvereins der deutschen Buchhändler zu Leipzig 1875.

Grimm, Hans: Volk ohne Raum. München: Albert Langen 1926.

Grützner, Heinrich: Zum Beginn des 2. Jahrhunderts. In: Goltdammer's Archiv für Strafrecht (Archiv für Strafrecht 100). Hrsg. von Heinrich Grützner. Heidelberg: R. v. Decker's Verlag / G. Schenck 1953.

Guttentag, Agnes: Geschäftsrundschreiben Übergabe der Verlagsgeschäfte an Franz Wilhelm Vahlen. 15.04.1865, Berlin. DNB DBSM, Buchhändlerische Geschäftsrundschreiben, Bö-Gr/G/1129a.

Hachenburg, Max: Lebenserinnerungen eines Rechtsanwalts (1860–1926). In: Max Hachenburg (Veröffentlichungen des Stadtarchivs Mannheim 5). Hrsg. von Jörg Schadt. Stuttgart / Berlin / Köln / Mainz: W. Kohlhammer 1978, S. 17–208.

Hachenburg, Max: Selbstdarstellung Max Hachenburg. In: Die Rechtswissenschaft der Gegenwart in Selbstdarstellungen. Hrsg. von Hans Planitz. Leipzig: Felix Meiner Verlag 1925, S. 91–122.

Hachenburg, Max: Zweite Gedächtnisvorlesung 1996 (Heidelberger Forum 99). Hrsg. von Peter Hommelhoff, Heinz Rowedder und Peter Ulmer. Heidelberg: Hüthig Verlagsgemeinschaft 1997.

Haidn, Carl: Das Recht der NSDAP. Vorschriften-Sammlung mit Anmerkungen, Verweisungen und Sachregister. Mit einem Vorwort von Reichsminister Dr. Frank. München: Zentralverlag der NSDAP., Franz Eher Nachf. 1937.

Hallier, Eduard: Erlebtes und Geschautes. Lebenserinnerungen eines alten Mannes. Hamburg: Gesellschaft der Bücherfreunde zu Hamburg 1955.

Handbuch der Zeitungswissenschaft. Hrsg. von Walter Heide. Leipzig: Verlag Karl W. Hiersemann 1940.

Hanstein, Adalbert von: Das Reichsministerium für Volksaufklärung und Propaganda als Träger nationalsozialistischer Kulturpolitik. In: Nationalsozialistisches Handbuch für Recht und Gesetzgebung. Hrsg. von Hans Frank. München: Zentralverlag der NSDAP., Franz Eher Nachf. 1935, S. 512–518.

Hasenkamp, Hugo von: Die Reorganisation der Armee und die preußische Verfassung. Zwei Aufsätze. Berlin: Duncker & Humblot 1849.

Hedemann, Justus Wilhelm: Werden und Wachsen im Bürgerlichen Recht. Schriften des Vereins Recht und Wirtschaft. Berlin: Carl Heymanns 1913.

Heilfron, Eduard: Rechtsfragen des Tages. In: Zeitschrift für Handelswissenschaft und Handelspraxis 1921, S. 111–112.

Heimann, Hugo: Vom tätigen Leben. 50 Jahre im Dienste des sozialen Fortschritts. Berlin-Grunewald: Arani 1949.

Heinzler, Rudolf: Herausgeber. In: Handbuch der Zeitungswissenschaft. Hrsg. von Walter Heide. Leipzig: Verlag Karl W. Hiersemann 1940, S. 1670–1673.

Heyer, Georg Friedrich: Geschäftsrundschreiben Übergabe der Verlagsbuchhandlung. 31.01.1827, Gießen. DNB DBSM, Buchhändlerische Geschäftsrundschreiben, Bö-Gr/H/1150a.

Heyer, Georg Friedrich: Geschäftsrundschreiben Übergabe der Verlagsbuchhandlung an Sohn und Schwiegersohn. 10.08.1841, Gießen. DNB DBSM, Buchhändlerische Geschäftsrundschreiben, Bö-Gr/H/1151a.

Hinrichs'sche Buchhandlung: Die deutsche Bibliographie und die Deutsche Bücherei. Eine Denkschrift. Leipzig: Hinrichs'sche Buchhandlung 1914.

Hippel, Robert von: Selbstdarstellung Robert von Hippel. In: Die Rechtswissenschaft der Gegenwart in Selbstdarstellungen. Hrsg. von Hans Planitz. Leipzig: Felix Meiner Verlag 1925, S. 123–151.

Hoffmann, Ludwig: Die Literatur zum Entwurfe des neuen deutschen bürgerlichen Gesetzbuches. In: Literarische Mitteilungen für bayerische Juristen 1890. München, S. 1–4.

Holtze, Friedrich: 1794 und 1900. Eine Betrachtung. In: Deutsche Juristen-Zeitung 1900, S. 15–18.

Jung, Erich: Deutsche Rechtsphilosophie. München: Franz Eher Nachf. 1935.

Justiz und Recht im Wandel der Zeit. Festgabe 100 Jahre Deutscher Richterbund. Hrsg. von dem Präsidium des Deutschen Richterbundes. Köln: Heymann 2009.

Kahl, Wilhelm: Ansprache des Geheimen Justizrates, Professor Dr. Wilhelm Kahl. In: Festgabe für Dr. jur. h. c. Otto Liebmann, den Begründer, Verleger, Schriftleiter und Herausgeber der Deutschen Juristenzeitung. Hrsg. von Deutsche Juristen-Zeitung. Berlin: Verlag von Otto Liebmann 1920, S. 9–12.

Kirchmann, Julius H. von: Die Werthlosigkeit der Jurisprudenz als Wissenschaft. Ein Vortrag, gehalten in der juristischen Gesellschaft zu Berlin. 3. Aufl. Berlin: Julius Springer 1848.

Kitzinger, Friedrich: Die Internationale Kriminalistische Vereinigung. Betrachtungen über ihr Wesen und ihre bisherige Wirksamkeit. München: C.H.Beck 1905.

Knemeyer, Franz-Ludwig: Anhang. In: Der Deutsche Juristen-Fakultätentag. Hrsg. von Franz-Ludwig Knemeyer. Stuttgart / München / Hannover / Berlin / Weimar: Boorberg 1992, S. 74–81.

Knemeyer, Franz-Ludwig: Fakultätenkonferenzen zwischen 1920 und 1944. In: Der Deutsche Juristen-Fakultätentag. Hrsg. von Franz-Ludwig Knemeyer. Stuttgart / München / Hannover / Berlin / Weimar: Boorberg 1992, S. 35–41.

Kohler, Arthur: Josef Kohler-Bibliographie. Verzeichnis aller Veröffentlichungen und hauptsächlichen Würdigungen. Berlin-Grunewald: Dr. Walther Rothschild 1931.
Kohler, Josef: Vorwort. In: Encyklopädie der Rechtswissenschaft in systematischer Bearbeitung. Hrsg. von Josef Kohler. 6., der Neubearbeitung 1. Auflage. Leipzig / Berlin: Duncker & Humblot / J. Guttentag 1904.
Larenz, Karl: Rechtswissenschaft und Rechtsphilosophie. Eine Erwiderung. In: Archiv für die civilistische Praxis 1937, S. 257–281.
Liebmann, Otto: Geschäftsrundschreiben zur Errichtung einer Verlagsbuchhandlung. 01.01.1890. DNB DBSM, Buchhändlerische Geschäftsrundschreiben, Bö-Gr/L/636.
Löwenstein, Otto: Beilage zum Juristischen Litteraturblatt. Herausgegeben von Carl Heymanns Verlag. Berlin 17. Januar 1898.
Löwenstein, Otto: Juristisches Litteraturblatt. Herausgegeben von Carl Heymanns Verlag. Berlin 15. Januar 1889, 15. März 1896, 18. Mai 1897 und 16. Januar 1899.
Manz, G. J.: Geschäftsrundschreiben zur Übernahme der Krüll'schen Universitätsbuchhandlung. 12.11.1833. DNB DBSM, Buchhändlerische Geschäftsrundschreiben, Bö-Gr/K/1424a.
Manz, G. J. / Oberpaur, Jos: Geschäftsrundschreiben zur Trennung von Verlag und Sortiment. 1834–07. DNB DBSM, Buchhändlerische Geschäftsrundschreiben, Bö-Gr/K/1425a.
Meyer, Herbert: Öffentliches und Privatrecht nach germanischer Anschauung. In: Zeitschrift der Akademie für Deutsches Recht 1935, S. 49–55.
Mühlbrecht, Otto: Aus meinem Leben – Erinnerungen. Berlin: Puttkammer & Mühlbrecht 1890 und 1898.
Nationalsozialistisches Handbuch für Recht und Gesetzgebung. Hrsg. von Hans Frank. München: Zentralverlag der NSDAP., Franz Eher Nachf. 1935.
Neubert, Reinhard: Wesen und Bedeutung der Anwaltschaft im Dritten Reich. In: Zeitschrift der Akademie für Deutsches Recht 1935, S. 65–68.
Noack, Erwin: Die Gesetzgebung des Dritten Reiches. 2. Aufl. Berlin: Carl Heymanns 1938.
Oertmann, Paul: Juristisches Litteraturblatt. Herausgegeben von Carl Heymanns Verlag. Berlin 20. Dezember 1899.
Olshausen, Theodor: Der Deutsche Juristentag. Sein Werden und Wirken. Eine Festschrift zum fünfzigjährigen Jubiläum. Im Auftrage der ständigen Deputation verfaßt. Berlin: J. Guttentag 1910.
Ostler, Fritz: Nebentätigkeit. Anmerkungen zu meinen schriftstellerischen Arbeiten. In: Über Rechtsanwaltschaft, Gericht und Recht. Hrsg. von Bayerischer Anwaltsverband. Stuttgart / München / Hannover: Boorberg 1983, S. 153–175.
Palandt, Otto; Richter, Heinrich: Die Justizausbildungsordnung des Reiches. Nebst Durchführungsbestimmungen. Mit einem Geleitwort von Staatssekretär Dr. Roland Freisler. Im amtlichen Auftrag erläutert. Berlin: Franz Vahlen 1934.
Planck, Gottlieb: Vorwort zur ersten Auflage. In: Bürgerliches Gesetzbuch neben Einführungsgesetz. Hrsg. von Gottlieb Planck. 2. Aufl. Berlin: J. Guttentag 1898.
Ryck, Richard: Carl Heymann's Kritisches Literaturblatt für Rechts- und Staatswissenschaft. Unter Mitwirkung namhafter Theoretiker und Praktiker. Berlin 1879.
Ryck, Richard: Vorwort. In: Carl Heymann's Kritisches Literaturblatt für Rechts- und Staatswissenschaft.
Salvisberg, Paul von: Das Preiskartell des Deutschen Buchhandels und die Hochschulen. München: Academischer Verlag 1904.
Schiffer, Eugen: Sturm über Deutschland. Berlin: Otto Liebmann 1932.
Schlegelberger, Franz: Abschied vom BGB. Vortrag, gehalten in der Universität zu Heidelberg am 25. Januar 1937. Berlin: Franz Vahlen 1937.

Schlegelberger, Franz: Ein Volk erlebt sein Recht. Vortrag gehalten in der Universität Rostock am 13. Februar 1936. Berlin: Franz Vahlen 1936.
Schmitt, Carl: Unsere geistige Gesamtlage und unsere juristische Aufgabe 1934, S. 11–12.
Schürmann, August: Die Rechtsverhältnisse der Autoren und Verleger sachlich-historisch. Halle: Verlag der Buchhandlung des Waisenhauses 1889.
Siebeck, Oskar: Die Aufgabe des wissenschaftlichen Verlags im Deutschland des 20. Jahrhunderts. Tübingen: Verlag der H. Laupp'schen Buchhandlung 1934.
Siebeck, Oskar: Die wissenschaftlichen Autoren und der Verlagsbuchhandel in der heutigen Wirtschaft. Sonderdruck aus »Deutsche Verlegerzeitung« 1922, Nr. 22. Staatsbibliothek Berlin, Verlagsarchiv Mohr Siebeck, Nachl. 488 (Archiv Mohr Siebeck).
Staudinger: Vorwort. In: Kommentar zum Bürgerlichen Gesetzbuche für das deutsche Reich nebst Einführungsgesetz. Hrsg. von Julius von Staudinger. München: J. Schweitzer Sortiment (Arthur Sellier) 1903.
Stiefel, Ernst: Als jüdischer Jurist in Mannheim und Heidelberg: Bericht eines Zeitzeugen für die Jahre 1933–45 und heute. In: Max Hachenburg – Zweite Gedächtnisvorlesung 1996 (Heidelberger Forum 99). Hrsg. von Peter Hommelhoff, Heinz Rowedder und Peter Ulmer. Heidelberg: Hüthig Verlagsgemeinschaft 1997, S. 1–11.
Stuckart, Wilhelm / Globke, Hans: Reichsbürgergesetz – Gesetz zum Schutze des deutschen Blutes und der deutschen Ehre – Gesetz zum Schutze der Erbgesundheit des deutschen Volkes (Ehegesundheitsgesetz) nebst allen Ausführungsvorschriften und den einschlägigen Gesetzen und Verordnungen (Kommentare zur deutschen Rassengesetzgebung 1). München / Berlin: C.H.Beck'sche Verlagsbuchhandlung 1936.
Stuckart, Wilhelm / Schiedermair, Rolf: Rassen- und Erbpflege in der Gesetzgebung des Dritten Reiches (Neugestaltung von Recht und Wirtschaft). Leipzig: W. Kohlhammer Abteilung Schaeffer 1938.
Taubert, Sigfred: Mit Büchern die Welt erlebt. Hamburg: Dr. Ernst Hauswedell 1992.
Theodor Fontane – Briefe an den Verleger Rudolf von Decker. Hrsg. von Walter Hettche. Heidelberg: R. v. Decker's Verlag / G. Schenck 1988.
Tradition und Zukunft. Die Niedersächsische Staats- und Universitätsbibliothek Göttingen. Eine Leistungsbilanz zum 65. Geburtstag von Elmar Mittler. Hrsg. von Margo Bargheer und Klaus Ceynowa. Göttingen: Universitätsverlag Göttingen 2005.
Veit, Moritz: Ansprache über die Aufstellung des Bildnisses des Freiherrn Johann Friedrich von Cotta. Hauptversammlung am 28. April 1861. In: Geschichte des Börsen-Vereins der Deutschen Buchhändler. Hrsg. von Friedrich Johannes Frommann. Leipzig: Verlag des Börsenvereins der deutschen Buchhändler zu Leipzig 1875, S. 80–83.

Verlagskataloge und firmengeschichtliche Eigenpublikationen

A. Marcus & E. Webers: Verlagskatalog »Marcus und Weber's Verlag / Bonn Auszug aus dem Verlagsverzeichnis« 1926. DNB DBSM, Verlags- und Antiquariatskataloge, Lf. Nr. 458.
A. Marcus und E. Webers. 1818–1918 – Hundert Jahre. Bonn: A. Marcus und E. Webers 1919.
Albers-Schönberg, Heinz / Homburger, Charlotte / Reiser, Hans: Die Geschichte des Verlages Schulthess. Die ersten 120 Jahre. Zürich: Schulthess Polygraphischer Verlag 1991.
Alfred Metzner Verlag. 50 Jahre. Gesamtverzeichnis 1909–1959. Frankfurt a. M. / Berlin: Metzner Verlag 1959.
Andreas Deichert: Verlagskatalog »Verlagskatalog von Andreas Deichert in Erlangen Bis zum September 1866« 1866. DNB DBSM, Verlags- und Antiquariatskataloge, Lf. Nr. 157.

Artibus ingenuis. Beiträge zu Theologie, Philosophie, Jurisprudenz und Ökonomik. Hrsg. von Georg Siebeck. Tübingen: Mohr Siebeck 2001.
Aschendorff Verlag: CCXXX (Zweihundertdreißig) Jahre Aschendorff 1720–1950. Werden und Wirken in der Vergangenheit und seit dem Wiederaufbau mit einem Verlagsverzeichnis 1945–1950. Münster: Aschendorff 1951.
Auf den Spuren von Forschung und Lehre. 275 Jahre Verlag Vandenhoeck & Ruprecht. Göttingen: Vandenhoeck & Ruprecht 2010.
Aufrisse. Almanach des Ernst Klett Verlages 1946–1971. Hrsg. von Ernst Klett Verlag. Stuttgart: Ernst Klett Verlag 1971.
Beck, Hans Dieter: Der juristische Verlag C.H.Beck seit 1763. Verlag und Autoren in 4 Jahrzehnten. Aus der Festschrift zum 225jährigen Jubiläum »Juristen im Portrait«. München: C.H.Beck 1988.
Beck, Hans Dieter: Führende Mitarbeiter der Nachkriegszeit und ihr Wirken im Verlag. Carl Hoeller. In: Juristen im Portrait. Hrsg. von Hans Dieter Beck. München: C.H.Beck 1988, S. 68–106.
Beck, Heinrich: Ansprache zur Feier des zweihundertjährigen Bestehens der C.H.Beck'schen Verlagsbuchhandlung am 9. September 1963 in der Aula der Ludwig-Maximilian-Universität zu München. In: Drei Reden. München: C.H.Beck 1969, S. 11–23.
Beck, Heinrich: Festschrift zum zweihundertjährigen Bestehen des Verlags C.H.Beck 1763–1963. München: C.H.Beck 1963.
Beck, Oscar: Verlagskatalog der C.H.Beck'schen Verlagsbuchhandlung Oscar Beck in München 1763–1913. Herausgegeben zur Feier des hundertfünfzigjährigen Bestehens der Firma. München: C.H.Beck 1913.
Benno Schwabe: Verlagskatalog »Verlagsverzeichnis von Benno Schwabe & Co., Basel« 1808. DNB DBSM, Verlags- und Antiquariatskataloge, Lf. Nr. 611.
Bibliographie 1797–1945 – cf müller verlag. Verlagswerke des Verlags C. F. Müller, Karlsruhe 1797–1945. Hrsg. von C. F. Müller Verlag. Karlsruhe: C. F. Müller 1970.
Brauer, Adalbert: Dümmler-Chronik – aus anderthalb Jahrhundert Verlagsgeschichte. Bonn: Ferd. Dümmlers 1958.
Carl Flemming in Glogau. Glogau. In: Gesammt-Verlags-Katalog des Deutschen Buchhandels. Ein Bild deutscher Geistesarbeit und Cultur. Band IV. Hrsg. von Russell Adolph Russell's Verlag. Münster: Adolph Russell's Verlag 1881, S. 609–643.
C. E. Poeschel. 25 Jahre. Ein Jubiläumsjahrbuch. Hrsg. von C. E. Poeschel Verlag. Stuttgart: Poeschel 1927.
C. C. Buchners: Verlagskatalog »Bücher-Verzeichnis von C. C. Buchners Verlag Bamberg Ostern 1915« 1915. DNB DBSM, Verlags- und Antiquariatskataloge, Lf. Nr. 124.
C. F. Müller: Verlagskatalog »Verlags-Katalog der Christian Friedrich Müller'schen Hofbuchhandlung und Hofbuchdruckerey zu Carlsruhe Oster-Messe 1824« 1824. DNB DBSM, Verlags- und Antiquariatskataloge, Lf. Nr. 497.
C. F. Müller: Verlagskatalog »Verlags-Katalog der Christian Friedrich Müller'schen Hofbuchhandlung und Hofbuchdruckerey zu Carlsruhe 1829« 1829. DNB DBSM, Verlags- und Antiquariatskataloge, Lf. Nr. 497.
C. F. Müller: Verlagskatalog »Verlags-Katalog der Chr. Fr. Müller'schen Hofbuchhandlung in Carlsruhe 1837« 1837. DNB DBSM, Verlags- und Antiquariatskataloge, Lf. Nr. 497.
C. F. Müller: Verlagskatalog »Verlags-Katalog der Chr. Fr. Müller'schen Hofbuchhandlung in Carlsruhe Ostermesse 1839« 1839. DNB DBSM, Verlags- und Antiquariatskataloge, Lf. Nr. 497.
C. F. Müller: Verlagskatalog »Verlags-Katalog der Chr. Fr. Müller'schen Hofbuchhandlung in Carlsruhe Herbstmesse 1847« 1847. DNB DBSM, Verlags- und Antiquariatskataloge, Lf. Nr. 497.
C. H. Beck: Verlagskatalog »Verlags-Verzeichniß der C.H.Beck'schen Buchhandlung in Nördlingen. Michaelismesse« 1853. DNB DBSM, Verlags- und Antiquariatskataloge, Lf. Nr. 33.

C. H. Beck: Verlagskatalog »Verlags-Verzeichniß der C.H.Beck'schen Buchhandlung in Nördlingen (1853 bis 1863). Ausgegeben den 9. September 1863 nach Vollendung der ersten 100 Jahre ihres Bestehens« 1863. DNB DBSM, Verlags- und Antiquariatskataloge, Lf. Nr. 33.

C. H. Beck: Verlagskatalog »Verlags-Verzeichniß der C.H.Beck'schen Buchhandlung in Nördlingen (1863 bis 1870). Ausgegeben den 24. November 1870 nach Vollendung der ersten 107 Jahre ihres Bestehens« 1870. DNB DBSM, Verlags- und Antiquariatskataloge, Lf. Nr. 33.

C. H. Beck: Verlagskatalog »Verlags-Verzeichniß der C.H.Beck'schen Buchhandlung in Nördlingen. Die Preise in deutscher Markwährung. Nördlingen« 1875. DNB DBSM, Verlags- und Antiquariatskataloge, Lf. Nr. 33.

C. H. Beck: Verlagskatalog »Verlagskatalog der C.H.Beck'schen Verlagsbuchhandlung (Oscar Beck) in München. 1. September 1889. München 1889 (Schwabing, Wilhelmstr. 9)« 1889. DNB DBSM, Verlags- und Antiquariatskataloge, Lf. Nr. 34.

C. H. Beck: Verlagskatalog »Verlagskatalog der C.H.Beck'schen Verlagsbuchhandlung Oscar Beck in München. 1. September 1899. München (Wilhelmstr. 9)« 1899. DNB DBSM, Verlags- und Antiquariatskataloge, Lf. Nr. 34.

C. H. Beck: Verlagskatalog »Kurzkommentare in Baumbach'scher Erläuterungsweise für die juristische Praxis, das Studium und die Wirtschaft – Neuerscheinungen« 1933/1934. DNB DBSM, Verlags- und Antiquariatskataloge, Lf. Nr. 34.

C. H. Beck: Verlagskatalog »Verlag C.H.Beck München und Berlin Juristische Abteilung Verzeichnis der Textausgaben, Gesetzsammlungen, Erläuterten Ausgaben, Kurzkommentare, Handausgaben, Großen Kommentare, Lehrbücher, Handbücher für die Praxis, Studien- und Examensliteratur« 1934. DNB DBSM, Verlags- und Antiquariatskataloge, Lf. Nr. 34.

C. H. Beck: Verlagskatalog »Verlag C.H.Beck München und Berlin Juristische Abteilung Verzeichnis der Textausgaben, Gesetzsammlungen, Erläuterten Ausgaben, Kurzkommentare, Handausgaben, Großen Kommentare, Lehrbücher, Handbücher für die Praxis, Studien- und Examensliteratur« 1936. DNB DBSM, Verlags- und Antiquariatskataloge, Lf. Nr. 34.

C. H. Beck: Verlagskatalog »Fachkatalog aus den Gebieten Altertumswissenschaft – Geschichte – Kulturgeschichte – Politik – Recht – Staat und Wirtschaft – Literatur und Geistesgeschichte – Germanistik – Philologie – Theologie und Religionsgeschichte – Philosophie – Psychologie – Pädagogik – Biographien – Lebenserinnerungen – Briefe – Musik – Gymnastik – Filmkunst – Graphik – Naturwissenschaft und Mathematik C.H.Beck Verlag München« 1951. DNB DBSM, Verlags- und Antiquariatskataloge, Lf. Nr. 51.

C. H. Beck Verlag: Verlagskatalog »Bayerische Gesetze Verlag C.H.Beck Verlag München«. Ohne Datierung, geschätzt 1953. DNB DBSM, Verlags- und Antiquariatskataloge, Lf. Nr. 51.

C. H. Beck: Verlagskatalog »Fachkatalog aus den Gebieten Altertumswissenschaft – Geschichte – Kulturgeschichte – Politik – Recht – Staat und Wirtschaft – Kunstwissenschaft – Literatur und Geistesgeschichte – Germanistik – Philologie – Theologie und Religionsgeschichte – Philosophie – Psychologie – Pädagogik – Biographien – Lebenserinnerungen – Briefe – Musik – Gymnastik – Filmkunst – Graphik – Naturwissenschaft und Mathematik. C.H.Beck Verlag München« 1960. DNB DBSM, Verlags- und Antiquariatskataloge, Lf. Nr. 51.

C. H. Beck: Verlagskatalog »Lehrbücher aus dem Verlag C.H.Beck« 1963. DNB DBSM, Verlags- und Antiquariatskataloge, Lf. Nr. 51.

C.H.Beck'sche Buchhandlung in Nördlingen (Kgr. Bayern). Nördlingen. In: Gesammt-Verlags-Katalog des Deutschen Buchhandels. Ein Bild deutscher Geistesarbeit und Cultur. Band VIII. Hrsg. von Russell Adolph Russell's Verlag. Münster: Adolph Russell's Verlag 1881, S. 1035–1076.

Carl Duncker's Verlag in Berlin W. Berlin. In: Gesammt-Verlags-Katalog des Deutschen Buchhandels. Ein Bild deutscher Geistesarbeit und Cultur. Band II, Erste Abtheilung. Hrsg. von 1. Russell Adolph Russell's Verlag. Münster: Adolph Russel's Verlag 1881, S. 404–403.

Carl Heymanns: Verlagskatalog »Verlags-Katalog von Carl Heymann in Berlin. Nebst einer systematischen Übersicht« Januar 1842. DNB DBSM, Verlags- und Antiquariatskataloge, Lf. Nr. 363.

Carl Heymanns: Verlagskatalog »Verlags-Catalog von Carl Heymann in Berlin. Nebst einer systematischen Übersicht« Ostern 1847. DNB DBSM, Verlags- und Antiquariatskataloge, Lf. Nr. 363.

Carl Heymanns: Verlagskatalog »Verlags-Katalog von Carl Heymann in Berlin. Nachtrag« Ostern 1847 – Ostern 1850. 1850. DNB DBSM, Verlags- und Antiquariatskataloge, Lf. Nr. 363.

Carl Heymanns: Verlagskatalog »Verlags-Catalog von Carl Heymann's Verlag Rechts- und Staatswissenschaftlicher Verlag begründet 1815« 1875. DNB DBSM, Verlags- und Antiquariatskataloge, Lf. Nr. 363.

Carl Heymanns: Verlagskatalog »Geschäfts-Bericht über die im Laufe des einundsechszigsten Geschäftsjahres 1875 von der Rechts- und Staatswissenschaftlichen Verlagshandlung Carl Heymann's Verlag in Berlin S. W. Königgrätzerstraße 109 herausgegebenen Werke und Zeitschriften« 1876. DNB DBSM, Verlags- und Antiquariatskataloge, Lf. Nr. 363.

Carl Heymanns: Verlagskatalog »Geschäfts-Bericht über die im Laufe des zweiundsechzigsten Geschäftsjahres 1876 von der Rechts- und Staatswissenschaftlichen Verlagshandlung Carl Heymann's Verlag in Berlin W. Mauerstraße 63, 64, 65 herausgegebenen Werke und Zeitschriften« 1877. DNB DBSM, Verlags- und Antiquariatskataloge, Lf. Nr. 363.

Carl Heymanns: Verlagskatalog »Carl Heymanns Verlag Berlin W. Mauerstraße 63, 64, 65. Bericht über die im Laufe des Jahres 1887 herausgegebenen Zeitschriften, periodischen und nichtperiodischen Werke« 1887. DNB DBSM, Verlags- und Antiquariatskataloge, Lf. Nr. 363.

Carl Heymanns: Verlagskatalog »Verlags-Catalog von Carl Heymann's Verlag Rechts- und Staatswissenschaftlicher Verlag in Berlin W. Mauerstrasse 63. 64. 65. Begründet 1815« März 1887. 1887. DNB DBSM, Verlags- und Antiquariatskataloge, Lf. Nr. 363.

Carl Heymanns: Verlagskatalog »Carl Heymanns Verlag, Berlin. Bericht über die im Jahre 1890 herausgegebenen Verlagsunternehmungen. Zeitschriften, periodische und nichtperiodische Werke. Berlin 1891« 1891. DNB DBSM, Verlags- und Antiquariatskataloge, Lf. Nr. 364.

Carl Heymanns: Verlagskatalog »Carl Heymanns Verlag, Berlin. Bericht über die im Jahre 1891 herausgegebenen Verlagsunternehmungen. Zeitschriften, periodische und nichtperiodische Werke. Berlin 1892« 1892. DNB DBSM, Verlags- und Antiquariatskataloge, Lf. Nr. 364.

Carl Heymanns: Verlagskatalog »Katalog der Buchhandlung Carl Heymanns Verlag 1815–1896 Berlin, im Januar 1897« 1897. DNB DBSM, Verlags- und Antiquariatskataloge, Lf. Nr. 364.

Carl Heymanns: Verlags-Verzeichnis mit geschichtlicher Einleitung. Herausgegeben zur Hundertjahrfeier 1815–1915. Berlin: Carl Heymanns Verlag 1915.

Carl Heymanns: Verlagskatalog »Carl Heymanns Verlag Berlin W 8 Verlagsverzeichnis für die Zeit vom 1. Oktober 1915 bis zum 31. Dezember 1926. Erster Nachtrag zum Jubiläumsverzeichnis 1815–1915. Ausgegeben im Januar 1927« 1927. DNB DBSM, Verlags- und Antiquariatskataloge, Lf. Nr. 365.

Carl Heymanns: Verlagskatalog »Carl Heymanns Verlag Berlin W 8 Verlagsverzeichnis. Abgeschlossen im Januar 1932« 1932. DNB DBSM, Verlags- und Antiquariatskataloge, Lf. Nr. 367.

Carl Heymanns: Verlagskatalog »Preisverzeichnis aller lieferbaren Verlagswerke der Verlage Carl Heymanns Verlag – Albert Nauck & Co Berlin W 8, Mauerstraße 44 und Veröffentlichungen des Völkerbundes. Abgeschlossen am 1. Mai 1936« 1936. DNB DBSM, Verlags- und Antiquariatskataloge, Lf. Nr. 367.

Carl Heymanns: Verlagskatalog »Preisverzeichnis aller lieferbaren Verlagswerke der Verlage Carl Heymanns Verlag – Albert Nauck & Co Berlin W 8, Mauerstraße 44 und Veröffentlichungen des Völkerbundes. Abgeschlossen am 1. Mai 1938« 1938. DNB DBSM, Verlags- und Antiquariatskataloge, Lf. Nr. 367.

Carl Heymanns: Verlagskatalog »Carl Heymanns Verlag Berlin W. 8 – Buchverlag Rechts- und Staatswissenschaft, Zeitschriftenverlag, Formularverlag« 1949. DNB DBSM, Verlags- und Antiquariatskataloge, Lf. Nr. 281.

Carl Heymanns: Verlagskatalog »Verzeichnis der lieferbaren und in Vorbereitung befindlichen Werke, Zeitschriften und Vordrucke. Abgeschlossen am 1.1.2.1951. Carl Heymanns Verlag KG Köln München Berlin Detmold« 1951. DNB DBSM, Verlags- und Antiquariatskataloge, Lf. Nr. 281.

Carl Heymann's Verlag in Berlin – Rechts- und Staatswissenschaft. Berlin. In: Gesammt-Verlags-Katalog des Deutschen Buchhandels. Ein Bild deutscher Geistesarbeit und Cultur. Band II, Erste Abtheilung. Hrsg. von 1. Russell Adolph Russell's Verlag. Münster: Adolph Russel's Verlag 1881, S. 873–952.

Code Napoleon – Badisches Landrecht – Wegbereiter Deutscher Rechtsgeschichte – Ausstellung in der Badischen Landesbibliothek anläßlich des 200. Jahrestages der Gründung des Verlages C. F. Müller 1797. Hrsg. von Christof Müller-Wirth und Christina Wagner. Heidelberg: C. F. Müller 1997.

Deichert'sche: Die Andr. Deichertsche Verlagsbuchhandlung in Leipzig im Wechsel der Zeiten 1852–1927. Festschrift zur Feier des 75jährigen Bestehens am 1. Juli 1927 – Hauptverlagskatalog mit geschichtlichen Einleitungen und Bildern. Hrsg. von Verlag Deichert'sche Verlagsbuchhandlung. Leipzig: Deichert Verlag 1927.

Deichert'sche Verlagsbuchhandlung: Verlagsankündigung »A. Deichertsche Verlagsbuchhandlung Leipzig C 1«. Ohne Datierung (wohl 1931). DNB DBSM, Verlags- und Antiquariatskataloge, Lf. Nr. 158.

Der Aquädukt 1763–1963. Im 200 Jahre ihres Bestehens herausgegeben von der C.H.Beck'schen Verlagsbuchhandlung. Hrsg. von Verlag C.H.Beck. München: C.H.Beck 1963.

Dr. Otto Schmidt: 100 Jahre Verlag Dr. Otto Schmidt Köln. Köln: Dr. Otto Schmidt 2005.

Duncker & Humblot: Verlagskatalog »Verzeichnis der Bücher, welche bei Duncker & Humblot, Buchhändler in Berlin, verlegt, oder in Menge bei ihnen zu haben sind. May 1823« 1823. DNB DBSM, Verlags- und Antiquariatskataloge, Ohne lf. Nr..

Duncker & Humblot: Verlagskatalog »Verlagskatalog von Duncker & Humblot in Leipzig. 1798–1882« 1882. DNB DBSM, Verlags- und Antiquariatskataloge, Lf. Nr. 196.

Duncker & Humblot: Verlagskatalog »Verlagskatalog von Duncker & Humblot in Leipzig. 1798–1891« 1891. DNB DBSM, Verlags- und Antiquariatskataloge, Lf. Nr. 196.

Duncker & Humblot: Verlagskatalog »Verlagskatalog von Duncker & Humblot in Leipzig. 1798–1891. Mit Nachtrag 1892–1896« 1897. DNB DBSM, Verlags- und Antiquariatskataloge, Lf. Nr. 196.

Duncker & Humblot: Verlagskatalog »Zur Litteratur der Staats-und Socialwissenschaften der letzten 25 Jahre« 1897. DNB DBSM, Verlags- und Antiquariatskataloge, Lf. Nr. 196.

Duncker & Humblot: Verlagskatalog »Verlags-Verzeichnis von Duncker & Humblot in Leipzig. 1866–1903« 1903. DNB DBSM, Verlags- und Antiquariatskataloge, Lf. Nr. 197.

Duncker & Humblot: Verlagskatalog »Verlagsverzeichnis von Duncker & Humblot in München und Leipzig 1903 bis 1914 (1. Mai)« 1914. DNB DBSM, Verlags- und Antiquariatskataloge, Lf. Nr. 197.

Duncker & Humblot: Verlagskatalog »Bücher für die Zeit aus dem Verlag von Duncker & Humblot München und Leipzig« 1914. DNB DBSM, Verlags- und Antiquariatskataloge, Lf. Nr. 197.

Duncker & Humblot: Verlagskatalog »Neue Bücher aus dem Verlag Duncker & Humblot München und Leipzig 1919/1920« 1919.

Duncker & Humblot: Verlagskatalog »Hauptwerke des Verlages Duncker & Humblot in München 1914–1924« 1924. DNB DBSM, Verlags- und Antiquariatskataloge, Lf. Nr. 196.

Duncker & Humblot: Verlagskatalog »Kleines Verlagsverzeichnis 1939 Duncker & Humblot / Berlin NW 7 Neustädtische Kirchstraße 15« 1939. DNB DBSM, Verlags- und Antiquariatskataloge, Lf. Nr. 196.

Duncker & Humblot: Verlagskatalog »Kleines Verlagsverzeichnis 1941. Duncker & Humblot / Berlin NW 7 Neustädtische Kirchstraße 15« 1941. DNB DBSM, Verlags- und Antiquariatskataloge, Lf. Nr. 196.
Duncker & Humblot: Verlagskatalog »Bücher für Studium und Praxis Abgeschlossen am 15. Oktober 1953 – Verlag Duncker & Humblot Berlin-Lichterfelde und München 13« 1953. DNB DBSM, Verlags- und Antiquariatskataloge, Lf. Nr. 171.
Duncker & Humblot: Verlagskatalog »Bücher für Studium und Praxis Rechts- und Staatswissenschaften. Abgeschlossen am 15. Oktober 1954 – Verlag Duncker & Humblot Berlin-Lichterfelde und München 13« 1954. DNB DBSM, Verlags- und Antiquariatskataloge, Lf. Nr. 171.
Duncker & Humblot Verlagsbibliographie 1798–1945. Hrsg. von Norbert Simon. Berlin: Duncker & Humblot 1998.
Duncker & Humblot in Leipzig. Leipzig. In: Gesammt-Verlags-Katalog des Deutschen Buchhandels. Ein Bild deutscher Geistesarbeit und Cultur. Band VII, Erste Abtheilung. Hrsg. von 1. Russell Adolph Russell's Verlag. Münster: Adolph Russel's Verlag 1881, S. 617–704.
Eckel, Josef: 200 Jahre Wilhelm Braumüller. Wien: Wilhelm Braumüller 1983.
Ehling, Emil: Fünfundsiebzig Jahre juristischen Verlages. In: Die Andr. Deichertsche Verlagsbuchhandlung in Leipzig im Wechsel der Zeiten 1852–1927. Hrsg. Verlag Deichert'sche Verlagsbuchhandlung. Leipzig: Deichert Verlag 1927, S. XXIX–XXXVI.
Elster, Hanns Martin: Zum Gesamtwerk des Verlages. In: Verlagskatalog 1849 bis 1924. Hrsg. von G. Grote'sche Verlagsbuchhandlung. Berlin: G. Grote'sche Verlagsbuchhandlung 1924, S. IX–XL.
Entwicklungen der Betriebswirtschaftslehre. 100 Jahre Fachdisziplin – zugleich eine Verlagsgeschichte. Hrsg. von Eduard Gaugler und Richard Köhler. Stuttgart: Schäffer-Poeschel 2002.
Erich Schmidt Verlag: Verleger berichten aus ihrer Werkstatt. Erich Schmidt Verlag Berlin Bielefeld München Gegr. 1924 in Berlin. In: Im Dienste des Buches. Hrsg. von C. Boysen. Hamburg: C. Boysen 1967, S. 157–163.
Ernst Siegfried Mittler & Sohn Königliche Hofbuchhandlung und Buchdruckerei in Berlin. Berlin. In: Gesammt-Verlags-Katalog des Deutschen Buchhandels. Ein Bild deutscher Geistesarbeit und Cultur. Band II, Zweite Abtheilung. Hrsg. von 2. Russell Adolph Russell's Verlag. Münster: Adolph Russel's Verlag 1881, S. 27–142.
Ferdinand Dümmler: Verlagskatalog »Verzeichnis der Verlags- und Commissions-Bücher von F. Dümmler Buchhändler in Berlin. Bis Ende 1823« 1823. DNB DBSM, Verlags- und Antiquariatskataloge, Lf. Nr. 188.
Ferdinand Dümmler: Verlagskatalog »Verzeichnis der Verlags- und Commissions-Bücher von F. Dümmler Buchhändler in Berlin. Bis Michaelis 1832« 1832. DNB DBSM, Verlags- und Antiquariatskataloge, Lf. Nr. 188.
Ferdinand Dümmler: Verlagskatalog »Verzeichnis der Verlags-Bücher der Ferd. Dümmler'schen Buchhandlung in Berlin. Ostern 1848« 1848. DNB DBSM, Verlags- und Antiquariatskataloge, Lf. Nr. 188.
Ferdinand Dümmler: Verlagskatalog »Verzeichnis von Büchern und Zeitschriften erschienen in Ferd. Dümmler's Verlagsbuchhandlung (Harrwitz & Goßmann) in Berlin 1808–1860« 1860. DNB DBSM, Verlags- und Antiquariatskataloge, Lf. Nr. 189.
Ferdinand Dümmler: Verlagskatalog »Verlags-Katalog von Ferd. Dümmler's Verlagsbuchhandlung in Berlin SW. Zimmerstraße 94. 1808–1892. Abgeschlossen im August 1892« 1892. DNB DBSM, Verlags- und Antiquariatskataloge, Lf. Nr. 190.
Ferdinand Dümmler: Verlagskatalog »Ferd. Dümmler's Verlagsbuchhandlung Berlin W. 35 … Systematisches Verlagsverzeichnis 1808–1908« 1908. DNB DBSM, Verlags- und Antiquariatskataloge, Lf. Nr. 190.

Ferdinand Enke: Verlagskatalog »Verzeichniß der Verlags- und Commissions-Bücher von Ferdinand Enke in Erlangen. Von Januar 1837 – Dezember 1841. Im Januar 1842« 1842. DNB DBSM, Verlags- und Antiquariatskataloge, Lf. Nr. 226.

Ferdinand Enke: Verlagskatalog »Verzeichniß der Verlags- und Commissions-Bücher von Ferdinand Enke in Erlangen. Von Januar 1837 – September 1843. Im September 1843« 1843. DNB DBSM, Verlags- und Antiquariatskataloge, Lf. Nr. 226.

Ferdinand Enke: Verlagskatalog »Verlags-Catalog von Ferdinand Enke's Verlagsbuchhandlung in Erlangen [...] Im September 1853« 1853. DNB DBSM, Verlags- und Antiquariatskataloge, Lf. Nr. 226.

Ferdinand Enke: Verlagskatalog »Verlags-Katalog von Ferdinand Enke's Verlagsbuchhandlung in Stuttgart 1837–1887. Stuttgart, im Januar 1887« 1887. DNB DBSM, Verlags- und Antiquariatskataloge, Lf. Nr. 221.

Ferdinand Enke: Jubiläumskatalog von Ferdinand Enke in Stuttgart. 1. Januar 1837 bis 31. Dezember 1911. Stuttgart: Ferdinand Enke Verlag 1911.

Ferdinand Enke: 100 Jahre Ferdinand Enke Verlagsbuchhandlung Stuttgart. Jubiläumskatalog 1837–1937. Stuttgart: Ferdinand Enke Verlag 1937.

Ferdinand Enke: 150 Jahre Ferdinand Enke Verlag. Ein Abriß der Verlagsgeschichte. Stuttgart: Ferdinand Enke Verlag 1987.

Fischer, Marcus: 75 Jahre Erich-Schmidt-Verlag 1924–1999. Bewegliche Konstanten, neue Akzente. Berlin: Erich Schmidt Verlag 1999.

Flemming, Alfred: Aus der Gründungsgeschichte der NJW. In: Neue Juristische Wochenschrift 1987, S. 2653–2656.

Fohr, Dieter: Geschichte der Hans-Soldan-Stiftung. Essen: Verlag der Hans-Soldan-Stiftung 1983.

Fouquet-Plümacher, Doris / Wolter, Micheal: Aus dem Archiv des Verlages Walter de Gruyter. Briefe Urkunden Dokumente. Berlin / New York: Walter de Gruyter 1980.

Fr. Kortkampf: Verlagskatalog »Verzeichnis der Einzeln- und Sammelwerke über die Gesetzgebung des Deutschen Reiches, Norddeutschen Bundes, Zollvereins u. Preussens, sowie von Werken aus den Gebieten der Staats- und Rechts-Wissenschaft, Diplomatie, Geschichte, Politik, Volkswirtschaft, aus dem Verlage von Fr. Kortkampf in Berlin, Buchhandlung für Staatswissenschaften und Geschichte. Verlag der Reichs-Gesetze. Ausgegeben Ende Januar 1871« 1871. DNB DBSM, Verlags- und Antiquariatskataloge, Lf. Nr. 424.

Fr. Kortkampf – Buchhandlung für Staatswissenschaften und Geschichte, Verlag der Reichsgesetze in Berlin. Berlin. In: Gesammt-Verlags-Katalog des Deutschen Buchhandels. Ein Bild deutscher Geistesarbeit und Cultur. Band II, Erste Abtheilung. Hrsg. von 1. Russell Adolph Russell's Verlag. Münster: Adolph Russel's Verlag 1881, S. 1543–1572.

Franz Rehm 50 Jahre. München: Rehm Verlag 1984.

Franz Vahlen: Verlagskatalog »Neuere Handbücher für die juristische Praxis und Formulare und Büreaubücher zum praktischen Gebrauch für Rechtsanwälte und Notare. [...] Verlag von Franz Vahlen in Berlin, W. Mohrenstrasse 13/14. 1882. Zu beziehen durch die Roßberg'sche Buchhandlung in Leipzig [...] « 1882. DNB DBSM, Verlags- und Antiquariatskataloge, Lf. Nr. 675.

Franz Vahlen: Verlagskatalog »Verlags-Katalog Buchhandlung von Franz Vahlen in Berlin, W. Mohrenstrasse 13/14. 1870–1874« 1875. DNB DBSM, Verlags- und Antiquariatskataloge, Lf. Nr. 675.

Franz Vahlen: Verlagskatalog »Verlags-Katalog Buchhandlung von Franz Vahlen in Berlin, W. Mohrenstrasse 13/14. 1870–1884« 1884. DNB DBSM, Verlags- und Antiquariatskataloge, Lf. Nr. 675.

Franz Vahlen: Verlagskatalog »Verlagskatalog von Franz Vahlen in Berlin 1870–1894« 1894. DNB DBSM, Verlags- und Antiquariatskataloge, Lf. Nr. 675.

Franz Vahlen: Verlagskatalog »Verlagskatalog von Franz Vahlen in Berlin W 9, Linkstraße 16 1870–1910« 1910. DNB DBSM, Verlags- und Antiquariatskataloge, Lf. Nr. 675.

Franz Vahlen: Verlagskatalog »Verlagskatalog von Franz Vahlen in Berlin W 9 [...] Nachtrag, umfassend die Jahre 1910–1926 – Ausgegeben am 15. Juni 1926« 1926. DNB DBSM, Verlags- und Antiquariatskataloge, Lf. Nr. 675.

Franz Vahlen: Verlagskatalog »Vahlen's »blaue« Textausgaben – Kommentare Handbücher für die Rechts- und Wirtschaftspraxis Stand vom Dezember 1938. Verlag Franz Vahlen Berlin W 9« 1938. DNB DBSM, Verlags- und Antiquariatskataloge, Lf. Nr. 675.

Franz Vahlen: Verlagskatalog »Stand: Herbst 1953 – Kommentare Textausgaben Handbücher und Lehrbücher für die Gerichts-, Anwalts-, Verwaltungs-, Steuer- und Wirtschaftspraxis sowie für das Studium aus dem Verlag Franz Vahlen GmbH Berlin und Frankfurt a. M.« 1953. DNB DBSM, Verlags- und Antiquariatskataloge, Lf. Nr. 221.

Franz Vahlen: Verlagskatalog »Wintersemester 1960/61 Die altbewährten Werke für das Studium Rechts-, Staats-, Wirtschaftswissenschaften. Verlag Franz Vahlen GmbH Berlin-Lichterfelde und Frankfurt a. M.« 1960. DNB DBSM, Verlags- und Antiquariatskataloge, Lf. Nr. 221.

Franz Vahlen: Verlagskatalog »Verlagsverzeichnis Frühjahr 1973. Rechtswissenschaft Wirtschaftswissenschaft. Verlag Franz Vahlen GmbH München 40« 1973. DNB DBSM, Verlags- und Antiquariatskataloge, Lf. Nr. 221.

Franz Vahlen: Verlagskatalog »Verlagsverzeichnis Frühjahr 1974. Rechtswissenschaft Wirtschaftswissenschaft. Verlag Franz Vahlen GmbH München 40« 1974. DNB DBSM, Verlags- und Antiquariatskataloge, Lf. Nr. 221.

Franz Vahlen: Werbung Schriften der Akademie für Deutsches Recht. In: Zeitschrift der Akademie für Deutsches Recht 1934, S. Ohne Paginierung.

G. Grote: Verlagskatalog »Verlags-Catalog der G. Grote'schen Verlagsbuchhandlung in Berlin. Bernburger Straße 35. November 1868« 1868. DNB DBSM, Lf. Nr. 306.

G. Grote: Verlagskatalog 1849 bis 1924. Hrsg. von G. Grote'sche Verlagsbuchhandlung. Berlin: G. Grote'sche Verlagsbuchhandlung 1924.

G. J. Manz: 100 Jahre Manz. Die Verlagsanstalt vorm. G. J. Manz Buch- und Kunstdruckerei A.-G München / Regensburg / Dinnlingen/Donau. München: Manz 1930.

Gebrüder Paetel: Verlagskatalog »Verlags-Katalog von Gebrüder Paetel in Berlin. 25 – 1870–1895« 1895. DNB DBSM, Verlags- und Antiquariatskataloge, Lf. Nr. 525.

Geheime Ober-Hofbuchdruckerei: Festschrift bei Hundertjähriger Dauer des Königlichen Privilegii der Geheimen Ober-Hofbuchdruckerei am 26. Oktober 1863. 1863. Staatsbibliothek zu Berlin, Preußischer Kulturbesitz, Nachl. Decker (Archiv der Königl. Geheimen Ober-Hofbuchdruckerei).

Georgi, Friedrich: Paul Parey Verlag für Landwirtschaft – Veterinärmedizin – Gartenbau – Biologie – Verhaltensforschung – Pflanzen- und Umweltschutz – Forstwesen – Jagd – Fischerei – Pferdesport. 1848–1972. Den Autoren und Mitarbeitern der Verlagsbuchhandlung Paul Parey in Dankbarkeit gewidmet. Berlin / Hamburg: Paul Parey 1973.

Guenther, Johannes von: Der junge Siebziger. In: Für Gustav End. Hrsg. Verlag C.H.Beck. Nördlingen: C.H.Beck 1970, S. 17–25.

Gustav Fischer: Verlagskatalog »Verlags-Katalog von Gustav Fischer vormals Friedrich Mauke in Jena. Gegründet 1789. Januar 1878« 1878. DNB DBSM, Verlags- und Antiquariatskataloge, Lf. Nr. 249.

Gustav Fischer: Verlagskatalog »Verlagskatalog von Gustav Fischer in Jena. Abgeschlossen am 31. Dezember 1897« 1897. DNB DBSM, Verlags- und Antiquariatskataloge, Lf. Nr. 249.

Gustav Fischer: 100 Jahre Gustav Fischer Verlag 1878–1948–1978. Verlagsgeschichte – Verzeichnis der seit 1948 in Stuttgart erschienen Bücher und Zeitschriften. Stuttgart / New York: Gustav Fischer Verlag 1978.

Gustav Hempel in Berlin W. Berlin. In: Gesammt-Verlags-Katalog des Deutschen Buchhandels. Ein Bild deutscher Geistesarbeit und Cultur. Band II, Zweite Abtheilung. Hrsg. von 2. Russell Adolph Russell's Verlag. Münster: Adolph Russel's Verlag 1881, S. 783–814.

Gutbrod, Jürgen: 50 Jahre im Dienste der öffentlichen Verwaltung. 1925–1975 dgv Deutscher Gemeindeverlag. Stuttgart 1975.

Hans Soldan GmbH: 100 Jahre Soldan. Partner der Anwälte und Notare. 2008.

Hemmerde und Schwetschke: Verlagskatalog »Verzeichniß der Verlagsbücher der Buchhändler Hemmerde und Schwetschke in Halle« 1808. DNB DBSM, Verlags- und Antiquariatskataloge, Lf. Nr. 336.

Henry Butterworth: Verlagskatalog »Law Books. Just Published, by Henry Butterworth, Law Bookseller and Publisher, 7, Fleet Street, Near Temple Bar, London – Michaelmas Term, 1825« 1825. British Library, 015269455.

Heyer: Verlagskatalog »Verzeichnis der Verlags-Bücher von Georg Friedrich Heyer, Großherzogl. Hessischem Hof- und Universitäts-Buchhändler in Gießen. Bis und mit der Herbstmesse 1814« 1815. DNB DBSM, Verlags- und Antiquariatskataloge, Lf. Nr. 362.

Heyer: Verlagskatalog »Vollständiger Verlags-Katalog von G. Fr. Heyer's Verlag (Fr. W. Heyer und Ferd. Flinsch in Frankfurt) in Gießen. Von 1790 bis Ende 1845« 1845. DNB DBSM, Verlags- und Antiquariatskataloge, Lf. Nr. 362.

Heyer: Verlagskatalog »Auszug des Verlags-Cataloges von G. F. Heyer's Verlag in Giessen« 1846. DNB DBSM, Verlags- und Antiquariatskataloge, Lf. Nr. 362.

Hundert Jahre Kohlhammer. Hrsg. W. Kohlhammer Verlag. Stuttgart / Berlin / Köln / Mainz: W. Kohlhammer 1966.

J. Bensheimer: Verlagskatalog »Verlags-Katalog von J. Bensheimer in Mannheim. 1841« 1841. DNB DBSM, Verlags- und Antiquariatskataloge, Lf. Nr. 14.

J. Bensheimer: Verlagskatalog »Verlags-Katalog von J. Bensheimer in Mannheim. 1843« 1843. DNB DBSM, Verlags- und Antiquariatskataloge, Lf. Nr. 14.

J. C. B. Mohr: Verlagskatalog »Verlags-Verzeichniss Von I. C. B. Mohr in Heidelberg bis zur Leipziger Jubil. Messe 1842« Herbst 1842. DNB DBSM, Verlags- und Antiquariatskataloge, 487.

J. C. B. Mohr: Verlagskatalog »Verzeichniß im Preise ermäßigter Bücher aus dem Verlage J. C. B. Mohr in Heidelberg. 1857« 1857. DNB DBSM, Verlags- und Antiquariatskataloge, 487.

J. C. B. Mohr: Verlagskatalog »Verlagsverzeichniss von J. C. B. Mohr in Heidelberg. Bis Ende des Jahres 1866« 1866. DNB DBSM, Verlags- und Antiquariatskataloge, 487.

J. C. B. Mohr (Paul Siebeck): Verlagskatalog »Verlags-Verzeichniss der akademischen Verlagsbuchhandlung von J. C. B. Mohr (Paul Siebeck) in Freiburg i. B. Früher in Heidelberg und Tübingen 1880« 1880. DNB DBSM, Verlags- und Antiquariatskataloge, 487.

J. C. B. Mohr (Paul Siebeck): Verlagskatalog »Verlags-Katalog der akademischen Verlagsbuchhandlung von J. C. B. Mohr (Paul Siebeck) in Freiburg i. B. Oktober 1880 bis Oktober 1890« 1890. Staatsbibliothek Berlin, Verlagsarchiv Mohr Siebeck, Verlagskatalog 488.

J. C. B. Mohr (Paul Siebeck): Verlagskatalog »Verlags-Katalog der akademischen Verlagsbuchhandlung von J. C. B. Mohr (Paul Siebeck) in Freiburg i. B. vom Jahre 1801 bis Oktober 1880« 1890. Staatsbibliothek Berlin, Verlagsarchiv Mohr Siebeck, Verlagskatalog 488.

J. C. B. Mohr (Paul Siebeck): Verlagskatalog »Verlags-Katalog von J. C. B. Mohr (Paul Siebeck) in Tübingen 1801 bis 1906 mit Nachtrag über das Jahr 1907«. DNB DBSM, Verlags- und Antiquariatskataloge, 488.

J. C. B. Mohr (Paul Siebeck): Verlagskatalog »J. C. B. Mohr (Paul Siebeck) H. Laupp'sche Buchhandlung Tübingen Verlagsbericht 1. Januar – 31. Dezember 1924«. 1924. DNB DBSM, Verlags- und Antiquariatskataloge, 490.

J. C. B. Mohr (Paul Siebeck): Verlagskatalog »J. C. B. Mohr (Paul Siebeck) H. Laupp'sche Buchhandlung Tübingen Verlagsbericht 1. Januar – 31. Dezember 1931«. 1931. DNB DBSM, Verlags- und Antiquariatskataloge, 492.

J. C. B. Mohr (Paul Siebeck): Verlagskatalog »J. C. B. Mohr (Paul Siebeck) H. Laupp'sche Buchhandlung Tübingen Verlagsbericht 1. Januar – 31. Dezember 1933«. 1933. DNB DBSM, Verlags- und Antiquariatskataloge, 492.

J. C. B. Mohr (Paul Siebeck): Verlagskatalog »Neuigkeiten J. C. B. Mohr (Paul Siebeck) H. Laupp'sche Buchhandlung 1934 Nr. 3« 1934. DNB DBSM, Verlags- und Antiquariatskataloge, 492.

J. C. B. Mohr (Paul Siebeck): Verlagskatalog »Neuigkeiten J. C. B. Mohr (Paul Siebeck) H. Laupp'sche Buchhandlung 1935« 1935. Archiv des Verlages Mohr Siebeck (Staatsbibliothek Berlin), Nachlass 488, DN 1935.

J. C. B. Mohr (Paul Siebeck): Verlagskatalog »J. C. B. Mohr (Paul Siebeck) H. Laupp'sche Buchhandlung Tübingen Verlagsbericht 1. Januar – 31. Dezember 1934«. 1934. DNB DBSM, Verlags- und Antiquariatskataloge, 492.

J. C. B. Mohr (Paul Siebeck): Verlagskatalog »Archiv des öffentlichen Rechts« 1934. DNB DBSM, Verlags- und Antiquariatskataloge, 492.

J. C. B. Mohr (Paul Siebeck): Verlagskatalog »J. C. B. Mohr (Paul Siebeck) H. Laupp'sche Buchhandlung Tübingen Verlagsbericht 1. Januar 1935 – 31. Dezember 1936« 1936. DNB DBSM, Verlags- und Antiquariatskataloge, 492.

J. C. B. Mohr (Paul Siebeck): Verlagskatalog »J. C. B. Mohr (Paul Siebeck) H. Laupp'sche Buchhandlung Tübingen Verlagsbericht 1. Januar 1935 – 31. Dezember 1937« 1937. DNB DBSM, Verlags- und Antiquariatskataloge, 492.

J. C. B. Mohr (Paul Siebeck): Verlagskatalog »J. C. B. Mohr (Paul Siebeck) Tübingen Rechtswissenschaft Staatswissenschaften Verzeichnis neuer Veröffentlichungen seit 1933 und wichtiger älterer Werke. Ausgegeben Oktober 1938« 1938. DNB DBSM, Verlags- und Antiquariatskataloge, 492.

J. C. B. Mohr (Paul Siebeck): Verlagskatalog »J. C. B. Mohr (Paul Siebeck) H. Laupp'sche Buchhandlung Tübingen Verlagsbericht 1. Januar 1938 – 31. Dezember 1940« 1940. DNB DBSM, Verlags- und Antiquariatskataloge, 492.

J. C. B. Mohr (Paul Siebeck): Verlagskatalog »J. C. B. Mohr (Paul Siebeck) H. Laupp'sche Buchhandlung Tübingen Verlagsbericht Januar 1941 – April 1945«. Archiv des Verlages Mohr Siebeck (Staatsbibliothek Berlin), Nachlass 488, DB 1945.

J. C. B. Mohr (Paul Siebeck): Verlagskatalog »Verlag J. C. B. Mohr (Paul Siebeck) Tübingen Verzeichnis der Neuerscheinungen 1945–1.3.1949« 1949. Archiv des Verlages Mohr Siebeck (Staatsbibliothek Berlin), Nachlass 488, DN 1945–49.

J. C. B. Mohr (Paul Siebeck): Verlagskatalog »Verzeichnis der Neuerscheinungen 1945–1949 J. C. B. Mohr (Paul Siebeck) Tübingen« 1949. DNB DBSM, Verlags- und Antiquariatskataloge, 415.

J. C. B. Mohr (Paul Siebeck): Verlagskatalog »Verzeichnis der Neuerscheinungen 1950 J. C. B. Mohr (Paul Siebeck) Tübingen« 1950. Archiv des Verlages Mohr Siebeck (Staatsbibliothek Berlin), Nachlass 488, DN 1950.

J. C. B. Mohr (Paul Siebeck): Verlagskatalog »Verzeichnis der Neuerscheinungen 1951 J. C. B. Mohr (Paul Siebeck) Tübingen« 1951. DNB DBSM, Verlags- und Antiquariatskataloge, 415.

J. C. B. Mohr, Akademische Verlagsbuchhandlung (Paul Siebeck) in Freiburg i. B. und Tübingen. Freiburg i. B. und Tübingen. In: Gesammt-Verlags-Katalog des Deutschen Buchhandels. Ein Bild deutscher Geistesarbeit und Cultur. Band IV. Hrsg. von Russell Adolph Russell's Verlag. Münster: Adolph Russel's Verlag 1881, S. 454–502.

J. Guttentag: Verlagskatalog »Verlags-Catalog von J. Guttentag (D. Collin) in Berlin und Leipzig« 1883. Berlin / Leipzig: Guttentag Verlag 1883.

J. Guttentag: Verlagskatalog »Verlagskatalog 1853–1903. Abgeschlossen am 31. Dezember 1903« 1903. DNB DBSM, Verlags- und Antiquariatskataloge, Lf. Nr. 316.

J. Guttentag: Verlagskatalog »Nachtrags-Katalog 1904–1907 J. Guttentag Verlagsbuchhandlung G. m. b. H. Berlin« 1907. DNB DBSM, Verlags- und Antiquariatskataloge, Lf. Nr. 316.

J. Guttentag: Verlagsprospekt »Guttentagsche Sammlung Deutscher Reichsgesetze und Preußischer Gesetze Juni 1919« 1919. DNB DBSM, Verlags- und Antiquariatskataloge, Lf. Nr. 316.

J. Guttentag (D. Collin) in Berlin. Berlin. In: Gesammt-Verlags-Katalog des Deutschen Buchhandels. Ein Bild deutscher Geistesarbeit und Cultur. Band II, Erste Abtheilung. Hrsg. von 1. Russell Adolph Russell's Verlag. Münster: Adolph Russel's Verlag 1881, S. 669–702.

J. Schweitzer: Verlagskatalog »J. Schweitzer Verlag (Arthur Sellier) Verlagsbuchhandlung für Rechts- und Staatswissenschaften München – Berlin – Leipzig – Verlags-Verzeichnis Ausgegeben zur Buchgewerbe-Ausstellung in Leipzig 1914« 1914. DNB DBSM, Verlags- und Antiquariatskataloge, Lf. Nr. 613.

J. Springer: Verlagskatalog »Neue Bücher aus den Gebieten der Medizin, Naturwissenschaften, Rechts- und Staatswissenschaft, Volkswirtschaft, Ingenieur- und Bauwissenschaften Julius Springer Berlin W 9. Ende November 1922. Siebentes Rundschreiben 1922« 1922. DNB DBSM, Verlags- und Antiquariatskataloge, Lf. Nr. 636.

Johann Friedrich Cotta. Zum 100. Todestage 29. Dezember 1932. Stuttgart: J. G. Cotta'schen Buchhandlung Nachfolger 1932.

Juristen im Portrait. Verlag und Autoren in 4 Jahrzehnten. Festschrift zum 225jährigen Jubiläum des Verlags C.H.Beck. Hrsg. von Hans Dieter Beck. München: C.H.Beck 1988.

Klee, Otto: Zum 25jährigen Bestehen der Verlagsbuchhandlung Otto Liebmann, Buchhandlung für Rechts- und Staatswissenschaften 1890–1915. Berlin: Otto Liebmann 1915.

Klostermann, Vittorio: Vittorio Klostermann – Frankfurt am Main 1930–1980. Frankfurt a. M.: Vittorio Klostermann 1980.

Klostermann Verlag 1930–2000. Hrsg. von Vittorio Klostermann. Frankfurt a. M.: Vittorio Klostermann 2000.

Krieger: Verlagskatalog »Verlags- und Commissions-Bücher der Kriegerschen Buchhandlungen« 1800. DNB DBSM, Verlags- und Antiquariatskataloge, Lf. Nr. 428.

Krieger: Verlagskatalog »Verlagsbücher der Kriegerschen Buchhandlung in Marburg 1811« 1811. DNB DBSM, Verlags- und Antiquariatskataloge, Lf. Nr. 428.

L. Staackmann: Verlagskatalog »Sechzig Jahre 1869 1929 L. Staackmann Verlag«. 1929. DNB DBSM, Verlags- und Antiquariatskataloge, Lf. Nr. 638.

Lanfranchi, Corina: Gut zum Druck! Streifzüge durch 525 Jahre Druck- und Verlagsgeschichte in Basel. Basel: Schwabe 2013.

Lendenmann, Fritz: Deckersche Kleine Verlagsgeschichte. Heidelberg: R. v. Decker's Verlag / G. Schenck 1988.

Luchterhand – Die ersten 50 Jahre 1924–1974. Hrsg. von Otto F. Walter. Neuwied / Darmstadt: Luchterhand Verlag 1975.

Lüdtke, Gerhard: Der Verlag Walter de Gruyter & Co. Skizzen aus der Geschichte der seinen Aufbau bildenden ehemaligen Firmen, nebst einem Lebensabriß Dr. Walter de Gruyter's. Berlin: Walter de Gruyter 1924.

Lütge, Friedrich: Das Verlagshaus Gustav Fischer in Jena. Seine Geschichte und Vorgeschichte. Aus Anlaß des 50jährigen Firmenjubiläums. Jena: Gustav Fischer Verlag 1928.

Manz: Verlagskatalog »Verzeichnis der neueren Verlagswerke der Manzschen K. u. K. Hof-Verlags- und Universitäts-Buchhandlung, Wien, I. Kohlmarkt 20. Ausgegeben am 1. Mai 1909« 1909. DNB DBSM, Verlags- und Antiquariatskataloge, Lf. Nr. 457.

Marwinski, Konrad: Von der Hofbuchdruckerei zum Verlag Böhlau. Geschichte der Hofbuchdruckerei in Weimar von den Anfängen bis 1853. Herausgegeben zum 350jährigen Betriebsjubiläum 1974. Leipzig: Hermann Böhlaus Nachfolger 1974.

Meiner, Hertha: Johann Ambrosius Barth 1780–1955. Leipzig: Johann Ambrosius Barth 1955.

Meyer, Horst: Velhagen & Klasing. Einhundertfünfzig Jahre 1835–1985. Berlin: Cornelsen-Velhagen & Klasing 1985.

Mittler & Sohn: E. S. Mittlerer & Sohn 1789–1939. Einhundertfünfzig Jahre E. S. Mittlerer & Sohn – Verlagsbuchhandlung und Buchdruckerei. Als Handschrift gedruckt. Berlin: Mittlerer Verlag 1939.

Mittler, Ernst Siegfried: Einhundert Jahre des Geschäftshauses Ernst Siegfried Mittler und Sohn. Königliche Hofbuchhandlung und Hofbuchdruckerei in Berlin – Ein Zeitbild. Berlin: Mittlerer und Sohn 1889.

Müller-Wirth, Christof: Zu dieser Ausstellung. In: Code Napoleon – Badisches Landrecht – Wegbereiter Deutscher Rechtsgeschichte – Ausstellung in der Badischen Landesbibliothek anläßlich des 200. Jahrestages der Gründung des Verlages C. F. Müller 1797. Hrsg. von Christof Müller-Wirth und Christina Wagner. Heidelberg: C. F. Müller 1997, S. 8–13.

Neuendorff, Otto / Ziesak, Anne-Katrin: Repertorium der Briefe aus dem Archiv Walter de Gruyter. Berlin: de Gruyter 1999.

Oertmann, Paul: Bürgerliches Recht im Carl Heymanns Verlag. Ein Festgruß zum hundertjährigen Jubiläum. In: Archiv des Bürgerlichen Rechts. Hrsg. von Carl Heymanns Verlag. Berlin: Carl Heymanns 1915, S. 1–46.

Otto Liebmann: Verlagskatalog »Verlags-Katalog von Otto Liebmann, Verlagsbuchhandlung, Buchhandlung für Rechts- und Staatswissenschaften Berlin W. 35 Lützowstrasse 27. 1890–1892. Abgeschlossen Oktober 1892« 1892. DNB DBSM, Verlags- und Antiquariatskataloge, Lf. Nr. 446.

Otto Liebmann: Verlagsprospekt »Otto Liebmann, Verlagsbuchhandlung, Berlin W. 35. Buchhandlung für Rechts- und Staatswissenschaften Zirkular No. 30« 1900. DNB DBSM, Verlags- und Antiquariatskataloge, Lf. Nr. 446.

Otto Schmidt: Verleger berichten aus ihrer Werkstatt: Verlag Dr. Otto Schmidt KG Köln – Lose Blätter und doch ein System – Geschichte und Programm des Verlages. In: Im Dienste des Buches. Hrsg. von C. Boysen. Hamburg: C. Boysen 1967, S. 164–167.

Paul Parey in Berlin SW., Zimmerstr. 91. Berlin. In: Gesammt-Verlags-Katalog des Deutschen Buchhandels. Ein Bild deutscher Geistesarbeit und Cultur. Band II, Zweite Abtheilung. Hrsg. von 2. Russell Adolph Russell's Verlag. Münster: Adolph Russel's Verlag 1881, S. 273–316.

Peters, Gustav: Geschichte einer Hofbuchdruckerei – 225 Jahre Struve's Buchdruckerei 1741–1966. Eutin: Struve's Buchdruckerei und Verlag 1966.

Pollitz, Andreas: 1883–1983. 100 Jahre Otto-Maier-Verlag, Ravensburg. Ravensburg: O. Maier 1983.

Potthast, August: Die Abstammung der Familie Decker. Festschrift bei Hundertjähriger Dauer des Königlichen Privilegii der Geheimen Ober-Hofbuchdruckerei. Am 26. Oktober 1863. Gedruckt bei Rudolph Ludwig Decker 1863.

Potthast, August: Geschichte der Buchdruckerkunst zu Berlin im Umriß. Für den Verein Berliner Buchdruckerei-Besitzer. Berlin: Verein Berliner Buchdruckerei-Besitzer 1926.

Puttkammer & Mühlbrecht: Verlagskatalog »Verlags-Katalog von Puttkammer & Mühlbrecht Buchhandlung für Staats- und Rechtswissenschaft in Berlin. 1868–1893« 1893. DNB DBSM, Verlags- und Antiquariatskataloge, K. 564.

Puttkammer & Mühlbrecht – Buchhandlung für Staats- und Rechtswissenschaft in Berlin. Berlin. In: Gesammt-Verlags-Katalog des Deutschen Buchhandels. Ein Bild deutscher Geistesarbeit und Cultur. Band II, Zweite Abtheilung. Hrsg. von 2. Russell Adolph Russell's Verlag. Münster: Adolph Russel's Verlag 1881, S. 367–390.

R. von Decker: Verlagskatalog »Verlag der Deckerschen Geheimen Ober-Hofbuchdruckerei in Berlin. Im Oktober 1849. (Zu beziehen durch alle Buchhandlungen)« 1849. DNB DBSM, Verlags- und Antiquariatskataloge, Lf. Nr. K. 155/156.

R. von Decker: Verlagskatalog »Verlag der Deckerschen Geheimen Ober-Hofbuchdruckerei in Berlin. Im März 1850« 1850. DNB DBSM, Verlags- und Antiquariatskataloge, Lf. Nr. K. 155/156.

R. von Decker: Festschrift bei Hundertjähriger Dauer des Königlichen Privilegii der Geheimen Ober-Hofbuchdruckerei. Am 26. Oktober 1863. 1863. Staatsbibliothek zu Berlin, Preußischer Kulturbesitz, Nachl. Decker (Archiv der Königl. Geheimen Ober-Hofbuchdruckerei).
R. von Decker: Verlagskatalog »Verlags-Catalog Königliche Geheime Oberhofbuchdruckerei (R. v. Decker). Wilhelmstraße Nr. 75. Berlin, October 1868« 1868. DNB DBSM, Verlags- und Antiquariatskataloge, Lf. Nr. K. 155/156.
R. von Decker: Verlagskatalog »Katalog von R. v. Decker's Verlag G. Schenck. Berlin SW. 19, Jerusalemerstr. 56. (Geschlossen am 1. November 1885). Berlin 1885 R. v. Decker's Verlag G. Schenck« November 1885. DNB DBSM, Verlags- und Antiquariatskataloge, Lf. Nr. K. 155.
R. von Decker: Verlagskatalog »Verlags-Verzeichnis von R. v. Decker's Verlag G. Schenck, Königlicher Hofbuchhändler Berlin SW. 19 56, Jerusalemer-Strasse 56. Gegründet 1713 Berlin 1890. R. v. Decker's Verlag G. Schenck« 1890. DNB DBSM, Verlags- und Antiquariatskataloge, Lf. Nr. K. 155.
R. von Decker: Verlagskatalog »R. v. Decker's Verlag G. Schenck Königlicher Hofbuchhändler Berlin SW. 19 56, Jerusalemer-Strasse 56 Gegründet 1713. Verlags-Verzeichniss geschlossen im Januar 1901« 1901. DNB DBSM, Verlags- und Antiquariatskataloge, Lf. Nr. K. 155/156.
R. von Decker: Verlagskatalog »Erster Nachtrag zum Verlagsverzeichnis von 1916 R. v. Decker's Verlag G. Schenck, Königl. Hofbuchhändler, Berlin März 1922« 1922. DNB DBSM, Verlags- und Antiquariatskataloge, Lf. Nr. K. 155.
R. von Decker: Verlagskatalog »Verzeichnis einer Auswahl wichtiger Werke Ab 1.1.1932 gültige Preise – R. v. Decker's Verlag – G. Schenck – Berlin W 9 – Linkstr. 35. Gegründet in Basel 1635 – in Berlin 1713« 1932. DNB DBSM, Verlags- und Antiquariatskataloge, Lf. Nr. K. 156.
R. von Decker: Verlagskatalog »R. v. Decker's Verlag G. Schenck Berlin W 9. Gegründet in Basel 1635 – Gegründet in Berlin 1713 Verzeichnis Herbst 1934« 1934. DNB DBSM, Verlags- und Antiquariatskataloge, Lf. Nr. K. 156.
R. von Decker: Verlagskatalog »R. v. Decker's Verlag G. Schenck Berlin W 9. Gegründet in Bern 1537. Verzeichnis Sommer 1936« 1936. DNB DBSM, Verlags- und Antiquariatskataloge, Lf. Nr. K. 156.
R. von Decker: Verlagskatalog »R. v. Decker's Verlag G. Schenck Berlin W 9. Gegründet in Bern 1537. Verzeichnis Herbst 1937« 1937. DNB DBSM, Verlags- und Antiquariatskataloge, Lf. Nr. K. 156.
R. von Decker: Verlagskatalog »Nachtrag nach dem Stande vom 1.11.1938 zum Verzeichnis Herbst 1937 – R. v. Decker's Verlag, G. Schenck Berlin. Gegründet in Bern 1537« 1938. DNB DBSM, Verlags- und Antiquariatskataloge, Lf. Nr. K. 156.
R. von Decker: Verlagskatalog »R. v. Decker's Verlag G. Schenck Berlin W 9. Gegründet in Bern 1537. Verzeichnis Herbst 1939« 1939. DNB DBSM, Verlags- und Antiquariatskataloge, Lf. Nr. K. 156.
R. von Decker: Verlagskatalog »R. v. Decker's Verlag G. Schenck Berlin W 15. Gegründet in Bern 1537. Verzeichnis Herbst 1941« 1941. DNB DBSM, Verlags- und Antiquariatskataloge, Lf. Nr. K. 156.
R. von Decker: Verlagskatalog »R. v. Decker's Verlag G. Schenck Hamburg Berlin Bonn Herbst 1953« 1953. DNB DBSM, Verlags- und Antiquariatskataloge, Lf. Nr. 122.
R. von Decker: Verlagskatalog »R. v. Decker's Verlag G. Schenck Hamburg Berlin Bonn Herbst 1954« 1954. DNB DBSM, Verlags- und Antiquariatskataloge, Lf. Nr. 122.
R. v. Decker's Verlag (Marquard & Schenck) in Berlin. Berlin. In: Gesammt-Verlags-Katalog des Deutschen Buchhandels. Ein Bild deutscher Geistesarbeit und Cultur. Band II, Erste Abtheilung. Hrsg. von 1. Russell Adolph Russell's Verlag. Münster: Adolph Russel's Verlag 1881, S. 235–294.
Rechtswissenschaft und Rechtsliteratur im 20. Jahrhundert. Mit Beiträgen zur Entwicklung des Verlages C.H.Beck. Hrsg. von Dietmar Willoweit. München: Verlag C.H.Beck 2007.
Reifferscheid, Eduard: Die ersten 50 Jahre – Eine Chronik. In: Luchterhand – Die ersten 50 Jahre 1924–1974. Hrsg. von Otto F. Walter. Neuwied / Darmstadt: Luchterhand Verlag 1975, S. 14–20.

Reimar Hobbing: Verlagskatalog »Verlags-Verzeichnis Reimar Hobbing Berlin SW 61 Juli. 1926« 1926. DNB DBSM, Verlags- und Antiquariatskataloge, Lf. Nr. 382.

Reimar Hobbing: Hobbing-Berichte. Nr. 1 April 1929. Berlin 1929 und Hobbing-Berichte. Nr. 2 September 1929. Berlin 1929.

Reimar Hobbing: Verlagskatalog »Reimar Hobbing Berlin SW 61 1. Januar 1930« 1930. DNB DBSM, Verlags- und Antiquariatskataloge, Lf. Nr. 382.

Reuter, Niels: Von Manuskripten und Büchern. Ein kleines Brevier für Autoren, Buchhändler und verständige Leser; mit einem Beitrag zur Geschichte von Carl Heymanns Verlag. Köln: Carl Heymanns Verlag 1967.

Riese, Reimar: Am Strom der Zeit – Carl Ernst Poeschel und sein Verlag für kaufmännische Fachliteratur in Leipzig 1902 bis 1919. In: Entwicklungen der Betriebswirtschaftslehre. Hrsg. von Eduard Gaugler / Richard Köhler. Stuttgart: Schäffer-Poeschel 2002, S. 3–35.

Roßberg'sche Verlagsbuchhandlung Arthur Roßberg: Denkschrift zum fünfzigjährigen Bestehen der von Ludwig Rossberg gegründeten, jetzt unter den Firmen Rossberg'sche Verlagsbuchhandlung Arthur Rossberg, Rossberg'sche Buchhandlung Jäh & Schunke, Rossberg'sche Buchdruckerei, bestehenden Geschäfte. Leipzig: Roßberg'sche Verlagsbuchhandlung 1904.

Roßberg'sche Buchhandlung in Leipzig, Universitätsstrasse 19. Leipzig. In: Gesammt-Verlags-Katalog des Deutschen Buchhandels. Ein Bild deutscher Geistesarbeit und Cultur. Band VII, Zweite Abtheilung. Hrsg. von 2. Russell Adolph Russell's Verlag. Münster: Adolph Russel's Verlag 1881, S. 567–594.

Roßberg'sche Verlagsbuchhandlung: Verlagsprospekt »Juristische Handbibliothek« Mai 1914. DNB DBSM, Verlags- und Antiquariatskataloge, Lf. Nr. 577.

Rühle, Oskar: Der Gründer und sein Werk. In: Hundert Jahre Kohlhammer. Hrsg. W. Kohlhammer Verlag. Stuttgart / Berlin / Köln / Mainz: W. Kohlhammer 1966, S. 11–30.

Rühle, Oskar: Die zweite Generation – Walter Kohlhammer. In: Hundert Jahre Kohlhammer. Hrsg. von W. Kohlhammer. Stuttgart / Berlin / Köln / Mainz: W. Kohlhammer 1966, S. 45–97.

Rühle, Oskar: Neubeginn nach 1945. In: Hundert Jahre Kohlhammer. Hrsg. W. Kohlhammer Verlag. Stuttgart / Berlin / Köln / Mainz: W. Kohlhammer 1966, S. 98–162.

Rühle, Oskar: Stetige Weiterentwicklung 1893–1909. In: Hundert Jahre Kohlhammer. Hrsg. W. Kohlhammer Verlag. Stuttgart / Berlin / Köln / Mainz: W. Kohlhammer 1966, S. 31–44.

Ruprecht, Wilhelm: Väter und Söhne. Zwei Jahrhunderte Buchhändler in einer deutschen Universitätsstadt. Göttingen: Vandenhoeck und Ruprecht 1935.

Ruske, Walter: Verlag Chemie 1921–1971. Weinheim: Verlag Chemie 1971.

Schäffer Poeschel Verlag: 1934–1992 Der Schäffer Verlag. HTML-Title: 100 Jahre C. E. Poeschel Verlag Schäffer Verlag. URL: https://www.schaeffer-poeschel.de/jubilaeum/Schaeffer.htm [eingesehen am 31. Oktober 2014].

Schmidt, Hans Martin: Gemeinschaft von Individuen. In: Börsenblatt für den Deutschen Buchhandel 1989, S. 2077–2078.

Schmidt-Küster, Gerhard: J. H. W. Dietz – Ein Leben für das politische Buch – Almanach zum 120. Geburtstag von J. H. W. Dietz. Hannover: Dietz Verlag 1963.

Schmilewski, Ulrich: Verlegt bei Korn in Breslau – Kleine Geschichte eines bedeutenden Verlages von 1732 bis heute. Würzburg: Bergstadtverlag Wilhelm Gottlieb Korn 1991.

Schmoller, Gustav: Carl Geibel – Ein Nachruf. Sonderdruck aus dem Jahrbuch für Gesetzgebung, Bd XXXV, Heft 1, Januar 1911. Berlin 1911.

Schulthess, Hans: Die Familie Schulthess von Zürich – Festschrift zur Feier des einhundertfünfzigjährigen Bestehens der Schulthess'schen Familienstiftung. Zürich: Schulthess Polygraphischer Verlag 1908.

Schwann Verlag: 100 Jahre L. Schwann Düsseldorf 1821–1921. Düsseldorf: Schwann Verlag 1921.

Sellier, Arthur L.: Festakt und Empfang. In: 100 Jahre BGB – 100 Jahre Staudinger. Hrsg. von Michael Martinek / Patrick L. Sellier. Berlin: Sellier – de Gruyter 1999, S. 1–4.

Sellier, Arthur L.: Plaudereien aus dem Nähkästchen des Verlegers. Nachtischrede. In: 100 Jahre BGB – 100 Jahre Staudinger. Hrsg. von Michael Martinek und Patrick L. Sellier. Berlin: Sellier – de Gruyter 1999, S. 97–100.

Siebeck, Hans: Hat der wissenschaftliche Privatverlag noch Daseinsberechtigung? Vortrag, gehalten am 1. August 1951 anlässlich des 150jährigen Bestehens des Verlags J. C. B. Mohr (Paul Siebeck). Tübingen: J. C. B. Mohr (Paul Siebeck) 1951.

Siebeck, Theo: Hundert Jahre C W Haarfeld. Essen 1967.

Siebeck, Werner: Der Heidelberger Verlag von Jacob Christian Benjamin Mohr. Ein Rückblick. Tübingen: J. C. B. Mohr (Paul Siebeck) 1926.

Stehling, Jutta: Von der Buchbinderei zum Verlag Christian Friedrich Müller – die Entstehung seines Unternehmens; zugleich ein Beitrag zur Familiengeschichte. Privatdruck. Karlsruhe: C. F. Müller 1978.

Stein, Franz / Hilscher, Anton: 150 Jahre Manz. Wien: Manz 1999.

Stier, Peter: Das Verlagshaus Gustav Fischer in Jena. Festschrift zum 75jährigen Jubiläum 1. Januar 1953. Jena: Gustav Fischer Verlag (DDR) 1953.

Urban & Schwarzenberg – Wien-Berlin – 1866–1916. Verzeichnis aller seit Gründung der Firma bis Ende 1916 erschienenen Werke mit einer kurzen einleitenden Geschichte ihres Werdeganges. Wien / Berlin: Urban & Schwarzenberg 1916.

Vandenhoeck & Ruprecht: Verlagskatalog »Verzeichniß der Verlagsbücher der Vandenhoeck-Ruprecht'schen Buchhandlung in Göttingen« 1824. DNB DBSM, Verlags- und Antiquariatskataloge, Lf. Nr. 676.

Vandenhoeck & Ruprecht: Verlagskatalog »Verzeichniß der Verlagsbücher der Vandenhoeck-Ruprecht'schen Buchhandlung in Göttingen« 1831. DNB DBSM, Verlags- und Antiquariatskataloge, Lf. Nr. 676.

Vandenhoeck & Ruprecht: Verlagskatalog »Verzeichniß der Verlagsbücher von Vandenhoeck & Ruprecht in Göttingen« 1838. DNB DBSM, Verlags- und Antiquariatskataloge, Lf. Nr. 676.

Vandenhoeck & Ruprecht: Verlagskatalog »Verzeichniß der Verlagsbücher von Vandenhoeck & Ruprecht in Göttingen« 1847. DNB DBSM, Verlags- und Antiquariatskataloge, Lf. Nr. 676.

Veit & Comp.: Verlagskatalog »Verlags-Verzeichniss von Veit und Comp. in Berlin. Bis zum ersten July 1837« 1837. DNB DBSM, Verlags- und Antiquariatskataloge, Lf. Nr. 681.

Veit & Comp.: Verlagskatalog »Verlags-Verzeichniss von Veit und Comp. in Berlin. Bis zum ersten Juli 1840 [...] Der ehemalige Boike'sche Verlag ist in diesem Verzeichniß enthalten« 1840. DNB DBSM, Verlags- und Antiquariatskataloge, Lf. Nr. 681.

Veit & Comp.: Verlagskatalog »Verlags-Verzeichniß von Veit & Comp. Ostern 1856« 1856. DNB DBSM, Verlags- und Antiquariatskataloge, Lf. Nr. 681.

Veit & Comp.: Verlagskatalog »Verlags-Catalog von Veit & Comp. Verlagshandlung in Leipzig. Ausgegeben am 1. April 1859« 1859. DNB DBSM, Verlags- und Antiquariatskataloge, Lf. Nr. 681.

Veit & Comp.: Verlagskatalog »Verlags-Catalog von Veit & Comp. in Leipzig. Ausgegeben am 1. November 1867« 1867. DNB DBSM, Verlags- und Antiquariatskataloge, Lf. Nr. 681.

Veit & Comp.: Verlagskatalog »Katalog der Verlagsbuchhandlung Veit & Comp. in Leipzig. 1834–1890. Leipzig« 1891. DNB DBSM, Verlags- und Antiquariatskataloge, Lf. Nr. 681.

W. Kohlhammer: Verlagskatalog »Verlags-Verzeichniß von W. Kohlhammer in Stuttgart. Juni 1883« 1883. DNB DBSM, Verlags- und Antiquariatskataloge, Lf. Nr. 418.

W. Kohlhammer: Verlagskatalog »Verlags-Verzeichnis von W. Kohlhammer in Stuttgart. Oktober 1886« 1886. DNB DBSM, Verlags- und Antiquariatskataloge, Lf. Nr. 418.

W. Kohlhammer: Verlagskatalog »Verlags-Verzeichnis von W. Kohlhammer in Stuttgart. Mai 1889« 1889. DNB DBSM, Verlags- und Antiquariatskataloge, Lf. Nr. 418.

W. Kohlhammer: Verlagskatalog »Verlags-Verzeichnis von W. Kohlhammer in Stuttgart. Juli 1893« 1893. DNB DBSM, Verlags- und Antiquariatskataloge, Lf. Nr. 418.

W. Kohlhammer: Verlagskatalog »Verlags-Verzeichnis von W. Kohlhammer in Stuttgart. Herbst 1897« 1897. DNB DBSM, Verlags- und Antiquariatskataloge, Lf. Nr. 418.

W. Kohlhammer: Verlagskatalog »Verlags-Verzeichnis von W. Kohlhammer in Stuttgart. März 1902« 1902. DNB DBSM, Verlags- und Antiquariatskataloge, Lf. Nr. 418.

W. Kohlhammer: Verlagskatalog »W. Kohlhammer Verlag Stuttgart und Berlin. Sonderverzeichnis Rechtswissenschaft. Abgeschlossen am 1. November 1938« 1938. DNB DBSM, Verlags- und Antiquariatskataloge, Lf. Nr. 419.

W. Kohlhammer: Verlagskatalog »W. Kohlhammer Verlag Stuttgart und Berlin. Sonderverzeichnis Kommunalwissenschaft. Abgeschlossen am 1. März 1939« 1939. DNB DBSM, Verlags- und Antiquariatskataloge, Lf. Nr. 419.

W. Kohlhammer: Verlagskatalog »Textausgaben Loseblattwerke und Kommentare. Aus dem Verlag W. Kohlhammer Stuttgart und Berlin« Ohne Datierung (wohl 1941). DNB DBSM, Verlags- und Antiquariatskataloge, Lf. Nr. 419.

W. Kohlhammer: Verlagskatalog »Kohlhammer Gesetzestexte« 1950. DNB DBSM, Verlags- und Antiquariatskataloge, Lf. Nr. 352.

W. Kohlhammer: Verlagskatalog »Gesamtkatalog Verlag W. Kohlhammer Stuttgart Köln« 1952. DNB DBSM, Verlags- und Antiquariatskataloge, Lf. Nr. 352.

W. Kohlhammer: Verlagskatalog »Neues Schrifttum für die Verwaltung W. Kohlhammer Verlag Stuttgart und Köln« Ohne Datierung (1952). DNB DBSM, Verlags- und Antiquariatskataloge, Lf. Nr. 352.

W. Kohlhammer: Verleger berichten aus ihrer Werkstatt: W. Kohlhammer Verlag Stuttgart. In: Im Dienste des Buches. Hrsg. von C. Boysen. Hamburg: C. Boysen 1967, S. 102–107.

Walter de Gruyter: Katalog 1749–1932. Abgeschlossen am 31. Oktober 1932. Berlin: Walter de Gruyter 1932.

Walter de Gruyter: Verlags-Katalog 1749–1949. Berlin: Walter de Gruyter 1950.

Wandel als Konstante. Festschrift zum 75-jährigen Bestehen des Richard Boorberg Verlags. Hrsg. von Arnd-Christian Kulow. Stuttgart / München / Hannover: Richard Boorberg 2003.

Wilhelm Engelmann: Verlagskatalog »Verlags-Katalog von Wilhelm Engelmann in Leipzig – Bis Oster-Messe 1870« 1870. DNB DBSM, Verlags- und Antiquariatskataloge, Lf. Nr. 216.

Wilhelm Engelmann: 1811–1911 Jubiläumskatalog der Verlagsbuchhandlung Wilhelm Engelmann in Leipzig. Verlagskatalog 1911. Leipzig: Wilhelm Engelmann 1911.

Wilhelm Engelmann, Verlagsbuchhhandlung in Berlin. Berlin. In: Gesammt-Verlags-Katalog des Deutschen Buchhandels. Ein Bild deutscher Geistesarbeit und Cultur. Band II, Erste Abtheilung. Hrsg. von 1. Russell Adolph Russell's Verlag. Münster: Adolph Russel's Verlag 1881, S. 719–832.

Willnat, Elisabeth / Dieterich, Johann Christian: »Liebster, bester, einziger Freund« – Erinnerung an den Verleger, Buchdrucker und Buchhändler Johann Christian Dietrich (1722–1800). Herausgegeben und mit einer Einleitung von Elisabeth Willnat. Mainz: Dieterich'sche Verlagsbuchhandlung 2000.

Winter, Carl: Universitätsverlag C. Winter in Heidelberg 1822–1997 – Ein Überblick. Mit der Festrede »Spinoza in Heidelberg« von Manfred Winter. Heidelberg: Universitätsverlag C. Winter 1999.

Winters, Karl Peter / Schmidt, Hans Martin / Schmidt, Andreas: 100 Jahre Verlag Dr. Otto Schmidt Köln. 1905–2005; aus Anlass des 100-jährigen Jubiläums des Verlages. Köln: Dr. Otto Schmidt 2005.

Wurm, Carsten / Grosser, Alfred: 150 Jahre Rütten & Loening ... Mehr als eine Verlagsgeschichte 1844–1994. Geleitwort von Alfred Grosser. Berlin: Rütten & Loening 1994.

Ziesak, Anne-Katrin / Cram, Hans-Robert: Der Verlag Walter de Gruyter. 1749–1999: [Begleitband zur Ausstellung »Der Verlag Walter de Gruyter, 1749–1999« in der Staatsbibliothek zu Berlin, Haus Unter den Linden, 30. September – 20. November 1999]. Berlin: Walter de Gruyter 1999.

Historische juristische Werke

Achilles, Alexander: Bürgerliches Gesetzbuch nebst Einführungsgesetz. Text-Ausgabe mit Anmerkungen und Sachregister. Berlin: J. Guttentag Verlagsbuchhandlung 1896.

Barre, Ernst: Bürgerliches Gesetzbuch und Code Civil. Vergleichende Darstellung des deutschen und französischen Bürgerlichen Gesetzbuchs. Berlin: Carl Heymanns 1897.

Bornhak, K. / Goetze, W.: Das Bürgerliche Gesetzbuch – mit systematischen Darstellungen und einem Formularbuch. Leipzig: Verlag von Feodor Reinboth 1900.

Brauer, Johann Niklas Friedrich: Erläuterungen über den Code Napoleon und die Großherzoglich Badische Gesetzgebung. Karlsruhe: C. F. Müller 1809.

Buchka, Gerhard von: Vergleichende Darstellung des Bürgerlichen Gesetzbuches für das Deutsche Reich und des Gemeinen Rechts. Berlin: Otto Liebmann 1897.

Bülow, Oskar: Gesetz und Richteramt. Leipzig: Duncker & Humblot 1885.

Busch, Louis: Die Preußischen Ausführungsgesetze zum Bürgerlichen Gesetzbuche und den anderen Reichs-Justizgesetzen nebst Verordnungen, Ministerialerlassen und Geschäftsordnungen. Text-Ausgabe mit ausführlichem Sachregister nach Materien geordnet. Berlin: Immanuel Guttentag 1900.

Cosack, Konrad: Lehrbuch des Deutschen bürgerlichen Rechts auf der Grundlage des bürgerlichen Gesetzbuchs für das Deutsche Reich. Erster Band: Die allgemeinen Lehren und das Recht der Forderungen. Jena: Gustav Fischer Verlag 1898.

Crome, Carl: System des deutschen Bürgerlichen Rechts. Erster Band: Einleitung und Allgemeinter Theil. Tübingen / Leipzig: J. C. B. Mohr (Paul Siebeck) 1900.

Das Bürgerliche Gesetzbuch mit besonderer Berücksichtigung der Rechtsprechung des Reichsgerichts und des Bundesgerichtshofes. Band 2, 1. Teil §§ 241–413. Hrsg. von Mitgliedern des Bundesgerichtshofs. 12. Aufl. Berlin / New York: Walter de Gruyter 1976.

Das Militärstrafgesetzbuch und die Militärstrafgerichtsordnung für das Königreich Bayern: nebst dem Einführungsgesetze zum Militärstrafgesetzbuche und zur Militärstrafgerichtsordnung vom 29. April 1869 (Bayerns Gesetze und Gesetzbücher privatrechtlichen und strafrechtlichen Inhaltes 10). Bamberg: Buchner 1870.

Das Preussische Ausführungsgesetz zum Bürgerlichen Gesetzbuch für das Deutsche Reich vom 20. September 1899. Text-Ausgabe mit ausführlichem Sachregister. Berlin: R. v. Decker's Verlag / G. Schenck 1900.

Elster, Alexander: Das deutsche Urheber- und Verlagsrecht. Berlin: Vereinigung wissenschaftlicher Verleger Walter de Gruyter 1923.

Elster, Alexander: Die vierte Notverordnung. Vierte Verordnung des Reichspräsidenten zur Sicherung von Wirtschaft und Finanzen und zum Schutze des innern Friedens. Vom 8. Dezember 1931. Berlin / Leipzig: Walter de Gruyter & Co. 1932.

Elster, Alexander: Gesetz über das Verlagsrecht vom 19. Juni 1901 in der Fassung vom 22. Mai 1910. Erläuterungsbuch. Dritte Auflage des Voigtländerschen Werkes. 3. Aufl. Berlin: Walter de Gruyter & Co. 1939.

Elster, Alexander: Musik und Erotik. Betrachtungen zur Sexualsoziologie der Musik. Sonderdruck aus Handwörterbuch der Sexualwissenschaft. Bonn: A. Marcus und E. Webers Verlag (Dr. jur. Albert Ahn) 1925.

Encyklopädie der Rechtswissenschaft in systematischer Bearbeitung. Erster Band. Begründet von Dr. Franz von Holtzendorff. Hrsg. von Josef Kohler. 6., der Neubearbeitung 1. Auflage. Leipzig / Berlin: Duncker & Humblot / J. Guttentag 1904.

Endemann, Friedrich: Einführung in das Studium des Bürgerlichen Gesetzbuchs für das Deutsche Reich. Ein kurz gefaßtes Lehrbuch. Erster Theil Einführung – Allgemeiner Theil – Recht der Schuldverhältnisse. Berlin: Carl Heymanns 1896.

Fehlig, Hildegard: Die einseitige Aufhebung des Verlagsvertrags. Dissertation Leipzig: Buchdruckerei Joh. Moltzen 1937.

Fischer, Otto: Der Rechtsunterricht und das bürgerliche Gesetzbuch. Auf Grundlage der Beschlüsse der Eisenacher Konferenz der Deutschen Rechtslehrer vom 23. März 1896. Jena: Gustav Fischer Verlag 1896.

Fischer, Otto / Henle, Wilhelm: Bürgerliches Gesetzbuch vom 18. August 1896 nebst dem Einführungsgesetze vom 18. August 1896. Handausgabe mit Einleitung, erläuternden Anmerkungen und Sachregister. München: C.H.Beck'sche Verlagsbuchhandlung Oskar Beck 1897.

Haenschke, Richard: Das Bürgerliche Gesetzbuch nebst Ein- und Ausführungsgesetzen mit ausführlichen Kommentaren. Gemeinverständlich dargestellt und für den praktischen Gebrauch erläutert von den Rechtsanwälten. 9. Aufl. Berlin: Hildebrandt 1906.

Haidlen, Oskar: Bürgerliches Gesetzbuch nebst Einführungsgesetz mit den Motiven und sonstigen gesetzgeberischen Vorarbeiten. Erster Band. Inhalt: Erstes und zweites Buch. Stuttgart: W. Kohlhammer 1897.

Handbuch der Politik. Hrsg. von Paul Laband; Adolf Wach; Adolf Wagner; Georg Jellinek; Karl Lamprecht; Franz von Liszt; Georg von Schanz; Fritz Berolzheimer. Berlin / Leipzig: Dr. Walther Rothschild 1912.

Handbuch der Politik. Hrsg. von Gerhard Anschütz; Fritz Berolzheimer; Georg Jellinek; Max Lenz; Franz von Liszt; Georg von Schanz; Eugen Schiffer; Adolf Wach. 3. Aufl. Berlin / Leipzig: Dr. Walther Rothschild 1920.

Hellmann, Friedrich: Vorträge über das bürgerliche Gesetzbuch für das deutsche Reich. Allgemeiner Teil. Freiburg: J. C. B. Mohr (Paul Siebeck) 1897.

Hitzig, Julius Eduard: Das Königlich Preussische Gesetz vom 11. Juni 1837 zum Schutze des Eigenthums an Werken der Wissenschaft und Kunst gegen Nachdruck und Nachbildung. Berlin 1838.

Josef, Eugen: Das Reichsgesetz über die Angelegenheiten der freiwilligen Gerichtsbarkeit. Mit Kommentar in Anmerkungen. 2. Aufl. Berlin: Franz Vahlen 1906.

Klostermann, R.: Das Urheberrecht an Schrift- und Kunstwerken, Abbildungen, Compositionen, Photographien, Mustern und Modellen, nach deutschem und internationalem Recht systematisch dargestellt. Berlin: Verlag von Franz Vahlen 1876.

Kohler, Josef: Lehrbuch des Bürgerlichen Rechts. Erster Band Allgemeiner Teil. Berlin: Carl Heymanns 1906.

Krückmann, Paul: Institutionen des Bürgerlichen Gesetzbuches. Ein Lehrbuch für Anfänger. Göttingen: Vandenhoeck & Ruprecht 1898.

Landé, Paul: Das Bürgerliche Gesetzbuch für das Deutsche Reich nebst dem Einführungsgesetze. Für die Praxis herausgegeben und erläutert. Erster Theil Berlin: Carl Heymanns 1896.

Leske, Franz: Bürgerliches Gesetzbuch und Preußisches Allgemeines Landrecht. Erste Hälfte: Allgemeiner Teil, Recht der Schuldverhältnisse, Sachenrecht. Berlin: Otto Liebmann 1900.

Lösener, Bernhard / Knost, Friedrich: Die Nürnberger Gesetze über das Reichsbürgerrecht und den Schutz des deutschen Blutes und der deutschen Ehre. Nebest den Durchführungsverordnungen, dem Ehegesundheitsgesetz sowie sämtlichen einschlägigen Bestimmungen (insbesondere über den Abstammungsnachweis) und den Gebührenvorschriften. Im Rahmen der nationalsozialistischen Gesetzgebung dargestellt und erläutert. 2. Aufl. Berlin: Franz Vahlen 1937.

Meisner, Johannes: Der Allgemeine Teil des Deutschen Bürgerlichen Gesetzbuchs. Mit Kommentar. Breslau: M. & A. Marcus 1898.

Merckel, Johann Christoph: Commentar zum Allgemeinen Landrecht für die Preußischen Staaten. Erster Theil. 2. Aufl. Breslau: Wilhelm Gottlieb Korn 1812.

Merkel, Adolf: Juristische Enzyklopädie. 6. Aufl. Berlin / Leipzig: Vereinigung wissenschaftlicher Verleger Walter de Gruyter 1920.

Oertmann, Paul: Die Geschäftsgrundlage. Ein neuer Rechtsbegriff. Leipzig / Erlangen: Andreas Deichert 1921.

Otto Liebmann: Bürgerliches Gesetzbuch für das Deutsche Reich nebst dem Einführungsgesetz. Liliput-Ausgabe mit dem amtlichen Text genau übereinstimmend. Nebst Sachregister. Berlin 1897.

Pannier, Karl: Bürgerliches Gesetzbuch für das Deutsche Reich nebst dem Einführungsgesetz zum Bürgerlichen Gesetzbuche vom 18. August 1896. Textausgabe mit Einleitung und Sachregister. Gesetzgebung bis Ende Januar 1932. 29. Aufl. Leipzig: Phillip Reclam jun. 1932.

Planck, Gottlieb: Bürgerliches Gesetzbuch neben Einführungsgesetz. Erster Band. Einleitung und Allgemeiner Theil. 2. Aufl. Berlin: J. Guttentag 1898.

Plümicke, Johann Carl: Handbuch für die Königlich Preußischen Artillerie-Offiziere. Berlin: Duncker & Humblot 1820.

Rosenberg, Leo: Lehrbuch des deutschen Zivilprozessrechts. 4., völlig neubearbeitete und vermehrte Auflage. München / Berlin: Biederstein Verlag 1949.

Schiffer, Eugen: Die Deutsche Justiz. Grundzüge einer durchgreifenden Reform. Berlin: Otto Liebmann 1928.

Schmalz, Erdmann August Wilhelm: Anleitung zum freien Vortrage in parlamentarischen, Gemeinde- und Volks-Versammlungen. Der Haussekretair – Erster Theil. Dritte Abteilung. Berlin: Carl Heymanns 1850.

Schütze, Eugen: Das bürgerliche Gesetzbuch gemeinverständlich dargestellt für jedermann. Bearbeitet auf Grundlage der »Institutionen des Bürgerlichen Gesetzbuches von Professor Krückmann in Greifswald« 2. Aufl. Leipzig: Dieterich'sche Verlagsbuchhandlung Theodor Weicher 1900.

Schulz, Günter: Der Schriftleiter. Das Schriftleitergesetz vom 4. Oktober 1933 als richtungsweisendes Gesetz im neuen Deutschland. Dissertation Stettin: Buchdruckerei Hans Adler 1935.

Stadthagen, Arthur: Das Arbeitsrecht: Rechte und Pflichten des Arbeiters in Deutschland aus dem gewerblichen Arbeitsvertrag und aus den Unfall-, Kranken- und Invalidenversicherungs-Gesetzen unter besonderer Berücksichtigung des Bürgerlichen Gesetzbuchs. Stuttgart: J. H. W. Dietz Nachf. 1900.

Staub, Hermann: Kommentar zum Allgemeinen Deutschen Handelsgesetzbuch (ohne Seerecht). 2. Aufl. Berlin: J. J. Heine 1894.

Staudinger, Julius von: Kommentar zum Bürgerlichen Gesetzbuche für das deutsche Reich nebest Einführungsgesetz. Erster Band. Einleitung und Allgemeiner Theil. München: J. Schweitzer Sortiment (Arthur Sellier) 1903.

Stollfuß, Erich: Die öffentlich-rechtliche Stellung des Buchverlegers. Leipzig: Verlag des Börsenvereins der deutschen Buchhändler 1940.

Nachschlagewerke und Verzeichnisse

Adressbuch des Deutschen Buchhandels. Hrsg. von der Adreßbücher-Redaktion der Geschäftsstelle des Börsenvereins der Deutschen Buchhändler. Einundneunzigster Jahrgang. Leipzig: Verlag des Börsenvereins der deutschen Buchhändler zu Leipzig 1929.

Bibliographie der amtlichen Materialien zum Bürgerlichen Gesetzbuche für das Deutsche Reich und zu seinem Einführungsgesetze. Hrsg. von Georg Maas. Berlin: J. Guttentag Verlagsbuchhandlung 1897.

Buchhandlung Jalkut: Adressbuch für den jüdischen Buchhandel. Berlin-Charlottenburg: Buchhandlung Jalkut 1927.

Büchting, Adolph: Repertorium über die nach den halbjährlichen Verzeichnissen der J. C. Hinrichs'schen Buchhandlung in Leipzig in den Jahren 1857–1861 erschienenen Bücher, Landkarten. Mit einem Sach-Register und specieller Hinweisung auf genannte Bücher-Verzeichnisse. Nach den Wissenschaften geordnet und bearbeitet von Adolph Büchting, Buchhändler. Nordhausen: Verlag von Adolph Büchting 1863.

Büchting, Adolph: Repertorium über die nach den halbjährlichen Verzeichnissen der J. C. Hinrichs'schen Buchhandlung in Leipzig in den Jahren 1857–1861 erschienenen Bücher, Landkarten. Zweiter Band: Die Jahre 1862–1865 umfassend. Nordhausen: Verlag von Adolph Büchting 1866.

Dau, Helmut: Bibliographie juristischer Festschriften und Festschriftenbeiträge. Deutschland, Schweiz, Österreich 1864–1944. Berlin: Berlin Verlag Arno Spitz 1984.

Deutsches Rechtswörterbuch. Wörterbuch der älteren deutschen Rechtssprache Band 8. Hrsg. von der Heidelberger Akademie der Wissenschaften. Weimar: Böhlau 1991.

Gesammt-Verlags-Katalog des Deutschen Buchhandels. Ein Bild deutscher Geistesarbeit und Cultur. Vollständig bis Ende 1880. Münster: Adolph Russel's Verlag 1881. Zu den Verzeichnissen einzelner Verlage siehe »Verlagskataloge und firmengeschichtliche Eigenpublikationen«.

Halbjahresverzeichnis der Neuerscheinungen des deutschen Buchhandels 1933. Zweites Halbjahr. Mit Voranzeigen, Verlags- und Preisänderungen, Stich- und Schlagwortregistern. Hrsg. von Börsenverein der Deutschen Buchhändler zu Leipzig. Leipzig: Verlag des Börsenvereins der deutschen Buchhändler zu Leipzig 1934.

Handwörterbuch zur Deutschen Rechtsgeschichte. HRG I. Band: Aachen – Geistliche Bank. Begründet von Wolfgang Stammler, Adalbert Erler und Ekkehard Kaufmann. Hrsg. von Albrecht Cordes, Heiner Lück, Dieter Werkmüller und Ruth Schmidt-Wiegand. 2., völlig überarb. und erw. Aufl. Berlin: Erich Schmidt Verlag 2008.

Handwörterbuch zur deutschen Rechtsgeschichte. HRG III. Band: List – Protonotar. Hrsg. von Adalbert Erler und Ekkehard Kaufmann. Berlin: Erich Schmidt Verlag 1984.

Handwörterbuch zur deutschen Rechtsgeschichte. HRG VI. Band: Protonotarius Apostolicus – Strafprozeßordnung. Hrsg. von Adalbert Erler und Ekkehard Kaufmann. Berlin: Erich Schmidt 1990.

Hiller, Helmut: Wörterbuch des Buches. 5. Aufl. Frankfurt a. M.: Vittorio Klostermann 1991.

Hiller, Helmut / Füssel, Stephan: Wörterbuch des Buches. 7. Aufl. Frankfurt a. M.: Vittorio Klostermann 2006.

Hoffmann, Gerd: Bibliographie der deutschen Rechtsbibliographien. Sachlich geordnet und zumeist mit kurzen Anmerkungen und Standortangabe versehen. Schifferstadt: Hoffmann 1994.

J. Schweitzer's juridische Buchhandlung: Literarische Mitteilungen für bayerische Juristen 1890. München 1890.

Karlsruher Juristische Bibliographie. Systematischer Titelnachweis neuer Bücher und Aufsätze in monatlicher Folge. Zugleich Bücher- und Zeitschriftenschau der Neuen Juristischen Wochenschrift. Hrsg. von Hildebert Kirchner, Josef Mackert und Franz Schneider. München: C.H.Beck 1965.

Kirchner, Joachim: Die Zeitschriften des deutschen Sprachgebietes von den Anfängen bis 1830. Stuttgart: Hiersemann Verlag 1969.
Köbler, Gerhard: Lexikon der europäischen Rechtsgeschichte. München: C.H.Beck 1997.
Literarisches Vademecum für Juristen und Verwaltungsbeamte 1930. 36. Aufl. München: J. Schweitzer Sortiment (Arthur Sellier) 1930.
Literarisches Vademecum für Juristen und Verwaltungsbeamte 1932. 38. Aufl. München: J. Schweitzer Sortiment (Arthur Sellier) 1932.
Literarisches Vademecum für Justiz und Verwaltung 1933. 39. Aufl. München: J. Schweitzer Sortiment (Arthur Sellier) 1933.
Literarisches Vademecum für Justiz und Verwaltung 1934. Nachtrag zur 39. Auflage 1933/1934. München: J. Schweitzer Sortiment (Arthur Sellier) 1934.
Literarisches Vademecum für Justiz und Verwaltung 1935. 40. Aufl. München: J. Schweitzer Sortiment (Arthur Sellier) 1935.
Literarisches Vademecum für Justiz und Verwaltung 1936. 41. Aufl. München: J. Schweitzer Sortiment (Arthur Sellier) 1936.
Literarisches Vademecum für Justiz und Verwaltung 1937. 42. Aufl. München: J. Schweitzer Sortiment (Arthur Sellier) 1937.
Literarisches Vademecum für Justiz und Verwaltung 1940. 45. Aufl. München: J. Schweitzer Sortiment (Arthur Sellier) 1940.
Litterarisches Vademecum für Juristen und Verwaltungsbeamte 1891. München: J. Schweitzer Sortiment (Arthur Sellier) 1891.
Litterarisches Vademecum für Juristen und Verwaltungsbeamte 1897. 11. Aufl. München: J. Schweitzer Sortiment (Arthur Sellier) 1897.
Litterarisches Vademecum für Juristen und Verwaltungsbeamte 1898. 12. Aufl. München: J. Schweitzer Sortiment (Arthur Sellier) 1898.
Litterarisches Vademecum für Juristen und Verwaltungsbeamte 1899. 13. Aufl. München: J. Schweitzer Sortiment (Arthur Sellier) 1899.
Mühlbrecht, Otto: Otto Mühlbrechts Wegweiser durch die neuere Literatur der Rechts- und Staatswissenschaften. Abgeschlossen am 1. Juli 1885. Berlin: Puttkammer & Mühlbrecht 1886.
Mühlbrecht, Otto: Otto Mühlbrechts Wegweiser durch die neuere Litteratur der Rechts- und Staatswissenschaften. Literatur bis 1893. 2. Aufl. Berlin: Puttkammer & Mühlbrecht 1893.
Mühlbrecht, Otto: Uebersicht der gesammten staats- und rechtswissenschaftlichen Literatur des Jahres 1868. Zusammengestellt von Otto Mühlbrecht. Mit einem ausführlichen Register. Berlin: Puttkammer & Mühlbrecht 1869.
Neue deutsche Biographie. Hrsg. von Otto zu Stolberg-Wernigerode. Berlin: Duncker & Humblot 1990.
R. L. Prager Spezialgeschäft für Rechts- und Staatswissenschaft: Bericht über neue Erscheinungen und Antiquaria aus dem Gesammtgebiete der Rechts- und Staatswissenschaften. Berlin: R. L. Prager 1886.
Reclams Sachlexikon des Buches. Hrsg. von Ursula Rautenberg. 2. Aufl. Stuttgart: Reclam Verlag 2003.
Russell's Gesammt-Verlags-Katalog des Deutschen Buchhandels. Ein Bild deutscher Geistesarbeit und Cultur. Hrsg. von 1. Russell Adolph Russell's Verlag. Münster: Adolph Russel's Verlag 1881.
Schletter, Hermann Theodor: Handbuch der juristischen und staatswissenschaftlichen Literatur. Herausgegeben von Dr. Herman Theodor Schletter, Privatdocenten der Rechte und Assistenten bei der Universitätsbibliothek zu Leipzig. Grimma: Druck und Verlag des Verlags-Comptoirs 1843.

Taschen-Lexikon der hervorragenden Buchdrucker und Buchhändler seit Gutenberg bis auf die Gegenwart. Ein Handbüchlein für Geschichte und Geographie der Buchdruckerkunst in alphabetischer Anordnung. Hrsg. von Paul Heichen. Leipzig: Moritz Schäfer Buchhandlung 1884.

Wuttig, Gustav Wilhelm: Bibliotheca juridica. Handbuch der gesammten neueren juristischen und staatswissenschaftlichen Literatur. Eine Zusammenstellung aller seit 1849 bis gegen die Mitte des Jahres 1867 auf dem Gebiete der Rechts- und Staatswissenschaft in den deutschen und benachbarten Staaten erschienen Schriften. Leipzig: Otto August Schulz 1867.

Forschungsliteratur

Adam, Leonhard: Josef Kohler und die vergleichende Rechtswissenschaft. In: Zeitschrift für vergleichende Rechtswissenschaft. Hrsg. von Josef Kohler und Leonhard Adam. Stuttgart: Ferdinand Enke 1920, S. 1–31.

Alff, Richard: Kommentierung zu § 276. In: Das Bürgerliche Gesetzbuch mit besonderer Berücksichtigung der Rechtsprechung des Reichsgerichts und des Bundesgerichtshofes. Hrsg. von Mitglieder des Bundesgerichtshofs. 12. Aufl. Berlin / New York: Walter de Gruyter 1976.

Arends, Gerald / Klippel, Diethelm: Die juristischen Zeitschriften im 19. Jahrhundert. Beobachtungen zu den juristischen Periodika in der Zeitschriftenbibliographie von Joachim Kirchner. In: Juristische Zeitschriften – Die neuen Medien des 18.–20. Jahrhunderts. Hrsg. von Michael Stolleis. Frankfurt a. M.: Vittorio Klostermann 1999, S. 41–52.

Bachleitner, Norbert / Eybl, Franz M. / Fischer, Ernst: Geschichte des Buchhandels in Österreich. Wiesbaden: Harrassowitz 2000.

Barbian, Jan-Pieter: Literaturpolitik im NS-Staat. Von der »Gleichschaltung« bis zum Ruin. Frankfurt a. M.: Fischer Taschenbuch 2010.

Barkan, Steven M.: Can Law Publishers Change the Law? In: Symposium of Law Publishers. Hrsg. von Thomas A. Woxland. Binghamton: Haworth Press 1992, S. 29–35.

Barnes, James J. Barnes: Free Trade in Books. A Study of the London Book Trade since 1800. Oxford: Clarendon Press 1964.

Beck, Herbert: Der gemischte Betrieb im deutschen Verlagsbuchhandel. Dissertation. Stuttgart 1912.

Becker, Lothar: Schritte auf einer abschüssigen Bahn (Beiträge zur Rechtsgeschichte des 20. Jahrhunderts 24). Tübingen: Mohr Siebeck 1999.

Becker, Lothar: Die »Selbstgleichschaltung« juristischer Zeitschriften im Nationalsozialismus. In: Juristische Zeitschriften – Die neuen Medien des 18.–20. Jahrhunderts. Hrsg. von Michael Stolleis. Frankfurt a. M.: Vittorio Klostermann 1999, S. 481–500.

Beitzke, Günther: Arthur Bülow. In: Juristen im Portrait. Hrsg. von Hans Dieter Beck. München: C.H.Beck 1988, S. 205–214.

Bellinger, Bernhard: Geschichte der Betriebswirtschaftslehre. Stuttgart: C. E. Poeschel Verlag 1966.

Bellmann, Elisabeth: Die Internationale Kriminalistische Vereinigung (1889–1933) (Rechtshistorische Reihe 116). Frankfurt a. M. / Kiel: Lang 1993.

Benjamin, Curtis G.: Technical, scientific and medical publishing. In: What happens in Book Publishing. Hrsg. von Chandler B. Grannis. New York: Columbia University Press 1957, S. 343–358.

Bergfeld, Christoph: Handelsrechtliche Zeitschriften. In: Juristische Zeitschriften – Die neuen Medien des 18.–20. Jahrhunderts. Hrsg. von Michael Stolleis. Frankfurt a. M.: Vittorio Klostermann 1999, S. 259–276.

Bertelsmann im Dritten Reich. Hrsg. von Saul Friedländer, Norbert Frei, Trutz Rendtorff und Reinhard Wittmann. München: Bertelsmann 2002.

Bertz, Katja: »Arisierung« im österreichischen Buchhandel. Auf den Spuren der Buchhandlungen Richard Lányi, Alois Reichmann, Josef Kende, Moritz Perles, M. Breitenstein, Heinrich Saar und Dr. Carl Wilhelm Stern. Diplomarbeit an der Universität Wien. Wien 2009.

Bez, Thomas / Keiderling, Thomas: Der Zwischenbuchhandel. Stuttgart: Dr. Ernst Hauswedell & Co. 2010.

Black, Michael: Cambridge University Press 1584–1984. Cambridge: Cambridge University Press 1984.

Black, Michael: A short history of Cambridge University Press. 2. Aufl. Cambridge: Cambridge University Press 2000.

Blanke, Horst Walter: Historische Zeitschriften. In: Von Almanach bis Zeitung. Hrsg. von Ernst Fischer, Wilhelm Haefs und Mix York-Gothart. München: C.H.Beck 1999, S. 71–88.

Blaschke, Olaf: Verleger machen Geschichte. Buchhandel und Historiker seit 1945 im deutsch-britischen Vergleich. Habilitationsschrift 2006 (Moderne Zeit. Neue Forschungen zur Gesellschafts- und Kulturgeschichte des 19. und 20. Jahrhunderts 22). Göttingen: Wallstein 2010.

Böning, Holger: Das Intelligenzblatt. In: Von Almanach bis Zeitung. Hrsg. von Ernst Fischer / Wilhelm Haefs / Mix York-Gothart. München: C.H.Beck 1999, S. 89–104.

Borchardt, Knut: Die wissenschaftliche Literatur – Medium wissenschaftlichen Fortschritts. In: Die wissenschaftliche Literatur – Medium wissenschaftlichen Fortschritts (Arbeitsgemeinschaft wissenschaftliche Literatur AWL 4). Hrsg. von der Arbeitsgemeinschaft wissenschaftliche Literatur. Stuttgart: Arbeitsgemeinschaft wissenschaftliche Literatur 1978, S. 7–29.

Brauer, Adalbert: Johann Gottlieb Müller (Bärstecher). Ein Verlagsbuchhändler im Zeitalter der Aufklärung. In: Buchhandelsgeschichte 1973, S. B159–B160.

Brauer, Adalbert: Von der Buchbinderei zum Verlag. Die Entstehung von C. F. Müller, Großdruckerei und Verlag in Karlsruhe. In: Buchhandelsgeschichte 1978, S. B461–B463.

Brauer, Adalbert: Weidmann 1680–1980. 300 Jahre aus der Geschichte eines der ältesten Verlage der Welt. Berlin: Weidmann 1980.

Briggs, Asa: Longevity in Publishing. A History of Longmans and their Books 1724–1990. London: The British Library / Oak Knoll Press 2008.

Bringhus, Gerd / Lagler, Wilfried / Schreiner, Klaus: Eine Stadt des Buches. Tübingen 1498–1998 (Tübinger Kataloge 50). Tübingen: Kulturamt Tübingen 1998.

Brockmöller, Annette: Die Entstehung der Rechtstheorie im 19. Jahrhundert in Deutschland (Studien zur Rechtsphilosophie und Rechtstheorie 14). Baden-Baden: Nomos 1997.

Brodersen, Uwe: Gesetze des NS-Staates. Zusammengestellt von Uwe Brodersen mit einer Einleitung von Dr. Ingo von Münch. Bad Homburg v. d. H. / Berlin / Zürich: Gehlen 1968.

Brodhun, Rüdiger: Paul Ernst Wilhelm Oertmann (1865–1938) (Fundamenta Juridica 34). Baden-Baden / Hannover: Nomos 1999.

Brügelmann, Hermann / Brügelmann, Klaus: Über die Anfertigung von Kommentaren. In: Hundert Jahre Kohlhammer. Hrsg. W. Kohlhammer Verlag. Stuttgart / Berlin / Köln / Mainz: W. Kohlhammer 1966, S. 195–205.

Brünneck, Alexander von: Vorwort des Herausgebers zur 2. Auflage (2001). In: Ernst Fraenkel – Der Doppelstaat. Hrsg. von Alexander von Brünneck. 3. Aufl. Hamburg: CEP Europäische Verlagsanstalt 2012, S. 9–18.

Bruns, Hans-Jürgen / Creifelds, Carl / Oehler, Dietrich / Wolter, Jürgen: Geleitwort zu 140 Jahre Goltdammer's Archiv für Strafrecht. In: 140 Jahre Goltdammer's Archiv für Strafrecht. Hrsg. von Jürgen Wolter. Heidelberg: R. v. Decker's Verlag / G. Schenck 1993, S. V–X.

Busch, Alexander: Stellenplan und Lehrkörperstruktur der Universitäten und Hochschulen in der Bundesrepublik und in Berlin (West) 1953/54. Göttingen: Vandenhoeck & Ruprecht 1956.

Busch, Anna: Julius Eduard Hitzig und die öffentlichkeitswirksame Popularisierung des Rechts. In: Literatur und Recht im Vormärz. Hrsg. von Claude D. Conter. Bielefeld: Aisthesis 2010, S. 123–136.
Buschmann, A.: Rechtsenzyklopädie. In: Handwörterbuch zur deutschen Rechtsgeschichte. Hrsg. von Adalbert Erler und Ekkehard Kaufmann. 1. Aufl.: Erich Schmidt 1990, S. 284–288.
Busse, Felix: Vorwort. In: 150 Jahre Deutscher Juristentag. Hrsg. von Felix Busse. München: C.H.Beck 2010, S. V–IX.
Coing, Helmut: Europäisches Privatrecht. Band 2. 19. Jahrhundert. Überblick über die Entwicklung des Privatrechts in den ehemals gemeinrechtlichen Ländern. München: C.H.Beck 1989.
Coing, Helmut / Honsell, Heinrich: Einleitung zum BGB. In: J. von Staudingers Kommentar zum Bürgerlichen Gesetzbuch mit Einführungsgesetz und Nebengesetzen. Hrsg. von Norbert Habermann, Heinrich Honsell und Günter Weick. Berlin: Sellier-de Gruyter 2004, S. 3–156.
Colli, Vincenzo: Vorwort. In: Juristische Buchproduktion im Mittelalter (Studien zur europäischen Rechtsgeschichte – Juristische Briefwechsel des 19. Jahrhunderts 155). Hrsg. von Vincenzo Colli. Frankfurt a. M.: Vittorio Klostermann 2002, S. VII–IX.
Conrad, Hermann / Dilcher, Gerhard / Kurland, Hans-Joachim: Der Deutsche Juristentag 1860–1994. Mit einem Geleitwort von Hans-Jürgen Rabe. München: Verlag C.H.Beck 1997.
Conter, Claude D.: Einleitung. In: Literatur und Recht im Vormärz. Hrsg. von Claude D. Conter. Bielefeld: Aisthesis 2010, S. 11–22.
Dahl, Svend: Geschichte des Buches. Leipzig: Hiersemann Verlag 1928.
Dahm, Volker: Das jüdische Buch im Dritten Reich. 2. Aufl. München: C.H.Beck 1993.
Dann, Otto: Die Zeitschriften im Rahmen der deutschen Aufklärung. In: Juristische Zeitschriften – Die neuen Medien des 18.–20. Jahrhunderts. Hrsg. von Michael Stolleis. Frankfurt a. M.: Vittorio Klostermann 1999, S. 1–14.
Decke, Carl: Die Bücherreihe im deutschen Buchhandel der letzten Jahre. Dissertation. Gotha 1916.
Dehler, Thomas: Geleitwort. In: Goltdammer's Archiv für Strafrecht (Archiv für Strafrecht 100). Hrsg. von Heinrich Grützner. Heidelberg: R. v. Decker's Verlag / G. Schenck 1953.
Delp, Ludwig: Der Verlagsvertrag. Handbuch für die Praxis. 7. Aufl. München: C.H.Beck 2001.
Diag, Sarah: Firmengeschichten Leipziger Antiquariate nach 1945. In: Aus dem Antiquariat 2013, S. 218–228.
Diederichsen, Uwe: Von Woche zu Woche. Jurisprudenz zwischen Dokumentation und Diskussion. In: Neue Juristische Wochenschrift 1988, S. 1–8.
Diederichsen, Uwe: Karl Larenz. In: Juristen im Portrait. Hrsg. von Hans Dieter Beck. München: C.H.Beck 1988, S. 495–510.
Diederichsen, Uwe: Allgemeiner Teil des BGB. In: Rechtswissenschaft und Rechtsliteratur im 20. Jahrhundert. Hrsg. von Dietmar Willoweit. München: Verlag C.H.Beck 2007, S. 89–113.
Doehring, Karl: Festgabe für Ernst Forsthoff zum 65. Geburtstag. In Gemeinschaft mit Wilhelm G. Grewe, Roman Schnur, Prodromos Dagtoglou, Hans Klein und Willi Blümel. München: C.H.Beck 1967.
Doehring, Karl: Ernst Forsthoff. In: Juristen im Portrait. Hrsg. von Hans Dieter Beck. München: C.H.Beck 1988, S. 341–349.
Doerfert, Carsten: Das Archiv des Öffentlichen Rechts 1885–1918. Zur Geschichte einer Wissenschaft und ihrer Zeitschrift (Schriften zum Öffentlichen Recht 637). Berlin: Duncker & Humblot 1993.
Doerfert, Carsten: Die Zeitschriften des öffentlichen Rechts 1858–1933. In: Juristische Zeitschriften – Die neuen Medien des 18.–20. Jahrhunderts. Hrsg. von Michael Stolleis. Frankfurt a. M.: Vittorio Klostermann 1999, S. 421–448.

Dölemeyer, Barbara: Zur Frühgeschichte des juristischen Zeitschriftenwesens in Österreich. In: Juristische Zeitschriften in Europa. Hrsg. von Michael Stolleis und Thomas Simon. Frankfurt a. M.: Vittorio Klostermann 2006, S. 269–285.

Dölemeyer, Barbara: Rechtsgeschichte. In: Rechtswissenschaft und Rechtsliteratur im 20. Jahrhundert. Hrsg. von Dietmar Willoweit. München: Verlag C.H.Beck 2007, S. 1147–1163.

Dölle, Hans: Juristische Entdeckungen. Festvortrag. In: Zivilrechtliche Entdecker. Hrsg. von Thomas Hoeren. München: C.H.Beck 2001, S. 5–33.

Dorsch, Nikolaus: Julius Eduard Hitzig. Literarisches Patriarchat und bürgerliche Karriere. Eine dokumentarische Biographie zwischen Literatur, Buchhandel und Gericht der Jahre 1780–1815 (Marburger Germanistische Studien 15). Frankfurt a. M.: Peter Lang 1994.

Dreher, Eduard: Strafrecht seit 1963. In: Der Aquädukt 1763–1963. Hrsg. von Verlag C.H.Beck. München: C.H.Beck 1963, S. 268–288.

Dreier, Horst: Was ist doppelt am Doppelstaat? Zu Rezeption und Bedeutung der klassischen Studie von Ernst Fraenkel. Nachwort. In: Ernst Fraenkel – Der Doppelstaat. Hrsg. von Alexander von Brünneck. 3. Aufl. Hamburg: CEP Europäische Verlagsanstalt 2012, S. 274–300.

Drosdeck, Thomas: Die herrschende Meinung. Autorität als Rechtsquelle (Schriften zur Rechtstheorie 137). Berlin / Frankfurt a. M.: Duncker & Humblot 1989.

Druckenmüller, Alfred: Zum Geleit. In: 25 Jahre C. E. Poeschel Verlag. Hrsg. von C. E. Poeschel Verlag. Stuttgart: Poeschel 1927, S. V–VII.

Ebel, Friedrich: Die Savigny-Stiftung. In: Festschrift zum 125jährigen Bestehen der Juristischen Gesellschaft zu Berlin. Hrsg. von Klaus Wilke. Berlin / New York: de Gruyter 1984, S. 101–111.

Ebling, Klaus: Steuerrecht. In: Rechtswissenschaft und Rechtsliteratur im 20. Jahrhundert. Hrsg. von Dietmar Willoweit. München: Verlag C.H.Beck 2007, S. 1099–1144.

Egly, Hans: Karl Ringleb. In: Juristen im Portrait. Hrsg. von Hans Dieter Beck. München: C.H.Beck 1988, S. 634–649.

Ehrle, Peter Michael: Volksvertretung im Vormärz (Europäische Hochschulschriften 127). Frankfurt a. M. / Tübingen: Peter Lang 1979.

Ehrle, Peter Michel: Vorwort. In: Code Napoleon – Badisches Landrecht – Wegbereiter Deutscher Rechtsgeschichte – Ausstellung in der Badischen Landesbibliothek anläßlich des 200. Jahrestages der Gründung des Verlages C. F. Müller 1797. Hrsg. von Christof Müller-Wirth und Christina Wagner. Heidelberg: C. F. Müller 1997, S. 6–7.

Eisele, Petra / Naegele, Isabel: Texte zur Typografie. Positionen zur Schrift. Sulgen, Zürich: Niggli 2012.

Eisenhardt, Ulrich: Wandlungen von Zweck und Methoden der Zensur im 18. und 19. Jahrhundert. In: »Unmoralisch an sich …« (Wolfenbütteler Schriften zur Geschichte des Buchwesens 13). Hrsg. von Herbert G. Göpfert und Erdmann Weyrauch. Wiesbaden: Harrassowitz 1988, S. 1–37.

Elschner, Günter: Hermann Staub und die Lehre von den positiven Vertragsverletzungen. In: Zivilrechtliche Entdecker. Hrsg. von Thomas Hoeren. München: C.H.Beck 2001, S. 191–241.

Engisch, Karl: Das Gesetzbuch im Leben der Gegenwart. In: Hundert Jahre Kohlhammer. Hrsg. W. Kohlhammer Verlag. Stuttgart / Berlin / Köln / Mainz: W. Kohlhammer 1966, S. 206–213.

Ernst, Wolfgang: Kommentierung zu § 280. In: Münchener Kommentar zum Bürgerlichen Gesetzbuch. Hrsg. von Wolfgang Krüger. 6. Aufl. München: C.H.Beck 2012.

Essner, Cornelia: Die »Nürnberger Gesetze« oder die Verwaltung des Rassenwahns 1933–1945. Paderborn: Schöningh 2002.

Estermann, Monika / Jäger, Georg: Geschichtliche Grundlagen und Entwicklung des Buchhandels im Deutschen Reich bis 1871. In: Geschichte des deutschen Buchhandels im 19. und 20. Jahrhundert. Hrsg. von Georg Jäger. Frankfurt a. M.: Buchhändler-Vereinigung 2001, S. 17–41.

Estermann, Monika / Schneider, Ute: Einleitung. In: Wissenschaftsverlage zwischen Professionalisierung und Popularisierung (Wolfenbütteler Schriften zur Geschichte des Buchwesens 41). Hrsg. von Monika Estermann und Ute Schneider. Wiesbaden: Harrassowitz 2007, S. 7–12.

Estermann, Monika: Buchhandel, Buchhandelsgeschichte und Verlagsgeschichtsschreibung vom 18. Jahrhundert bis zur Gegenwart. Ein Überblick über Quellenlage und Forschungsliteratur. In: Buchwissenschaft in Deutschland. Hrsg. von Ursula Rautenberg. Berlin / New York: De Gruyter Saur 2010, S. 257–320.

Feather, John: A history of British Publishing. 2. Aufl. London / New York: Routledge 2006.

Federer, Julius: Alte juristische Bücher aus dem Verlag C. F. Müller Karlsruhe. Karlsruhe: C. F. Müller 1963.

Federer, Julius: Juristische Bücher des 19. Jahrhunderts aus dem Verlag C. F. Müller in Karlsruhe. Ein Beitrag zur Rechtsentwicklung im Großherzogtum Baden. In: Bibliographie 1797–1945 – cf müller verlag. Hrsg. C. F. Müller Verlag. Karlsruhe: C. F. Müller 1970, S. XXXV–XLV.

Federer, Julius: Juristische Bücher des 19. Jahrhunderts aus dem Verlag C. F. Müller 1797. In: Code Napoleon – Badisches Landrecht – Wegbereiter Deutscher Rechtsgeschichte – Ausstellung in der Badischen Landesbibliothek anläßlich des 200. Jahrestages der Gründung des Verlages C. F. Müller 1797. Hrsg. von Christof Müller-Wirth und Christina Wagner. Heidelberg: C. F. Müller 1997, S. 62–73.

Fetzer, Max: Erinnerungen eines alten württembergischen Verwaltungsbeamten an Walter Kohlhammer. In: Hundert Jahre Kohlhammer. Hrsg. W. Kohlhammer Verlag. Stuttgart / Berlin / Köln / Mainz: W. Kohlhammer 1966, S. 173–177.

Feuchtwanger, Edgar J.: Vorwort. In: Carl Schmitt – Ludwig Feuchtwanger – Briefwechsel 1918–1935. Hrsg. von Rolf Rieß. Berlin: Duncker & Humblot 2007, S. 7–11.

Fijal, Andreas: Die Geschichte der Juristischen Gesellschaft zu Berlin in den Jahren 1859 bis 1933. Berlin / New York: Walter de Gruyter & Co. 1991.

Fischer, Bernhard: Verlegerisches »Know-how« im 18. und frühen 19. Jahrhundert. Die Verlagsstrategie Johann Friedrich Cottas 1787–1795. In: Geschäft mit Wort und Meinung (Deutsche Führungsschichten in der Neuzeit 22). Hrsg. von Günther Schulz. München: Harald Boldt im R. Oldenbourg Verlag 1999, S. 57–75.

Fischer, Bernhard: Die J. G. Cotta'sche Buchhandlung als Universalverlag. In: Von der Zensur zum Weltverlag (Tübinger Kataloge 85). Hrsg. von Eva Maria Blattner, Georg Braungart, Helmuth Mojem und Karlheinz Wiegmann. Tübingen: Universitätsstadt Tübingen/Kulturamt/Stadtmuseum 2009, S. 45–51.

Fischer, Ernst: Verlegen à fonds perdu. Gustav Kiepenheuer als Unternehmerpersönlichkeit. In: Geschäft mit Wort und Meinung (Deutsche Führungsschichten in der Neuzeit 22). Hrsg. von Günther Schulz. München: Harald Boldt im R. Oldenbourg Verlag 1999, S. 129–145.

Fischer, Ernst / Füssel, Stephan: Kultur und Gesellschaft: Signaturen einer Epoche. In: Geschichte des deutschen Buchhandels im 19. und 20. Jahrhundert. Hrsg. von Ernst Fischer und Stephan Füssel. München: De Gruyter Saur 2007, S. 5–28.

Fischer, Ernst: Beitrag zu Gütermann, Heinrich. In: Verleger, Buchhändler & Antiquare aus Deutschland und Österreich in der Emigration nach 1933. Hrsg. von Ernst Fischer. Elbingen: Verband Dt. Antiquare 2011, S. 111–112.

Fischer, Ernst: Beitrag zu Liebmann, Carlos G. In: Verleger, Buchhändler & Antiquare aus Deutschland und Österreich in der Emigration nach 1933. Hrsg. von Ernst Fischer. Elbingen: Verband Dt. Antiquare 2011, S. 196.

Fischer, Ernst: Beitrag zu Rothschild, Walther. In: Verleger, Buchhändler & Antiquare aus Deutschland und Österreich in der Emigration nach 1933. Hrsg. von Ernst Fischer. Elbingen: Verband Dt. Antiquare 2011, S. 272.

Fischer, Ernst: Kapitale Verluste. Innenansichten der Verlagsökonomie, an Beispielen von Literaturverlagen im ersten Drittel des 20. Jahrhunderts. In: Verlagsgeschichtsschreibung. Hrsg. von Corinna Norrick und Ute Schneider. Wiesbaden: Harrassowitz 2012, S. 168–192.

Fleischer, Holger: Gesellschaftsrecht. In: Rechtswissenschaft und Rechtsliteratur im 20. Jahrhundert. Hrsg. von Dietmar Willoweit. München: Verlag C.H.Beck 2007, S. 485–502.

Förster, Michael: Jurist im Dienst des Unrechts. Leben und Werk des ehemaligen Staatssekretärs im Reichsjustizministerium, Franz Schlegelberger (1876–1970). Baden-Baden: Nomos Verlag 1995.

Frassek, Ralf: Enneccerus, Ludwig (1843–1928). In: Handwörterbuch zur Deutschen Rechtsgeschichte. Hrsg. von Albrecht Cordes, Heiner Lück, Dieter Werkmüller und Ruth Schmidt-Wiegand. 2., völlig überarb. und erw. Aufl. Berlin: Erich Schmidt Verlag 2008, S. 1347–1348.

Frei, Norbert / Schmitz, Johannes: Journalismus im Dritten Reich. München: C.H.Beck 1999.

Fritzsch, Alexandra: Leipzig – die Stadt der Wissenschaftsverlage um 1900. In: Buch – Markt – Theorie. Hrsg. von Thomas Keiderling, Arnulf Kutsch und Rüdiger Steinmetz. Erlangen: Filos Verlag 2007, S. 41–62.

Fröhler, Ludwig: Erich Eyermann. In: Juristen im Portrait. Hrsg. von Hans Dieter Beck. München: C.H.Beck 1988, S. 302–310.

Frühschütz, Jürgen: Wissenschaftsverlag. In: Lexikon der Medienökonomie. Beschaffung Produktion Absatz. Frankfurt a. M.: Deutscher Fachverlag 2000.

Fuchs, Wilhelm: Juristische Bücherkunde in Göttingen vor hundert und hundertachtzig Jahren. Bibliothekarische Betrachtungen zur Geschichte und Theorie des Rechtsunterrichts. Leipzig: Universitätsverlag von Robert Noske 1929.

Fürst, Rainer: »Diebesbande« oder Institut »zur Beförderung wissenschaftlicher Bildung für unsere Nation«? C. F. Müller und das »Bureau der deutschen Classiker« in Karlsruhe 1813–1834. In: Buchhandelsgeschichte 1997, S. B45–B59.

Fürst, Rainer: Christian Friedrich Müller. Ein Lebensbild. In: Code Napoleon – Badisches Landrecht – Wegbereiter Deutscher Rechtsgeschichte – Ausstellung in der Badischen Landesbibliothek anläßlich des 200. Jahrestages der Gründung des Verlages C. F. Müller 1797. Hrsg. von Christof Müller-Wirth und Christina Wagner. Heidelberg: C. F. Müller 1997, S. 42–61.

Fürst, Rainer: Die Diskussion um Nachdruck und Urheberrecht. In: Code Napoleon – Badisches Landrecht – Wegbereiter Deutscher Rechtsgeschichte – Ausstellung in der Badischen Landesbibliothek anläßlich des 200. Jahrestages der Gründung des Verlages C. F. Müller 1797. Hrsg. von Christof Müller-Wirth und Christina Wagner. Heidelberg: C. F. Müller 1997, S. 96–107.

Füssel, Stephan: Belletristische Verlage. In: Geschichte des deutschen Buchhandels im 19. und 20. Jahrhundert. Hrsg. von Ernst Fischer und Stephan Füssel. Frankfurt a. M.: MVB Marketing- und Verlagsservice des Buchhandels / de Gruyter 2012, S. 1–90.

Garke-Rothbart, Thomas: » … für unseren Betrieb lebensnotwendig … «. Georg von Holtzbrinck als Verlagsunternehmer im Dritten Reich (Archiv für Geschichte des Buchwesens 7). München: K. G. Saur 2008.

Geschäft mit Wort und Meinung. Medienunternehmer seit dem 18. Jahrhundert (Deutsche Führungsschichten in der Neuzeit 22). Hrsg. von Günther Schulz. München: Harald Boldt im R. Oldenbourg Verlag 1999.

Gieseke, Ludwig: Gleicher Urheberschutz in ganz Deutschland seit 1845. In: Buchhandelsgeschichte 1995, S. B143–B147.

Gläser, Martin: Medienmanagement. 2. Aufl. München: Franz Vahlen 2010.

Glauben, Paul: Die Deutsche Richterzeitung – ein rechtsgeschichtliches Lesebuch. In: Justiz und Recht im Wandel der Zeit. Hrsg. von Präsidium des Deutschen Richterbundes. Köln: Heymann 2009, S. 377–394.

Göbel, Wolfram: Lektoren – Die geistigen Geburtshelfer. Marginalien zu Praxis und Geschichte eines jungen Berufsstandes. In: Gutenberg-Jahrbuch 1986 (61. Jahrgang). Hrsg. von Hans-Joachim Koppitz. Mainz: Gutenberg-Gesellschaft 1986, S. 271–280.

Goldfriedrich, Johann: Statistische Übersicht der im Gebiete des Deutschen Buchhandels erschienenen Bücher und Zeitschriften des Jahres 1908. Herausgegeben im Auftrage des Vorstands des Börsenvereins der Deutschen Buchhändler zu Leipzig. Leipzig: Verlag des Börsenvereins der deutschen Buchhändler zu Leipzig 1912.

Göpfert, Herbert G.: Vom Autor zum Leser. Beiträge zur Geschichte des Buchwesens. München: Carl Hanser 1977.

Göppinger, Horst: Der Nationalsozialismus und die jüdischen Juristen. Die Verfolgung der Juristen jüdischer Abstammung durch den Nationalsozialismus. Villingen/Schwarzwald: Ring Verlag 1963.

Gräfe, Ulrike: Leo Rosenberg – Leben und Wirken (1879–1963) (Schriften zur Rechtsgeschichte 154). Berlin: Duncker & Humblot 2011.

Graf, Angela: Johann Heinrich Wilhelm Dietz. Verleger der Sozialdemokraten. Berlin: Humboldt-Universität zu Berlin 1996.

Graf, Angela: J. H. W. Dietz 1843 – 1922. Verleger der Sozialdemokratie. Bonn: J. H. W. Dietz Nachf 1998.

Grieser, Thorsten: Der »Bücher-Streit« des deutschen Buchhandels im Jahre 1903. In: Buchhandelsgeschichte 1996, S. B17–B28.

Gross, Norbert: Der Code Napoleon als Badisches Landrecht. Eine deutsch-französische Rechtsbegegnung zur Gründungszeit des Verlages C. F. Müller 1997. In: Code Napoleon – Badisches Landrecht – Wegbereiter Deutscher Rechtsgeschichte – Ausstellung in der Badischen Landesbibliothek anläßlich des 200. Jahrestages der Gründung des Verlages C. F. Müller 1797. Hrsg. von Christof Müller-Wirth und Christina Wagner. Heidelberg: C. F. Müller 1997, S. 24–61.

Großekämper, W.: Marketing für wissenschaftliche Bücher. Frankfurt a. M. 1982.

Grothe, Ewald: Zwischen Geschichte und Recht. Deutsche Verfassungsgeschichtsschreibung 1900–1970 (Ordnungssysteme – Studien zur Ideengeschichte der Neuzeit 16). München: R. Oldenbourg 2005.

Hammerschmidt, Jörg: Literarische Justizkritik in der Weimarer Republik. Göttingen / Kiel: Cuvillier 2002.

Harpprecht, Klaus: Ernst Klett. Skizzen zu einem Porträt. In: Aufrisse. Hrsg. von Ernst Klett Verlag. Stuttgart: Ernst Klett Verlag 1971, S. 283–295.

Hartwich, Esther: Der Deutsche Juristentag von seiner Gründung 1860 bis zu den Reichsjustizgesetzen 1877 im Kontext von Nationsbildung und Rechtsvereinheitlichung. Berlin: BWV Berliner Wissenschafts-Verlag 2008.

Hattenhauer, Hans: Europäische Rechtsgeschichte. 4. Aufl. Heidelberg: C. F. Müller 2004.

Hattenhauer, Hans: Eugen Wohlhaupter. Die politische Biographie (1933–1946). In: Rechtswissenschaft im NS-Staat. Hrsg. von Hans Hattenhauer. Heidelberg: C. F. Müller 1987, S. 1–40.

Hattenhauer, Hans: Das ALR im Widerstreit der Politik. In: Kodifikationen gestern und heute (Schriftenreihe der Hochschule Speyer 119). Hrsg. von Detlef Merten und Waldemar Schreckenberger. Berlin: Duncker & Humblot 1995, S. 27–57.

Haug, Christine: Das Verlagsunternehmen Krieger 1725–1825. Die Bedeutung des Buchhändlers, Verlegers und Leihbibliothekars Johann Christian Konrad Krieger für die Entstehung einer Lesekultur in Hessen um 1800. Frankfurt a. M. / Gießen: Buchhändler-Vereinigung 1998.

Haug, Christine: Der Bahnhofs- und Verkehrsbuchhandel. In: Geschichte des deutschen Buchhandels im 19. und 20. Jahrhundert. Hrsg. von Georg Jäger. Frankfurt a. M.: MVB Marketing- und Verlagsservice des Buchhandels 2003, S. 594–620.

Hefermehl, Wolfgang: Adolf Baumbach. In: Juristen im Portrait. Hrsg. von Hans Dieter Beck. München: C.H.Beck 1988, S. 130–138.
Hefti, Ernst: Das Urheberrecht im Nationalsozialismus. In: Woher kommt das Urheberrecht und wohin geht es? (Österreichische Schriftenreihe zum gewerblichen Rechtsschutz, Urheber- und Medienrecht 7). Hrsg. von Robert Dittrich. Wien: Manz 1988, S. 165–180.
Heine, Götz-Thomas: Juristische Zeitschriften zur NS-Zeit. In: Recht und Unrecht im Nationalsozialismus. Hrsg. von Peter Salje und Friedrich Dencker. Münster: Wiss. Verl.-Ges. Regensberg & Biermann 1985, S. 272–293.
Heinrichs, Helmut: Deutsche Juristen jüdischer Herkunft. München: C.H.Beck 1993.
Heinrichs, Helmut: Palandt, Bürgerliches Gesetzbuch. In: Rechtswissenschaft und Rechtsliteratur im 20. Jahrhundert. Hrsg. von Dietmar Willoweit. München: Verlag C.H.Beck 2007, S. 385–403.
Heldrich, Andreas: Internationales Privatrecht. In: Rechtswissenschaft und Rechtsliteratur im 20. Jahrhundert. Hrsg. von Dietmar Willoweit. München: Verlag C.H.Beck 2007, S. 371–383.
Henne, Thomas: Die Prägung des Juristen durch die Kommentarliteratur. Zu Form und Methode einer juristischen Diskursmethode. In: Fes-Forum Berlin (6. November 2008. URL: http://www.fes-forumberlin.de/pdf_2006/d_6_6_01_henne.pdf [eingesehen am 31. Oktober 2014]).
Henne, Thomas: Diskriminierungen gegen »jüdische Juristen« und jüdische Abwehrreaktionen im Kaiserreich – von Samuel zu Hermann Staub. In: Anwalt – Kommentator – Entdecker. Hrsg. von Thomas Henne, Rainer Schröder und Jan Thiessen. Berlin: Walter de Gruyter 2006, S. 9–22.
Henne, Thomas: Zur Publikationsgeschichte von Hermann Staub, Die positiven Vertragsverletzungen und ihre Rechtsfolgen. In: Anwalt – Kommentator – Entdecker. Hrsg. von Thomas Henne, Rainer Schröder und Jan Thiessen. Berlin: Walter de Gruyter 2006, S. 127–129.
Henning, Eckart: Einleitung. In: Die archivalischen Quellen. Hrsg. von Friedrich Beck / Eckart Henning. 4. Aufl. Köln / Weimar / Wien: Böhlau / UTB 2004, S. 1–6.
Henning, Eckart: Selbstzeugnisse. In: Die archivalischen Quellen. Hrsg. von Friedrich Beck / Eckart Henning. 4. Aufl. Köln / Weimar / Wien: Böhlau / UTB 2004, S. 119–127.
Hermann, Hans-Georg: Mehr Lotse als Entdecker. Ein zivilistischer Rückblick auf Hermann Staub nach 100 Jahren. In: Anwalt – Kommentator – Entdecker. Hrsg. von Thomas Henne / Rainer Schröder / Jan Thiessen. Berlin: Walter de Gruyter 2006.
Hess, Burkhard / Mack, Marcus: Zivilprozeßrecht. In: Rechtswissenschaft und Rechtsliteratur im 20. Jahrhundert. Hrsg. von Dietmar Willoweit. München: Verlag C.H.Beck 2007, S. 701–727.
Heyen, Erk Volkmar: Mayer, Otto. In: Neue deutsche Biographie. Hrsg. von Otto zu Stolberg-Wernigerode. Berlin: Duncker & Humblot 1990, S. 550–552.
Hiller, Helmut: Der Verlagsbuchhandel. In: Der deutsche Buchhandel – Wesen, Gestalt, Aufgabe. Hrsg. von Helmut Hiller und Wolfgang Strauß. Gütersloh: C. Bertelsmann 1961, S. 52–161.
Höber, Martina: Marktteilnehmerstrategien von Buchverlagen. Dissertation Köln 1993.
Hoeflich, Michael H.: Legal publishing in antebellum America. New York: Cambridge University Press 2010.
Hoffmann, Kurt: Buchverlage. In: Der Stuttgarter Buchhandel im 20. Jahrhundert. Hrsg. von Thomas Bez, Ulrich Commerell und Kurt Hoffmann. Stuttgart: Eva Hoffmann 1997, S. 9–72.
Hollerbach, Alexander: Rechtswissenschaft und Rechtsphilosophie. In: Klostermann Verlag 1930–2000. Hrsg. von Vittorio Klostermann. Frankfurt a. M.: Vittorio Klostermann 2000, S. 44–50.
Hoyer, Andreas: Strafverfahrensrecht. In: Rechtswissenschaft und Rechtsliteratur im 20. Jahrhundert. Hrsg. von Dietmar Willoweit. München: Verlag C.H.Beck 2007, S. 799–819.
Hübinger, Gangolf / Müller, Helen: Politische, konfessionelle und weltanschauliche Verlage im Kaiserreich. In: Geschichte des deutschen Buchhandels im 19. und 20. Jahrhundert. Hrsg. von Georg Jäger. Frankfurt a. M.: Buchhändler-Vereinigung 2001, S. 347–405.

Hueck, Ingo: Die Gründung völkerrechtlicher Zeitschriften in Deutschland im internationalen Vergleich. In: Juristische Zeitschriften – Die neuen Medien des 18.–20. Jahrhunderts. Hrsg. von Michael Stolleis. Frankfurt a. M.: Vittorio Klostermann 1999, S. 379–420.

Jacobi, Andrea-Sabine: Ludwig Enneccerus, 1843–1928. Rechtswissenschaftler und nationalliberaler Parlamentarier (Schriftenreihe Studien zur Geschichtsforschung der Neuzeit 16). Hamburg / Marburg: Kovač 1999.

Jäger, Georg: Buchhandel und Wissenschaft. Zur Ausdifferenzierung des wissenschaftlichen Buchhandels (Lumis-Schriften aus dem Institut für Empirische Literatur- und Medienforschung der Universität-Gesamthochschule Siegen, Nr. 26). Siegen 1990.

Jäger, Georg: Vom Familienunternehmen zur Aktiengesellschaft – Besitzverhältnisse und Gesellschaftsform im Verlagswesen. In: Geschichte des deutschen Buchhandels im 19. und 20. Jahrhundert. Hrsg. von Georg Jäger. Frankfurt a. M.: Buchhändler-Vereinigung 2001, S. 197–215.

Jäger, Georg: Die Verlegerpersönlichkeit – ideelle Interessen, wirtschaftliche Erfolge, soziale Stellung. In: Geschichte des deutschen Buchhandels im 19. und 20. Jahrhundert. Hrsg. von Georg Jäger. Frankfurt a. M.: Buchhändler-Vereinigung 2001, S. 216–244.

Jäger, Georg: Das Unternehmen, Unternehmensführung und -kultur. In: Geschichte des deutschen Buchhandels im 19. und 20. Jahrhundert. Hrsg. von Georg Jäger. Frankfurt a. M.: Buchhändler-Vereinigung 2001, S. 245–262.

Jäger, Georg: Verbindung des Verlagsbuchhandels mit herstellenden Betrieben – der ›gemischte Betrieb‹ und der ›Gesamtbetrieb‹. In: Geschichte des deutschen Buchhandels im 19. und 20. Jahrhundert. Hrsg. von Georg Jäger. Frankfurt a. M.: Buchhändler-Vereinigung 2001, S. 311–325.

Jäger, Georg: Der Universal-, Fakultäten- und Universitätsverlag. In: Geschichte des deutschen Buchhandels im 19. und 20. Jahrhundert. Hrsg. von Georg Jäger. Frankfurt a. M.: Buchhändler-Vereinigung 2001, S. 406–422.

Jäger, Georg: Der wissenschaftliche Verlag. In: Geschichte des deutschen Buchhandels im 19. und 20. Jahrhundert. Hrsg. von Georg Jäger. Frankfurt a. M.: Buchhändler-Vereinigung 2001, S. 423–472.

Jäger, Georg: Juristischer Verlag. In: Geschichte des deutschen Buchhandels im 19. und 20. Jahrhundert. Hrsg. von Georg Jäger. Frankfurt a. M.: Buchhändler-Vereinigung 2001, S. 486–506.

Jäger, Georg: Kaufhausbuchhandel. In: Geschichte des deutschen Buchhandels im 19. und 20. Jahrhundert. Hrsg. von Georg Jäger. Frankfurt a. M.: MVB Marketing- und Verlagsservice des Buchhandels 2003, S. 621–640.

Jäger, Georg: Das Barsortiment. In: Geschichte des deutschen Buchhandels im 19. und 20. Jahrhundert. Hrsg. von Georg Jäger. Frankfurt a. M.: MVB Marketing- und Verlagsservice des Buchhandels 2003, S. 679–699.

Jan, Kurt von: Edmund Mezger. In: Juristen im Portrait. Hrsg. von Hans Dieter Beck. München: C.H.Beck 1988, S. 561–571.

Jarausch, Konrad H.: Deutsche Studenten. 1800–1970 (Neue historische Bibliothek 258). 2. Aufl. Frankfurt a. M.: Suhrkamp 1989.

Jochum, Uwe: Kleine Bibliotheksgeschichte. 3. Aufl. Stuttgart: Phillip Reclam jun. 2007.

Jones, H. Kay: Butterworths. History of a Publishing House. London: Butterworth 1980.

Jones, H. Kay: Butterworths. History of a Publishing House. 2. Aufl. London: Butterworths 1997.

Jürgens, Martin: Staat und Reich bei Ernst Rudolf Huber. Sein Leben und Werk bis 1945 aus rechtsgeschichtlicher Sicht. Thesis (doctoral) Universität Heidelberg, 2004 (Rechtshistorische Reihe 306). Frankfurt a. M. / New York: Peter Lang 2005.

Jütte, Robert / Savigny, Rainer von: Arme, Bettler, Beutelschneider. Eine Sozialgeschichte der Armut in der Frühen Neuzeit. Weimar: Böhlau 2000.

Kaeding, Peter: Die Hand über der ganzen Welt. Johann Friedrich Cotta, der Verleger der deutschen Klassik. Stuttgart: Klett-Cotta 2009.

Kapp, Friedrich / Goldfriedrich, Johann: Geschichte des Deutschen Buchhandels. Im Auftrag des Börsenvereins der Deutschen Buchhändler herausgegen von der Historischen Kommission. 4 Bände. Leipzig: Verlag des Börsenvereins der deutschen Buchhändler zu Leipzig 1886–1913.

Kastner, Barbara: Statistik und Topographie des Verlagswesens. In: Geschichte des deutschen Buchhandels im 19. und 20. Jahrhundert. Hrsg. von Georg Jäger. Frankfurt a. M.: MVB Marketing- und Verlagsservice des Buchhandels 2003, S. 300–367.

Kastner, Barbara: Der Buchverlag der Weimarer Republik 1918–1933. Eine statistische Analyse. Dissertation. München 2005.

Kastner, Barbara: Statistik und Topographie des Verlagswesens. In: Geschichte des deutschen Buchhandels im 19. und 20. Jahrhundert. Hrsg. von Ernst Fischer und Stephan Füssel. München: De Gruyter Saur 2007, S. 341–378.

Kaufmann, E.: Positivismus. In: Handwörterbuch zur deutschen Rechtsgeschichte. Hrsg. von Adalbert Erler / Ekkehard Kaufmann. 1. Aufl.: Erich Schmidt Verlag 1984, S. 1832–1834.

Keiderling, Thomas: Wie viel Systemtheorie braucht die Buchwissenschaft. In: Buch – Markt – Theorie. Hrsg. von Thomas Keiderling, Arnulf Kutsch und Rüdiger Steinmetz. Erlangen: Filos Verlag 2007, S. 251–292.

Kertscher, Hans-Joachim: Hallesche Verlagsanstalten der Aufklärungsepoche. Die Verleger Carl Hermann Hemmerde und Carl August Schwetschke. Mit einem Anhang: Ungedruckte Briefe und Schriftstücke aus dem Geschäftsnachlaß der Verlage Hemmerde und Hemmerde & Schwetschke. Halle: Hallescher Verlag 2004.

Ketelsen, Uwe-K: Völkisch-nationale und Nationalsozialistische Literatur in Deutschland 1890–1945. Stuttgart: J. B. Metzlersche Verlagsbuchhandlung 1976.

Kiesow, Rainer Maria: Der Deutsche Juristentag. Ein Charakterbild 1860 bis 2010. In: 150 Jahre Deutscher Juristentag. Hrsg. von Felix Busse. München: C.H.Beck 2010, S. 3–102.

Kleindiek, Detlef: Max Hachenburg – jüdischer Rechtsanwalt und Publizist. In: Neue Juristische Wochenschrift 1993, S. 1295–1302.

Kliemann, Horst: Zur Geschichte des Universitätsbuchhandels. Marburg: N. G. Elwert Verlag 1958.

Kliemann, Horst: Auf dem Acker des Buches. Beiträge zu Problemen des Buches und des Buchhandels. Freiburg: Verlag Rombach 1963.

Klippel, Diethelm: Die juristischen Zeitschriften im Übergang vom 18. zum 19. Jahrhundert. In: Juristische Zeitschriften – Die neuen Medien des 18.–20. Jahrhunderts. Hrsg. von Michael Stolleis. Frankfurt a. M.: Vittorio Klostermann 1999, S. 15–40.

Knappenberger-Jans, Silke: Verlagspolitik und Wissenschaft. Der Verlag J. C. B. Mohr (Paul Siebeck) im frühen 20. Jahrhundert (Mainzer Studien zur Buchwissenschaft 13). Wiesbaden: Harrassowitz 2001.

Knieper, Rolf: Gesetz und Geschichte. Ein Beitrag zu Bestand und Veränderung des Bürgerlichen Gesetzbuches. Baden-Baden: Nomos Verlag 1996.

Knoche, Michael: Russell wieder zugänglich. In: Buchhandelsgeschichte 1988, S. B124–B125.

Knödler, Stefan: Wir wollen schon sehen, dass unsere Vortheile mit einander Laufen. Cotta als Verlag der deutschen Klassiker. In: Von der Zensur zum Weltverlag (Tübinger Kataloge 85). Hrsg. von Eva Maria Blattner, Georg Braungart, Helmuth Mojem und Karlheinz Wiegmann. Tübingen: Universitätsstadt Tübingen / Kulturamt / Stadtmuseum 2009, S. 35–43.

Knödler, Stefan: Ausblick: Der Cotta-Verlag nach Johann Friedrich Cotta. In: Von der Zensur zum Weltverlag (Tübinger Kataloge 85). Hrsg. von Eva Maria Blattner, Georg Braungart, Helmuth Mojem und Karlheinz Wiegmann. Tübingen: Universitätsstadt Tübingen/Kulturamt/Stadtmuseum 2009, S. 75–80.

Knopp, Werner: Wolfgang Hefermehl. In: Juristen im Portrait. Hrsg. von Hans Dieter Beck. München: C.H.Beck 1988, S. 396–405.
Krach, Tillmann: Jüdische Rechtsanwälte in Preußen. Über die Bedeutung der freien Advokatur und ihre Zerstörung durch den Nationalsozialismus. München: C.H.Beck 1991.
Krach, Tillmann: Der Anwalt Hermann Staub – ein Schlaglicht. In: Anwalt – Kommentator – Entdecker. Hrsg. von Thomas Henne, Rainer Schröder und Jan Thiessen. Berlin: Walter de Gruyter 2006, S. 3–7.
Kroener, Bernhard R.: Johann Nikolaus Brauer (1754–1813). In: Code Napoleon – Badisches Landrecht – Wegbereiter Deutscher Rechtsgeschichte – Ausstellung in der Badischen Landesbibliothek anläßlich des 200. Jahrestages der Gründung des Verlages C. F. Müller 1797. Hrsg. von Christof Müller-Wirth und Christina Wagner. Heidelberg: C. F. Müller 1997, S. 74–81.
Kroeschell, Karl: Deutsche Rechtsgeschichte. Band 3. 5. Aufl. Köln / Weimar / Wien: Böhlau 2008.
Kühl, Kristian: Strafrecht. In: Rechtswissenschaft und Rechtsliteratur im 20. Jahrhundert. Hrsg. von Dietmar Willoweit. München: Verlag C.H.Beck 2007, S. 769–798.
Kunczik, Michael / Zipfel, Astrid: Publizistik. 2. Aufl. Köln: Böhlau / UTB 2005.
Kuntze, Joachim: Theodor Keidel. In: Juristen im Portrait. Hrsg. von Hans Dieter Beck. München: C.H.Beck 1988, S. 461–467.
Küper, Wilfried: Paul Johann Anselm Feuerbach als Zeitgenosse. Die früheste Biographie Feuerbachs – Zugleich ein Beitrag zur Feuerbach-Bibliographie. In: 140 Jahre Goltdammer's Archiv für Strafrecht. Hrsg. von Jürgen Wolter. Heidelberg: R. v. Decker's Verlag / G. Schenck 1993, S. 131–148.
Lahire, Bernard: Doppelleben. Schriftsteller zwischen Beruf und Berufung. Berlin: Avinus 2011.
Larenz, Karl: Methodenlehre der Rechtswissenschaft (Enzyklopädie der Rechts- und Staatswissenschaft). Berlin / Göttingen / Heidelberg: Springer Verlag 1960.
Laufs, Adolf: Johann Jakob Moser. In: Staatsdenker in der frühen Neuzeit. Hrsg. von Michael Stolleis. 3. Aufl. München: Verlag C.H.Beck 1995, S. 284–293.
Lembrecht, Christina: Die Entwicklung des wissenschaftlichen Verlagswesens in Deutschland im 19. und 20. Jahrhundert. Forschungsergebnisse und -desiderate. In: Archiv für Geschichte des Buchwesens »AGB« 2013, S. 207–219.
Lent, Wolfgang: Neues aus dem Verlagsnachlaß. Zur Geschichte des Wissenschaftsverlags C. A. Schwetschke & Sohn und seines Verlegers Moritz Bruhn (1851–1876). In: Leipziger Jahrbuch zur Buchgeschichte 17. Hrsg. von Christine Haug und Lothar Poethe. Wiesbaden: Harrassowitz 2008, S. 59–99.
Lerche, Peter: Die Funktion des juristischen Verlegers in der Rechtsordnung. In: Neue Juristische Wochenschrift 1985.
Lerche, Peter: Theodor Maunz. In: Juristen im Portrait. Hrsg. von Hans Dieter Beck. München: C.H.Beck 1988, S. 553–560.
Lindemann Margot: Deutsche Presse bis 1815. Berlin: Colloquium Verlag 1988.
Lindner, Erik: Carl Heymann. Lebensbild eines Verlegers. Köln: Carl Heymanns Verlag 1996.
Lindner, Erik: Die Wilhelmstraße als Ziel. Ein Verleger im Kaiserreich: Dr. Otto Löwenstein und der Berliner Carl Heymanns Verlag. In: Buchhandelsgeschichte 1997, S. B19–B28.
Lindner, Erik: Die Buchhändler und Verleger in der Paulskirche 1848/49. In: Buchhandelsgeschichte 1998, S. B2–B13.
Lindner, Erik: Otto Löwenstein. Carl Heymanns Verlag und sein Verleger im Kaiserreich. Köln / Berlin / Bonn / München: Heymanns Verlag 2003.
Lobban, Michael: The common law and English jurisprudence. Oxford: Clarendon Press 1991.
Löffler, Katrin: Aufklärerische Kommunikationsformen in der Stadt Leipzig. In: Leipzig um 1800. Hrsg. von Thomas Topfstedt und Hartmut Zwahr. Beucha: Sax-Verlag 1998, S. 17–42.

Lohrer, Liselotte: Cotta. Geschichte eines Verlages 1659–1959. Stuttgart: J. G. Cotta'schen Buchhandlung 1959.

Lokatis, Siegfried: Hanseatische Verlagsanstalt: politisches Buchmarketing im »Dritten Reich«. Sonderdruck aus dem »Archiv für Geschichte des Buchwesens« Band 38, Frankfurt am Main 1992. Frankfurt a. M.: Buchhändler Vereinigung 1992.

Lokatis, Siegfried: Der militarisierte Buchhandel im Ersten Weltkrieg. In: Geschichte des Deutschen Buchhandels im 19. und 20. Jahrhundert. Hrsg. von Georg Jäger. Frankfurt am Main: MVB Marketing- und Verlagsservice des Buchhandels 2010, S. 444–469.

Lokatis, Siegfried: Weltanschauungsverlage. In: Geschichte des deutschen Buchhandels im 19. und 20. Jahrhundert. Hrsg. von Ernst Fischer und Stephan Füssel. Frankfurt a. M.: MVB Marketing- und Verlagsservice des Buchhandels / de Gruyter 2012.

Lommatzsch, Erik: Hans Globke (1898–1973). Beamter im Dritten Reich und Staatssekretär Adenauers. Frankfurt a. M. / New York: Campus 2009.

Lösel, Barbara: Die Frau als Persönlichkeit im Buchwesen. Dargestellt am Beispiel der Göttinger Verlegerin Anna Vandenhoeck (1709–1787). Erlangen-Nürnberg, 1990. Wiesbaden: Harrassowitz 1991.

Löwenheim, Ulrich: Immaterialgüterrecht. In: Rechtswissenschaft und Rechtsliteratur im 20. Jahrhundert. Hrsg. von Dietmar Willoweit. München: Verlag C.H.Beck 2007, S. 551–561.

Lucius, Wulf D. von: Johann Friedrich Cotta als Unternehmer. In: Buchhandelsgeschichte 1997, S. B123–B128.

Luxem, Jörg: Konrad Cosack (Europäische Hochschulschriften: Reihe 2 Rechtswissenschaft 1809). Frankfurt a. M. / Berlin / Köln: Lang 1995.

Mahlke, Regina: Berlin als Verlagsort im 19. Jahrhundert. Von 1825 bis zur Reichsgründung. In: Buchhandelsgeschichte 1987, S. B129–B143.

Maunz, Theodor: Von der Wertlosigkeit der Rechtswissenschaft. In: Der Aquädukt 1763–1963. Hrsg. von Verlag C.H.Beck. München: C.H.Beck 1963, S. 289–301.

McKitterick, David: Publishing for trades and professions. In: The Cambridge History of the Book in Britain. Hrsg. von David McKitterick. Cambridge: Cambridge University Press 2009, S. 500–530.

Mehring, Reinhard: Carl Schmitt – Aufstieg und Fall. Eine Biographie. München: Verlag C.H.Beck 2009.

Meiner, Annemarie: Der Deutsche Verlegerverein 1886–1935. Dargestellt im Auftrag seines Vorstandes und der Fachschaft Verlag. Leipzig: Verlag des deutschen Verlegervereins 1936.

Meiner, Annemarie: G. J. Manz. Person und Werk 1830–1955. Verlagsanstalt vorm. G. J. Manz Buch- und Kunstdruckerei AG / München-Dillingen – Ihren Freunden zum 125. Jahr. München / Dillingen: Verlagsanstalt vorm. G. J. Manz 1957.

Menz, Gerhard: Deutsche Buchhändler. Vierundzwanzig Lebensbilder führender Männer des Buchhandels. Leipzig: Werner Lehmann Verlag 1925.

Mertens, Bernd: Rechtsetzung im Nationalsozialismus (Beiträge zur Rechtsgeschichte des 20. Jahrhunderts 62). Tübingen: Mohr Siebeck 2009.

Meyer, Hermann F.: Buchhandel und Buchhändler vor hundert Jahren. Beiträge von F. Hermann Meyer für Meyers Konversations-Lexikon. Reprint 1980. 3. Aufl. Mannheim / Wien / Zürich: Bibliographisches Institut F. A. Brockhaus 1872.

Miosge, Dieter: Bericht über Leben und Sterben des Landgerichtsdirektors Dr. Friedrich Weißler. In: Neue Juristische Wochenschrift 1997, S. 2571–2576.

Mohnhaupt, Heinz: Rechtsvergleichung in Mittermaiers »Kritische Zeitschrift für Rechtswissenschaft und Gesetzgebung des Auslandes« (1839–1856). In: Juristische Zeitschriften – Die neuen Medien des 18.–20. Jahrhunderts. Hrsg. von Michael Stolleis. Frankfurt a. M.: Vittorio Klostermann 1999, S. 277–302.

Moldenhauer, Dirk: Geschichte als Ware. Der Verleger Friedrich Christoph Perthes (1772–1843) als Wegbereiter der modernen Geschichtsschreibung (Veröffentlichungen der Historischen Kommission für Thüringen 22). Weimar: Böhlau 2008.

Mommsen, Wolfgang J.: Die Siebecks und Max Weber. Ein Beispiel für Wissenschaftsorganisation in Zusammenarbeit von Wissenschaftlern und Verlegern. In: Verleger und Wissenschaftler (Geschichte und Gesellschaft 22). Hrsg. von Hartmut Zwahr. Göttingen: Vandenhoeck und Ruprecht 1996, S. 19–30.

Müller, Helen: Wissenschaft und Markt um 1900. Das Verlagsunternehmen Walter de Gruyters im literarischen Feld der Jahrhundertwende (Studien und Texte zur Sozialgeschichte der Literatur 104). Tübingen: Niemeyer 2004.

Müller, Ingo: Die Vertreibung des Rechts aus Deutschland. BRAK-Mitteilungen Nr. 3/2003 2003.

Mumelter, Carherine: Die Geschichte des Verlagshauses Manz. Dissertation zur Erlangung des Grades einer Doktorin der Philosophie an der Geisteswissenschaftlichen Fakultät der Leopold-Franzens Universität Innsbruck. Innsbruck 2001.

Münch, Ingo von: Das Festschriftenwesen und -unwesen. In: Neue Juristische Wochenschrift 2000, S. 3253–3256.

Münch, Ingo von: Der Autor und seine Verlage. In: Der Autor und sein Verlag. Hrsg. von Ingo von Münch und Georg Siebeck. Tübingen: Mohr Siebeck 2013, S. 3–96.

Münchener Kommentar zum Bürgerlichen Gesetzbuch. Gesamtwerk in 11 Bänden. Band 2 Schuldrecht Allgemeiner Teil §§ 241–432. Hrsg. von Wolfgang Krüger. 6. Aufl. München: C.H.Beck 2012.

Mußgnug, Dorothee: Einleitung. In: Briefe Herrmann Theodor Goltdammers an Karl Josef Anton Mittermaier (Studien zur europäischen Rechtsgeschichte – Juristische Briefwechsel des 19. Jahrhunderts 224). Hrsg. von Dorothee Mußgnug. Frankfurt a. M.: Vittorio Klostermann 2007, S. 1–26.

Nawrocka, Irene: Braumüller wird 222. Wien 2005.

Neddermeyer, Uwe: Juristische Werke auf dem spätmittelalterlichen Buchmarkt. Marktanteil, Buchhandel, Preise und Auflagen. In: Juristische Buchproduktion im Mittelalter (Studien zur europäischen Rechtsgeschichte – Juristische Briefwechsel des 19. Jahrhunderts 155). Hrsg. von Vincenzo Colli. Frankfurt a. M.: Vittorio Klostermann 2002, S. 633–673.

Nicolini, Käte: Philipp Möhring. In: Juristen im Portrait. Hrsg. von Hans Dieter Beck. München: C.H.Beck 1988, S. 584–591.

Nipperdey, Thomas: Deutsche Geschichte 1800–1866. Bürgerwelt und starker Staat. 3. Aufl. München: C.H.Beck 1998.

Nipperdey, Thomas: Deutsche Geschichte 1866–1918. Band 1 Arbeitswelt und Bürgergeist. 3. Aufl. München: C.H.Beck 1998.

Nipperdey, Thomas: Deutsche Geschichte 1866–1918. Band 2 Machtstaat vor der Demokratie. 3. Aufl. München: C.H.Beck 1998.

Norrick, Corinna / Schneider, Ute: Verlagsgeschichtsschreibung. Modelle und Archivfunde. Wiesbaden: Harrassowitz 2012.

Obergfell, Eva Inés: Einleitung – Geschichte des Verlagsrechts. In: Verlagsrecht. Hrsg. von Constanze Ulmer-Eilfort, Eva Inés Obergfell und Johanna Kübler. München: C.H.Beck 2013, S. 24–29.

Otto, Hansjörg: Vorbemerkung zu §§ 280–285. In: J. von Staudinger's Kommentar zum Bürgerlichen Gesetzbuch mit Einführungsgesetz und Nebengesetzen. Hrsg. von Julius von Staudinger. 13. Aufl. Berlin: Sellier – de Gruyter 2009.

Pampel, H.: Universitätsverlage im Spannungsfeld zwischen Wissenschaft und Literaturversorgung. Frankfurt a. M. 2007.

Parr, Rolf / Schönert, Jörg: Autoren. In: Geschichte des Deutschen Buchhandels im 19. und 20. Jahrhundert. Hrsg. von Georg Jäger. Frankfurt a. M.: MVB Marketing- und Verlagsservice des Buchhandels 2010, S. 342–408.

Paschke, Max / Rath, Phillip: Lehrbuch des deutschen Buchhandels – Erster Band. Das Buch – Der Handel – Der Buchhandel – Der Verlagsbuchhandel. Leipzig: Verlag des Börsenvereins der deutschen Buchhändler zu Leipzig 1908.

Paschke, Max / Rath, Phillip: Lehrbuch des deutschen Buchhandels – Erster Band. Das Buch – Der Handel – Der Buchhandel – Der Verlagsbuchhandel. 3. Aufl. Leipzig: Verlag des Börsenvereins der deutschen Buchhändler zu Leipzig 1912.

Pauly, Walter: Zu Leben und Werk von Gerhard Anschütz. In: Gerhard Anschütz – Aus meinem Leben (Jus commune Veröffentlichungen des Max-Planck-Instituts für Europäische Rechtsgeschichte Frankfurt am Main 59). Hrsg. von Walter Pauly. Frankfurt a. M.: Vittorio Klostermann 1993, S. 11–44.

Pauly, Walter: Mayer, Otto (1846–1924). In: Juristen – Ein biographisches Lexikon. Hrsg. von Michael Stolleis. München: C.H.Beck 2001, S. 430–431.

Petersen, Klaus: Literatur und Justiz in der Weimarer Republik. Stuttgart: J. B. Metzler Verlag 1988.

Petersen, Klaus: Zensur in der Weimarer Republik. Stuttgart / Weimar: J. B. Metzler Verlag 1995.

Pflug, Günther: Universitätsverlag. In: Lexikon des gesamten Buchwesens. Hrsg. von Severin Corsten, Stephan Füssel und Günther Pflug. 2. Aufl. Stuttgart: Hiersemann Verlag 2007, S. 596.

Pichinot, Hans-Rainer: Die Akademie für Deutsches Recht. Dissertation. Kiel 1981.

Pierenkemper, Toni: Unternehmensgeschichte. Eine Einführung in ihre Methoden und Ergebnisse (Grundzüge der modernen Wirtschaftsgeschichte 1). Stuttgart: Steiner 2000.

Pierenkemper, Toni: Was kann eine moderne Unternehmensgeschichtsschreibung leisten? Und was sollte sie tunlichst vermeiden. In: Unternehmensgeschichte. Hrsg. von Toni Pierenkemper. Stuttgart: Steiner 2011, S. 213–231.

Piper, Ernst: Alfred Rosenberg. Hitlers Chefideologe. München: Pantheon 2007.

Popkin, Jeremy: Buchhandel in der napoleonischen Ära. In: Archiv für Geschichte des Buchwesens »AGB« 1986, S. 285–296.

Prange, Ulrike: Friedrich Carl von Savigny und das Abstraktionsprinzip. In: Zivilrechtliche Entdecker. Hrsg. von Thomas Hoeren. München: C.H.Beck 2001, S. 73–104.

Prest, Wilfrid: Law Books. In: The Cambridge History of the Book in Britain. Hrsg. von Michael F. Suarez und Michael L. Turner. Cambridge: Cambridge University Press / Oxford Univ. Press 2009, S. 791–806.

Prölss, Erich: Glanz und Elend der Kommentatoren. In: Der Aquädukt 1763–1963. Hrsg. von Verlag C.H.Beck. München: C.H.Beck 1963, S. 260–267.

Rabe, Hans-Jürgen: Der Deutsche Anwaltverein. In: Anwälte und ihre Geschichte. Hrsg. von Deutscher Anwaltverein. Tübingen: Mohr Siebeck 2011, S. 595–624.

Ramm, Joachim: Eugen Schiffer und die Reform der deutschen Justiz. Neuwied / Darmstadt: Hermann Luchterhand Verlag 1987.

Ramseger, Georg: Im Bunde mit dem Sortiment. Die Jus-Verleger und ihre vier Buchstaben – was bedeutet ARSV? In: Buchmarkt 1974, S. 3–4.

Ramseger, Georg: Geburtshelfer, Berufene, Verleger – 75 Jahre AG rechts- und staatswissenschaftlicher Verleger (ARSV). In: Börsenblatt für den Deutschen Buchhandel 1985, S. 1077–1082.

Rarisch, Ilsedore / Büsch, Otto: Industrialisierung und Literatur. Buchproduktion, Verlagswesen und Buchhandel im Deutschland im 19. Jahrhundert in ihrem statistischen Zusammenhang. Mit einem Vorwort von Otto Büsch (Historische und pädagogische Studien 6). Berlin: Colloquium Verlag 1976.

Rasehorn, Theo: Justizkritik in der Weimarer Republik – Das Beispiel der Zeitschrift »Die Justiz« (Demokratie und Rechtsstaat – Kritische Abhandlungen zur Rechtsstaatlichkeit in der Bundesrepublik). Frankfurt a. M. / New York: Campus 1985.

Rautenberg, Ursula: Buchwissenschaft in Deutschland. Einführung und kritische Auseinandersetzung. In: Buchwissenschaft in Deutschland. Hrsg. von Ursula Rautenberg. Berlin / New York: De Gruyter Saur 2010, S. 3–64.

Rautenberg, Ursula: Methoden der buchwissenschaftlichen Forschung. In: Handbuch Methoden der Bibliotheks- und Informationswissenschaft. Hrsg. von Konrad Umlauf, Simone Fühles-Ubach und Michael Seadle. Berlin / Boston: Walter de Gruyter 2013, S. 461–482.

Rebenich, Stefan: C.H.Beck 1763–2013. Der kulturwissenschaftliche Verlag und seine Geschichte. München: C.H.Beck 2013.

Reimer, Doris: Passion & Kalkül. Der Verleger Georg Andreas Reimer (1776–1842). Berlin / New York: Walter de Gruyter 1999.

Remmert, Volker R. / Schneider, Ute: Eine Disziplin und ihre Verleger. Disziplinenkultur und Publikationswesen der Mathematik in Deutschland, 1871–1949 (Mainzer Historische Kulturwissenschaften 4). Bielefeld: Transcript 2010.

Richardi, Reinhard: Handelsrecht. In: Rechtswissenschaft und Rechtsliteratur im 20. Jahrhundert. Hrsg. von Dietmar Willoweit. München: Verlag C.H.Beck 2007, S. 473–484.

Richardi, Reinhard: Arbeitsrecht. In: Rechtswissenschaft und Rechtsliteratur im 20. Jahrhundert. Hrsg. von Dietmar Willoweit. München: Verlag C.H.Beck 2007, S. 595–630.

Rosenberg, Mathias Freiherr von: Friedrich Carl von Savigny (1779–1861) im Urteil seiner Zeit (Rechtshistorische Reihe 215). Frankfurt a. M.: Peter Lang 2000.

Rosenfeld, Arthur H.: Maxwell Macmillan. In: Symposium of Law Publishers. Hrsg. von Thomas A. Woxland. Binghamton: Haworth Press 1992, S. 91–100.

Roth, Andreas: Strafrechtliche Zeitschriften im 19. Jahrhundert. Diskussionsforum oder Gesetzesinterpretation? In: Juristische Zeitschriften – Die neuen Medien des 18.–20. Jahrhunderts. Hrsg. von Michael Stolleis. Frankfurt a. M.: Vittorio Klostermann 1999, S. 303–330.

Rötzsch, Helmut / Plesske, Hans-Martin: Die Deutsche Bücherei in Leipzig. Ein Abriss der Geschichte des Gesamtarchivs des deutschsprachigen Schrifttums 1912 bis 1987. Leipzig 1987.

Röwekamp, Marion: Juristinnen – Lexikon zu Leben und Werk. Hrsg. Deutscher Juristinnenbund. Baden-Baden: Nomos Verlag 2005.

Röwekamp, Marion: Die ersten deutschen Juristinnen (Rechtsgeschichte und Geschlechterforschung 11). Köln: Böhlau 2011.

Rückert, Joachim: Idealismus, Jurisprudenz und Politik bei Friedrich Carl von Savigny (Abhandlungen zur rechtswissenschaftlichen Grundlagenforschung 58). Ebelsbach: Gremer 1984.

Rückert, Joachim: Handelsrechtsbildung und Modernisierung des Handelsrechts durch Wissenschaft zwischen ca. 1800 und 1900. In: Modernisierung des Handelsrechts im 19. Jahrhundert (Abhandlungen aus dem gesamten Bürgerlichen Recht, Handelsrecht und Wirtschaftsrecht: Beihefte der Zeitschrift für das gesamte Handelsrecht und Wirtschaftsrecht 66). Hrsg. von Karl Otto Scherner. Heidelberg: Verlag Recht und Wirtschaft 1993, S. 19–66.

Rückert, Joachim: Savigny, Friedrich Carl von (1779–1861). In: Juristen – Ein biographisches Lexikon. Hrsg. von Michael Stolleis. München: C.H.Beck 2001, S. 555–560.

Ruppert, Stefan: Die Entstehung der Gesetz- und Verordnungsblätter. Die Bekanntmachung von Gesetzen im Übergang vom Spätabsolutismus zum Frühkonstitutionalismus. In: Juristische Zeitschriften – Die neuen Medien des 18.–20. Jahrhunderts. Hrsg. von Michael Stolleis. Frankfurt a. M.: Vittorio Klostermann 1999, S. 67–106.

Rüthers, Bernd: Entartetes Recht. Rechtslehren und Kronjuristen im Dritten Reich. 2. Aufl. München: dtv 1994.

Rüthers, Bernd: 50 Jahre NJW – Zur Verantwortung der juristischen Fachpresse? In: Neue Juristische Wochenschrift 1998, S. 28–34.
Russ, Christian: Gesetz über das Verlagsrecht. Kommentar. Köln: Heymanns 2014.
Säcker, Franz Jürgen: Münchener Kommentar zum BGB. In: Rechtswissenschaft und Rechtsliteratur im 20. Jahrhundert. Hrsg. von Dietmar Willoweit. München: Verlag C.H.Beck 2007, S. 405–417.
Sarkowski, Heinz: Der »historische« Verlagskatalog. Hinweise zu seiner Geschichte und Anlage. In: Buchhandelsgeschichte 1979, S. B78–B95.
Sarkowski, Heinz: Der Wissenschaftsverleger und seine Autoren. In: Buchhandelsgeschichte 1985, S. B134–B143.
Sarkowski, Heinz: Die Entwicklung ingenieurwissenschaftlicher Verlagsprogramme im 19. Jahrhundert. In: Buchhandelsgeschichte 1988, S. B1–B8.
Sarkowski, Heinz: Der Springer Verlag – Stationen seiner Geschichte. Teil I 1842–1945. Berlin / Heidelberg: Springer Verlag 1992.
Saur, Klaus Gerhard: Deutsche Verleger im Exil 1933 bis 1945. In: Parallelwelten des Buches. Hrsg. von Monika Estermann, Ernst Fischer und Reinhard Wittmann. Wiesbaden: Harrassowitz 2009, S. 211–232.
Schaich, Albrecht: Zur Entwicklung des Deutschen Anwaltvereins. In: Die Geschichte des Deutschen Anwaltvereins und seiner Landesverbände. Hrsg. Deutscher Anwaltverein. Bonn: Deutscher Anwaltverlag 1997, S. 11–20.
Schanze, Helmut: Samuel Fischer: Peter Suhrkamp Siegfried Unseld. Vorüberlegungen zu einer Verlegertypologie im 20. Jahrhundert. In: Geschäft mit Wort und Meinung (Deutsche Führungsschichten in der Neuzeit 22). Hrsg. von Günther Schulz. München: Harald Boldt im R. Oldenbourg Verlag 1999, S. 147–163.
Scherner, Karl Otto: Die Modernisierung des Handelsrechts im 19. Jahrhundert. In: Modernisierung des Handelsrechts im 19. Jahrhundert (Abhandlungen aus dem gesamten Bürgerlichen Recht, Handelsrecht und Wirtschaftsrecht: Beihefte der Zeitschrift für das gesamte Handelsrecht und Wirtschaftsrecht 66). Hrsg. von Karl Otto Scherner. Heidelberg: Verlag Recht und Wirtschaft 1993, S. 9–17.
Schimmel, Roland: Sinzheimer, Hugo (1875–1945). In: Juristen – Ein biographisches Lexikon. Hrsg. von Michael Stolleis. München: C.H.Beck 2001, S. 583–584.
Schmidt, Karsten: Staub in »Staub's Kommentar« – Exemplarisches zum Handelsrechtsbild eines Klassikers. In: Anwalt – Kommentator – Entdecker. Hrsg. von Thomas Henne / Rainer Schröder / Jan Thiessen. Berlin: Walter de Gruyter 2006, S. 109–123.
Schmidt, Ludwig: Schmidt, Einkommensteuergesetz. In: Rechtswissenschaft und Rechtsliteratur im 20. Jahrhundert. Hrsg. von Dietmar Willoweit. München: Verlag C.H.Beck 2007, S. 1119–1127.
Schmidt, Reimer: Der Kommentar als Darstellungsform. In: Hundert Jahre Kohlhammer. Hrsg. W. Kohlhammer Verlag. Stuttgart / Berlin / Köln / Mainz: W. Kohlhammer 1966, S. 183–194.
Schmidt, Reiner: Gewerberecht. In: Rechtswissenschaft und Rechtsliteratur im 20. Jahrhundert. Hrsg. von Dietmar Willoweit. München: Verlag C.H.Beck 2007, S. 1003–1017.
Schmidt, Rudolf: Bensheimer, Jacob. In: Deutsche Buchhändler. Deutsche Buchdrucker (1). Berlin / Eberswalde 1902, S. 44–45.
Schmidt, Rudolf: Decker, Familie. In: Deutsche Buchhändler. Deutsche Buchdrucker (1). Berlin / Eberswalde 1902, S. 166–173.
Schmidt, Rudolf: Duncker, Carl. In: Deutsche Buchhändler. Deutsche Buchdrucker (1). Berlin / Eberswalde 1902, S. 188–191.
Schmidt, Rudolf: Fischer, Gustav. In: Deutsche Buchhändler. Deutsche Buchdrucker (2). Berlin / Eberswalde 1903, S. 247–249.
Schmidt, Rudolf: Guttentag, J. In: Deutsche Buchhändler. Deutsche Buchdrucker (2). Berlin / Eberswalde 1903, S. 350–352.

Schmidt, Rudolf: Heyer, Georg Friedrich. In: Deutsche Buchhändler. Deutsche Buchdrucker (3). Rudolf. Berlin / Eberswalde 1905, S. 440–443.
Schmidt, Rudolf: Heymann-Sittenfeld, Familie. In: Deutsche Buchhändler. Deutsche Buchdrucker (3). Berlin / Eberswalde 1905, S. 443–448.
Schmidt, Rudolf: Hirth, Georg. In: Deutsche Buchhändler. Deutsche Buchdrucker (3). Berlin / Eberswalde 1905, S. 460–461.
Schmidt, Rudolf: Korn, Familie. In: Deutsche Buchhändler. Deutsche Buchdrucker (3). Berlin / Eberswalde 1905, S. 575–581.
Schmidt, Rudolf: Mohr, Jacob Christian Benjamin. In: Deutsche Buchhändler. Deutsche Buchdrucker (4). Berlin / Eberswalde 1907, S. 701–703.
Schmidt, Rudolf: Veit, Moritz. In: Deutsche Buchhändler. Deutsche Buchdrucker (5). Berlin / Eberswalde 1908, S. 972–975.
Schmitt Glaeser, Walter: Die Juristen-Fakultäten als Hüter des Rechtsstaats. Thesen zum Festvortrag von Prof. Dr. Dr. h. c. Walter Schmitt Glaeser Präsident des Bayerischen Senats. In: 75 Jahre Deutscher Juristen-Fakultätentag. Hrsg. von Franz-Ludwig Knemeyer. 2., erw. Aufl. Stuttgart / München / Hannover / Berlin / Weimar / Dresden: Boorberg 1995, S. 15–16.
Schmoeckel, Mathias: 100 Jahre BGB: Erbe und Aufgabe. In: Neue Juristische Wochenschrift 1996, S. 1697–1705.
Schneider, Hans-Peter: Föderalismus. In: Handwörterbuch zur Deutschen Rechtsgeschichte. Hrsg. von Albrecht Cordes, Heiner Lück, Dieter Werkmüller und Ruth Schmidt-Wiegand. 2., völlig überarb. und erw. Aufl. Berlin: Erich Schmidt Verlag 2008, S. 1605–1607.
Schneider, Ute: Der unsichtbare Zweite. Die Berufsgeschichte des Lektors im literarischen Verlag. Göttingen: Wallstein Verlag 2005.
Schneider, Ute: Der wissenschaftliche Verlag. In: Geschichte des deutschen Buchhandels im 19. und 20. Jahrhundert. Hrsg. von Ernst Fischer und Stephan Füssel. München: De Gruyter Saur 2007, S. 379–440.
Schneider, Ute: Universalverlag. In: Lexikon des gesamten Buchwesens. Hrsg. von Severin Corsten, Stephan Füssel und Günther Pflug. 2. Aufl. Stuttgart: Hiersemann Verlag 2007, S. 594.
Schneider, Ute: Konkurrenten auf dem mathematischen Markt – Verlagshäuser 1871 bis 1918. In: Publikationsstrategien einer Disziplin – Mathematik in Kaiserreich und Weimarer Republik (Mainzer Studien zur Buchwissenschaft 19). Hrsg. von Volker R. Remmert und Ute Schneider. Wiesbaden: Harrassowitz Verlag 2008, S. 109–140.
Schneider, Ute: Verlagsgeschichte als Unternehmensgeschichte. In: Verlagsgeschichtsschreibung. Hrsg. von Corinna Norrick und Ute Schneider. Wiesbaden: Harrassowitz 2012, S. 77–92.
Schneider, Ute: Verlagsorganisation: Lektorat. In: Geschichte des deutschen Buchhandels im 19. und 20. Jahrhundert. Hrsg. von Ernst Fischer und Stephan Füssel. Frankfurt a. M.: MVB Marketing- und Verlagsservice des Buchhandels / de Gruyter 2012, S. 271–281.
Schöch, Heinz: Kriminologie. In: Rechtswissenschaft und Rechtsliteratur im 20. Jahrhundert. Hrsg. von Dietmar Willoweit. München: Verlag C.H.Beck 2007, S. 821–834.
Schönrock, Ludwig: Statistische Zahlen über den deutschen Verlags-Buchhandel. Sonderdruck aus dem Börsenblatt für den Deutschen Buchhandel Nr. 178 vom 3. August 1929. In: Statistische Zahlen über den deutschen Verlags-Buchhandel. Hrsg. von Ludwig Schönrock. Leipzig: Verlag des Börsenvereins der deutschen Buchhändler 1929.
Schönrock, Ludwig: Statistische Zahlen über den deutschen Verlags-Buchhandel II. Sonderdruck aus dem Börsenblatt für den Deutschen Buchhandel Nr. 220 vom 21. September 1929. In: Statistische Zahlen über den deutschen Verlags-Buchhandel. Hrsg. von Ludwig Schönrock. Leipzig: Verlag des Börsenvereins der deutschen Buchhändler 1929.
Schönrock, Ludwig: Statistische Zahlen über den deutschen Verlags-Buchhandel III – Berlin, Leipzig, München, Stuttgart und Wien. Sonderdruck aus dem Börsenblatt für den Deutschen Buch-

handel Nr. 246 u. 250 vom 26. Oktober 1929. In: Statistische Zahlen über den deutschen Verlags-Buchhandel. Hrsg. von Ludwig Schönrock. Leipzig: Verlag des Börsenvereins der deutschen Buchhändler 1929.

Schottenloher, Karl: Das alte Buch. 3. Aufl. Braunschweig: Klinkhardt & Biermann 1956.

Schottenloher, Karl / Binkowski, Johannes: Flugblatt und Zeitung – Ein Wegweiser durch das gedruckte Tagesschrifttum. Band I Von den Anfängen bis zum Jahre 1848. Band II Von 1848 bis zur Gegenwart. München: Klinkhardt & Biermann 1985.

Schricker, Gerhard: Urheberrecht – Kommentar. 2. Aufl. München: C.H.Beck 1999.

Schröder, Jan: Begriffsjurisprudenz. In: Handwörterbuch zur Deutschen Rechtsgeschichte. Hrsg. von Albrecht Cordes, Heiner Lück, Dieter Werkmüller und Ruth Schmidt-Wiegand. 2., völlig überarb. und erw. Aufl. Berlin: Erich Schmidt Verlag 2008, S. 500–502.

Schröder, Jan: Recht als Wissenschaft. Geschichte der juristischen Methodenlehre in der Neuzeit (1500–1933). 2. Aufl. München: C.H.Beck 2012.

Schroeder, Klaus-Peter: Gottlieb Planck (1825–1910) – »Ziehvater« des BGB. In: Juristische Schulung 2000, S. 1046–1051.

Schroeder, Klaus-Peter: Vom Sachsenspiegel zum Grundgesetz – Eine deutsche Rechtsgeschichte in Lebensbildern. München: C.H.Beck 2001.

Schuck, Gerhard: Die publizistisch-statistisch-staatswissenschaftlichen Zeitschriften um 1800. In: Juristische Zeitschriften – Die neuen Medien des 18.–20. Jahrhunderts. Hrsg. von Michael Stolleis. Frankfurt a. M.: Vittorio Klostermann 1999, S. 53–66.

Schulte-Nölke, Hans: Die schwere Geburt des Bürgerlichen Gesetzbuchs. In: Neue Juristische Wochenschrift 1996, S. 1705–1710.

Schulz, Günther: Unternehmer im Medienbereich. Historische Entwicklungen, Kennzeichen, Fragen. In: Geschäft mit Wort und Meinung (Deutsche Führungsschichten in der Neuzeit 22). Hrsg. von Günther Schulz. München: Harald Boldt im R. Oldenbourg Verlag 1999, S. 1–21.

Schulz, Hans Ferdinand: Das Schicksal der Bücher und der Buchhandel. System einer Vertriebskunde des Buches. 2. Aufl. Berlin: Walter de Gruyter & Co. 1960.

Schulze, Friedrich: Der deutsche Buchhandel und die geistigen Strömungen der letzten hundert Jahre. Im Verlage des Börsenvereins der deutschen Buchhändler. Leipzig: Verlag Börsenverein deutscher Buchhändler 1925.

Schulze-Fielitz, Helmuth: Festschriften im Dienst der Wissenschaft. In: Deutsche Verwaltungsblätter 2000, S. 1260–1266.

Schulze-Fielitz, Helmuth: Umweltrecht. In: Rechtswissenschaft und Rechtsliteratur im 20. Jahrhundert. Hrsg. von Dietmar Willoweit. München: Verlag C.H.Beck 2007, S. 989–1002.

Schumann, Matthias / Hess, Thomas: Grundfragen der Medienwirtschaft – Eine betriebswirtschaftliche Einführung. 4. Aufl. Berlin / Heidelberg: Springer Verlag 2009.

Schwab, Dieter: Familienrecht. In: Rechtswissenschaft und Rechtsliteratur im 20. Jahrhundert. Hrsg. von Dietmar Willoweit. München: Verlag C.H.Beck 2007, S. 277–355.

Schwab, Karl-Heinz: Leo Rosenberg. In: Juristen im Portrait. Hrsg. von Hans Dieter Beck. München: C.H.Beck 1988, S. 650–656.

Schwintowski, Hans-Peter: Versicherungs- und Bankrecht. In: Rechtswissenschaft und Rechtsliteratur im 20. Jahrhundert. Hrsg. von Dietmar Willoweit. München: Verlag C.H.Beck 2007, S. 503–527.

Seltzer, Leon S.: University Presses. In: What happens in Book Publishing. Hrsg. von Chandler B. Grannis. New York: Columbia University Press 1957, S. 359–370.

Sembdner, Helmut: Assessor Hitzig, Kriegsrat Peguilhen und Heinrich von Kleist. Eine Berliner Episode. Heilbronn: Stadt Heilbronn, Stadtbücherei 1994.

Senninger, Erhard: Die Geschichte des Bayerischen Anwaltverbandes. In: Die Geschichte des Deutschen Anwaltvereins und seiner Landesverbände. Hrsg. Deutscher Anwaltverein. Bonn: Deutscher Anwaltverlag 1997, S. 39–42.

Siblewski, Klaus: Die diskreten Kritiker. Warum Lektoren schreiben – vorläufige Überlegungen zu einem Berufsbild. Aachen: Rimbaud Verlag 2005.

Siebeck, Georg: Der Verlag und seine Autoren. In: Der Autor und sein Verlag. Hrsg. von Ingo von Münch und Georg Siebeck. Tübingen: Mohr Siebeck 2013, S. 99–188.

Slapnicar, Klaus W.: Der Wilke, der später Palandt hieß – 60. und 50. Jubiläum des Beck'schen Kurz-Kommentars zum BGB zugleich im Jahre 1999. In: Neue Juristische Wochenschrift 2000, S. 1692–1699.

Spendel, Günter: Josef Kohler. Bild eines Universaljuristen. Heidelberg: R. v. Decker & C. F. Müller 1983.

Sperl, Richard: Hugo Heimann (1859–1951). In: »Bewahren – Verbreiten – Aufklären«. Archivare, Bibliothekare und Sammler der Quellen der deutschsprachigen Arbeiterbewegung. Hrsg. von Günter Benser und Michael Schneider. Berlin / Bonn-Bad Godesberg: Förderkreis Archive und Bibliotheken zur Geschichte der Arbeiterbewegung; Archiv der Sozialen Demokratie der Friedrich-Ebert-Stiftung 2009. S. 108–116.

Staniek, Carola: Buchhändlerische Geschäftsrundschreiben als buchgeschichtliche Quellen. In: Buchhandelsgeschichte 1999, S. B79–B85.

Staub, Hermann: Das Historische Archiv des Börsenvereins des Deutschen Buchhandels in der Deutschen Nationalbibliothek Frankfurt am Main – Beständeübersicht. Frankfurt a. M. 20. April 2012.

Steffen, Kirsten: »Haben sie mich gehasst?« Antworten für Martin Beradt (1881–1949) Schriftsteller, Rechtsanwalt, Berliner jüdischen Glaubens. Mit Abdruck einer unveröffentlichten Erzählung des Autors sowie einer umfassenden Bibliographie (Literatur und Medienwissenschaft 70). Oldenburg / München: Igel-Verlag 1990.

Steiner, Harald: Das Autorenhonorar (Buchwissenschaftliche Beiträge aus dem Deutschen Bucharchiv München 59). Wiesbaden: Harrassowitz 1998.

Stern, Jacques: Thibaut und Savigny. Zum 100jährigen Gedächtnis des Kampfes um ein einheitliches bürgerliches Recht für Deutschland. 1814–1914. Berlin: Franz Vahlen 1914.

Stöckel, Sigrid: Verwissenschaftlichung der Gesellschaft – Vergesellschaftung der Wissenschaft. In: Das Medium Wissenschaftszeitschrift seit dem 19. Jahrhundert. Hrsg. von Sigrid Stöckel, Wiebke Lisner und Gerlind Rüve. Stuttgart: Franz Steiner Verlag 2009, S. 9–23.

Stolleis, Michael: Geschichte des öffentlichen Rechts in Deutschland. Erster Band Reichspublizistik und Policeywissenschaft 1600–1800. München: C.H.Beck 1988.

Stolleis, Michael: Geschichte des öffentlichen Rechts in Deutschland. Zweiter Band Staatsrechtslehre und Verwaltungswissenschaft 1800–1914. München: C.H.Beck 1992.

Stolleis, Michael: Geschichte des öffentlichen Rechts in Deutschland. Dritter Band Staats- und Verwaltungswissenschaft in Republik und Diktatur 1914–1945. München: C.H.Beck 1999.

Stolleis, Michael: Juristische Zeitschriften – die neuen Medien des 18.–20. Jahrhunderts. In: Juristische Zeitschriften – die neuen Medien des 18.–20. Jahrhunderts. Hrsg. von Michael Stolleis. Frankfurt a. M.: Vittorio Klostermann 1999, S. VII–XIV.

Stolleis, Michael / Simon, Thomas: Juristische Zeitschriften in Europa. In: Juristische Zeitschriften in Europa. Hrsg. von Michael Stolleis und Thomas Simon. Frankfurt a. M.: Vittorio Klostermann 2006, S. 1–13.Stolleis, Michael: Geschichte des öffentlichen Rechts in Deutschland. Staats- und Verwaltungsrechtswissenschaft in West und Ost 1945–1990. München: C.H.Beck 2012.

Storim, Mirjam: Kolportage-, Reise- und Versandbuchhandel. In: Geschichte des deutschen Buchhandels im 19. und 20. Jahrhundert. Hrsg. von Georg Jäger. Frankfurt a. M.: MVB Marketing- und Verlagsservice des Buchhandels 2003, S. 523–593.

Strauch, Dieter: Deutsche Juristen im Vormärz (Rechtsgeschichtliche Schriften 13). Köln / Weimar / Wien: Böhlau 1999.

Strenge, Barbara: Juden im preussischen Justizdienst 1812–1918. Der Zugang zu den juristischen Berufen als Indikator der gesellschaftlichen Emanzipation (Einzelveröffentlichungen der Historischen Kommission zu Berlin 81). München / New Providence: K. G. Saur 1996.

Stumpf, Hermann: Hans Carl Nipperdey. In: Juristen im Portrait. Hrsg. von Hans Dieter Beck. München: C.H.Beck 1988, S. 608–616.

Sturm, Fritz: Der Kampf um die Rechtseinheit in Deutschland – Die Entstehung des BGB und der erste Staudinger. In: 100 Jahre BGB – 100 Jahre Staudinger. Hrsg. von Michael Martinek / Patrick L. Sellier. Berlin: Sellier – de Gruyter 1999, S. 13–38.

Stürner, Rolf: Zwangsvollstreckungs- und Insolvenzrecht sowie Kostenrecht. In: Rechtswissenschaft und Rechtsliteratur im 20. Jahrhundert. Hrsg. von Dietmar Willoweit. München: Verlag C.H.Beck 2007, S. 729–753.

Sutcliffe, Peter: The Oxford University Press – An Informal History 1478–1978. At the Clarendon Press. Oxford: Oxford University Press 1978.

Tausch, Stephan: G. A. Kleinschrod und das »Archiv des Criminalrechts« – Zur Erfolgsgeschichte einer Zeitschrift 2006, S. 571–574.

Tavernaro, Thomas: Der Zentralverlag der NSDAP Franz Eher Nachf. Ges.mbH im Vergleich Münchner Verlage und der Nationalsozialismus. Eine Mentalitätsgeschichte. Wien: Universität Wien 1997.

Tavernaro, Thomas: Der Verlag Hitlers und der NSDAP. Die Franz Eher Nachfolger GmbH. Wien: Ed. Praesens 2004.

Thier, Andreas: Sachenrecht. In: Rechtswissenschaft und Rechtsliteratur im 20. Jahrhundert. Hrsg. von Dietmar Willoweit. München: Verlag C.H.Beck 2007, S. 253–276.

Thiessen, Jan: »Ein ungeahnter Erfolg« – zur (Rezeptions-)Geschichte von Hermann Staubs Kommentaren. In: Anwalt – Kommentator – Entdecker. Hrsg. von Thomas Henne, Rainer Schröder und Jan Thiessen. Berlin: Walter de Gruyter 2006, S. 55–108.

Titel, Volker: Vereine und Verbände. In: Geschichte des Deutschen Buchhandels im 19. und 20. Jahrhundert. Hrsg. von Georg Jäger. Frankfurt a. M.: MVB Marketing- und Verlagsservice des Buchhandels 2010, S. 5–59.

Treiber, Hubert: Professionalisierungskonzept und Formierung der Anwaltschaft (1830–1870). In: Anwälte und ihre Geschichte. Hrsg. Deutscher Anwaltverein. Tübingen: Mohr Siebeck 2011, S. 161–187.

Trinckauf, Korinna: Nicht nur Festschrift – Methodische Überlegungen zur wissenschaftlichen Verlagsgeschichtsschreibung. In: IASLonline (3. April 2008, revidiert 28. April 2008. URL: http://www.iasl.uni-muenchen.de/discuss/lisforen/Trinckauf_Verlagsgeschichtsschreibung.pdf [eingesehen am 31. Oktober 2014]).

Ulmer, Eugen: Max Hachenburg. In: Max Hachenburg – Zweite Gedächtnisvorlesung 1996 (Heidelberger Forum 99). Hrsg. von Peter Hommelhoff, Heinz Rowedder und Peter Ulmer. Heidelberg: Hüthig Verlagsgemeinschaft 1997, S. 51–54.

Umlauff, Ernst: Beiträge zur Statistik des Deutschen Buchhandels. Leipzig: Verlag des Börsenvereins der deutschen Buchhändler zu Leipzig 1934.

Urban, Klaus D.: Lotsendienste für den Staat. Über die Rolle der rechts- und staatswissenschaftlichen Verlage – Anmerkungen zur juristischen Fachinformation in Deutschland 2002. In: Juristische-Verlage (23. September 2002, revidiert 24. September 2002. URL: http://juristische-verlage.de/media/downloads/lotsendiensteurban.2.pdf [eingesehen am 31. Oktober 2014]).

Viehöfer, Erich: Der Verleger als Organisator – Eugen Diederichs und die bürgerlichen Reformbewegungen der Jahrhundertwende. Frankfurt a. M.: Verlag der Buchhändler Vereinigung 1988.

Vogel, Martin: Urheberrecht in Deutschland zwischen Aufklärung und Vormärz. Vom Tauschhandel zum Barverkehr. In: Buchhandelsgeschichte 1989, S. B96–B105.
Vogel, Martin: Die Entwicklung des Urheberrechts. In: Geschichte des deutschen Buchhandels im 19. und 20. Jahrhundert. Hrsg. von Georg Jäger. Frankfurt a. M.: Buchhändler-Vereinigung 2001, S. 122–139.
Vogel, Martin: Einleitung – Geschichte des Urheberrechts. In: Urheberrecht. Hrsg. von Gerhard Schricker / Ulrich Loewenheim. 4., neu bearb. Aufl. München: C.H.Beck 2010, S. 79–92.
Vogenauer, Stefan: »... to take up the ground hitherto unoccupied in the periodical literature« – Die ersten juristischen Fachzeitschriften Englands im 19. Jahrhundert. In: Juristische Zeitschriften in Europa. Hrsg. von Michael Stolleis und Thomas Simon. Frankfurt a. M.: Vittorio Klostermann 2006, S. 533–564.
Voßkuhle, Andreas: Allgemeines Verwaltungs- und Verwaltungsprozeßrecht. In: Rechtswissenschaft und Rechtsliteratur im 20. Jahrhundert. Hrsg. von Dietmar Willoweit. München: Verlag C.H.Beck 2007, S. 935–968.
Wagner, Christina: Der Verlag C. F. Müller und die badische Zensur. In: Code Napoleon – Badisches Landrecht – Wegbereiter Deutscher Rechtsgeschichte – Ausstellung in der Badischen Landesbibliothek anläßlich des 200. Jahrestages der Gründung des Verlages C. F. Müller 1797. Hrsg. von Christof Müller-Wirth und Christina Wagner. Heidelberg: C. F. Müller 1997, S. 82–95.
Waldmann, Anke: Recht mitgestalten. 150 Jahre Deutscher Juristentag 1860 bis 2010. München: C.H.Beck 2010.
Wambach, Lovis Maxim: Grenzgänger zwischen Jurisprudenz und Literatur. Baden-Baden: Nomos 2000.
Wasmuth, Johannes: Schönfelder, Deutsche Gesetze. In: Rechtswissenschaft und Rechtsliteratur im 20. Jahrhundert. Hrsg. von Dietmar Willoweit. München: Verlag C.H.Beck 2007, S. 433–469.
Weber, Bernd / Rager, Günther: Medienunternehmen – Die Player auf den Medienmärkten. In: Handbuch Medienmanagement. Hrsg. von Christian Scholz. Berlin / Heidelberg: Springer Verlag 2006, S. 117–143.
Weber, Hermann: Alfred Flemming und Walter Lewald. In: Juristen im Portrait. Hrsg. von Hans Dieter Beck. München: C.H.Beck 1988, S. 325–340.
Weber, Hermann: 225 Jahre Verlag C.H.Beck. In: Neue Juristische Wochenschrift 1988, S. 2782–2783.
Weber, Hermann: Vergessene Dichterjuristen: Rudolf Huch – Im Schatten der Schwester oder: Spätbürger im Widerspruch. In: Neue Juristische Wochenschrift 2001, S. 555–565.
Weber, Hermann: Juristische Zeitschriften im Verlag C.H.Beck. Von den Anfängen im 19. Jahrhundert bis zum Zeitalter der elektronischen Medien. München: C.H.Beck 2007.
Weber, Hermann: Juristische Zeitschriften im Verlag C.H.Beck vor 1933. In: Neue Juristische Wochenschrift 2007, S. 3188–3193.
Wehler, Hans-Ulrich: Deutsche Gesellschaftsgeschichte 1700–1815. Erster Band. Vom Feudalismus des Alten Reiches bis zur Defensiven Modernisierung der Reformära 1700–1815. München: C.H.Beck 2008a.
Wehler, Hans-Ulrich: Deutsche Gesellschaftsgeschichte 1815–1845/49. Zweiter Band Von der Reformära bis zur industriellen und politischen »Deutschen Doppelrevolution« 1815–1845/49. München: C.H.Beck 2008b.
Wehler, Hans-Ulrich: Deutsche Gesellschaftsgeschichte 1849–1914. Dritter Band Von der »Deutschen Doppelrevolution« bis zum Beginn des Ersten Weltkrieges 1849–1914. München: C.H.Beck 2008.
Weißler, Adolf: Geschichte der Rechtsanwaltschaft. Leipzig: Pfeffer 1905.
Welt, Birgit: Bücher ins Feld! In: Buchhandelsgeschichte 1995, S. B1–B16.
Wesel, Uwe: hM. In: Kursbuch 1979, S. 88–109.

Wesel, Uwe: Geschichte des Rechts – Von den Frühformen bis zur Gegenwart. Von den Frühformen bis zur Gegenwart. 3. Aufl. München: C.H.Beck 2006.

Wesel, Uwe: C.H.Beck 1763–2013. Der juristische Verlag und seine Geschichte. München: C.H.Beck 2013.

Wesolowski, Tilmann: Verleger und Verlagspolitik – Der Wissenschaftsverlag R. Oldenbourg zwischen Kaiserreich und Nationalsozialismus (Studien zur modernen Verlagsgeschichte und Wissensproduktion 1). München: Martin Meidenbauer 2010.

Weyhe, Lothar: Levin Goldschmidt – ein Gelehrtenleben in Deutschland. Grundfragen des Handelsrechts und der Zivilrechtswissenschaft in der zweiten Hälfte des 19. Jahrhunderts. Berlin: Duncker & Humblot 1996.

Wieacker, Franz: Privatrechtsgeschichte der Neuzeit. Unter besonderer Berücksichtigung der deutschen Entwicklung. 2. Aufl. Göttingen: Vandenhoeck & Ruprecht 1967.

Widmann, Hans: Geschichte des Buchhandels vom Altertum bis zur Gegenwart – Teil 1. Bis zur Erfindung des Buchdrucks sowie Geschichte des deutschen Buchhandels. Völlige Neubearbeitung der Auflage von 1952. Wiesbaden: Harrassowitz Verlag 1975.

Wilke, Jürgen: Grundzüge der Medien- und Kommunikationsgeschichte. 2. Aufl. Köln / Weimar / Wien: Böhlau / UTB 2008.

Willoweit, Dietmar: Vorwort. In: Rechtswissenschaft und Rechtsliteratur im 20. Jahrhundert. Hrsg. von Dietmar Willoweit. München: Verlag C.H.Beck 2007, S. VII–VIII.

Willoweit, Dietmar: Juristische Literatur des 20. Jahrhunderts. In: Rechtswissenschaft und Rechtsliteratur im 20. Jahrhundert. Hrsg. von Dietmar Willoweit. München: Verlag C.H.Beck 2007, S. 3–61.

Willoweit, Dietmar: Das Profil des Verlages C.H.Beck im 20. Jahrhundert. In: Rechtswissenschaft und Rechtsliteratur im 20. Jahrhundert. Hrsg. von Dietmar Willoweit. München: Verlag C.H.Beck 2007, S. 63–85.

Winkler, Heinrich August: Der lange Weg nach Westen. Erster Band: Deutsche Geschichte vom Ende des Alten Reiches bis zum Untergang der Weimarer Republik. 4. Aufl. München: C.H.Beck 2002.

Winkler, Karl: Keidel / Kuntze / Winkler, Gesetz über die Freiwillige Gerichtsbarkeit. In: Rechtswissenschaft und Rechtsliteratur im 20. Jahrhundert. Hrsg. von Dietmar Willoweit. München: Verlag C.H.Beck 2007, S. 761–765.

Wittmann, Reinhard: Dreihundert Jahre J. B. Metzler Stuttgart. Ein Verlag und seine Geschichte. Stuttgart: Metzler Verlag 1982.

Wittmann, Reinhard: Hundert Jahre Buchkultur in München. München: Heinrich Hugendubel 1993.

Wittmann, Reinhard: Verlage in Schwabing (1892–1914). In: Schwabing. Hrsg. von Helmut Bauer. München: Münchner Stadtmuseum 1998, S. 159–173.

Wittmann, Reinhard: Wissen für die Zukunft – 150 Jahre Oldenbourg Verlag. München: Oldenbourg Verlag 2008.

Wittmann, Reinhard: Geschichte des deutschen Buchhandels. München: C.H.Beck 2010.

Wolter, Jürgen / Küper, Wilfried: Goltdammer's Archiv für Strafrecht nach 150 Jahren. In: Goltdammer's Archiv für Strafrecht (Archiv für Strafrecht 150). Hrsg. von Paul-Günter Pötz, Wilfried Küper und Jürgen Wolter. Heidelberg: R. v. Decker's Verlag, Hüthig GmbH 2003, S. 1–11.

Wrobel, Hans: Heinrich Schönfelder. Sammler deutscher Gesetze, 1902–1944. München: C.H.Beck 1997.

Würtz, Christian: Johann Niklas Friedrich Brauer (1754–1813). Badischer Reformer in napoleonischer Zeit (Veröffentlichungen der Kommission für Geschichtliche Landeskunde in Baden-Württemberg 159). Stuttgart: W. Kohlhammer 2005.

Zachert, Ulrich: Hugo Sinzheimer: praktischer Wissenschaftler und Pionier des modernen Arbeitsrechts. In: Recht der Arbeit 2001, S. 104–109.

Zöllner, Wolfgang: Alfred Hueck. In: Juristen im Portrait. Hrsg. von Hans Dieter Beck. München: C.H.Beck 1988, S. 422–430.

Register

Personenregister

Werkregister

Sach- und Verlagsregister

Kolibri 360 GmbH
Ferdinand-Jühlke-Straße 7
99095 Erfurt, Deutschland
produktsicherheit@kolibri360.de